초 씨 역 림

- 4,096괘의 주역 최고의 상수역 -

초 연 수 지음
유방현, 고덕현 엮음

신 지 평

초씨역림(焦氏易林)

개정신판 제 1쇄 ● 2008년 1월 31일
지은이 ● 초연수
엮은이 ● 유방현, 고덕현
펴낸이 ● 김종현
펴낸곳 ● 도서출판 신지평
인쇄 ● 대원문화사
제본 ● 기성제책
전화 ● 02-338-4168
팩스 ● 02-6442-4168
e-mail ● kj9694@hanmail.net
주소 ● 경기도 고양시 일산구 대화동 1946-12
등록 ● 1991년 12월 23일(제10-653호)

정가 60,000원
ISBN-10 89-85535-47-1 13150
ISBN-13 978-89-85535-47-2 13150

초씨역림焦氏易林

신지평

추 천 사

우리가 살아가는 삶의 길은 마치 목적지에 도달하기 위해 모르는 길을 걸어가고 있는 나그네의 여정과도 같다. 그래서 길을 편히 걸으려면 지리의 상식을 익혀 위험한 곳을 대비하고 또는 남한테 물으면서 멈추지 않고 계속 걸어가야 탈이 없는 몸으로 목적지에 도달할 수 있다.

그러므로 슬기로운 사람은 처음 가는 길을 자주 묻고 조심하면서 걷기 때문에 후회 없는 삶을 누리는 것이지만 자만과 아집에 치우친 사람은 길을 잘못 찾아 중도에서 좌절하기 쉬운 것이다.

성인(聖人)은 생이지지(生而知之-배우지 않고 모든 이치를 깨달음)한 분들이므로 남에게 묻고 배우지 않아도 자신이 걷는 길(道)을 알아서 걷는(行) 것이지만 생이지지를 못한 우리네 범상한 사람들은 옛 성현들의 가르침에 의해서 올바르게 사는 길을 걸어가야 한다.

특히 우리들은 각자 자신이 운명적으로 타고난 복분을 알아야 그 복분에 맞도록 뜻을 세워 노력하므로서 자신에게 알맞은 성공의 결실을 얻게 되며 피흉취길(避凶就吉) 즉 위태로운 길을 피하고 평이한 길을 선택해 가므로서 나름대로 성공적인 삶을 영위할 수 있다.

그러자니 자신에게 지워진 운명을 알아야 복분을 알고 복분을 알아야 그에 맞추어 목표를 정하므로 후회없는 삶을 누릴 수 있다. 하지만 우리는 모두가 자신이 타고난 복분과 걷는 길의 선악과 기복을 모른다. 때문에 그것을 알고자 운명연구가에게 묻고 운명학자는 그 길흉화복을 남한테 바르게 알려주기 위해 성현이 남긴 글을 배우고 연구한다.

본 책자인 초씨역림(焦氏易林)은 근본이 주역(周易)에서 나온 것으로서 사주(四柱)와

신수(身數)를 가장 적중률이 높게 다룬 기서(奇書)이다.

값이 비싼 보옥(寶玉)을 다루기가 어렵듯이 매우 진귀한 글이지만 그 의(義)를 바르게 풀기가 어려우므로 아쉽게도 이 글을 풀이해 내놓은 이가 없었다. 매우 안타깝게 여겨보던 차에 '전통과학아카데미' 유방현 원장과 '주역 연구원' 고덕현 원장 두 분이 함께 오랜 세월 동안 심혈을 기울여온 끝에 마침내 출간하게 되었으므로 흐뭇한 마음 금할 수가 없다.

유방현 원장은 그동안 훌륭한 역학자들을 수없이 배출해낸 분이며, 고덕현 원장님은 실제 철학원을 운영하면서 조씨역림의 원리로서 추명해 본 결과 타서에 비해 신비막칙하도록 적중률이 높았음을 경험하였으므로 자신 있게 이 책을 강호 여러분께 선보인다 하였으니 참으로 운명 추명에는 필수적인 책이라 생각되어 이에 추천의 말씀을 드리는 바이다.

2008년 한겨울

白愚堂 韓 重 洙 拜

머 리 말

이 역림(易林)은 중국 전한말(前漢末)에 초연수(焦延壽)가 찬술(撰述)한 최고(最高)의 변괘(變卦) 역서(易書)이다.

무릇 역(易)이라 함은 우주의 자연법칙에 의한 기운 즉 춘하추동 4계절의 한난(寒煖) 조만(燥漫)의 순환 변천을 관찰하고 5행의 상생상극으로 억강부약(抑强扶弱)의 이치를 적용하여 인생의 장래와 미래를 계산하여 길흉화복을 판단하여 피흉취길(避凶就吉)을 지도하는 학문이다. 초씨역림은 다른 역서와 달리 주역의 64괘의 원괘에 다시 통변(通變) 64괘를 합하여 총 4096괘로 되어 있는데 상고시대에는 전한말(前漢末)시대까지의 역사적 사건을 경사(經史)에서 정선하여 간략한 괘사로 서술한 것으로 그 뜻이 신저(神祗)에 합하여 사안에 적중(適中)하지 아니함이 없다.

그러나 그 괘사(卦事)가 상고(上古)시대의 역사를 편언쌍사(片言雙辭)로 4자 재지 3자의 운(韻)을 붙힌 시문(詩文)이라 뜻이 심오한데다가 장구한 세월이 흐르는 동안에 세속 풍습언어의 변천으로 문자의 뜻도 변한 것이 없지 아니하여 현대의 자의(字意)로 해석이 잘 되지 아니하는 구절도 있다. 또한 역자의 천견박식으로 뜻을 다하지 못한 점이 많으리라 여겨진다.

그러나 괘사(卦辭)를 살펴보면 쉽게 길흉(吉凶)을 알 수 있으므로 이러한 바탕으로 미력하게나마 본서가 역학인 여러분들에게 실전시 길잡이로 활용되기를 바라는 마음으로 채워나갔음을 밝히는 바이다.

그러나 이 귀중한 책이 햇빛을 볼 수 있게 됨에는 역학계의 큰 스승이신 한중수 선생님과 김영천 선생님의 커다란 지도와 편달이 없었다면 엄두도 내지 못했음도 솔직히 고백한다. 또한 오형 고덕현 님의 열정적인 노력과 여러 역학 동료들의 격려 또한 큰 힘이 되었던 것도 주지의 사실이므로 이에 감사의 뜻을 표하는 바이다.

2008년 한겨울

宣宇 柳方鉉 拜

머 리 말

27년 전 어느날 우연히 책방에 들렀다가 주역이라는 책을 보게 되어 그동안 별 뜻도 모르면서 책 네 귀퉁이가 닳아 해지도록 보게 된 계기가 내가 주역이라는 거대한 학문에 입문하게 된 동기였다.

그 책 서두에 이렇게 씌여 있다.

오랜 기록에 의하면 괘 하나라에서는 연산역, 중고시대 은나라에서는 귀장역, 주나라에서는 주역이라는 세 종류의 역서가 있었다고 하나 지금 남아 있는 것은 주역 하나뿐이다-중략. 이라고 기록되어 있다.

그 동안 수많은 날들을 명리 공부로 시간을 보내서 주역의 괘는 어느 정도 익숙해져 있었지만 뭐가 어디서부터 진행되는지 도통 알 수가 없어 속마음만 답답할 뿐이었다. 그런데 천우신조였는지 잠실에 은거하고 계신 김 영천 선생님을 우연히 뵙게 되고 분에 넘치게 그분에게 지금껏 주역을 공부하게 됨에 따라 우매한 두 눈이 미로의 한치 앞을 보게 되었다고나 할까. 스승께서는 실전과 이론에 탁월한 해석으로 나로 하여금 감탄과 경이로움, 존경 그 자체였던 것이다.

난세는 영웅을 낳고 정치는 마상에서 할 수 없다고 했던가?

시대가 소명하면 그에 상응하는 인걸이 왜 없겠는가? 평소에 늘 존경하던 전통과학 아카데미 유방현 원장님이 이 책을 들고 오셔서 한 번 연구해보자는 말씀에 따라 미욱한 이 후학이 대정작괘와 평생신수 등에 응용해본 결과는 참으로 어떤 표현으로도 격에 맞지 않는 감탄!! 아 ~ 하면서 입이 다물어지지 않는 신통방통. 그리고 내 신생용어로는 통방통 바로 그것이었다.

이에 본인은 유방현 원장님과 감히 호흡을 맞추고 그 뜻에 따라 원본에 100% 충실하였고 변해 과정에서 어려운 말은 되도록 쉽게 이해할 수 있도록 최선을 다했다고 생각하나 독자들은 어떨지 본인의 짧은 지식을 한탄해본다. 어쨌든 아래 부분을 한번 참고해보자.

첫째, 이 책은 멀리 중국 전한 말기부터 세상에 존재했지만 비밀리에 스승과 제자 사이에서만 전수되었기에 일반인들은 꿈에도 상상할 수 없는 내용들로 전권 각 페이지에 꽉 차 있다. 한 번 응용해보시면 독자들도 감탄해 마지않을 것이요, 아마 머리를 숙이고 무릎을 탁! 칠 것이다.

둘째, 명리와 혹은 주역, 그 밖의 여러 학문과 연계시켜서 풀이를 한다면 자기 미래뿐만 아니라 타인의 운명은 말할 것도 없고 피흉취길은 받아 놓은 당상이다.

특히 전화 상담자. 혹은 역학 상담자는 이제 상담에 대해 크게 만족을 느낄 것이며 자신감이 확실하게 생길 것이다.

셋째, 아무리 시대가 변해도 사람 사는데 생노병사는 변함이 없는 것처럼 이 시대가 요구하는 즉 공유 차원에서 독자 여러분께 엄청난 행복과 변함 없는 진리를 밝혀줄 것을 의심하지 않는 바이다.

마지막으로 불초 후학을 끝까지 학문연구에 동참을 권해주신 유방현 원장님께 심심한 사의를 표하며 함께 끝까지 문맥의 조언을 아끼지 않은 나의 역우(易友) 남동 최훈일 선생에게도 고맙다는 말씀을 드리면서 보다 더욱 중요한 것은 평생 은혜로운 학문을 베풀어주신 사부님 김영천 선생님께 두 손 올려 이 책을 바치는 바이다.

독자 제현께 배전의 지고 편달을 바라면서

2008년 한겨울 오형 고덕현 배

차 례

초씨역림 下經

초씨역림(焦氏易林)의 성격

『초씨역림(焦氏易林)』은 주역 64괘를 64번으로 총 4,096수(首)의 주사(繇辭) 즉 괘사로 편집되어 있다. 그 주사가 간련(簡鍊)하고 주옥(珠玉) 같은 문자로 운(韻)을 붙인 시(詩)에 속하며 그 정확도가 무릎을 치게 한다.

이 『초씨역림(焦氏易林)』은 전한(前漢)말 왕망시대에 초연수(焦延壽)가 지은 것이다. 그는 가난하였으나 글을 좋아하여 양왕의 높은 신임을 얻어 학자금을 받아 배움의 뜻을 다해 군리가 되어 소황공에 보해졌다. 그는 먼저 사람의 간사함을 알고 기후의 변화를 알아 다스리니 도적이 생기지 아니하였고 아전과 백성을 사랑으로 다스리니 고을 안이 화합하였다. 나라에서 승차하고자 하니 삼노와 관속이 상소하여 초연수의 유임을 청해 소황공으로 일생을 마쳤다고 한다.

선화(宣和) 말에 장경복(長慶福) 송상공(宋相公)이 부임한 날 연회도 끝나고 일이 없어 한가하기에 문득 『초씨역림』의 성서 생각이 나서 정성껏 점쳐 스스로 대과(大過)괘를 얻었는데 괘사에 말하기를 '전책법서는 난세에 감추어 있으니 비록 난리를 만나도 홀로 재앙을 만나지 아니하더라' [典册法書藏在蘭臺雖遭亂潰獨不遇災] 하고, 지(之)괘 돈(遯)괘에 이르기를 '좌석이 덥지 아니한데 재앙이 와서 문을 두드리니 담을 넘어 북쪽으로 달아나면 군사가 내 뒤에 와서 호랑이 입을 벗어나더라[坐席未溫憂來扣門踰牆北走兵來我後脫於虎口]' 라고 하였다.

송상공은 설마하였는데 그 후 열흘이 지나니 과연 고을에 난리가 나서 최상공은 담을 넘어 도망갔는데 다행히 가족에는 손실이 없었다. 무사히 서울로 돌아와서 비로소 성현이 지은 글임을 알았으며 처음은 비록 해득이 어려우나 뒤에 자세히 살피면 아니 맞는 것이 없어 보는 자로 하여금 공경하게 되었다고 한다.

초씨역림(焦氏易林)과 일반 점서(占書)와의 차이

일반 점서(占書)는 주역 64괘의 원괘(原卦)만을 해석하고 변괘(變卦)에 의한 득괘(得卦)에 대한 해설은 없이 육변(六變)으로 384괘에 대한 해설만 있는 것이 상례이다. 그러나 척전법(擲錢法)이나 고대의 서복법에 의하면 64변(六十四變)으로 총 4,096괘가 되는데 이러한 원리를 어기고 6변(六變)으로 384괘로 제한하는 것은 역(易)의 변화를 억제함이니 역변(易變)의 이치를 벗어났다 할 것이다.

또한 일반적으로 6효(爻)에 납갑법(納甲法)을 적용하여 변괘의 해설을 구하기는 역(易)에 대해 일생 심오한 공부를 하여도 성공여부가 극히 어려운 학문이다. 이에 비해 이 『초씨역림(焦氏易林)』은 원괘(原卦) 64괘를 통변(通變) 64괘하여 완전한 통변(通變)을 다하였으며 그 괘사(卦辭)를 상고시대의 경사(經史)중에서 문장으로 서술하였으니 내괘, 외괘, 변괘, 호괘 등을 종합판단하지 않아도 문장으로 파악할 수 있다. 또한 역(易)의 문복(問卜)은 어느 사안(事案)의 성취(成就)의 길흉(吉凶)을 알고자 하는 것인데 초씨역림은 괘사(卦辭) 전체를 해득하지 못하더라도 끝 구문(句文)만을 보면 길흉을 용이하게 판독할 수 있으므로 초심자(初心者)도 쉽게 길흉을 점칠 수 있다.

또한 『초씨역림(焦氏易林)』의 또 다른 특이한 점은 대정작괘법(大定作卦法)에 의하여 평생 사주를 연년(年年) 세세(歲歲)로 계산하여 작괘(作卦)하여 일생의 길흉화복을 스스로 진단할 수 있다는 점이라 하겠다.

대정작괘법(大定作卦法)

1. 대정수의 필요성

대정수(大定數)라 함은 선천수(先天數)와 후천수(後天數)를 연월일시(年月日時)의 사주(四柱) 간지(干支)와 대비하여 운명을 추리(推理)하는 사주학을 말한다.

수리학은 본래가 대우주(大宇宙)의 진리를 수리(數理)로써 파악하려는 학문이니 모든 만물은 수(數)에 의하여 움직이고 있다는 사실에 근거를 두고 있다.

2. 대정(大定)의 기본수(基本數) 산출법(算出法)

㉠ 선천수(先天數)

甲己子午　九

乙庚丑未　八

丙辛寅申　七

丁壬卯酉　六

戊癸辰戌　五

巳亥　四

㉡ 후천수(後天數)

壬子 一　丁巳 二　甲寅 三　辛酉 四　戊辰戌 五　癸亥 六

丙午 七　乙卯 八　庚申 九　丑未 十　己 百

㉢ 선천수 계산법

시(時)는 百일(日)은 十월(月)은 單(一) 천간(天干) 지지(地支) 모두 선천수로 계산하는데 시간, 일진, 월건으로 상향계산(上向計算)하되 연(年)은 계산하지 않는다.

㉣ 후천수 간(干) 十지(支) 단(單)

천간(天干), 지지(地支) 모두 후천수로 천간(天干)은 십수(十數), 지지(地支)는 단수(單數)로 생년(生年), 생월(生月), 생일(生日), 생시(生時)로 하향계산(下向計算)한다.

예시(例示)

甲子年 甲子月 甲子日 甲子時

時 : 선천수 甲9 子9 合 18에 100을 승하면 1,800에 甲 3 子 1 干十支 單으로 31이 되니 후천수를 합하면 1,831이고

日 : 선천수 甲9 子9를 合하면 18에 10을 승하면 180에 후천수 31을 合하면 211이고

月 : 선천수 十八에 후천수 31을 合하면 49가 되고

年 : 후천수만 계산하므로 31이 된다.

이상 年 31, 月 49, 日 211, 時 1831을 총합하면 2122가 된다.

3. 작괘법(作卦法)

매년 세운(歲運)을 점(占)하고자 하면 기본대정수(基本大定數)에 대운(大運)과 세운(歲運)의 수(數)를 합하여 산출된 수를 거두절미(拒頭節尾)하고 남은 중간의 두 수를 가지고 작괘한다.

㉠ 예시 (1)

상기 甲子年 甲子月 甲子日 甲子時生의 원래 대정수 2122에 戊辰(55) 大運에 丙戌(75) 歲運 合 130을 합하면 2252가 나온다.

2252를 거두(2), 절미(2)하면 2 택(澤) 5뇌(雷) 수(隨)괘를 득한 후 2252를 6으로 제하면 375에 2가 남게 된다. 그래서 二爻가 동하여 되어 중택태(重澤兌)를 얻어 수지태(隨之兌)가 된다.

ⓛ 예시 (2)

작괘법상에 대정총수합수를 거두절미하고 중간 두 수를 가지고 작괘하는데 총수가 2,204일 경우에는 거두절미하면 20이 되고 22로 중택태(重澤兌)가 된다. 만약에 총수가 2,024가 되면 먼저와 같이 거두절미하면 02가 되므로 역시 22로 중택태가 되며 총수가 2,004가 되면 취두취미하여 24로서 택화혁(澤火革)이 되고 2000은 중택태(重澤兌)로 작괘한다.

이상은 원론적으로 보는 방법이나 굳이 외울 필요는 없다. 아래의 '작괘 후천수'와 '대정수조견표'만을 참고하고 '실제 감정사례'를 읽어보면 바로 쉽게 작괘할 수 있기 때문이다.

작괘 후천수

☶ ……………… 一 艮 山
☶ ……………… 七 艮 山
☱ ……………… 二 兌 澤
☵ ……………… 三 坎 水
☲ ……………… 四 離 火
☳ ……………… 五 震 雷
☴ ……………… 六 巽 風
☷ ……………… 八 坤 地
☰ ……………… 九 乾 天

대정수조견표

간지	년주	월주	일주	시주	간지	년주	월주	일주	시주
甲子	31	49	211	1831	乙丑	90	106	250	1690
甲戌	35	49	175	1435	乙亥	86	98	206	1690
甲申	39	55	199	1639	乙酉	84	98	224	1484
甲午	37	55	217	1837	乙未	90	106	250	1690
甲辰	35	49	175	1435	乙巳	82	94	202	1282
甲寅	33	49	193	1633	乙卯	88	102	228	1488
丙寅	73	87	213	1473	丁卯	28	40	148	1228
丙子	71	87	231	1671	丁丑	30	44	170	1430
丙戌	75	87	195	1275	丁亥	26	36	126	1026
丙申	79	93	219	1479	丁酉	24	36	144	1224
丙午	77	93	237	1677	丁未	30	44	170	1430
丙辰	75	87	195	1275	丁巳	22	32	122	1022
戊辰	55	65	155	1055	己巳	102	115	232	1402
戊寅	53	65	173	1253	己卯	108	123	258	1608
戊子	51	65	191	1451	己丑	110	127	280	1810
戊戌	55	65	155	1055	己亥	106	119	236	1550
戊申	59	71	179	1259	己酉	104	119	254	1604
戊午	57	71	197	1457	己未	110	127	280	1810
庚午	97	114	267	1797	辛未	50	65	200	1550
庚辰	95	108	225	1395	辛巳	42	53	152	1142
庚寅	93	108	243	1593	辛卯	48	61	178	1348
庚子	91	108	261	1791	辛丑	50	65	200	1550
庚戌	95	108	225	1395	辛亥	46	57	156	1146
庚申	99	114	249	1599	辛酉	44	57	174	1344
壬申	19	32	149	1319	癸酉	64	75	174	1164
壬午	17	32	167	1517	癸未	70	83	200	1370
壬辰	15	26	125	1115	癸巳	62	71	152	962
壬寅	13	26	143	1313	癸卯	68	79	178	1168
壬子	11	26	161	1511	癸丑	70	83	200	1370
壬戌	15	26	125	1115	癸亥	66	75	156	966

실제 감정 사례

1961년 남자 양력 1월 10일 18시
음력 11월 24일 酉時生

辛	癸	己	庚	
酉	卯	丑	子	
1344	178	127	91	→ 대정수

대정수표에서 찾아보면 위와 같이 나온다.
다음에 대정수를 모두 합한다.

1344 + 178 + 127 + 91 = 1740
1740에서 거두절미하면 74
작괘 후천수를 보면 7은 7艮山, 4는 4離火 그러므로 그러므로 상괘는 艮, 하괘는 離 합하여 산화비가 나온다.

다음 원래의 대정수를 6으로 나눈다,
1746 ÷ 6 = 0 그러므로 맨 위 상효가 동한다.

→ 상효動 →

산화비(山火賁)   지화명이(地火明夷)

상효가 동하였으니 상괘는 坤, 하괘는 離가 되어 괘는 지화명이가 된다. 그러므로 산화비 동(動) 지화명이가 되는 것이다.

다른 예를 들면 대정수를 6으로 나눈 후 0이 남으면 원괘의 6효가 동하는 것이고 만약 남는 숫자가 5가 되면 5효가 동하니 풍화가인이 되는 것이다. 만약 대정수를 6으로 나눈 후 나머지가 6 이상이면 다시 6을 뺀 나머지 숫자가 동하는 것이다. 예를 들어 대정수를 6으로 나누었는데 8이 남았다면 8에서 다시 6을 뺀 나머지 2, 즉 2효가 동하는 것이다.

그러므로 위 사주는 산화비 6효가 동하여 양이 변해 음이 되었으니 괘명이 산화비 동(動) 지화명이가 되는 것이다. 그러므로 원괘 22번 산화비에서 36번 지화명이의 내용을 읽으면 해석이 되는 것이다.

22의 36 원문을 보면 아래와 같다.

"집을 산 밑에 짓는 것은 사람이 편안함을 위함인데 일석에 붕괴되면 나의 항아리에 담는 밥을 깨트리더라."

이 내용은 무엇을 뜻하는가 하면 이 사주의 주인공은 언젠가 한번은 모든 재산을 완전히 엎어버린다는 뜻이다.

실제로 이 사주의 주인공은 1998년도에 한 번 완전히 도산했었다.

그러면 그 해 이 사주 주인공의 괘를 다시 한번 뽑아보자.

사주 대운수

甲	癸	壬	辛	庚	대
午	巳	辰	卯	寅	운
48	38	28	18	8	수
37	62	15	48	93	→ 대정수

1998년도는 이 사주의 주인공이 癸巳 대운이니 계사년 대운 대정수는 62이다. 그리고 그 해 무인년 년두 대정수는 53이다.

그러므로 원래의 대정수 1740 + 대운 대정수 62 + 년두 대정수 53 = 1855가 된다. 1855를 거두절미하면 85가 나온다.

8은 8坤地, 5는 5震雷가 되니 상괘는 坤, 하괘는 震이 되어 괘는 지뢰복이 되는 것이다. 원괘의 이름이 22번 산화비이니 22번에서 지뢰복 즉 24번을 찾아 읽어보면 되는 것이다.

22 - 24 내용은 다음과 같다.

"삼년에 개를 낳으니 개로 어미를 삼고 형이(荊夷)가 머리까지 침범하니 희백이 나아가 도망가더라."

개를 어미로 삼았으니 좋을리가 없다. 형이가 내 머리까지 침범했다는 이야기는 그야말로 주위사람들로부터 모두 외면당했다, 부도났다, 망했다 등으로밖에 해석할 수 없다. 그래서 이 사주는 이 해에 완전히 부도가 났던 것이다.

그러면 2002년은 어떠할 것인가?

2002년 임오년이니 표에서 찾아보면 년두 대정수는 17이 된다.

그러면 원래의 대정수 1740 + 대운 대정수 62 + 년두 대정수 17 = 1819가 된다. 1819에서 거두절미하면 81이 된다.

8은 8坤地, 1은 1艮山이니 상괘는 坤, 하괘는 艮이 되어 괘는 지산겸(地山謙)이 된다. 다시 22번 산화비에서 15번 겸을 찾아 읽어보면 다음과 같다.

"석연이 허물을 멀리하여 높은 언덕으로 환란을 피하였다가 사양해 세 마리 여우를 잡으니 재물로서 보배가 되더라."

올해 이 사주의 주인공은 부도의 아픔을 딛고 형과 함께 가구공장을 시작했다. 명리

학만으로는 이 사주가 2002년에 재기할 수 있다는 것이 나오지 않는데 초씨역림으로 보니 올해에 다시 일어서며 또한 괘상으로 보아서는 성공 또한 틀림없다고 본다. 과거만 잘 맞고 미래는 잘 맞지 않는다면 누가 애써 역학을 공부하겠는가?

이 사주의 주인공은 필자의 사촌이며 명리학으로는 부도났던 해나 재기한 해가 전혀 이해되지 않는 부분이 많았는데(물론 본인의 추리능력 부족도 한몫 할 것이다) 초씨역림으로 보니 시원스럽게 설명이 되어 있어 본인도 선인들의 노고에 깊이 감사드릴 따름이다.

척전법(擲錢法)

척전법은 고대의 서복법(筮卜法)이 복잡하고 시간이 많이 소요되므로 중세 이후에 동전(銅錢) 3매로 점(占)을 치는 방법이 고안되었는데 이를 척전법이라고 하고 현재 이 방법을 많이 쓰고 있다.

(1) 득괘법(得卦法)

동전이나 엽전 3개를 (불량한 것은 쓰지 않는다) 단정히 앉은 후 두 손에 들고 알고자 하는 사안의 길흉(吉凶)을 진심으로 신명에게 축원하면서[주문(呪文) : 모관(某官) 성명(姓名)이 이제 ○○사를 경영하고자 하는바 그 성과를 알 수가 없어 신령님에게 길흉을 물으오니 소상히 가르쳐 주시길 기원합니다] 흔든 후 책상 위에 떨어뜨린다. 이러한 방법으로 1회부터 6회를 한다. 동전을 떨어뜨리면 다음 도표와 같은 원괘(原卦)와 변괘(變卦)가 되는데 숫자가 면(面)이 되면 양(陽)이 되고 그림이 면이 되면 음(陰)이 된다.

도표(圖表) 예시(例示)

① - ⑩ ⑩ ○ 전면이 둘이고 후면이 하나면 : 소양(少陽) ⚍

② - ⑩ ⑩ ⑩ 모두 전면이면 : 노양(老陽) 변효 동효 ⚌

③ - ○ ○ ⑩ 후면이 둘이고 전면이 하나이면 : 소음(少陰)

④ - ○○○ 모두 후면이면 : 노음(老陰) 변효 동효

(2) 작괘법(作卦法)

동전 6회를 던지면 앞에 적은 도표에 예시한 각효(各爻)가 되니 첫효를 아래에 이효(二爻)를 그 위에 삼효(三爻)를 그 위에 정하여 하괘를 만든다. 또 그 위에 삼위(三位)로 4차 5차 6차로 작괘하여 외괘(外卦) 또는 상괘(上卦)를 만든다. 그리고 상하괘(上下卦)를 합한 것을 대성괘(大成卦)라 한다. 대성괘(大成卦)가 성립되면 동효를 찾아 변괘를 성립시킨다. 동효가 없으면 변괘는 성립되지 아니한다.

예시(例示)

척전법에 의해 초효(初爻)가 ①의 소양이면 一을 아래에 긋고 이효(二爻)가 ④이면 노음 -/-을 그 위에 긋고 삼효(三爻)가 ③이면 소음 --을 그어서 하괘(下卦)의 소성괘(小成卦)는 뇌(雷)가 된다.

사효(四爻)가 ②의 노양이면 -/-을 긋고 오효(五爻)가 ①의 소양이면 一을 긋고 육효(六爻)가 또 다시 ①의 소양이면 一을 육위(六位)에 그어서 상괘(上卦) 소성괘(小成卦)는 건(乾)이 된다.

상하괘(上下卦)를 합하면 천뢰무망(天雷无妄)괘의 대성괘(大成卦)가 된다.

여기서 동효(動爻)를 살펴보면 하괘(下卦) 뇌(雷)의 이효(二爻)가 동해 택(澤)으로 변하고, 상괘(上卦) 건(乾)의 사효(四爻)가 동해 풍(風)으로 변(變)하니 풍택중부(風澤中孚)가 되며 다른 것도 모두 이와 같다.

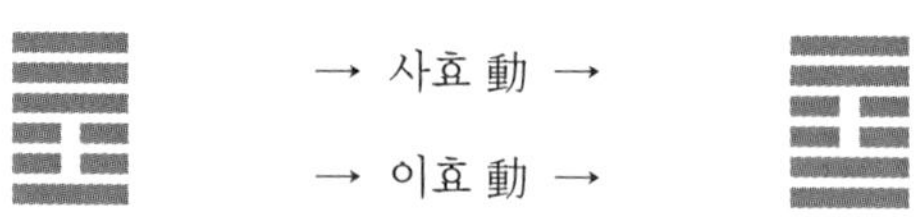

천뢰무망 풍택중부

乾上 乾下 乾之第一 　重天乾 ䷀

1-1 乾　道陟石阪　胡言連蹇　譯別且聾　莫使道通　請謁不行　求事無功
길이 돌비탈을 올라가는데 오랑캐 말로 어렵다고 떠듬거리는데 통역이 벙어리에 귀머거리라 길을 통하게 하지 못하여 뵙기를 청함이 행해지지 못해 구사에 공이 없더라.

1-2 坤　招殃來隸　害我那國　病傷手足　不得安息
재앙을 불러 해충이 와서 나의 나라를 해롭게 하여 손과 발을 상해 병들게 하니 편안히 쉬지 못하더라.

1-3 屯　陽孤亢極　多所恨惑　車傾蓋亡　身常憂惶　乃得其願　雌雄相從
백성이 의지할 곳이 없이 한과 의심이 많은데 차가 기울어져 덮개가 없어지니 몸이 항상 근심스럽고 두려운데 그 원하는 바를 얻어 자웅이 서로 따르더라.

1-4 蒙　矛餃搜鳩　專一無尤　君子是則　長受嘉福
뻐국새와 비둘기가 한결같이 원망함이 없으면 군자를 본받은 것으로 길이 좋은 복을 받더라.

1-5 需　目瞤足動　喜如其願　擧家蒙寵
눈을 꿈적거리고 발을 움직여서 기뻐하는 것이 그 원하는 것 같아 온 집안의 총애를 받더라.

1-6 訟　龍馬上山　絕無水泉　喉焦脣乾　舌不能言
용마가 산을 올라가는데 샘과 물이 없어 목이 타고 입술이 말라서 말을 하지 못하더라.

1-7 師　倉盈庾億　宜稼黍稷　國家富有　民人蕃息
창고가 차서 노적을 많이 하나 기장과 피를 심어서 나라가 부유하니 백성이 늘고 퍼지더라.

1-8 比　中夜狗吠　盜在牆外　神明祐助　銷散皆去
밤중에 개가 짖고 담 밖에 도적이 있으나 신명(神明)이 도와 모두 다 사라지더라.

1-9 小畜　据斗運樞　順天無憂　與樂並居
북두성을 의지해 중추가 운전되는 것이 하늘의 순리로 되니 근심이 없어 즐거움과 더불어 함께 살더라.

1-10 履　空拳握手　倒地更起　富饒豊衍　快樂無已
빈 주먹으로 손을 잡고 넘어졌다 다시 일어나 부유하고 풍요로우니 쾌락하기 이를 데 없더라.

1-11 泰　不風不雨　白日皎皎　宜出驅馳　通利大道
바람도 없고 비도 오지 아니하여 날이 밝고 밝으니 나가 놀고 달리기 좋은데 큰길이 통행하기 좋더라.

1-12 否　載日晶光　驂駕六龍　祿命徹天　封爲燕王
맑은 날에 여섯 용을 멍에하고 하늘이 주는 복을 받아 연나라의 왕이 되더라.

1-13 同人　子孺索哺　母行求食　反見空巢　訾我長息
어린 새끼가 먹을 것을 찾기에 어미가 먹을 것을 구해 가지고 돌아와 보니 둥지가 비어 있어 나를 헐뜯으면서 장탄식하더라.

1-14 大有　上帝之生　福祐日成　修德行惠　樂安且寧
상제로부터 생을 받아 날로 복과 도움을 이루어 덕을 닦고 은혜를 행하니 안락하고 또 편안하더라.

1-15 謙 山險難登 澗中多石 車馳轄擊 載重傷軸 擔負差躓 跌踒右足
산이 험해 올라가기 어려웁고 내 가운데는 돌이 많아 달리는 차의 축머리를 때리고 짐이 무거운 축을 상하니 짐을 메고서 거꾸러 넘어져 바른발을 다치더라.

1-16 豫 禹鑿龍門 通利水源 東注滄海 民得安存
우임금이 용문(지금 하양현)을 뚫어 물을 동쪽 창해(황해)로 흐르게 하니 백성이 편안히 지낼 수 있게 되더라.

1-17 隨 乘龍上天 兩蛇爲補 踊躍雲中 遊觀滄海 民樂安處
용을 타고 하늘에 오르는데 두 마리 이무기가 도우니 뛰어서 구름에 올라 놀면서 창해를 구경하니 백성이 즐겁고 편안하더라.

1-18 蠱 彭祖九子 據德不殆 南山松栢 長受嘉福
팽조의 아홉 아들이 덕을 닦아 위태하지 않고 남산의 소나무와 잣나무와 같이 길게 아름다운 복을 받더라.

1-19 臨 南山昊天 刺政閔身 疾悲無辜 背憎爲仇
남산에서 정치를 잘못한다고 하늘에 호소하며 몸은 병들고 병을 슬퍼하는데 허물은 없으나 원수가 되더라.

1-20 觀 江河淮海 天之奧府 衆利所聚 可以饒有 樂我君子 百福是受
강하(큰강)와 바다는 하늘의 조화로 모든 이익이 모이는 바 가히 부요하여 나를 즐겁게 하는 군자는 백 가지 복을 받더라.

1-21 噬嗑 堅冰黃鳥 終日悲號 不見白粒 但是藜蒿 數驚鷙鳥 爲我心憂
얼음 위의 황조는 종일 슬피 울어도 흰 곡식은 보이지 못하고 다만 명아주와 다북

쑥만 보이고 수차 새매에게 놀라니 나의 마음의 근심이 되더라.

1-22 賁 室如懸磬 旣危且殆 早見之士 依山谷處
집안이 아무것도 없어 이미 위태하고 또 위태하니 일찍 이를 깨달은 사람은 산골짜기에 의지하더라.

[註] 현경(懸磬) : 집안이 가난하여 아무것도 없음을 일컬음.

1-23 剝 大禹式路 蚩尤除道 周匝萬里 不危不殆 見其所使 無所不在
대 우임금이 길을 제도할 때 치우로 하여금 길을 재서 두루 만리하여도 위태함이 없이 가는 곳마다 잘 이루더라.

[註] 치우(蚩尤) : 헌원(軒轅) 때 사람임.

1-24 復 三人爲旅 俱歸北海 入門昇堂 拜謁王母 飮勞我酒
세 사람이 같이 북해에 돌아가 당에 올라 왕모를 배알하니 수고했다고 술을 하사하여 마시더라.

[註] 왕모는 서왕모(西王母). 신선임.

1-25 無妄 傳言相誤 非干徑路 鳴鼓逐狐 不知跡處
전언이 서로 달라 길을 바로잡지 못해 북을 치며 여우를 쫓았으나 그 자취를 알지 못하더라.

1-26 大畜 三羊爭雌 相逐奔馳 終日不食 精氣勞疲
세 마리 양이 암놈을 차지하기 위하여 서로 분주히 달리고 쫓다가 종일 먹지 못하여 정기가 피로하더라.

1-2 頤 純服素裳 載主以興 德義茂生 天下歸仁
소복 차림으로 주인(주무왕)을 모시고 일어나니 덕과 의가 크게 일어나서 천하가 모두 돌아오더라.

[典據]《史記》周本紀, 武王東觀兵至干孟津. 爲文王杜 載以車中軍. 武王自稱太子

發. 言奉文王以伐. 不敢自專.

1-28 大過 桀跖並處 人民勞苦 擁兵荷糧 戰於齊魯
하걸과 도척이 같이 있는 곳에 인민이 괴로운데 군사를 이끌고 군량을 나르며 제나라와 노나라에서 싸우더라.
[註] 걸(桀)은 하걸. 척(跖)은 도적(도적의 괴수).

1-29 坎 黃鳥來集 旣嫁不答 念我父兄 思後邦國
황조가 와서 모이나 이미 시집 갔다고 대답하지 아니하고 나의 부모 형제를 생각하며 다시 자기나라로 돌아갈 것을 생각하더라.

1-30 離 胎生孚乳 長息成就 充滿帝室 家國昌富
나서 젖먹여 기르니 자라서 성취하여 제실이 충만하니 나라가 창성하고 부유하여지더라.

1-31 咸 三人求橘 反得丹穴 女貴以富 黃金白鎰
세사람이 귤을 구하다 도리어 단사(丹沙)가 나오는 구역(광구)을 얻으니 여인은 귀히 되고 부자가 되어 황금이 많고 많더라.
[典據]《史紀》貨殖傳, 巴, 寡婦淸. 其先得丹穴而擅其利.

1-32 恒 東山西岳 會合俱食 百家送從 以成恩福
동쪽 산과 서쪽 산에 모여서 같이 먹고, 많은 가구가 모여 따르니 은혜가 복을 이루더라.

1-33 遯 弱雞無距 與鵲交鬪 翅折目盲 爲鳩所傷
약한 닭이 며느리 발톱이 없어 까치와 싸워 날개가 부러지고 눈이 머니 비둘기에게도 상함을 당하더라.

1-34 大壯 隙大牆壞 蠹衆木折 狼虎爲政 天降罪罰 高弑望弟 胡亥以斃

틈이 크면 담장이 무너지고 좀벌레 무리에 나무가 꺾이고 이리와 호랑이 같이 학정을 하니 하늘이 벌을 내려 조고가 망이궁에서 호해를 시해하여 죽이더라.

[註] 高는 秦의 丞相 趙高. 胡亥는 秦의 二世皇帝의 이름.

[典據]《史記》秦始皇本紀, 趙高專權. 弑二世于望夷宮.

1-35 晉 三癡俱走 米路失道 惑不知歸 反入患口

어리석은 세 사람이 같이 달아나다 갈피를 잡을 수 없어 길을 잃고 돌아갈 곳을 알지 못하고 도리어 환구로 들어가더라.

1-36 明夷 弓矢俱張 把彈折弦 丸發不至 道遇害患

활과 화살을 모두 가졌으나 탄환을 잡으니 줄이 끊어져 탄환이 이르지 못하고 길에서 근심과 해침을 만나더라.

1-37 家人 三人求夫 伺候山隅 不見復關 長思憂歎

세 사람이 남편을 구하기 위하여 산모퉁이에서 기다리나 남자의 거처를 보지 못하여 길게 근심하며 탄식하더라.

1-38 睽 陽旱炎炎 傷害禾穀 穡人無食 耕夫歎息

볕이 짱짱하고 가뭄이 벼와 곡식을 상해하니 농부가 먹을 것이 없어 농부가 탄식하더라.

1-39 蹇 騎豚逐羊 不見所望 徑涉虎穴 亡羊失羔

도야지를 타고 양을 쫓으니 바라는 바는 이루지 못하고 길을 잘못 들어 호랑이 굴을 지나니 양과 염소가 도망가고 없더라.

1-40 解 暗昧冥語 輔相詿誤 鬼魅所舍 誰知臥處

애매하고 어름어름한 말로 속이니 귀신의 장난 같아 누가 누워 있는 곳을 알리요.

1-41 損 姬姜祥淑 二人偶食 論仁議福 以安王室

주공과 강태공 두 사람이 마음을 합하여 어진 정치를 하여 왕실을 편안히 하더라.

[註] 姬는 주나라 성인으로 周公을 이름이요, 姜은 강태공이다.

1-42 益 公孫駕驪 載聘東齊 延陵說產 遺季紵衣

공손씨는 검은 말을 타고 동제에 사신으로 가고 오공자 계찰(季札)은 정나라 자산(子產)과 사귀었는데 자산이 계찰에게 모시옷을 선사하더라.

[註] 產은 鄭의 大夫 子產, 季는 吳의 公子 季札. 일찍이 鄭에 초빙되어 子產을 보고 오랜 친구를 만난듯 했다. 子產은 紵衣를 季札에게 보냈다.

[典據] 《左傳》 襄公 二十九年을 보라.

1-43 夬 孤竹之墟 老婦亡夫 傷於蒺藜 不見少妻 東郭棠姜 武氏以亡

고죽(국명)의 터에서 늙은 부인은 지아비를 잃고 질려궁에서는 젊은 처를 보지 못하고 곽은의 누이(동곽) 제당공의 처 당강은 무씨에게 망하더라.

[註] 孤竹은 나라이름. '傷於蒺藜 不見其妻'는 易 困卦의 '困于石, 于蒺藜, 入于其宮, 不見其妻, 凶'에서 나옴. 棠姜은 齊棠公의 妻 東郭偃의 姉. 武子는 崔武子 木序를 말함. 棠公이 죽자 武子는 이를 조문하고 그녀를 아내로 맞는다. 《左傳》 襄公 二十五年에 보인다.

1-44 姤 仁政不暴 鳳凰來舍 四時順節 民安其處

어진 정사에 봉황이 집에 오고 사시 절기에 맞아 일기가 순평하니 백성이 각기 직업에 맞추어 편안히 살더라.

1-45 萃 仕劣力薄 孱駑恐怯 如猬見鵲 不敢拒格

용렬하고 힘이 없는 데다 우둔하고 잔약하여 겁먹고 두려워하여 고슴도치가 까치보듯 감히 항거하여 싸우지 못하더라.

1-46 升 衛侯東遊 惑於少姬 亡我考妣 久迷不來

위문후가 난을 피해 제나라로 갔다가 젊은 여자에게 혹하여 나의 부모국을 잊어버리고 오랫동안 정신차리지 못하고 돌아오지 아니하더라.

[註] 衛侯는 衛의 文公. 國難을 피하여 齊나라로 갔다. 少姬는 衛의 여자 齊桓公의 夫人.

1-47 困 噂噂所言 莫知我- 歡喜堅固 可以長安
수군수군거리는 말이 나의 담을 알지 못하니 담이 견고함을 기쁘고 기뻐하니 가히 오래 편안하더라.

1-48 井 鸑鳴岐山 龜應幽淵 男女媾精 萬物化生 文王以成 爲周開庭
봉황새는 기산에서 울고 거북은 깊은 못에서 놀고 남녀는 서로 화합하여 만물이 생겨나니 문왕이 이루어 주나라로 하여금 천하를 다스리더라.

1-49 革 玄黃虺隤 行者勞疲 役夫憔悴 踰時不歸
검고 누른 이무기가 병으로 쇠약하고 행자는 피로하며 역부는 초췌하여 시간이 지나도 돌아오지 못하더라.

1-50 鼎 弱足刖跟 不利出門 市賈無利 折亡爲患
약한 발에 뒤꿈치를 잘려 출입이 자유롭지 못하니 장사도 잘 되지 아니하여 망하게 될까 근심이 되더라.

1-51 震 懸貆素餐 居非其安 失輿剝廬 休坐徒居
단비는 소찬하나 그 거처가 불안한데다가 타는 것도 없고 집을 깎으니 무리지어 앉아 쉬며 이사하더라.

1-52 艮 民怯城惡 姦人所伏 寇賊大至 入我郛郭 妻子俘獲
백성이 성이 약한 것을 겁먹고 있는데 간인에게 점령되어 많은 도적이 성 안으로 들어가 처자를 포로로 하더라.

[典據] 《左傳》 成公九年, 楚子重, 自陳伐莒. 圍渠丘. 渠丘城惡 衆潰奔于莒, 楚遂入渠丘

1-53 漸　陽低頭　陰仰首　水爲災　傷我足　進不利　難生子
양은 머리를 숙이고 음은 머리를 드니 물이 재앙이 되어 나의 발을 상하게 하니 나가는 것이 불리하고 자식은 낳기 어렵더라.

1-54 歸妹　背北相憎　心意不同　如火與金
북녘을 등지고 서로 미워하니 마음과 뜻이 서로 같지 아니하여 불과 쇠와 같더라.

1-55 豊　太微帝室　黃帝所値　藩屛周衛 不可得入 常患無患
자미원 자리는 황제(헌원성)가 자리잡은 곳으로서 제후성이 병풍처럼 주위를 호위하여 들어가지 못하니 항상 근심 걱정이 없더라.

[註] 太微帝室 별의 이름으로 황제를 상징하는 별자리임.

1-56 旅　繭栗犧牲　敬享鬼神　神嗜飮食　受福多孫
갓 낳은 송아지로 희생하여 귀신에게 공경하여 받치니 귀신이 음식을 좋아하여 복을 받을 자손이 많더라.

[註] 繭栗(견율) : 어린 송아지의 뿔이 고치나 밤과 같다는 말.

1-57 巽　出門逢惡　與禍爲怨　更相擊刺　傷我手端
문을 나가 악을 만나니 화와 더불어 원한이 되어 서로 치고 찌르니 나의 손끝을 상하더라.

1-58 兌　鷁飛中退　擧事不遂　衆人亂潰
익새가 날다가 마니 거사하여 이루지 못하여 모든 사람이 어지러이 무너지더라.

[註] 익새가 宋나라 도읍을 날다 물러가더니 송나라와 초나라가 전쟁하다 송나라가 패하였다. 鷁飛中退란 《左傳》 僖公十六年正月의 六鷁退飛를 말한다. 衆人亂潰는 宋公과 楚人이 泓에서 싸워 宋師敗績한 것을 말한다. 僖公二十二年에 보인다.

1-59 渙　跛踦相隨　日暮牛罷　陵遲後旅　室利亡雌

절름절름하며 서로 따르다 날이 저물어 우장이 파한 후에 늦게 도착하니 이익을 잃더라.

1-60 節 龍角博顙 位至公卿 世祿久長 起動安寧
이마 일각(日角)이 넓어 지위가 공경에 이르니 세록이 장구하여 기동이 안녕하더라.

1-61 中孚 舜升大禹 石夷之野 徵詣王庭 拜治水土
순임금이 우임금을 왕정으로 불러 치수와 토목공사를 맡기더라.

1-62 小過 從風放火 荻芝俱死 三害集房 叔子中傷
바람을 따라 불을 놓으니 갈대와 잔디가 모두 죽고 삼해[暴瘧頗]가 모두 모이니 숙자[叔子:진(晉) 태산 남성 사람]가 중상하더라.

1-63 旣濟 楩生荊山 命制輸班 袍衣剝脫 夏熱冬寒 飢餓枯槁 衆人莫憐
형산에 편나무가 많이 생하므로 반공에게 벌채하여 오라고 명하니 도포가 찢어지고 벗겨 떨어지고 여름엔 더웁고 겨울엔 추워 기아로 말라 쇠약해져도 사람들이 불쌍히 여기지 아니하더라.

[註] 班은 반공, 魯班이다.

1-64 未濟 長面大鼻 來解己憂 遺吾福子 惠我嘉喜
긴 얼굴에 큰 코가 와서 몸의 근심을 들어주니 나의 귀한 아들을 보내 은혜를 사례하고 아주 기뻐하더라.

坤上 坤下 坤之第二 ## 重 地 坤

2-2 坤 不風不雨 白日皎皎 宜出驅馳 通利大道
바람도 없고 비도 오지 아니하여 맑은 해가 밝고 밝으니 몰고 달리기에 아주 좋아 큰길에 잘 통하더라.

2-1 乾 谷風布氣 萬物出生 萌庶長養 華葉茂盛
동풍(봄바람)이 부니 만물이 출생하여 모든 싹이 길게 자라니 화려한 잎사귀가 무성하더라.

[註] 곡풍(谷風)은 동풍. 즉 봄바람임.

2-3 屯 蒼龍單獨 與石相觸 摧折兩角 室家不足
푸른 용이 단독으로 돌과 더불어 서로 부딪혀 두 뿔을 꺾이고 부러뜨리니 집안이 궁하고 부족하더라.

2-4 蒙 城上有烏 自名破家 招呼酖毒 爲國患災
성 위에 까마귀가 있어 스스로 이름하기를 파가라 하고 짐새의 독을 부르니 나라의 근심과 재앙이 되더라.

2-5 需 霜降閉戶 蟄蟲隱處 不見日月 與死爲伍
서리가 내리어 문을 닫고 칩충이 숨은 곳에서는 해와 달을 보지 못하니 죽음과 같더라.

2-6 訟 天之德室 溫仁受福 衣裳所在 凶惡不起
하늘의 덕실에서 온근하고 어진 복을 받아 어진 덕으로 다스리는 곳에는 흉악한 일이 일어나지 아니하더라.

2-7 師 皇階九重 絕不可登 未見王公 謂天蓋高
구중 중궐이라 절대로 들어갈 수 없어 왕과 공을 보지 못하고 하늘 뚜껑이 높다고 하더라.

2-8 比 孔德如玉 出於幽谷 飛上喬木 鼓其羽翼 輝光照國
공덕(꾀꼬리)은 옥과 같이 깊은 골짜기에서 나와 교목 위에 비상하여 그 날개를 치니 찬란한 광채가 온 나라에 비추더라.

2-9 小畜 五軛四軛 優得饒有 陳力就列 騶虞悅喜
멍에와 멍에막이를 많이 얻어 힘을 다해 진열하니 조수를 관리하는 관리가 기뻐하더라.
[註] 추우(騶虞)는 짐승이름이나 조수를 관리하는 벼슬의 명칭이다.

2-10 履 四足無角 君子所服 南征述職 以惠我國
네 다리에 뿔이 없으니 덕과 학식이 높은 사람이라야 된다. 남쪽으로 나가 제후들의 직무보고를 받아 나의 나라에 은혜를 입히더라.
[註] 술직(述職)은 제후가 천자에게 업무보고를 하는 것을 말한다.

2-11 泰 雷行相逐 無有攸息 戰于平陸 爲夷所覆
소리를 지르며 서로 좇아 휴식도 없이 평지에서 싸우다 오랑캐에게 패한 바가 되더라.

2-12 否 六龍爭極 服在下飾 謹愼管鑰 結禁無出
하늘(乾)과 땅(坤)이 지극히 요원하니 하늘 아래에 사는 자는 관문을 잠그고 나가지 아니하는 것처럼 모든 일에 근신하더라.

2-13 同人 長男少女 相向其語 福祿歡喜
장남과 소녀가 서로 정답게 말하니 복록이 무궁함을 기쁘고 기뻐하더라.

2-14 大有 奸延惡人 使德不通 炎火爲殃 禾穀大傷
간악한 사람은 덕으로도 통하지 못하니 너무 고집대로 행하면 도리어 재앙이 되어 모든 곡식이 크게 상하더라.

2-15 謙 修其翰翼 隨風向北 至虞夏國 與舜相得 年歲大樂 邑無盜賊
날개와 날개를 잘 다듬어서 바람을 따라 북으로 향해서 우 나라와 하 나라에 이르러 순임금과 같이 만나 해마다 크게 즐거우니 읍에 도적이 없더라.

2-16 豫 鉛刀攻玉 堅不可得 盡我筋力 胝繭爲疾
납칼로 옥을 깎으나 단단하여 이루지 못하고 나의 근력이 다해 부르틈이 생기더라.

2-17 隨 擧袂覆目 不見日月 衣裳簠簋 就長夜室
소매를 들어 눈을 덮으니 해와 달을 보지 못하고 의상을 보궤에 담고 밤에 길게 잠집에 들어가더라.
[註] 죽는다는 뜻이다.

2-18 蠱 賊仁傷德 天怒不福 斬刈宗社 失其邦國
어진 체하며 덕을 상하니 하늘이 노하여 복을 주지 아니하여 종묘와 사직을 베어 없애니 그 나라를 잃어버리더라.

2-19 臨 白龍赤虎 戰鬪俱怒 蚩尤敗走 死於魚口
백룡과 적호가 서로 크게 성내며 싸우다가 치우가 패주하여 어구에서 죽더라.
[註] 치우(蚩尤)는 황제(黃帝)시대에 싸움을 좋아하고 포악한 행동을 한 사람이다. 어구(魚口)는 물고기 밥이 됐다는 말이든가 아니면 지명이다.

2-20 觀 北辰紫宮 衣冠中立 含和建德 常受天福
북극 자미궁, 즉 정치하는 곳에서 자세를 바로하고 중립을 지켜 화합과 덕을 쌓으며 하늘이 주는 복을 항상 받더라.

[註] 북진(北辰)은 북극성. 자궁(紫宮)은 자미궁으로 천자가 있는 궁궐을 칭함.

2-21 噬嗑 稷爲堯使 西見王母 拜請百福 賜我喜子
후직이 요 임금의 사자가 되어 서왕모를 알현하고 복을 청하였더니 나에게 기쁜 자식을 주더라.

[註] 직(稷)은 요, 순, 우 삼대의 농사를 맡은 사람으로 주(周) 나라의 시조다. 西王母(서왕모)는 신선의 이름.

2-22 賁 三人異趣 反覆迷惑 一身五心 亂無所得
세 사람이 각기 다른 생각을 가져 반복함에 정신이 미혹하여 몸은 하나인데 마음은 복잡다단하여 얻은 바가 없더라.

2-23 剝 南山大玃 盜我媚妾 怯不敢逐 退而獨宿
남산의 큰 원숭이가 나의 아름다운 첩을 도적질 하여 가는데 겁이나서 감히 쫓지 못하고 물러가 혼자 자더라.

2-24 復 衆鬼所趨 反作光怪 九身無頭 魂驚魄去 不可以居
여러 귀신에게 쫓기는데 도리어 괴상한 광채를 내서 몸은 아홉인데 머리가 없어 혼도 놀래고 넋이 빠져 있을 수가 없더라.

2-25 无妄 延頸遠望 眛爲目病 不見叔姬 使伯心憂
목을 늘이고 멀리 바라보니 어두어 눈병이 되어 숙희를 보지 못하여 백씨로 하여금 근심하게 되더라.

2-26 大畜 典策法書 藏在蘭臺 雖遭亂潰 獨不遇災
법전과 중요한 문서를 난대(서고)에 두니 비록 난리를 만나도 홀로 아무 재앙도 만나지 않더라.

2-27 頤 自衛反魯 時不我與 冰炭異室 仁道隔塞

위 나라로부터 노 나라로 돌아오나 시운이 내게 맞지 아니하니 얼음과 숯이 다른 방에 있는 것과 같아 어진 도가 막히고 막히더라.

2-28 大過 瘤瘻禿疥 爲身瘡害 病疾瘙殘 常不遠逮
혹에 대머리에다 옴까지 올라 몸에 창(부스럼)이 생기고 병으로 몸이 쇠약해져 항상 멀리 가지 못하더라.

2-29 坎 齊東郭盧 嫁我洛都 俊良美好 媒利過倍
제나라 동곽이 노(사양개)인 나를 낙양에 시집 보내니 준량들이 아름다움을 좋아해 중매의 이익이 배가 더 되더라.
[註] 동곽(東郭)은 제당공(齊棠公)의 처이며 곽언(郭偃)의 누이다.

2-30 離 齊魯爭言 戰於龍門 構怒連禍 三世不安
제 나라와 노 나라가 언쟁하다가 용문에서 전쟁하니 원한을 맺고 화가 연속되어 삼세에 걸쳐 불안하더라.
[註] 三世不安은 齊의 頃公으로부터 莊公에 이르는 三世동안 齊와 魯가 相伐한 것을 말한다. 戰於龍門은 齊侯가 魯를 정벌하려고 龍門을 포위한 것을 말한다. 《左傳》 成公二年 및 三年에 나온다.

2-31 咸 膏澤肥壤 農人豊敵 利居長安 歷世無患
기름진 못과 비옥한 땅에 농부의 창고가 가득 차 길고 편안하게 사니 여러 대가 근심이 없더라.

2-32 恒 倉盈庾億 宜種黍稷 年豊歲熟 民得安息
창고가 차고 노적을 하니 기장과 티를 심음이 마땅하다. 해마다 풍년이 드니 백성이 편안히 쉬며 살더라.

2-33 遯 鵙鴞破斧 邦人危殆 賴旦忠德 轉禍爲福 傾危復立
나쁜 사람을 정벌하여 죽이니 나라 사람이 위태하다가 주공 단의 충성과 덕에 힘입어 전화위복하여 기울어졌다가 다시 일어서더라.

[註] 치효파부(鴟鴞破斧)는 시전의 편이름이다 주공이 관채(管蔡)를 주살하였다.

2-34 大壯 歲飢無年 虐政害民 乾溪驪山 秦楚結寃

해마다 굶주리고 학정으로 백성을 괴롭히고 건계에서 초령공이 퇴살되고 여산에 진시황을 장사지내니 진 나라와 초 나라가 원한을 맺더라.

[註] 乾溪는 楚의 靈王을, 驪山은 秦의 始皇을 말한다.

《左傳》昭公十三年 및《史記》秦始皇本紀에 나온다.

2-35 晉 摮累累 締結難解 嫫母衒嫁 媒不得坐 自爲身禍

달아맨 것을 여러번 비틀으면 맨 것을 풀기 어렵고 추하게 생긴 여자는 덕이 있다 하더라도 아무리 자랑하여도 중매가 되지 않아 스스로 몸에 화가 되더라.

[註] 모모(嫫母)는 황제(黃帝)의 차비였는데 추하지만 덕이 있었다.

2-36 明夷 娵訾開門 鶴鳴彈冠 章甫進用 舞韶和鸞 三人翼事 國無災患

추자(별자리의 이름으로 아마 새벽의 뜻인 것 같다)에 문을 여니 학이 울며 관을 치다 장보(예관)를 쓰고 무악에 맞추어 춤을 추고(즉 화합한다는 뜻이다) 세 사람이 일을 도우니 나라에 재앙과 환란이 없더라.

[註] 장보(章甫)는 관의 이름이다.

2-37 家人 弟妹合居 與類相扶 願慕群醜 不離其處

자매가 같이 살며 서로 도와 모든 어려운 일을 잘 해결하니 그 우애가 떠나지 아니하더라.

2-38 睽 邯鄲反言 父兄生患 涉叔憂恨 卒死不還

감단이 배반하였다는 말에 부모 형제에게 재앙이 생겨 섭을 숙이 근심하고 한을 품어 끝내 죽고 돌아오지 못하더라.

[註] 감단(邯鄲)은 조 나라 서울이고 섭(涉)은 진왕(陳王)의 이름. 숙(叔)은 진신(陳臣) 무신(武臣) 吳의 字로 진왕을 배반하고 장가의 난에 죽었다.

2-39 蹇 三人逐兎 各爭有得 愛妾善走 多獲鹿子
세 사람이 토끼를 쫓아 각각 소득이 있었으나 애첩이 잘 쫓아서 사슴의 새끼를 많이 잡더라.

2-40 解 北辰紫宮 衣冠中立 含和建德 常受天福
북극 자하궁 즉 정치하는 곳에서 자세를 바르게 하고 덕과 화합에 힘쓰면 항상 하늘이 주는 복을 받더라.

2-41 損 拜跪請免 不得其哺 俛首銜枚 低頭北去
절하고 꿇어앉아 용서를 청하였으나 먹을 것을 얻지 못하고 머리를 숙이고 입을 꼭 다물고 북쪽으로 가더라.

2-42 益 鶴盜我珠 逃於東隅 求之郭墟 不見所居
학이 나의 구슬을 훔쳐가니 동쪽 모퉁이로 도망기 성곽 터에서 구하였으나 살 곳을 발견하지 못하더라.

2-43 夬 一簧兩舌 妄言謬語 三姦成虎 曾母投杼
비위를 맞춰 이랬다 저랬다 거짓말만 하니 증모(증자님 어머니)가 베짜는 북을 던지더라(즉 일을 포기하다).

2-44 姤 孤獨特處 莫與爲旅 身日勞苦 使布五穀 陰陽順序
고독하게 있는 곳에 여행하지 말라. 몸이 날로 피곤하도록 일을 하면 오곡이 풍요하고 음양이 순서롭더라.

2-45 萃 褰衣涉河 澗流浚多 賴遇舟子 濟脫無他
옷을 걷고 개울을 건너는데 냇물이 깊고 많은데 배를 만나 무사히 건너 아무 일이 없더라.

2-46 升 憑河登山 道路阻難 求事少便
맨발로 강을 건너고 산을 오르니 길이 막히고 험하여 구하는 일이 조금 되더라.

2-47 困 兔罝之容 不失其恭 和謙致樂 君子攸同
토끼가 그물에 걸렸다(즉 일이 잘못됐다)해도 화합하고 공손함과 겸손함을 잃지 아니하면 즐거움이 되어 군자와 같은 바가 되더라.
[註] 시전에 그물에 걸린 야인이라도 재주가 쓸만하면 쓴다 하였다.

2-48 井 三女求夫 伺候山隅 不見復關 泣涕連如
세 여인이 지아비를 구하려고 산 모퉁이서 기다리나 남자가 거처하는 곳에 가보지 못하고 눈물만 줄줄 흘리더라.
[註] 복관(復關)은 남자의 거처하는 곳.

2-49 革 螟蟲爲賊 害我五穀 簞笥空虛 家無所食
명충이 도적이 되어 나의 곡식을 해치니 도시락이 공허하고 집에 먹을 것이 없더라.

2-50 鼎 望尙阿衡 太宰周公 藩屛輔弼 福祿來同
강태공과 주공이 이웃해서 돕고 도우니 복과 녹이 같이 오더라.

2-51 震 三年生狗 以戌爲母 荊夷上侵 姬伯出走
삼년만에 개를 낳으니 개로 어미를 삼았다. 초(楚) 나라가 쳐들어오니 제(齊) 나라 임금이 도망을 가더라.

2-52 艮 塗遏道塞 求事不得
진흙이 길을 막으니 일을 구해도 얻지 못하더라.

2-53 漸 探懷得蚤 無有凶憂 所願失道 善居漸好
하고자 하는 일이 아니 된다 하여도 흉한 근심은 없을 것이니 소원이 급히 되지 아니하여도 참고 기다리면 점점 호전되더라.

2-54 歸妹　費樓屬道　跐多擾垣　居之不安　覆壓爲患
높은 누각이 길에 있어 발꿈치가 담을 많이 흔드니 있기가 불안하여 덮어 누르면 환란이 되더라.

2-55 豊　義不勝情　以欲自傾　幾利危寵　折角摧頸
의가 정을 이기지 못해 욕심 쪽으로 기울어지면 거의 위태롭게 되어 뿔이 꺽이고 목이 부러지더라.

2-56 旅　潼滃蔚薈　扶首來會　津液下降　流潦霈
물노리 안개가 뭉개뭉개 머리를 마주대고 모여들어 물방울이 되어 큰 소낙비가 되어 내리더라.

2-57 巽　白駒生芻　猗猗盛姝　赫喧君子　樂以忘憂
흰 망아지에게 생풀이 아름답고 많으니 덕이 높은 군자가 즐거워하고 근심을 잊어버리더라.

2-58 兌　車弛人趍　卷甲相仇　齊魯寇戰　敗於犬丘
차는 달리고 사람은 달아나니 갑옷을 걷어붙이고 서로 원수가 되어 제 나라와 노 나라가 서로 전쟁하여 제 나라가 견구(땅 이름)에서 패하더라.

[註] 宋公衛公犬丘에서 만나 宋公齊魯에 패하는 것은《左傳》隱公八年에 보인다. 宋이 齊魯에 패한 것은《左傳》隱公十年에 나온다.

2-59 渙　擧首望城　不見子貞　使我悔生
머리를 들고 성을 바라보니 자정(사람)이 보이지 아니하니 나로 하여금 뉘우침이 생기더라.

2-60 節　龍鬪時門　失理傷賢　內畔外賊　則生禍難

용이 시문에서 싸워 이치를 잃으면 어진이를 상해하며 안에서 발호하고 밖의 적으로 환란이 생기더라.

2-61 中孚 安如泰山 福喜屢臻 雖有豹虎 不致危身
편안하기 태산 같고 복과 기쁨이 여러번 이르니 비록 표호(호랑이)가 있어도 몸에 위험이 이르지 아니하더라.

2-62 小過 初憂後喜 與福爲市 八佾列陳 飮御嘉友
처음에는 근심이나 나중에는 기쁨이 되어 복으로 더불어 장이 되어 파일무(궁중무)를 추며 좋은 친구와 마시더라.

2-63 旣濟 持刀操肉 對酒不食 夫行從軍 少子入獄 抱膝獨宿
칼을 가지고 고기를 잡으며 술을 대하여 마시지 아니하니 지아비는 종군하고 자식은 감옥에 들어가 무릎을 안고 홀로 자더라.

2-64 未濟 陰衰老極 陽建其德 履離戴光 天下昭明 功業不長 蝦蟆大王
음이 극히 노쇠하면 양이 그 덕을 세워 불을 밟히고 빛을 이니 천하가 밝고 밝으나 공과 업이 장구하지 못하니 하마대왕이더라.

坎上 震下 屯之第三　　　**水 雷 屯**

3-3 屯　兵征大宛　北出玉關　與胡寇戰　平城道西　七日絶糧　身幾不全
대완국을 정벌할 때 북으로 옥관을 나가 오랑캐와 싸우는데 평성 길서쪽(백등)에서 칠일간을 선우가 한고조를 포위하여 군량이 다 떨어지니 몸이 거의 완전치 못하더라.

[典據]《史記》高祖本紀, 冒頓單于圍漢高祖於白登七日. 用陳平祕 計, 厚遺閼氏, 說冒頓, 解圍.

3-1 乾　汎汎柏舟　流行不休　耿耿寤寐　心懷大憂　仁不逢時　復隱窮居
둥둥 뜬 배가 흘러가기를 그치지 아니하니 마음이 불안하여 자나 깨나 크게 근심이 되어 운이 때를 만나지 못하니 은거하더라.

3-2 坤　採薪得麟　大命隕顚　豪雄爭名　天下四分
나무를 하다가 기린을 얻었으나 대명(천명)이 어긋나 영웅이 서로 다투니 천하가 사분(四分)되더라.

3-4 蒙　山崩谷絕　天福盡竭　涇渭失紀　玉歷盡已
산이 무너지고 골짜기가 끊이니 천복이 다하고 경수와 위수가 법을 잃으니 천수가 이미 다 하더라.

3-5 需　夏臺羑里　文王所厄　鬼侯輸賄　商王解舍
하대와 유리는 감옥으로 문왕을 가두어둔 곳이다. 귀후가 뇌물을 받치니 상왕이 풀어 놓았다.

[註] 하대(夏臺)는 탕 임금을, 유리(羑里)는 문왕을 가두었던 감옥의 이름.

[典據]《史記》殷本紀, 紂囚西伯於羑里, 西伯之臣閎夭之徒, 求美女奇物善馬, 以獻紂, 紂乃赦西伯.

3-6 訟 泥津汙辱 葉損溝瀆 所共笑哭 終不頭錄

수렁에 빠져 더럽혀져서 개천에 버리니 여러 사람에게 조소를 받아 마침내 좋은 녹을 받지 못하더라.

3-7 師 李梅冬實 國多盜賊 擾亂並作 君不得息

오얏과 매실이 겨울에 열매를 맺으니(즉 매사에 때를 어기면) 나라에 도적이 많고 겸해서 요란하니 임금이 휴식을 얻지 못하더라.

[典據]《左傳》僖公三十三년, 十二月李梅實, 書不時也

3-8 比 獐鹿逐牧 飽歸其居 反還次舍 無有疾故

노루와 사슴이 목동을 따라 포식하고 거처로 돌아와 다음 곳으로 되돌아가니 아무 탈이 없더라.

3-9 小畜 夾河爲婚 期至無船 搖心失望 不見所歡

강 건너에 혼인을 정하고 기일이 되어 배가 없으니 마음이 흔들리고 실망해서 기쁜 바를 보지 못하더라.

3-10 履 百足俱行 相輔爲强 三聖翼事 王室寵光

지네, 노래기(즉 나쁜 사람)들과 같이 가서 서로 도우면 강하게 되는데 세 성인이 일을 도우니 왕실이 은총을 받더라.

3-11 泰 坐位失處 不能自居 凋攝違和 陰陽顚倒

제자리를 잃은 곳에 능히 살 수가 없고 조섭이 잘 되지 않으면 음양(모든 조화)이 전도되더라.

3-12 否 登几上輿 駕駟南遊 合從散橫 燕齊以强

소진이 연(燕) 나라 정승이 되어 네 마리 말이 끄는 수레를 타고 남쪽으로 순행하니 종으로 합치고 횡으로 헤어져 연 나라와 제 나라가 강해지더라.

[註] 소진, 장의는 전국시대에 말 잘하는 사람이다.

[典據] 《戰國策》, 蘇秦合從連橫. 約燕齊等六國以抑秦.

3-13 同人　三孫荷弩　無益於輔　城弱不守　邦君受討

세 손씨가 쇠뇌를 매었다 하나 도움이 되지 아니하고 성이 약한데 지키지 아니하니 임금이 토벌을 당하더라.

[註] 三孫은 노 나라 대부 계손(季孫), 숙손(叔孫), 맹손(孟孫) 삼가(三家)를 말함.

[典據] 《左傳》 昭公二十五年에 삼가가 반하여 昭公을 치다. 소공은 齊로 축출되다.

3-14 大有　河伯大呼　津不可渡　船空無人　往來亦難

물귀신이 크게 부르니 나루를 건널 수 없고 배가 비어 사람이 없으니 왕래가 또한 어렵더라.

[註] 河伯은 물귀신이다.

3-15 謙　甘露醴泉　太平機關　仁德感應　歲樂民安

감로와 예천으로 나라가 태평하니 어진 덕에 감응하여 해마다 백성이 편안함을 즐기더라.

[註] 甘露醴泉은 어진 정치로 천하가 태평하면 나타난다.

3-16 豫　重茵厚席　循皐採藿　雖躓不懼　復反其完

두터운 인과 두터운 자리로 언덕을 돌아 곽향을 캐니 비록 쓰러지더라도 두려워하지 않고 다시 그 집으로 돌아오더라.

3-17 隨　太乙駕騮　從天上來　徵我叔季　封爲魯侯

태을성이 월다말을 타고 하늘로부터 와서 나의 끝의 동생을 거두고 노 나라 임금에 봉하더라.

[註] 성왕이 주공의 아들 백금을 노후에 봉했다. 太乙은 天上의 별 이름. 叔季는 武公의 少子 戲.

[典據] 《史記》 魯世家, 武公與長子括, 少子戲, 西朝周宣王, 宣王愛戲. 立戲爲魯太子. 是爲懿公.

3-18 蠱 南巴六安 石斛戟天 所指不已 耋老復丁 弊室旧墟 更爲新家
남파와 육안의 석곡과 극천은 지칭한 바와 같이 늙은 몸이 다시 정정하여져서 황폐한 집의 옛터에 다시 새집을 짓더라.

3-19 臨 家給人足 聲並作 四夷賓服 干戈韜閣
집에 사람이 넉넉하고 찬양하는 소리가 아울러 일어나고 사방의 오랑캐(세계 각국)들이 와서 복종하니 칼과 창을 창고에 감추더라.

[註] 사이빈복(四夷賓服)은 武王 때 일이다. 모든 나라가 복종하였다.

3-20 觀 東隣嫁女 爲王妃后 莊公築館 以尊王母 歸于京師 季姜悅喜
동쪽 이웃에 시집간 여인이 왕비가 되니 장공이 객사를 짓고 왕모로 존칭하고 서울로 가서 환왕후가 되니 계강이 희열하더라.

[註] 姜은 齊 나라의 성이다.

[典據] 《春秋》 桓公八年, 祭公來, 遂逆王后於紀. 九年, 紀季姜歸於京師.

3-21 噬嗑 陳嬀敬仲 兆興齊姜 營丘是適 八世大昌
진규, 경중이 제나라에서 벼슬하여 영구땅을 하사받으니 여덟대가 대창하더라.

[註] 진규(陳嬀)는 성이요, 경중(敬仲)은 이름. 진공자완(陳公子完)이요 영구(營丘)는 地名.

3-22 賁 路多枳棘 步刺我足 不利旅客 爲心作毒
길에 가시덤불이 많아 걸을 때 나의 발을 찌르니 여행하기 불리하여 마음에 걱정이 되더라.

3-23 剝 天官列宿 五神共舍 宮闕光堅 君安其居
하늘의 별 자리에 다섯 신이 한자리에 같이 있고 궁궐이 빛이 나고 단단하니 임금이 편안히 살더라.

3-24 復 牧羊稻園 聞虎呻喧 懼畏惕息 終無禍患

양을 도원에서 치는데 호랑이의 울부짖는 소리를 듣고 무서워서 한숨을 짓고 있었으나 마침내 화환이 없더라.

3-25 无妄 鳴條之圖 北奔犬胡 左衽爲長 國號凶奴 主君旄頭 立尊單于
명조의 땅은 북쪽 견호의 좌임 장(長)이 되어 국호를 흉노라 하고 깃대를 세우고 스스로 서서 높은 선우가 되더라.

[註] 명조(鳴條)는 탕 임금이 하걸(夏桀)을 추방한 곳.

[典據]《漢書》匈奴其先夏后氏之苗裔

3-26 大畜 身潔已 逢禹巡狩 錫我玄圭 拜受福佑
몸과 마음을 닦고 우 임금을 만나 천하를 두루 안찰(按察)하니 나에게 현규를 줌으로 절하고 복과 도움을 받더라.

[註] 현규(玄圭)는 우 임금이 수로공사의 성공을 순 임금에게 보고할 때 바친 폐백으로 물빛이 검으므로 현규라 함.

3-27 頤 冬華不實 國多盜賊 疾病難醫 鬼哭其室
겨울꽃(설화)은 열매가 없고 나라에 도적이 많고 병이 나면 고치지 못하니 귀신이 그 집에서 울더라.

3-28 大過 襄送季女 至於蕩道 齊子旦夕 留連久處
제 양공이 동생 누이를 노 환공에게 시집보낼 때 탕도에 이르러 조석으로 같이 있으면서 오래 머물더라.

[註] 襄은 齊의 襄公. 季女와 齊子는 齊襄公의 누이동생(妹)으로 魯의 桓公의 夫人.

[典據] 桓公十八年, 公與夫人姜氏如齊.

3-29 坎 朽根倒樹 花葉落去 卒逢火焱 隨豊偃仆
썩은 뿌리가 나무를 쓸어뜨려 꽃과 잎이 다 떨어지면 마침내 불을 만나 바람을 따라 쓰러져 눕더라.

3-30 離 陰變爲陽 女化作男 治道得通 君臣相承

음이 변하여 양이 되고 여자가 남자가 되니, 즉 전후가 바뀌어 어지러운 세상이 되나, 정치가 잘 통하면 임금과 신하가 서로 계승하더라.

3-31 咸 火絕續光 火滅復明 簡易理得 以成乾功

불이 꺼지기 직전에 다시 빛을 발하고 꺼지는 것과 같이 주역의 이치를 잘 살펴 얻으면 천하의 이치를 얻더라.

[典據]《周易》繫辭傳, 易簡而天下之理得矣

3-32 恒 多載重負 損棄於野 予母離子 但自勞苦

너무 많은 짐을 싣고 가다 들에 버리면 너의 어미가 자네를 떠날 것이니 단지 스스로 노고할 뿐이더라.

3-33 遯 江河海澤 衆利安宅 可以富有 飮御嘉客

강과 바다 및 못물은 모두에게 이익을 주고 편히 살게 해주어 가히 부유하게 하니 좋은 손님을 모시고 마시더라.

3-34 大壯 冬採薇蘭 地凍堅坼 利走東北 暮無所得

겨울에 고비를 캐니 땅이 얼어서 터지고 단단하여 이익이 동북으로 달아나 해가 저물어도 얻은 바가 없더라.

3-35 晉 烏鵲嘻嘻 天火將起 燔我室屋 災及姬后

까막 까치가 송나라 태묘(太廟)에서 지저귀고 장차 천화가 일어나 나의 집을 태우니 재앙이 희후에게 미치더라.

[註] 宋太廟에서 새가 울더니 송 나라에 큰 재앙이 있어 송백희가 죽었다.

3-36 明夷 蠆室蜂戶 螫我手足 不可進取 爲身害咎

벌집의 벌이 나의 손과 발을 쏘니 나가 취하지 못하고 몸에 해가 되더라.

3-37 家人 崔嵬北岳 天神貴客 溫仁正直 主布恩德 閔哀不已 蒙受大祿
높고 높은 북악에 천신과 귀한 객이 온화하고 어질며 정직하여 주로 은덕을 베풀고 깊이 걱정하여 마지아니하니 덕택에 큰 녹을 받더라.

3-38 睽 伯蹇叔盲 莫與守床 失我衣裘 代己除服
맏이는 절름발이이고 아제비는 눈이 멀어 침상을 지키지 못하니 나의 옷과 갑옷을 잃고 벗은 옷으로 대신하더라.

3-39 蹇 爲季求婦 家在東海 水長無船 不見所歡
계수를 구하는데 집이 동해에 있어 물길은 먼데 배가 없어 기뻐하는 바를 보지 못하더라.

3-40 解 山陵邱墓 魂魄失舍 精神盡竭 長寢不覺
산 언덕 묘에 혼백이 십을 잃으니 정신이 다 말라서 길게 잠들어 깨지 못하더라.

3-41 損 騎牛折角 下山傷軸 失其利祿
소를 타는데 뿔을 꺾이고 하산하여 축을 상하니 그 이익과 녹을 잃더라.

3-42 益 九載舟船 無根以浮 往來濟濟 心勞且憂
물이 선박을 싣고 뿌리없이 떠서 왕래하며 건너고 건너니 마음이 괴롭고 또 근심이 되더라.

3-43 夬 有鳥來飛 集于宮樹 鳴聲可惡 主將出去
새가 날아 궁중나무에 모이니 우는소리가 몹시 모질어 주인이 장차 나아가더라.

3-44 姤 東徙不時 觸患離憂 井泥無濡 思叔舊居
동쪽으로 불시에 이사하니 환란을 피하고 근심을 떠났으나 우물이 흐려 적셔 빨수 없어 어릴 때의 옛집을 생각하더라.

3-45 萃 黃帝所生 伏羲之宇 兵刃不至 利以居止
황제가 태어난 곳은 복희씨 집이니 병기와 칼이 이르지않아 편안히 살 수 있더라.

3-46 升 東山求亂 處否恩夫 勞我君子 役無休己
동산(주공)이 난을 구하기 위하여 동정할 때 지어미는 남편을 생각하는데 나의 군자(남편)를 수고롭게 하는 병역은 쉬임이 없더라.

3-47 困 跛躓未起 失利復市 不得鹿子
미끄러저 넘어져 일어나지 못하여 시장이 파한 후라 장사도 못하고 사슴새끼를 얻지 못하더라.

3-48 井 大蛇當路 使季畏懼 湯火之災 切近我膚 賴其天幸 趨于王廬
큰 배암이 길에 있어 한고조로 하여금 두려워하게 하고 뜨거운 물과 불의 재앙이 나의 피부에 접근하게 되는데 천행으로 왕의 자리에 나아가게 되더라.

[註] 계(季)는 한고조 유계(劉季)임

[典據]《史記》高祖本紀, 嘗被酒夜徑澤中, 有大蛇當道. 高祖拔劍斬之.

3-49 革 從容長閑 遊戲南山 拜祠祀神 神使無患
조용히 한가롭게 남산에서 놀고 있다가 산신당에 절하고 제사 지내니 신이 환란이 없도록 하여 주더라.

3-50 鼎 區脫康居 慕義入朝 湛露之歡 三爵畢恩 復歸野廬 與母相扶
북쪽 국경 황무지 강거에서 의를 사모해 입조하여 감노주를 세 잔 마시고 사은을 마치고 다시 야려(살던 집)로 돌아와 어머니와 같이 서로 의지하며 살더라.

3-51 震 龜鱉列市 河海饒有 長錢喜價 商季悅喜
거북과 자라로 장을 이루니 하수와 바다에 많이 있는데 좋은 값에 잘 매매되니 장사꾼이 기뻐하더라.

3-52 艮　年常蒙慶　今歲受福　三夫採草　出必有得
해마다 경사를 입으니 금년에도 복을 받아 세 지아비가 풀을 캐니 나가면 반드시 얻음이 있더라.

3-53 漸　二人俱東　道怒爭訟　意乖不同　使君悔悔
두 사람이 같이 동쪽으로 가는데 길에서 서로 다투어 뜻이 어긋나 같이 아니해서 임금으로 하여금 마음이 두려워서 설레게 하더라.

3-54 歸妹　樹栽藿豆　爲鹿兎食　君不愼護　秋無收入
콩잎콩을 재배하는 것은 사슴과 토끼를 먹이기 위한 것이니 그대가 잘 가꾸지 아니하면 가을에 수입이 없더라.

3-55 豊　黃鳥悲鳴　愁不見星　因於鷙鳥　使我心驚
황조가 슬피 우는 것은 별을 보지 못함을 근심하는 것인데 새매로 인해 나로 하여금 마음을 놀라게 함이더라.

3-56 旅　雙鳧俱飛　欲歸稻池　經涉椒澤　爲矢所射　傷我胸臆
두쌍의 오리가 같이 날아 도지로 돌아가다 추택(풀 우거진 못)을 지나다가 살에 맞아 나의 가슴을 상하더라.

3-57 巽　久客無休　思歸故鄕　霖兩盛溢　道未得通
오래된 객이 의지할 곳이 없어 고향으로 돌아갈 생각이나 장마비가 심해서 길이 막혀 통하지 못하더라.

3-58 兌　道路辟除　南至東遼　衛子善辭　使國無憂
길이 으슥하고 궁벽하여 남쪽으로 동쪽 요 나라에 이르러 위자(호위한 사람 또는 비서)가 말을 잘해 나라로 하여금 근심이 없게 하더라.

[註] 衛子는 朝鮮王 滿을 말한다. 滿은 燕人으로 姓은 衛.

[典據]《史記》朝鮮列傳, 朝鮮王滿者本燕人. 自全燕時, 常略屬眞番朝鮮. 後燕王盧

綰反, 入匈奴. 滿亡命. 聚黨千余人, 東走出塞, 渡浿水, 都王險. 孝惠高後時, 與遼東太守約爲外臣. 保塞外蛮夷. 滿遂王三世.

3-59 渙 同枕同袍 中年分去 價少無利 獨居愁恩
베개를 같이 하고 도포를 같이 입다가 중년에 서로 헤어지니 가치는 적고 이익은 없어 홀로 살며 근심하며 생각하더라.

3-60 節 衆神集聚 相與議語 南國虐政 百姓愁苦 興師征討 更立賢主
곤륜산신이 모두 모여 서로 의논하는데 주의 학정으로 백성이 고로에 시달리니 군사를 일으켜 토벌하고 새로이 어진 임금(주무왕)을 세우더라.
[註] 주의 학정은 상왕 주의 학정을 칭함이다.

3-61 中孚 北隆閉蟄 隱伏不出 目盲耳聾 道路不通
북쪽 땅이 겨울잠을 자는 것처럼 숨어 나가지 아니하니 눈이 멀고 귀가 먹어 길이 통하지 못하더라.

3-62 小過 痴狂妄作 心誰善感 迷行失路 不知南北
천치가 미치니 모든 것을 다 잊어 마음을 속이고 흐려져 길을 잃고 동서남북의 방향을 알지 못하더라.

3-63 旣濟 楝隆輔强 寵貴日光 福善並作 樂以高明
기둥을 높이고 보강하여 일광(빛)이 잘 들게 하며 복을 잘 받게 하니 높이 밝게 한 것을 즐거워하더라.

3-64 未濟 受我嬰女 牽衣不與 冀幸高貴 反日賤下
나의 사랑스런 딸을 이끌어 같이 하지 아니함은 고귀하게 되기를 바라는 것인데 날로 하천하게 되더라.

艮上 坎下 蒙之第四 　　　山水蒙

4-4 蒙　何草不黃　至未盡玄　室家分離　悲愁于心
어느 풀인들 누레지지 않으리오. 다 검게 되기 전에 집안이 떠나고 나뉘어지니 마음이 슬프고 근심이 되더라
[註] 何草不黃 : 시전에서 유왕(幽王)을 풍자한 것이다.

4-1 乾　海爲水王　聰聖且明　百流歸德　無有畔逆　常饒優足
바다는 물의 왕이니 총명하고 성스럽게 모든 강물을 아무 조건없이 받아들이니 항상 풍족하고 우아하더라.
[註] 모든 제후가 왕에게 귀순한다는 뜻이다.

4-2 坤　天之所祐　禍不過家　左輔右弼　金玉滿堂　常盈不亡　富如廒倉
하늘이 도우사 화란이 집에 들지 아니하고 좌우가 모두 도와 금과 옥이 집안에 가득하여 항상 차서 없어지지 아니하니 부함이 큰 창고와 같더라.

4-3 屯　安息康居　異國穹廬　非吾習俗　使我心憂
강거에 살게 되니 다른나라 궁려가 나의 습관에 맞지 아니하여 근심 걱정이 되더라.
[註] 康居 : 魏때 중앙아시아에 土其耳系 유목민이 세운 나라.
궁려(穹廬) : 몽고 사람이 사는 집.

4-5 需　范公鴟夷　善賈飾資　東之營丘　易字子皮　把珠戴金　多得利歸
범려가 월나라에 가서 많은 보옥을 사가지고 배로 제나라 서울 영구로 가서 이름(字)을 바꾸어 치이자피(鴟夷子皮)라 하고 구슬을 팔아 많은 이익을 얻어 부자가 되더라.

4-6 訟 老楊日衰 條多枯枝 爵級不進 逐下摧隤

늙은 버드나무가 날로 쇠잔하여 가지가 많이 마르고 계급이 오르지 아니하여 아래로 내려가 꺾이어 무너지더라.

4-7 師 小狐渡水 汚濡其尾 利得無幾 與道合契

작은 여우가 물을 건너는데 그 꼬리가 젖고 더럽혀지니 이득은 거의 없고 길과 더불어 잘 부합하더라.

4-8 比 豕生魚鲂 鼠舞庭堂 奸施毒 上下昏荒 君失其邦

돼지가 어방에서 나고 쥐가 뜰과 집에서 춤을 추니 간교하게 아첨하는 무리가 독을 쳐서 상하가 혼미하여 위 아래가 정신을 잃으니 임금이 그 나라를 잃더라.

4-9 小畜 天地配亨 六位光明 陰陽順序 以成和平

하늘과 땅이 짝지어 흠향하니 만물이 광명을 찾고 음양이 순서가 있어 화평을 이루더라.

4-10 履 踝踵足傷 右指病癰 失旅後時 利走不來

종지뼈가 발뒤꿈치의 발을 상하고 오른손가락이 병들어 여행을 할 수 없어 때를 놓치니 이익이 달아나고 오지 않더라.

4-11 泰 異体殊患 各有所屬 西隣孤縕 欲寄我室 王母罵詈 求不可得

다른 몸 다른 병은 각각 소속이 있다. 서쪽 외로운 노파가 나의 집에 붙어 살고자 하나 왕모가 꾸짖어 욕하니 구해도 얻지 못하더라.

4-12 否 操秬鄉畝 祈貸稷麥 飮食充口 安和無咎

검은 기장을 시골 밭에 심고 피와 기장을 빌어주고 먹고 마시어 입을 채우니 편안하고 화목하여 허물이 없더라.

4-13 同人 新受大寵 福祿重來 樂且日富 蒙慶得財

새로 크게 고임을 받아 복과 녹이 거푸 오니 즐겁고 또 날로 부자가 되고 경사에 힘입어 재물을 얻더라.

4-14 大有 擧盃飮酒 無益溫寒 指直失取 亡利不懽

잔을 들어 술을 마시는데 덥고 찬 것을 가리겠는가. 곧은 것을 주장하다 취할 것을 잃어 이익이 도망가 기뻐하지 아니하더라.

4-15 謙 日月相望 光明盛昌 三聖茂承 功德大隆

해와 달이 서로 바라보니 광명이 성왕한데 세 성왕(요,순,우)이 계승하니 공덕이 크게 융창하더라.

4-16 豫 猾夫爭强 民去其鄕 公孫叔子 戰於瀟湘

교활한 지아비가 상함을 나투니 백성이 그 향리를 버리고 떠나가고 공손 숙자가 소상강에서 싸우더라.

4-17 隨 猿墮高木 不踒手足 還歸其室 保我金玉

원숭이가 높은 나무에서 떨어져도 손과 발이 부러지지 아니하여 그 집에 돌아오니 나의 금과 옥이 보존하더라.

4-18 蠱 逐狐東山 水過我前 深不可涉 失利後便

여우를 동산에서 쫓는데 물이 나의 앞을 막아 깊어서 건너지 못해 이익을 잃고 뒤편으로 밀더라.

4-19 臨 鑿井求玉 非卞氏寶 名困身辱 勞無所得

우물을 파서 옥을 구하니 변씨의 보물이 아니다. 명예도 곤하고 몸도 욕되니 수고만 하고 얻은 것이 없더라.

4-20 觀 黃玉溫厚 君子所服 甘露溽暑 萬物生茂

황옥은 온후하여 군자가 좋아하고 단이슬이 내리는 무더위에 만물이 생장하여 무성하더라.

[註] 황옥(黃玉) : 옥은 땅의 정이요, 황은 중정(中正)의 색으로 군자를 상징하는데, 덕이 하늘에 이르러 화기가 감응하면 甘露가 내린다고 한다.

4-21 噬嗑 晝龍頭頸 文章不成 甘言善語 說辭無名

용의 머리와 목을 그리는데 문장이 이루어지지 아니하고 달콤한 말과 좋은 말만 하는데 말만으로는 되지 아니하더라.

4-22 賁 招禍致凶 來弊我邦 病在手足 不得安息

화를 불러 흉한 데 이르게 하여 폐가 나의 나라로 오게 되는데 병이 수족에 있어 편히 쉬지 못하게 되더라

4-23 剝 履位乘勢 靡有絕斃 皆爲隷圉 與衆庶伍

지위를 이용하여 승세하여 아주 죽지 않으면 다 함께 휩쓸려 무리와 같이 대오를 이루더라.

4-24 復 獐鹿雉兎 群聚東圃 盧黃白脊 俱往趨逐 九齚十得 君子有喜

노루, 사슴, 꿩, 토끼가 동산에 무리지어 모이니 사냥개의 성마루가 누루며 흰것들이 같이 가서 쫓고 쫓기고 하여 아홉을 물어 열을 얻으니 군자가 기뻐하더라.

4-25 无妄 織錦未成 緯盡無名 長子逐兎 鹿起失路 見利不得 因無所據

비단을 짜다 날(緯)이 다해 문의를 이루지못하고 장자가 토끼를 쫓는데 사슴이 일어나 길을 잃어 이(利)를 보고도 얻지 못하니 의지할 곳이 없더라.

4-26 大畜 大厭周德 命與仁國 以禮靖民 兵革休息

하늘이 주나라 정치를 싫어해 명을 어진 나라에 주시니 예로써 백성을 다스리니 병혁(전쟁)이 그치더라.

4-27 頤　重譯貢芝　來除我憂　善說遂良　與喜相求
여러 번 통역하여 난초를 조공 바치고 와서 나의 근심을 제거하고 좋은 말로 어질게 하니 서로 기뻐하고 도우더라.

4-28 大過　膏壤肥澤　人民孔樂　宜利居止　長安富有
기름진 땅과 비옥한 못(저수지)을 인민이 매우 즐거워하고 마음에 드는 곳을 골라 사니 길게 편안하고 부유하더라.

4-29 坎　白龍黑虎　起鬐暴怒　戰於涿鹿　蚩尤敗走　居止不殆　君安其所
흰 용과 검은 호랑이가 몹시 성이 나서 탁록에서 전쟁하여 치우가 패주하니 살기가 위태하지 아니하여 임금이 그곳에 편안하더라.

[註] 黃帝 헌원 때 치우 형제 81人은 몸은 짐승에 사람의 말을 하고 안개를 피우고 모래를 먹고 조화를 부려 마구 사람을 죽이는 무도한 무리인데 황제가 탁록에서 싸워 사로잡아 죽였다.

4-30 離　抱關傳言　聾跛摧筋　衆賤無下　災殃所在
관문을 지키고 말을 전하니 귀먹고 절뚝여 근육이 끊겼으니 천민과 다름이 없어 재앙이 있는 곳이더라.

4-31 咸　憂禍解除　喜至慶來　坐立歡門　與樂爲隣
근심과 화난이 다 없어지니 기쁨이 이르고 경사가 와서 환영문에 앉아 이웃과 즐기더라.

4-32 恒　折鋒載殳　輿馬放休　行軍依營　天下安寧
창을 꺾어 날없이 하고 말을 놓아 쉬게 하고 행군에 영채를 의지하니 천하가 안녕하더라.

4-33 遯　至德之君　仁政且溫　伊呂股肱　國富民安
덕이 높은 임금이 어진 정치에 또 온순하고 이윤과 강태공 같은 재상이 도우니 나라는 부하고 백성은 편안하더라.

4-34 大壯 千里望城 不見山青 老兎蝦蟆 遠絕無家
천리(먼)성을 바라보니 푸른 산을 보지 못하고 늙은 토끼와 두꺼비가 멀리 끊어져 집에 없더라.
[註] 토끼와 두꺼비는 달의 별칭.

4-35 晉 有莘季女 爲夏妣后 貴夫壽子 母字四海
신국의 계녀가 있어 하나라의 왕후가 되니 귀한 지아비에 장수하는 아들을 두니 사해의 어머니가 되더라.

4-36 明夷 不虞指患 禍至無門 奄忽暴華 痛傷我心
뜻밖에 일어난 걱정은 화가 마구 들어와 홀연 별안간에 죽으니 나의 마음을 몹시 상하게 하더라.

4-37 家人 飛鷹退去 不食鄰鳥 憂患解除 君主安居
날으는 독수리가 물러가니 이웃집 새가 먹이지 아니하여 우환이 풀리니 군주가 편안히 살더라.

4-38 睽 踁蹉側跌 申酉爲祟 戌亥滅明 顔子隱藏
머뭇거리다가 옆으로 미끄러져 넘어지니 신유에 빌미가 되어 술해에 멸명하니 안자가 숨어 감추더라.

4-39 蹇 司祿憑怒 謀議無道 商氏失政 殷人乏祀
벼슬아치가 몹시 노하여 모의가 무도하여 상나라가 실정하고 은나라 사람은 절손하여 제사가 끊어지더라.

4-40 解 望雞得雉 冀馬-駒 大德生少 有廖從居

닭을 바라는데 꿩을 얻고 말을 바라는데 망아지를 얻으니 큰 덕은 조금 보나 주소공을 따라 살더라.

[註] 료(廖)는 周召伯의 이름.

[典據]《左傳》哀公元年, 昔有過澆殺斟灌, 以伐斟鄩. 滅夏後相. 後緡方娠. 逃出自寶. 歸于有仍. 生少康.

4-41 損 忉忉怛怛 如將不活 黍稷之恩 靈輒以存

마음으로 근심 걱정함은 장차 살지 못할 것 같더니 곡식의 덕으로 영공이 문득 살아 있더라.

[註] 영(靈)은 晉靈公이다.

[典據]《左傳》宣公二年, 初宣子(趙盾) 田於首山, 舍于翳桑. 見靈輒餓. 問其病. 曰, 不食三日矣. 食之. 旣而與爲公介, 倒戟以禦公徒, 而免之. 問何故. 對曰, 翳桑之餓人也. 問其名居, 不告名而退, 遂自亡也.

4-42 益 噂噂囁囁 夜作晝匿 謀議我資 來攻我室 空盡我財 幾無以食

수군수군 중얼중얼 낮에는 숨고 밤이면 나의 자산을 모의하여 내 집을 공격하여 내 재물을 다 털어가니 거의 먹을 것이 없더라.

4-43 夬 天指所壞 不可强支 衆口指笑 雖貴必危

하늘이 무너뜨릴 때는 억지로 지탱할 수 없고 여러 사람이 손가락질하고 비웃으면 비록 귀인이라도 반드시 위태하더라.

4-44 姤 目動睫瞤 喜來加身 擧家蒙歡 吉利無殃

눈을 움직여 꿈적꿈적이고 기쁨이 와서 몸에 가하여 온 집안이 기뻐하니 길하며 이로웁고 재앙은 없더라.

4-45 萃 黿羹芬香 染指弗嘗 口飢於手 子公恨饞

자라국 냄새를 맡고 자공의 식지가 움직이니 맛 좋은 음식을 먹을 것이라고 하였는데 정영공이 일부러 다른 대신들에게 사식하고 자공만 빼 놓아 자공이 화가 나서 솥에 가서 손으로 자라를 건져 먹더라.

註) 춘추시대의 일이다. 즉 작은 일에 원한을 살 수 있다는 것이다.

[典據]《左傳》宣公四年, 楚人獻黿於鄭靈公. 公子宋與子家將入見. 子公之食指動. 以示子家. 曰, 他日我如此, 必嘗異味. 及入宰夫將解黿, 相視而笑. 公問之. 子家以告. 及食大夫黿, 召子公而弗與. 子公怒. 染指於鼎嘗之而出.

4-46 升 天福所豊 兆如飛龍 成子得志 六二以興

천복이 풍성한 데는 용이 하늘을 나는 것과 같은 징조다. 진성자가 제나라에서 뜻을 얻으니 팔대(八代)에 다시 일어나더라.

[註] 屯의 서합 진경 중의 8세손이 성자이다.

[典據]《莊子》胠篋篇, 田成子弑齊君. 十二世而有齊國.《釋文》, 自敬仲奔齊, 至莊子九世. 知齊政. 自太公和至威王三世. 而有齊國. 共十二世. 그래서 '六二以興'이라고 한다. 六二는 十二世. 成子는 田成子.

4-47 困 氓伯以婚 抱布自媒 棄禮急情 卒罹悔憂

춘추시대 위(衛) 선공 때 음란한 풍습이 성행, 남녀 구별없이 자유연애하여 예의 없이 정에 급급하다가 서로 헤어지고 후회하고 근심하더라.

4-48 井 夏姬親附 心聽悅喜 利以博取 無言不許

하희가 친가에 오니 마음에 희열하여 좋은 물건을 많이 취하니 말없이 허락하지 아니하더라.

[註] 夏姬는 정목공의 딸로서 陳대부 어숙의 처다. 莊王이 夏姬를 취하자 巫臣은 그러하지 말라고 諫했다. 子反이 또한 夏姬를 첩으로 삼으려 하자 巫臣은 다시 그러지 말라고 諫했다. 뒤에 巫臣자신이 夏姬를 데리고 晋으로 도망했다.《左傳》成公二年에 보인다.

4-49 革 南山昊天 刺政閔身 疾悲無辜 背憎爲仇

남산 하늘에 어그러진 정치에 몸이 병드니 미워하고 슬퍼하는 것은 허물이 되지 아니하나 미워하기를 원수같이 심하게 하더라.

4-50 昇 三人爲旅 俱歸北海 入門上堂 拜謁王母 勞賜我酒 歡樂無彊
세 사람이 여행하여 같이 북해로 돌아가 문을 들어가 당에 올라 왕모를 배알하니 수고했다고 술을 하사하니 모두 기뻐하고 즐거워하더라.

4-51 震 愆淫旱疾 傷害稼穡 喪利病來 農人無食
오랜 가뭄의 허물로 일찍이 병들며 농작물을 상해하니 농민이 먹을 것이 없더라.

4-52 艮 攫飯把肉 以就口食 所往必得 無有虛乏
밥을 움켜잡고 고기를 잡고 나가 입으로 먹으니 나가면 반드시 얻고, 헛됨의 다함이 있지 아니하더라.

4-53 漸 烏飛無翼 兎走折足 雖欲會同 未得所欲
까마귀가 나는데 날개가 없고 토끼가 달아나다 다리가 부러지니 비록 회동하고자 하나 뜻하는 대로 되지 않더라.

4-54 歸妹 体重飛難 不得踰關 行坐憂愁 不離室垣
몸이 무거워 날기 어렵고 관문을 넘을 수 없어 서성거리다 앉아 근심하며 집의 담장을 떠나지 못하더라.

4-55 豊 四雄并處 人民愁苦 擁兵東西 不得安所
네 영웅이 아울러 있으니 백성이 근심하고 괴로워하는데 동서로 군대가 옹위하니 편안한 곳을 얻지 못하더라.

4-56 旅 譯重關牢 求解己憂 心感乃成 與善俱居
관문이 굳어서 여러 번 통역하여 과거의 근심을 풀기를 구해서 마음에 느낌을 이루어 서로 사이좋게 같이 살더라.

4-57 巽 患解憂除 王母相予 與喜俱來 使我安居
재앙을 풀어 근심을 제거하니 왕모가 나를 도와 기쁨과 더불어 같이 오니 나로 하여금 편안히 살더라.

4-58 兌 冬生不華 老女無家 霜冷蓬室 更爲枯株
겨울에 낳은 것은 화려하지 못하고 늙은 여자가 집이 없어 냉기가 심한 가난한 집에 거처하니 다시 포기가 마르더라.

4-59 渙 震慄恐懼 多所畏惡 行道留難 不可以步
두려워 벌벌 떨며 겁내고 미워하여 길을 가다 머무르기 어려워 걸음을 걷는 것이 옳지 못하더라.

4-60 節 三夫共妻 莫適爲雌 子無名氏 翁不可知
세 지아비가 한 지어미를 같이 하니 한 사람의 아내가 되지 못해 자식의 성명이 없으니 애비가 누군지 알지 못하더라.

4-61 中孚 草凋被霜 花葉不長 非時爲災 家受其殃
서리가 내려 풀이 마르고 꽃과 잎사귀가 자라지 못하니 때가 아니면 재앙이 되어 집이 그 재앙을 받더라.

4-62 小過 雉兎之東 狼虎所食 貪餮凶惡 不可止息
꿩과 토끼가 있는 동산은 이리와 호랑이의 먹이가 되니 먹이를 탐내는 것이 흉악하여 그칠 줄을 모르더라.

4-63 旣濟 馬驚車破 主墮深溝 身死魂去 離其室廬
말이 놀라 수레가 깨지고 주인은 깊은 도랑에 떨어져 몸은 죽고 혼은 가니 그 방과 집을 떠나더라.

4-64 未濟 山林麓藪 非人所處 鳥獸無禮 使我心苦
산림녹수(산언덕 덤불)는 사람이 있을 곳이 못된다. 새와 짐승이 예의가 없어 나로 하여금 마음의 괴로움이 있더라.
[註] 산소에 새나 짐승이 똥을 마구 싼다는 뜻이다.

坎上 乾下 需之第五　　水天需

5-5 需　久旱三年　草木不生　粢盛空乏　無以供靈
오래 가물기 삼년에 초목이 살지 못하니 제기가 비어 제사를 지내지 못하더라.

5-1 乾　火滅復息　君明其德　仁人可遇　身受利福
불이 멸하고 다시 꺼지니 임금이 그 덕을 밝혀 어진 사람을 만나게 되어 몸으로 이익과 복을 받더라.

5-2 坤　溫山松栢　常茂不落　鸞鳳以庇　得其歡樂
따사로운 산의 송백은 항상 무성하고 떨어지지 아니하며 뜻을 같이하는 좋은 벗이 감싸고 도우면 기쁘고 즐거움을 얻더라.

5-3 屯　西誅不服　恃强貢力　倍道趨敵　師徒敗覆
서쪽(秦)을 공격하여 항복받지 못하니 강한 것을 믿고 대해서 배도하여 적을 쫓다가 패해서 죽더라.

[註] 項梁이 秦나라를 공격하다 定陶에 패사함을 말하는 것임

[典據]《史記》項羽本紀, 初項梁破秦軍, 輕秦有驕色. 宋義諫. 弗聽. 秦悉起病益章邯. 擊楚軍大破之定陶. 項梁死焉.

5-4 蒙　三塗五岳　陽城太室　神明之保　獨無兵革
삼도와 오악에 남향의 태실은 천지신명이 도우사 홀로 병혁이 없더라.

[註] 太室은 종묘 중앙. 다섯 방 중 가운데 큰 방.

5-6 訟　三牛生狗　以戌爲母　荊夷上侵　姬伯出走
축년 축월 축일에 개를 낳으니 술(戌)로써 어미를 삼고 형이가 침범해 올라오니 희백이 나가 달아나더라.

5-7 師 鳧遊江海 沒行千里 以爲死亡 復見空桑 長生樂鄉

오리가 강과 바다에서 놀다가 빠져 천리를 가니 죽는 것으로 하였는데 다시 공상(이윤의 고향)을 보니 고향에서 오래도록 즐겁게 살더라.

5-8 比 太乙駕騮 從天上來 徵召叔季 封爲魯侯 無有凶憂

태을성이 월따말을 타고 하늘로부터 와서 숙계를 불러 노나라 임금을 삼으니 흉한 근심이 있음이 없더라.

[註] 屯(3돈)의 隨(17수)를 보라.

5-9 小畜 紝績獨居 寡外無夫 陰陽失志 爲人僕使

길쌈을 짜고 홀로 사는데 과부가 남편이 없어 음양을 잊어버리니 남의 일 해 주는 사람이 되더라.

5-10 履 兵征大宛 北出玉門 與胡寇戰 平城道西 七日絶糧 身幾不室

대완국을 정벌하는데 북쪽 옥문(땅이름)으로 나가 오랑캐와 전쟁할 때 백등에서 칠일간 포위되니 몸이 거의 온전치 못하더라.

[註] 한고조가 대완국을 정벌하다 백등에서 선우에게 포위되어 진평의 비계로 화친하고 풀려났다.

5-11 泰 楚靈暴虐 罷極民力 禍起乾谿 棄疾作毒 扶杖奔逃 身死亥室

초령왕이 포학하여 백성을 피폐하게 하여 화가 건곡에서 일어나니 병들었으나 억지로 지팡이를 집고 달아나서 신해씨 집에서 목 매어 죽더라.

[註] 申亥는 楚의 臣. 楚靈은 楚의 靈王.

[典據]《左傳》昭公 十三年, 楚靈王暴虐 師潰于乾谿, 王遂縊於芋尹申亥氏.

5-12 否 雌單獨居 歸其本巢 毛羽憔悴 志如死灰

암컷이 혼자 홀로 사는데 둥지에 돌아오니 털과 깃이 초췌하여 마음에 죽을 것만 같더라.

5-13 同人　兩矛相刺　勇力鈞敵　交綏結和　不破不缺
두 창이 서로 찌르니 용력이 적수가 되어 얼키어 서로 지고 이김이 없더라.

5-14 大有　乘船渡濟　載水逢火　賴華免患　蒙我生全
배를 타고 나루를 건널 때 물을 싣고 불을 만났으나 다행이 화란을 모면하여 나의 생명이 안전하더라.

5-15 謙　喪寵益尤　政傾家覆　我宗失國　秦滅周室
하늘의 고임을 상함이 더욱 심해서 정치가 기울어지고 집이 엎어져서 나의 종가가 나라를 잃으니 진나라가 주나라를 멸망시키더라.

[註] 喪寵益尤는《左傳》昭公三年에 보인다. 秦滅周室은《史記》周本紀에 平王封秦以岐西之地 而周室故都滅也.

5-16 豫　冬無藏氷　春陽不通　陰流爲賊　國被其殃
겨울에 얼음이 얼지 아니하면 봄에 양의 기운이 통하지 못하고 음기의 흐름이 적이 되어 나라가 그 재앙을 입더라.

5-17 隨　田鼠野雞　意欲常逃　拘制籠檻　不得動搖
밭쥐와 들닭이 항상 달아나고 싶으나 우리에 갇혀 있어 동요하지 못하더라.

5-18 蠱　佩玉蘂兮　無所繫指　旨酒一盛　英與笑語　孤寡獨特　常愁憂苦
패옥과 꽃술이여 매인 바가 없도다. 맛좋은 술 한잔에 같이 소담할 수 없는 외로운 과부가 항상 근심하고 괴로워하더라.

[典據]《左傳》哀公十三年, 佩玉蘂兮 余無所繫之, 旨酒一盛兮, 余與褐之父, 睨之.

5-19 臨　沒遊源口　求鮫爲寶　家危自懼　復出生道
원구에서 놀이에 빠져 상어를 얻는 것을 보배로 삼았는데 집안이 위태로움에 스스로 두려워서 다시 살 길로 나오더라.

5-20 觀 河水孔穴 壞敗我室 水深無岸 魚鱉傾倒
하수 물구멍에 나의 집이 무너져 파괴되는데 물은 깊고 언덕은 없는데 물고기와 자라가 쏟아지더라.

5-21 噬嗑 教羊牧兎 使魚捕鼠 任非其人 費日無功
양(羊)을 가리켜 토끼를 치고 물고기로 하여금 쥐를 잡게 하니 그 일을 감당하지 못할 사람에게 맡기니 시일만 소비하고 공이 없더라.

5-22 奔 升戶入室 就溫燠食 氷凍北陸 不能相賊
문을 올라 방에 들어가 더운 방에서 더운 밥을 먹으니 얼음이 언 북쪽 땅에서는 능히 서로 해치지 아니 하더라.

5-23 剝 孤竹之墟 老婦無夫 傷於蒺藜 不見少妻 東郭棠姜 武氏破亡
고죽의 터에 늙은 지어미가 남편이 없고 질려궁에서 상하여 젊은 처를 보지 못하고 동곽과 당강은 무씨에게 망하더라.

[註] 孤竹은 나라 이름. 棠姜은 제당공의 처로 동곽은 그의 누이고 武氏는 최무자 저(杼)다.

5-24 復 凶憂災殃 日益明彰 福不可釐 三郤痍傷
흉한 근심과 재앙이 날로 더하니 복은 마음대로 주지 못한다. 극씨 삼형제가 죽음을 당하더라.

[註] 삼극(三郤) : 진(晉) 대부 극기(郤錡)삼형제다.

[典據]《左傳》成公十七年, 晉厲公侈. 多外嬖. 欲盡去群大夫而立其左右, 遂殺三郤.

5-25 無妄 載璧秉珪 請命于河 周公作誓 冲人瘳愈
예물을 갖추고 홀을 잡고 왕의 병을 낫게 하여 달라고 주공이 제문을 지어 하신(물귀신)에게 제사하여 청하니 왕의 병이 쾌차하더라.

[註] 冲人은 성왕의 호다.

[典據]《史記》魯周公世家, 成王病. 周公爲自揃其蚤, 沈之河. 成王病果愈.

5-26 大畜 鳥飛鵲舉 照臨東海 尨降庭堅 爲陶叔復 封圻英六 履祿綏厚

새가 날고 까치가 날아 해가 동해에 비쳐 임하니 방강 정견은 도숙의 후손이 됨으로 접경인 영육에 봉하니 녹을 주는데 넉넉하고 후하더라.

[註] 방강(尨降) 정견(庭堅)은 전욱(顓頊)의 후예로 순임금이 천거한 팔개(八凱)에 속한다.

5-27 頤 危坐至暮 請求不得 膏澤不降 政戾民忒

꿇어 앉아 저물도록 청구해도 얻지 못해 은혜가 내리지 아니하니 정치가 어긋나 백성이 의심하더라.

5-28 大過 宜昌娶夫 東家歌舞 宴樂有序 長樂嘉喜

의당 며느리를 장가드는데 동가에서 가무하니 잔치의 음악이 순서가 있어 길게 즐거워하고 아름답게 기뻐하더라.

5-29 坎 鑿井求玉 非卞和室 名困身辱 勞無所得

우물을 파고 옥을 구하니 변화의 보배가 아니라 이름이 곤하고 몸이 욕되니 수고하고 얻은 것이 없더라.

[註] 초나라 卞和 옥을 얻어 초회왕과 평왕에게 두 번 받쳐 두 발을 잘리고 형왕 때 변화가 주야로 옥(璞)을 안고 통곡하니 형왕이 사신을 보내 그 연유를 묻고 옥을 쪼개서 진짜 옥(玉)을 얻었다.

5-30 離 鵠思其雄 欲隨鳳東 順理羽翼 出次日中 須留北邑 復反其室

고니가 수컷을 생각하고 봉황새를 따르고자 깃과 날개를 다듬고 나간지 한나절만에 북읍에 잠깐 머물렀다가 다시 그 집으로 돌아오더라.

5-31 咸 早霜晩雪 傷害禾麥 損公棄力 飢無所食

서리가 일찍 오고 늦은 눈에 벼와 보리가 상해 공들이고 힘쓴 것이 다 허사가 되어 주리고 먹을 것이 없더라.

5-32 恒 蝠螺生子 深目黑醜 雖飾相就 衆人莫取
박쥐가 새끼를 낳으니 눈은 깊고 검고 추해 아무리 장식하고 나가도 여러 사람이 취하지 아니하더라.

5-33 遯 去如飛鴻 避凶直動 逐得全脫 與福相逢
가기를 나르는 기러기 같이 흉을 피해 동으로 가더니 완전히 벗어나 복과 더불어 서로 만나더라.

5-34 大壯 婚姻合配 同枕共牢 以降休嘉 子孫封侯
혼인하여 짝을 맞아 베개를 같이하여 한 우리(방)에서 아름답게 지내니 자손이 제후에 봉함을 받더라.

5-35 晉 咸陽辰巳 長安戌亥 丘陵生止 非魚鰌市 不可避阻 終無悔咎
함양은 남동향이요 장안은 북서방인데 구릉이 나며 그치니 어시장이 아니라 피하고 막음이 옳지 아니하니 마침내 후회하거나 허물이 없더라.

5-36 明夷 螟蟲爲賊 害我五穀 簞笥空虛 家無所食
명충이 적이 되어 나의 오곡을 해치니 도시락이 비고 비니 집에 먹을 것이 없더라.

5-37 家人 蒙恩拜德 東歸吾國 慷慨宴笑 歡樂有福
은혜를 입어 은덕을 사배하고 동쪽 내 나라로 돌아와 강개하며 잔치하고 웃으니 복이 있음을 환락하더라.

5-38 睽 齎貝贖狸 不聽我辭 係於虎鬚 牽不得來
재물을 꾸려가지고 이리를 사는데 나의 말을 듣지 아니하고 호랑이 수염에다 매니 끌어도 오지 못하더라.

5-39 蹇 比目附翼 歡樂相得 行止集同 從不離忒

비목에 날개를 붙이니 서로 환락하고 가는 것을 그치고 한데 모여서 끝끝내 떨어지거나 어긋나지 아니하더라.

5-40 解 一指食肉 口無所得 染期昇鼎 舌饞於腹

손가락 하나로 고기를 먹으니 입으로 들어가는 것이 없고 그 가마솥에 손가락을 넣어 국물 맛을 보니 혀만 맛을 느끼고 배는 허기지더라.

[註] 춘추좌전에 鄭公이 자라국을 끓이고 대신에게 사식하니 子公이 말하기를 "나의 식지가 떨리더니 과연 별식을 먹게 되었다"고 말하였으나 정공이 자공에게 국을 주지 아니하니 자공이 노하여 손가락을 솥에 넣어 국물을 먹고 나갔다.

5-41 損 曳綸江湖 釣掛魴鯉 王孫利得 以享仲友

강과 호수에서 그물을 걸고 낚시에 방어와 잉어가 걸리니 왕손이 이를 득하여 중우(仲友)를 대접하더라.

[註] 仲友는 張仲孝友다.

5-42 益 商紂牧野 顚敗所在 賦斂重數 黎元愁苦

상(商)나라 주왕이 목야에서 패전하였는데 세금을 배로 징수하니 백성들이 근심걱정함이더라.

5-43 夬 北辰紫宮 衣冠立中 含和建德 常受天福

북극 자미궁에서 벼슬하는 사람이 자세를 바로 하고 화합하며 덕을 세우면 항상 천복을 받더라.

[註] 곤지관(坤之觀)을 보라.

5-44 姤 輕戰尙勇 不知兵權 爲敵所制 征師北奔

용맹만 믿고 전쟁을 경시하며 병법을 알지 못하면 적에게 제제를 받아 군사가 패주하더라.

5-45 萃 大口宣舌 神使伸言 黃龍景生 出應德門 與福上天 天下安昌

옛적에 우(禹)임금이 강을 건너는데 황룡이 배를 밀고 경성이 덕문에 나타나 복과 같이 상천하니 천하가 태평하더라.

[註] 景星은 별이름.

5-46 升 凶子禍孫 把劍向門 凶訟歡囂 驚駭我家

흉한 자식과 재앙의 손자가 칼을 잡고 문을 향하고 흉한 송사가 시끄럽게 떠들썩하니 나의 집안이 놀래고 놀래더라.

5-47 困 祝伯善言 能事鬼神 辭祈万歲 使君延年

제사를 맡은 관원이 좋은 말로 능히 귀신을 부리니 절하며 만세를 축수하여 임금으로 하여금 나이를 연장케 하더라.

5-48 井 珪璧琮璋 執贄見王 百里甯越 應聘齊秦

서옥으로 만든 귀한 그릇을 폐백하고 왕을 뵙는데 백리해는 진(秦)나라 영월은 제(齊)나라의 초빙에 따라가더라.

5-49 革 昧旦乘車 履危蹈溝 亡失裙襦 摧折兩軸

어두운 새벽에 수레를 타고 잘못 개천을 밟아 치마와 저고리를 망실하고 양바퀴 축을 꺾더라.

5-50 鼎 膠著木連 不出牛欄 斯饗羔羊 家室相安

나무로 연결 교착해서 소외양간을 나가지 못해 염소와 양으로 대신 흠양케 하였더니 집안이 편안하더라.

5-51 震 卷領遁世 仁德不舍 三聖攸同 周國茂興

영토를 거두고 속세를 등지니 인덕이 베풀어지지 아니하더니 삼성이 함께 하시니 주나라가 흥왕하더라.

[註] 三聖 : 大王, 王季, 文王이다.

5-52 艮 黍稷苗稻 垂秀方造 中旱不兩 傷風枯槁
기장과 피와 벼의 싹이 쑥쑥 자라다가 가뭄을 만나 비가 오지 아니하여 바람에 상하고 말라버리더라.

5-53 漸 冠帶南遊 與福喜逢 期於嘉貞 拜爲公卿
의관을 정제하고 남쪽으로 가니 복과 더불어 기쁘게 만나 가정을 기해 공경을 배수하게 되더라.

5-54 歸妹 一巢九子 同公共母 柔順利貞 出入不殆 福祿所在
한 둥지의 아홉 새끼가 모두 어미를 같이하니 유순하고 순서를 지켜 출입이 위태하지 아니하니 복록이 있는 바더라.

5-55 豊 韓氏長女 嫁於東海 宜家宜主 柔順以居 利得過倍
한씨의 장녀가 동해로 시집가서 집안과 주인에게 잘 순종하여 유순하게 사니 이익이 배가 되더라.

5-56 旅 因禍受福 喜盈我室 所願必得
재앙이 인연이 되어 복을 받아 기쁨이 집에 가득하니 소원을 반드시 이루더라.

5-57 巽 晉平有疾 迎醫秦國 病乃大患 分爲揚竪 逃匿膏肓 和不能愈
진평공이 병이 나서 진나라에서 의원을 맞이했는데 병이 크게 더해 꿈에 두 내시가 말하기를 '저 사람은 양의입니다' 하고 달아나는데 의원이 와서 말하기를 '병은 어찌할 수 없습니다. 이미 고황에 들어 있어 약으로 고칠 수 없습니다' 라고 하더라.

[典據]《左傳》成公十年, 晉侯疾病. 求醫於秦. 秦伯使醫緩爲之. 未至. 公夢疾爲一竪子曰. 彼良醫也. 懼傷我. 焉逃之. 其一曰, 居肓之上膏之下, 若我何. 醫至. 曰, 疾不可爲也. 在肓之上膏之下. 攻之不可. 達之不及. 藥不至焉. 不可爲也.

5-58 兌 壯飛門啓 患憂大解 福祿行善 不爲身禍
씩씩하게 날자 문이 열리니 근심 걱정이 크게 풀리어 복을 닦고 착한 일을 하면 재앙이 되지 아니하더라.

5-59 渙 追亡逐北 至止而得 稚叔相呼 反其室廬
도망간 것을 북쪽으로 쫓아 끝에 가서 얻으니 어린 아제비를 서로 부르며 집으로 돌아오더라.

5-60 節 鳥鳴葭端 一呼三顚 動搖東西 危懼不安 疾病無患
새가 갈대 끝에서 우니 한 번 울면 세 번 엎어지며 동서로 동요되니 위태하고 두려워서 불안하나 질병에는 우환이 없더라.

5-61 中孚 龍化爲虎 泰山之陽 衆多從者 莫敢收藏
용이 변화해 호랑이가 되니 태산 남쪽에 무리들이 따르나 감히 거두어 감추지 못하더라.

5-62 小過 猋風忽起 車馳揭揭 棄名退亡 失其和節 憂心--
표풍(회오리바람)이 별안간 일어나 몰던 차가 들썩들썩하여 목숨을 걸고 도망가니 화절을 잃어 근심하는 마음이 산란하더라.
[註] 猋風은 회오리 바람.

5-63 旣濟 逝居石門 祿安身全 受福西隣 歸飮玉泉
석문(땅이름)에 거처하니 벼슬살이도 편안하고 몸도 완전하여 복을 서쪽 이웃에서 받으니 돌아가 옥천을 마시더라.

5-64 未濟 登高上山 見王自言 申理我寃 得職蒙恩
높이 산에 올라 임금께 뵈옵고 스스로 말해 이치를 펴서 나의 억울함을 신술하여 일자리를 얻는 은혜를 입더라.

乾上 坎下 訟之第六

天水訟

6-6 訟 文巧俗弊 將反大質 僵死如麻 流血漂杵 皆知其母 不識其父 干戈乃止
문관이 교묘한 정치를 하면 세속에 폐단이 되어 장차 크게 질을 변하게 하여 강시(죽어쓰러진 송장)가 늘비하고 유혈에 방패가 떠 있어 모두 다 그 어미는 알아도 그 애비는 알지 못하여 싸움이 그치게 되더라.

6-1 乾 文王四乳 仁愛篤厚 子畜十男 夭折無有
문왕은 젖이 넷으로, 어질고 사랑으로 돈후하고 독실하여 아들 열을 길러도 요절하는 것이 없더라.

6-2 坤 日入望東 不見子家 長女無夫 左手搔頭
해가 질 때 동쪽을 보니 아들의 집이 보이지 아니하고 장여는 지애비가 없어 좌수로 머리를 긁더라.

6-3 屯 東上泰山 見堯自言 申理我冤 以解憂患
동쪽 태산에 올라가 요임금을 뵈옵고 스스로 말해 자기의 억울함을 변명하여 우환을 풀더라.

6-4 蒙 奎軫湯湯 過角宿房 宣時布和 無所不通
규, 진의 별이 거침없이 각의 별자리를 지나 때를 알리고 화함을 선포하니 통하지 아니하는 곳이 없더라.

6-5 需 引髥牽頭 雖懼無憂 王母善禱 禍不成災
구렛나루 수염을 쥐고 머리를 끄니 비록 두려우나 근심은 없다. 왕모가 잘 기도하면 화가 재앙을 이루지 아니하더라.

6-7 師 鳧役水沒 喜笑自啄 毛羽悅澤 利以攻玉 公出不復 伯氏客宿
오리가 물에 빠져 기쁘게 웃으며 스스로 쫓으니 깃털이 윤택하여지고 이롭게 다듬으려 공(公)이 나가 돌아오지 아니하여 백씨가 객숙하더라.

6-8 比 水流趨下 欲至東海 求我所有 貴魴與鯉
물이 흘러 아래로 가서 동해에 이르고자 하니 나의 소유를 구해 방어와 잉어를 사더라.

6-9 小畜 獐鹿逐牧 安飽其居 反還次舍 無乃疾故
노루와 사슴이 목장으로 나가 배불리 먹고 다음 목사로 돌아오니 아무 병고가 없더라.

6-10 履 樹植藿豆 不得藝鋤 王事靡監 秋無人權
콩을 심고 호미로 풀을 매지 아니하고 왕사도 보지 아니하여 가을에 사람이 거둘 것이 없더라.

6-11 泰 弱水之西 有西王母 生不知死 與天相保
약수 서쪽에 서왕모가 있는데 살아서 죽는 것을 알지 못하니 하늘과 더불어 서로 보존하더라.

6-12 否 數窮廓落 困於歷室 幸登玉堂 與堯侑食
임금이 궁해서 적적하고 실망해서 역실에서 곤궁하게 지내다가 다행이 옥당에 올라가 요임금과 더불어 배식하더라.

6-13 同人 子鉏執麟 春秋作銓 元聖將終 尼父悲心
자서가 기린을 잡았는데 춘추를 지을때 기린이 장차 죽게됨을 공자께서 슬퍼하더라.

[註] 尼父는 孔子님이시다.

[典據]《左傳》哀公十四年, 春, 西狩于大野. 叔孫氏之車士子鉏商獲. 孔子作春秋.

6-14 大有　尹氏伯奇　父子生離　無羅被辜　長舌所爲
윤백기 부자가 생이별하였는데 죄없이 허물을 쓴 것은 계모가 참소한 소치더라.
[註] 伯奇는 尹吉甫의 아들이다.

6-15 謙　播木折枝　與母別離　九皐難和　絕不相知
나무가지를 끊어 심으니 본목과 떨어져서 높고 멀리 심어 화하기 어려워 서로 알지 못하더라.

6-16 豫　弱鷄無距　與鶴格鬪　翅折目盲　爲鳩所傷
약한 닭이 며느리발톱 없이 학과 더불어 격투하여 날개를 꺾이고 눈이 머니 비둘기에게까지 상함을 받더라.

6-17 隨　甲乙丙丁　俱歸我庭　三丑六子　入門見母
갑, 을, 병, 정 모두 나의 뜰로 돌아오니 삼축 육자(모두) 문에 들어가 어미를 뵙더라.

6-18 蠱　桑葉螟蠹　依弊如絡　女功不成　絲布爲玉
뽕잎에 명충이 좀 먹어서 옷이 헤져 얽은 것 같은데 비단을 짤 수 없어 실과 비단 옷감이 옥과 같이 귀하더라.

6-19 臨　關牢闢門　巡狩釋寃　憂台羑里　湯文悅喜
감옥을 순회하면서 억울함을 풀어 주니 하대와 유리에서 탕임금과 문왕이 기뻐하더라.
[註] 夏台는 夏나라의 감옥. 羑里는 殷나라의 감옥.

6-20 觀　欽明之德　坐前玉食　必保嘉善　長受安福
밝은 임금의 덕으로 앉아 좋은 음식을 먹으니 반드시 아름답고 착함을 보존하여 장구히 편안한 복을 받더라.

6-21 噬嗑　武夫司空　多口爭訟　金火當戶　民不安處　年飢無有
무부 사공이 말이 많고 다투어 송사하고 쇠와 불이 상극하니 백성이 있는 곳이 불안하고 해마다 주리어 있는 것이 없더라.

[註] 司空은 현대로 말하면 상공부 장관.

6-22 賁　紫閣九重　尊嚴死中　黃帝堯舜　履行至公　冠帶垂依　天下康寧
자각구중(대궐)이 존엄한 가운데 있고 황제 요임금과 순임금이 국정을 극히 공평하게 하여 의관을 정제하고 천하가 강녕하더라.

6-23 剝　負牛上山　力劣行難　烈風雨雪　遮遏我前　分道復還　憂者日歡
소를 지고 산을 오르니 힘에 부쳐 행하기 어려운데 모진 바람과 비눈이 나의 앞을 가로막아 중도에서 되돌아오니 근심하던 사람이 스스로 기뻐하더라.

6-24 復　蹇免缺唇　行難齒寒　口痛不言　爲身生患
절름발이 토끼가 입순이 결해서 걷기가 어렵고 이가 차니 입이 아파 말을 못하고 몸에 병이 생기더라.

6-25 無妄　合体比翼　嘉偶相得　與君同好　使我有福
몸을 합친 비익새가 좋은 짝을 서로 얻어 그대와 더불어 같이 좋아하니 나로 하여금 복이 있더라.

6-26 大畜　口啄卒卒　憂從中出　喪我寶貝　妻妾失位
입을 채며 당황하여 침착하지 못해 근심이 가운데서조차 나의 보배를 상하니 처첩이 자리를 잃더라.

6-27 頤　兩心不同　或從西東　明論中日　莫適相從
둘의 마음이 같지 아니하여 서쪽 혹은 동쪽, 종일 타협해도 맞아 상종하지 못하더라.

6-28 大過 啞啞笑言 與喜飮食 長樂行觴 千秋起舞 拜受大福
떠들썩하게 웃으며 말하고 같이 기쁘게 음식을 먹고 장시간 즐겁게 술잔이 왔다 갔다 하며 일어나 천추무를 춤추고 절하고 큰복을 받더라.

6-29 坎 初憂後喜 與福爲市 八佾列陳 飮御諸友
처음에는 근심하다가 뒤에 기쁨이 되어 복과 더불어 사람이 많이 모여 팔일춤을 추고 진열하며 마시며 모든 손님을 대접하더라.
[註] 팔일(八佾)춤, 팔인(八人)이 추는 춤

6-30 離 西徙無家 破其新車 王孫失制 不如止居
서쪽으로 이사를 해도 집이 없으니 그 새 차를 파기하며 왕손이 실리하였으니 그냥 사는 것만 같지 못하더라.

6-31 咸 鳳凰在左 麒麟處右 仁聖相遇 伊呂集聚 時無殃咎 福爲我母
봉황은 왼쪽에 있고 기린은 바른쪽에 있어 어진 성현이 서로 만나듯 이윤과 여몽 같은 이들이 모이니 때에 재앙과 허물이 없고 복이 나의 어미가 되더라.

6-32 恒 區脫康居 泰仁入朝 湛露之歡 三爵畢恩 復歸旧廬
토굴인 강거에서 어진 임금을 사모해 입조하여 감로주 세 잔에 사은 숙배하고 다시 옛집으로 돌아오더라.
[註] 구탈(區脫)은 토굴, 강거(康居)는 나라 이름. 湛露酒는 천자가 내리는 술.

6-33 遯 疾貧望幸 賈販市井 開牢擇羊 多得大-
가난이 싫어서 요행을 바라고 시장에 팔고자 우리를 열고 양을 가리다가 큰 암양을 많이 얻더라.

6-34 大壯 處高不傷 雖危不亡 握珠懷玉 還歸其鄕
높은 데 있어도 상하지 아니하고 비록 위태하나 도망가지 아니하고 구슬과 옥을 가지고 고향으로 돌아가더라.

6-35 晉 右手棄酒 左手收拌 行逢禮御 餌得玉杯
오른손으로 술을 버리고 왼손으로 버린 것을 거두고 가다가 예로 모심을 만나 미기(예물)로 옥배를 얻더라.

6-36 明夷 養虎收狼 還自賊傷 大勇小捷 雖危不亡
호랑이를 기르고 이리를 거두어 도리어 스스로 적상을 당하니 큰 용기로 사냥하면 비록 위태하나 도망하지 아니하더라.

6-37 家人 載堯扶禹 從喬彭祖 西過王母 道路夷易 無敢難者
요임금을 받들고 우임금을 도와 왕교 팽조를 좇아 서쪽으로 서왕모를 찾아가니 길이 요원하나 감히 어렵다고 하는 자가 없더라.
[註] 堯나라 때 八百年을 산 신선.

6-38 睽 秋冬探巢 不得鵲鶵 銜指北去 媿我少姬
가을과 겨울에 둥지를 뒤지니 까치새끼를 얻지 못하고 입에 손가락을 물고 북쪽으로 가니 나의 젊은 아내에게 부끄러움을 느끼게 하더라.

6-39 蹇 兩羝三牂 俱之代鄉 留連多難 損其食糧
두 수양과 세 암양을 같이 시골에 보내니 머물러 있는데 어려움이 많고 그 식량에 손해를 보더라.

6-40 解 南徙無廬 鳥破其巢 伐木思初 不利動搖
남쪽으로 이사하여도 집이 없고 새는 그 둥지를 파하는 벌목은 처음부터 동요하는 것이 불리하다 생각하더라.

6-41 損 爭訟不已 更相牽繫 張季弱口 披髮北走
쟁송을 그치지 아니하고 다시 서로 끌고 얽으니 장계가 입이 약해 머리를 풀고 패해 달아나더라.

6-42 益 延頸望酒 不入我口 初喜後否 得利無有
목을 늘이고 술을 바라는데 나의 입에 들어오지 아니하니 처음에 기쁘고 나중에는 아니 되니 얻는 것이 아무것도 없더라.

6-43 夬 被髮傾走 寇逐我後 亡失刀兵 身全不傷
머리를 산발하고 달아나는데 도적이 나의 뒤를 쫓아 칼과 병기를 잃었어도 몸은 안전하고 상한 데가 없더라.

6-44 姤 麟鳳所遊 安樂無憂 君子撫民 世代千秋
기린과 봉황새가 노는 곳에는 안락하고 걱정이 없고 군자가 백성을 어루만지면 세상이 오래 편안하더라.

6-45 萃 蹇衣涉河 水深漬罷 賴幸舟子 濟脫無他
옷을 걷고 물을 건너는데 물이 깊어 선닐 수 없는데 다행히 배를 빌려 아무 탈없이 건너더라.

6-46 升 憒憒不悅 憂從中出 喪我金罌 無妄失位
마음이 심란하게 기뻐하지 아니하던 중 근심이 생기어 나의 금병을 상했으나 망녕되지 아니 하니 지위를 잃을 일은 없더라.

6-47 困 絆跳不遠 心與言反 尼父望家 菡未華
감발하고 뛰면 멀지 않으니 마음과 말이 서로 다른데 공자님이 집을 바라보니 연꽃 봉오리가 활짝 피지 아니하더라.

6-48 井 大壯肥牸 惠我諸舅 內外和穆 不憂飢渴
크고 씩씩한 살찐 암소가 나의 제구를 은혜로 베풀어 안과 밖이 화목하니 기갈로 근심하지 아니하더라.

[註] 제구(諸舅)는 아버지 항렬의 남자.

6-49 革 黃帝建元 文德化身 祿若陽春 封爲魯君

황제가 등극한 첫해에 문덕이 몸에 있어 녹이 봄날과 같아 노나라 임금에 봉함을 받더라.

6-50 鼎 虎聚摩牙 以待豚猪 往必傷亡 宜利止居

호랑이가 모여 이를 갈고 도야지를 기다리니 가기만 하면 반드시 상해 죽을 것이다. 그저 머물러 있는 것이 좋더라.

6-51 震 天地配亨 六位光明 陰陽順序 以成和平

천지가 배형하여 육위가 밝고 빛나고, 음과 양이 순서가 있어 화평을 이루더라.

[註] 六位는 六爻, 君臣父子夫婦.

6-52 艮 猿墜高木 不踒手足 保我金玉 還歸其室

원숭이는 높은 나무에서 떨어져도 손과 발이 부러지지 아니하여 나의 금과 옥을 보존하여 그 집으로 귀환하더라.

6-53 漸 營室紫宮 堅不可攻 明神建德 君受大福

대궐을 짓는데 무척 견고해 칠 수가 없으니 명신(明神)하고 덕을 세우면 임금이 큰 복을 받더라.

6-54 歸妹 孤翁寡婦 獨宿悲苦 目張耳明 無與笑語

홀아비 과부가 홀로 자니 슬프고 괴로워 눈을 크게 하고 귀가 밝으나 같이 담소할 수가 없더라.

6-55 豊 低頭竊視 有所畏避 行者不利 酒酸魚敗 衆莫貪嗜

머리를 숙이고 엿봄이 두렵고 피하고 싶음이 있음이라. 가는 자는 이롭지 못하고 술은 시고 고기가 부패하니 모두 탐하거나 즐기지를 아니하더라.

6-56 旅 載金販狗 利棄我走 藏匿淵底 悔折爲咎
돈을 가지고 개를 판매하는데 이익이 남지 아니하여 돈을 연못 밑에 감추었는데 너무 값을 깎은 것이 후회되더라.

6-57 巽 行觸大忌 與司命忤 執囚東繫 拘制於夷
크게 꺼리는 일을 행하였기에 관청의 명령을 거슬린 죄수로 잡혀 옥리에게 맡겨지더라.

6-58 兌 執玉歡喜 佩之解攣 危詳反安 使我無患
옥을 잡고 환희하여 찾다가 맬 것을 풀었으니 위태한 것이 도리어 편안하게 되어 나로 하여금 근심이 없게 하더라.

6-59 渙 機杼紛擾 女功不成 長妹許嫁 衣無襦袴 聞禍不成 凶惡消去
베틀의 북이 어지럽게 흔들리나 여자의 공을 이루지 못하고 큰누이가 시집가게 되니 저고리 바지 입을 것이 없어 재앙이 들어와도 이루어지지 아니하니 흉악함이 꺼져 사라지더라.

6-60 節 金人鐵距 火燒左右 雖懼不恐 獨得全處
금인이 쇠비늘 옷을 입었는데 불이 좌우에서 타니 비록 두려우나 무서워하지 아니하고 홀로 완전한 곳을 얻더라.

6-61 中孚 謝恩拜德 東歸吾國 舞蹈欣躍 歡樂受福
사은 숙배하고 동쪽으로 나의 나라로 돌아오니 춤추고 기뻐 뛰어 환락하고 복을 받더라.

6-62 小過 靑牛白咽 呼我俱田 歷山之下 可以多耕 歲樂時節 民人安寧
푸른 소가 쇠소리로 나를 불러 함께 심어 역산 아래서 농사를 많이 지어 해마다 즐거운 시절을 보내니 백성들이 안녕하더라.

[註] 舜임금 이야기

6-63 旣濟　白雉群雊　慕德朝貢　湛露之恩　使我得懽

흰 꿩과 여러 장끼로 덕을 사모해 조공을 바치니 천자의 하사주의 은혜로 나로 하여금 기쁨을 얻게 하더라.

[註] 주공이 총재(국무총리)되니 월상씨(越裳氏)가 백치를 조공했다.

6-64 未濟　避患東西　反入禍門　糟糠不足　憂愁我心

우환을 동서로 피하다가 도리어 화문으로 들어가니 먹을 것이 부족하여 나의 마음이 근심 걱정이 되더라.

坤上 坎下 師之第七 **地 水 師**

7-7 師　鳥鳴呼子　哺以酒脯　高樓之處　子來歸母　嗇人成功　年歲大有　姤婦無子
새가 울어 자식을 불러 술과 포를 먹이니 높은 누각이 있는 곳에 자식이 와서 어미에게 돌아오니 농부가 성공해 해마다 크게 있으나 불임증의 여자는 자식이 없더라.

7-1 乾　一簧兩舌　佞言諂語　三姦成市　曾母投杼
한 입 가지고 두 말함은 망녕되고 아첨하는 말이다. 삼인의 간사한 무리가 모여 떠들썩하니 증자의 어머니가 북을 던지더라.

7-2 坤　春桃生花　季女宜嫁　受福且多　在師中吉　男爲邦君
봄에 복숭아나무가 꽃을 피우니 막내가 시집가는데 복을 받는 것이 또한 많아서 벼슬에 있던 중 길하게 남편이 나라의 임금이 되더라.

7-3 屯　殊類異路　心不相慕　牝牛牡猳　獨無室家
종류가 다르고 길이 다르니 마음으로 서로 사모하지 아니하는데 암소와 수퇘지는 홀로 가정이 없더라.

7-4 蒙　折葉蔽日　不見雉叔　三足孤鳥　遠其元夫
잎사귀를 따서 해를 가리니 어린 아저씨를 보지 못하고 세 발의 외로운 새는 그 원래 남편을 멀리하더라.

7-5 需　雀東求粒　誤入罔城　賴逢君子　脫復歸息
새가 동쪽에서 낟알을 구하다가 잘못 그물에 걸렸는데 다행히 군자를 만나서 다시 벗어나 돌아와 쉬더라.

7-6 訟 王孫季子 相與孝友 明允篤誠 升擢薦擧 爲國幹輔
왕손과 계자가 서로 친한 친구가 되어 진실을 밝히고 정성을 다해 발탁하고 천거하여 나라의 뼈대를 돕게 하더라.

[註] 고양씨와 고신씨에 각각 八子가 있어 순임금이 이를 등용하여 농공과 교육에 썼다.

7-8 比 削木無枝 與子分離 飢寒莫食 獨泣哀悲
나무를 깎아 가지를 없애고 자식과 더불어 분리하니 기한에 먹지 못하고 홀로 울며 슬퍼하더라.

7-9 小畜 舜升大禹 石夷之野 徵詣王闕 拜治水土
순임금이 우임금을 석이의 들에서 왕궁으로 불러들이고 치수와 토목공사 감독하는 일을 맡기시더라.

7-10 履 義不勝情 以欲自營 見利危躬 滅君令名
의로움이 정(情)을 이기지 못하고 자영을 하고자 하여 이(利)를 보면 몸이 위태로우니 임금을 멸망케 하였다는 이름뿐이더라.

7-11 泰 三人北行 六位光明 道逢淑女 與我驥子
세 사람이 북쪽으로 가니 육위가 광명한데 숙녀를 만나서 훌륭한 자손을 두더라.

[註] 六位는 父子, 君臣, 夫婦를 칭함.

7-12 否 羿張烏號 一射天狼 柱國雄勇 鬪死滎陽
예후가 오호(활이름)를 잘 쏘았는데 천랑을 쏘아 나라의 기둥이 되어 용맹하였으나 영양에서 전사하더라.

[註] 烏號는 良弓의 이름. 天狼은 별의 이름.

[典據] 《史記》 陳世家, 陳王以房君蔡賜爲上柱國. 後敗死.

7-13 同人 季姬踟躕 結衿待時 從日至暮 百兩不來

계희가 머뭇거리며 웃고름을 씹으며 종일 해가 저물도록 기다려도 끝내 오지 아니하더라.

[註] 季姬란 少衛姬를 지칭한다.

[典據]《左傳》僖公十七年, 齊桓公有長衛姬少衛姬.

7-14 大有　鴻鴈翩翩　始怒苦勞　災疫病民　鰥寡愁憂

기러기가 빨리 날며 힘들고 괴로움을 원망하고 역병으로 백성이 재앙을 입으니 홀아비와 과부가 될까 근심 걱정하더라.

7-15 謙　穿胸狗邦　僵離旁春　天地易紀　日月更始

천흉, 구방, 강리, 방용 등이 천지의 기원을 바꾸니, 즉 중국에 귀순해서 중국의 연호를 쓰니 일월을 다시 시작하더라.

[註] 穿胸, 狗邦, 僵離, 旁春는 중국 변방의 나라 이름.

7-16 豫　北山有棗　使叔壽考　東嶺多栗　宜行賈市　陸梁雌雄　所至利喜

북쪽 산에는 대추가 있어 아저씨로 하여금 장수하게 하고 동쪽 고개에는 밤이 많아 장사할 만한데 육량의 암꿩은 가는데 마다 이익이 많아 기뻐하더라.

7-17 隨　干旄旌旗　執幟在郊　雖有寶珠　無路致之

간모(대신의 기) 정기의 깃대를 잡고 들에 있으니 비록 보배 구슬이 있으나 가져올 길이 없더라.

7-18 蠱　精潔淵塞　爲讒所言　證訊詰問　繫於枳溫　甘棠聽斷　怡然蒙恩

정결한 연못이 막히듯이 참소한 말을 힐문하고 심문할 때 탱자나무에 말매고 감당(파배나무)의 아래서 들어 판결하니 기뻐 좋아하며 그 덕을 추앙하더라.

[註] 문왕이 소공으로 하여금 남국을 순행하며 옥사의 재심을 했던 일. 감당청단(甘棠聽斷)은 昭公이 甘棠의 아래에서 聽斷했던 故事로서 詩經 甘棠의 詩 참조.

[典據] 계어지온(繫於枳溫)은《左傳》僖公二十八年, 會於溫. 衛侯與元咺訴. 於是衛侯不勝. 寘諸深室.

7-19 臨 玄黃虺隤 行者勞罷 役夫憔悴 踰時不歸

검고 누렇게 병들고 파리하여 가는 자가 괴로워하니 역부가 초췌하여 때가 지나도 돌아오지 아니하더라.

7-20 觀 膚敏之德 發憤晨食 虜豹禽說 以成德主

인물이 뛰어나고 슬기로워 발분하여 새벽 밥 먹고 한신이 조왕과 위왕을 사로잡아 덕있는 임금을 이루더라.

[註] 사기에 한신이 위왕 표(豹), 조왕 하설(夏說)을 사로잡았다. 豹는 魏王 豹, 說은 代相夏說.

[典據]《史記》准陰侯列傳, 韓信虜魏王豹, 又引兵擊趙禽夏說.

7-21 噬嗑 采唐沬鄉 要我桑中 失信不會 憂思約帶

나물을 말향에서 캐기로 하고 뽕나무 밭에서 만나기로 했는데 약속을 지키지 아니하여 만나지 못해 근심으로 속을 태우더라.

[註] 말향(沬鄉)은 위나라 골 이름.

7-22 賁 伯寧子福 惠我邦國 蠲除苛殘 使我無患

백령자복이 나의 나라에 은혜를 베풀어 가혹한 조세와 부역을 감면하여 주니 나로 하여금 근심이 없게 하더라.

7-23 剝 譏父佞雄 賊亂邦國 生雖忠孝 敗困不福

아비를 참소하고 어른에게 아첨하여 나라를 어지럽게 하니 비록 효자 충신이 나왔다 해도 패하고 피곤하여 복을 받지 못하더라.

7-24 復 淵泉陽防 水道利通 順注湖海 邦國富有

못물과 샘물에 제방을 쌓아 물길이 잘 통해 호수와 바다로 순하게 흘러 들어가니 나라가 부유하더라.

7-25 無妄 江南多蝮 螫我手足 寃繁詰屈 痛徹心腹

강남에 독사가 많아 나의 수족을 물어 원한은 굽어져서 펴지지 않으니 통렬하게 마음이 아프더라.

7-26 大畜 三人俱行 別離獨宿 一身五心 反覆迷惑 亂無所得
세 사람이 같이 가다 이별하고 혼자 자니 한몸의 여러 가지 생각이 반복하여 미혹되니 어지러워 얻는 바가 없더라.

7-27 頤 鴉鳴庭中 以戒災凶 重門擊柝 備不遠客
갈가마귀가 뜰에서 우니 흉한 재앙을 경계하라는 것이라 문을 닫고 빗장을 걸어 준비하되 손님을 쫓지는 않더라.
[典據]《周易》繫辭傳, 重門擊柝, 以待暴客. 蓋取諸豫.

7-28 大過 功成事就 拱手安居 立德有言 坐飾貢賦
공을 이루고 일이 끝나니 팔짱 끼고 편안히 사는데 덕을 베푼다는 말만 있고 앉아서 조세 받아 조공할 것만 꾸미더라.

7-29 坎 國亂不安 兵革爲患 掠我妻子 家中飢寒
나라가 어지러워 불안하면 전쟁이 근심되는데 나의 처자를 약탈하니 집안이 주리더라.

7-30 離 戴堯扶禹 從喬彭祖 西遇王母 道路夷易 無敢難者
요임금을 받들고 우임금을 도울 때 교팽조를 따라 서왕모를 만나는데 도로가 요원하나 감히 어렵다고 하는 자가 없더라.
[註] 喬彭祖는 왕교 신선. 팽조는 요임금 때 八百年을 살았던 사람이다.

7-31 咸 長尾蟒 晝地成河 深不可涉 絕無以比 惆悵會息
꼬리 긴 이무기가 땅을 그어 하수를 이루니 깊어 건너지 못하고 절대로 견줄 수 없어 한탄하고 모여 쉬더라.

7-32 恒　乘龍從蜺　徵詣北闕　乃見宣室　拜守東域　鎭慰黎元　擧家蒙福

용을 타고 무지개를 좇아 궁궐에 들어가 선실에 나타나 동쪽 수비역을 배수하여 백성을 진정시키고 위로하니 온 집안이 복을 받더라.

[註] 선실(宣室)은 임금이 정사보는 집.

7-33 遯　土與山連　從身無患　天地高明　萬歲長安

땅이 산과 더불어 연결되니 종신토록 근심이 없고 천지가 높고 밝으니 만세 동안 길게 편안하더라.

7-34 大壯　久旱水涸　枯槁無澤　虛修其德　未有所獲

오래 가물어 물이 말라 쇠약해져 아무 혜택이 없어 헛되이 덕을 닦아 얻을 것이 있지 않더라.

7-35 晉　依天倚地　凶危不至　上淸下淨　受福大明　君受其利

하늘을 의지하고 땅을 믿으니 흉한 위엄이 이르지 아니하여 위와 아래가 다 맑고 깨끗하여 복을 받아 크게 밝으니 임금이 그 이익을 받더라.

7-36 明夷　火烈不去　必殪僵仆　燔我衣裾　禍不可悔

열화에 가버리지 아니하면 반드시 죽어 강시가 되며 나의 옷을 사를 것이니 재앙을 가히 뉘우치지 못하더라.

7-37 家人　配合相迎　利之四鄕　欣喜興懌　所言得當

짝을 맞아 혼인하여 사방 이웃을 이롭게 하니 기뻐하고 기뻐해 흥을 돋우니 말한 바가 맞더라.

7-38 睽　淸人高子　久屯外野　逍遙不歸　思我慈母

청읍 사람 고극이 오래토록 하상에 둔병하고 돌아오지 못하니 나의 자애로운 어머니를 생각하더라.

[註] 遯之鼎(33의 50 돈의 정) 觀之升(20의 46 관의 승)을 보라. 淸邑은 정나라 고

을 이름.

7-39 蹇　武庫軍府　甲兵所聚　非里邑居　不可舍止
무기고와 군부는 갑병이 모이는 곳으로 마을과 고을에 사는 것이 아니니 놓아둠은 옳지 아니하더라.

7-40 解　三德五才　和合四時　陰陽順序　國無咎災
삼덕 오재 즉 오행이 사시를 화합하고 음양에 순서가 있으면 나라에 허물과 재앙이 없더라.
[註] 三德은 정직(正直) 강극(剛克) 유극(柔克) 五才는 金木水火土.

7-41 損　解衣毛羽　飛入大都　晨門戒守　鄭忽失家
옷에 털과 깃을 풀고 날아 대도에 들어가는데 새벽문을 경계해 지키니 정소공이 집을 잃더라.
[註] 정홀(鄭忽)은 정소공(鄭昭公)의 이름.
[典據]《左傳》桓公 十一年, 鄭忽 出奔衛.

7-42 益　削根燒株　不生肌膚　兵在心腹　日以焦枯
뿌리를 깍고 줄기를 불사르니 기부(살갗)가 생하지 못해 병이 속에 있어 날로 마르더라.

7-43 夬　文山紫芝　擁梁朱草　生長和氣　福祿來處
문산의 붉은 난과 옹양의 붉은 풀은 화(和)하는 기운으로 생장하니 복과 녹이 오는 곳이더라.

7-44 姤　多載重負　棄損于野　小任其夫　但自勞苦
무거움 짐을 많이 싣고 들에다 덜어 버리니 작은데 큰 것을 맡기면 다만 스스로 노고하더라.

7-45 萃　鳧鴈啞啞　以水爲家　雌雄相和　心志娛樂　得其歡欲
오리와 기러기가 액액, 아아 우는데 물로 집을 삼고 자웅이 서로 화합하여 마음과 뜻이 재미있고 즐겁게 노니 즐거운 욕망을 얻더라.

7-46 升　耳目盲聾　所言不通　佇立以泣　事無成功
귀와 눈이 멀고 말이 통하지 아니하여 서서 우니 일이 이루어지지 않더라.

7-47 困　天宮列宿　五身所舍　宮闕堅固　君安其居
하늘의 별자리는 오신의 자리이고 궁궐이 견고하니 임금이 편안히 그곳에서 살더라.

[註] 五身은 金木水火土.

7-48 井　范子妙材　戮辱傷膚　後相秦國　封爲應侯
범자(范雎)는 묘한 재목이라 죽을 욕을 당하고 피부를 상한 후에 진나라의 정승이 되어 응후에 봉함을 받더라.

[註] 范子는 范雎.

[典據]《史記》范雎傳, 魏齊笞擊雎, 摺齒折脅, 棄厠中. 更溺之. 後爲秦相, 封應侯.

7-49 革　秋冬探巢　不得鵲雛　銜指北去　慚我少夫
가을과 겨울에 둥지를 뒤지니 까치 새끼를 얻지 못하고 손가락을 입에 머금고 북으로 가며 내가 졸장부임을 부끄러워 하더라.

7-50 鼎　子畏於匡　厄困陳蔡　德行不危　竟脫厄害
공자께서 광(匡)을 지나실 때 진채에서 횡액을 당하시었는데 성인은 도술과 덕을 갖추었기 때문에 환란을 만나도 위태하지 아니하다 하며 가두고 양식을 주지 아니하였으나 마침내 액(厄)의 해(害)에서 벗어나더라.

[典據]《史記》孔子世家, 孔子過匡, 匡人以爲陽虎而拘之. 在陳蔡絕糧.

7-51 震　鴻飛在陸　公出不復　仲氏任止　伯氏客宿

큰 기러기가 날아 육지에 있는데 공이 나가 돌아오지 아니하니 중씨는 맡긴 일을 그치고 백씨는 객숙하더라.

7-52 艮 鶴鳴九皐 避世隱居 抱朴守貞 竟不隨時
학이 구고에서 울고 세상을 피해 은거하니 선옹(仙翁) 포박자가 정절을 지키고 마침내 시대를 따르지 아니하더라.

7-53 漸 舜升大禹 石夷之野 徵詣玉闕 拜治水土
순임금께서 우임금을 석이 들에서 왕궁으로 불러 들이시고 치수와 토목공사의 일을 맡기시더라.

7-54 歸妹 左輔右弼 金玉滿堂 常盈不亡 富如厥倉
좌우에서 돕고 도우니 금과 옥이 집에 가득하여 항상 넘치고 없어지지 아니하니 부유하기가 쌀창고와 같더라.

7-55 豊 崔嵬北岳 天神貴客 衣冠不已 蒙被恩德
높고 높은 북악에 천신과 귀객은 의관에 관계없이 은덕을 입더라.
[註] 北岳은 恒山.

7-56 旅 空槽注豬 豶彘不到 張弓祝雞 雄父飛去
빈 말 죽통에 도야지를 튀길려고 했는데 도야지가 도착하지 않아 활로 닭을 벼르는데 수탉이 날아가더라.

7-57 巽 胡蠻戎狄 太陰所積 涸氷凍寒 君子不存
호, 만, 융, 적은 태음이 쌓인 곳이다. 마르고 얼고 차서 군자가 있지 아니하더라.
[註] 胡, 蠻, 戎, 狄은 오랑캐 국명이다.

7-58 兌 甘露醴泉 太平機關 仁德感應 歲樂安民
감로 예천은 태평한 정치가 이루어질 때 어진 덕에 감응하여 나리니 해마다 즐겁고 백성이 편안하더라.

[註] 甘露醴泉은 태평세월을 칭하는 말.

7-59 渙 惡來呼伯 愼驚外客 甲宅閉宅 以備凶及 臨折之憂 將滅無災

악래가 백(문왕)을 호출하는데 외객이 놀랄 것을 삼가해서 군사로 집을 닫고 지켜 흉하고 급한 것에 대비하고 회절의 우환에 임하니 장차 멸망하는 재앙이 없더라.

[註] 惡來는 주의 신하이름.

7-60 節 日月相望 光明盛昌 三聖茂功 仁德大隆

해와 달이 서로 바라보니 광명이 창성한데 삼성의 공이 크니 어진 덕이 크고 높더라.

[註] 蒙之謙을 보라. 三聖은 요임금, 순임금, 우임금이다.

7-61 中孚 葛藟蒙棘 萃不得實 讒佞亂政 使恩壅塞

칡덩쿨이 가시덤불을 덮으니 화려하나 열매가 없고 아첨하는 어지러운 정치는 은혜로움이 옹색하더라.

7-62 小過 隣不我顧 而望玉女 身多癩疾 誰肯媚者

이웃이 나를 돌아보지 아니하는데 옥녀를 바라보나 몸에 질병이 많으니 누가 즐겨 사랑하리오.

7-63 旣濟 精誠所在 神之爲輔 德敬尙忠 彌世長久 三聖尙功 多受福祐

정성이 있는 곳에 신이 도우사 덕으로 높은 충성을 공경하니 대를 이어 장구한데 삼성의 높은 공으로 많은 복을 받더라.

[註] 하나라 478년, 은나라 628년, 주나라 867년, 합계 1973년의 장구한 세월.

7-64 未濟 木求火 掘地索水 主母飢渴 手爲心禍

나무를 뚫어 불을 구하고 땅을 파서 샘을 찾는 것은 주로 기갈을 없이 하고자 함이니 마음의 재앙이 되더라.

坎上 坤下 比之第八 水 地 比

8-8 比 慶得實草 鳴呼其友 九族和穆 不憂飢乏 長子入獄 霜降族哭
사슴이 좋은 풀을 얻고 울어 벗을 불러 구족이 화목하고 기갈을 근심하지 아니하였는데 큰 자식은 옥에 갇히고 서리가 내리니 겨레가 울더라.
[註] 옛적에 사형집행은 가을(霜降) 후에 집행하였음.

8-1 乾 繼祖復宗 追明成康 光照萬國 亨世久長
조상의 일을 계승하여 종묘를 회복하고 주나라 성왕, 강왕이 계속 밝은 정치를 하니 빛이 만국에 비추어 장구히 형통하더라.

8-2 坤 麟子鳳雛 生長家國 和氣所居 康樂溫仁 邦多聖人
기린 새끼와 봉황의 새끼가 집과 나라에서 생장하니 화기가 있는 곳에 평안하고 즐겁고 어질고 온화함은 나라에 성인이 많음이더라.
[註] 기린은 어진 짐승이고 봉황은 신령스런 새로서 능히 안위를 아니 세상이 태평하면 나오고, 나오면 성인이 나온다.

8-3 屯 灼火泉源 釣鯉山巓 魚不可得 火不肯燃
불을 샘에서 사르고 이어 낚시를 산꼭대기에서 하니 고기를 얻지 못하고 불이 잘 타지 아니하더라.

8-4 蒙 彭生爲妖 白龍作菑 盜堯衣裳 桀跖荷兵 青禽照夜 三日夷傷
팽생은 요괴가 되고 백룡이 재앙을 만들어 요임금의 의상을 훔치고 걸척이 병장기를 메니 청금 조야가 삼일에 부상하더라.
[註] 청금(青禽), 조야(照夜)는 둘 다 말 이름.

8-5 需 黍稷醇醲 敬奉山宗 神嗜飮食 甘雨嘉降 庶物蕃殖 獨蒙福祉 時災不至

기장과 피로 담은 진국 술로 산신에게 제사를 공경해 받드니 신이 음식을 즐기고 단비를 내리게 하여 모든 물건이 번식하니 홀로 복을 받아 때에 재앙이 이르지 않더라.

8-6 訟 李花再實 鴻飛降集 仁哲權輿 蔭國受福
오얏꽃은 다시 열매를 맺고 큰 기러기 날아 내리어 모이니 어질고 착함이 움터 나라를 음호하여 복을 받더라.

8-7 師 千歲之墟 大兵所屠 不見子都 城空無家
천년의 터가 대병에게 도륙되어 자손의 도읍을 보지 못하니 성도 비고 집도 없더라.

8-9 小畜 公子王孫 把彈攝丸 發輒有得 室家饒足
공자 왕손이 탄자를 잡고 탄환을 끼고 쏠 때마다 얻는 것이 있어 집안이 넉넉하더라.

8-10 履 驪姬讒喜 與二嬖謀 讒殺恭子 害賊忠孝 申生以縊 重耳奔逃
여희가 두 폐녀와 모의해서 공자를 참소하고 충효한 사람들을 참소하니 세자 신생은 목매어 죽고 중이(진문공)는 도망가더라.

[註] 여희(驪姬)는 晉헌공의 계비. 恭子는 晉의 太子 申生.

[典據]《左傳》莊二十八年, 驪姬嬖晉獻公, 賂外嬖梁五與關嬖五, 使譖太子於公而殺之.

8-11 泰 長生無極 子孫千億 栢柱載梁 堅固不傾
한없이 장생하니 자손이 천억인데 잣나무 기둥에 보를 얹으니 견고하고 기울어지지 아니하더라.

8-12 否 失意懷憂 如幽狴牢 亡子喪夫 附託寄居
실의하여 근심을 품으니 폐로(감옥)에 갇힌 것 같은데 자식이 죽고 남편을 잃으니 붙어 살게 해 달라고 부탁하더라.

8-13 同人 仁智隱伏 麟不可得 龍蛇潛藏 虛居堂室
어질고 지혜로운 이가 은거하니 기린을 얻을 수 없고 용과 뱀이 잠겨 감추니 헛되이 집에 있더라.

8-14 大有 例絜累累 綿結難解 娛母街嫁 媒不得坐 自爲身禍
여러번 붙들어매니 맨 것을 풀기가 어렵고 추부가 시집가는데 중매어미가 좌불안석하고 스스로 몸에 재앙이 되더라.

8-15 謙 鳥飛墜木 不毁頭足 保我羽翼 復歸期室
새가 날다가 나무에 떨어지니 머리와 발을 다치지 아니하고 깃과 날개를 보존하여 다시 집으로 돌아가더라.

8-16 豫 陳嬀敬仲 兆興齊姜 乃適營邱 八世大昌
진규경중(진공자)이 제나라가 장차 흥할 것을 알고 귀화하여 도우니 영구의 땅에 봉함을 받아 팔대가 크게 번창하더라.

8-17 隨 過時不歸 雄雌苦悲 徘徊外國 與母分離
때가 지나도 돌아가지 아니하니 자웅이 괴로워하고 슬퍼하며 외국을 배회하니 어미와 더불어 분리되더라.

8-18 蠱 齊魯爭言 戰于龍門 構怨連禍 三世不寧
제나라와 노나라가 말로 다투다가 용문에서 전쟁하여 원한을 만들어 재앙으로 연결되니 삼대가 편안치 못하더라.

8-19 臨 府藏之富 王以賑貸 捕魚河海 苟願多得
관청에 부를 저장하는 것은 임금이 흉년에 백성에게 빌려주기 위한 것이요, 고기를 강과 바다에서 잡는 것은 많이 얻기를 원하기 때문이더라.

8-20 觀 鳴鶴北飛 下就稻池 鱣鮪鰋鯉 衆多饒有 一笱獲兩 利得過倍
학이 울며 북쪽으로 날아 도지에 내림은 전어, 상어, 메기, 잉어가 무리지어 많이 있음이니 한 통발에 둘씩 걸려 이득이 배를 넘더라.

8-21 噬嗑 蒼梧盃林 道易利通 元龜象齒 寶貝南全 爲吾福功
벽오동 울림(지명)은 길이 잘 통하고 거북과 코끼리 이빨은 남쪽의 보배로서 나에게 복덩어리가 되더라.

8-22 賁 兩火爭明 雖鬪不傷 分離且忍 全我兄弟
두 불이 밝음을 다투면 비록 다투어 상하지 아니한다 하더라도 떨어져 또 참으면 나의 형제가 안전하더라.

8-23 剝 伯夷叔齊 貞廉之師 以德防患 憂禍不存
백이 숙제는 정렴한 스승인데 덕으로써 환란을 미리 막으니 우환이 있지 아니하더라.

8-24 復 季去我東 髮櫛如蓬 展轉空牀 內懷憂傷
아우는 가고 나는 동쪽으로 머리는 빗질을 아니하여 쑥대같고 빈 침대에서 공상에 전전하니 마음의 우환이 있더라.

8-25 無妄 百足俱行 相輔爲降 三聖翼事 王室寵光
백개의 발이 같이 가니 서로 도와 강해지고 세 성인이 일을 도우니 왕실에 빛이 나더라.

[註] 屯之履를 보라

8-26 大畜 壅過隄防 水不得行 大盛陽光 陰蜺伏藏 退還期鄕

제방을 막으니 물이 흘러가지 못하고 불이 햇빛보다 빛나니 말매미가 엎디어 숨었다가 제 고향으로 돌아가더라.

8-27 頤 螣蛇乘龍 年歲飢凶 民食草蓬
등사뱀이 용을 타니 해마다 흉년이 들어 백성이 풀과 쑥을 먹더라.
[註] 사승룡(蛇乘龍)은 宋, 鄭의 별인데 이 별이 나타나면 송, 정 두 나라에는 반드시 기근이 온다.
[典據]《左傳》襄公 二十八年, 梓愼曰, 蛇乘龍,龍, 宋鄭之星也, 宋鄭必飢.

8-28 大過 鉛刀攻玉 堅不可得 盡我筋力 胝繭爲疾
납칼로 옥을 깎으니 단단해서 되지 아니하고 근력만 다하고 부르터서 병이 되더라.

8-29 坎 恒山浦壽 高邑所在 陰氣下淋 洪水不去 牢人開戶
항산의 포수는 고읍에 있는데 음기가 내려 지척지척하면 홍수가 가지 아니하니 옥문을 열어 죄인을 내보내더라.

8-30 離 比目四翼 來安我邦 福善上堂 與我同牀
비목어와 사익조가 와서 나의 나라를 편안하게 하니 복이 잘 상당에 올라 나와 더불어 침상을 같이 하더라.

8-31 咸 杜口結舌 心中拂鬱 去菑患生 莫所告冤
함구불언하다가 마음 가운데 답답한 것을 털어버리나 따비밭으로 가서 근심이 생기면 억울함은 호소할 곳이 없더라.

8-32 恒 牽尾不前 逆理失臣 忠英往來 衛朔以犇
꼬리를 끄니 앞으로 가지 아니하고 사리를 거역하여 신하를 잃으니 충성은 왔다 갔다 하는 것이 아니라 위공 삭이 제나라로 달아나더라.
[註] 逆理失臣은 衛侯明, 不義하게 두 公子를 축출한 것을 말함.

[典據]《左傳》桓公十六年, 衛侯朔奔齊. 朔以讒構得國, 致急子壽子皆死.

8-33 遯 早霜晩雪 傷害禾麥 損功棄力 飢無所食
이른 서리와 늦은 눈이 벼와 보리를 상해하니 공을 손해보고 힘을 버리니 주려도 먹을 것이 없더라.

8-34 大壯 適戍失期 換生無聊 懼以懷憂 發藏閉塞 邦國騷愁
술시에 가서 실기하여 근심이 생겨 무료하니 두렵고 근심이 되어 감춘 것이 알려지는 것을 폐색하니 나라 안이 소요해 근심되더라.

[典據]《左傳》莊公八年, 齊侯使連稱管至父戍葵丘. 瓜時而往. 曰, 及瓜而代. 期戍. 公問不至. 請代弗許. 二人因公子無知作亂.

8-35 晉 昊天白日 照臨我國 萬民康樂 咸賴嘉福
하늘의 밝은 해가 내 나라에 조임하니 만민이 편안하고 즐거워함은 다 아름다운 복에 힘입음이더라.

8-36 明夷 元吉無咎 安牽不殆 時行則行 勿之有悔
위낙 길하면 허물이 없어 안녕하고 위태하지 아니하니 때가 가면 가도 후회됨이 없더라.

8-37 家人 懿公淺愚 不深受謀 無授失國 爲狄所賊
춘추시대에 의공이 천하고 어리석어 충신의 말을 듣지 않고 제나라에 원군을 청하지 않아 북방 오랑캐에게 나라를 잃더라.

[典據]《列女搏》許穆夫人, 初許求之. 齊亦求之. 公將與許. 女曰, 許小而遠, 齊大而近. 倘有戎寇, 赴告大國. 懿公不聽. 그래서 不受深謀라고 한다.

8-38 睽 城上有鳥 自-破家 呼喚鴆毒 爲國患災
성 위에 새가 있어 스스로 파가라 하매 짐독을 부르니 나라에 환란과 재앙이 되더라.

8-39 蹇 長股喜走 趁步千里 王良善御 伯樂在道 申見王母
다리가 길고 달리기를 좋아해 천리를 가는데 왕량이 잘 어거하고 백낙이 길에 있어 서쪽의 왕모를 보게 되더라.

[註] 王良은 말을 다루고 伯樂은 말을 잘 알아본다.

8-40 解 耕石山巓 費種家貧 無聊虛作 苗髮不生
돌산 꼭대기를 경작하니 종자를 허비하고 집이 가난한데 쓸데없이 헛된 짓을 하니 싹이 나지 않더라.

8-41 損 二人異路 東趨西步 千里之外 不相知處
두 사람이 길을 달리해 하나는 동쪽 하나는 서쪽으로 천리 밖으로 가니 서로 있는 곳을 알지 못하더라.

8-42 益 純服黃裳 載主以興 德義茂生 天下歸仁
잡색이 아닌 황색 치마를 입고 주인을 받들고 일어나니 덕과 의가 왕성하게 생하여 천하의 제후가 다 돌아오더라.

8-43 夬 玉銑鐵頤 倉庫空虛 賈市無益 與利爲仇
옥선과 철이는 창고가 공허하여 시장을 열어도 소용이 없으니 도리어 손해를 보더라.

8-44 姤 登崑崙 入天門 過糟邱 宿玉泉 問惠歡 見仁君
곤륜산에 올라 천문에 들어가 조구를 지나 옥천에서 자고 혜환에게 물어 어진 임금님을 뵙게 되더라.

8-45 萃 団団白日 爲月所食 損上毀下 鄭昭出走
대낮에 달의 일식으로 상하가 훼손되니 정소공이 위나라로 달아나더라.

[典據] 魯桓公十一年, 鄭昭公名忽立. 四月出奔衛.

8-46 升 倉庫庾億 宜稼黍稷 年豊歲熟 國家富有
창고가 가득 찼는데 농사를 지어 해마다 풍년이 드니 국가가 부유하더라.

8-47 困 虎狼結謀 相聚爲保 伺囓牛羊 道絕不通 傷我商人
호랑이와 이리가 결탁하고 서로 모여 도우면서 기다렸다가 소와 양을 물어 잡아 먹으니 길이 불통되고 우리 상인들을 상하게 하더라.

8-48 井 中年摧折 常恐不活 老賴福慶 光榮相輔
중년에 좌절되어 항상 살지 못할까바 두려워하다가 늙게 복과 경사로 서로 도와 경영하더라.

8-49 革 同載共車 中道分去 喪我元夫 獨與孤居
한 차에 같이 싣고 가다가 중도에서 갈라져 가니 나의 처음 만나던 남편을 상하게 하여 홀로 외로이 살더라.

8-50 鼎 飮酒醉酗 跳躍爭鬪 伯傷叔僵 東家治喪
술을 마시고 취해 주정하다가 뛰고 투쟁하여 맏이가 상하고 아재비가 쓰러지니 동쪽 집에서 상을 치르더라.

8-51 震 出値凶災 逢五赤頭 跳言死格 扶杖聽命 不敢動搖
나아가 흉한 재난을 만나는데 다섯 붉은 머리를 만나니 뛰면서 죽을격이라 말하므로 지팡이를 짚고 명을 들으며 감히 동요하지 못하더라.

8-52 艮 狼虎爭强 禮義不行 兼呑其國 齊晉無主
이리와 호랑이가 누가 강하냐고 다투니 예와 의가 행해지지 아니하여 그 나라를 합병하니 제환공과 진문공 이후는 천하가 어지러워져서 왕이 없는 것과 같더라.

8-53 漸 南國少子 才略美好 求我長女 賤薄不與 反得醜惡 後乃大悔

남국의 젊은 사람이 재주있는 미남자로 나의 장녀에게 구혼하였는데 천박하다고 주지 아니하였다가 도리어 추악한 사위를 얻으니 크게 후회하더라.

8-54 歸妹 一身兩頭 莫適其軀 無見我心 亂不可治
몸은 하나인데 머리가 둘이니 그 몸에 맞지 않아 내 마음을 알지 못하니 어지러워 치유할 수 없더라.

8-55 豊 李耳彙鵲 更相恐怯 偃爾以腹 不能距格
호랑이와 고슴도치와 까치가 서로 두려워하고 겁내서 배를 깔고 누워 능히 가지 못하는 격이더라.

8-56 旅 松栢棟樑 相輔爲强 八哲五敎 王室寧康
소나무 기둥에 잣나무 보가 서로 도와 강해지고 여덟명의 현인이 다섯가지 인, 의, 예, 지, 신을 가르치니 왕실이 평안하더라.

[註] 순임금이 고신씨 등 팔현인으로 하여금 백성들에게 五敎 仁義禮智信을 가르치게 했다.

8-57 巽 雀行求食 暮歸孚乳 反其室舍 安寧無故
새가 먹이를 구하러 갔다가 저물게 새끼가 있는 그 둥지에 돌아오니 아무 일 없이 안녕하더라.

8-58 兌 四尾六頭 爲凶作妖 陰不奉陽 上失其明
꼬리가 넷에 머리가 여섯인 요괴가 요사함을 만들어 성해 양의 기운이 행해지지 못하니 위의 사람이 밝음을 잃더라.

8-59 渙 一衣三關 結緝不便 岐道異路 日暮不歸
한 옷을 세 번 매게 되니 매는데 불편하고 두 갈래 길이 다르니 해가 저물어도 돌아오지 못하더라.

8-60 節 牙孼生齒 室當啓戶 幽人利貞 鼓翼起舞
어금니의 사랑니가 나고 집은 문을 열고 숨어사는 사람이 이(利)와 정(貞)으로 날개를 치고 일어나 춤추더라.

8-61 中孚 春鴻飛東 以馬貨金 利得十倍 重載歸鄕
봄에 큰 기러기는 동쪽으로 날아가고 말로써 돈을 버니 이가 십배가 되어 많이 싣고 고향으로 돌아가더라.

8-62 小過 歡悅以喜 子孫俱花 守發能忍 不見殃咎
환열하면 기뻐하고 자손이 다 있어 지키고 발전하는데 참으니 재앙과 잘못됨이 없더라.

8-63 旣濟 精華消落 形體醜惡 齟齬挫頓 枯槁腐蠹
정화하는 것이 다해 떨어지면 그 형태가 추악하고 이가 어긋나면 잘 씹을 수가 없고 나무가 말라 쇠악해지면 좀벌레가 나더라.

8-64 未濟 登高止山 見王自言 申理我冤 得職蒙恩
높이 올라가 산 위에서 임금님을 뵙고 스스로 말해 나의 억울함을 조리있게 말하였더니 벼슬을 얻는 은혜를 입더라.

巽上 乾下 小畜之第九　　風天小畜

9-9 小畜　白鳥銜餌　鳴呼其子　幹枝張翅　來從其母　伯仲季叔　元賀擧手
백조가 먹이를 물고 그 자식을 울며 부르니 줄기 가지에 날개를 피고 와서 그 어미를 따르니 첫째, 둘째, 셋째, 넷째가 손을 들어 하례하더라.

9-1 乾　東遇虎蛇　牛馬驚奔　道絕不痛　商困無功
동쪽에서 호랑이와 이무기를 만나니 소와 말이 놀라 달아나 길이 끊겨 통하지 못해 장사가 아니되더라.

9-2 坤　子鉏執麟　春秋作住　元聖將終　尼父悲心
자서가 기린을 잡고 춘추를 지을 때 으뜸가는 성인이 장차 끝날 것을 공자님이 마음에 슬퍼하시더라.
[註] 訟之同人(6의 13 송의 동인)을 보라.

9-3 屯　取火泉源　釣魚山巓　魚不可得　火不肯然
샘물에서 불을 취하고 낚시를 산꼭대기에서 하니 고기도 잡을 수 없고 불도 연소하지 않더라.
[註] 比屯(8의 3 비의 둔)을 보라.

9-4 蒙　機關不便　不能出言　精誠不通　爲人所寃
기관이 불편하니 말을 할 수가 없고 정성이 통하지 아니 하니 남의 원통함만 되더라.

9-5 需　故室田廬　稍弊紱組　不如新巢　可治樂居
옛방과 오두막집이 조금 헐어져서 새 둥지만은 못하지만 그런대로 고쳐 편안하게 살만 하더라.

9-6 訟 蟋蛇循流 東求大魚 預且擧網 庖人歌謳
위사가 차례로 흘러 동쪽에서 큰 고기를 구하고 또 그물을 들어 올리니 주방장이 노래를 부르더라.

9-7 師 鑿山通道 南至嘉國 周公祝祖 襄適荊楚
산을 뚫어 길을 통하게 하고 남쪽으로 가국에 이르러 주공이 조상에게 축고하고 양공이 초나라에 가더라.
[註] 祖는 道神을 祭하는 것.
[典據]《左傳》昭公七年, 昭公將往楚, 夢襄公祖, 梓愼曰, 襄公之適楚也, 夢周公祖而行.

9-8 比 鵲近卻縮 不見頭目 日以困急 不能自復
까치가 가까이 오니 움추려서 머리와 눈이 보이지 않는데 날이 밝아 곤란하고 급하여도 능히 원상으로 회복하지 못하더라.
[註] 고슴도치는 까치를 만나면 꼼짝 못한다.

9-10 履 五舌啄難 各自有言 異國殊俗 使心繼惑 所求不得
혀가 다섯이라 쫓기는 어려우나 각자 할 말이 있다. 나라가 다르면 풍속이 다르니 마음씀도 미혹하여 구하는 바를 얻지 못하더라.

9-11 泰 天門開闢 牢戶寥廓 桎梏解脫 拘囚縱釋
천문이 개벽하여 감옥에서 괴로움을 받던 죄수를 모두 석방하더라.

9-12 否 堅氷黃鳥 常哀悲愁 數驚鷙鳥 雛爲我憂
얼음이 단단히 얼어 황조가 항상 슬퍼하고 근심하는데 자주 새매에 놀래고 병아리가 나의 근심이 되더라.

9-13 同人 日走月步 趨不同舍 夫妻反目 主君失居
해는 달아나고 달은 걸으니 쫓아가도 같이 할 수 없다. 부부가 반목하니 주군이 살 곳을 잃더라.

9-14 大有 金牙鐵齒 西王母子 無有患殃 扶舍涉道 到來不久
금아 철치인 서왕모자는 환란과 재앙이 없으니 집을 사인에 맡기고 길을 떠나 미구에 도래하더라.

9-15 謙 式微式微 憂禍相絆 隔以岩山 室家分散
쇠약해져 우환이 서로 얽히고 암산이 막힘으로 해서 집안이 분산하더라.

9-16 豫 衆神集駁 相與議語 南國虐亂 百姓勞苦 興師征我 更立賢主
여러 신선이 모여 의논하여 남국이 학정에 어지러워 백성이 노고하니 군사를 일으켜 정벌하고 다시 어진 임금을 세우더라.

9-17 隨 虎狼爭食 禮儀不行 兼吞其國 齊晉無主(費之良)
호랑이와 이리가 먹을 것을 다투고 예의없이 그 나라를 합병하니 제나라와 진나라가 실패한 후 왕권이 행해지지 아니하더라.

9-18 蠱 寄生無根 如過浮雲 本立不固 斯須落去 更爲枯樹
기생은 뿌리가 없어 뜬구름과 같아 근본이 단단치 못해 한번 떨어지면 다시 마른나무가 되더라.

9-19 臨 子啼索哺 母行求食 反見空巢 訾我長息
새끼가 울며 먹이를 찾는데 어미가 먹이를 구하러 나갔다가 돌아와 보니 둥지가 비어 있어 나를 비방하며 장탄식하더라.

9-20 觀 駕駟逐狐 輪掛荊棘 車不結轍 公子無得
사마차를 몰아 여우를 쫓다가 바퀴에 얽힌 것이 풀리지 아니함에 공자가 얻는 것이 없더라.

9-21 噬嗑　方啄廣口　仁智聖厚　釋解倒懸　唐國大安
정치를 입을 크게 벌려 선전하고 어진 지혜가 성스럽고 후하여 매단 것을 풀으니 당나라(순임금)가 크게 편안하더라.

9-22 賁　駕福乘喜　東至嘉國　戴慶南行　移居安宅
복을 멍에하고 기쁨을 타고 동쪽으로 가국에 이르러 경사를 이고 남쪽으로 가서 편안한 집으로 이사하더라.

9-23 剝　孔鯉伯魚　北至高奴　木馬金車　駕遊大都　王母送我　騋牝字駒
공이(공자님 아들)와 백어가 북으로 고노에 이르러 목마 금차로 대도에서 노는데 왕모가 나를 보내 귀 큰 암말을 망아지라 하더라.
[註] 高奴는 漢나라 상군이다.

9-24 復　三足無頭　不知所之　心狂精傷　英便爲明　不見日光
발은 셋이고 머리가 없어 갈곳을 알지 못해 마음은 미치고 정신이 상해 밝은 것을 싫어해 일광을 보지 못하더라.

9-25 無妄　騋貧龍身　日馭三千　南止蒼梧　與福爲婚　道里夷易　安全無忌
키 큰 암말이 용의 몸으로 하루 삼천리를 가니 남으로 창오에 가서 복(福)과 혼인하여 길 가기가 쉬우니 안전하고 거리낌이 없더라.

9-26 大畜　辰次降婁　王駕巡狩　廣佑施惠　安國無憂
때가 강루(새벽)에 임금이 순찰하여 널리 도와 주고 은혜를 베푸니 나라가 편안하고 근심이 없더라.

9-27 頤　望幸不到　文章未就　王子逐走　馬騎銜傷　昳迹不得　曷其有常
요행을 바라는데 이루어지지 않고 문장이 되지 못하여 왕자를 좇아 말을 타니 자갈이 상하도록 자취를 찾았으나 얻지 못하였지만 언젠가는 떳떳함이 있더라.

9-28 大過　中原有菽　以待饔食　飲御諸友　所求大得
중원에 콩이 있어 아침밥 때를 기다려 모든 친구와 같이 마시고 먹으면 구하고자 하는 바를 터득하더라.

9-29 坎　亂茅縮酒　靈巫拜禱　神怒不許　瘁愁憂苦
어지러운 모사에 술을 붓고 영무에게 절하고 기도하는데 신이 노하여 허락하지 아니하니 초조하고 근심하며 괴로워하더라.

9-30 離　李花再實　鴻飛降集　仁哲以興　蔭國受福
이화꽃은 다시 열매를 맺고 큰 기러기 날아와 내려 모이고 어진 철인이 흥하여 나라를 음호하고 복을 받더라.

9-31 咸　源出陵足　行於山趾　不爲暴害　民得安處
샘은 언덕 밑에서 나와 산밑으로 행하니 폭해를 하지 아니하여 백성이 편안한 곳을 득(得)하더라.

9-32 恒　客入其門　奔走東西　童女不織　士棄耕畝　暴骨千里　歲飢民苦
객이 그 문에 들어와 동분서주하니 동녀는 길쌈을 짜지 아니하고 선비는 밭을 갈지 아니하니 천리가 묶어버려 해마다 주리고 백성은 고생하더라.

9-33 遯　天之所子　福祿常在　以永康寧　不憂危殆
하늘의 아들은 복록이 항상 있으니 길이 강녕하여 위태함을 근심하지 아니하더라.

9-34 大壯　蝗食我稻　驅不可去　實穗無有　但見空藁
황충이 나의 벼를 먹으니 쫓아도 가지 아니하여 영근 이삭이 없고 다만 빈 짚대만 보이더라.

9-35 晉 牛驥同堂 郭氏已亡 國破空虛 君奔走逃

소와 말은 한집에 있는데 곽씨가 이미 망하니 나라가 비어 있고 임금은 분주히 도망가더라.

[註] 郭은 나라 이름. 齊가 멸망시켰다.

[典據] 新序雜事篇, 齊桓公出游. 見亡國故城. 野人日, 是郭氏之虛. 郭氏善善而不能行. 惡惡而不能去. 是以爲虛也..

9-36 明夷 狗無前足 陰謀叛北 爲身害賊 何以安息

개가 앞발이 없고 음모와 배반으로 몸을 해치는 적이 되니 어찌 안식할 수 있겠는가?

9-37 家人 兩輪自轉 南上大阪 四馬共轅 無有重難 與禹笑言 鶴鳴竅穴 不離其室

두 바퀴가 자전하여 남쪽 큰 언덕에 올라 네 말이 멍에를 같이 하니 무거운 어려움이 없고 우임금과 더불어 소담하니 학이 빈구멍에서 울며 그 집을 떠나지 아니하더라.

9-38 睽 芽蘖生達 陽昌於外 左手執籥 公言錫爵

서얼이 나서 자라 외지에서 빛나게 되니 좌수에 피리를 들고 공언하기를 석작이라 하더라.

[註] 석작(錫爵)은 잔치를 벌이고 모든 작위를 헌납하는 의식.

9-39 蹇 秋花冬萼 數被嚴霜 甲岳堂庭 萬物不生 雄犬夜鳴 民擾大驚

가을 꽃과 겨울 꽃받침이 여러번 엄한 서리를 맞이하고 갑병이 뜰에 있어 만물이 살지 못하는데 수캐가 밤에 울어 민요에 대경하더라.

9-40 解 霜降閉戶 蟄虫隱處 不見日月 與死爲伍

서리가 내려 문을 닫고 칩충이 숨은 곳은 일월이 보이지 아니하고 죽은 것과 같은 것이더라.

[註] 칩충(蟄蟲)은 겨울에 잠자는 벌레.

9-41 損 身載百里 功如四海 爲文開基 武立大柱
백리의 땅에서 덕을 사해에 펴서 문왕이 기초를 열고 무왕이 천하를 다스리더라.

9-42 益 禹作神鼎 伯益銜指 斧斤高閣 憧位獨坐 賣庸不讎 苦困爲禍
우임금이 신정을 제작하는데 백익은 손가락을 물고 도끼를 고각에 두고(즉 일을 하지 아니하다) 흐리멍텅하게 홀로 앉아 용렬하다 하되 탄하지 아니하니 고생과 곤궁함이 재앙이 되더라.

[註] 禹作神鼎 우임금이 천하를 九州로 나누고 九鼎을 주작하였다. 伯益은 순임금의 신하로 우임금이 일찍 천거한 사람인데 순임금이 돌아가시니 기산으로 피하였는데 백성이 우임금에게로 가고 백익에게 모이지 않았다.

[典據]《淮南子》本經訓, 周鼎著倕, 使銜其使. 繇辭

9-43 夬 福祚之聚 喜至憂除 如魚逢水 長樂受喜
복이 모이니 기쁨이 근심을 제하여 고기가 물을 만남과 같아 길게 즐거워하고 기쁨을 받더라.

9-44 姤 蒼龍隱伏 麟鳳遠匿 寇賊同處 未得安息
창룡이 은복하고 기린과 봉황이 멀리 숨었는데 원수와 도적이 같이 있으니 편히 쉬지 못하더라.

9-45 萃 白鶴銜珠 夜食待明 懷胡德音 身受光榮
백학이 구슬을 물고 밤에 밥먹고 밝기를 기다리니 어찌 좋은 소식을 바랐음인지 몸으로 영광을 받더라.

9-46 升 旦生夕死 名曰嬰鬼 不可得祀
아침에 나서 저녁에 죽으니 어린아이 귀신이라 하여 제사를 받지 못하더라.

[典據]《搜神記》有鶴爲弋人所射. 窮而歸噲參. 參牧養療治. 瘡愈而放之. 後鶴夜到

門外. 參執燭視之. 鶴雌雄雙至. 各銜明珠, 以報參焉.

9-47 困 行役未已 新事復起 姬姜勞苦 不得休息
하던 일이 끝나기 전에 새 일이 또 생기니 희강이 수고로 쉴 수가 없더라.
[註] 희강(姬姜)은 큰 나라 귀인의 부인.

9-48 井 憂患解除 喜至慶來 坐立懽忻 與樂爲隣
우환이 해체되고 기쁨과 경사가 오니 앉거나 서거나 기쁘고 즐거워 즐거움과 이웃을 삼더라.

9-49 革 晨風文翰 大擧就溫 昧過我邑 羿無所得
새매가 떼지어 날아 온대지방으로 이동하는데 어두운 때에 우리 고을을 지나가니 명궁 예도 얻은 바 없더라.
[註] 신풍(晨風) ; 새매의 이름 예(羿) ; 고대의 명궁이다.

9-50 鼎 下田稷黍 方華生齒 大雨集降 紛滂滿甕
아래 밭에 피와 기장을 심어 바야흐로 잘 자라더니 병이 나고 큰 비가 모여 내리니 큰 물결이 독에 가득하더라.

9-51 震 君子碌碌 鳥庇茂木 見春百穀 心勞願德
군자는 녹록하고 새는 무목에 가리워서 봄에 백곡을 보니 마음이 괴로워 덕을 원하더라.
[註] 녹록(碌碌)은 힘없어 쓸모없는 모양.

9-52 艮 折臂踒足 不能進酒 祠祀曠開 神怒不喜
팔다리가 부러져 술을 올릴 수 없어 사당에 제사를 궐하게 되니 신이 노해 기뻐하지 아니하더라.

9-53 漸 學靈三年 仁聖且神 明見善祥 吉喜福慶 鳩鳩飛來 告我無震

영을 배운 지 삼년에 진리를 터득해서 좋고 상서로움을 밝게 볼 수 있는데 비둘기가 날아와 나에게 근심이 없음을 고하더라.

9-54 歸妹　三婦同夫　志不相恩　心懷不平　志常愁悲
세 부인이 한 지아비를 같이 하는데 서로 이해를 하지 않아 마음에 불평을 품고 마음에 항상 근심과 슬픔이 있더라.

9-55 豊　中田膏黍　以享王母　受福千億　所求大得
가운데 밭의 기름진 기장을 왕모에게 바쳐 복을 많이 받으니 하고자 하는 일에 크게 얻게 되더라.

9-56 旅　陽火不災　喜至慶來　降福送喜　鼓琴歌謳
양화는 재앙이 아니라 기쁨이 이르면 경사가 와서 복을 내리고 기쁨을 보내니 거문고를 치며 노래를 부르더라.

9-57 巽　陽明不息　君無恩德　伯氏失利　民喪其力
양명이 식지 아니하고 임금의 은덕이 없는데 백씨가 이를 잃으니 백성의 힘만 상하게 하더라.

9-58 兌　燕雀銜茅　以生孚乳　兄弟六人　交好孝悌　各得其願　和悅相樂
제비가 띠를 물어다 둥지를 만들고 새끼 육형제를 부화하니 서로 공경하고 효도해 각기 원하는 바를 득하니 화목하고 즐거워하더라.

9-59 渙　鶉尾奔奔　火中成軍　虢叔出奔　下失其君
메추라기가 꼬리를 요란히 흔드는데 불 가운데 군사를 이룬다는 동요가 있더니 우(虞)나라가 쳐들어와 괵(虢)공이 달아나 백성이 그 임금을 잃어버리더라.

[註] 火中은 火星正에 南方에 中하는 것. 鶉尾는 火星. 奔奔은 左傳 賁賁에 作한다. 盛大의 貌.

[典據]《左傳》僖公五年, 龍尾伏辰. 鶉之賁賁. 火中成軍. 虢公其奔.

[典據] 成公十四年, 衛侯出奔齊.

9-60 節　兩人相距　止不同舍　夫妻離散　衛侯失居
두 사람이 서로 겨루어 그쳐도 같이 화해하지 아니하고 부부가 이산하니 위후가 살 곳을 잃었더라.

9-61 中孚　魃爲旱虐　風吹雲卻　欲止不得　反歸其宅
가뭄이 심한데 바람이 불어 구름을 물리치니 그치게 하고자 하나 할 수가 없어 그 집으로 되돌아가더라.

9-62 小過　關雎淑女　配我君子　少妻在門　君子嘉喜
요조 숙녀는 군자가 배필로 구하려 하는데 젊은 아내가 문안에 있으니 군자가 아주 기뻐하더라.

9-63 旣濟　慈母赤子　饗賜得士　夷狄服除　以安王室
어머니와 아들처럼 잘 먹어 사기를 얻어 오랑캐를 항복 받아 왕실을 편안하게 하더라.

9-64 未濟　三足孤烏　靈明督郵　伺過討惡　自賊其家
세 발 달린 외로운 새가 영명하게 독찰하여 허물을 살펴 악을 범하니 스스로 그 집의 적이 되더라.

乾上 兌下 履之第十 **天 澤 履**

10-10 履 十鳥俱飛 羿射九雌 雄得獨全 雖驚不危

열 마리 새가 함께 날았는데 명궁 예가 암놈 아홉을 쏘아 맞히고 숫놈만 홀로 남았는데 비록 놀라기는 했지만 위태하지 아니하더라.

[註] 傳說에 요임금 때 十日을 나란히 나가 초목초고(草木焦枯)하여 九日을 쏘았다고 한다. 그래서 구조개사(九鳥皆死)했다고 하는 것이다.

10-1 乾 東嚮藩垣 相與笑言 子般執鞭 圉人作患

동쪽 담 밖을 향해서 서로 소담하는 것을 마부가 엿들어 자반이 채찍으로 때렸더니 마부가 환란을 일으키더라.

[註] 어인(圉人)은 마부. 락(犖)의 힘이 강대해 자반을 던져 죽였다.

[典據]《左傳》莊公三十二年, 雩講于梁氏. 女公子觀之. 圉人犖自墻外與之戲. 子般鞭之. 後犖弑子般.

10-2 坤 循河榜舟 旁淮東遊 漁父擧網 先得大鰌

물을 따라 배를 저어 회수를 오락가락하며 동유(東遊)하는데 어부가 그물을 들어 먼저 큰 미꾸라지를 얻더라.

10-3 屯 轅折輪破 馬倚僕臥 後旅先宿 右足跌蹉

멍에가 부러지고 바퀴는 깨지고 말은 기대서고 종은 누우니 여행을 뒤로 미루고 숙소에 들어가다 오른발이 미끄러지며 부러지더라.

10-4 蒙 兩人相絆 相與悖戾 心乖不同 訟爭恟恟

두 사람이 서로 옭아매는데 서로 도리에 거슬리니 마음이 어그러져 같지 아니하여 쟁송이 흉흉하더라.

10-5 需 北辰紫宮 衣冠立中 合和建德 常受天福

북진자궁(궁전)에 정치하는 사람이 덕을 세워 화합하면 늘 천복을 받더라.

[註] 수지쾌(需之夬) 곤지관(坤之觀)을 보라.

10-6 訟 遊居石門 祿身安全 受福西鄰 歸飮玉泉

놀며 석문에 사니 녹신이 안전하여 복을 서쪽 이웃에서 받고 돌아가 옥천을 마시더라.

[註] 수지기제(需之旣濟)를 보라.

10-7 師 羊腸九縈 相推併前 止順王孫 乃能上天

양장구곡을 서로 믿고 같이 앞으로 나가다 정지하고 기다리던 왕손이면 이내 능히 하늘에 오르더라.

[註] 양장구영(羊腸九縈)은 양장구곡으로 산의 이름이다.

10-8 比 爭訟相倍 和氣不處 陰陽俱否 穀風母子

쟁송이 서로 어긋나 화기가 없어 음과 양이 맞지 아니하여 남편에게 버림을 당하니 자식이 없더라.

10-9 小畜 郭叔矩頤 爲棘所拘 龍頭重顙 禍不成殃 復歸其鄉

곽숙의 모난 턱은 큰창에 다친 것인데 용의 이마는 중상인데도 화가 재앙을 이루지 아니하니 다시 고향으로 돌아가더라.

10-11 泰 蠆室蜂戶 螫我手足 不得進止 爲吾害咎

벌이 나의 손발을 쏘는데 말려도 듣지 아니하니 나에게 해가 되더라.

10-12 否 怒非其怨 因物有遷 貪妒腐鼠 而呼鴟鳶 失反被困

성내는 것은 원망함이 아니요 물건으로 인해 옮김이 있고 썩은 쥐를 치우기 위해 솔개를 부르는 격이니 도리어 곤란을 당하더라.

10-13 同人　嬰嬰孩求乳　母歸其子　黃麑悅喜　自樂甘餌
어린애가 젖을 구하여 어미가 자식에게 돌아오니 누런 사슴새끼가 희열하며 스스로 즐겁게 젖을 빨더라.

10-14 大有　緘縷徒勞　錦繡不成　鷹逐雉兎　瓜折不得
바느질을 헛되이 수고해 비단 수를 이루지 못하고 매가 꿩과 토끼를 쫓다가 발톱이 부러져 득(得)함이 없더라.

10-15 謙　兩潦集降　河渠不通　鄒魯閉塞　破費市空
장마비가 집중호우가 되어 하천이 불통하여 추나라와 노나라가 닫아막히니 시장이 텅 비었더라.

10-16 豫　封豕溝瀆　水潦空谷　客止舍宿　泥堅至腹　處無黍稷
돼지를 도랑에 가두었더니 빈 골짜기에 장마물이 고여 객은 여관에 머물고 진흙탕은 복부까지 차니 가는 곳마다 곡식이 없더라.

10-17 隨　三姦相擾　桀跖爲交　上下騷離　隔絕天道
세 간사한 무리가 서로 요란하게 하고 하걸과 도척이 사귀어 상하로 소란케 하니 천도가 끊어지더라.

[註] 걸(桀)은 하걸(夏桀). 척(跖)은 도척(盜跖). 최고의 악인을 일컬음.

10-18 蠱　齊景惑疑　爲孺子牛　嫡庶不明　賊孽爲患
제경공이 미혹하여(서자 荼로 하여금 소에게 새끼로 자갈을 물려 끌게 하였다 하여 자우라 함) 적서가 불명하니 서자가 후환이 되더라.

[註] 孺子의 이름은 荼. 景公이 소에게 새끼로 자갈을 물리고 荼로 하여금 끌게 함. 景公의 땅에서 갑자기 그 이를 잘랐다.

[典據]《左傳》哀公六年, 鮑子曰, 汝忘君之爲孺子牛而折其齒乎.

10-19 臨　三羊俱亡　走奔南行　會暮失迹　不知所處

세 마리 양이 같이 도망하여 분주히 남쪽으로 갔는데 날이 어두워 자취를 잃어 있을 곳을 알지 못하더라.

10-20 觀 請伯行賈 代山之野 夜歷險阻 不逢危殆 利如?酒
우두머리를 청해 행상을 하는데 대산의 들녘에서 밤에 험저한 곳을 지날 때 위태함을 만나지 아니하여 이익이 걸찬 술과 같더라.

10-21 噬嗑 桑之將落 隕其黃葉 失勢傾側 而無所立
뽕나무가 장차 낙엽질 때 누런 잎이 떨어지는 것과 같이 세를 잃어 기울어지면 설 곳이 없더라.

10-22 賁 上山求魚 入水捕兎 市非其歸 自今久留
산에서 고기를 구하고 물에서 토끼를 잡으려함은 이치에 어긋나니 스스로 그만두는 것이 상책이더라.

10-23 剝 名成德就 項歆不試 景公老耋 尼夫逝去
이름이 나고 덕이 높다고 제나라 경공이 시험도 하지 아니하고 쓰고자하니 공자님이 나는 늙었다 하고 돌아가시더라.
[典據]《論語》微子篇, 景公日, 吾老矣, 不能用也. 孔子行.

10-24 復 天之奧隅 堯舜所居 可以存身 保我國家
하늘의 깊은 곳은 요순이 사시는 바니 가히 몸을 보존하고 나의 나라를 보존더라.

10-25 無妄 雎鳩淑女 賢聖配偶 宜家壽福 吉慶長久
수구숙녀는 현인과 성현의 짝이니 집과 수복을 옳게 하여 길하고 경사가 오래오래 가더라.

10-26 大畜 兩人俱爭 莫能有足 心乖不同 訟言起凶

두 사람이 같이 다투어 옳고 그름을 정하지 못하고 마음이 어긋나 같지 않아 송사 말이 흉하게 일어나더라.

10-27 頤 涉伯徇名 棄禮誅身 不得期道 成子奔燕
위를 배반하고 이름을 널리 펼치고자 예를 버리고 몸을 베임은 그 도를 득하지 못함이라 성자(成字)가 연나라로 달아나더라.

[註] 섭백(涉伯)은 衛의 涉佗. 성자(成子)는 衛의 成何.

[典據]《左傳》定公十年, 晉趙鞅圍衛. 討衛之叛故. 日, 由涉佗成何. 遂殺涉佗. 成何奔燕. 君子日, 此之謂棄禮.

10-28 大過 踰江求橘 并得大栗 烹羊食肉 飮酒歌笑
강을 넘어 귤을 구하다 큰 밤을 같이 얻으니 양을 삶고 고기를 먹고 음주하며 노래하고 웃더라.

10-29 坎 山險難行 澗中多石 車馳轊擊 重傷載軸 擔負善躓 踒跌右足
산이 험해 행하기 어려운데 산골 물에 돌이 많아 수레바퀴 추를 때려 추를 상하니 짐을 지고 미끄러져 우족을 부러뜨리더라.

10-30 離 元利孔福 神所子畜 般樂無苦 得其歡欲
원래 이(利)는 복이 통해야 하는데 신이 도와 주어야 한다. 모두 즐겁고 괴로움이 없어 그 하고자하는 욕구를 기쁘게 얻는 것이더라.

10-31 咸 鳥鵲食穀 張口受哺 蒙被恩福 長大成就 柔順利貞 君臣合好
새와 까치가 낟알을 먹는데 입을 벌리고 먹이를 받으니 은혜와 복을 입어 크게 성취하여 유순하고 이정하며 군신이 화합하여 좋아하더라.

10-32 恒 潼滃蔚蒼 膚寸來會 津液下降 流潦滂沛
물안개가 뭉게뭉게 피어올라 피부에 와서 닿으니 땀이 내리 흐르는데 소낙비 오는 것 같이 흐르더라.

10-33 遯 路多枳棘 步刺我足 不利旅客 爲心作毒

길에 가시덤불이 많아 나의 발을 찌르니 여행객에 불리하여 마음에 독이 되더라.

10-34 大壯 虺蝮所聚 難以居處 毒螫痛甚 瘡不可愈

이무기와 독사가 모이는 곳에는 거처하기 어려운데 독에 물리니 심히 아프고 헌데가 잘 낫지 아니하더라.

10-35 晉 麟鳳相隨 觀察安危 東郭聖人 后稷周公 君子攸同 利以居止 長無憂凶

기린과 봉황이 서로 따라 안위를 관찰하고 동곽의 성인(聖人) 후직과 주공이 같이 화합하여 정치하니 군자는 같은 바라 이로운데 살고 머무르니 길이 우환과 흉함이 없더라.

10-36 明夷 桀亂不時 使民恨憂 立趾爲笑 君危臣羞

걸의 난은 때가 없어 백성으로 하여금 한을 품고 근심하게 하여 발꿈치를 들고 웃게 만드니 임금은 위태하고 신하는 수치하더라.

10-37 家人 黃帝所生 伏羲之宇 兵刃不至 利以居止

황제가 낳으신 곳은 복희씨의 집이라 병기가 이르지 아니하니 살기에 좋은 곳이더라.

10-38 睽 雀行求食 暮歸屋宿 及期室舍 安寧無故

새가 먹이를 구하러 나가다가 저물게 자던 집에 돌아와 그 집과 방에 미치니 안녕하고 무고하더라.

10-39 蹇 大倉積穀 天下饒食 陰陽和調 年歲時熟

큰 창고에 쌓인 곡식은 천하가 배불리 먹을 수 있는데 음양이 조화하여 해마다 풍년이 들더라.

10-40 解 干旄旌旗 執幟在郊 雖有寶珠 無路致指
간모와 정기의 깃대가 들에 세워져 있으니 비록 보배가 있으나 가져올 길이 없더라.

10-41 損 履危蹈顚 墜入寒淵 行不能前 足跢不便
위태스럽게 밟혀 넘어져 찬 못에 빠져 들어가 앞으로 갈 수 없으니 발이 부러져 불편하더라.

10-42 益 銜命上車 合和兩家 蛾眉皓齒 二國不殆
자갈을 물리고 수레에 올라 두 집이 화합하니 나비 눈섭에 흰 이로 두 나라가 위태하지 아니하더라.

10-43 夬 吉日車攻 田弋獲禽 宣王飮酒 以告嘉功
길일에 차를 몰아 전엽해서 새를 잡으니 선왕이 술을 마시며 아름다운 공(功)을 고하더라.

10-44 姤 金帛貴寶 宜與我市 嫁娶有息 利得過母
금과 비단 등 귀한 물건을 의당히 나의 가게에 줄 것인데 시집 장가 가느라 쉬어서 이득이 아무것도 없더라.

10-45 萃 延頸望酒 不入我口 深以自喜 利得無有
목을 늘이고 술을 바랐더니 내 입에 아니 들어가 심히 자희하니 이득이 없더라.

10-46 升 牧爲代守 饗食甘賜 得吏士意 戰大破胡 長安國家
이목이 대신 안문을 지켜 관세를 거두어 군사를 잘 먹이고 훈련하여 사기를 높여 크게 싸워 오랑캐를 무찔러 오래도록 국가가 편안하더라.

[註] 목(牧)은 李牧(趙나라의 장수).

[典據]《史記》廉頗藺相如列傳, 및 李牧附傳, 李牧爲趙之北邊良將也. 常居代雁門. 備匈奴. 以便宜置吏, 市租皆輸入幕府, 爲士卒費. 日繫數牛饗士. 習騎

射, 謹烽火. 爲約日, 匈奴卽入盜, 急入收保. 有敢捕虜者, 斬. 匈奴每入, 不戰. 以爲怯. 邊士日得賞賜而不用. 皆願一戰. 於是大破匈奴. 十余歲, 不敢近趙邊.

10-47 困 日出溫谷 臨照萬國 高明淑仁 虞夏配德
해가 온곡에서 떠 만국을 비치니 고명하고 맑고 어질어 순임금과 우임금의 덕이 같더라.

[註] 우하(虞夏)는 순임금과 우임금을 말함이다.

10-48 井 逐兎索鳥 破我弓車 日暮不及 失利後時
토끼를 좇고 새를 찾는데 나의 활과 수레를 깨트리고 해가 저물어도 미치지 못해서 이(利)를 잃고 때도 뒤지더라.

10-49 革 譌言妄語 傳相詿誤 道左失迹 不知所處
거짓말과 망녕된 말로 서로 그릇되게 잘못 전하니 길이 어긋나 자취를 잃어 있는 곳을 알지 못하더라.

10-50 鼎 履虎蹑蛇 貶損我威 君子失車 去其國家
호랑이를 밟고 뱀을 밟아 나의 위신을 손상시키고 군자가 수레를 잃어 그 나라로 가더라.

10-51 震 本根不固 萃葉落去 更爲孤嫗 不得相視
근본 뿌리가 단단하지 못하면 화려한 잎사귀가 떨어져 나가고 다시 늙은 과부가 되면 서로 보지 아니하더라.

10-52 艮 五軛四軏 優得饒有 陳力就列 騶虞喜悅
다섯 멍에에 멍에막이 넷을 좋은 것으로 넉넉히 얻어 힘에 맞게 취열하니 마부가 기뻐하더라.

10-53 漸　黃帝紫雲　聖且神明　光見福祥　告我無殃
황제의 붉은 구름은 성스럽고 신명하여 복과 상서로운 빛을 나타내 나에게 재앙이 없다고 하더라.

10-54 歸妹　五利四福　俱佃高邑　黍稷盛茂　多穫薫稻
오리와 사복은 고읍에 소작인을 갖추니 곡식이 무성하고 많은 벼와 짚을 얻더라.

10-55 豊　群虎入邑　求索肉食　大人衛守　君不失國
호랑이 무리가 골에 들어와 고기를 찾아 먹는데 대인이 수위(守衛)하니 임금이 나라를 잃지 아니하더라.

10-56 旅　烏子鵲雛　常與母居　願慕群侶　不離其巢
까마귀와 까치의 새끼가 항상 어미와 같이 있어 여럿이 같이 있기를 원하고 사모해 그 둥지를 떠나지 아니하더라.

10-57 巽　蹇驢不材　駿驥失時　筋勞力盡　罷於沙丘
절뚝거리는 노새는 재목이 되지 못하고 준마도 때를 잃으면 근육에 힘이 다하여 모래 언덕에 버리게 되더라.

[典據]《列子》說符篇, 穆公使九方皐求馬. 三月而反. 曰, 得之矣. 在沙邱.

10-58 兌　玄黿黑顙　東歸高鄉　朱鳥導引　靈龜載莊　遂振天門　見我貞君
검은 갈기에 까만 이마의 말을 타고 동쪽 고향으로 돌아가는데 붉은 봉황이 길을 인도하고 신령스러운 거북이 씩씩하게 싣고 천문에 도달하여 나의 바른 임금을 뵙더라.

10-59 渙　探巢得雛　鳩鵲來俱　使我攸娛
둥지를 뒤져 새끼를 얻으니 비둘기와 까치가 같이 와서 나로 하여금 기쁘고 즐겁게 하더라.

10-60 節 安上宜官 一日九遷 升擢超等 牧養常山 君臣得安

위를 편안케 하여 맞는 벼슬을 하는데 하루에 아홉번 옮겨 등급을 뛰어 발탁되어 상산에서 목양(牧養)하니 군신이 편안함을 얻더라.

10-61 中孚 大頭明目 載受嘉福 三雀飛來 與福相得

큰 머리에 눈이 밝아 해마다 아름다운 복을 받아 실으니 세 마리가 날아와 복과 더불어 서로 얻더라.

10-62 小過 遠視千里 不見黑子 離婁之明 無益於光

멀리 천리를 보나 흑자(검은 점)를 보지 못하니 이루(고대의 눈 밝은 사람)의 밝음도 빛에는 소용이 없더라.

10-63 旣濟 三女成姦 俱遊高園 背不夜行 與伯笑言 不忍主母 爲失醴酒 寃尤誰告

세 여인이 간음을 하는데 같이 고원에서 놀고 지애비를 배신하고 밤에 행해 백과 소담하니 주모가 참지 못하고 감주 내는 것을 잃었으니 원한을 누구에게 고할 것이냐.

10-64 未濟 日辰不良 强弱相振 一雌兩雄 客勝主人

일진이 좋지 아니하여 강약을 서로 겨루는데 암컷은 하나에 수컷은 둘이라 객이 주인을 이기더라.

坤上 乾下 泰之第十一　地 天 泰

11-11 泰　求玉陳國　留連東域　須我王孫　四日來復　主君有德　蒙恩受福
옥을 진나라에서 구하러 동역에서 연류하면서 나의 왕손을 기다리는데 사일만에 복귀하니 주군이 덕이 있어 은혜를 입어 복을 받더라.

11-1 乾　伯夷叔齊　貞廉之師　以德防患　憂禍不存
백이 숙제는 정염한 스승으로서 덕으로써 환란을 미리 막으니 근심과 재앙이 있지 아니하더라.

11-2 坤　濟深難渡　濡我衣袴　五子善權　脫無他故
물이 깊어 건너기 어려워 나의 옷 바지를 적시는데 다섯 아들이 노를 잘 저어 아무 사고 없어 벗어나더라.

11-3 屯　倚立相望　適得道通　驅駕奔馳　比目同床
기대서서 서로 바라보고 마침 길이 통함을 얻어 분주히 몰고 달리다 눈을 가지런히 하고 같은 상을 쓰더라.

11-4 蒙　葛藟蒙棘　萃不得實　讒佞爲政　使恩壅塞
칡덩굴에 가시덤불에 얽히어 화려하나 열매를 맺지 못하고 남을 참소하고 아첨하는 정치는 은혜를 쓰는 것이 옹색하더라.

11-5 需　四足無角　君子所服　南征述職　與福相得
네 발에 뿔이 없으니 군자의 생각하는 바이다. 남정에서 제후의 술직(업무보고)을 들으니 서로 복을 받더라.

11-6 訟　踝踵之傷　左指病癰　失旅後時　利走不來

복사뼈와 발꿈치를 상하고 왼쪽 손가락에 헌데가 생겨 여행을 못해 때를 잃어 이익을 놓쳐 다시 오지 않더라.

11-7 師 春城夏國 生長之域 可以服食 保全家國
봄 성과 여름 나라는 생장하는 계절이니 잘 먹어서 집과 나라를 보전하더라.

11-8 比 望驥不來 駒蹇爲憂 兩驚我心 風撼我肌
천리마를 바라나 오지 아니하고 망아지가 절둑절둑 절어 근심이 되고비에 놀란 내 마음에 바람이 피부를 흔들더라.

11-9 小畜 久客無牀 思歸我鄉 雷雨滿盈 道不得通
오랜 객지생활에 침상이 없어 고향으로 돌아갈 생각인데 우레와 비가 많이 와서 길이 불통하더라.

11-10 履 舫船備水 旁可燃火 積善有徵 終身無禍
쌍배에 물을 준비함은 휘몰아쳐 불에 탈 수가 있고 쌓이기를 잘 하는데 경험이 있어 종신토록 재앙이 없더라.

11-12 否 陟岵望母 役事未已 王政靡盬 不得相保
고개에 올라 어미를 바라보는데 역사가 끝나지 아니한데다 왕정이 느슨하지 아니하여 서로 보존이 아니되더라.

11-13 同人 多載重負 損棄於野 小任其大 但自勞苦
무거운 짐을 많이 실어 들에 덜어 버리고 작은 것에 큰 것을 맡기니 다만 스스로 수고만 하더라.
[註] 師之姤(사지구)를 보라.

11-14 大有 生直地乳 上皇大喜 賜我福祉 受命無極

나면 곧 땅에서 자라니 상황이 대희하시고 나에게 복지를 주시니 무궁한 명을 받더라.

11-15 謙 翕翕 隕墜崩顚 滅我令名 長沒不存
요란한 수레 모는 소리와 함께 떨어져 넘어져 나를 망신케 하나 길게 묻혀 있지 아니하더라.

11-16 豫 東隣嫁女 爲王妣后 莊公築館 以尊王母 歸于京師 季姜悅喜
동쪽 이웃의 처녀가 시집가서 왕비가 되니 장공이 관을 짓고 왕모라고 높이었는데 경사로 돌아가니 계강이 열희하더라.
[註] 강(姜)은 제나라의 성이다.

11-17 隨 伯虎仲熊 德義淵閎 使布五穀 陰陽順叙
백호와 중웅(순임금의 신하)은 덕과 의가 크고 깊어 사역에 오곡을 주니 음양이 순서롭게 베풀어지더라.

11-18 蠱 敏捷勁疾 如猿升木 彤弓雖調 終不能獲
민첩하고 빨리 원숭이가 나무에 오르는 것 같이 동궁(붉은 칠한 활)으로 쏘았으나 마침내 잡지 못하더라.
[註] 동궁(彤弓)은 붉은 칠을 한 활인데 제후 중에 공로있는 자에게 내리는 활이다.

11-19 臨 擧袂覆目 不見日月 衣裘簞床 就長夜室
소매를 들어 눈을 가리니 해와 달을 보지 못하고 갑옷을 입고 소쿠리 상에서 긴 밤 집으로 나가더라(죽더라).

11-20 觀 忍醜少羞 無面有頭 庶日以弊 消寡耗滅
추한 것을 참아 수치를 적게 하니 얼굴은 없어도 머리는 있어 날이 지나니 차츰 감해 없어지더라.

11-21 噬嗑 涸飮沍寒 常氷不溫 凌人墮怠 雹大爲災
몹시 추워 항상 얼음이 얼어 따뜻하지 아니하여 사람이 게을러지게 하는데 우박이 커서 재앙이 되더라.

11-22 賁 夏麥麩- 霜擊其芒 疾君敗國 使民夭傷
여름 보리와 밀의 싹은 서리가 치듯이 임금이 밉다고 패국하면 백성으로 하여금 일찍 상하게 되더라.

11-23 剝 淵涸龍憂 箕子爲奴 干叔殞命 殷破其家
못물이 마르면 용이 근심하고 기자가 노예가 되니 간숙이 운명하여 은나라가 망해 버리더라.

[註] 간숙(干叔)은 비간(比干)을 말함이다. 기자(箕子)와 주(紂)는 친척간인데 기자가 주에게 간(諫)하였으나 주는 광분하여 기자를 노비로 만들었다. 간숙은 주의 제부(諸父) 비간(比干)이다. 그가 주에게 眞言하니 주는 그를 죽였다.《史記》 殷 本紀에 나온다.

11-24 復 跛踦相隨 日暮牛罷 陵遲後旅 失利亡雌
절름발이가 서로 따라 해가 저물어 우시장이 파한 뒤 늦게 가니 실리(失利)하고 암소는 없더라.

11-25 無妄 桑之將落 隕其黃葉 失勢傾側 如無所乏
뽕이 장차 떨어질 때는 그 누른 잎을 잃는 것은 세가 기울어지면 설 땅이 없는 것과 같더라.

11-26 大畜 生長以時 長育根本 陰陽相和 歲樂無憂
생장의 때를 잘 맞추어 근본을 잘 기르면 음양이 조화되어 해마다 즐겁고 근심이 없더라.

11-27 頤 童女無夫 未有配合 陰陽不和 空坐獨宿

소녀가 남편이 없어 배합하지 못하니 음양이 고르지 못해 혼자 자더라.

11-28 大過　春今原宥　仁德不合　三聖攸同　周國茂興
봄은 원래 너그러우나 인덕이 합해지지 않았으나 세 성인이 같이 도우니 주나라가 성하게 일어나더라.

11-29 坎　金精耀怒　帶劍過午　兩虎相距　雖驚無咎
금정(칼이름)이 빛을 발해 허리에 차고 한나절이 지나니 두 호랑이가 서로 떨어져 있으니 비록 놀랬으나 허물(재앙)은 없더라.

11-30 離　危坐至暮　請求不得　膏澤不降　政戾民忒
꿇어앉아 저물도록 청했으나 얻지 못해 은혜가 내리지 아니하니 정치가 어긋나고 백성이 의심하더라.

11-31 咸　老楊日衰　條多枯枝　爵級不進　日下摧隤
늙은 버드나무가 날로 쇠해 마른 가지가 많듯이 진급이 되지 아니하니 날로 무너지는 것을 억제하더라.

11-32 恒　蔡侯適楚　留連江濱　踰時歷月　思其君后
채후가 초나라에 가서 강변에서 연류하여 때를 넘어 달이 지나니 그 군후를 생각하더라.

[註] 채후가 초소왕에게 갑옷을 바치고 채후도 한 벌을 입으니 자상(子常)이 탐내나 주지 않으니 삼 년을 가지 못하게 하였다.

[典據]《左傳》定公三年.

11-33 遯　右撫劍頭　左修鉤帶　凶訟不止　相與爭戾　失利市肆
오른손으로 칼머리를 만지고 왼손으로 띠 갈구리를 받으니 흉한 소송이 그치지 아니하고 서로 어긋나 다투니 저자의 이익을 잃더라.

11-34 大壯　水流趨下　遠至東海　求我所有　買鮪與鯉
물 흐르는 대로 따라 가서 멀리 동해에 이르러 나의 소유를 구해 다랑어와 잉어를 사더라.

11-35 晉　登几上輿　駕駟南遊　合從散衡　燕秦以强
안석에 올라 수레를 타고 말 네 마리를 멍에하고 남쪽으로 여행할 때 모두 합해 가다가 형산에서 헤어지니 연나라와 진나라가 강해지더라.

11-36 明夷　求兎得獐　過其所望　懽以相迎　高位夷傷
토끼를 구하다 노루를 얻으니 소망보다 지나쳐 기쁘게 서로 맞이하니 높은 자리는 상하기 쉽더라.

11-37 家人　過時不歸　道遠且迷　旅人心悲　使我徘徊
때가 지나도 돌아오지 아니하니 길이 멀고 아리송해서 여행하는 사람의 마음을 슬프게 하여 나로 하여금 배회하게 하더라.

11-38 睽　魂孤無室　銜之含食　盜張民潰　見敵失肉
귀신이 외롭고 집이 없어 손가락을 물고 빨다가 백성의 먹이를 도둑질하니 적을 보다가 고기를 잃어버리더라.

11-39 蹇　居如轉丸　危不得安　東西不寧　動生憂患
사는 것이 탄자를 굴린 것 같아 위태하고 편안치 않아 동서가 다 편안하지 아니한데 움직이면 우환이 생기더라.

11-40 解　坤厚地德　庶物蕃息　平康正直　以綏百福
곤은 땅의 덕이 후하여 모든 물건이 번식하고 편안하고 정직하여서 백복이 편안하더라.

[典據]《易坤》卦大象, 地勢坤, 君子以厚德載物.

11-41 損 樹蔽牡荊 生貴山旁 仇敵背憎 孰肯相迎
나무에 모형이 덮이고 어진이는 산속에서 낳았고 원수와 도적이 배신하고 미워하니 누가 즐거이 맞이하겠는가?

11-42 益 鳳凰銜書 賜我玄珪 封爲晉侯
봉황이 서신을 물고 나에게 검은 서옥의 홀을 주니 진후에 봉함이 되더라.

[註] 규(珪) 성왕이 어렸을 적에 오동 잎사귀로 홀을 만들어 숙우에게 주었는데 성왕이 천자된 후, 천자는 희언이 없다 하여 숙우를 唐에 봉하였는데 당의 아름을 고쳐 진(晉)으로 하였다.

[典據]《史記》晉世家.

11-43 夬 作凶不善 相牽入井 溺陷辜罪 禍至憂有
흉한 짓을 하여 착하지 않아 서로 끌고 우물에 들어가니 빠져 허물과 죄가 되니 재앙이 이르러 근심이 있더라.

11-44 姤 悲鳴北行 失其長兄 伯仲不幸 骸骨散亡
슬피 울며 북쪽으로 가니 그 장형을 잃는데 장형이 불행하여 해골이 흩어져 없어졌더라.

11-45 萃 羔衣豹裘 高易我家 君子惟好
염소 옷과 표범의 갑옷을 나의 집에서 높은 값을 주고 사니 군자가 아주 좋아하더라.

11-46 升 日中爲市 各抱所有 交易資貨 貪珠懷寶 心悅懽喜
일중에 장사를 하면서 각기 물건을 가지고 문화를 교역하는데 구슬을 탐내고 보배를 품고 마음에 흡족하여 환희하더라.

11-47 困 振急絕理 常陽不雨 物病焦乾 華實無有
급한 것을 떨치고 다스리지 아니하면 항상 빛이 나고 비가 오지 않아 물건이 병들고 건조해져 좋은 열매가 없더라.

11-48 井 孤駱載剝 徙溫厚蓐 寒棘爲疾 有所不足
여우와 단비의 박제를 싣고 따뜻하고 후한 요로 옮기니 차고 찌르는 것이 되어 부족함이 있더라.

11-49 革 履踐危難 脫執去患 入福喜門 見誨大君
위난을 밟고 우환을 잡아버려 벗어나니 복이 희문으로 들어와 대군을 보고 가르치더라.

11-50 鼎 四亂不安 東西爲患 退止我足 無出國城 乃得全完 賴其生福
사방이 어지러워 불안한데 동서가 우환이 되어 퇴치해서 내 발에서 그치니 성밖을 나가지 않고 완전하게 되어 복이 생기더라.

11-51 震 南國少子 材略美好 求我長女 賤沄不與 反得醜惡 後乃大悔
남국의 소년이 재주와 도량이 미호(美好)한데 나의 장녀를 구하나 천박하다고 주지 아니하였더니 도리어 추악한 것을 얻으니 후에 크게 뉘우치더라.

11-52 艮 妄怒失理 陽孤無輔 物病焦枯 年飢於黍
망녕되게 노하여 이치를 잃으니 양이 외로워 도움이 없어 물건이 병들고 초조하여 해마다 곡식에 기근이 들더라.

11-53 漸 倬然遠咎 避患害早 田獲三狐 巨貝爲寶
탁연이 허물을 멀리하고 환해(患害)를 일찍 피해 사냥해서 여우 세 마리를 잡으니 큰 보배라고 보물을 삼더라.

11-54 歸妹 逐鹿山巓 利去我西 惟邪南北 無所不得
사슴을 산마루로 쫓았더니 이익이 나의 서쪽으로 가고 그물은 남북에 있으니 얻는 것이 없더라.

11-55 豊 龍蛇所聚 大水來處 滑滑涕涕 使我無賴
용과 배암이 모이는 곳은 큰 물이 오는 곳이다. 활활체체하여 나에게 덕 됨이 없더라.

11-56 旅 從風吹火 牽騏驥尾 易爲功力 因催受福
바람을 따라 불을 불고 잘 달리는 말꼬리를 끄니 공력이 쉽게 이루어지고 재촉으로 인해 복을 받더라.

11-57 巽 澤狗水鳧 難畜少雛 不爲家饒 心其函捕
물개와 물오리는 새끼를 기르기 어려워 집에 보탬이 되지 않으니 마음으로는 휩쓸려 잡고 싶더라.

11-58 兌 水壞我里 東流爲海 龜鳧讙囂 不覩慈母
물이 나의 마음을 헐어 버리고 동쪽으로 흘러 바다가 되고 거북과 오리가 지껄이고 떠들어서 자모(慈母)를 보지 못하더라.

11-59 渙 褰衣涉行 水深漬多 賴幸舟子 濟脫無他
옷을 걷고 건너는데 물이 깊어 몸을 적시는데 다행히 뱃사공에 의해 탈없이 건너더라.

11-60 節 龜厭河海 陸行不止 自令枯槁 失其都市 憂悔爲咎 亦無及已
거북이 하해를 싫어해 육지로 향해 그치지 아니하고 스스로 말라 쇠약해져 그 도시를 잃어 근심스럽게 뉘우쳐 허물은 되나 역시 몸에 미침은 없더라.

11-61 中孚 同本異葉 樂仁政德 東隣慕義 來興我國
근본은 같으나 잎사귀는 다르다. 어진 정치의 덕을 즐거워하여 동쪽 이웃이 의를 사모해 와서 나의 나라를 흥하게 하더라.

11-62 小過 桃李花實 累累日息 長大成熟 甘美可食 爲我利福
도리의 꽃과 열매는 날이 여러 번 지나면 크게 자라고 성숙하여 달고 아름다워 먹을 만하니 나의 이익과 복이 되더라.

11-63 既濟 重瞳四乳 聰明順理 無隱不形 微視千里 災害不作 君子集聚(舜重瞳 文王四乳)
순임금은 눈에 동자가 둘씩이고 문왕은 젖이 넷이다. 총명하고 순리하여 숨김이 없고 형식만 취하지 아니하고 자세히 천리를 보아 재해를 만들지 아니하니 군자가 모이고 모이더라.

11-64 未濟 實沈參墟 以義討尤 次止結盟 以成覇功
실침 삼허(지명)를 의로써 토벌하고 다음에 결맹으로 그치니 이로써 패공(覇功)을 이루더라.

[註] 參은 水星, 參宿과 相當하는 星次를 實沈으로 한다. 實深은 參神이 된다. 《左傳》 昭公元年에 遷實沈於大夏 主參. 따라서 參을 晉星으로 한다. 文意로 보면 晉의 文公이 楚를 정벌한 것을 가리키는 것 같다.

乾上 坤下 否之第十二　　天地否

12-12 否　秦爲虎狼　與晉爭强　倂呑其國　號曰始皇
진(秦)나라가 호랑이가 되어 진(晉)나라와 전쟁해서 그 나라를 병탐하고 시황이라 부르더라.

[註] 사기에 秦나라가 육국(六國)을 병탐하고 시황(始皇)이라 스스로 불렀다.

12-1 乾　天之奧府　衆利所聚　可以饒有　樂我君子
하늘의 오부(강과 바다)는 모두 이익이 모여 있는 곳이라 모든 것이 넉넉하게 있으니 군자가 즐거워하더라.

12-2 坤　天之所菑　凶不可居　轉徙獲福　留止危憂
하늘이 재앙을 내리는 곳에는 살 수 없으니 이사하면 복을 얻고 머물러 있으면 위험과 근심이 있더라.

12-3 屯　名成德就　項領不試　景公耄老　尼父逝去
이름이 나고 덕이 높다 하나 목을 끄덕하고 시험도 하지 아니하니 경공더러 나는 늙은 노인이라 하며 공자님이 가시더라.

[註] 履之剝(10의 23 이지박)을 보라.

12-4 蒙　持善避惡　福祿常存　雖有豹虎　不能危患
착함만 가지고 악을 피하면 복록이 항상 있어 비록 호랑이가 있어도 능히 위태로운 근심을 아니하더라.

12-5 需　避患東西　反入禍門　糟糠不足　憂動我心
환란을 이리저리 피하다가 도리어 화문(禍門)에 들어가니 먹을 것이 부족하여 근심이 나의 마음을 동하게 하더라.

12-6 訟 珪璧琮璋 執贄見王 百里寗戚 應聘齊秦
규벽 종장(구슬이름)의 폐백을 가지고 왕을 뵈니 백리해는 진나라를, 영척은 제나라를 섬기더라.

[註] 需之井(5의 48 수지정)을 보라.

12-7 師 揚水潛鑿 使君潔白 裏素表朱 戲遊皐沃 得君所願 心志娛樂
물을 푸기 위해 우물을 파는데 그대가 결백하다 하나 속은 희어도 겉은 붉어 고옥에서 유희해서 임금의 원하는 바를 이루니 마음과 뜻이 즐겁더라.

12-8 比 官爵相保 居之無咎 求兎不得 使伯悔限
관작이 서로 도우면 사는데 허물이 없고 토끼를 구하다 얻지 못하면 윗 사람에게 뉘우치고 한이 되더라.

12-9 小畜 載車無褌 裸裎出門 小兒作笑 君子憂患
차를 타는데 잠뱅이가 없어 벌거벗고 문을 나서니 어린아이가 웃고 군자가 근심 걱정하더라.

12-10 履 把珠入口 爲我利寶 得吾所有 欣然嘉喜
구슬을 쥐어 입에 넣어 나의 좋은 보배로 나의 소유가 되니 흔연히 기뻐하더라.

12-11 泰 行不如還 直不如屈 進不若退 可以安吉
가는 것이 돌아감만 못하고 곧은 것이 굴함만 못하고 나가는 것이 물러서는 것만 못하니 가히 안전하고 길하더라.

12-13 同人 衆鬼凡聚 還生大怪 九身無頭 魂驚魄去 不可以居
여러 귀신이 모이니 환생하는 것이 크게 괴이하다. 몸은 아홉인데 머리가 없어 놀래고 넋이 가니 가히 살 곳이 아니더라.

12-14 大有　家給人足　頌聲并作　四夷賓服　干戈囊閣
집에 사람을 넉넉히 주어 칭송하는 소리가 아울러 일어나 사방의 오랑캐가 빈복(賓服)하니 병장기를 창고에 두더라.

12-15 謙　人面鬼口　長舌如斧　斲破瑚璉　殷商絕嗣
사람 얼굴에 귀신 입이니 긴 혀가 도끼 같아 종묘 제기를 쪼개 깨트리니 은나라와 상나라의 후손이 끊기더라.

12-16 豫　南山之峻　眞人所在　德配唐虞　天命爲子　保祐歆享　身受大慶
남산 높은 곳에 진인이 살고 있는데 덕이 요수와 같아 하늘이 아들을 삼아 돕고 흠향하니 몸에 큰 경사를 받더라.

12-17 隨　春耕生花　季女宜家　受福多年　男爲邦君
봄에 밭 갈아 꽃이 피고 딸이 시집가시 여러헤 복을 받더니 사내가 나라의 임금이 되더라.

12-18 蠱　鴟鴞破斧　冲人危殆　賴其忠德　轉禍爲福　傾危復立
치효파부에 충인(성왕의 이름)이 위태하다가 그 충덕을 힘입어 전화위복하여 다 넘어졌다가 다시 서더라.

[註] 치효파부(鴟鴞破斧)는 시정의 빈풍(豳風) 편의 이름으로 주공 관채(管蔡)를 베어 써 주나라가 편안해졌다.

12-19 臨　猿墮高木　不踒手足　保我金玉　還歸其室
원숭이는 높은 나무에서 떨어져도 손발이 부러지지 아니하여 나의 금과 옥을 보존하고 그 집으로 돌아오더라.

12-20 觀　天之奧隅　堯舜所居　可以存身　保我邦家
천하의 중앙지는 요순이 사시는 곳이니 가히 몸을 둘만하여 나의 나라와 집을 보존하더라.

12-21 噬嗑 伯蹇叔盲 足病難行 終日至暮 不離其鄕
백씨는 다리를 절고 막내는 장님인데 발병으로 걷기 어려워 종일 해질 때까지 그 고향을 떠나지 못하더라.

12-22 賁 日月相望 光明盛昌 三聖茂功 仁德大隆
해와 달이 서로 바라보니 무척 밝은데 세 성현이 힘을 많이 쓰니 어진 덕이 크게 융성하더라.

12-23 剝 桃李花實 纍纍日息 長大成就 甘美可食
도리가 꽃피고 열매가 다닥다닥 열어 날이 갈수록 크게 자라 성취하니 달고 아름다워 가히 먹을만 하더라.

12-24 復 入和出明 動作有光 運轉休息 所爲允康
화해를 받아 밝음을 내니 동작하면 빛이 있는데 운전을 휴식하니 진실로 편안함이 되는 바더라.

12-25 無妄 陰衰老極 陽建其德 履離戴光 天下昭明 功業不長 蝦蟆大王
음이 쇠해 노극하면 양이 그 덕을 세우니 불을 밟고 빛을 발하니 천하가 소명하였다 하나 공과 업이 자라지 못하니 두꺼비 대왕이라 하더라.

12-26 大畜 行役未已 新事復起 姬姜勞苦 不得休止
행역을 다 마치기 전 새 일이 또 생기니 희강이 수고해 휴식을 얻지 못하더라.

12-17 頤 狐鳴苑北 飢無所食 困於空丘 莫與同力
여우가 원북에서 우니 먹을 것이 없어 주림이라 빈 언덕에서 곤궁하니 같이 힘을 합함만 못하더라.

12-28 大過 雄聖伏名 人匿麟遠 走鳳飛北 擾亂未息

큰 성인 이름을 숨기니 사람은 숨고 기린은 멀리 가고 봉황은 북녘으로 날아가니 어지러움이 쉬지 아니하더라.

12-29 坎 病貧望幸 使伯行販 開牢擇羊 多得大牂
병들고 가난해 요행을 바라 백씨로 하여금 행상을 시키려고 우리를 열고 양을 가리다가 큰 암양을 많이 얻더라.

12-30 離 翕翕 稍崩顚 滅其令名 長沒不存
요란하게 수레모는 소리가 나더니 점점 무너지고 엎어져 그 명성을 멸하게 되어 영구히 존재가 없더라.

12-31 咸 花落實槁 衣弊如絡 女功不成 絲市如玉
꽃이 떨어지고 열매가 말라 옷이 헤어져 기운 것 같은데 여자의 공이 이루어지지 못해 실과 피륙이 구슬과 같이 귀하더라.

12-32 恒 溫山松栢 常茂不落 鸞鳳所止 得期歡樂
온산에는 소나무와 잣나무가 항상 무성하고 떨어지지 아니하니 난조가 사는 바라 환락함을 얻더라.

12-33 遯 失恃毋友 嘉偶出走 攫如失兎 傫如虐狗
믿음을 잃어 친구가 없는데 아름다운 짝이 나가 달아나니 움켜잡은 토끼를 잃은 것 같이 고달퍼 상가집의 개와 같더라.

12-34 大壯 太乙駕騮 從天上來 徵我季叔 封爲魯侯
태을성이 월타말을 타고 하늘로부터 내려와 나의 계숙을 불러 노후를 봉하시었다.

[註] 태을성(太乙星)은 병란 재앙 생사를 다스리는 별. 성왕이 주공의 아들 백금을 노후에 봉했다.

12-35 晉 雙鳧俱飛 欲歸稻池 徑涉萑澤 爲矢所射 傷我胸臆
두 오리가 같이 날아 도지로 돌아가고자 추택을 지나가다 화살을 맞아 가슴을 상하더라.

12-36 明夷 深坑復平 天下安甯 意娛心樂 賴福長生
깊은 구덩이가 다시 평평해지고 천하가 안녕하니 뜻과 마음이 기쁘고 즐거워 복받고 오래 살더라.

12-37 家人 俱爲天民 雲過吾西 風伯雨師 與我無恩
같은 하늘의 백성인데 구름이 나를 비끼고 지나가니 바람과 비가 나에게 은혜를 주지 아니하더라.

12-38 睽 野鳥山鵲 來集六搏 三梟四散 主人勝客
들새와 산까치가 와서 모여 놀이를 하는데 삼효가 사산하니 주인이 객을 이기더라.

[註] 육박(六博)은 고대 중국의 놀이 기구이다.

12-39 蹇 北陸司寒 堅氷不溫 凌人情怠 大雹爲災
북쪽땅은 차서 굳게 얼고 따뜻하지 않아 사람을 게으르게 하는데 우박이 재앙이 되더라.

12-40 解 伊尹智士 去桀耕野 執順以待 反和無咎
이윤은 지사라 걸을 버리고 농사를 지으며 순리에 따라 때를 기다리니 아무 허물이 없더라.

12-41 損 北風牽手 相從笑語 伯歌季舞 燕樂以喜
북풍에는 손을 잡고 서로 소담하며 백씨가 노래하면 계씨가 춤추고 잔치해 즐거워하며 기뻐하더라.

12-42 益 徙巢去家 南過白馬 東西受福 與母相待
이사를 하여 남쪽 백마 나무를 지나니 동서에서 복을 받아 어머니와 더불어 서로 얻는 것이 있더라.

12-43 夬 烏飛跌跛 兩兩相和 不病四支 但去莫疑
나는 새가 절뚝거리나 둘이 서로 화합하니 사지가 문제 아니다. 간 후 의심 아니하더라.

12-44 姤 三牛生狗 以戌爲母 荊夷上侵 姬伯出走
세 소가 개를 낳으니 개로 어미를 삼아 형이가 침범해 오니 희백이 나가 달아나더라.

[註] 需之訟(5의 6 수지송), 坤之震(2의 51 곤지진) 三年生狗, 三牛 生狗 미상

12-45 萃 破筐敝筥 棄損於道 壞落穿敗 不復爲寶
깨지고 헤진 광주리를 길에다 버렸더니 무너져 떨어지고 구멍이 뚫려 다시는 쓰지 못하게 되더라.

12-46 升 結紐得解 憂不爲禍 食利供家 受福安坐
맨 끈을 풀면 근심이 재앙이 되지 아니하고 좋은 음식을 집에 공급하면 복을 받아 편안히 앉아 있더라.

12-47 困 白日揚光 雷車避藏 雲兩不行 各自還鄉
대낮에 햇빛이 나니 우레차가 피해 숨어 구름과 비가 오지 아니하니 각자가 고향으로 돌아가더라.

12-48 井 杜口結舌 心中怫鬱 去災生患 無所告冤
입을 막고 혀를 깨무니 심중이 답답하고 불평이 있어 재앙은 가고 근심이 생기나 호소할 곳이 없더라.

12-49 革 齎貝贖狸 不聽我辭 繫於虎鬚 牽不得來
재물을 가지고 이리를 사는데 내 말을 듣지 아니하고 호랑이 수염에 다 매니 끌어도 오지 아니하더라.

12-50 鼎 持鶴抱子 見蛇何咎 室家俱在 不失其所
학을 가지고 자식을 안고 뱀을 본들 무슨 허물이 있으리오 집과 방이 다 있으니 그 곳을 잃지 아니하더라.

12-51 震 逐兎山西 利走入門 賴我仁德 獲爲我福
토끼를 산 서쪽에서 쫓고 있는데 이롭게 달아나 문으로 들어오니 나의 인덕에 힘입어 잡아 나의 복이 되더라.

12-52 艮 興役不休 與民爭時 牛生五趾 行危爲憂
역사를 일으켜 쉬지 못해 백성과 더불어 다툴 때 소가 다섯 발 달린 송아지를 낳으니 행하기 위태하여 근심이 되더라.

12-53 漸 春栗夏梨 少鮮希有 斗千萬石 貴不可販
봄의 밤과 여름의 배는 적고 드물게 있어 아주 많아도 비싼 값이 아니면 팔 수 없더라.

12-54 歸妹 悲鳴北行 失其長兄 伯仲不幸 骸骨散亡
슬피 부르며 북쪽으로 가서 큰 형을 잃으니 백중형이 불행하여 해골이 흩어져 없어졌더라.

12-55 豊 賦斂重數 政爲民賊 杼軸空盡 去其家室
거두어들이는 세금이 너무 많아 정부가 백성의 적이 되어 북과 바디가 다 없어지니 그 집을 버리고 가더라.

[註] 바디(杼)는 직물을 짜는 기구이다.

12-56 旅 履服白縞 殃咎并到 憂不能笑

신발과 옷이 흰 비단인데 재앙과 허물이 같이 오니 근심스러워 웃지 못하더라.

12-57 巽 杜口結舌 言爲禍母 代伯受患 無所禱兎

입을 막고 혀를 물어 말하면 화가 어머니에게 가니 형을 대신하여 환란을 받는데 기도하여도 면할 길이 없더라.

12-58 兌 免冠進賢 步出朝門 儀体不正 賊孼爲患

견책을 당해 관직을 파직당하고 걸어서 조문을 나오니 체모가 바르지 못하고 도둑과 서자가 근심되더라.

12-59 渙 娶於姜女 駕迎新婦 少齊在門 夫子悅喜

강녀에게 장가갈 때 신부를 맞이하니 소제가 문에 있어 남편이 기뻐하더라.

[註] 강녀(姜女)는 제성(齊姓)강인데, 소제(少齊) 진후(振侯)가 소강(少姜)을 총애하여 소제라 불렀다.

[典據]《左傳》昭公 二年.

12-60 節 牧羊稻園 聞虎喧嚾 畏恐慄息 終無禍患

양을 도원에서 기르는데 호랑이의 울부짖음을 듣고 두려워 숨을 죽이고 있었더니 마침내 환란이 없더라.

12-61 中孚 老妾据機 緯絕不知 女功不成 冬寒無衣

노첩이 기계가 병이나 씨줄이 끊어진 것을 알지 못해 여자의 공이 이루어지지 못하니 겨울이 추우나 옷이 없더라.

12-62 小過 乘龍吐光 使陰復明 燎獵載聖 六師以昌

용을 타고 빛을 토해 음(陰)으로 하여금 밝음을 회복하게 하니 햇불을 붙이고 임금을 모시고 사냥하니 육사(육군)가 창성하더라.

12-63 旣濟　東隣嫁女　爲王妣后　莊公築館　以尊王母　歸於京師　季姜悅喜
동쪽 이웃에 시집간 여자가 왕의 비후가 되니 장공 관을 짓고 왕모로 존칭하여 서울로 시집가 환왕비가 되니 계강이 희열하더라.

12-64 未濟　灌鵠東從　道頓跌踦　日辰不良　病爲身禍
관알이 동쪽으로 가는데 길에서 졸다가 넘어져 다리를 절름거리니 일진이 좋지 않아 병들어 몸의 재앙이 되더라.

乾上 離下 同人之第十三 **天火同人**

13-13 同人 密橐山顚 銷鋒鏞刃 示不復用 天下大歡

비밀히 산마루에 도가니를 설치하고 창날과 칼을 녹여 다시 쓰지 아니함을 보이니 천하가 크게 즐거워하더라.

[註] 무왕이 은나라를 쳐서 이기고 다시 병기를 쓰지 아니함을 말한 것이다.

13-1 乾 一臂六手 不便於口 莫肯與用 利棄我走

한 팔뚝에 육손으로 입에 불편하여 즐겨 쓰지 아니하니 이익이 나를 버리고 달아나더라.

13-2 坤 獐鹿逐牧 飽歸其居 安寧無悔

노루와 사슴이 목초를 쫓아 포식하고 살던 데로 돌아오니 안녕하고 뉘우침이 없더라.

13-3 屯 鴻魚逆流 至人潛渚 蓬蒿擡柱 大屋顚例

큰 고기가 역류하여 사람이 잠재한 물가에 이르러 쑥대로 기둥을 대신하니 큰 집이 전도되더라.

13-4 蒙 三羖五羝 相遇俱行 迷入空澤 經涉六駁 爲所傷賊

세 마리 암양과 다섯 마리 수양이 서로 만나 같이 가다가 잘못 빈못에 들어가 지나 건너가던 여섯 마리 박짐승에게 상한 바 되더라.

13-5 需 黃帝出遊 駕龍乘馬 東上泰山 南過齊魯 邦國咸喜

황제가 출유함에 용을 멍에하고 말을 타고 동쪽으로 태산에 오르고 남으로 제나라와 노나라를 지나니 나라 안이 다 기뻐하더라.

13-6 訟 履危不安 心欲東西 步走逐鹿 空無所得
위험한 것을 밟으면 불안해서 마음이 갈탕질하고 보행으로 사슴을 쫓으니 헛되어 얻은 바가 없더라.

13-7 師 望尙阿衡 太宰周公 藩屛湯武 立爲侯王
강태공과 이윤 태재 주공이 탕임금과 무왕을 울타리와 병풍처럼 보호하며 서서 후왕(侯王)이 되더라.

13-8 比 白龍黑虎 起伏俱怒 戰於阪泉 蚩尤敗走 死於魚首
흰 용과 흑호가 서로 성이 나서 판천에서 싸워 치우가 패주하여 어수에서 죽더라.
[註] 치우는 황제때 포악한 제후. 몽지감(蒙之坎)을 보라.

13-9 小畜 載石上山 步跌不前 嚬眉指憂 不得所歡
돌을 싣고 산에 오르다 걸음이 미끄러져 앞으로 나가지 못해 눈썹을 찡그리는 근심으로 기쁜 바를 얻지 못하더라.

13-10 履 周德旣成 杼軸不傾 申酉跌暮 耋老衰去 歲石不祐
주나라의 덕이 이미 이루어져 추와 바디가 기울지 아니하나 신유가 되면 어두워지고 늙은이가 기가 쇠하면 돌침의 도움이 아니되더라.

13-11 泰 乘雲帶雨 與飛鳥俱 動擧千里 見我慈母
구름에 올라 비를 띠고 새와 같이 날아 천리를 가서 나의 자모(慈母)를 뵈옵더라.

13-12 否 齎貝贖狸 不聽我辭 繫於虎鬚 牽不得來
재물을 가지고 이리를 사는데 나의 말을 아니 듣고 호랑이 수염에다 매니 끌어도 오지 못하더라.

13-14 大有 三翼飛來 是我逢時 俱行先至 多得大利
삼익이 날아오니 이는 내가 때를 만남이라 같이 떠나서 먼저 이르면 많은 큰 이익을 얻더라.

13-15 謙 兩足四翼 飛入家國 寧我伯子 與母相得
양발에 네 날개가 날아 집 나라로 들어와 나의 큰아들을 편안케 하니 어머니와 더불어 서로 얻음이 있더라.

13-16 豫 案民湖池 玉盃天授 魚如白雲 一國獲願
백성을 호지에서 어루만지니 옥배를 하늘이 주어 고기가 구름과 같이 많아 한 나라가 원하는 대로 잡더라.

13-17 隨 季姬踟躕 望我城隅 終日至暮 不見齊侯 居止無憂
계희가 머뭇거리며 나를 성 모퉁이에서 기다리는데 종일 어두울 때가 되어도 제후를 보지 못하나 사는 데는 근심이 없더라.

13-18 蠱 龍渴求飮 黑雲影從 河伯奉觴 脆進珠漿 流潦滂滂
용이 목이 말라 마시는 것을 구하는데 구름의 그림자를 쫓아 하백이 잔을 받들고 무릎 꿇고 술과 안주를 바치니 큰 비가 퍼붓더라.
[註] 하백(河伯)은 물의 신이다.

13-19 臨 出門逢患 與福爲怨 吏相擊刺 傷我手端
문을 나가 환란을 만나니 복과 더불어 원한이 되어 다시 서로 치고 찌르니 나의 손끝을 상하더라.

13-20 觀 播天舞地 神明所守 安樂無咎
하늘을 헤치며 춤을 추니 신명이 지키는 바라 안락하고 허물이 없더라.

13-21 噬嗑 兩金相擊 勇氣鈞敵 終日大戰 不被不缺
두 쇠를 서로 쳐서 용기로 적을 달아보니 종일 크게 싸워도 승패가 없더라.

13-22 賁 車雖駕 兩紖絕 馬奔出 雙輪脫 行不至 道遇害
차에 비록 멍에를 해 쓰나 두 개의 끄는 끈이 끊어져 말이 달아나고 두 바퀴가 빠져 가지 못하니 길에서 해(害)를 만나더라.
[註] 세 글자 글이다.

13-23 剝 文山紫芝 雍梁朱草 長生和氣 王以爲寶 公尸侑食 福祿來處
문산의 붉은 난과 옹양의 붉은 풀은 화기가 장생하여 왕이 보배로 삼으며 공시에게 음식을 권하면 복록이 오는 곳이더라.

13-24 復 把珠入口 爲我畜寶 得吾所有 欣然嘉喜
구슬을 잡아 입에 넣으니 나가 보배를 기르는 것이 되어 나의 소유가 되니 흔연히 기뻐하더라.

13-25 無妄 負牛上山 力劣行難 烈風雨雪 遮過我前 中道復還 憂者得歡
소를 지고 산을 오르니 힘에 부쳐 가기가 어려운데 모진 바람과 눈비가 앞을 막아 중도에서 되돌아오니 근심하던 자가 기뻐하더라.

13-26 大畜 陶朱白圭 善買息資 三致千金 德施上人
도주와 백규가 장사를 잘해 자산을 늘리는데 세 번에 천금(거부)이 되니 덕을 여러 사람에게 베풀더라.

13-27 頤 子執麟 春秋作 元聖將終 尼父悲心
마부 상이 기린을 잡으니 춘추를 지을 때 으뜸가는 성인이 장차 마치게 되니 공자님이 슬퍼하시더라.

13-28 大過 春日載陽 福履齊長 四時不忒 與樂爲昌
봄날이 양(陽)을 싣고 복을 주어 모두 자라니 사시가 어김이 없어 즐거움과 더불어 창성하더라.

13-29 坎　孔德如玉　出於幽谷　飛上喬木　鼓其羽翼　輝光照國

공작은 옥과 같이 깊은 골짜기에서 나와 날아 교목 위에 올라가 그 날개를 치니 빛나는 빛이 나라에 비치더라.

13-30 離　區脫康居　慕仁入朝　湛露之歡　三爵畢恩　復歸窮廬　以安其居

강거 토실에서 어짐을 사모해 입조하여 감로주 삼작을 사은숙배하고 다시 살던 집에 돌아와 편안히 살더라.

[註] 강거(康居)는 나라 이름. 구탈(區脫)은 흙집과 같음. 감로주(泔露酒)는 천자가 제후에게 주는 술이다.

13-31 咸　秋冬野行　照覽星辰　道理利通　終身何患

가을과 겨울 들에 다니며 하늘의 별을 보고 도리를 잘 알게 되니 평생 무슨 근심이 있으리오.

13-32 恒　鳴鵠抱子　見蛇何咎　室家俱在　不失其所

명곡이 새끼를 안고 뱀을 본들 무슨 허물이 되리오? 집안이 구존하니 아무 잘못이 없더라.

13-33 遯　安如泰山　福壽屢臻　雖有豹虎　不能危身

편안하기가 태산 같아 복(福)과 수(壽)가 여럿 이르니 비록 표범이 있으나 능히 몸을 위태롭게 하지 아니하더라.

13-34 大壯　耆蒙睡眠　不知東西　歲君失理　以眞爲曲　王稱爲寶

늙은이가 잠에 취해 동서를 분간치 못하고 임금이 이치를 잃어 곧은 것을 구부러졌다고 하며 왕이 보배를 칭하더라.

13-35 晉　植璧秉珪　請命于河　周公克敏　沖人瘳癒

성왕이 어릴 때 병이 나니 주공이 예물을 갖추고 하신에게 명을 비니성왕의 병이 치료되더라.

13-36 明夷 太王執政 歲熟民富 國家豊有 王者有喜
태왕(문왕)이 집정하니 해마다 풍년이요, 백성이 부요하니 국가가 풍요해져 왕이 기뻐하시더라.

13-37 家人 訟爭相背 和氣不處 陰陽俱否 穀風無子
송사가 서로 배반하여 화기가 없고 음양을 갖추지 못하며 부부가 실도하니 자식이 없더라.

[註] 곡풍(穀風)은 곡풍(谷風)으로 부부의 실도(失道)편이다.

13-38 睽 齊魯爭言 戰於龍門 構怨結禍 三世不安
제나라와 노나라가 시비 끝에 용문에서 전쟁하여 원한을 구성해 화근을 맺으니 삼대가 불안하더라.

13-39 蹇 鹿得美卑 鳴呼其友 九族和睦 不離邦域
사슴이 좋은 풀밭을 얻어 울어 그 벗을 부르니 구족이 화목하여 그 고장을 떠나지 아니하더라.

13-40 解 百里南行 雖微復明 去虞道秦 爲穆國師
백리해가 우나라가 장차 망할 것을 알고 우나라를 버리고 진나라로 가 정승이 되어 진목공이 서융의 태를 이루더라.

13-41 損 梅李冬實 國多寇賊 亂擾并作 王不能制
매화와 오얏나무가 겨울에 열매를 맺고 나라에 도적이 많은 데다 소요가 같이 일어나니 왕도 이를 능히 제압하지 못하더라.

13-42 益 府藏之富 王以賑貸 捕魚河海 笱網多得 巨蛇大鰌 戰于國郊 君逐走逃
각 고을에 저장한 부는 임금이 구휼로 대출하기 위함이요, 고기를 하해에서 잡는데 통발이나 그물은 많이 잡기 위함인데 큰 이무기와 대추가 나라 들에서 싸우니 임금이 드디어 달아나 도망가더라.

13-43 夬 牡飛門啓 憂患大解 修福行善 不爲身禍
수컷이 날자 문이 열려 우환이 크게 풀리니 복을 닦고 착한 일을 행하면 몸에 재앙이 되지 아니하더라.

13-44 姤 宜昌娶婦 東家歌舞 長樂歡喜
마땅히 장가가고 시집가니 동쪽 집에서 춤추고 노래 부르며 길고 즐겁게 환희하더라.

13-45 萃 正陽之央 甲氏以亡 禍及留吁 湮滅爲墟
춘 정월에 갑씨가 망하니 화가 유우에 미쳐 연기가 꺼지니 빈 터가 되더라.

[註] 春正은 正陽이라고 한다. 央은 가운데[央]로서, 정월의 중순을 말한다.

[典據]《左傳》宣公十六年, 春王正月, 晉人滅赤狄, 甲氏及留吁.

13-46 升 鳧過稻廬 甘樂一鮹 雖驅不去 田畯懷憂
오리가 도려를 지나다가 보리와 미꾸리에 맛들려 쫓아도 가지 아니하니 농부가 근심을 품더라.

13-47 困 跛踦俱行 日暮車傷 失旅乏糧
절름발이와 같이 가다 해는 저물고 차가 상하니 갈 수도 없고 양식은 떨어지더라.

13-48 井 龍門水穴 流行不害 民安其士 君臣相保
용문의 물 굴에서 흘러서 해를 끼치지 아니하니 백성은 그 땅에서 편안하고 임금과 신하가 서로 보존하더라.

13-49 革 山陵四塞 過我徑路 欲前不得 復還故處
산과 언덕이 사방으로 막혀 나의 길을 가로막으니 앞으로 갈 수 없어 옛 처소로 되돌아가더라.

13-50 鼎 兩虎爭鬪 血流漂杵 城郭空虛 藁藜塞道
두 호랑이가 싸워 피가 흘러 공이가 흘러가니 성곽은 비었고 명아주대가 길을 막더라.

13-51 震 依叔墻隅 志下心勞 楚亭晨食 韓子低頭
동쪽 담장 모퉁이를 의지해서 뜻을 낮추고 마음을 괴롭히며 초정장집에서 아침밥을 먹는 한신이 머리를 낮추더라.

[典據]《史記》淮陰侯傳, 信從下鄕南昌亭長. 妻苦之. 迺晨炊蓐食. 時信往, 不爲具食. 信亦知其意怒, 竟絕去.

13-52 艮 龍生無常 或托空桑 憑東風雲 爲堯立功
용이 무상에서 태어나 혹 공상에 의탁하여 풍운을 조정케 하여 요임금을 위해 공을 세우더라.

[註] 공상(空桑)은 이윤(伊尹)이 출생한 곳.

13-53 漸 魁行搖尾 逐雲吹火 汗泥爲陸 下田爲稷
괴수가 꼬리를 흔들어 구름을 쫓고 불을 불러 수렁밭을 만들어 기장을 심게 하더라.

13-54 歸妹 跛踦相隨 日暮牛罷 陵遲後旅 失利亡雌
절름발이가 서로 따라 해가 저물어 우시장이 파한 후 기력이 쇠퇴해 뒤늦게 가니 이익을 잃어 암컷이 없더라.

13-55 豊 三人俱行 北求大牂 長孟病足 請季負囊 柳下之寶 不失驪黃
세 사람이 같이 북쪽으로 가 큰 암양을 구하는데 장형이 발병이 나서 막내에게 전대를 지라고 하여 버드나무 아래의 보배인 누런 말을 잃지 아니하더라.

[典據]《呂氏春秋》季秋紀第九審己, 齊伐魯求岑鼎, 魯君載以他鼎以往. 齊侯弗信而

反之爲非, 使人告魯侯曰, 柳下季以爲是請因受之. 魯侯請柳下季. 柳下季答曰, 君之賂以欲岑鼎也, 以免國也. 臣亦有國於此, 破臣之國, 以免君之國, 此臣之所難也. 於是魯君乃以眞岑鼎往也.

13-56 旅 鳳凰在左 麒麟外右 仁聖相遇 伊呂集聚 傷害不至 時無殃咎 福爲我母

봉황과 기린이 좌우에 있듯이 어진 성인이 서로 만나 이윤과 여몽이 모여 상해하지 아니하고 재앙과 허물이 없으니 복이 나의 어머니가 되더라.

13-57 巽 乘筏渡海 雖深不殆 曾孫皇祖 累累具在

뗏목을 타고 바다를 건너니 위태하지 아니하여 증손과 황조가 다 같이 있더라.

13-58 兌 比目四翼 來安吾國 賫福上堂 與我同床

비목과 사익이 우리나라에 와서 편안하니 복을 싸가지고 당에 올라 나와 같이 같은 상을 쓰더라.

13-59 渙 娶於姜呂 駕迎新婦 少齊在門 夫子悅喜

강려에게 장가 들려고 신부를 맞으러 가는데 소제가 문에서 기다리니 부자가 기뻐하더라.

13-60 節 螟蟲爲賊 害我稼穡 盡禾單麥 秋無所得

명충이 적이 되어 나의 농사를 해쳐서 벼와 단맥을 망쳐 가을에 소득이 없더라.

13-61 中孚 衣裳顚倒 爲王來呼 成就東周 邦國大休

의상이 전도되어 왕을 위해 와서 불러서 동주를 성취하니 나라가 크게 쉬더라.

13-62 小過 王孫季子 相與爲友 明允篤誠 升擢薦擧

왕손과 계자가 서로 좋은 친구가 되어 밝고 착실하고 정성을 다하니 발탁하는데 천거하더라.

13-63 旣濟　涌泉滑滑　流行不絕　汗爲江海　敗毁邑里　家無所處　聞虎不懼　向我笑喜

샘물이 콸콸 넘쳐 흘러 끊어지지 아니하여 수렁이 강과 바다가 되어 마을이 훼패하여 집이 없으니 호랑이도 무섭지 아니하고 나를 향해 웃으며 기뻐하더라.

13-64 未濟　桑戶竊脂　一栗不宜　亂政無常　使心孔明

공새가 뽕나무로 만든 통발문에 달린 좁쌀을 쪼는 것이 좋지 않듯이 어지러운 정치가 무상하니 마음을 공명하게 가져야 하더라.

離上 乾下 大有之第十四　火天大有

14-14 大有　白虎張牙　征伐東來　朱雀前驅　讚道說辭　敵人請服　銜璧前雛

백호가 입을 벌리고 정벌하여 동으로 오는데 주작이 먼저 나가 길을 밝히며 설명하니 적이 항복을 청하여 구슬을 받쳐들고 앞으로 추장하여 오더라.

14-1 乾　南山大行　困於空桑　老沙爲石　牛馬無糧

남산으로 크게 가는데 공상에서 곤욕을 당하니 늙은 모래가 돌이 되고 우마는 양식이 없더라.

14-2 坤　播木折枝　與母別離　絕不相知

나무를 심고 가지를 꺾어 어미와 더불어 나누어 떨어지니 끊어져 서로 알지 못하더라.

14-3 屯　噂噂所言　莫如我垣　歡樂堅固　可以長安

수근수근 말하는 바는 나의 담 안만 같지 못하니 환락이 견고하며 길게 편안하더라.

14-4 蒙　李梅零墜　心思憒憒　懷憂少愧　亂我魂氣

이매가 떨어지니 심사가 심란한데 근심을 품은 것이 약간 부끄러워 나의 혼기가 어지럽더라.

14-5 需　火雖熾　在吾後　寇雖多　在吾右　身安吉　不危殆

불이 활활 타나 나의 뒤에 있고 도적이 비록 많으나 나의 오른쪽에 있으니 몸은 안길하고 위태롭지 아니하더라.

[註] 삼자구(三字句)이다.

14-6 訟 虎臥山隅 鹿過後朐 弓矢設張 猬爲功曹 伏不敢起 逐至平野 得我美草

호랑이가 산기슭에 누워 있어 사슴이 뒤로 멀리 돌아 지나니 활과 살이 장치되어 있고 고슴도치가 공조가 되어 엎드려 감히 일어나지 못하니 드디어 평야에 이르러 나의 아름다운 풀을 얻더라.

14-7 師 三火起明 雨滅其光 高位疾巓 驕恣誅傷

삼화가 밝음을 일으키는데 비가 그 빛을 멸하고 고위의 분이 병이 심한데 교만 방자하니 베어버리더라.

14-8 比 匹居楚烏 遇讒無咎 久旅離憂

필부로 초오에 살고 있으니 참소를 만나도 허물됨이 없고 오래 여행하니 근심이 떠나가더라.

[註] 晉의 公子重耳가 驪姬의 참소를 당하여 밖에 있으니 19년이 되어 後國에 반란을 일으킴. 《左傳》에 있다.

14-9 小畜 一室百子 同公異母 以義防患 禍菑不起

한 집에 백명의 아들이 함께 다른 어머니를 의로써 환란을 막으니 재앙이 일어나지 아니하더라.

[註] 주문왕은 백자천손이라는 전설이 있다.

14-10 履 商人行旅 資無所有 貪其利珠 流連王市 還家內歡 公子何咎

상인이 여행에 자본이 없다하더라도 그 이익과 구슬을 탐내서 서울에 머물다가 집에 돌아온들 공자가 어찌 허물하리오.

14-11 泰 禹將爲君 北入崑崙 稍進揚光 登入溫湯 代舜爲治 功德昭明

우임금이 장차 임금이 되는데 북쪽 곤륜에 들어가 점점 빛을 발해 올라가 온탕에 들어가 순임금을 대신해 정치하니 공덕이 밝게 빛나더라.

14-12 否 乾行天德 覆幬無窮 嘔呼烹熟 使各自得

하늘이 천덕을 행하여 복주가 무궁하니 노래 부르고 삶고 익어 각자가 얻게 하더라.

[註]《易》乾卦 小象, 飛龍在天, 乃位乎天德.

14-13 同人 南國盛茂 黍稷醴酒 可以享老 樂以嘉友

남국의 무성한 곡식의 단술은 가히 노인에게 드려 좋은 친구와 즐겁게 하더라.

14-15 謙 方船備水 旁河然火 終身無禍

방선에 물을 갖추고 넓은 하수에서 불을 사르니 종신토록 재앙이 없더라.

14-16 豫 雷行相逐 無有休息 戰于平陸 爲夷所覆

소리 지르며 서로 좇아 휴식하지 못하고 평륙에서 전쟁하다 오랑캐에게 엎침이 되더라.

14-17 隨 躑躅踟躕 拊心搔頭 五晝四夜 睹我齊侯

머뭇머뭇거리며 마음을 달래고 머리를 긁으며 다섯 낮 나흘 밤 만에 나의 제후를 보더라.

14-18 蠱 大口宣唇 神使伸言 黃龍景星 出庶候門 與福上堂 天下安昌

큰 입을 벌리고 신에게 축언하니 황룡과 경성이 나타나 문에서 기다리다 복성과 같이 당에 오르니 천하가 편안하고 번창하더라.

14-19 臨 陰衰老極 陽建其德 離陽載光 天下昭明

음이 노쇠하면 양이 그 덕을 세우니 불볕이 빛을 발하니 천하가 밝게 빛나더라.

14-20 觀 三塗五岳 陽城太室 神明所伏 獨無兵革

삼도 오악과 양성 태실(산 이름)은 신명이 있는 곳이니 홀로 병혁(兵革)이 없더라.

14-21 噬嗑　年豊歲熟　政仁民樂　利以居止　旅人獲福
해마다 풍년이 들고 정치가 잘 되어 백성이 즐거워하고 살기 좋으니 여행하는 사람이 복을 받더라.

14-22 賁　楚鳥逢矢　不可久放　離居無群　意昧精喪　作此哀詩　以告孔憂
고운 새가 화살을 만나니 오래 놓아두지 않고 떠나 살아 무리가 없으면 뜻이 어둡고 정신이 상하여 애달픈 시를 지어서 심한 근심을 고하더라.

14-23 剝　出門大步　與凶惡忤　罵公詈母　爲我憂恥
문을 나서 큰 걸음으로 흉악하고 거역하는 사람과 더불어 정부를 꾸짖고 어미를 꾸짖으니 나에게 근심과 치욕이 되더라.

14-24 復　火至井谷　陽芒生角　犯歷天戶　闚觀太微　登上玉牀　家易六公
불이 정곡에 이르니 봄싹에 가시가 생기고 천호를 범해 태미궁을 엿보고 옥으로 만든 상에 오르니 집이 육공(六公)으로 바뀌더라.

14-25 無妄　牧羊逢狼　雖憂不傷　畏怖惕息　終無禍殃
양을 치다가 이리를 만나니 비록 근심은 되나 상하지 아니하고 두려워서 한숨을 쉬되 마침내 재앙은 없더라.

14-26 大畜　繭栗犧牲　敬事鬼神　神嗜飮食　受福多孫　望季不來　孔聖厄陳
어린 송아지를 희생으로 바치고 귀신을 정성껏 섬기면 신이 음식을 좋아해 복을 주어 자손이 많은데 바라던 계손씨가 오지 아니하고 공자님이 진나라에서 액을 당하시더라.

[註] 견율(繭栗)은 어린 송아지의 처음 나오는 뿔이 고치와 밤과 같다 하여 어린 송아지의 별명이다.

14-27 頤　大澤治妝　南歸牧羊　長伯爲我　多得馬牛　利於徙居
대택에서 치장하고 남쪽으로 돌아가 양을 치는데 장형이 나를 위해 말과 소를 많이 얻어 오니 이사하는 것이 이롭더라.

14-28 大過　枯樹無枝　與子分離　飢寒莫養　獨立哀悲
마른 나무에 가지가 없듯이 모자를 분리하니 기한을 이기지 못해 홀로 슬퍼하더라.

14-29 坎　天地九重　堯舜履中　正冠垂裳　宇宙平康
천지 구중궁궐에 요순이 중앙에 있어 정도로 다스리니 우주가 평강하더라.

14-30 離　鳧鷖遊涇　君子以寧　履德不愆　福祿來成
오리와 갈매기는 경수에서 놀고 군자는 덕을 행해 허물하지 아니하니 복록이 와서 이루더라.

14-31 咸　裸裎逐狐　爲人觀笑　牝雞雄晨　主作亂根
벌거벗고 여우를 쫓으면 사람이 보고 웃고 암닭이 새벽에 울면 주로 어지러운 근본을 만들더라.

[典據]《書經》牧誓, 牝雞無晨, 牝雞之晨, 惟家之索.

14-32 恒　曲册法書　藏在蘭台　雖遭亂潰　獨不遇菑
전책과 법서는 난대에 보관하니 비록 난리를 만나도 홀로 재앙을 만나지 아니하더라.

14-33 遯　三癡且狂　欲之平鄉　迷惑失道　不知昏明
세 바보가 또 미치니 고향에 가고자 하나 미혹해 길을 잃어 어둠과 밝음을 알지 못하더라.

14-34 大壯　瘿瘤瘍疥　爲身瘡害　疾病癃痀　常不危殆
혹에 옴까지 전염되어 전신이 부스럼투성이에다 질병이 깊으나 항상 위태하지는 않더라.

14-35 晉 三豕俱走 鬪於谷口 白豕不勝 死於坂下
세 도야지가 같이 달아나 골짜기 입구에서 싸워 백돼지가 이기지 못하고 언덕 아래서 죽더라.

14-36 明夷 賴先之光 受德之佑 雖遭顚沛 獨不凶咎
선조의 빛을 힘입고 덕의 도움을 받아 전패(어려운 일)를 만나도 흉한 허물을 당하지 아니하더라.

14-37 家人 上義崇德 以建大福 明哲且聰 周武立功
의리와 덕을 숭상하여 큰 복을 세우니 명철하고 또한 총명해서 주나라 무왕이 공을 세우더라.

14-38 睽 四亂不安 東西爲患 身止無功 不出國城 乃得全完 賴其生福
사방이 어지러워 불안하고 동서가 근심되는데 몸에 아무 공이 없으나 국성(國城)을 나가지 아니하였더니 이내 완전함을 득(得)하니 그 복을 생(生)함에 힘입음이더라.

14-39 蹇 金牙鐵齒 西王母子 無有患殆 涉道大利
금 어금니에 철치인 서왕모자는 환란과 위태함이 없으니 길을 건너는 것이 크게 이롭더라.

14-40 解 賀喜從福 日利蕃息 懽樂有得
하희는 복을 따름이니 날로 이익이 번식하여 기뻐하고 즐기는데 얻음이 있더라.

14-41 損 昊天白日 照臨我國 萬民康寧 咸賴嘉福
하늘의 밝은 태양이 나의 나라에 조임하니 만백성이 강녕한 것은 다 가복(嘉福)에 힘입음이더라.

14-42 益 左眇右盲 視闇不明 下民多孽 君失其常
왼쪽은 애꾸눈이고 오른쪽 눈은 청맹관이니 뵈는 것이 불명하여 아래백성은 서자가 많고 임금은 항상함을 잃더라.

14-43 夬 吾家黍粱 積委道傍 有囊服箱 運到我鄕 藏於嘉倉
우리집의 곡식을 길가에 싸 두었다가 주머니나 상자에 담아 내 고향에 운반하여 좋은 창고에 저장하더라.

14-44 姤 殊類異路 心不相慕 牝猴無猳 鰥無室家
종류가 다르면 길도 다르고 마음으로 서로 사모하지 아니한다. 암놈이 달아나니 큰 숫곰도 없어 홀아비가 집안에 없더라.

14-45 萃 雀行求食 出門見鷂 顚蹶上下 幾無所外
참새가 먹이를 구하러 문을 나섰다가 새매를 보고 놀라 엎어질 뻔하니 있을 곳이 없더라.

14-46 升 野有積庾 穡人駕娶 不逢虎狼 暮歸其宇
들에 노적이 있어 농부가 긁어 오는데 호랑이를 만나지 아니하여 저물게 집에 돌아오더라.

14-47 困 膚敏之德 發憤忌食 虜豹禽越 爲王求福
인물이 뛰어나고 슬기로워 발분하여 먹는 것을 잊어버리고 표를 포로로 설을 사로잡아 왕을 위해 복을 구하더라.

[註] 사기에 한신이 위왕 표(豹)를 포로로 잡고 조나라를 쳐서 하설(夏說)을 사로 잡았다.

14-48 井 光祀春城 陳寶鷄鳴 陽明失道 不能自守

빛을 밝히고 봄에 제사지냄은 진창에 닭이 욺이라 별이 밝은데 길을 잃으면 능히 스스로 지키지 못하더라.

[典據]《漢書》郊祀志, 秦文公獲若石云, 于陳倉北坂城祠之. 其神來, 常以夜光輝. 若流星從東方來集于祠城. 其聲殷殷. 若雄雉野雞夜鳴, 名曰陳寶.

14-49 革 左把金玉 右得熊足 常盈不忌 獲心所欲

왼쪽에 금과 옥을 안고 우수에 곰의 발을 얻으니 항상 차서 없음이 없으니 마음에 하고자 하는 대로 되더라.

14-50 鼎 履泥汗足 名困身辱 兩仇相得 身爲痛瘧

수렁에 발이 빠지면 발이 땀을 흘리고 명예가 곤하면 몸도 욕되니 두 원수를 서로 얻으면 몸에 학질을 앓게 되더라.

14-51 震 安居重遷 不去其亶 未來相聞 樂得常産

살림을 여러 번 옮겨도 믿음을 버리지 아니하면 아니온다 하더라도 서로 들어 항상 생산함을 얻어 즐거워하더라.

14-52 艮 天災所遊 凶不可居 轉徙獲福 留止危憂

하늘의 재앙이 있는 곳은 흉해 살 수가 없으니 이사하면 복을 받고 그대로 있으니 위태한 근심을 하더라.

14-53 漸 昧昧墨墨 不知白墨 景雲亂擾 光明隱伏 犬戎來攻 幽王失國

어둡고 껌껌해서 흑백을 알지 못하고 경사스런 구름도 어지러이 흔들리면 광명이 가리워지나니 견융이 쳐들어오니 유왕이 나라를 잃더라.

[註] 유왕(幽王)이 포사에게 혹해 신왕후를 폐해 신후(申侯)가 견융으로 유왕을 치게 하여 왕이 여산 아래서 죽었다.

14-54 歸妹 鳧雁啞啞 以水爲宅 雌雄相和 心志娛樂 得其所欲

오리와 기러기는 물로 집을 삼고 자웅이 화합하여 마음과 뜻이 즐거워 그 하고자

하는 바를 얻더라.

14-55 豊 長生無極 子孫千億 柏柱載梁 堅固不傾
오래 살아 무극하니 자손이 천억이요 잣나무 기둥에 보를 얹으니 견고하고 기울어지지 아니하더라.

14-56 旅 麒麟鳳凰 善政得祥 陰陽和調 國無災殃
기린과 봉황이 나타나 착한 정치의 상서를 얻어 나타남은 음양이 조화를 이루어 나라에 재앙이 없음이더라.

14-57 巽 天之奧隅 堯舜所居 可以存身 保我室家
강과 호수가 있는 곳은 요순이 사는 곳이니 가히 몸을 둘만 하여 나의 집안을 보존하더라.

14-58 兌 配合相迎 利指四隣 昏以爲期 與福笑喜
혼인하는 것은 사방 이웃을 이롭게 하는 것인데 어둠을 기해 복과 더불어 웃으며 즐기더라.

14-59 渙 砥德礪材 果當成周 拜受大命 封爲齊侯
덕을 닦고 부지런히 힘써 주나라를 이루니 대명을 받아 제나라 임금이 되더라.

[典據]《史記》齊太公世家, 太公辟紂. 居東海之浜, 聞文王作而歸之. 其後武王伐紂, 有天下. 遂封爲齊侯.

14-60 節 與福俱坐 畜水備火 思患豫防 終無災殃
복과 더불어 같이 앉아 물과 불을 준비하고 환란을 예방하니 끝내 재앙이 없더라.

14-61 中孚 晨昏潛處 候時煦煦 卒逢白日 爲世榮主
새벽 어둔 때는 잠복해 있다가 때를 기다려 온정을 베푸니 마침내 좋은 날 만나 세상에서 영화로운 임금이 되더라.

14-62 小過　視日再光　與天相望　長生歡悅　與福爲多
해를 보듯이 다시 빛나니 하늘과 더불어 서로 바라는 것은 장생하고 환열하여 복과 더불어 많은 것을 베풀더라.

14-63 旣濟　大頭明目　載受嘉福　三雀飛來　與祿相觸
좋은 두뇌로 앞을 보아 아름다운 복을 받는데 구설수가 비례하니 녹과 더불어 서로 부딪치더라.

14-64 未濟　梗生荊山　命載輸班　袍衣剝脫　夏熟冬寒　立餓枯槁　衆人莫憐
편나무가 형산에서 생산되어 수송반에 실려 가는데 겉옷이 박탈되니 여름에는 더웁고 겨울에는 추운데, 서서 굶주리고 말라도 모든 사람이 불쌍히 여기지 아니하더라.

坤上 艮下 謙之第十五

地 山 謙

15-15 謙　王喬無病　苟頭不痛　亡跛失履　乏我徒從
왕교는 병이 없어 다만 머리는 아프지 아니하나 발을 다치면서 신발을 잃어 나를 따라가는데 힘껏 끼지 못하더라.

15-1 乾　喋囁嚎嚾　昧冥相摶　多言少實　語無成事
소근소근 껄껄 웃으며 지껄이다 어두운 데서 서로 두드리니 말은 많고 실속은 적어 말로는 성사가 없더라.

15-2 坤　北辰紫宮　衣冠立中　含和建德　常受大福　鉛刀功玉　堅不可得
대궐에 위정자가 중용을 지켜 화합하고 덕을 세우면 항상 큰 복을 받는데 납칼로 옥을 깎으면 견고해서 가히 얻지 못하더라.

[註] 적재적소하지 아니하면 아니된다는 뜻.

15-3 屯　東壁餘光　數暗不明　主母嫉妬　亂我事業
동벽의 여광이 자주 어두워 밝지 못하니 주모가 질투하여 나의 사업을 어지럽게 하더라.

[註] 동벽(東壁)은 별의 이름이다.

[典據]《列女傳》變通, 齊女徐吾 徐吾與鄰婦李吾之屬會燭相從夜績. 徐吾最貧而燭數不屬. 李君與其屬曰, 請無與夜也. 徐吾曰, 是何言與. 妾以貧燭不屬之故, 起常先, 息常後. 灑掃陳席, 以待來. 自與蔽薄, 坐常處下. 凡爲貧燭不屬故也. 夫一室之內, 益一人, 燭不爲暗. 損一人, 燭不爲明. 何愛東壁之餘光乎.

15-4 蒙　下背其上　盜明相讓　子嬰兩頭　陳破其墟
아래가 위를 배반하고 밝은 일은 서로 사양하니 자영은 머리가 둘이 되어 진섭이 그 터를 파해 버리더라.

[註] 신하들이 바른 정치는 하지 아니하고 권리를 남용하니 자영(子嬰-진시황의 손자)이 허수아비왕이라는 뜻이다.

15-5 需 鳳生會稽 稍巨能飛 翱翔桂林 爲衆鳥雄

봉황이 회계에서 나서 조금 자라 능히 날게 되면 계림을 날아 돌면서 여러 새의 우두머리가 되더라.

15-6 訟 鑿井求玉 非和氏室 名困身辱 勞無所得

우물을 파며 옥을 구해도 집안이 화목하지 못하면 명예도 곤하고 몸도 욕되어 수고해도 아무 소득이 없더라.

15-7 師 邦傑載役 道至東萊 百僚具擧 君主嘉喜

방걸을 싣고 동래에 이르니 모든 동료가 호응하고 군왕이 아주 기뻐하더라.

15-8 比 安息康居 異國穹廬 非吾邦域 使伯憂戚

안식하고 편히 사는 집이 이국의 궁려(흉노의 천막)니 내 나라의 땅이 아니라 백(문왕)으로 하여금 근심하고 슬퍼하더라.

15-9 小畜 江河淮海 天之都市 商人受福 國家富有

강하 회해는 하늘의 도시라 상인이 복을 받아 나라가 부강하더라.

15-10 履 同本異葉 樂仁尙德 東鄰慕義 來與吾國

근본은 같고 일은 다르나 어진 것을 즐거워하고 덕을 숭상하니 동쪽 이웃들이 의를 사모해 와서 나의 나라를 흥하게 하더라.

15-11 泰 白鶴銜珠 夜室及明 懷我德音 身受光榮

백학이 구슬을 무니 밤이 도리어 밝고 나의 덕을 품으니 몸이 영광을 받더라.

[註] 학이 다친 것을 회삼이 치료해서 놓아 주었더니 밤에 학 자웅이밝은 구슬 물고

와서 은혜를 갚았다는 수신기(搜神記)의 말이다.

15-12 否　踐履危難　脫厄去患　入福喜門　見吾邦君
위태하고 어려움을 밟고 액과 환란을 벗어나니 복이 희문으로 들어와 나의 나라 임금님을 뵙더라.

15-13 同人　宮商旣和　聲音相隨　驪駒在門　主君以歡
음악이 조화되어 소리와 음이 서로 따르고 검은말이 문에 있으니 주군이 기뻐하더라.

15-14 大有　天地配享　六位光明　陰陽順序　以成闕功
천지가 배형하여 육위가 광명하고 음양이 순서로우니 그 공을 이루더라.
[註] 육위(六位) 父子 君臣 夫婦

15-15 豫　江河淮海　天之奧府　衆利所聚　可以饒有　樂我君子
강하 회해는 하늘의 보고로서 모든 이익이 모인 곳이니 요유하여 나의 군자를 즐겁게 하더라.

15-16 隨　雙鳥俱飛　欲歸稻池　經涉萑澤　爲矢所射　傷我胸臆
두 마리 새가 같이 날아 도지로 돌아가고자 추택을 지나다 살을 맞아 나의 가슴을 상하더라.

15-18 蠱　伯仲叔季　日暮寢寐　羸臥失限　虐我具囊　銜却道傍
백중숙계 사형제가 날이 저물어 자는데 파리해서 누웠다가 기한을 잃으니 나의 물건주머니를 학대해서 길가에 버리더라.

15-19 臨　受終文祖　承衰復起　以義自閑　雖苦無咎
순임금은 문조에게서 이어받아 쇠해 가는 것을 다시 일으켜 의로써 스스로 한가하니 비록 고생은 하였으나 재앙은 없더라.

[註] 순임금은 황제(黃帝) 팔대손으로 부완모은(父頑母嚚)하여 고생하였음.

15-20 觀　据斗運樞　順天無憂　與樂并居
북부(북극)성을 의지하여 지축을 운전하니 순천함으로 근심없이 같이 즐겁게 살더라.

15-21 噬嗑　周師伐紂　戰於牧野　甲子平旦　天下悅喜
주(周)나라 군사가 주(紂)를 칠때 목야에서 전쟁하여 이기니 갑자일 아침에 천하가 희열하더라.

[典據]《書經》牧誓, 甲子昧爽, 王朝至于商郊牧野.

15-22 賁　十雌百雛　常與母俱　抱雞搏虎　誰敢害者
열마리 암닭에 백마리 새끼가 항상 어미와 같이 있어 닭을 안고 호랑이에게 압박하니 누가 감히 해할 것이냐.

15-23 剝　桀跖并處　人民愁苦　擁兵荷粮　戰於齊魯
하걸과 도척이 같이 있는 곳에 인민이 괴로워 근심하여 병기를 가지고 양식을 메고 제나라와 노나라에서 싸우더라.

15-24 復　南山昊天　刺政閔身　疾悲無辜　背憎爲仇
남산의 하늘이여 포학한 정치가 몸에 병이 되어 무고함을 슬퍼하며 미워하고 배반하여 원수가 되더라.

15-25 無妄　百川朝海　流行不止　道雖遼遠　無不到者
백천이 바다로 모이니 흐름이 그치지 않아 길이 비록 요원하나 이르지 아니하는 자가 없더라.

15-26 大畜　目不可合　憂來搖足　悚惕危懼　去其邦域

눈은 가히 합하지 못하나 근심이 오면 밤을 흔들고 송구하고 위험하면 그 나라를 떠나가더라.

15-27 頤 烏升鵲擧 照臨東海 尨降庭堅 爲陶叔後 封於英六 履福爲厚
까막 까치가 날으면 해가 동해를 비치고 방강, 정견은 도숙의 후손이라 영육에 봉하고 복을 주는 것이 넉넉하고 후하더라.

[註] 尨降, 庭堅은 高陽氏의 苗裔.

[典據]《左傳》文公十八年. 英, 六은 春秋시대의 二小國,《左傳》文公十八年. 陶叔은《左傳》定公四年에 있음.

15-28 大過 北方多棗 橘柚所聚 荷囊載黍 盈我筐筥
북방은 대추가 많고 귤과 유자가 모이는 곳이라 주머니를 메고 기장을 실으니 나의 광주리가 차더라.

15-29 坎 懸貆素飧 食非其任 失望遠民 實勞我心
담비는 소식하는데 그 임무에 적합한 녹을 먹지 아니하면 백성이 실망하고 멀리하니 정말 나의 마음을 괴롭게 하더라.

15-30 離 羔羊皮革 君子朝服 輔政扶德 以合萬國
염소와 양의 가죽은 군자의 조복이니 정치를 돕고 덕을 도와 만국을 합하더라.

15-31 咸 齊魯爭言 戰於龍門 構怨致禍 三世不安
제나라와 노나라가 말로 다투다가 용문에서 전쟁하여 원한을 맺어 재앙을 이루니 삼대가 불안하더라.

15-32 恒 久陰霖雨 塗行泥潦 商人休止 市無所有
오랜 장마비에 길이 진흙탕이 되니 상인이 쉬어 저자에 아무것도 없더라.

15-33 遯 桃雀竊指 巢於小枝 搖動不安 爲風所吹 心寒慄慄 常憂殆危

뱁새와 콩새가 작은 가지에 둥지를 하니 요동하면 불안한데 바람이 불면 마음이 싸늘해 떨며 항상 위태함을 근심하더라.

15-34 大壯 防患備災 凶禍不來 雖困無憂 未獲安休
환란과 재해를 예방하면 흉한 재앙이 오지 아니하니 비록 곤궁해도 근심이 없다 하나 편안히 쉬지 못하더라.

15-35 晉 引頸絕糧 無母異門 不見所歡 孰無共言
목줄기를 인도할 양식이 떨어지나 어미와 더불어 문이 다르므로 기쁜 바도 보지 아니하니 누구와 더불어 의논할까.

15-36 明夷 鰌鰕去海 藏於枯里 街巷褊隘 不得自在 南北極遠 渴綏成疾
미꾸리와 새우가 바다를 버리고 고리에 숨으니 거리가 편협해서 자유롭지 못하고 요원한데 기갈로 병이 되더라.

15-37 家人 恭寬信敏 功加四海 辟去不祥 喜來從母
공손하고 너그럽고 신의있고 민첩하면 공이 사해에 떨치니 피해감은 상서롭지 아니하고 기쁨이 오면 어머니를 따르더라.

[典據]《論語》陽貨篇, 恭寬信敏. 惠恭則不侮. 寬則得衆. 信則人任焉. 敏則有功.

15-38 睽 歲飢無年 虐政害民 乾谿驪山 秦楚結怨
해마다 흉년이 들고 학정으로 백성을 괴롭히며 건곡과 여산으로 진나라와 초나라가 원한을 맺더라.

15-39 蹇 右目無瞳 偏視寡明 十步之外 不知何公
오른쪽 눈에 동자가 없어 편시하니 밝지 못해 십보 밖에는 누구인지를 알지 못하더라.

15-40 解　蜩螗歡喜　草木嘉茂　白菓蕃熾　日益多有

말매미가 환희하는 것은 초목이 무성하기 때문인데 백과에 번져지니 날로 더 많이 있더라.

15-41 損　常德自如　安坐無尤　幸入貴鄉　致老安榮

항상 덕이 스스로 같으면 편안히 앉아 있는 것보다 더함이 없고 다행히 귀한 곳에 들어가면 늙을 때까지 안녕하더라.

15-42 益　狡兎躍躍　良犬逐咋　雄雉受害　爲鷹所獲

교활한 토끼가 뛰고 충직한 개가 쫓아 물으니 꿩이 해를 입어 매에게 잡힌 바가 되더라.

15-43 夬　春桃生-　季女宜家　受福多年　男爲邦君

봄 도화가 활짝 피니 계녀가 시집가서 복을 받은 지 여러 해에 남편이 나라 임금이 되더라.

15-44 姤　山石朽弊　消崩墮落　上下離心　君受其祟

산의 돌이 썩어 꺼지고 무너져 타락하듯 상하가 마음이 떠나면 임금이 그 빌미를 받더라.

[註] 빌미(祟)는 신화(神禍) 기신의 재앙이다.

15-45 萃　水壞我里　東流爲海　龜凫讙囂　不睹我家

물이 나의 마을을 헐어 동으로 흘러 바다가 되니 거북과 오리가 지껄이는데 나의 집이 보이지 아니하더라.

15-46 升　七竅龍身　造易八元　法天則地　順時施恩　富貴長存

복희씨가 팔괘를 만드시니 천지의 법칙에 따른 것으로 때에 따라 은혜를 베풀면 부귀가 오래도록 있더라.

[註] 칠규용신(七竅龍身) 성인의 심장은 구멍이 일곱이 있고 복희씨(伏羲氏)가 용마

등의 무늬를 보고 팔괘를 만들었다.

15-47 困 四夷慕德 來興我國 文君陟降 同受福德
사방의 오랑캐가 덕을 사모해 와서 내 나라를 흥하게 하니 문왕이 오르다 내리다 하며 같이 복덕을 받더라.

15-48 井 華者山頭 仙道所遊 利以居止 長無咎憂
수양산은 신선이 노는 곳이니 잘 살면 길게 허물과 근심이 없더라.

15-49 革 鸇鳩徙巢 西至平州 遭逢雷雹 闢我葦廬 家室飢寒 思吾故初
새매와 비둘기가 둥지를 옮겨 서쪽 평주에 이르러 우레와 우박을 만나 우리 갈대 집에 피했는데 집안이 주리고 추워 옛 처음 살던 것을 생각하더라.

15-50 鼎 狗無前足 陰謀叛背 爲身害賊
개가 앞발이 없으며 배반을 음모하니 몸에 해로운 적이 되더라.

15-51 震 陽孤亢極 多所恨惑 車傾蓋亡 身常驚惶 乃得其願 雌雄相從
외고집으로 원망하고 미혹하는 바가 많은데 차가 기울고 덮개가 망하니 몸이 항상 놀래고 두려우나 그 원하는 바를 득하니 자웅이 서로 좇더라.

15-52 艮 空槽注猪 豚彘不到 張弓祝雞 雄鳩飛去
빈 구유통에 돼지를 튀기려고 하는데 도야지가 도착하지 않아 활로 닭을 쏘려고 하니 수비둘기가 날아가더라.

15-53 漸 長夜短日 陰爲陽賊 萬物空枯 藏於北陸
긴 밤에 해는 짧으니 음이 양의 적이 되어 만물이 비고 마르니 북쪽 땅에 감추고 말더라.

15-54 歸妹　爪牙之士　怨毒祈父　轉憂與已　傷不及母
손톱과 어금니와 같은 인사가 원한과 독을 아버지에게 품고 있어 내 몸에 전가될까 근심하나 어머니에게는 상함이 없더라.

15-55 豊　拜跪請免　不得臭腐　挽眉銜指　低頭北去
무릎 꿇고 절하며 면죄를 청하여 죽음을 얻지 못해 눈썹을 찡그리고 손가락을 물고 머리를 수그리고 북으로 가더라.

[註] 취부(臭腐)는 죽으면 썩는 냄새가 난다는 뜻이다.

15-56 旅　有莘季女　爲夏妣后　貴夫壽子　母字四海
신씨의 계녀가 있어 하의 비후가 되어 귀한 지아비에 훌륭한 자식을 두니 나라에서 국모라 일컫더라.

15-57 巽　季姬踟躕　待孟城隅　終日至暮　不見齊侯
막내 아가씨가 머뭇거리며 맏이를 성 모퉁이에서 기다리는데 종일 해가 져도 제후를 보지 못하더라.

15-58 兌　邯鄲反言　父兄生患　涉叔憂限　卒死不還
한단에서 반언으로 부형에 우환이 생겨 진섭이 근심과 한이 되어 죽을 때까지 돌아오지 아니하더라.

15-59 渙　逐鹿山巓　利去我西　唯邪南北　所求不得
사슴을 산마루에서 쫓다가 이익이 나의 서쪽으로 가는데 오직 삿됨만이 남북으로 있으니 구하는 것을 얻지 못하더라.

15-60 節　虎豹熊羆　遊戲山谷　君子仁賢　皆得所欲
호랑이와 곰이 산곡에서 유희하니 군자는 어질고 현명하여 하고자 하는 바를 다 득(得)하더라.

15-61 中孚　穿鼻繫株　爲虎所拘　王母祝福　禍不成災　突然自來
코를 꿰어 나무에 맴은 호랑이를 잡고자함인데 왕모가 축복하여 화가 재앙이 되지 아니하고 돌연히 스스로 오더라.

15-62 小過　梅李冬實　國多盜賊　擾亂并作　王不得制
매화와 오얏나무가 겨울에 열매를 맺고 나라에 도적이 많고 소요까지 아울러 일어나니 왕도 제어하지 못하더라.

15-63 旣濟　望幸不到　文章未就　王子逐兎　犬踦不得
요행을 바라나 이르지 아니하고 문장이 미숙하고 왕자가 토끼를 쫓는데 개가 다리를 절어 얻지 못하더라.

15-64 未濟　千柱百梁　終不傾僵　仁智輔聖　周宗寧康
천의 기둥에 백개의 들보가 있으니 끝까지 기울고 쓰러지지 아니하고 어진 지혜로 성상을 도우니 주나라가 편안하더라.

震上 坤下 豫之第十六 **雷 地 豫**

16-16 豫 氷將洋散 鳴雁嗈嗈 丁男長女 可以會同 生育聖人

얼음이 장차 풀릴 때 기러기가 웅웅 울면(봄) 총각 처녀가 혼인하여 성인을 나서 기르더라.

16-1 乾 龍馬上山 絕無水泉 喉焦唇乾 口不能言

용마가 산을 올라가는데 물과 샘이 없어 목이 타고 입술이 말라 말을 못하더라.

16-2 坤 蔡侯朝楚 留連江濱 踰時歷月 思其后君

채후가 초나라에 보이는데 강변에 연류하여 때를 넘기고 달이 지나니 왕비를 생각하더라.

[註] 태지항(泰之恒)을 보라.

[典據] 《左傳》定公三年, 冬蔡侯適楚. 獻佩裘於昭王. 昭王服之. 以享蔡侯. 蔡侯亦服. 其一子常欲之. 弗與. 三年止之.

16-3 屯 文厄羑里 湯拘憂台 仁聖不害 數困何憂 免於縲索 爲世雄侯

문왕은 유리에서 액을 당하고 탕임금은 하대에 가두나 어진 성인은 해하지 못하나니 자주 곤(困)한들 무엇을 근심하리오. 유삭(포승줄)을 면하니 세상에서 제일가는 임금이 되더라.

16-4 蒙 典策法書 藏在蘭台 雖遭亂潰 獨不遇災

전책과 법서는 난대에 저장해 있으니 비록 난괴를 만나도 홀로 재앙을 만나지 아니하더라.

16-5 需 氈裘羶國 文禮不飾 跨馬控弦 伐我都邑

흉노는 예의를 갖추지 아니하고 말 타고 활 쏘면서 나의 도읍을 치더라.

[註] 전구전국(氈裘羶國)은 오랑캐, 즉 흉노를 말함임

16-6 訟 星隕如雨 力弱無輔 强陽制陰 不得安土
운석이 비와 같이 떨어지는데 힘이 약해 도울 수 없고 강한 양으로 음을 억제하면 평안한 땅을 얻을 수 없더라.

[典據]《左傳》莊公七年, 夏四月辛卯, 夜恒星不見, 夜中星隕如雨.

16-7 師 蝗齧我稻 驅不可去 實穗無有 但見空藁
황충이 벼를 씹어먹는데 쫓아도 가지 아니하니 벼이삭은 없고 빈 짚만 보이더라.

16-8 比 虎飢欲食 爲蝟所伏 禹尊龍門 避咎除患 元醜以安
호랑이가 주려서 먹고자 하나 고슴도치 때문에 엎드렸으며 우임금이 용문으로 인도하여 재앙을 피하고 근심을 제하니 원래 추함으로써 편안하더라.

16-9 小畜 蝙蝠夜藏 不敢晝行 酒爲酸漿 魴魚飽羹
박쥐는 밤에 활동하므로 낮에는 행동하지 못하고 방어가 냄새가 나면 절이거나 국으로 끓이더라.

16-10 履 精華墜落 形體醜惡 齟齬挫頓 枯槁腐蠹
정화한 것이 추락하면 형체가 추악하고 아래 위 이가 어긋나면 좌돈(挫頓)되고 마르고 부패하면 좀벌레가 생기더라.

16-11 泰 兩足不獲 難以遠行 疾步不能 後旅失時
양 발이 튼튼하지 못하면 원행이 어려우니 빨리 걸을 수 없어 여행에 뒤져 때를 잃더라.

16-12 否 令妻壽母 宜家無咎 君子之歡 得以長久
아내가 수모(壽母)가 되어 마땅히 집에 재앙이 없음을 군자는 기뻐하며 장구함을

얻더라.

16-13 同人　飢蠶作室　緡多亂纏　端不可得
주린 누에가 집을 짓는데 입힐 데도 많고 얽고 돌릴 데도 많아 어지러워 끝까지 다하지 못하더라.

16-14 大有　子鉏執麟　春秋作經　元聖將終　尼父悲心
마부가 기린을 잡고 공자님이 춘추를 지으실제 으뜸가는 성인이 장차 죽을 것임을 공자께서 마음으로 비통해하시더라.
[註] 송지동인(訟之同人)을 보라.

16-15 謙　螟蟲爲賊　害我稼穡　禾單麥冬　秋無所得
명충이 적이 되어 나의 곡식을 해하니 벼와 보리가 다해 가을에 소득이 없더라.

16-17 隨　憂在腹內　山崩爲疾　禍起蕭牆　竟制其國
근심이 몸 안에 있고 산이 무너져 병이 되는데 화가 내부에서 일어나 마침내 그 나라를 제압하더라.

16-18 蠱　茹芝餌黃　飮食玉瑛　與神流通　長無憂凶
띠풀은 황을 먹고 옥영으로 음식하면 신과 더불어 유통되어 오래도록 근심과 흉함이 없더라.

16-19 臨　一夫兩心　枝刺不深　所爲無功　求事不成
한 지아비가 두 마음을 가지면 지팡이 자국이 깊지 아니하여 하는 바에 공이 없어 구하는 일이 이루워지지 아니하더라.

16-20 觀　十里望烟　散渙四方　形容滅亡　終不見君
십리에서 연기를 바라보니 사방으로 풀려 흩어져 형용이 멸망하니 끝내 임금을 보지 못하더라.

16-21 噬嗑 張弓廓弩 經涉山道 雖有伏虎 誰敢害諸
활과 큰 쇠뇌를 가지고 산길을 가니 비록 호랑이가 잠복하고 있다한들 누가 감히 해하겠는가?
[註] 제(諸)는 어조사이다.

16-22 賁 泉閉澤竭 主母飢渴 君子困窮 乃徐有說
샘이 닫히고 못이 말라 주모가 기갈하고 군자는 곤궁하니 천천히 할 말이 있으리로다.

16-23 剝 野鳶山鵲 奕棋六博 三梟四散 主人勝客
들솔개와 산까치가 바둑으로 육박해서 삼효가 사산하면 주인이 승리하더라.
[註] 육박삼효(六博三梟)는 고대 중국의 놀이 이름이다.

16-24 復 羊驚馬走 上下揮擾 鼓音不絕 頃公奔敗
양이 놀래고 말이 달아나 상하로 휘두르고 북소리가 그치지 아니하니 경공이 분패하더라.
[註] 衛의 孫桓子, 魯의 臧宣叔, 晉의 郤克, 齊의 頃公과 싸우다. 晉人桴를 도우려 북을 두드리니 말이 달아나고 師는 이것을 쫓았다. 齊師敗績하다.
《左傳》 成公二年에 나온다.

16-25 無妄 黃帝神明 八子聖聰 俱受大福 天下康年
황제가 신명하시고 고양씨 팔자가 총명하여 같이 큰 복을 받으니 천하가 태평하더라.

16-26 大畜 住車醊酒 疾風暴起 泛亂祭器 飛揚鼓舞 明神降祐 道無害寇
차를 멈추고 잔에 술을 부어 놓으니 질풍이 일어나 제기가 어지러이 엎어지고 비양고무하니 신명이 도우사 길에서 도적의 해를 입지 아니하더라.

16-27 頤 滕蛇乘龍 宋鄭飢凶 民食草蓬
등사가 용을 타니 송나라와 정나라에 흉년이 들어 백성이 풀과 쑥을 먹더라.

16-28 大過 揚水潛鑿 使石潔白 裏素表朱 遨遊皐澤 得君所願 心志娛樂
우물을 파는 데 돌을 써서 결백하니 속은 희고 겉은 붉으니 구택에서 놀아 임금의 소원을 얻었으니 심지가 쾌락하더라.

16-29 坎 西過虎廬 驚其前樞 雖憂無尤
서쪽으로 호려를 지나가다 그 전추가 놀래 비록 근심했으나 별 탈이 없더라.

16-30 離 衣成無袖 不知所穿 客指東西 未得便安
옷에 소매가 없어 꿰는 곳을 알지 못하고 객이 동서를 가리키니 편안하지 못하더라.

16-31 咸 晨風文翰 隨時就溫 雌雄相和 不憂危殆
새벽 바람에 새매가 때에 따라 취온하여 자웅이 서로 화합하니 위태함을 근심하지 아니하더라.

16-32 恒 心多恨悔 出言爲怪 梟鳴于北 聲醜可惡 請謁不得
마음에 한과 뉘우침이 많으면 말하는 것이 괴이하고 올빼미가 북쪽에서 우는데 그 소리가 추악하더니 청하여 고하여도 얻지 못하더라.

16-33 遯 離女去夫 閔思若憂 齊子無良 使我心愁
여자를 버리고 간 지아비를 민망하게 생각하고 근심하나 제자가 어질지 못해 나로 하여금 마음의 근심이 되더라.

16-34 大壯 過時不歸 雌雄苦悲 徘徊外國 與叔分離
때가 지나도 돌아오지 않아 자웅이 괴롭고 슬퍼하며 외국으로 배회하니 어린 것과 더불어 분리하더라.

16-35 晉 鵲巢柳樹 鳩集其處 任力薄德 天命不祐
까치가 버드나무에 둥지를 지었더니 비둘기가 그곳에 모여 힘으로 박덕한 짓을 하니 하늘이 도우지 아니하더라.

16-36 明夷 鶴盜我珠 逃於東都 鵠怒追求 郭氏之墟 不見蹤跡 使我心憂
학이 나의 구슬을 훔쳐 가지고 동쪽 도시로 도망가니 고니가 노해 곽의 터까지 좇아가나 종적을 볼 수 없어 나로 하여금 마음의 근심을 하게 하더라.

16-37 家人 夫婦相背 和氣弗處 陰陽俱否 莊姜無子
부부가 서로 배반하여 화기가 없어 음양이 갖추어지지 아니하니 장강이 아들이 없더라

[註] 위장공(衛壯公)이 애첩에 혹해 부인 장강을 박대하였다.

16-38 睽 日走月步 逃不同舍 夫妻反目 主君失位
해는 달아나고 달은 거르니 도망가서 한 집에 같이 아니하니 부처가 반목하여 주군이 지위를 잃더라.

16-39 蹇 洛陽嫁女 善逐人走 三寡失夫 婦妬無子
낙양으로 시집간 여인이 잘 사람을 좇아 달아나 세 과부가 남편을 잃으니 부인이 투기하여 자식이 없더라.

16-40 解 周德旣成 杼軸不傾 太宰東西 夏國康寧
주나라 덕이 이미 이루어져 북과 바디가 기울지 않고 태재(太宰)가 동서(東西)하니 하나라가 평안하더라.

16-41 損 日中爲市 交易資寶 各利所有 心悅以喜

낮에 장에서 물화가 교역되니 각각 이익이 있어 마음이 기뻐 희열하더라.

16-42 益 童妾獨宿 長女未室 利無所得
동첩이 홀로 자고 장녀가 시집가지 아니 하였으니 이익을 얻은 바가 없더라.

16-43 夬 忠言輔成 王政不傾 公劉兆基 文武綏之
충성으로 성왕을 도우니 왕정이 기울지 아니하고 나라의 기반이 튼튼하니 문무가 편안하더라.

16-44 姤 牛驥同堂 郭氏以亡 國破爲虛 主君奔逃
소와 명마가 한집에 있어 곽씨가 망하니 나라가 망하게되어 주군이 도망가더라.

16-45 萃 中原有菽 以待雉食 飲御諸友 所求大得
중원에 콩이 있어 꿩이 먹기를 기다리고 모든 친구를 대접하여 구한 바를 크게 얻더라.

16-46 升 多虛少實 語不可覆 樽虛無酒 飛言如雨
거짓이 많고 실지가 적으면 말을 번복함은 옳지 않고 단지가 비어 술이 없으면 뜬소문이 비오듯 하더라.

16-47 困 青蠅集蕃 君子信讒 害賢傷忠 患生婦人
푸른 파리가 모여 번식하고 군자가 참소를 믿으면 어진이를 해하고 충신을 상하는데 우환이 부인으로부터 생(生)하더라.

16-48 井 履株履輿 馬驚傷車 步爲我憂
그루턱에 걸려 수레가 엎어지니 말이 놀래고 수레가 상해 걸을 것을 근심하더라.

16-49 革 商風召寇 呼我北盜 間諜內應 與我爭鬪 殫己寶藏 主人不勝

상풍편에 소구라 함은 나를 북쪽 도적으로 부르고 간첩이 내응하여 나와 투쟁하니 보화를 다 쓰고도 주인은 이기지 못하더라.

16-50 鼎 逸豫好遊 不安其家 惑於少姬 久迷不來
편히 놀기를 좋아해 그 집안이 불안한데 젊은 계집에 혹하여 오래 미혹되어 오지 아니하더라.

16-51 震 吾有驊騮 畜之以時 東家翁孺 來請我駒 価極可與 後無殘悔
나에게 화류(명마)가 있어 기르더니 동가의 옹유가 와서 나의 망아지를 청하기에 값이 좋아 주었더니 후에 뉘우침이 없더라.

16-52 艮 阨窮上通 與堯相逢 登升大麓 國無凶人
운이 나빠 괴로워 위를 통해 요임금과 상봉하여 큰 산기슭에 오르니 나라의 흉인이 없더라.

16-53 漸 衆兎俱走 熊羆在後 踦不能進 失信寡處
여러 마리 토끼가 같이 달아나는데 곰이 뒤에 있고 다리를 절어 나가지 못해 과처에 실신하더라.

16-54 歸妹 旁行不遠 三思復返 心多畏惡 日中止舍
옆으로 멀리 아니 가다 세번 생각해 다시 돌아와 마음에 두렵고 미워함이 많아 해 안에 들어오더라.

16-55 豊 倉唐奉使 中山以孝 文侯悅喜 擊子徵召
위문후가 태자 격자를 중산에 봉하고 삼년을 물지 아니하는데 사인 조창당을 보내 문안하니 문후가 기뻐하며 격자를 불러들이더라.

[註] 中山은 地名. 擊은 魏文公의 太子. 倉唐은 太子擊의 舍人.

[典據]《說苑》卷十二奉使, 魏文侯封太子擊於中山. 三年使不往來. 舍人趙倉唐進稱曰, 爲人子, 三年不聞父問, 不可爲孝. 爲人父, 三年不問子, 不可謂慈.

君何以遣人使大國乎. 太子曰, 願之久矣, 未得可使者. 倉唐曰, 臣願奉使. 倉唐入見文侯. 悅之. 遂召還國.

16-56 旅 入天門 守城戶 居安樂 不勞苦
천문에 들어가 성문을 지키니 살기 안락하고 노고하지 아니하더라.

16-57 巽 登堦上堂 見吾父兄 左酒右漿 與福相迎
층계를 올라가 당에 올라 나의 부형을 뵈오니 술과 안주로 복을 주며 서로 맞이하더라.

16-58 兌 秋蛇向穴 不失其節 夫人姜氏 自齊復入
가을 뱀이 구멍을 향하는 것은 그 절기를 잃지 아니함인데, 부인 강씨도 스스로 제나라로 다시 들어오더라.
[註] 夫人 姜氏는 魯의 僖公의 부인 聲姜. 齊女는《左傳》僖公 十七年에 있음.

16-59 渙 忍醜少羞 無面有頭 耗減寡虛 日以削銷
추하고 부끄러움을 참는 것은 머리는 있어도 낯은 없음인데 적고 허한 것이 감모하여 날이 갈수록 점점 소진하더라.

16-60 節 景星炤堂 麟鳳遊翔 仁施大行 頌聲以興
경성이 당을 밝히니 기린과 봉황이 나타나고 어진 정치가 행하여지니 칭송하는 소리가 일어나더라.

16-61 中孚 竿旄旌旗 執幟在郊 雖有寶珠 無路敏之
대신의 기와 정기의 깃대를 잡고 들에 있으니 비록 보배가 있은들 가져올 길이 없더라.

16-62 小過 李華再實 鴻飛降集 仁德以興 蔭國受福
오얏이 두 번 열매를 열고 큰 기러기 날아 내려 모이니 어진 덕으로 흥하게 하여 음덕으로 나라가 복을 받더라.

16-63 旣濟　白馬赤烏　戰於東都　天輔有德　敗悔爲憂
백마(은나라)와 적오(주나라)가 동도(목야)에서 전쟁하는데 하늘이 덕있는 주를 도우니 패해 뉘우쳐 근심이 되더라.

[註] 白馬는 당연히 白魚로 만들어졌다. 東都는 牧野를 가리킨다.

[典據]《史記》周本紀, 武王渡河, 中流, 白魚躍入王舟中, 武王俯取以祭. 旣渡, 有火自上復于下, 至于王屋. 流爲烏, 其色赤. 其聲魄.

16-64 未濟　採薪得麟　大命隕顚　豪雄爭名　天下四分
나무하다 기린을 얻으니 대명이 떨어지고 엎어지니 여러 영웅이 이름을 다투어 천하가 사분되더라.

兌上 震下 隨之第十七 澤雷隨 ䷐

17-17 隨 鳥鳴東西 迎其群侶 不得自事 空返獨還
새가 동서에서 울어 그 무리들을 맞이함인데 자전(自傳)을 얻지 못해 헛되이 홀로 돌아가더라.

17-1 乾 鼻目易外 不知香臭 君迷於事 失其龍位
코와 눈이 바뀌면 향과 냄새를 알지 못하고 임금이 일에 어두우면 그 고귀한 자리를 잃더라.

17-2 坤 唐虞相輔 鳥獸喜舞 安樂無事 國家富有
당나라와 우나라가 서로 도우니 새와 짐승이 기뻐 춤추고 안락하고 무사하니 국가가 부유하더라.

[註] 당우(唐虞)는 요임금, 순임금(堯舜)이다.

17-3 屯 左輔右必 金玉滿櫃 常盈不亡 富如敖倉
좌우에서 도와 금옥이 궤에 항상 가득하고 없어지지 아니하여 부유하기가 큰 창고와 같더라.

17-4 蒙 蒼龍單獨 與石相觸 摧折兩角
푸른 용이 단독으로 돌과 더불어 서로 찌르니 양뿔로 꺾이고 부러뜨리더라.

17-5 需 釣目厭部 善逐人走 來嫁無夫 不安其廬
눈으로 마음에 만족한 상상을 그리며 잘 사람을 쫓아 달아나다가 시집에 돌아오니 지아비가 없어 그 집이 불안하더라.

17-6 訟 逐虎驅狼 避者不祥 凶惡北行 與喜相逢

호랑이를 쫓고 이리를 몰아대는데 피한 자는 상서롭지 못하고 흉악한 것이 북행하니 기쁨과 더불어 서로 만나더라.

17-7 師 齎貝贖狸 不聽我辭 繫於虎鬚 牽不得來
돈을 가지고 이리를 사는데 나의 말을 아니 듣고 호랑이 수염에다 매니 끌어도 오지 아니하더라.

17-8 比 岡載共輿 中道別去 喪我之夫 獨與孤居
산등성이에서는 같은 수레를 탔는데 중도에 나뉘어져 나의 지아비를 상하니 홀로 외로이 살더라.

17-9 小畜 奮翅鼓翼 將之嘉國 愆期失時 反得所欲
날개를 치며 장차 가국(嘉國)에 가는데 기약을 어겨 때를 잃었으나 도리어 하고자 하는 바를 얻더라.

17-10 履 目傾心惑 夏姬在側 申公顚倒 巫臣亂國
눈이 기울고 마음이 혹한데 하희가 옆에 있어 신공이 엎어지니 무신이 나라를 어지럽게 하더라.

[註] 夏姬는 鄭의 美姬. 申公 巫臣은 屈蕩의 아들, 즉 屈巫. 申公은 곧 縣公을 가리킴. 莊王이 夏姬를 취하려 하자 申公 巫臣이 이를 諫하여 막았다. 子反 또한 夏姬를 취하려 하자 申公 巫臣은 다시 이를 諫하여 막았다. 後에 巫臣 자신이 夏姬를 취하여 晉으로 도망쳤다. 《左傳》 成公二年에 나온다.

17-11 泰 博鳩彈鵲 逐兎山北 丸盡日暮 失獲無得
비둘기가 까치를 탄자로 쏘고 토끼를 산북으로 쫓다가 탄환이 다하고 날이 저물어 잡을 것을 놓치고 얻은 바가 없더라.

17-12 否 鹿求其子 虎廬之里 唐伯季耳 貪不我許
사슴이 그 자식을 구하려 호랑이집 마을을 갔더니 당백 계이(호랑이 이름)가 탐내는데 나를 허락없이 아니하더라.

17-13 同人　敗魚鮑室　臭不可息　上山履塗　歸傷我足
상한 고기는 절어도 냄새가 쉬지 아니하고 산에 오르다 진흙을 밟아 나의 발을 상하고 돌아가더라.

17-14 大有　華燈百枝　消衰暗微　精光訖盡　奄有灰靡
화려한 등이 백 개면 어두운 것을 다 없애나 정욕의 빛이 다하면 재만 남더라.

17-15 謙　顔叔子夏　遨遊仁宇　溫良受福　不失其所
안숙과 자하가 어진 집에서 잘 놀아 화하고 어질어 복을 받으니 그 지킬 바를 잃지 아니하더라.

17-16 豫　梁柱堅固　子孫蕃盛　福喜盈積　終無禍悔
보와 기둥이 견고하고 자손이 번창하여 복과 기쁨을 가득 쌓으니 끝내 재앙과 뉘우침이 없더라.

17-18 蠱　邊鄙不聳　民狎其野　穡人成功　年歲大有
일대가 높지 아니하여 백성이 그 들판을 친압하니 농부가 성공해 해마다 풍년이 들더라.

17-19 臨　蛇牛鳴呴　呼求水潦　雲雨大會　流成河海
뱀과 소가 울고 숨을 씩씩대며 물바다(水潦) 속에서 구함을 호소하나 운우가 크게 모여 물 흐름이 강과 바다를 이루더라.

17-20 觀　志合意同　姬姜相從　嘉耦在分　夫子悅喜
뜻이 합해 같아 희강이 서로 좇으니 아름다운 짝이 문에 있어 남편과 아들이 기뻐하더라.

17-21 噬嗑 白馬駁騮 更生不休 富有商人 利得如丘
백마와 얼룩말이 새끼 낳는 것을 쉬지 아니하니 부자 상인이 이익을 산더미같이 얻더라.

17-22 賁 大姒夏禹 經啓九道 各有攸家 民得安所
우임금이 구주의 길을 열으시니 각기 집들이 있어 백성이 편한 곳을 얻더라.
[註] 大姒夏禹는 우임금이요, 九道는 九州이다.

17-23 剝 甲戊己庚 隨時轉行 不失其心 得且安寧
춘하추동 사시가 때에 따라 전행하니 그 마음을 잃지 아니하면 또한 안녕함을 득(得)하더라.

17-24 履 穆違百里 使孟厲武 將師襲戰 敗於殽口
진목공이 백리해의 말을 아니 듣고 맹명시로 하여금 정나라를 치다가 호구에서 패하더라.
[註] 목(穆)은 秦의 穆公. 백리(百里)는 百里奚. 孟은 百里孟明視. 百里奚의 子. 百里는 姓, 孟明은 字, 視는 名.
[典據] 《左傳》 僖公三十三年, 秦穆公不聽蹇叔之諫. 使百里孟明視襲鄭. 敗於殽.

17-25 無妄 茅茹本居 與賴相扶 願慕群旅 不離其巢
동류의 사람이 모여 사는 것은 서로 돕고 모두 함께 여행함을 원하고 사모하는 것이나 그 둥지를 떠나지 아니하더라.

17-26 大畜 伯仲叔季 日暮寢寐 坐臥失明 喪其貝囊
사형제가 해가 지면 자고 앉았아누웠다하면서 밝음을 잃어 그 패낭(貝囊)을 잃어버리더라.

17-27 頤 亡羊補牢 張氏失牛 騂駟奔走 鵠盜我魚
양을 잃고 우리를 보강하니 장씨가 소를 잃고 말들이 분주하니 고니가 나의 고기를 도둑질해 가더라.

17-28 大過　雀目燕顙　畏昏無光　思我狡童　不見子充
참새 눈에 제비 이마라 어둔 것을 두려워해 빛이 없어 나를 교활한 아동으로 생각하고 미장부를 보지 아니하더라.

17-29 坎　入暗出明　動作有光　運轉休息　常無允康
어두우면 들어가고 밝으면 나오니 동작에 빛이 있어 운전을 휴식하면 항상 즐겁고 평안하더라.

17-30 離　不勝私情　以利自嬰　北室出孤　毁其良家
사사로운 정을 이기지 못해 스스로 어리다함이 이롭다하고 북실(北室)로 외로이 나가 그 좋은 집을 헐더라.

17-31 咸　稱幸上靈　媚悅於神　受福重重　子孫蕃功
다행이 영(靈)이 올랐다 칭하고 신에게 상긋거리며 아첨하여 복을 거듭받고 자손이 번창하더라.

17-32 恒　齊姜叔子　天文在手　實沈參墟　封爲康侯
제강숙자(태재)가 나면서 손에 천문이 있고 실제로 이십팔숙에 해당하여 강후로 봉하더라.

[註] 參자리는 二十八 宿이다. 齊姜은 武王의 后. 叔子는 즉 太叔.

[典據]《左傳》昭公元年, 邑姜姙太叔時, 夢帝謂己. 餘命爾子曰虞. 及生有文在其手, 曰虞. '天文在手'란 이것을 말한다. 實沈參墟는 晋의 分野.

17-33 遯　遨遊無患　出入安全　長受其歡　君子萬年
재미있게 놀아 근심이 없고 출입이 안전하여 길게 즐기니 군자가 만년 좋더라.

17-34 大壯　被服文德　升入大麓　四門雍肅　登受大福

문덕을 입어 대록에 올라 들어가니 사문이 온화하고 엄숙한데 올라가 큰 복을 받더라.

17-35 晉 負金懷玉 南歸嘉國 蜂蠆不螫 利入我室
금을 지고 옥을 품고 남으로 가국에 돌아오니 벌과 전갈이 쏘지 않아 이익이 나의 집으로 들어오더라.

17-36 明夷 日在阜顚 臠昧爲昏 小人成群 君子傷倫
해가 언덕 너머에 있어 해질 무렵 어둠이 되고 소인이 무리를 이루면 군자도 의리를 상하게 되더라.

17-37 家人 水父海母 先來嗚呴 澤皐之士 從高而處
수부 해모(해녀)가 먼저 와서 숨차서 헐덕이는데 택구의 선비는 높은 데를 골라 처하더라.

17-38 睽 東隣少女 爲王長婦 柔順利貞 宜夫壽子
동인의 소녀가 왕의 큰 며느리가 되어 유순하고 이정하며 좋은 남편에 장수하는 아들을 두더라.

17-39 蹇 戴-望天 不見星辰 顧小失大 福逃於外
장군을 이고 하늘을 보니 별을 볼 수 없듯이 작은 것을 돌아보다 큰 것을 잃으면 복이 밖으로 도망가더라.

17-40 解 王喬無病 拘頭不痛 亡跛失履 乏我從從
왕교(신선)가 병이 없어 머리를 잡아도 아프지 아니하고 절뚝발임을 잊어버리고 잘못 밟으니 나를 좇는 사람이 없더라.

17-41 損 使驚築室 身無庇宿 家不容車 微我衣服

제비로 하여금 집을 짓게 하니 몸을 덮고 잘 수 없고 집에 수레를 둘 수 없어 나의 의복을 작게 하더라.

17-42 益 威權分離 鳥夜徘徊 爭蔽月光 大人誅傷
권위가 분리되고 새가 밤에 배회하여 달빛을 가리니 대인이 베여 상하더라.

17-43 夬 辯變白黑 巧言亂國 大人失福 君子迷惑
말로 백과 흑을 변하게 하여 교묘한 말로 나라를 어지럽게 하니 대인은 복을 잃고 군자는 미혹하더라.

17-44 姤 衣踞甲鎧 敝筐受貝 大人不顧 少婦不敢 棄損於道
걸터앉아 갑옷을 입고 헤진 광주리로 보배를 받으니 대인은 돌아보지 아니하고 젊은 여자는 취하지 아니하니 길에 버리더라.

17-45 萃 藿雀銜泥 以生孚乳 兄弟六人 交好孝悌 得心懽忻
연작이 풀과 진흙으로 집을 짓고 새끼 육형제를 두니 잘 사귀고 우애있어 마음으로 화합하고 서로 즐거워하더라.

17-46 升 登几上輿 駕駟南遊 合從散衡 燕秦以僵
궤에 올라 수레를 타고 네 말을 멍에하고 남쪽을 순유할 제 합종하다가 형산에서 산회하니 연, 진 두 나라가 굴복하더라.
[註] 蘇陣은 연나라를, 張儀는 秦을 떠나니 橫이라 합하여 從衡이라 하였다.

17-47 困 驥驥許許 仇偶相得 冰入炭室 消亡不息
빨리빨리 응원하는데 서로 상대를 만나니 얼음이 숯집에 들어가는 것처럼 소망하기를 쉬지 아니하더라.

17-48 井 鵙鴞破斧 邦人危殆 賴其忠德 轉禍爲福

솔개가 도끼를 파하니 나라 사람이 위태하다가 그 충성스러운 덕에 힘입어 전화위복이 되더라.

[註] 치효파부(鴟鴞破斧)는 시전 빈풍(豳風)편의 이름이요 주공이 관채를 쳐서 나라를 안정했다.

17-49 革 載金販狗 利棄我走 藏匿淵渠 悔折爲咎
돈을 가지고 개장사를 하다가 이익이 나를 버리고 달아나 못도랑에 숨으니 꺾인 것이 허물이 됨을 후회하더라.

17-50 鼎 泉坑復平 宇室安寧 憂患解除 賴福長生
샘 구덩이가 다시 평평해지니 집이 안녕하고 우환이 해제되어 복에 힘입어 오래 살더라.

17-51 震 驪姬讒嬉 與二孼謀 譖啄恭子 賊害忠孝 申生以縊 重耳奔逃
여희가 참소를 즐겨 여러 공자를 참소하니 충효를 해쳐 신생을 목매 죽이니 중이가 분망히 도망가더라.

[註] 驪姬는 晉(진헌공)의 계비요 重耳는 晉文公이다. 恭子는 세자 申生이다.

17-52 艮 刺羊不當 血少無羹 女執空筐 不得採桑
양을 찌름은 옳지 아니하니 피가 적어 국이 없고 여인이 빈 바구니를 잡으니 뽕을 따지 못하더라.

17-53 漸 牧羊稻園 聞虎喧嚾 畏懼悚息 終無禍患
양을 도원에서 기르다가 호랑이 울음소리를 듣고 무섭고 두려워 숨을 죽이고 있었더니 끝내 재앙이 없더라.

17-54 歸妹 明德隱伏 麟鳳遠匿 周室傾倒 不知所息
밝은 덕이 숨고 기린과 봉황이 멀리 숨으니 주나라가 망해가는데 그칠 바를 알지 못하겠더라.

17-55 豊　鄰不我顧　而求玉女　身多禿癩　誰肯媚者
이웃을 돌아보지 아니하면서 옥녀를 구한들 몸에 흉터와 부스럼이 많은데 누가 즐겨 사랑하리오.

17-56 旅　初雖無輿　後得戰車　賴華逢福　不罹兵革
처음에는 수레가 없었으나 뒤에 전차를 얻으니 다행히 복을 만나 병혁(兵革)에 걸리지 아니하더라.

17-57 巽　水塊我里　東流爲海　龜鳧讙囂　不睹王母
물이 나의 마을을 허물어 동으로 흘러 바다가 되니 거북과 오리가 지껄이다 왕모를 보지 못하더라.

17-58 兌　兩心不同　或欲西東　明論終始　莫適所從
두 마음이 같지 않아 혹서 혹동하니 아무리 의논해도 결국 합의가 아니 되더라.

17-59 渙　天帝懸車　廢禮不朝　禳福不制　失其寵家
천제가 자리를 내놓고 예를 폐해 조회를 아니하니 복을 빌기를 그치지 아니하나 그 총애를 받은 집을 잃더라.

17-60 節　交川合浦　園濕難外　水土不同　思吾皇祖
교천합포(현 월남)는 멀고 습해 살기 어렵고 물과 땅이 같지 않아 조국을 사모하더라.

17-61 中孚　句踐之危　棲於會稽　太宰機言　越國復存
구천이 위태하므로 회계에서 살다가 태재의 기언에 의해 월나라가 다시 있게 되더라.

[註] 회계(會稽)는 산이름.

[典據]《史記》越世家, 越王兵敗, 棲於會稽山. 賂太宰嚭. 說吳王, 王竟許越平.

17-62 小過　雌鳥鳲鳩　執一無尤　寢門內治　君子悅喜
어미 뻐꾸기와 비둘기가 한결같이 집안 일을 잘 처리하니 군자가 기뻐하더라.

17-63 旣濟　當年早寡　獨立孤居　鷄鳴犬吠　無敢問諸　我生不遇　獨離寒苦
나이 젊어 일찍 과부가 되어 홀로 외로이 사니 닭이 울고 개가 짖어도 감히 묻는 자 없으니 나의 생애가 불우하여 홀로 떨어져 쓸쓸히 고생하더라.

17-64 未濟　江河變服　淫湎無側　高位顚崩　寵祿反覆
속세에서 변복하고 음탕하고 술에 빠져 있으니 높은 벼슬이 떨어지고 고인 녹(錄)이 다 없어지더라.

艮上 巽下 蠱之第十八　山豊蠱

18-18 蠱　魴生江淮　一轉爲百　周流四海　無有難惡
방어가 강회에서 나서 한 떼가 되어 사해를 두루 다녀도 아무 어려움이 없더라.

18-1 乾　首澤與目　載受福慶　我有好爵　與汝相迎
머리와 눈의 덕으로 복과 경사를 받아 나에게 좋은 벼슬이 있으니 너와 더불어 서로 맞이하더라.

18-2 坤　----　歲莫偏蔽　寵名捐棄　君衰在位
수레 모는 소리가 첩첩하니 세월아 한쪽만 가리지 마라. 고이는 명성을 버리니 임금이 기운이 없이 자리에 있더라.

18-3 屯　折若蔽日　蘭屏王目　司馬無良　平子沒傷
약목을 꺾어 가리듯 병풍이 왕의 눈을 가리니 사마가 어질지 못해 평자가 상해 없어지더라.

[註] 司馬는 魯의 叔孫氏의 司馬戾. 平子는 魯의 季平氏.

[典據]《左傳》昭公 二十五年, 魯昭公伐季平子, 平子登台, 三請, 弗許. 叔孫氏之司馬戾問於其衆. 衆日, 无季子是无叔孫氏也. -戾日, 然則救諸. 遂救季氏. 公徒敗.

18-4 蒙　家在海隅　澆旋深流　王孫單行　無妄以趨
집이 바다 모퉁이에 있고 물이 빙빙 돌면서 깊이 흐르는데 왕손 혼자 가니 속임없이 따라 가더라.

18-5 需　執義秉德　不危不殆　延頸盤桓　安其室垣　屯耗未得　終無大恤
의와 덕을 잡으니 위태하지 않아 목을 늘이고 반환하며 그 집안을 편안하게 하나

둔모를 얻지 못해 끝내 크게 구휼함이 없더라.

18-6 訟 長舌亂家 大斧破車 陰陽不得 姬姜衰憂
장광설로 집안을 어지럽게 하고 큰 도끼로 수레를 파하니 음양이 불화하여 희강이 몹시 애처롭게 근심하더라.

18-7 師 二人異路 東趨西步 千里之外 不相知外
두 사람이 길을 달리해 동서로 가니 천리 밖에서 서로 있는 곳을 알지 못하더라.

18-8 比 視闇不見 雲蔽日光 不見子都 鄭人心傷
어둠을 보면 보이지 아니하니 구름이 일광을 가리어 남자의 아름다움을 보지 못하여 정나라 사람이 마음을 상하더라.

[註] 子都는 남자의 아름다움

18-9 小畜 初憂後喜 與福爲市 八佾列陳 飮御嘉友
처음에 근심하다 뒤에 기뻐하니 복과 더불어 저자가 되어 팔일춤을 벌이니 좋은 친구와 같이 마시더라.

18-10 履 童妾獨宿 長女未室 利無所得
동첩이 홀로 자고 장녀가 시집가지 아니하였으니 이익이 얻은 바 없더라.

18-11 泰 玄黃四塞 陰雌伏謀 呼我牆屋 爲巫所識
검고 누른 것이 사방이 막혔는데 음침한 암컷이 나를 담장이 있는 집으로 불러서 무당에게 아는 바가 되더라.

18-12 否 中復摧頹 常恐衰微 老復賴慶 五羖爲相
중간에 다시 최퇴하여 항상 쇠미함을 두려워했는데 늦게 다시 경사를 힘입어 오고 대부가 되더라.

[註] 秦나라가 양피 다섯 장으로 초나라에서 백리해를 초빙하여 정승을 삼았다하여

오고대부라고 함.

18-13 同人 伯氏殺羊 行悖天時 亳社夷燒 朝歌丘墟
백씨가 양을 죽여 천시를 어기는 박사를 태워 없애니 조가(주나라의 도읍자리)가 구허(丘墟)가 되더라.
[註] 박사(亳社)는 상나라 종묘요, 조가(朝歌)는 주(紂)의 도읍자리다.
周易》旣濟의 九五에 東鄰殺年,不如西鄰之禴祭. 東鄰은 紂를 가리킨다.

18-14 大有 日短夜長 祿命不光 早離父兄 免見憂傷
해는 짧고 밤은 기니 녹명(祿命)이 빛나지 아니하여 일찍 부모형제를 떠났으나 근심하고 상함을 당하지 아니하더라.

18-15 謙 采唐沫鄉 期於桑中 失期不會 憂思約帶
당초를 매향에서 캐기로 하고 상중에서 만나기로 기약하였는데 실기(失期)하여 모이지 못해 약속 어김을 근심하더라.

18-16 豫 昧視無光 夜不見明 冥抵空牀 季葉逃亡
어두우면 빛을 보지 못하고 밤에는 밝음을 보지 못해 어두워 손으로 빈 상을 더듬으니 끝에 장이 도망가더라.

18-17 隨 擧趾振翼 南至嘉國 見我伯姊 與惠相得
발꿈치를 들고 날개를 떨쳐 남으로 가국에 이르러 나의 큰 누이를 뵈니 은혜와 더불어 서로 얻더라.

18-19 臨 則天順時 周流期墟 與樂并居 無有咎憂
하늘의 순리대로 사시의 법을 따라 그 터를 널리 돌아 즐겁게 같이 사니 아무 허물과 근심이 없더라.

18-20 觀　蠆室蜂戶　螫我手足　不可進取　爲吾害咎
벌집의 벌이 나의 수족을 쏘니 나가 취할 수 없어 나에게 해가 되더라.

18-21 噬嗑　公孫駕驪　載遊東齊　延陵悅産　遺季紵衣
공손이 가라말을 타고 동제로 가 연릉에서 정자산을 기쁘게 하니 자산이 공자 계에게 모시옷을 주더라.

[註] 産은 정대부 자산(子産)이고 季는 吳公子 계찰(季札)이다.

18-22 賁　轉作驪山　大失人心　劉季發怒　禽滅子嬰
진시황의 능을 연산에 옮겨 지으니 크게 민심을 잃어 유방(한고조)이 노해 자영을 사로잡아 진나라를 멸하더라.

[典據]《史記》始皇本紀, 秦始皇大發天下工匠徭役. 咸陽建阿房宮, 直抵驪山表. 以此失衆民之心. 致漢高祖遂滅秦.

18-23 剝　羊腸九縈　相推稍前　止須王孫　乃能上天
양의 창자 모양과 같이 구불구불한 산길도 서로 밀면 조금씩 앞으로 나가니 왕손도 기다리면 능히 하늘에 오르더라.

18-24 復　蝃蝀充側　佞人傾惑　女謁橫行　正道壅塞
무지개가 옆으로 차니 경망한 사람은 혹하는데 가까운 여인에게 보이려고 왔다갔다 하니 정도(正道)가 막혔더라.

18-25 無妄　福祿不逐　家多怪祟　麋鹿悲鳴　思期大雄
복과 녹이 따르지 아니하고 집에 괴이한 빌미가 많으니 큰사슴이 슬피 울며 그 큰 숫컷을 생각하더라.

18-26 大畜　雲雷因積　大雨重疊　久不見日　使心悒悒
구름과 우뢰가 쌓임으로 인해 큰비가 계속 오니 오래 해를 보지 못해 마음으로 하여금 근심하게 하더라.

18-27 頤 三河俱合 水怒踴躍 壞我王室 民困無食
세 하수가 합하니 물의 파도가 높아 나의 왕실을 무너뜨리니 백성이 곤궁해 먹을 것이 없더라.

18-28 大過 冒雨夜行 早遍都城 更相覆傾 終無所成
비를 맞으며 밤에 가다 일찍 도성에 도착했으니 다시 서로 엎치고 기울어져 끝내 이룬 바가 없더라.

18-29 坎 褒后生蛇 經老盲微 倒跌哀公 西滅黃離
포사는 이무기가 낳아서 늙어가면서 눈이 어둡고 천해지고 넘어진 애공들은 늦게 임금의 지위를 멸망하더라.

18-30 離 鴻雁南飛 隨時休息 轉逐天和 千歲不衰
기러기가 남으로 날으니 때에 휴식하며 하늘의 법칙에 좇아 행하니 천년이 가도 변함이 없더라.

18-31 咸 後時失利 不得所欲
때를 놓쳐 이(利)를 잃으니 하고자 하는 바를 얻지 못하더라.

18-32 恒 心多恨悔 出言爲怪 梟鳴室北 聲醜可惡 請謁不得
마음에 한이 많아 말하는 게 괴이하고 올빼미가 집 북쪽에 우는데 소리가 추악하니 뵙기를 청하나 얻지 못하더라.

[典據]《說苑》卷十八弁物, 齊景公爲露台成. 梟鳴其上. 惡之. 柏常騫日, 臣請禳而去之. 明日梟當階布翼伏地而死.

18-33 遯 駟馬過隙 時難再得 尼父孔聖 繫而不食
인생이 사두마차로 달리는 사이 같이 짧은데 때에 어려움을 다시 당하니 공자님 같은 성인도 매고 먹이지 아니하더라.

18-34 大壯 陰變爲陽 女化爲男 治道得通 君臣相承
음이 변해 양이 되고 여자가 남자로 화하니 정치의 도를 통하면 군신이 서로 이을 것이더라.

18-35 晉 崑崙源口 流行不止 龍門砥柱 民不安外 母歸孩子
곤륜산에 근원을 둔 물은 흐름이 그치지 아니하고 용문과 지주는 백성이 편안히 있지 못하는데 어미가 어린이에게 돌아가니 사슴 새끼가 희열하더라.

[註] 지주(砥柱)는 황하 가운데에 있는 산으로 격류 속에 있으면서도 조금도 움직이지 않는다는 뜻에서 온 비유말이다.

18-36 明夷 葛藟蒙棘 華不得實 讒佞亂政 使恩壅塞
칡이 가시덤불을 덮으니 화려하나 실속없고 아첨과 잔재주로 정사를 어지럽히니 은혜가 옹색하더라.

18-37 家人 公無長驅 大王駿馬 非其當所 傷折爲患
공이 장구하는 일이 없으니 대왕의 준마가 필요치 아니하나 상하고 꺾어질까 근심이 되더라.

18-38 睽 太倉充盈 庶民蕃盛 年歲熟榮
큰 창고가 가득 차고 서민은 번성하며 해마다 풍년이 들더라.

18-39 蹇 執蕡炤犧 爲風所吹 火滅無光 不見玄黃
분향을 잡고 희생을 밝혔으나 바람이 불어 꺼져 빛이 없어 검은지 누른지 보이지 아니하더라.

[註] 분(蕡)은 잡초의 향기이다.

18-40 解 鳥反故巢 歸其室家 心平意正 與叔相和 登高隕墜 失其寵貴
새가 옛둥지에 돌아가듯이 그 집에 돌아오니 마음이 편하고 뜻이 맞아 아재비와 서로 화합하나 높이 올랐다가 떨어지니 그 고여있던 귀함을 잃더라.

18-41 損 弩弛弓藏 良犬不行 內無怨女 征夫在堂
쇠노를 풀고 활을 감추고 사냥개를 쓰지 않고 안으로 원한을 가진 여인이 없으니 정부(군인)가 집에 있더라.

18-42 益 特犧孔博 日新其德 文公燎獵 姜氏受福
특별히 희생하여 널리 통하니 날로 그 덕이 새로워 문왕이 횃불 사냥을 하니 강태공이 복을 받더라.

18-43 夬 季秋孟冬 寒露霜降 大陰在庭 品物不生 雞犬夜鳴 家擾數驚
늦은 가을과 초겨울이 한로 상강이라 큰 음(陰)이 뜰에 있어 만물이 생하지 못하고 계견이 밤에 우니 집안이 소요하고 자주 놀래더라.

18-44 姤 心多恨悔 出門見怪 有蛇三足 醜聲可惡 嫫母爲媒 請求不得
마음에 한과 뉘우침이 많아 문에 나가 괴이한 것을 보는데 뱀이 있어 다리가 셋에 그 소리가 추악한데 모모가 중매를 하는데 되지 않더라.

18-45 萃 虎豹爭强 道閉不通 小人讙訟 貪夫受空
호랑이와 표범이 다투어 길이 막혀 불통하고 소인은 지꺼리고 송사하고 욕심부리는 사람은 헛수고하더라.

18-46 升 雞方啄粟 爲狐所逐 走不得食 惶懼惕息
닭이 바야흐로 조를 쪼다가 여우에 쫓겨 달아나느라고 먹지 못하고 무서워 숨만 차더라.

18-47 困 陳媯敬中 兆興齊姜 乃適營丘 八世大昌
진위경중이 제강이 흥할 것을 짐작하고 영구에 가서 팔대를 크게 창성하더라.

18-48 井 昊天白日 照臨我國 萬民康寧 咸賴嘉福

여름 하늘의 한낮 볕이 내 나라에 비치니 만민이 강녕하고 모두 복을 받더라.

18-49 革 雲夢大藪 索有所在 虞人其職 驪駒悅喜
운몽 큰 숲에서 있는 곳을 찾는데 우인이 같은 일을 하니 말과 망아지가 함께 기뻐하더라.

[註] 우인(虞人)은 고대에 산림과 지택을 관리하는 관리의 명칭

18-50 鼎 獐鹿雉兎 群聚東國 盧黃白脊 俱往追逐 九齕十得 主君有喜
노루, 사슴, 꿩, 토끼가 동국에 무리로 모여 노황과 백척이 같이 가서 쫓고 쫓아 아홉을 씹고 열을 얻으니 주군에 기쁨이 있더라.

[註] 노황백척(盧黃白脊)은 사냥개의 이름

18-51 震 德惠孔明 雖衰福章 保期室堂
덕과 은혜가 통하고 밝아 비록 쇠하나 다시 밝아 그 집을 보존하더라.

18-52 艮 天之所壞 不可强支 衆口嘈嘈 雖貴必危
하늘이 망하게 하는 데는 억지로 버틸 수 없고 여러 사람 입에 오르내리면 비록 귀한 사람도 반드시 위태롭더라.

18-53 漸 天之奧隅 堯舜所居 可以全身 保我邦家
천하의 중앙지는 요순이 살던 바라 가히 몸을 완전히 하면 나의 나라와 집을 보존하더라.

18-54 歸妹 下泉苞㫐 十年無王 荀伯遇時 憂念周京
하천포한에 십년 동안 왕이 없다가 순백(문왕)이 때를 만나 주나라의 서울을 근심하며 생각하더라.

[註] 문왕이 십년 동안 유리에 갇혀 있었다.

18-55 豊 江河海隅 衆利聚居 可以遨遊 卒歲無憂

강, 하, 해가 있는 곳은 모든 이익이 모여 있으니 같이 잘 놀아 해가 다해도 근심이 없더라.

18-56 旅 南山黃竹 三身六目 出入制命 東里宣政 主尊君安 鄭國無患
남산의 황죽은 세 몸에 여섯 눈으로 출입에 제명하고 동리의 자산이 정치를 하는데 주로 임금을 높여 편안하게 하니 정나라에 우환이 없더라.

[註] 三身六目은 鄭의 子展, 子西, 子産을 가리키는 것으로 보인다. 정나라 사람은 자전으로 하여금 국정을 맡게 하고 자서로 재상을 삼았으며 자산을 卿으로 삼았다. 東里는 정대부 자산이 살던 곳이다.

18-57 巽 重驛置之 來除我憂 與喜俱居 同其福休
튼튼한 역을 두어 나의 근심을 없애고 기쁨과 더불어 같이 사니 복과 편안함을 같이하더라.

18-58 兌 南山高岡 麟鳳室堂 含和履中 國無災殃
남산 높은 산은 기린과 봉황의 집이니 화합하고 중도를 밟아 나라에 재앙이 없더라.

18-59 渙 紫芝朱草 與仙爲侶 公尸侑食 福祿來下
자지주초는 신선과 더불어 짝이 되고 공시를 모시고 먹으니 복록이 오더라.

[註] 공시(公尸)는 옛적에 제사 지낼 때 어린 아이를 제상 위에 귀신 대신으로 모시고 제사를 지냈음.

18-60 節 宮成室就 進樂相舞 英俊在堂 福祿光明
궁을 이루어 집에 나가 풍악을 울리고 서로 춤을 추니 영웅과 호걸이 당에 있어 복록이 빛나고 밝더라.

18-61 中孚 商人子孫 資無所有 貪狼逐狐 留連都市 還轅內鄕 嘉喜何咎
상인의 자손은 자본이 없고 욕심 많은 이리가 여우를 쫓아 도시에 유연하다가 본

고장으로 돌아와 기뻐함이 무슨 허물이 되리오.

18-62 小過　執贄入朝　獻其狐裘　元戎變安　沙漠以懽
폐백을 가지고 조정에 들어가 여우의 갑옷을 바치니 원융이 변해 편안하고 사막이 기뻐하더라.

[註] 單于가 漢에 朝見하는 것을 말함. 원융(元戎)은 동충(董忠). 한창(韓昌)을 말함.
[典據]《漢書》흉노전(匈奴傳)에 있음.

18-63 旣濟　湧泉汩汩　南流不絕　壞敗邑里　家無所處
솟는 샘이 콸콸 남으로 흘러 그치지 않아 골과 마을을 파괴하니 집이 있는 곳이 없더라.

18-64 未濟　固陰沍寒　常氷不溫　凌人情怠　大雹爲災
굳은 음은 쩍쩍 얼어붙는 추위라 항상 얼음이 얼어 따뜻하지 않아 사람이 나태한데 큰 우박이 재앙이 되더라.

坤上 兌下 臨之第十九 　　地澤臨

19-19 臨　弱水之西　有西王母　生不知老　與天相保　行者危殆　利居善喜
약수 서쪽에 서왕모가 있어 나면서 늙는 것을 알지 못하고 하늘과 더불어 서로 보존하니 가는 자는 위태하고 머물러 있으면 좋아하고 기뻐하더라.

19-1 乾　黃獹生子　白戎爲母　晉師在郊　虞公出走
누런 개가 말을 낳으니 흰개가 어미가 되고 진나라 군사가 들에 있으니 우공이 나가 달아나더라.

[典據]《左傳》僖公二年, 晉荀息請以屈産之乘與垂棘之壁, 仮道於虞以伐虢. 而虞公貪璧馬之獻, 不聽宮之奇忠諫之言. 遂爲晉所滅.

19-2 坤　倉唐奉使　中山以孝　文侯悅喜　擊子徵召
창당이 사신이 되어 중산의 효도를 대신하니 문후가 기뻐하며 태자 격자를 부르더라.

19-3 屯　機關不便　不能生言　精誠不通　爲人所寃
기관이 불편해서 능히 말을 못해 정성이 통하지 아니하니 사람의 원한 이 되더라.

19-4 蒙　白茅醴酒　靈巫拜禱　神嗜飮食　使君壽孝
백저와 예주로 무당이 절하고 기도하니 귀신이 음식을 좋아해 임금으로 하여금 수(壽)를 더하게 하더라.

19-5 需　重瞳四乳　耳聰目明　善爲仁表　聖作充輔
동자가 둘씩에 젖이 넷으로 귀 밝고 눈이 밝아 널리 어질어 표본이 되고 성인이 도와주더라.

19-6 訟 水長無船 破城壞隄 大夫從役 困子泥塗 一朝喪殞 不見少妻
물길은 먼데 배가 없고 성이 파하고 제방이 무너져 대부가 역사를 하는데 진흙에 곤란을 당해 하루아침에 죽으니 젊은 아내를 보지 못하더라.

19-7 師 二人俱行 各遺其囊 鴻鵠失珠 無以爲明
두 사람이 같이 가다 각기 그 주머니를 잃으니 홍곡이 구슬을 잃은 것과 같이 밝힐 수가 없더라.

19-8 比 隨時轉行 不失其常 咸樂厥類 身無咎災
때로 따라 행하되 그 정도를 잃지 아니하면 그 무리가 다 즐겁고 몸에 재앙이 없더라.

19-9 小畜 蔡女蕩舟 爲國患憂 褒后在側 屛蔽王目 搔擾六國
채녀가 뱃놀이로 나라의 우환이 되고 포후가 옆에 있어 왕의 눈을 가리니 육국이 소요하더라.

[註] 蔡女는 齊侯夫人 蔡穆公의 娣. 褒后는 幽王의 后.

[典據] 《左傳》 僖公三年, 齊侯與蔡姬乘舟于囿. 蕩公. 公懼?色. 禁之不可. 公怒歸之. 未之絶也, 蔡人嫁之. 明年侵蔡. 蔡潰.

19-10 履 駕龍騎虎 周遍天下 爲人所使 西見王母 不憂不殆
용을 멍에하고 호랑이를 타고 천하를 돌아다니다 사람의 부탁으로 서왕모를 뵈오니 근심되지도 위태하지도 않더라.

19-11 泰 胥怨之吳 畫策闔廬 鞭平服荊 除大咎殃 威震敵國 還受上卿
자서가 오나라를 원망하며 오왕 합려를 획책하여 형주를 평복하니 위엄이 적국에 떨쳐 큰 허물과 재앙을 사면하고 돌아가 상경의 벼슬을 받더라.

19-12 否 唐邑之墟 晉人以居 虞叔受福 實沈是國 世載其樂
당읍의 터는 진나라의 땅으로 우숙이 복 받아 이 나라를 받으니 대대로 즐겁게 지내더라.

[典據]《史記》晉世家, 唐叔虞者成王弟. 封於唐. 至子燮徒居. 實沈 晉 分野.

19-13 同人 管鮑相知 至德不離 三言相桓 齊國以安

관중과 포숙아가 서로 알아 지극한 덕으로 떠나지 아니하고 세 말을 서로 굳세게 지키니 제나라가 편안하더라.

[典據]《史記》管仲列傳, 管仲少與鮑叔牙游. 鮑叔知其賢. 薦於桓公. 管子曰, 倉實而知禮節, 衣食足而知榮辱. 上服度則六義固. '三言'은 확실히 이를 가리킨다.

19-14 大有 三十無室 長女獨宿 心勞未得 憂在胸臆

삼십에 시집이 없어 장녀가 혼자 자니 마음을 쓰나 얻지 못해 근심이 가슴에 있더라.

19-15 謙 散渙水長 風吹我鄉 火滅無光 墮敗桓公

출렁대는 물길은 멀고 바람이 나의 고향에 불어 불이 꺼져 빛이 없으니 환공을 타패(墮敗)하더라.

[註] 제환공(齊桓公) 사후(死後)에 제나라가 불꺼지듯 하였다.

19-16 豫 飛蛸蠕動 各有配偶 小大相保 咸得其所

나르고 꿈틀거려 움직여도 각기 짝이 있어 대소가 서로 도와 얻는 바가 있더라.

19-17 隨 安樂几筵 未出王門

궤연에서 편안함을 즐기니 왕문을 나가지 아니하더라.

19-18 蠱 火生月窟 上下恩塞 觝亂我國

서남 월굴국에 불이 나서 상하에 은혜가 막히니 우리나라에 난이 미치더라.

19-20 觀 長生無極 子孫千億 白柱載青 堅固不傾

장생하길 한이 없으니 자손이 천억에 잣나무 기둥에 단청하니 견고하여 기울지 아니하더라.

19-21 噬嗑　欽敬昊天　曆衆星辰　宣授民時　陰陽和調
하늘을 흠모하고 공경하여 일월성신을 상증하여 책력을 만들어 백성에게 시절을 가르치니 음양의 조화를 이루더라.

19-22 賁　三河俱合　水怒踊躍　壞我王屋　民困於食
삼하가 함께 합하니 물이 성나 파도가 심해 왕의 집을 파괴하니 백성이 먹을 것이 곤궁하더라.

19-23 剝　壽如松喬　與日月俱　常安康樂　不見禍憂
수가 적송자와 왕교(선인)와 같아 날마다 달마다 같이 하니 항상 편안하고 즐거워 재앙과 근심을 보지 아니하더라.

19-24 復　天之所予　福祿常在　不憂危殆
하늘이 주신 복록이 항상 있으니 위태함을 근심하지 아니하더라.

19-25 無妄　受讖六符　招搖室虛　雖跌無憂　保我全財
여섯 가지 비결을 받아서 빈방에서 방황하니 비록 미끄러져도 근심이 없고 나의 전재산을 보존하더라.

19-26 大畜　齎金買車　失道復時　勞罷爲憂　我心則休
돈을 가지고 차를 사는데 길을 잃어 때를 놓치니 헛수고 한 것은 걱정이 되지만 나의 마음은 편안하더라.

19-27 頤　華首山頭　仙道所遊　利以居止　長無咎憂
태화 수양산 꼭대기는 신선과 도인이 노는 곳이니 잘 거주하면 영구히 근심 걱정이 없을 것이더라.

19-28 大過 采唐沬鄕 要期桑中 失信不會 憂思約帶
당초를 매향에서 캐기 위해 상중에서 만나기를 약속했는데 실신하여 모이지 아니하니 약속이 어긋나 미안함을 근심하더라.

19-29 坎 人面鬼口 長舌爲斧 斲破瑚璉 殷商絶復
사람 얼굴에 귀신 입으로 장광설이 독기가 되어 제사에 쓰는 제기를 쪼개 깨트리니 은과 상나라가 절손이 되더라.

19-30 離 臨溪橋疚 雖恐不危 樂以笑歌
시내에 임하니 다리가 오래 되어 비록 두려우나 위태하지 아니하여 즐거워하며 웃으며 노래하더라.

19-31 咸 洋洋沸溢 水泉爲害 使我無賴
물이 끓어 넘치는 데는 샘물이 해가 되어 나로 하여금 힘입음이 없더라.

19-32 恒 蝗螟爲賊 害我稼穡 秋餓於年 農夫鮮食
황명충이 적이 되어 나의 곡식을 해치니 가을에 흉년이 들어 농부가 먹을 것이 적더라.

19-33 遯 八百諸侯 不期同時 慕西文德 興我宗族 家門雍睦
팔백 제후가 기약없이 동시에 모여 문왕의 덕을 사모해 나의 종족을 흥하게 하니 집과 문이 옹목(雍睦)하더라.

[典據]《史記》周本紀, 武王伐紂東觀兵於盟津. 諸侯不期而會者八百.

19-34 大壯 長男少女 相向笑語 來歡致福 和悅榮喜
장남과 소녀가 마주보며 웃고 말하니 온 것을 기꺼워해 복을 이루니 화열(和悅)하고 영화를 기뻐하더라.

19-35 晉 平國不君 夏氏作亂 烏號竊發 靈公殞命
평국(진령공의 이름) 임금노릇을 아니하고 하희와 사통하니 하증서가 난을 만들어 오호(黃帝의 활이름)로 몰래 쏘니 영공이 운명하더라.
[註] 하증서는 하희의 아들이다. [典據]《史記》封禪書.

19-36 明夷 春多膏澤 夏潤優渥 稼穡成熟 畝獲百斛
봄에는 기름진 못이 많고 여름은 일기가 잘 되어서 곡식이 성숙하여 이랑마다 천 말을 수확하더라.

19-37 家人 客宿臥寒 席蓐不安 行危爲害 留止得歡
객이 찬데 누워 자니 자리요가 편안치 아니하나 가면 위험하고 해가 되고 머물러 있으면 기쁨을 얻더라.

19-38 睽 乘桴於海 雖懼不殆 母載其子 終焉何咎
바다에서 뗏목을 타니 비록 두려우나 위태하지 아니하고 어미가 그 아들 태우니 끝내 무슨 허물이 되리오.

19-39 蹇 手拙不便 不能伐檀 車無軸轅 行者苦難
손이 못나 불편하여 능히 박달나무를 벌목하지 못하고 수레에 속바퀴와 멍에가 없으니 행하는 자가 고난하더라.

19-40 解 唐虞相輔 鳥獸喜舞 民安無事 國家富有
당나라와 우나라가 서로 도우니 조수가 기뻐 춤추고 백성은 편안해 일이 없고 나라는 부요하더라.

19-41 損 秋蛇向穴 不失其節 夫人姜氏 自齊復入

가을에 배암이 구멍을 향하는 것은 절기를 잃지 않음이요 부인 강씨는 제나라로 다시 돌아오더라.

19-42 益 病篤難醫 和不能治 命終永訖 下卽蒿蘆
진(晉)후가 병이 심해 진(秦)의 화에게 치료를 청하는데 능히 치유하지 못해 끝내 명을 마치고 풀이 뒤덮인 집(묘)에 들어가더라.

[典據]《左傳》成公十年, 晉景公疾病. 求醫於秦. 秦伯使醫緩爲之. 緩日, 疾不可爲也. 在盲之上膏之下. 攻之不可. 達之不及. 藥不至焉. 不可爲也. 旣而公果卒.

19-43 夬 靑蛉女雲 城邑閉門 國君衛守 民困於患
푸른 뽕나무 벌레가 구름같이 많아 성읍의 문을 닫고 나라 임금이 군대를 풀어 지키나 백성은 재앙에 곤란하더라.

19-44 姤 牙孼生齒 室當啓戶 幽人利眞 鼓翼起舞
어금니에 덧니가 나고 집은 마땅히 문을 열어야 하는데 은거하는 사람이 정도를 행하면 날개를 치며 일어나 춤추더라.

19-45 萃 鳧游江海 沒行千里 以爲死亡 復見空桑 長生樂鄕
오리가 강이나 바다에서 놀다 빠져 천리를 가다 사망하더라도 다시 공상을 보고 길게 좋은 시골서 살더라.

19-46 升 黃帝出遊 駕龍乘馬 東上太山 南遊齊魯 邦國咸悅
황제가 거동할 때 용을 멍에하고 말을 타고 동쪽 태산에 오르고 남쪽으로 제와 노나라로 거동하니 나라 안이 다 기뻐하더라.

19-47 困 履危不止 與鬼相視 驚恐失氣 如騎虎尾
위태함을 밟고 그치지 아니함은 귀신과 더불어 서로 보는 것이요 놀래고 두려워 기를 잃으면 호랑이 꼬리를 탄 것과 같더라.

19-48 井　秋南春北　不失消息　涉和履中　時無隱慝
가을에는 남, 봄에는 북녁 소식을 잃지 아니하고 화합하고 걷는데 중도를 지키면 시절을 은특(隱慝)함이 없더라.

19-49 革　龍門砥柱　通利水道　百川順流　民安其居
용문과 지주는 물길을 잘 통하게 하여 여러 냇물이 순류하니 백성들이 거기서 편안히 살더라.

19-50 鼎　千歲廟堂　棟撓傾僵　天厭周德　失其寵光
천년 묵은 묘당의 기둥이 흔들려 기울어 쓰러지니 하늘이 주나라의 덕을 싫어해 그 고인 영광을 잃더라.

19-51 震　折若蔽目　不見雉叔　三足孤烏　遠離室家
약목을 꺾어 눈을 가리니 치숙을 보지 못하고 삼족고조(일중)에 멀리 집을 떠나더라.

19-52 艮　望叔山北　陵隔我目　不見所得　使我憂惑
숙산 북쪽을 바라보니 언덕이 나의 눈을 가로막아 소득할 것을 보지 못하니 나로 하여금 근심과 의혹을 하게 하더라.

19-53 漸　匏瓠之恩　一畝千室　萬國都邑　北門有福
한신이 포호의 은혜를 한 이랑을 천 집으로 갚고 만국의 도읍은 북문에 복이 있더라.

19-54 歸妹　域域牧牧　憂禍相半　隔以岩山　室家分散
역역과 목목에는 근심과 재앙이 반반씩인데 바위산이 막혀 있으니 집안이 분산하더라.

19-55 豊 騏驎騄耳 游食萍草 逍遙石門 循山上下 不失其所
기린과 녹이(준마)가 평초에서 놀며 먹고 석문을 소요할 때 산을 위아래로 돌아도 그 곳을 잃지 않더라.

19 -56 旅 天所祚昌 文以爲良 篤生武王 姬受其福
하늘이 창(문왕)에게 복을 줌은 문왕이 어질고 또 무왕이 나시니 주나라가 그 복을 받더라.

19-57 巽 羊腸九縈 相推稍前 止須王孫 乃能上下
양의 창자와 같이 꾸불꾸불한 산길도 서로 밀면 조금씩 앞으로 나가니 잠깐 그치더라도 왕손은 능히 하늘에 오르더라.

19-58 兌 貧鬼守門 日破我盆 孤牝不駒 雞不成雛
가난한 귀신이 문을 지키니 날마다 나의 동이를 깨고 암컷이 새끼를 낳지 아니하고 닭이 병아리를 이루지 못하더라.

19-59 渙 飽倉從容 出門上堂 不失其常 家無凶殃
배불리 먹고 조용히 문을 나가 당에 올라 정상을 잃지 아니하니 집에 흉한 재앙이 없더라.

19-60 節 陰淫不止 白馬爲海 皐澤之子 就高而處
빗물이 그치지 아니하여 백마(나루)가 바다가 되니 사람들이 높은 곳을 골라 살더라.

19-61 中孚 執戈俱立 以備暴急 千人守門 因以益卑 終安何畏
창을 잡고 같이 서서 폭도의 변을 대비하여 천 사람이 문을 지키니 더욱 낮아져서 마침내 편안하니 어찌 두려우리오.

19-62 小過　夾河爲婚　水長無船　遙心失望　不見歡君
하수를 끼고 혼인하니 물길은 멀고 배가 없으니 마음은 멀어 아득하니 실망하여 낭군을 보지 못하더라.

19-63 旣濟　陰陽變化　各得其宜　上下順通　秦爲膚功
음양의 변화가 각각 그의 조화를 얻어 상하가 잘 통하면 큰 공이라 하더라.

19-64 未濟　任劣德薄　失其臣妾　田不見禽　犬無所齰
졸렬하다고 자격지심에 맡겨 덕을 박하게 하여 신하와 첩의 도리를 잃으면 밭에서 새를 보지 못하고 개는 무는 것이 없더라.

巽上 坤下 觀之第二十　　**風地觀**

20-20 觀　歷山之下　虞舜所處 躬耕致孝　名聞四海　鳥堯所薦　纘位天子
역산 아래는 순임금이 살던 곳으로 몸소 밭 갈고 효도하여 명성이 사해에 전해져 요임금의 추천으로 천자를 계승하더라.

20-1 乾　虫飛蠕動　各有所配　歡悅相逢　感得其處
꿈틀거리고 날고 기는 것이 각기 짝이 있어 서로 만나 기뻐하며 그곳을 득(得)함을 느끼더라.

20-2 坤　繼祀宗邑　追明成康　光照萬國　享世長久
계속하여 종묘에 제사를 지냄은 성왕과 강왕이 성군의 덕을 만국에 베풀어 대대로 장구하게 계승하더라.

20-3 屯　秋冬探巢　不得鵲雛　銜指北去　媿我少姬
가을과 겨울에 둥지를 뒤져 까치새끼를 얻지 못하고 손가락을 물고 북쪽으로 가니 나의 소희(小姬)가 부끄럽더라.

20-4 蒙　童妾獨宿　長女未室　利無所得
동첩은 홀로 자고 장녀는 시집을 가지 못하니 이익을 얻은 바 없더라.

20-5 需　洪波逆流　主人潛去　蒿蓬代柱　大屋顚仆
큰 파도가 역류하니 주인이 숨어 버리고 쑥대로 기둥을 대신하니 큰 집이 무너지더라.

20-6 訟　日闇不明　讒夫在堂　左臂疾瘁　君失其光
날이 어두워 밝지 아니하고 참소하는 사람이 집에 있고 왼팔이 병드니 임금이 빛을 잃더라.

20-7 師 王孫季子 相與孝友 明允篤誠 昇擢薦擧 爲國幹輔
왕손과 계자가 서로 효도하고 우애하여 믿음을 밝히고 독실하고 정성스러워 발탁하고 추천하여 나라의 줄기가 되어 보필하더라.

20-8 比 麟趾龍身 日取三千 南上蒼梧 與福爲婚 道理夷易 安全無患
기린 발에 용의 몸으로 날마다 삼천리를 가고 남으로 푸른 오동에 올라 복과 더불어 혼인하니 도리는 기쁘고 쉬우니 안전하고 근심이 없더라.

20-9 小畜 三子成駒 破其堅車 輪載空輿 後時失期
세 마리 망아지를 이루니 그 견고한 수레를 깨트려 바퀴를 빈 수레 바탕에 실으니 뒤늦게 도착하여 실기(失期)하더라.

20-10 履 逐禍除患 道德神仙 遏惡萬里 常歡以安
재앙을 쫓고 우환을 제거함은 도덕과 신선이 악을 만리에 막으니 항상 기쁘고 편안하더라.

20-11 泰 黃池之盟 吳晉爭强 句踐爲患 夷國不安
황지의 동맹으로 오와 진이 강함을 다투는데 월왕 구천이 근심이 되니 나라가 멸망할까 불안해하더라.
[典據]《左傳》哀公 十三年.

20-12 否 靑牛白咽 招我于田 歷山之下 可以多耕 歲藏時節 人民安寧
푸른 소가 보통 목소리로 밭에서 나를 불러 역산 아래는 가히 많이 경작하여 해마다 추수하니 인민이 안녕하다 하더라.

20-13 同人 有頭無目 不見菽栗 消耗爲疾 三年不復

머리는 있어도 눈이 없으니 콩과 조를 보지 못하고 소모가 병이 되어 삼 년이 되어도 낫지 아니하더라.

20-14 大有　山沒丘浮　陸爲水魚　燕雀無巢　民無室廬
산이 빠지고 언덕이 떠서 육지가 물고기 노는 곳이 되니 연작은 둥지가 없고 백성은 집이 없더라.

20-15 謙　高岡鳳凰　朝陽梧桐　噰噰喈喈　--萋萋　陳辭不多　以告孔嘉
높은 산의 봉황이 아침에 오동나무에서 화하여 새소리 우렁차게 우는데 하는 말은 많지 아니하나 매우 아름다움을 고하더라.

20-16 豫　鰥寡獨宿　憂動胸臆　莫與宿食
홀아비와 과부가 홀로 자는데 근심이 가슴에서 움직여 더불어 숙식하지 않더라.

20-17 隨　馬蹶破車　惡婦破家　青蠅汙白　共子離居
말이 미끌어지면 수레를 깨치고 악한 며느리는 집안을 파괴하고 쉬파리는 흰 것을 더럽히고 같은 자식이 떨어져 살더라.

20-18 蠱　長女三嫁　進退不羞　逐狐作妖　行者離憂
장녀가 세번 시집가도 진퇴에 부끄러워 아니하고 여우를 쫓는데 요사한 귀신이 되니 가는 자는 근심을 떠나더라.

20-19 臨　人無定法　緩除才出　地雄走歸　陽不制陰　男失其家
사람은 정한법이 없어 늦어지면 재주가 출중해도 소용이 없다. 지웅이 달아나 돌아오고 양이 음을 제어하지 못하니 남자가 그 집을 잃더라.

20-21 噬嗑　茹芝餌黃　飮食玉英　與神流通　長無憂凶
띠뿌리와 버섯은 황정을 먹고 옥영을 음식하면 귀신과 유통되어 길이 우환이 없

더라.

20-22 賁　東行無門　西出華山　道塞畏離　遊子爲患
동쪽에는 문이 없어 서쪽 화산으로 나가는데 길이 막혀 두렵고 어려운데 여행하는 사람이 근심되더라.

20-23 剝　壽如松喬　與日月俱　常安康樂　不罹憂患
목숨이 적송자나 왕교와 같으려면 일월과 더불어 같이 항상 안강하고 즐거우려면 우환에 걸리지 아니하여야 하더라.

20-24 復　探鷇得螽　所願不喜　道宜小人　君子咎蹇
새 새끼를 찾다가 메뚜기를 얻으니 소원에 만족치 못하나 소인은 마땅하다 이르고 군자는 괴로워하며 신고하더라.

20-25 無妄　蝸螺生子　深目黑醜　雖飾相就　衆人莫取
대사리(달팽이)가 새끼를 낳으니 눈은 깊고 검고 추해 아무리 장식하고 나가도 모든 사람이 취하지 아니하더라.

20-26 大畜　喜怒不時　霜雪爲災　稼穡無功　后稷飢寒
때도 없이 성내고 기뻐하고 눈과 서리가 재앙이 되니 농사가 공이 없어 후직이 춥고 배를 주릴 것을 근심하더라.

[註] 후직(后稷)은 순임금 때 농무장관.

20-27 頤　鳥升鵲舉　炤流東海　厖降庭堅　爲陶叔後　封圻英六　履祿綏厚
조승작거(날이 밝아) 해가 동해에 비치니 방강 정견은 도숙의 후손으로 서울의 접경인 영육(나라이름)에 봉하니 녹을 주기를 넉넉하고 후하게 하더라.

30-28 大過　黃離白日　照我四國　元首昭明　民賴其福

황리의 밝은 해가 나의 사방 나라를 비춰 원수가 소명하니 백성이 그 복에 힘입더라.

20-29 坎 黍稷醇醲 敬奉山宗 神嗜飮食 甘雨嘉降 族蒙禍力 時災不至
곡식으로 술을 빚어 산신에 바치니 귀신이 음식을 좋아해 단비를 잘 내리어 복력을 받아 때에 재앙이 이르지 않더라.

20-30 離 福過我里 入門笑喜 與吾利市
복이 나의 마을을 지나다 문으로 들어와 웃으며 기뻐하니 나와 더불어 저자가 이롭더라.

20-31 咸 晝臥里門 悚惕不安 目不得闔 鬼搔我足
낮에 이문에 누우니 두렵고 불안하여 눈을 감지 못하는데 귀신이 나의 발을 긁더라.

20-32 恒 春草榮華 長女宜夫 受福多年 世有封祿
봄의 풀은 영화하고 장녀는 시집가고 다년간 복을 받더니 당대에 녹을 봉함이 있더라.

20-33 遯 雍門內崩 賊賢傷仁 暴亂狂悖 簡公失位
옹문이 안에서 무너지고 어진이를 상해하니 폭동의 난이 광패하여 간공이 실위(失位)하더라.

[註] 雍門은 제나라 성문으로 陳恒이 작란하고 簡公이 피했다.

[典據]《論語》憲問篇, 陳成子旣殺闞止. 大陸子方亡出雍門.

20-34 大壯 心志無良 昌披妄行 觸抵牆壁 不見戶房
심지가 어질지 못해 망령된 행동을 마구해 장벽에 거스리니 호방이 보이지 아니하더라.

20-35 晉 膠車木馬 不利遠賣 出門爲患 安止得全

부레로 부친 차와 목마로는 먼 길 장사는 불리하여 문을 나서면 근심이 되니 편안히 그치면 완전함을 얻으리더라.

20-36 明夷 家在海隅 橈短流深 企立望宋 無木以趨

집이 바다 모퉁이에 있는데 노대는 짧고 바다는 깊어 서서 송나라를 바라보다 나무가 없어 가버리더라.

20-37 家人 冬葉枯槁 當風於道 蒙被塵埃 左右勞苦

겨울 잎은 마른데 길에서 바람을 만나고 먼지를 뒤집어쓰니 좌우가 수고하더라.

20-38 睽 過時不行 妄逐王公 老女無夫 不安其居

때가 지나도 가지 아니하고 망령되어 왕공을 쫓으니 늙은 여인은 지아비가 없어 거처가 불안하더라.

20-39 蹇 履泥汙足 名困身辱 兩仇相當 自爲痛疾

진흙을 밟아 발을 더럽히니 명예도 곤하고 몸도 욕이 되니 두 원수가 상당(相當)하여 스스로 병이 되더라.

20-40 解 精華墮落 形体醜惡 齟齬挫頓 枯槁腐蠹

화려하던 것이 추락하면 그 모양이 추악하고 아래 위 이가 잘 맞지 않아 좌절하고 마른 나무는 썩고 좀벌레가 생기더라.

20-41 損 長生無極 子孫千億 柏柱載靑 堅固不傾

오래 살아 한이 없어 자손이 천억이요 잣나무 기둥에 단청하니 견고하여 기울지 아니하더라.

20-42 益 去辛就蓼 毒愈酷毒 避穽入坑 憂患日生

매운 것을 버리고 여귀를 취했더니 독이 혹독하고 함정을 피해 갱도로 들어가니 우환이 날로 생기더라.

20-43 夬 行堯欽德 養賢致福 衆英積聚 國無寇賊
요임금이 큰 덕을 행하여 어진이를 기르고 복을 기르니 모든 영웅이 많이 모여 나라에 도적이 없더라.

20-44 姤 狗逐兔走 俱入谷口 與虎逢晤 迫不得去
개가 달아나는 토끼를 쫓아 골짜기 입구에 같이 들어가다 호랑이를 만나니 더 쫓아갈 수가 없더라.

20-45 萃 望尙阿衡 太宰周公 蕃屛湯武 立爲侯王
강태공 이윤, 태재 주공이 탕, 무와의 울타리처럼 제후왕이 되더라.

20-46 升 淸人高子 久屯野外 逍遼不歸 思我慈母
청읍사람 고극이 오래 야외에 주둔하여 목적없이 거닐며 돌아가지 못하니 나의 자모(慈母)가 생각나더라.

[註] 정문공이 고극을 미워해 청읍의 주둔병을 맡겨 오래도록 부르지 아니하여 흩어지고 고극은 陳나라로 도망갔다.

20-47 困 三虫作蠱 削迹無與 勝母盜泉 君不安處
삼충이 회충을 만들어 자취를 깎는데 같이 아니하고 승모 도천은 임금의 편안한 곳이 아니더라.

[註] 勝母 고을 이름. 盜泉은 우물 이름. 공자께서 승모에 오시니 날이 저물어도 자지 아니하고 도천이 말라 마시지 못하시었다.

[典據]《史記》鄒陽列傳, 尸子卷下.

20-48 井 獹牝龍身 進所無前 三日五夜 得其所歡
암캐가 용신인데 나아갈 곳이 앞에 없어 삼일과 다섯 밤(五夜) 만에 기뻐할 바를 얻더라.

20-49 革　黃裏綠衣　君服不宜　淫?毁常　失其寵光
누른 속에 녹색옷은 임금의 옷으로는 마땅치 아니하니 음란함이 정상을 벗어나면 그 총애의 빛을 잃더라.
[註] 위장공이 애첩에 현혹되어 정실을 버림을 조롱하는 시의 일부.

20-50 鼎　天所顧祐　禍災不至　安居不懼
하늘이 돌아보고 도우니 재앙이 이르지 아니하고 편안하고 두렵지 아니하더라.

20-51 震　盤紆九廻　行道留難　止須于邱　乃睹所歡
빙빙 아홉번 돌아가는 길이 머물기도 어려워 잠깐 언덕에서 그치니 이내 기쁜 바를 보더라.

20-52 艮　暴虐失國　爲下所逐　北奔陰胡　王居?頭
포학하여 나라를 잃어 아래서 쫓은 바가 되어 북호로 도망가니 주군이 모두(?頭)가 되더라.
[典據]《欒彦》括地志. 夏桀死. 其子葷粥北奔. 逐水草而居. 號日匈奴.

20-53 漸　御騂從龍　至于華東　與禹相逢　送致于邦
누른 말로 모시고 용을 따라 화동에 이르러 우임금과 서로 만나 서울로 전송해 모시더라.

20-54 歸妹　銅人鐵距　兩露勞苦　終日卒歲　無有休息
동인철거(동상)는 우로로 수고하고 종일 해가 지나도 휴식이 없더라.

20-55 豊　大人失宜　盈滿復虧　長成之木　盛者滅衰
큰 사람이 정도를 잃으니 차면 다시 이지러지고 장성한 나무는 성한 것이 쇠멸하더라.

20-56 旅 梅李冬實 國多盜賊 亂擾并行 王不能制

매리가 겨울에 열매를 열고 나라에 도적이 많고 난이 함께 일어나니 왕이 능히 제어하지 못하더라.

20-57 巽 澤枯無魚 山童無株 長女嫉妬 使身空虛

못이 마르면 고기가 없고 산이 어리면 초목이 없고 장녀가 질투하니 몸이 공허해지더라.

20-58 兌 天門東虛 旣晝爲災 臉睽黯蒼 秦伯受殃

천문은 동쪽이 허한데 이미 다해서 재앙이 되고 목덜미가 추하게 시꺼멓게 푸르등등하니 진백이 재앙을 받더라.

20-59 渙 褰衣涉河 水深漬罷 幸賴舟子 濟脫無他

옷을 걷고 물을 건너는데 물이 깊어 옷을 적시는데 다행히 배가 있어 아무 탈 없이 건너더라.

20-60 節 推車上山 高仰重難 終日至暮 唯見阜巓

차를 밀며 산을 올라가는데 높은 곳을 쳐다보니 무겁고 어려워 종일 어두울 때에 이르러 오직 언덕 마루가 보이더라.

20-61 中孚 鼎易其耳 熱不可擧 大路壅塞 旅人心苦

정은 역의 귀에 해당하는데 익으면 들지 못하고 큰길이 옹색하니 여행하는 사람의 마음이 괴롭더라.

20-62 小過 四亂不安 東西爲患 退身止足 無出邦城 乃得完全 賴其生福

사방이 어지럽고 불안한데 동과 서가 근심되나 가만히 있어 성을 나가지 아니하면 완전하고 도리어 복이 생기더라.

20-63 旣濟　班馬還師　以息勞罷　役夫嘉喜　入戶見妻

군사를 이끌고 돌아와 쉬며 노고를 푸니 역부가 아주 기뻐하며 집에 돌아가 아내를 보더라.

20-64 未濟　積德不怠　遇主逢時　載喜渭陽　身受榮光

덕 쌓기를 게을리 아니하면 때가 되어 임금을 만나니 위수에 기쁨을 얻어 몸으로 영광을 받더라.

[註] 강태공을 말한 것임.

離上 震下 噬嗑之第二十一　火雷噬嗑

21-21 噬嗑　麒麟鳳凰　善政德祥　陰陽和調　國無災殃
기린과 봉황(성현이 출현)이 나타나면 착한 정치와 덕으로 음양이 조화해 나라에 재앙이 없더라.

21-1 乾　北風相牽　提笑語言　伯歌叔舞　讌樂以喜
북풍이 서로 당기고 웃으며 말하니 백씨는 노래하고 숙은 춤추며 잔치하여 즐기고 기뻐하더라.

21-2 坤　甲戊己庚　隨時轉行　不失常節　達性任情　各樂其流
갑무기경(하늘)은 때에 따라 운행되고 항상 절기를 잃지 아니하니 성에 따라 정에 맡겨 각기 유에 따라 즐거워하더라.

21-3 屯　破亡之虛　神?哀憂　進往無光　留止有慶
패망한 터는 천신 지신이 슬퍼하고 근심하여 나아가면 빛이 없고 머물러 그치면 경사가 있더라.

21-4 蒙　注斯膏澤　扞衛百毒　防以江南　虺不能螫
이 고택에 쏟으면 백 가지 독을 막으니 강남을 방비하면 이무기도 능히 쏘지 못하리라.

21-5 需　日月相望　光明盛昌　三聖茂功　仁德大隆
해와 달이 서로 바라보니 광명이 성창함은 세 성왕(요,순,우)의 큰 공이요 어진 덕이 크고 높더라.

21-6 訟　大蛇巨魚　戰於國郊　上下隔塞　衛侯廬曹

큰 뱀과 큰 고기가 국교에서 싸우니 상하가 막혀 위후가 농막집에 살더라.

[註] 위공(衛公)은 衛의 대공(戴公).

[典據]《左傳》閔公二年, 狄人滅衛. 衛之遺民男女七百有三十人,, 立戴公.. 以廬于曹.

21-7 師 龍入天關 經歷九山 登高上下 道里險難 日晏不食 絕無甘酸
용이 천관에 들어가는데 구산을 지나니 높이 올라가다 내려가는데 길이 험난하여 날마다 잔치해도 먹지 못하니 달고 신 것이 없더라.

21-8 比 沙漠北塞 絕無水泉 君子征凶 役夫若艱
사막 북쪽 변방에 물 샘이 끊어져 없으니 군자가 흉한 것을 정벌할 때 군사가 고생하더라.

21-9 小畜 關折門啓 衿帶解墮 福與善坐 憂不爲禍
빗장이 부러지며 문이 열리고 옷고름과 띠가 풀려 떨어지니 복과 더불어 잘 앉으니 근심이 되지 아니하더라.

21-10 履 狼虎所嗥 患害必遭 不利有爲 宜以遁逃
이리와 호랑이가 부르짖는 곳에 환란을 반드시 만날 것이니 이익과 불이익을 따지지 말고 도망가는 것이 상책이더라.

21-11 泰 金精耀怒 帶劍過午 兩虎相距 弓弩滿野 雖憂無若
호랑이가 성을 내고 있어 칼을 차고 한낮이 지나는데 두 호랑이가 서로 떨어져 있는데 활과 쇠뇌가 들에 가득하니 비록 근심되나 괴로움이 없더라.

21-12 否 朽根枯樹 葉落花去 卒逢火焱 相隨偃仆
뿌리가 썩으면 나무가 마르고 화려한 잎사귀가 떨어져 마침내 화염을 만나 서로 따라 눕고 쓰러지더라.

21-13 同人　入暗出明　動作有光　轉運休息　常樂永康
어둔 데 들어갔다가 밝은 데 나오면 동작에 빛이 있고 운전을 쉬면 항상 즐겁고 영구히 편안하리라.

21-14 大有　國多忌諱　大人-畏　結口無患　可以長存
나라에 꺼리고 두려워함이 많고 대인은 항상 두려워하니 입을 다물면 우환이 없이 가히 오래 있을 것이더라.

21-15 謙　天地淳厚　六合光合　陰陽順序　以成厥功
하늘과 땅은 순후하여 상하 동서남북이 광명하고 음양이 순서하면 그 공이 이루어지리라.

21-16 豫　裸裎逐狐　爲人觀笑　牝雞雄晨　主作亂妖
발가벗고 여우를 쫓다가 사람의 웃음거리가 되고 암탉이 새벽에 울면 주로 어지럽고 요망한 일이 생기더라.

21-17 隨　陰升陽伏　桀失其室　相餧不食
음이 성하고 양이 약해 걸이 그 집을 잃어 서로 주리고 먹지를 못하더라.

21-18 蠱　蜎飛蠢動　各有配偶　小大相保　咸得其所
장구벌레가 나는데 꿈실거려도 각기 배우자가 있어 대소가 서로 도와 다 그곳을 얻더라.

21-19 臨　鬼守我廬　欲呼伯去　曾孫壽孝　司命不許　與生相保
귀신이 나의 집을 지키고 백씨를 불러가고자 하나 증손이 오래 살아 사명이 허락되지 않아 생(生)과 더불어 서로 보존하더라.

21-20 觀　禍走患伏　喜爲我福　凶惡消亡　菑害不作

재앙이 달아나고 우환이 숨으니 기쁨이 나의 복이 되어 흉악함이 사라지고 재앙이 일어나지 아니하더라.

21-22 賁 智不別揚 張狂妄行 蹈淵仆顚 傷殺伯身
지혜는 따로 나타내지 말라. 미친듯이 망령되이 행함은 연못을 밟고 쓰러지고 엎어져서 우두머리를 상살(傷殺)하게 되더라.

21-23 剝 凶憂災殃 日益明章 禍不可救 三郤夷傷
흉한 근심과 재앙이 날로 더욱 명확해지니 화를 구하지 못해 각씨 삼형제가 다 살해당하더라.

21-24 復 長尾蜲蛇 畫地爲河 深不可涉 阻絕二無 惆然憤息
꼬리 긴 뱀이 땅을 그어 하수가 되니 깊어 건널 수 없어 막히고 끊어져 할 수 없어 맥이 풀려 분해 한숨짓더라.

21-25 無妄 愛我嬰女 牽引不與 冀幸高貴 反得賤下
나의 어린 딸을 사랑해 견인해 주지 아니하는데 다행히 고귀해짐을 바라더니 도리어 천해짐을 얻더라.

21-26 大畜 鳧遊江海 甘樂其餌 旣不近人 雖驚不駭
오리가 강과 바다에서 노니 그 먹이에 달고 즐거워해 사람에게 가까이 아니하니 비록 놀라나 놀라 달아나지 아니하더라.

21-27 頤 明滅光息 不能復食 精魄旣喪 以夜爲室
밝은 빛이 멸식하여 능히 다시 먹지 못하니 정신과 넋이 이미 상해서 밤으로써 집을 삼더라.

21-28 大過 奇適無偶 習靜獨處 所願不從 心思勞苦

기이하게 짝이 없는데 적응하며 고요히 혼자 처하는 게 습관되고 소원이 좇아주지 아니하니 심사가 노고하더라.

21-29 坎 葛藟蒙棘 華不得實 讒佞亂政 使忠壅塞
칡덩굴이 가시덤불을 덮어 화려하나 열매를 얻지 못하고 참소하고 아첨하는 어지러운 정치에 충성이 막히게 하더라.

21-30 離 鵲笑鳩舞 來遺我酒 大喜在後 授我龜紐 龍喜張口 起拜福祉
까치는 웃고 비둘기는 춤추며 나에게 술을 보내 크게 기쁘게 한 후에 내게 거북모양의 인장(제후의 직인)을 주어 용(천자)이 기뻐 입을 벌리니 일어나 행운에 감사하며 절하더라.

21-31 咸 搖尾逐災 雲沉孽除 洿泥生梁 下爲田主
꼬리를 흔들어 재앙을 쫓으니 구름은 가라앉고 오물은 제거되니 수렁 웅덩이에 기장이 나니 아래 밭의 주인이 되더라.

21-32 恒 白鶴銜珠 夜食爲明 膏潤優渥 國歲年豊
백학이 구슬을 무는 것은 밤에 먹는데 밝음을 위함이요 은혜가 우아하여 해마다 풍년이 들더라.

21-33 遯 內執柔德 止訟以嘿 宗邑賴德 禍災不作
안으로 유덕을 잡으니 송사가 그치고 잠잠해서 종읍이 덕에 힘입어 재앙이 일어나지 아니하더라.

21-34 大壯 犬吠驚駭 公援戈起 玄冥厭火 消散瓦解
개가 짖어 놀라서 공이 창을 잡고 일어서고 겨울 귀신은 불을 싫어해 소산하여 와해하더라.

21-35 晉　公悅嫗喜　孫子俱在　榮譽日登　福祿來處
공이 기뻐하고 할미가 기뻐하는 것은 손자가 갖추어 있고 영예가 날로 올라가 복록이 오는 곳이더라.

21-36 明夷　鳥鳴哺鷇　長欲飛去　循枝上下　適與風遇　顚隕樹根　命不可救
새가 울며 새끼를 먹여서 자라 날아가고자 가지를 좇아 위아래로 돌아다니다가 바람을 만나 나무 뿌리에 엎드려서 떨어지면 명을 구하지 못하더라.

21-37 家人　折薪爔酒　使媒求婦　和合齊宋　姜子悅喜
나무를 꺾어 술을 데우고 중매로 며느리를 구하는데 제송이 화합하니 강자가 희열하더라.

21-38 睽　鄰不可顧　而求玉女　身多疾癩　誰當媚者
이웃은 가히 돌아보지 아니하고 옥녀를 구하는데 몸에 문둥병이 많으니 누가 마땅히 사랑하리오.

21-39 蹇　遠視無明　不知靑黃　黈纊塞耳　使君闇聾
멀리 보는 것이 밝지 못해 청, 황을 알지 못하고 고운 솜으로 귀를 막으니 임금으로 하여금 귀머거리가 되게 하더라.

21-40 解　剋身已整　逢禹巡狩　賜我玄珪　蒙受福祉
애써 몸을 정돈하고 우임금을 만나 순행하니 나에게 검은 서옥을 주어 행운을 받게 하더라.

[註] 우임금이 치수공사를 마치고 순임금에게 준공 보고를 할 때 오행상 물은 북이고 색은 검다하여 검은 서옥을 예물로 바치었다.

21-41 損　遠望千里　不見黑子　離婁之明　無益於光
멀리 천리를 바라보아도 작은 점은 보지 못하고 이루의 밝은 눈도 빛에는 더하지 못하더라.

21-42 益 斧斤所斫 瘡痏不息 鍼石不施 下卽空室
도끼 날은 쪼개는 데 쓰는 것이요 다쳐 멍들기가 그치지 아니하니 침도 놓지 못하고 내려가니 곧 빈 집이더라.

21-43 夬 齊侯少子 才略美好 求我長女 賤薄不與 反得醜陋 後乃大悔
제후의 젊은아이가 재주와 미모가 뛰어나 나의 장녀를 구했으나 천박하여 주지 않았는데 도리어 누추한 것을 얻어 후에 크게 후회하더라.

21-44 姤 失儷後旅 天門地戶 不知所在 安止無咎
짝을 잃고 뒤에 여행하니 천문과 지호의 있는 곳을 알지 못하여 편히 있는 것이 허물이 없을 것이더라.

21-45 萃 烏孫氏女 深目黑醜 嗜欲不同 過時無偶
오손씨 여자가 눈이 깊고 검어 추하므로 즐겨 같이 아니하고자 하니 늦도록 짝이 없더라.

21-46 升 伯駕純騮 南至東萊 求索駒馬 道闊中止
백씨가 순류를 타고 남쪽으로 동래에 이르러 망아지 말을 찾아 구하다 길이 막혀 중지하더라.

21-47 困 二女寶珠 誤鄭大夫 君父無禮 自爲作笑
두 여인이 찬 보주로 정대부를 속이니 군부(君父)에 무례함을 스스로 웃어 버리더라.

[註] 鄭大夫는 鄭交甫, 강비 두 여인이 밝고 계란만한 구슬을 차고 강한가에서 노는데 정교보가 만나 기뻐하며 신선인 줄 모르고 한번 차보기를 원하였더니 두 여인이 풀어 주고 두어 걸음을 가더니 보이지 않고 구슬도 없어졌더라.

[典據]《列仙傳》

21-48 井 陽城太室 神明所息 仁智之居 獨無兵革

양성태실은 신명이 쉬는 곳이니 어질고 지혜롭게 살면 홀로 병화가 없으리라.

21-49 革　大蛇爲殃　使道不通　歲露尠少　年穀敗傷
큰 뱀이 재앙이 되니 길로 하여금 통하지 못하고 해에 이슬이 적어서 곡식이 패상(敗傷)하더라.

[典據]《史記》漢高祖本紀, 高祖夜徑澤中. 有大蛇, 當徑.

21-50 鼎　三足孤烏　靈明爲御　司過罰惡　自滅其家　毁敗爲憂
세발 가진 외로운 까마귀가 영명하여 허물을 다스리고 악을 벌하여 스스로 그 집을 멸하니 헐고 패하는 것이 근심이 되더라.

21-51 震　車雖駕　兩靷絕　馬欲步　雙輪脫　行不至　道遇害
수레를 멍에했으나 양 가슴거리가 끊어져 말이 가고자 하나 두 바퀴가 벗겨져 행할 수 없고 길에서 해를 만나더라.

21-52 艮　盎怏不明　爲陰所傷　衆霧集聚　共奪日光
답답하고 불쾌함은 음(陰)이 상한 바인데 모든 안개가 모이어 함께 일광을 뺏더라.

21-53 漸　鸋鴂鴟梟　治成遇災　周公勤勞　綏德安家
올빼미(욕심 많은 사람)가 돈을 모으면 재앙을 만나나니 주공이 근로하여 편안한 덕으로 집을 편안케 하더라.

21-54 歸妹　名成德就　項領不試　景公耄老　尼父逝去
이름이 나고 덕이 높으니 고개를 끄덕이고 시험하지 아니하고 경공이 나는 늙었다 하니 공자님이 가시더라.

21-55 豊　一夫兩心　拔剋不深　所爲無功　求事不成

한 지아비가 두 마음으로 빼서 찌른 것이 깊지 않아 공이 못 되어 일을 구하나 성사되지 않더라.

21-56 旅 羿張烏號 彀射天狼 趙國雄勇 敗于滎陽
후예가 명궁 오호로 천랑을 쏘니 조나라가 용맹하여 형양에서 패하더라.

21-57 巽 車家殺牛 汚臭腥臊 神背西顧 命絕衰周
동가에서 소를 잡으니 비리고 누린 냄새가 더러워 신이 등을 돌려 서쪽을 돌아보니 쇠한 주나라의 명이 끊어지더라.

21-58 兌 火起吾後 喜炙我廬 蒼龍銜水 泉噀屋柱 雖憂無咎
불이 내 뒤에서 일어나 나의 집을 구는데 창룡이 물을 물고 기둥과 집에 뿌리니 비록 근심은 되나 허물이 없더라.

21-59 渙 桃雀竊脂 巢於小枝 搖動不安 爲風所吹 寒心慄慄 常憂危殆
도작인 콩새가 작은 가지에 둥지를 지었더니 요동해 불안한데 바람이 부니 한심해 떨고 항상 위태함을 근심하더라.

21-60 節 徒足去城 飛入東國 有所畏避 深藏遠匿
걸어서 성을 떠나 날아 동국에 들어가 두렵고 피할 일이 있어 깊이 감추고 멀리 숨더라.

21-61 中孚 瓊英朱草 仁政得道 鳧鷖在渚 福祿來下
경영과 주초는 어진 정치 때 생기고 갈매기와 오리는 물가에 있고 복록은 아래로 오더라.

21-62 小過 陳蔡之危 從者飢罷 明德上通 憂不爲凶
진채의 위태하여 종자가 기근하나 밝은 덕이 위에 통해 근심되나 흉하지 아니하

더라.

[典據]《論語》衛靈公篇 孔子在陳絕糧. 從者病莫能興.

《論語》先進篇´ 從我於陳蔡者, 皆不及門也.

21-63 旣濟　春桃生華　季女宜家　受福多年　男爲邦君

봄 복숭아가 빛나니 계녀가 시집가서 복을 받은 지 여러 해에 남편이 나라의 임금이 되더라.

21-64 未濟　徑邪賊田　政惡傷民　夫婦呪詛　太上覆顚

사이길로 밭을 도적하고 악한 정치로 백성을 상하니 부부가 저주하여 태상이 전복되더라.

艮上 離下 賁之第二十二 山火賁

22-22 賁 政不暴虐 鳳凰來舍 四時順節 民安其居
정치가 포학하지 아니하면 봉황이 집에 오고 사시가 순조로워 백성이 편안히 살더라.

22-1 乾 八口九頭 長舌破家 帝辛沉湎 商滅其墟
팔구구두[미상어나 혹 구미호(九尾狐)] 달기가 파가하고 주제가 주색에 빠져 상나라는 터도 없이 멸망하더라.

22-2 坤 鬼守我門 呼伯入山 去其室家 舍其兆墓
귀신이 나의 문을 지키고 백씨를 불러 산에 들어가 그 집을 나가 무덤을 집으로 하더라.

22-3 屯 日出阜東 山蔽其明 章甫薦屨 箕子佯狂
해가 동쪽 언덕에서 뜨는데 산이 그 밝음을 가리니(은나라 말 주제가 무도하여) 벼슬하는 사람이 물러나니 기자가 거짓으로 미치더라.

22-4 蒙 戴盆望天 不見星辰 顧小失大 福逃牆外
분을 이고 하늘을 바라보면 별이 보이지 아니하듯 적은 것을 돌보다 큰 것을 잃으니 복이 담장 밖으로 도망가더라.

22-5 需 兩輪並轉 南上大阪 四馬共轅 無有重難 與語笑言
두 바퀴가 같이 굴러 남쪽 큰 언덕을 올라가는데 네 말이 같이 끄니 무겁고 어려움이 없어 담소하더라.

22-6 訟 羊驚狼虎 聳耳群聚 行旅稽難 留連愁苦

양이 이리와 호랑이에 놀라 귀를 세우고 무리져 모이니 행려에 어려움을 계산하고 머물면서 근심하고 괴로워하더라.

22-7 師 梗生荊山 命制輸班 袍衣剝脫 夏熱冬寒 立餓枯槁 衆人莫憐
편나무가 형산에서 나는데 노반이 수송의 명을 받았는데 포의가 찢어져 벗겨지니 여름은 뜨겁고 겨울은 춥고 굶주려 말라도 아무도 불쌍히 여기지 않더라.

22-8 比 鳥飛無翼 兎走折足 不常其德 自爲羞辱
새가 나는데 날개가 없고 토끼가 달아나는데 발이 부러지니 항상 덕을 닦지 아니하면 스스로 치욕이 되더라.

22-9 小畜 條風制氣 萬物生出 明庶長養 花葉茂榮
동북풍이 기를 제압해서 만물을 낳게 하니 순수대로 자라고 길러 꽃과 입이 무성하더라.

22-10 履 坤厚地德 庶物蕃息 平康正直 以綏大福
땅의 후한 지덕으로 모든 물건이 번식하니 편안하고 정직해서 큰 복에 편안하더라.

22-11 泰 昴畢附耳 將軍求怒 徑路隔塞 燕雀驚駭
묘궐 부이(별이름) 장군이 성이 나서 지름길을 막으니 제비가 놀라더라.

22-12 否 東風啓戶 黔啄翻舞 各樂其類 咸得生處
동풍이 문을 여니 새는 날으며 춤추고 그 무리로 함께 즐기니 모두 다 사는 곳을 얻더라.

22-13 同人 兩足四翼 飛入家國 甯我伯妹 與母相得
양발에 네 날개의 새가 나라 집에 날아 들어오니 나와 큰 누이가 편안하고 어머니와 더불어 서로 얻음이 있더라.

22-14 大有 歲暮花落 陽入陰室 萬物伏匿 藏不可得
세모에 꽃이 떨어지고 양이 음실에 들어가니 만물이 엎드려 숨으니 감추어져 얻지 못하더라.

22-15 謙 釋然遠咎 避患高阜 田獲三狐 以貝爲寶
석연이 허물을 멀리하여 높은 언덕으로 환란을 피하였다가 사양해 세 마리 여우를 잡으니 재물로서 보배가 되더라.
[典據]《周易》解卦九二, 田獲三狐.

22-16 豫 遷延卻縮 不見頭目 日以困急 不能自復
천연하여 물러서서 움츠리니 두목을 보지 못해 날로 곤하고 급하나 능히 스스로 회복하지 못하더라.

22-17 隨 秋隼冬翔 數被嚴霜 鷄犬夜鳴 家擾不寧
가을 새매가 겨울에 빙빙 돌아 날고 자주 엄한 서리를 입고 닭과 개가 밤에 우니 집안이 소요하고 편안치 않더라.

22-18 蠱 班馬還師 以息勞疲 役夫嘉喜 入戶見妻
말을 돌려 군사를 이끌고 돌아와 피곤함을 쉬니 군사가 기뻐하고 집에 돌아가 아내를 보더라.

22-19 臨 老楊日衰 條多枯枝 爵級不進 逐下摧隤
늙은 버드나무가 날로 쇠해 마른 가지가 많고 작급은 승차되지 않고 아래로 좇아 꺾어져 무너지더라.

22-20 觀 順風吹火 牽騎驥尾 易爲功力 因懼受福

순풍에 불을 불고 천리마의 꼬리에 타고 끌어 쉽게 공력이 되니 두려움으로 인해 복을 받더라.

22-21 噬嗑 六人俱行 各遺其囊 黃鶴失珠 無以爲明
육인이 같이 가다 각기 그 주머니를 잃었는데 황학이 구슬을 잃어 밝힐 수가 없더라.

22-23 剝 依叔牆隅 志下心勞 楚亭晨食 韓子低頭
가난해 담모퉁이에서 뜻을 굽혀 마음이 괴로우나 초정집에서 새벽밥을 먹고 한신이 머리를 숙이더라.

22-24 復 三年生狗 以戌爲母 荊夷上侵 姬伯出走
삼년에 개를 낳으니 개로 어미를 삼고 형이가 머리까지 침범하니 희백이 나아가 도망가더라.

22-25 無妄 鶴盜我珠 逃於東都 鵠怒追求 郭氏之墟 不見蹤跡 反爲禍災
학이 나의 구슬을 훔치고 동도(東都)로 도망가니 고니가 성이나 쫓아가 구하나 곽씨의 터에서 종적을 보지 못하고 도리어 재앙이 되더라.

22-26 大畜 升輿中退 擧事不逐 餔糜毁齒 失其道理
수레를 타다가 중퇴하여 거사를 이루지 못하고 죽을 먹다 이를 다치니 도리를 잃더라.

22-27 頤 鴻鵠高飛 鳴求其雌 雌來在戶 雄哺嘻嘻 甚獨勞苦 炰鱉膾鯉
큰 고니가 높이 날으며 그 암컷을 울며 구하는데 암컷은 집에 와 있고 수컷이 먹이를 먹이며 기뻐하고 홀로 있는 것을 심히 괴로워하며 자라를 써서 굽고 잉어를 회치더라.

22-28 大過　褰衣涉河　水深漬罷　賴幸舟子　濟脫無他
옷을 걷고 물을 건너는데 물이 깊어 옷이 젖는데 다행히 배에 힘입어 무사히 건너더라.

22-29 坎　虎齧龍指　太山之崖　天命不祐　不見其雌
호랑이가 용의 손가락을 깨무니 태산의 낭떠러지에 천명이 도우지 아니하여 그 암컷을 보지 못하더라.

22-30 離　明不處暗　智不履危　終日卒歲　樂以笑歌
밝음은 어둔 곳이 아니고 지혜는 위험을 밟지 아니하니 종일 또는 해가 다하도록 즐겁게 웃으며 노래하더라.

22-31 咸　三足俱行　傾危善僵　六指不使　悤累弟兄　樹柱閡車　失其正當
세 발이 같이 가니 기울고 위태하면 잘 쓰러지고 육손은 쓰지 않고 형제간에 근심이 쌓이고 나무기둥에 차를 잠그니 모두 정당성을 잃더라.

22-32 恒　舍車而徒　亡其駁牛　雖喪白頭　酒以療憂
차를 놓아 두고 걸으니 그 얼룩말과 소가 도망가 버려 비록 백두를 상하나 술로 근심을 치료하더라.

22-33 遯　折薪熾酒　使媒求婦　和合齊宋　姜子悅喜
나무를 꺾어 술을 데우고 중매로 며느리를 구하는데 제와 송이 화합하니 강자가 희열하더라.

[註] 신전 형문편(衡門篇)에 어찌 그 아내를 반드시 제나라에서 강(姜)을 취하고 어찌 처를 반드시 송나라에서 자(子)를 취하는가?

22-34 大壯　夜視無明　不利賈變　子反笑歡　與市爲仇
밤에 보는 것은 밝지 못해 장사에 불리한데 자식은 도리어 환소하니 저자가 원수가 되더라.

22-35 晉　徒行離車　冒厭泥塗　利以休居
보행으로 차를 떠남은 진흙탕을 쓰게 됨이 싫어서이니 이로운 것은 쉬고 있는 것이더라.

22-36 明夷　作室山根　人以爲安　一夕崩顚　破我壼飧
집을 산 밑에 짓는 것은 사람이 편안함을 위함인데 일석에 붕괴되면 나의 항아리에 담는 밥을 깨트리더라.

22-37 家人　東山西山　各自言安　雖相登望　竟未同堂
동산과 서산에 각자 편안하다 말하나 서로 올라 바라보고 마침내 같은 집을 쓰지 아니하더라.

22-38 睽　君子在朝　凶言去消　驚駭逐狼　不見雄英
군자가 조정에 있으면 흉한 말이 없어지고 놀라고 놀라서 이리를 쫓으면 영웅을 보지 못하더라.

22-39 蹇　--塡塡　火燒山根　不潤我鄰　獨不蒙恩
수레소리가 요란하며 불이 산 밑에서 타니 나의 이웃이 윤택하지 아니하고 홀로 은혜를 입지 못하더라.

[註] 진(晉) 문공이 피신하여 각국으로 돌아다닐 때 진문공이 배고파하는 것을 보고 개자추가 자기 넓적다리살을 베어 국을 끓여 바쳤다. 그러나 진문공이 진(晉)나라 임금이 된 후 같이 진문공을 따라다니며 고생하던 동지들이 나라 정치는 생각하지 아니하고 사리사욕을 챙기므로 어머니를 등에 업고 산으로 들어가 숨어버렸다. 진문공은 개자추를 사모하여 산에다 불을 놓아 나오기를 바랬는데 개자추는 나오지 아니하고 타 죽었다. 후세 사람들이 그날을 기념하기 위해 불을 아니 썼는데 그날이 바로 한식일이다.

22-40 解　南山之蹊　眞人所遊　德配唐虞　天命爲子　保佑歆享　身受大慶
남산의 소로길은 진인이 노는 곳이니 덕은 당우와 대등하여 하늘이 아들로 삼고 도우고 흠향하여 몸에 큰 경사를 받더라.

[註] 당우(唐虞)는 요임금과 순임금이다.

22-41 損 龍蛇所聚 大水來外 泱泱濡濡 滐滐滺滺 使我無賴

용과 이무기가 모이는 곳은 큰 물이 오는 곳으로 앙앙 태태 영영 애애하여 나로 하여금 힘입음이 없더라.

22-42 益 旃裘苫蓋 慕德獻服 邊鄙不聳 以安王國

덕을 사모하여 옷을 주는데 변방은 비천하고 뛰어나지는 못하나 써 왕국을 편안하게 하더라.

[典據]《左傳》襄公十四年, 晉范宣子數戎子駒支曰, 乃祖吾離被苫蓋, 蒙荊棘, 以來歸吾先君.

22-43 夬 光体春成 陳倉雞鳴 陽明失道 不能自守 消亡爲咎

빛은 봄을 이루고 진창에 닭이 울으나 양명하면 길을 잃어 능히 스스로 지키지 못하고 꺼져 망하는 것이 허물이 되더라.

[註] 진(秦)나라 진창현에 보부인 사당이 있어 해마다 엽군과 더불어 신령이 모여 제사 지낸다고 함.

22-44 姤 下泉苞稂 十年無王 荀伯遇時 憂念周京

하천과 포랑에 십 년간 왕이 없더니 순백이 때를 만나 근심하며 주나라의 서울을 생각하더라.

22-45 萃 仁德不暴 五精就舍 四序允釐 民安其居

어진 덕이 사납지 아니하고 오정이 집에 비치고 사시절이 잘 다스려지면 백성이 편안히 살 것이더라.

22-46 升 隨和重寶 衆所貪有 相如睨柱 趙王危殆

수화는 중보다 모든 사람이 탐내 가지고자 하는 바요 난상여가 기둥을 흘겨보니 조왕이 위태하더라.

[註] 수후(隨侯)가 뱀이 다친 것을 보고 약으로 치료하였더니 뱀이 구슬로 은혜를 갚았고 난상여가 구슬을 가지고 진(秦)나라에 가서 신의 머리와 구슬을 저 기둥에 함께 부셔버리겠다 하여 구슬을 도로 가지고 조나라로 돌아갔다.

[典據]《史記》藺相如傳, 相如以璧至秦. 察秦人無意與城. 乃持璧睨柱, 而言曰, 臣頭將與璧俱碎.

22-47 困 鳳生五雛 長於南郭 君子康寧 悅坐身榮
봉황이 다섯 마리의 새끼를 낳아 남곽에 기르니 군자는 강녕하며 기뻐 즐기고 몸은 영화롭더라.

22-48 井 二人爲侶 俱皈北海 入門上堂 拜謁王母 勞賜我酒 女功悅喜
두 사람이 짝이 되어 같이 북해로 돌아가 입문 상당하여 왕모에게 절하고 알현하니 수고했다고 술을 주니 여공이 희열하더라.

22-49 革 逐憂去殃 洿泥生粱 下田爲王
근심을 쫓고 재앙이 가고 수렁에 기장이 나니 하전(下田)에 왕이 되더라.

22-50 鼎 東門之壇 茹藘在阪 禮義不行 與我心憂
동문의 담에 꼭두서니가 언덕에 있어 예의가 행해지지 아니하니 나와 더불어 마음으로 근심이 되더라.

22-51 震 鳧遇稻藘 甘樂穬鮹 雖驅不去
오리가 벼와 갈대를 만나 보리와 미꾸리를 즐겨 해서 아무리 쫓아도 가지 아니하더라.

22-52 艮 淸人高子 久屯外野 逍遙不歸 思我君母 公子奉請 王孫嘉許
청인 고극이 오래 외지에 둔 채 소요하며 돌아가지 못해 나의 군모(君母)를 생각하여 공자가 청해 올리니 왕손이 허락하더라.

[註] 돈지정(遯之鼎)을 참조하라.

22-53 漸 讒佞所言 語不成全 虎狼之患 不爲我殘
참소하고 아첨하는 말이 안정을 이루지 못하고 호랑이의 우환은 나를 해치지 아니하더라.

22-54 歸妹 張羅捕鳩 兎麗其災 雌雄俱得 爲網所賊
새그물을 치고 비둘기를 잡는데 토끼가 부딪쳐 그 재앙에 걸리면 암곰이 함께 얻는데 그물이 적이 되더라.

22-55 豊 安仁尙德 東鄰慕義 來安吾國
편안하고 어질어 덕을 숭상하면 동쪽 이웃이 의를 사모해 와서 내 나라를 편안케 하더라.

22-56 旅 猾醜假誠 前後相違 言如鱉咳 語不可知
교활하고 추함은 정성을 가장한 것으로 전후가 서로 틀려 말이 자라의 기침같아 말을 알지 못하겠더라.

22-57 巽 懷璧越鄕 不可遠行 蔡侯兩裘 久苦流離
구슬을 품고 시골을 넘으니 멀리 가는 것이 옳지 않으며 채후가 두 털옷 때문에 오래도록 고생하며 유리(流離)하더라.

22-58 兌 伯氏歸國 多所恨惑 車傾蓋亡 身常驚惶 乃得其願 雄雌相從
백씨가 나라에 돌아오니 한과 의혹이 많은데 차가 기울어져 덮개가 망하고 몸은 항상 놀라고 송구하나 그 원하는 바를 얻어 암수가 서로 좇더라.

22-59 渙 火石相得 乾無潤澤 利少囊縮 秖益促迫
불과 돌이 서로 득하니 건조해 윤택은 없고 이익이 적어 주머니는 위축되니 벼 익는 것이 더욱 촉박하더라.

22-60 節　君知聖哲　嗚呼其友　鎭德之徒　可以禮任
임금이 성철을 알아 그 벗들을 부르니 덕을 지닌 무리가 예로써 벼슬하더라.

22-61 中孚　騎豚逐羊　不見所望　經涉虎廬　亡羝失羊
도야지를 타고 양을 쫒으니 바라는 바를 보지 못하고 호랑이 집을 지나다가 양들을 다 잃더라.

22-62 小過　玄黃瘣隤　行者勞罷　役夫憔悴　處子畏哀
말이 병들어 무너지고 행자는 피로하고 역부는 초조하며 처자는 두려워하며 슬퍼하더라.

22-63 旣濟　右手揜目　不見長叔　失其所得　悔吝相仍
오른손으로 눈을 가리고 장숙을 보지 아니하니 그 얻은 바를 잃고 인색함을 뉘우치며 서로 실망하더라.

22-64 未濟　免冠進賢　步出朝門　儀体不正　賊孽爲患
벼슬을 사양하고 대궐문을 걸어서 나오니 위엄과 체모가 바르지 못해 도적과 요물이 근심되더라.

艮上 坤下 剝之第二十三　山地剝

23-23 剝　行觸大忌　與司命忤　執囚束縛　拘制於吏　幽人有喜
크게 꺼리는 일에 저촉되어 사명(司命)을 거슬리어 죄수로 잡혀 속박되고 아전(공무원)의 제재를 받으니 유인(속세를 피해 숨어 있는 사람)에게 기쁨이 있더라.

23-1 乾　穿胸狗邦　僵離旁春　天地易紀　日月更始
착흉, 구방, 강리, 방용의 천지에 기원이 바뀌어 날과 달이 개정되더라.
[註] 착흉, 구방, 강리, 방용(穿胸, 狗邦, 僵離, 旁春)은 다 오랑캐 나라 이름이다.

23-2 坤　從風縱火　荻芝俱死　三害集房　十子中傷
바람을 따라 불을 놓으니 갈대와 떼가 다 죽고 삼해(三害)가 방에 모이니 십자(十子)가 상함을 당하더라.

23-3 屯　北山有棗　橘柚所聚　荷囊載擔　香盈筐筥
북산은 대추가 있고 귤과 유자가 모이는 곳이다. 짐 주머니를 메니 향기가 광주리에 가득하더라.

23-4 蒙　齎貝贖狸　不聽我辭　繫於虎鬚　牽不得來
돈을 가지고 이리를 사는데 나의 말을 듣지 아니하고 호랑이 수염에 매니 끌어도 오지 못하더라.

23-5 需　上下唯邪　戾其元夫　歡心隔塞　君子離居
위아래가 오직 간사해 그 원부(元夫)를 배반하여 기뻐하는 마음이 막혀버리니 군자는 떨어져 살더라.

23-6 訟　二人輦車　徒去其家　井沸釜鳴　不可安居

두 사람의 손수레로 걸어서 그 집을 가니 우물이 끓고 솥이 울어 편안히 살 수가 없더라.

23-7 師　蹇驢不材　俊驥失時　罷於沙丘　筋力勞盡
절음발이 나귀는 재목이 아니고 준마는 때를 잃어 모래언덕에 지쳐 근력이 노진하더라.

23-8 比　明夷兆初　爲穆出郊　以讒復歸　名曰豎牛　剝亂叔孫　餧於蒲丘
명백히 상할 것 같아 처음 노나라 목자가 제나라로 도망갔다가 다시 돌아오니 명왈 수우(아들)라 하고 숙손씨의 정권을 박탈하니 허구에서 먹지 아니하고 죽더라.

23-9 小畜　天火大起　飛鳥驚駭　作事不時　自爲身咎
하늘에 불이 크게 일어나니 나는 새가 놀라고 일을 꾀할 때가 아니라 스스로 자기 잘못이라 하더라.

23-10 履　土與山連　共保歲寒　終無災禍　萬世長安
흙이 산과 연결하여 같이 세한을 보호하니 끝내 재앙이 없어 만세동안 길게 편안하더라.

23-11 泰　日出東山　山蔽其明　章甫薦履　箕子佯狂
해가 동산에 뜨는데 산이 그 밝음을 가리니 예관을 쓴 사람이 신발을 옮기고 기자는 거짓으로 미치더라.

23-12 否　龍馬上山　絕無水泉　喉燋唇乾　口不能言
용마가 산을 오르는데 샘물이 없어 목이 타고 입술이 말라 입으로 능히 말을 하지 못하더라.

23-13 同人　雄處弱水　雌在海濱　別將持食　悲哀於心

수컷은 얕은 물에 있고 암컷은 해변에 있어 따로 먹으니 마음으로 비애하더라.

23-14 大有 庭燎夜明 追嗣日光 陽軟不制 陰雄坐戾
뜰의 횃불은 밤을 밝혀 좇아 일광을 이으니 양이 부드러워 제어하지 못하여 음웅(陰雄)의 자리가 어긋나더라.

23-15 謙 三婦同夫 忽不相思 志恒悲愁 顏色不怡
세 지어미가 한 지아를 섬기니 가벼이 여겨 서로 생각하지 아니하니 항상 비수에 젖어 안색에 기쁨이 없더라.

23-16 豫 鶴盜我珠 逃於東都 鵠怒追求 郭氏之墟 不見蹤跡 反爲患災
학이 나의 구슬을 훔치고 동쪽 도시로 도망가니 고니가 노해 좇아 구하나 곽씨의 터에 아무 자취도 보지 못하고 도리어 재앙이 되더라.

23-17 隨 獮猴冠帶 盜載非位 衆犬共吠 狂走蹶足
원숭이가 관대하고 격에 맞지 아니한 자리를 도적질하면 모든 개가 같이 짖어 미친 듯이 달아나다 발이 넘어지더라.

23-18 蠱 黍稷禾稻 垂畝方好 中旱不雨 傷風疾槁
곡식이 이랑에 드리워 아주 좋은데 가뭄에 오지 아니하고 바람에 상하고 병들어 마르더라.

23-19 臨 雄聖伏名 人匿麟遠 走鳳飛北 亂禍未息
큰 성인이 이름을 숨기니 사람은 숨고 기린은 멀리가고 봉황은 북으로 날아가니 재난이 쉬지 아니하더라.

23-20 觀 王母多福 天祿所伏 居之寵光 君子有福
왕모는 복이 많은데 천록이 있는 곳에 삶에 고임과 영광이 함께 있어 군자의 복이 있더라.

23-21 噬嗑　被服文德　升入大麓　四門雍肅　登受大福
글의 덕을 힘입어 큰 산밑에 올라 들어가니 사문이 엄숙한데 올라가 큰 복을 받더라.

23-22 賁　褰衣涉河　水深漬罷　幸賴舟子　濟脫無他
옷을 걷고 물을 건너는데 물이 깊어 옷을 적시니 다행히 배가 있어 건너 아무 탈이 없더라.

23-24 復　班馬還師　以息勞疲　役夫嘉喜　入戶見妻
말을 돌려 철군하여 피곤을 쉬니 역부(役夫)가 기뻐하며 집에 들어가 처를 보더라.

23-25 無妄　東隣嫁女　爲王妣后　莊公築館　以尊王母　歸于京師　季姜悅喜
동쪽 이웃의 시집간 여인이 왕 비후가 되니 장공이 축관하고 왕모라 존칭하니 경사로 돌아가니 계강이 희열하더라.

[註] 태지예(泰之豫)를 보라.

23-26 大畜　百足俱行　相輔爲彊　三聖翼事　擁室寵光
백개의 발이 같이 가고 서로 도와 강해지고 세 성인이 일을 도우니 왕실이 빛나더라.

23-27 頤　危坐至暮　請求不得　膏澤不降　政戾民忒
무릎을 꿇고 저물도록 청구한 것을 얻지 못하고 은혜가 내리지 아니하니 정치가 사나와 백성이 두 마음을 갖더라.

23-28 大過　百川朝海　泛流不止　路雖遼遠　無不到者

모든 냇물은 바다로 모이는데 흐르고 흘러 그치지 아니하니 길이 비록 요원하나 도착하지 아니하는 자 없더라.

23-29 坎　乘騮駕驪　東至於齊　遭遇仁友　送我以資　厚得利歸
월달말을 타고 가라말을 멍에하고 동쪽 제나라에 이르러 어진 친구를 만나 나에게 자본을 보내니 후한 이익을 얻고 돌아오더라.

23-30 離　禮壞樂崩　成子傲慢　欲求致理　力疲心爛　陰陽不調　成子驕傲　爲簡生殃
예와 악이 무너지고 성자가 오만하여 이치로 구하고자 하나 힘이 피곤하고 마음이 어지러운데 음양이 부조화하여 부당하게 간공이 재앙을 입더라.

[註] 成子는 陳成子, 齊의 大夫, 이름은 恒. 簡은 齊의 簡公. 제간공이 노나라에 있을 때 감을 편애하고 즉위한 후 정치에 중용하였는데 진감(진성자)이 모든 관리들을 꺼려하니 앙이 공에게 말하기를 진감과 같이 일할 수 없다 하였으나 공이 듣지 아니하더니 경진년 진항이 간공을 서주에 감금하였다가 갑오년 간공을 시살했다.

[典據]《左傳》哀公十四年.《論語》憲問篇, 陳成子弑簡公. 孔子沐浴而朝. 告於哀公曰. 陳恒殺其君. 請討之.

23-31 咸　三人輦車　乘入虎家　王母貪叨　盜我犁牛
삼인이 끄는 수레를 타고 호가에 들어갔더니 왕모가 탐내어 나의 얼룩소를 도적질하더라.

23-32 恒　羊頭兎足　少肉不飽　漏囊敗粟　利無所得
양의 머리와 토끼의 발은 고기가 적어 배부르지 아니하고 새는 주머니는 조를 패하니 이도 없고 얻는 바도 없더라.

23-33 遯　新田宜粟　上農得穀　君子唯好　以紓百福
새밭에 조가 마땅하여 농사지어 곡식을 얻으니 군자가 좋아하며 백가지 복이 얽히더라.

23-34 大壯 夷羿所射 發輒有獲 雙鳧俱得 利以伐國
이예가 쏘는 곳에는 번번이 얻음이 있어 쌍오리를 같이 얻으니 전장에 이로더라.
[典據]《左傳》襄公四年, 寒浞伯明氏讒子弟也. 伯明君寒. 棄之. 夷羿收之. 夷羿는 射를 善. 그래서 '發輒有獲' 라고 한다.

23-35 晉 鳧舞鼓翼 嘉樂堯德 虞夔美功 要荒賓服
오리가 춤추고 날개치듯 요임금의 덕을 즐거워하는데 우하(순우)가 공을 빛내니 요황이 빈복하더라.

23-36 明夷 登邱上山 對酒道歡 終年卒歲 優福無患
언덕을 올라 산에 올라가 술을 대해 도를 기뻐하니 종년 졸세토록 넉넉한 복에 근심이 없더라.

23-37 家人 歲暮花落 陽入陰室 萬物伏匿 藏不可得
해는 저물고 꽃은 떨어지고 양은 음실로 들어가 만물이 엎드려 숨으니 숨길 수가 없더라.

23-38 睽 螟虫爲賊 害我禾穀 簞瓶空虛 飢無所食
명충이 도적이 되어 나의 곡식을 해치니 대소쿠리 병이 공허해 주려도 먹을 것이 없더라.

23-39 蹇 陽虎脅主 使德不通 火離爲殃 年穀病傷
양호가 주인을 협박하여 덕으로 하여금 통치 못하고 더위가 재앙이 되어 해마다 곡식이 병들고 상하더라.

23-40 解 四馬共轅 東上泰山 騂騵同力 無有重難 與君笑言
네 말이 멍에를 같이 하고 동쪽 태산을 오르는데 말과 양이 같이 힘쓰니 무겁고 어려움이 없어 임금과 더불어 소담하더라.

23-41 損 牧羊稻園 聞虎喧讙 畏懼悚息 終無禍患
양을 도원에서 치다가 호랑이의 울리는 소리를 듣고 두려워 숨을 죽이고 있더니 끝내 화환이 없더라.

23-42 益 陽華不時 冬實生虎 憂多橫賊 生不能服 崑崙之玉 所求不得
때 아니게 빛남을 드날리고 겨울에 열매를 열어 위태함을 낳고 도적이 횡행함이 많음을 근심하는데 살아서 능히 정복하지 못하면 곤륜산의 옥을 구해도 얻지 못하더라.

23-43 夬 高阜所在 陰氣不臨 洪水不處 爲家利寶
높은 언덕이 있는 곳에 음기가 임하지 못하고 홍수가 없으니 집에 좋은 보배가 되더라.

23-44 姤 釋然遠咎 避患高阜 田獲三狐 以貝爲寶 君子所在 安寧不殆
석연이 재앙을 멀리하고자 높은 언덕으로 재앙을 피했더니 사냥에 세마리의 여우를 잡으니 재물로 보배가 되니 군자가 있는 곳이 안녕하고 위태하지 않더라.

23-45 萃 兩目失明 日奪無光 脛足跛曳 不可以行 頓於邱旁 亡妾莫逐 嵬然獨宿
두 눈은 실명하고 해가 뺏어 광채가 없고 다리를 질질 끌어 같이 가지 못하니 언덕 옆에 정돈하고 도망간 첩을 쫓지 아니하고 외연이 혼자 자더라.

23-46 升 鴻飛循陸 公出不復 伯氏客宿
큰 기러기는 날아 육지를 돌고 공은 나가 돌아오지 아니하니 백씨가 객숙하더라.

23-47 困 佩玉蘂- 無以繫之 孤怨獨處 愁哀相憂
패옥과 꽃술이 엉크러져 맬 수가 없어 외로이 원망하며 혼자 있으니 애수를 서로 근심하더라.

23-48 井 載船渡海 雖深何咎 孫子俱在 不失其所
배에 싣고 바다를 건너니 비록 깊어도 무엇을 근심하리오. 손자가 같이 있어 그 소임을 잃지 아니하더라.

23-49 革 鵠求食魚 道遇射戈 繒加我頸 繳縛兩翼 欲飛不能 爲羿所得
고니가 먹을 고기를 구하려다가 길에서 주살 쏘는 것을 만나니 나의 목에 비단줄을 걸고 두 날개를 실올로 묶으니 날고자 해도 날 수 없어 후예의 얻는 바가 되더라.

23-50 鼎 泥面亂頭 忍恥少羞 日以削消
얼굴에 진흙을 바르고 머리는 산발하였어도 부끄러움을 참고 조금 부끄러워하면 날이 갈수록 삭감되어 없어지더라.

23-51 震 桑之將落 隕其黃葉 失勢傾倒 如無所亡
뽕나무가 장차 떨어질 때 그 누른 잎을 떨어뜨리니 세를 잃어 기울어져 넘어지면 일어설 곳이 없는 것과 같더라.

23-52 艮 巨蛇大鰌 戰於國郊 上下隔塞 主君走逃
큰 뱀과 큰 미꾸리가 나라 벌에서 싸워 상하가 막히니 주군이 도망해 달아나더라.

23-53 漸 已動死 三字詩 連商子 揚砂石 狐狢擾 軍鼓振 吏士苦
몸을 움직이면 죽고 연상자가 사석을 날리니 여우나 단비로 만든 옷을 버리고 군사가 북을 치니 아전들이 고생하더라.

23-54 歸妹 異人俱行 別離持食 一身五心 亂無所得
두 사람이 같이 가다 떨어져 밥을 먹으니 몸은 하나에 마음은 다섯으로 어지러워 얻는 바가 없더라.

23-55 豊　三聖相輔　鳥獸喜舞　安樂富有
세 성인이 서로 도우니 조수가 기뻐 춤추고 안락하고 부자가 되더라.

23-56 旅　三奇六耦　相隨俱市　王孫善賈　先得利寶　居止不安　大盜爲咎
건곤이 서로 따라 저자를 갖추니 왕손이 잘 장사해 먼저 이로운 보배를 얻었으나 거지가 불안하데 큰도적이 근심되더라.

[註] 삼기(三奇)는 건(乾)이요 육우(六耦)는 곤(坤)이다.

23-57 巽　三仁俱行　一人言北　伯仲欲南　少叔不得　中道分爭　道鬪相賊
세 사람이 같이 가다 한 사람이 북쪽을 말하고 백중은 남쪽으로 소숙(小淑)이 부득(不得)하니 중도에서 분쟁하여 길에서 싸워 서로 적이 되더라.

23-58 兌　播天舞　光地乳　神所守　樂無咎　言不信
하늘을 헤치며 춤추는 빛과 땅의 젖은 신이 있는 곳이니 즐거움을 지키고 재앙이 없으니 말의 잘못을 믿지 아니하더라.

[典據]《史記》趙世家, 簡子寤語大夫曰, 余之帝所甚樂. 與百神游於鈞天. 廣樂九奏万舞, 不類三代之樂. 其聲動人心.

23-59 渙　坐爭立訟　紛紛洶洶　卒成禍亂　災及家公
앉아 다투고 서면 송사하여 분분하고 흉흉하는데 마침내 화란을 이루어 재앙이 집안 어른에게 미치더라.

23-60 節　蛇行蜿蜒　不能上阪　履節安居　可以無憂
뱀이 꿈틀거리며 행하니 언덕은 능히 오르지 못하니 절차를 밟아 안거하면 가히 근심이 없으리라.

23-61 中孚　隙大墻壞　蠹衆木折　虎狼爲政　天降罪罰
틈이 크면 담이 무너지고 좀이 많으면 나물을 꺾나니 호랑이 정치를 하면 하늘이 죄에 벌을 내리더라.

23-62 小過　陽不違德　高山多澤　顔子逐兎　未有所得
양은 덕을 어기지 아니하고 높은 산에 못이 많고 안자가 토끼를 쫓으니 얻은 바가 없더라.

23-63 旣濟　心多畏惡　時愁日懼　雖有小咎　終無大悔
마음에 두려움과 미워함이 많아서 때로 근심하고 날로 두려워하면 비록 적은 재앙은 있어도 끝내 큰 뉘우침은 없더라.

23-64 未濟　衆神集聚　相與議語　南國虐亂　百姓愁苦　興師征伐　更立賢主
모든 신선이 모여 서로 의논하기를 남국이 학정에 어지러워 백성이 수고하니 군사를 일으켜 정벌케 하고 다시 어진 임금을 세우더라.

坤上 震下 復之第二十四 **地 雷 復**

24-24 復 周師伐紂 剋於牧野 甲子平旦 天下悅喜
주나라 군사가 은주를 쳐서 목야에서 이기니 갑자 새벽에 천하가 희열하더라.

24-1 乾 任重負力 東征不伏 蹈泥履塗 雄師敗覆
무제에 따라 지는 힘이 다르니 동정해서 항복 못 받고 수렁을 밟고 진흙을 밟아 웅사(雄師)가 패하여 엎어지더라.

24-2 坤 義不勝情 以欲自營 覬利危躬 折角摧頸
의가 정을 이기지 못해 하고 싶은대로 하여 이(利)를 넘겨다보면 몸이 위태하여 뿔을 꺾고 목이 꺾어지더라.

24-3 屯 懸貆素食 食非其任 失輿剝廬 休坐徒居 室家何憂
담비는 소찬으로 먹기를 마음대로 아니하고 수레를 잃고 집을 빼앗기면 무리지어 앉아 쉬니 집이 무슨 근심겠는가?

24-4 蒙 鶹鶅娶婦 深目窈身 折腰不媚 與伯相背
부엉이가 솔개에게 장가드니 눈은 깊고 몸은 고요하나 허리를 꺽어 아름답지 아니해 백씨로 더불어 서로 배반하더라.

24-5 需 東風解凍 河川流通 西門子產 陞擢有功
동풍에 해빙되니 하천이 유통하고 서문표와 정자산 발탁 승차에 공이 있더라.
[註] 서문자산(西門子產)은 서문표 정자산으로 옛적에 좋은 신하다.

24-6 訟 三足俱行 傾危善僵 六指不便 ?累弟兄 樹柱?車 失其正當
세 발로 같이 행하니 기울어져 위태하면 잘 쓰러지고 육지는 불편하고 욕은 형제에 누가 되며 나무기둥에 차를 다치니 그 정당성을 잃더라.

24-7 師　京庾積倉　黍稷以興　極行疾至　以饜飽食
큰 노적과 창고에 적치한 곡식이 많아 빨리 와서 먹기 싫도록 포식하더라.

24-8 比　南山之蹊　眞人所遊　德配唐虞　天命爲子　保祐歆享　身受大慶
남산의 지름길을 진인이 노는 곳 덕이 당우(요순)를 짝할 만하여 하늘이 명하여 아들을 삼고 도우고 흠향하니 몸에 큰 경사를 받더라.

24-9 小畜　車馳人趨　卷甲相仇　齊魯寇戰　敗於犬邱
수레는 달리고 사람은 뛰며 갑옷을 걷고 서로 원수처럼 제나라와 노나라가 전쟁하다 제나라가 견구에서 패하더라.

24-10 履　十五許室　柔順有德　霜降旣嫁　文以爲合　先王日至　不利出域
십오에 장가드니 유순하고 덕이 있어 상강에 이미 시집가니 글로써 합하니 선왕이 날이 저물면 출역(出役)이 불리하더라.

24-11 泰　任力劣薄　遠託邦國　輔車不疆　爲癰所傷
힘을 믿으나 재주가 떨어지고 경박한데 멀리 방국을 부탁하니 서로 도움이 강하지 못해 등창이 상한 바가 되더라.

24-12 否　千載舊室　將有困急　荷粮負囊　出門直北
천년 묵은 집에 장차 곤급한 일이 있어 양식을 지고 주머니를 지고 문을 나와 북쪽으로 가더라.

24-13 同人　惡災殆盈　日益彰明　禍不可救　三郤夷傷
악한 재앙이 태성하여 날이 갈수록 더욱 뚜렷해지니 재앙은 구할 수가 없어 세 극씨가 살해되더라.

[註] 삼극(三郤)은 극기극주극지(郤錡郤犨至) 진(晉)대부인데 진려공(晉厲公)이 사치와 외도가 심해 대부를 없애고자 삼극을 죽였다.

24-14 大有 冠危載患 身驚不安 與禍馳逐 凶來入門
관이 위태하고 근심을 이니 몸이 놀라고 불안한데 재앙과 더불어 쫓고 달리니 흉함이 와서 문으로 들어오더라.

24-15 謙 虎狼並處 不可以仕 忠謀輔政 禍必及已 退隱深山 身乃不殆
호랑이와 이리가 같이 있는 곳에 벼슬함이 옳지 못하고 충성스러운 꾀로 정사를 도우면 반드시 재앙이 몸에 미칠 것이니 심산에 은퇴하면 몸이 위태하지 아니하더라.

24-16 豫 卵與石鬪 麋碎無處 挈瓶之使 不爲憂懼
달걀로 돌을 치면 싸라기 부서지듯 간 곳이 없으나 이지러진 항아리를 쓰면 근심걱정이 되지 아니하더라.
《左傳》昭公七年, 雖有挈瓶之知, 守不仮器, 禮也.

24-17 隨 五心六意 岐道多怪 非君本志 生我恨悔
다섯 마음 여섯 뜻 갈래길에 요괴가 많으니 임금의 본심이 아니라 나의 한과 뉘우침이 생기더라.

24-18 蠱 雨雪載塗 東行破車 旅人無家 利益咨嗟
눈비를 맞으며 동으로 가다가 수레가 부서지고 여행하는 사람은 집도 없으니 이익은 고사하고 탄식만 하더라.

24-19 臨 尙利壞義 月出平地 國亂天常 咎徵滅亡
이를 탐내 의를 버리면 달이 평지에서 나오고 국란은 하늘의 상리로 허물을 승계하여 멸망하게 되더라.

24-20 觀　東行破車　步入危家　衡門穿射　無以爲主　賣袍續食　糟糠不飽
동쪽으로 가다가 수레가 부서지니 걸어서 위가에 들어가 대문을 닫아 걸어서 주인이 될 수 없기에 도포를 팔아 밥을 계속하나 지게미와 쌀겨를 먹기 싫지 아니하더라.

24-21 噬嗑　逐禽出門　并失玉丸　往來井上　破甕缺盆
새를 쫓아 문을 나가 옥환을 잃어 우물 위로 왔다갔다 하다가 항아리를 깨고 동이를 이지러뜨리더라.

24-22 賁　孟春醴酒　使君壽考　南山多福　宜行賈市　稻粱雌雉　所至利喜
신춘에 단술로 임금님을 오래 살게 하였더니 남산에 복이 많아 장사가 잘 되어 곡식과 암꿩 등 가는 곳마다 이익이 나서 기뻐하더라.

24-23 剝　持刃操肉　對酒不食　夫亡從軍　少子入獄　抱膝獨宿
칼을 가지고 고기를 잡고 술을 대하여 먹지 아니함은 지애비는 종군하고 젊은 자식은 옥에 갇혔으니 무릎을 안고 혼자 자더라.

24-25 無妄　踦牛傷暑　不能成畝　草萊不墾　年歲無有
절름발이 소가 더위에 상해 이랑을 만들지 못하고 풀과 쑥을 매지 아니하니 해마다 수확이 없더라.

24-26 大畜　南邦大國　鬼魅滿室　讙聲相逐　爲我行賊
남방대국에 도깨비가 집에 가득해 지껄이며 서로 쫓는 소리가 나에게 해가 되더라.

24-27 頤　噂噂所言　莫如我恒　歡樂堅固　可以長安
수군수군 하는 말이 나의 옛과 같지 않고 환락이 견고하니 길이 편안하더라.

24-28 大過　堯舜禹湯　四聖敦仁　允施德音　民安無窮　旅人相望　未同朝鄕
요순우탕 네 성인은 크게 어지시어 늘 덕을 베푸시니 백성이 무궁히 편안하니 여행객이 서로 바라보며 같이 고향을 찾지 아니하더라.

24-29 坎　桎梏拘獲　身入牢獄　-刑受法　終不得釋　耳閉道塞　求事不成
차꼬의 수갑을 채워 몸이 감옥에 들어가 머리 깎는 형벌은 끝내 풀려나지 못해 귀를 닫고 길이 막히니 구하는 일이 이루어지지 않더라.

[註] 질곡(桎梏) 발에 차꼬를 채워 자유를 속박하는 것 즉 족쇠가 질(桎)이고 손의 수갑을 곡(梏)이라 한다.

24-30 離　桀跖並處　民困愁苦　行旅遲遲　留連齊魯
걸과 도척이 같이 있는 곳에는 백성이 곤란하고 근심하니 여행이 지지하여 제와 노에서 머물러 연장하더라.

[註] 걸(桀)은 하나라 걸주. 척(跖)은 춘추시대의 도적의 괴수 도척이다.

24-31 咸　求鷄獲雛　買鱉失魚　出入鈞敵　利得無饒　齊姜宋子　婚姻孔嘉
닭을 구하다 병아리를 얻고 자라를 사려다 고기를 잃으니 출입을 고루 대하니 남음이 없고 제강과 송자가 혼인하니 매우 아름답더라.

24-32 恒　雨師駕駟　風伯吹雲　秦楚爭强　施不得行
우사는 네 필 말이 끄는 수레를 타고 풍백은 구름을 불어 진과 초가 강함만을 다투나 베풀기만 하고 행하지는 아니하더라.

[註] 진초(秦楚)-춘추 전국시대에 두 나라는 강국이었다.

24-33 遯　仲冬無秋　烏鵲飢憂　困於來食　數驚鸇鵰
중동은 가을이 아니라 오작이 주리고 근심하며 쌀밥에 곤궁한데 자주 새매와 독수리에게 놀라더라.

24-34 大壯　三羝上山　俱之陰安　逐到南陽　見其芝香　兩崖相望　未同枕床

수양 세 마리가 산을 올라 같이 음안에 이르고 드디어 남양에 도착하여 지초의 향기를 보고 양쪽 언덕에서 서로 바라보고 침상을 같이 하지 아니하더라.

24-35 晉 飛至日南 還歸遼東 雌雄相從 和鳴雁雍 解我迴春
날아 해가 남쪽에 이르러 요동에 돌아오니 자웅이 상종 화합하여 옹옹 울며 나의 먼 봄을 풀더라.

24-36 明夷 堯飮舜舞 禹拜上酒 禮樂所豊 可以安處 保我淑女
요임금은 마시고 순임금은 춤추고 우임금은 절하며 술을 올리니 예악이 풍성한 바 가히 편안한 곳이니 나의 숙녀를 보존하리로다.

24-37 家人 太一置酒 樂正起舞 萬福攸同 可以安處 綏我-齒
태일성(천신 중 최귀성)이 술을 놓고 음악을 울리며 일어나 춤추니 만복이 같은 곳에 편안히 있어 나의 예치가 편하더라.

24-38 睽 白馬騶騮 生乳不休 富我商人 得利饒優
백마 왜류의 젖이 쉬지 아니하여 나와 상인을 부하게 하니 이익을 많이 얻게 하더라.

24-39 蹇 宛馬疾步 盲師坐御 目不見路 中止不到
대원마가 걸음이 빠르나 장님이 앉아 몰면 눈으로 길을 보지 못해 이르지 못하고 중지하더라.

24-40 解 春桃萌生 萬物華榮 邦君所居 國樂無憂
봄 복숭아가 싹이 나오고 만물이 화영하니 나라 임금이 있는 곳에 나라가 즐겁고 근심이 없더라.

24-41 損 把珠入口 蓄爲玉寶 得吾所有 欣然嘉喜

구슬을 잡아 입에 넣어서 모아 옥보가 나의 소유가 되니 흔연히 기뻐하더라.

24-42 益 襦燒袴燔 羸剝飢寒 病瘧凍攣
저고리에 불 붙고 바지를 사르니 기한에 파리하고 말라 병이 심해 수족이 얼어 병신이 되더라.

24-43 夬 水洙沉浮 沮濕不居 爲心疾憂
물거품이 가라앉다가 뜨니 저습하여 살지 아니하니 마음에 병과 근심이 되더라.

24-44 姤 行如桀紂 雖禱不祐 命絕衰周 文君乏祀
행실을 걸주와 같이 하면 비록 기도해도 돕지 아니하니 쇠한 주나라의 명이 끊어져 문왕의 제사를 폐하게 되더라.

[註] 주나라가 평왕(平王)으로부터 쇠미해져 난왕(赧王)에 이르러 진(秦)나라에게 멸망되었다.

24-45 萃 陴蜉戴盆 不能上山 脚摧跛蹶 損傷其顔
사마귀와 왕개미가 동이를 이고 능히 산을 올라가지 못하고 다리가 부러져 절둑거리다 넘어져 그 얼굴을 손상하더라.

[註] 자기 힘을 생각하지 아니하고 큰 것을 욕심내면 아니 된다는 말이다.

24-46 升 長子入獄 婦饋母哭 霜降愈甚 嚮晦伏法
장자가 옥에 들어가니 며느리는 음식을 보내고 어미는 우는데 서리가 심히 내리고 해질 때 법에 복중(죽음)하더라.

[註] 향회(嚮晦) 저녁 때 또는 해질 때 복법(伏法) 처형됨이다.

24-47 困 求犬得兎 請新故 雖不當路 踰吾舊舍
개를 구하다 토끼를 얻고 새것을 청하다 옛것을 만나니 비록 길은 당치 아니하나 나의 옛 집을 넘더라.

24-48 井 鳥鳴葭端 一呼三顚 搖動東西 危而不安 靈祝禱祉 疾病無患
새가 갈대 끝에서 우는데 일 호흡에 세 번 넘어져 동서로 동요해 위태하고 불안한데 신령께 축수하고 복을 빌면 질병에 근심이 없더라.

24-49 革 天厭禹德 命興湯國 祓社釁鼓 以除民疾
하늘이 하걸을 싫어해 탕국에 명하여 사직을 덜고 죄를 쳐서 백성의 병패를 제해버리더라.

24-50 鼎 陰霧作匿 不見白日 邪徑迷道 使君亂惑
심한 안개가 끼어 해가 보이지 아니하고 사잇길이 갈피를 잡을 수가 없어 임금으로 하여금 난혹하게 하더라.

24-51 震 猿墮高木 不踒手足 握珠懷玉 還歸我宅
원숭이가 높은 나무에서 떨어져 수족을 다치지 아니하고 구슬을 움켜쥐고 옥을 품고 나의 집으로 귀환하더라.

24-52 艮 三驪負衡 南取芝香 秋蘭芬馥 盛滿匣匱 利我少姜
삼려에 멍에를 메고 남으로 난초의 향기를 취하는데 가을의 향기가 좋아 궤짝에 가득 담으니 나의 강후가 좋아하더라.

24-53 漸 春生夏乳 羽毛成就 擧不失宜 君臣相好 盜走奔北 終無有悔
봄에 하유를 낳으니 깃과 털이 성취하여 거동에 불편이 없고 군신이 서로 좋아하니 도적이 북으로 도망가 끝내 뉘우침이 없더라.

24-54 歸妹 東行破車 遠反失家 天命訖終 無所禱凶
동으로 가서 수레를 깨치고 멀리 실가(失家)에 돌아오나 천명이 끝나 빌어도 소용이 없더라.

24-55 豊 九鴈列陳 雌獨不羣 爲罾所擧 死於庖人
아홉 기러기가 진을 벌렸는데 암컷이 홀로 무리에 들지 아니하다가 삼태그물에 걸려 요리하는 사람에게 죽더라.

24-56 旅 二人輂車 徒去其家 井沸釜鳴 不可以居
두 사람 손수레로 그 집에 이사하니 우물이 끓고 가마가 우니 가히 살 수가 없더라.

[註] 우물이 끓고 가마가 우는 것은 상서롭지 아니한 징조이다.

24-57 巽 閉塞復通 與善相逢 甘常之人 解我憂凶
폐색한 것이 다시 통하니 착함과 더불어 서로 만나 감당의 사람이 나의 근심의 흉한 것을 풀어주더라.

24-58 兌 賦斂重數 政爲民賊 杼柚空虛 去其家室
세금 거둠이 너무 많고 잦아 정부가 백성의 도적이 되니 베틀이 공허해 그 집을 버리고 가더라.

24-59 渙 怒非其願 貪妬腐鼠 而呼鵲鴟 自令失餌 致被殃患
그 원하는 것이 아니라 해서 성냄은 썩은 쥐를 탐내고 투기해서 까치나 솔개를 불러 스스로 먹이를 잃어 재앙과 우환을 입는데 이르더라.

24-60 節 簪短帶長 幽思嘉窮 瘠蠡小疲 以病之癃
비녀는 짧고 띠는 긴데 깊은 생각에 괴롭고 궁하여 파리하고 몸이 좀 피곤하니 병 때문에 쇠하더라.

24-61 中孚 三人俱行 各別採桑 蘊其筐筥 留我嘉旅 得歸無咎 四月來外
삼인이 같이 가서 각각 뽕을 따서 광주리에 쌓으니 날더러 아름다운 여행을 기다려 돌아가도 허물이 없으나 사월이 오는 곳이라 하더라.

24-62 小過　逐鳩南飛　與喜相隨　并獲鹿子　多得利歸　雖憂不危
비둘기를 쫓아 남쪽으로 나니 더불어 기뻐하며 서로 따르니 아울러 녹자를 얻어 이익을 많이 얻고 돌아오니 비록 근심은 되나 위태하지 아니하더라.

24-62 旣濟　驅羊南行　與禍相逢　狼驚吾馬　虎盜我子　悲恨自咎
양을 몰고 남으로 가서 재앙과 더불어 상봉하니 이리는 나의 말을 놀라게 하고 호랑이는 나의 자식을 도적해 가니 슬프고 한스러운 것을 자기 허물로 하더라.

24-64 未濟　東鄰西國　福喜同樂　出得隋珠　留獲和玉　俱利有息
동쪽 이웃과 서쪽 나라가 복의 기쁨을 같이 즐기고 나가다가 떨어진 구슬을 얻고 머무르며 화옥(和玉)을 얻으니 이(利)를 갖추고 쉼이 있더라.

乾上 震下 無妄之第二十五 天雷無妄

25-25 無妄 夏台羑里 湯文厄處 皐陶聽理 岐人悅喜 西望華首 東歸無咎
하대와 유리는 탕임금과 문왕께서 액을 당하신 곳이다. 고도는 이치를 듣고 기산 사람은 희열하니 서쪽 하수를 바라보며 동으로 돌아오면 재앙이 없으리라.
[註] 하대는 하(夏)나라 감옥으로 탕임금을 가두고 유리는 은(殷)나라 감옥으로 문왕을 가두었다.

25-1 乾 儋耳穿胸 僵離旁舂 天地易紀 日月更始 蝮螫我手 痛爲吾毒
첨이 착흉, 강리 방구의 천지는 기원이 바뀌어 일월이 다시 시작되고 독사가 나의 손을 쏘아 아파 나의 독이 되더라.
[註] 첨이 착흉, 강이 방구는 다 오랑캐 국명이다.

25-2 坤 慈母之恩 長大無孫 消息襁褓 害不入門
자모의 은혜는 장대한데 강봉의 소식에 손자가 없으면 해로워 문에 들이지 않더라.

25-3 屯 譌言妄語 傳相詿誤 道左失跡 不知鄕處
거짓말과 망령된 말은 전하는데 서로 속이고 미혹시켜 길이 잘 못되어 자취를 잃어 마을의 있는 곳을 알지 못하더라.

25-4 蒙 盍昧不明 陰積無光 日在北陸 萬物彫藏
답답하고 밝지 아니함은 음이 쌓여 빛이 없는데 해가 북쪽 땅에 있으면 만물이 조장(彫藏)되더라.
[註] 조장(彫藏)은 겨울에는 만물이 활동이 없어 발달하지 못하여 조각물처럼 가만히 있다는 뜻이다.

25-5 需　王母多福　天祿所伏　君之寵光　君子有昌
왕모가 복이 많으며 천록이 숨어 있는바 임금의 총광으로 군자가 창성함이 있더라.

25-6 訟　不耕而穫　家食不給　中女無良　長子跛足　疏齒善市　商人有喜
밭갈지 아니하고 곡식을 거두면서 집에 식량을 주지 않으니 중녀는 양군이 없고 장자는 절고 뻐드렁니에 장사를 잘하니 상인이 기쁨이 있더라.

25-7 師　火起上門　不爲我殘　跳脫東西　獨得生完　不利出鄰　疾病憂患
불이 상문에서 일어나 나를 남게 하지 않아 동서로 뛰어나와 홀로 완전히 살아나고 이웃에 나가는 것이 불리하니 질병과 우환이더라.

25-8 比　持刀操肉　對酒不食　夫亡從軍　少子入獄　抱膝獨宿
칼을 가지고 고기를 잡고 술을 대해도 먹지 아니하니 지아비는 도망가 종군(從軍)하고 젊은 아들은 옥에 갇히니 무릎을 안고 홀로 자더라.

25-9 小畜　鰌鰕去海　游於枯里　街巷迫狹　不得自在　南北四極　渴餒成疾
미꾸리와 새우가 바다를 버리고 고리에서 노니 거리가 좁아 자유롭지 못하고 남북사방에 목이 말라 병이 되더라.

25-10 履　啞啞笑語　與歡飲酒　長樂行觴　千秋起舞　拜受大福
깔깔 웃으며 말하고 같이 즐기며 술 마셔 길게 즐겁게 잔이 왔다갔다 하니 천추춤을 일어나 추고 큰복을 절하고 받더라.

25-11 泰　登高上山　賓于四門　士伍得歡　福爲我根
높이 산 위에 올라 사문(四門)에 인도하니 선비들이 기뻐하고 복이 나의 근본이 되더라.

25-12 否 天厭周德 命我南國 以禮靜民 兵革休息
하늘이 주나라 정치를 싫어해 나의 남국에 명하여 예로써 백성을 교묘하고 편안케 하니 전쟁이 그치더라.

25-13 同人 壅遏隄防 水不得行 火光盛陽 陰蜺伏匿 走歸其鄉
제방을 막으니 물이 내려가지 못하고 불볕더위가 성하니 암 말매미가 숨었다가 그 고향으로 달아나 돌아가더라.

25-14 大有 河海都市 國之輿府 商人受福 少子玉食
하수와 바다의 도시는 나라의 요지라 상인은 복을 받고 소자(少子)는 흰밥을 먹더라.

25-15 謙 東行避兵 南去不祥 西逐凶惡 北迎福生 與喜相逢
동쪽으로 가면 병란을 피하게 되고 남쪽으로 가면 상서롭지 못하고 서쪽으로는 흉악을 쫓고 북쪽으로는 복을 맞이하여 생(生)해서 기쁨과 더불어 서로 만나더라.

25-16 豫 東家中女 嫫母最醜 三十無室 媒伯勞苦
동쪽집 중녀가 더럽고 몹시 추해서 삼십에 시집이 없어 중매장이가 수고하더라.
[註] 막모(嫫母)는 옛적에 추한 여자인데 아주 어질었다.

25-17 隨 破亡之國 天所不福 難以止息
패망하는 나라는 하늘이 복을 아니 주니 썩 머물러 쉬기가 어렵더라.

25-18 蠱 驂駕蹇驢 日暮失時 居者無憂 保我樂娛
세 말 멍에 한 나귀가 다리를 절어 날이 저물고 때를 놓치니 살고 있는 자는 근심이 없어 나의 즐겁고 즐거움을 보존하더라.

25-19 臨 蝃蝀充側 佞倖傾惑 女謁橫行 正道壅塞

무지개는 옆으로 채우고 총애를 받는 사람에게 기울어져 혹한데 여인의 알현이 횡행하면 정도가 막혀 버리더라.

25-20 觀 三羖五牂 相隨羊行 迷入空- 循谷直北 徑涉六駁 爲所傷賊
세 숫양과 다섯 암양이 서로 따라 같이 가다 잘못 공택에 들어가 골짜기를 돌아 북으로 나가 길 건너다 박짐승 여섯에게 상한 바 되더라.
[註] 박(駁)은 말같이 생겼는데 호랑이를 잡아먹는 무서운 짐승이다.

25-21 噬嗑 戴喜抱子 與利爲反 天之所命 不憂危殆 郇伯勞苦 西來王母
기쁨을 이고 자식을 안고 이(利)로 더불어 벗이 되니 하늘이 명한 바라 위태함을 근심 아니하고 문왕이 수고하니 서쪽에서 왕모가 오더라.
[註] 순(郇)은 문왕을 봉한 땅이름이다.

25-22 賁 織縷未就 勝折無後 女工多能 亂我政事
짤 실이 준비가 아니되었는데 잘 끊어지고 뒤가 없는데 여공이 능함이 많아 나의 정사를 어지럽게 하더라.羑

25-23 剝 行露之訟 貞女不行 君子無食 使道壅塞
밤이슬의 송사는 정렬한 여인은 하지 않는데 군자는 먹을 것이 없어 길로 하여금 옹색하게 하더라.
[註] 행로지송(行露之訟)은 밤길을 다니면 이슬에 옷이 젖는다는 뜻인데 여인이 음난하여 밤길을 다니면 이슬에 옷이 젖는다.

25-24 復 羿張烏號 彀射天狼 鍾鼓不鳴 將軍振旅 趙國雄勇 鬪死滎陽
예후가 오호로 천랑을 쏘는데 북을 쳐도 울리지 아니하고 장군이 개선하는데 조나라가 용맹하여 영양에서 싸우다 죽더라.
[註] 예(羿)는 후예(后羿)로 명궁수이고 오호(烏號)는 활이름이다.

25-26 大畜 延頸望酒 不入我口 商人勞苦 利得無有 夏台羑里 雖危復喜

목을 늘이고 술을 바라보니 나의 입으로 들어가지 않아 상인은 수고만 하고 이득이 없고 하태와 유리는 비록 위태하나 기쁨이 돌아오더라.

[註] 하태(夏台)는 탕임금이 갇혔던 감옥이고 유리(羑里)는 문왕이 구금되었던 곳이다.

25-27 頤 冠帶南遊 與喜相期 邀於嘉國 拜位逢時
정장을 하고 남으로 가서 기쁨과 더불어 서로 기약하고 가국(嘉國)에서 맞아 위(位)에 절하고 때에 만나더라.

25-28 大過 東西觸垣 不利出門 魚藏深水 無以樂賓 爵給摧頹 光威滅衰
동서로 담을 더듬어도 나갈 문이 이롭지 아니하고 고기가 깊은 물에 있어 손님을 즐겁게 할게 없어 술잔 차례마다 머리 숙이니 빛나는 위엄이 쇠멸하더라.

25-29 坎 兩母十子 轉息無已 五乳百雛 騂駁驪駒
두어미 열자식이 전식을 맡지 않으니 다섯 젖에 백 마리 새끼에 붉은소 얼룩말 가라말 망아지더라.

25-30 離 重黎祖後 司馬太史 陽氏之災 雕宮悲苦
중려조의 후예는 사마태사니 고양씨의 재앙은 교지(월남)의 슬픔과 괴로움이더라.

[註] 중(重)은 소호(少昊)의 후손이고 려(黎)는 고양(高陽)의 후손이다. 사마담이 태사가 되어 아들 천이 그 자리를 계승하고 태사공이라 칭하였다.

[典據] 《史記》 太史公自序, 昔在顓頊. 命南正重以司天. 北正黎以司地. 當周宣王時失其守而爲司馬氏. 陽氏之災는 《左傳》 文公六年, 晋殺其大夫陽處父.

25-31 咸 內執柔德 止訟以嘿 宗邑賴福 禍災不作
안으로 유덕을 잡아 침묵으로 송사를 그치게 하니 종읍이 복을 힘입어 재앙이 아니 일어나더라.

25-32 恒 采唐沬鄕 要期桑中 失信不會 憂思約帶

당채를 말향에서 캐기 위해 상중에서 만나기로 하였는데 실신(失信)하여 모이지 아니하니 근심하며 약대를 생각하더라.

[註] 약대(約帶)는 우수가 살아지지 아니해 물건이 안에 결속된 것 같은 것이다.

25-33 遯 宮成立政 衣就缺袂 恭謙爲衛 終無禍尤

궁을 이루고 정부를 세우나 옷을 입되 소매가 없듯이 공손하고 겸손하게 지키면 끝내 재앙이 없으리라.

25-34 大壯 麒麟鳳凰 子孫盛昌 少齊在門 利以合婚 振衣彈冠 貴人大歡

기린 봉황은 자손이 성창하고 소제가 문에 있으니 합혼하는 것이 이로우므로 옷을 떨치고 갓의 먼지를 터니 귀인이 크게 기뻐하더라.

[註] 소제(少齊)는 진(晉) 후에 소강(少姜)이다.

[典據]《左傳》昭公二年, 韓須如齊逆女. 齊陳無宇送女致少姜. 少姜有寵於晉侯. 晉侯謂之少齊.

25-35 晉 亂危之國 不可涉域 機發身頓 逐至僵覆

어지럽고 위태한 나라는 돌아다님이 옳지 아니하니 기틀을 보아 몸을 정돈하라. 곧 전복되리라.

25-36 明夷 千雀萬鳩 與鷂爲仇 威挈不敵 雖衆無益 爲鷹所擊

천 새 만 비둘기가 새매와 원수가 되어도 위엄이 이지러져 적수가 되지 않으니 비록 수는 많으나 무익하여 송골매로 칠 바가 되더라.

25-37 家人 衆神集聚 相與讒議語 南國虐亂 百姓愁苦 興師征討 更立聖主

여러 신선이 모여 서로 의논하여 남국이 학정으로 어지러워 백성이 수고하니 군사를 일으켜 정벌하고 다시 성주(聖主)를 세우더라.

25-38 睽 顔淵閔騫 以禮自閑 君子所居 禍災不存

안연과 민자건은 예로써 스스로 한가하니 군자가 사는 곳에 재앙이 있지 않더라.
[註] 안연과 민자건은 공자님의 제자이다.

25-39 蹇　三桓自孫　世秉國權　爵世上卿　富於周公
환공의 후손이 대대로 국권을 잡아 벼슬이 상경에 이르고 주공보다 부하더라.

25-40 解　鶴鳴九皐　處子失時　載土販鹽　難爲功巧
학이 구구에서 울고 처자가 때를 잃어 흙을 싣고 소금을 파니 좋은 공(功)이 되기 어렵더라.

25-41 損　方軸圓輪　東行不前　組囊以錐　失其事便　還師振旅　兵革休止
모난 속바퀴에 둥근 바퀴로 동방으로 행하니 앞으로 가지 않고 송곳으로 주머니를 짜니 그 일에 편함을 잃으니 군사를 돌려 돌아오면 전쟁이 그치더라.

25-42 益　魚擾水濁　桀亂我國　駕龍出遊　東之樂邑　天賜我祿　與生爲福
고기가 요동하면 물이 흐린다. 걸이 나의 나라를 어지럽게 하여 용을 멍에하고 동쪽 낙읍을 가니 하늘이 나에게 녹을 주어 삶과 더불어 복이 되더라.

25-43 夬　白虎黑狼　伏祠山陽　遮遏牛羊　病我商人
백호와 검은 이리가 산모퉁이에 엎드려 기다리며 소와 양을 막으니 우리 상인을 병들게 하더라.

25-44 姤　履危不安　跌頓我顏　傷腫爲瘢
위태한 자리에 서면 불안하고 거꾸러져 얼굴을 다치면 종기가 생겨 흉터가 남더라.

25-45 萃　三人輦車　乘入旁家　王母貪叨　盜我資財　亡失黎牛
삼인이 끄는 수레를 타고 옆집에 들어가니 왕모가 나의 재물을 탐내 도적질하니 얼룩소가 없어졌더라.

25-46 升 三雁南飛 俱就井地 鰕鰌饒有 利得過倍
세 기러기가 남으로 날아 같이 정지에 나가니 새우와 미꾸리가 많이 있어 이득이 배를 넘더라.

25-47 困 鷹棲茂樹 猴雀往來 一擊獲兩 伏不枝梧
매가 우거진 나무에 살고 있는데 원숭이와 새가 왕래하니 한 번 쳐서 둘을 잡고 매복할 때는 벽오동 가지에 숨지 않더라.

25-48 井 堯舜欽明 禹稷股肱 伊尹往來 進履登堂 顯德之徒
요순이 밝음을 공경하니 우임금과 직설이 팔다리가 되고 이윤이 왕래하여, 즉 명신들이 왕을 도움이로다.

25-49 革 枯旱三年 草葉不生 粢盛空乏 無以供靈
심한 가뭄 삼 년에 풀잎이 나지 아니하여 곡식이 공핍하여 신령에게 제사 지낼 수가 없더라.

[註] 자성(粢盛)은 나라의 대제에 쓰는 기장과 피.

25-50 鼎 方口緩唇 爲知樞門 解釋鉤帶 商旅以歡
모난 입에 입술이 완이함은 상대방의 뜻을 알기 위함이요 허리띠의 고리를 풀음은 상려(商旅)의 기쁨이 있음이더라.

25-51 震 鳧池水溢 高陸爲海 江河橫流 魚鱉成市 千里無墻 鴛鳳遊行
오리 못에 물이 넘쳐 높은 땅이 바다가 되어 강물이 범람하니 물고기와 자라가 저자를 이루어 천리에 담이 없어 원앙과 봉황이 다니더라.

25-52 艮 烹魚失刀 駕車馬亡 錫刀不入 魴鯉腥臊

고기를 삶으니 칼을 잃고 수레를 멍에하니 말이 도망가고 주석 칼은 들지 아니하고 방어와 잉어가 비린내만 나더라.

25-53 漸 戎狄蹲居 無禮貪叨 非吾族類 君子攸去
오랑캐가 모여 살아 무례하고 탐내니 우리 족속이 아니라 군자는 휙 가버리더라.

25-54 歸妹 渡河踰水 狐濡其尾 不爲禍憂 捕魚遇蟹 利得無幾
물을 건너는데 여우가 그 꼬리를 적심은 재앙과 근심은 되지 않지만 고기를 잡는데 게를 만나면 이득이 거의 없더라.

25-55 豊 河出小魚 不宜勞煩 苛政害民 君受其患
하수에서 작은 고기가 나오는 것은 수고롭고 번거로운 것은 아니나 가혹한 정치가 백성을 해롭게 하니 임금이 그 우환을 받게 되더라.

25-56 旅 偃武修文 兵革休安 淸人逍遙 未歸空閑
무(武)를 눕히고 글을 닦는 것은 병혁을 쉬어 편하게 함이요 청인이 소요함은 공한(空閑)에 돌아오지 아니함이더라.

25-57 巽 九疑盉林 沮濕不中 鸞鳥所去 君子不安
구의산(순임금의 사당이 있는 곳)의 밀림이 저습해 맞지 않아 난조(상서로운 새)가 가버리니 군자가 불안해하더라.

25-58 兌 持猬逢虎 患厭不起 逐至懽國 與福笑語 君王樂喜
고슴도치를 가지고 호랑이를 만나니 근심하고 싫어해 일어나지 아니하여 환국에 이르러 복과 더불어 소담하니 군왕이 즐거워하며 기뻐하더라.

25-59 渙 狗生龍馬 公勞嫗苦 家無良駒 折悔爲咎
개가 용마를 낳고 공이 수고하고 할미가 고생하나 집에 좋은 망아지가 없어 뉘우침을 억제함이 허물이 되더라.

25-60 節　嬰孩求乳　慈母歸子　黃麛悅喜　得其甘餌
어린 새끼가 젖을 구하는데 어미가 자식에게 돌아오니 누런 사슴새끼가 희열함은 그 감미로운 먹이를 얻음이더라.

25-61 中孚　有兩赤鷂　從五隼噪　操矢無筈　趣釋爾射　扶伏聽命　不敢動搖
두 붉은 장끼가 다섯 새매를 쫓아 지저귀는데 화살을 잡는데 살오늬가 없으나 너를 쏘겠다고 하니 엎드려 명을 들어 감히 움직이지 못하더라.

25-62 小過　伊尹智士　去桀耕野　執順以强　文和無咎
이윤은 지사라 걸을 버리고 농사를 지으니 순함을 잡아도 강해지니 문(文)과 더불어 화합하니 재앙이 없더라.

25-63 旣濟　逐鹿西山　利入我門　陰陽和調　國無災殃
사슴을 서산에 쫓으니 이(利)가 나의 문으로 들어오고 음양이 조화하니 나라에 재앙이 없더라.

25-64 未濟　龍興之德　周武受福　長女宜家　與君相保　長股遠行　狸且善藏
용이 일으킨 덕으로 주무왕이 복을 받아 장녀가 시집가서 남편과 더불어 서로 보전하여 긴 다리로 멀리 가니 살쾡이가 또한 잘 감추더라.

艮上 乾下 大畜之第二十六　山天大畜

26-26 大畜　朝鮮之地　箕伯所保　宜人宜家　業處子孫　求事大吉

조선은 기자의 땅으로 사람에게 맞는 정치에 집안이 화목하니 생업에 종사하는 자손은 일을 구하면 대길하더라.

[註] 기백(箕伯)은 기자의 상왕주의 숙부로서 주왕을 정벌한 후 조선의 왕에 봉하여졌다.

26-1 乾　金柱鐵關　堅固衛災　君子居之　安無憂危

금기둥에 철문으로 견고하게 재앙을 막으니 군자가 살면 편안하고 근심과 위태로움이 없더라.

26-2 坤　轉禍爲福　喜來入屋　春城夏國　可以飮食　保全家室

전화위복하여 기쁨이 와서 집에 들어오니 집안이 화합하여 마시고 먹고 해서 집안을 보전하더라.

26-3 屯　水暴橫行　浮屋壞墻　泱泱溢溢　市師驚惶　居止不殆　與母相保

물이 사납게 횡행하여 집이 뜨고 담이 무너지고 물이 깊고 넓으며 넘치니 장사꾼이 놀라고 당황하나 사는 데가 위태하지 않아 어머니와 같이 서로 보존하더라.

26-4 蒙　虎豹熊羆　遊戲山隅　得其所欲　君子無憂　旅人失利　市空無人

호랑이와 곰이 산 모퉁이에서 유희하여 그 하고자 하는 바를 얻으니 군자는 근심이 없고 여행인은 이(利)를 잃어 저자가 텅 비어 사람이 없더라.

26-5 需　躬禮履仁　尙德止訟　宗邑已安　三百無患

몸소 예를 갖추고 어짐을 행하니 덕이 높아 송사가 그쳐 종읍이 이미 편안하니 삼백이 근심이 없더라.

[註] 제나라 관중이 백씨(伯氏)의 병읍 삼백을 뺏으나 원성이 없었다.

26-6 訟 江淮易服 玄黃朱飾 靈公夏徵 袞衵無極 高位崩顚 失其寵室
강과 회수는 정복하기 쉽고 검고 누렁은 붉게 장식할 수 있다. 진령공 하희를 부를 때 속옷이 극진함이 없어 높은 자리가 무너져 그 총실을 잃더라.

[註] 진(陳)령공이 공령 의행부와 더불어 하희와 서로 간통하고 각기 하희의 정표로 내의를 받아 희롱하였는데 하희의 아들 증서가 행부를 닮았다, 임금을 닮았다 하고 희롱하니 증서가 창피하게 생각하고 마긋간에 숨었다가 진령공을 쏘아 죽였다. 夏徵은 夏姬의 子徵舒.

[典據] 《左傳》 宣公九年.

26-7 師 不虞之患 禍至無門 奄忽暴卒 痛傷我心
생각지 아니한 우환과 재앙은 문이 없이 이르러 홀연히 별안간 죽으니 나의 마음을 상하고 아프게 하더라.

26-8 比 三塗五嶽 去危入室 凶禍不作 桀盜堯服 失其寵福 貴人有疾
삼도오악이 위태로워 버리고 집에 들어가니 흉한 재앙은 일어나지 않으나 걸이 요임금의 나라를 도적질하여 그 총복을 잃으니 귀인이 병들더라.

[註] 요복(堯服) 천하를 말함이다. 도(盜)는 정도로 천하를 다스리지 아니하고 저의 사유물처럼 하였다 함을 말하는 것이다.

26-9 小畜 配合相迎 利之四鄉 昏以爲期 明星熠熠 欣喜君奭 所言得當
짝을 맞아 서로 영접함은 이웃이 다 이로운 때가 되면 밝은 별이 선명하니 임금이 크게 기뻐하고 말하는 바가 정당하더라.

26-10 履 三手六身 莫適所閑 更相搖動 失事便安 箕子佯狂 國乃不昌
세 손에 여섯 몸은 한가한 바에 맞지 않아 다시 서로 요동하는데 일의 편안을 잃으니 기자가 거짓으로 미쳐 나라가 창성하지 아니하더라.

[註] 기자(箕子)는 상왕주의 숙부로서 주가 무도한 짓을 하니 거짓 미쳐 종이 되어

죽음을 면했다.

26-11 泰 虎臥山隅 鹿過後朐 弓矢設張 彙爲功曹 伏不敢起 逐全其軀 得我美草

호랑이가 산모퉁이에 누어 있어 사슴이 뒤로 멀리 지나가는데 궁시를 장치하고 고슴도치의 공이 되어 엎드려서 감히 일어나지 못하니 드디어 몸을 완전히 하고 나의 아름다운 풀을 얻더라.

26-12 否 麟鳳執獲 英雄失職 自衛返魯 猥昧不起 祿福訖已

기린과 봉황을 잡으니 영웅이 실직하고 위나라로부터 노나라로 돌아와 더럽고 어두워 일어나지 아니하니 녹복이 끝나더라.

[註] 저상이 기린을 잡고 공자님이 위나라로부터 노나라에 돌아와서 춘추를 지으시었다.

[典據] 《公羊傳》 哀公十四年.

26-13 同人 欒子作殃 伯氏誅傷 州黎奔楚 失其寵光

난자가 재앙을 만들어 백씨를 주상하고 주려가 초나라로 달아나니 그 은총을 입은 영광을 잃더라.

[註] 欒子는 晉의 賢大夫欒弗忌, 伯氏는 伯州犁. 伯宗의 아들.

[典據] 《左傳》 成公十五年. 춘추 성공15년 10월에 진(晉) 삼각(三郤)에 백종을 참소해 죽이다 배주려가 초나라로 도망갔다.

26-14 大有 黃帝出遊 駕龍乘馬 東至泰山 南過齊魯 王良御右 文武何咎 不利市賈

황제가 출유할 때 용을 멍에하고 말을 타고 동으로 태산에 이르고 남으로 제나라와 노나라를 지나는데 왕량이 경호하니 문무가 무슨 허물이 있으랴 장사는 이롭지 못하더라.

26-15 謙 齊魯爭言 戰於龍門 遘怨致禍 三世不安

제노가 말다툼하다가 용문에서 전쟁하여 원한을 만들어 화근을 이루니 삼세가 불안하더라.

[註] 춘추 노성공 2년에 제후가 용문을 포위하고 제후가 친히 북치고 공격하여 3일 만에 승리했다.

26-16 豫 道理和德 仁不相賊 君子往之 樂有其利
예를 지키고 덕으로 화합하니 인(仁)과 서로 적이 되지 않아 군자가 가니 즐거움이 이로운 데 있더라.

26-17 隨 嫗跖跖公妮 毁益亂類 使我家憒 利得不逐
할미가 계집종을 투기하여 이익을 헐고 계급을 어지럽혀 나의 집으로 하여금 어지럽게 하니 이득을 이루지 못하더라.

26-18 蠱 一巢九子 同公共母 柔順利貞 出入不殆 福祿所在
한 둥지에 아홉 자식이 다 같이 어머니를 같이하며 유순하고 길하고 곧으니 출입에 위태하지 아니하여 복록이 있는 바더라.

26-19 臨 崔嵬北岳 天神貴客 溫仁正直 主布恩德 閔哀不已
높고 험한 북악의 천신귀객은 온인 정직하여 주로 은덕을 베풀고 민망하고 슬퍼하여 말지 아니하니 큰 복을 받더라.

[註] 북악(北岳)은 항산(恒山)이다.

26-20 觀 三蛆逐蠅 陷墮釜中 灌沸渰殪 與母長訣
세 구더기가 파리를 좇다가 가마솥에 빠져 물이 끓어 쪄서 죽으니 어미와 길게 결별하더라.

26-21 噬嗑 東山西陵 高峻難升 滅夷拙壘 使道不通 商旅無功 復反其邦
동산과 서릉이 높고 험준해 오르기 어렵고 오랑캐를 멸하기 위해 참호를 파서 길이 통하지 못하니 장사 여행을 할 수 없어 그 나라에서 왔다갔다 하더라.

26-22 賁　常德自如　不逢禍災　樂只君子　福祿自來

항상 덕이 자여하니 재앙을 만나지 않아 즐겁게 사는 군자는 복록이 스스로 오더라.

26-23 剝　范子妙材　戮辱傷膚　後相秦國　封爲應侯

범자(범수)가 묘한 재주로 형벌로 능욕을 당한 후 진나라의 정승이 되어 응후에 봉함을 받더라.

[註] 범자(范子)는 범수로서 처음에는 위나라를 섬겨 수가를 따라 제나라에 사신으로 갔다가 제나라로부터 금과 은을 받았다. 수가가 알고 대노하여 위상에게 범수가 제나라와 내통한다고 보고하여 볼기를 맞아 갈비가 부러졌는데 거짓 죽은 체하여 측간에 버려졌다가 몰래 도망하여 변성명하고 진(秦)나라로 도망하여 각경의 대우를 받아 응후에 봉함을 받았다.

26-24 復　虎狼結集　相聚爲保　伺囓牛羊　道絕不通　病我商人

호랑이가 집결하니 서로 모여 보호하나 엿보다가 소와 양을 물으니 길이 끊겨 불통하여 나 상인을 병들게 하더라.

26-25 無妄　不直杜公　與我爭訟　媒伯無禮　自令塞壅

곧 아니한 두공이 나와 더불어 쟁송하니 모백이 무례하여 스스로 옹색하더라.

[註] 두공(杜公)은 두백(杜伯). 춘추에 모백무례(媒伯無禮)는 왕첩이 무례한 일로 두백으로 하여금 죄를 짓도록 하였다는 뜻이다.

26-27 頤　上天樓台　登拜受福　喜慶大來

하늘 누대에 올라가 절하고 복을 받으니 기쁜 경사가 크게 오더라.

26-28 大過　三羊上山　東至平原　黃龍服箱　南至魯陽　完其珮囊　執綏車中　行人有慶

세 양이 산에 올라 동쪽 평원에 이르니 황룡이 상자를 안고 남으로 노양에 이르니 찬주머니가 완전하여 수레 가운데서 인끈을 잡으니 행인에 경사가 있더라.

26-29 坎 天地閉塞 仁智隱伏 商旅不行 利深難得

하늘과 땅이 폐색하고 어진 지혜가 숨고 상여가 행해지지 아니하니 이가 깊어 얻기 어렵더라.

26-30 離 延陵適魯 觀樂太史 車鄰白顚 知秦興起 卒兼其國 一統爲主

연릉이 노나라에 가서 악태사를 보니 수레의 말이나 백모가 있어 진나라가 장차 흥할 것을 알았는데 끝내 그 나라를 겸해 통일천하하고 주인이 되더라.

[註] 延陵은 吳의 公子季札.

[典據]《左傳》襄公二十九年, 札適魯觀周樂. 及聞歌秦詩曰, 此之謂夏聲. 夫能夏則大. 大之至也. 其周之舊乎. 鄰은 車聲, 白顚은 額에 난 白毛를 말함.

26-31 咸 櫜戢甲兵 歸放馬牛 徑路開通 國無凶憂 朽牆不鑿 疾病難治

갑병(군대)을 거두고 우마를 돌려보내니 길이 개통되고 나라의 흉한 근심이 없으나 썩은 담을 고치지 아니하니 질병은 치료되기 어렵더라.

26-32 恒 牛驥同堂 郭氏以亡 國破爲墟 君奔走逃

소와 천리마가 집을 같이하고 곽씨가 망해 나라가 폐허가 되니 임금이 달아나 도망가더라.

[註] 제환공 곽국 부노에게 곽국의 망한 이유를 물으니 부노가 말하기를 좋은 줄 알면서 쓰지 아니하고 악한 줄 알면서 버리지 못해 망했다 하였다.

26-33 遯 大尾小腰 重不可搖 棟橈榱壞 臣爲君憂 陽大之言 消不爲患 使我復安

큰 꼬리에 허리가 적어 무거워 흔들지 못하고 기둥은 꺾어지고 서까래는 무너지며 신하가 임금의 근심거리가 되니 허풍 떠는 말을 잘 삭이면 근심되지 아니하여 나로 하여금 다시 편안하게 하더라.

26-34 大壯 太一置酒 樂正起舞 萬福攸同 可以安處 綏我齯齒

태일성이 술을 놓고 음악을 울리며 일어나 춤추니 만복이 같이하니 가히 편안히 있을 곳으로 나의 다시 난 이빨을 편안케 하더라.

26-35 晉 飮酒醉酗 跳起爭鬪 伯傷叔僵 東家治喪
술 마시고 취해 주정하여 뛰어 일어나 투쟁하여 백씨는 상하고 숙씨는 죽으니 동가(東家)에서 초상을 치르더라.

26-36 明夷 山險難登 澗中多石 車馳轄擊 重載傷軸 擔負善躓 跌踒右足
산이 험해 오르기 어렵고 개울에 돌이 많아 수레가 달릴 때 굴대 끝을 때리고 무겁게 실어 속바퀴를 상하고 짐을 지면 잘 미끄러지는데 거꾸로 넘어져 바른 발을 상하더라.

26-37 家人 爭訟不已 更相咨詢 張季弱口 被髮北走
쟁송을 하다가 다시 서로 의논하려 했으나 장계가 약해 머리를 풀고 북으로 달아나더라.

26-38 睽 心志無良 傷破妄行 觸牆觝壁 不見戶房 先王閉關 商旅委棄
심지가 어질지 못해 파상에 망행하여 담을 찌르고 벽을 받으나 방문을 보지 못하니 선왕이 관문을 닫아 상려(商旅)를 버리더라.

26-39 蹇 鶚鳩鴟鴞 治成遇災 綏德安家 周公勤勞
부엉이 뱁새 솔개 등이 재앙을 만들어 내나 덕을 닦아 집을 편안하게 함은 주공께서 근로(勤勞)하심이더라.

26-40 解 淸人高子 久在外野 逍遙不歸 思我慈母
청읍사람 고자(고극)가 오래 외야에 있어 소요하면서 돌아가지 못하니 나의 자모(慈母)를 생각하더라.

[註] 정문공이 고극을 싫어해 고극으로 하여금 청읍 군사를 주둔하여 오랑캐를 막으라 하고 오래도록 부르지 아니하니 군사는 흩어져 돌아가고 고극은 진(陳)나라로 도망갔다.

26-41 損 兩虎爭鬪 服創無處 不成仇讐 行解卻去
두 호랑이가 싸웠으나 상처가 없어 원수가 되지 않아 화해하고 물러가더라.

26-42 益 天女踞床 不成文章 南箕無舌 飯多沙糖 虛象盜名 雄?折頸
직녀가 상에 걸터앉아 문장을 못이루고 남기성은 혀가 없고 밥에 모래와 겨가 많으니 허상(虛像)에 이름만 훔치니 수탉이 목을 꺾이더라.

26-43 夬 太子扶蘇 出於遠郊 佞幸成邪 -命生憂 慈母之恩 無路致之
태자 부소가 원교에 나가 있어 아첨하여 꼬임을 받은 자가 사를 이루어 조서를 개조하여 재앙을 낳으니 자모의 은혜를 이룰 길이 없더라.

[註] 부소(扶蘇)는 진시황의 태자로 만리장성 축조를 감군하고 있던 중 시황이 죽으니 조고가 조서를 위조하여 부소를 죽게 하고 호해를 왕으로 세웠다.

26-44 姤 寒暑相推 一明一微 赫赫宗周 光榮滅衰
세월이 가면서 한번 밝고 한번 어두우니 혁혁하던 주나라도 광영이 쇠멸하더라.

26-45 萃 雞狗相望 仁道篤行 不吠昏明 各安其鄕 周鼎和餌 國富民有 八極蒙祐
계견이 서로 바라보고 어진 길이 잘 행해져 어둡고 밝음을 짖지 아니하고 각각 직분에 편안하니 주나라 솥이 먹이를 화하게 하니 나라는 부강하고 백성은 여유하니 팔방이 복을 받더라.

26-46 升 牕牖戶房 通利光明 賢知輔聖 仁施大行 家給人足 海內殷昌
들창과 같은 호방이 밝게 잘 통해 어진 지혜로 성인을 어진 정치가 크게 행하여 집에는 사람이 족하도록 주니 나라 안이 창성하더라.

26-47 困 雨雪三日 鳥獸飢乏 旅人失宜 利不可得 幾言解患 以療紛難 危者復安
비와 눈이 삼일을 오니 조수가 굶주리고 여행하는 사람이 마땅함을 잃어 이득을 얻지 못하니 기언(幾言)으로 근심을 풀어 어지럽고 어려움을 치료하면 위태로운 자가 다시 편안하더라.

26-48 井 白鵠銜珠 夜食爲明 膏潤渥優 國歲年豊 中子來同 見惡不凶
백학이 구슬을 물음은 밤에 먹는데 밝게 함이요 비가 때 맞추어 와서 나라에 해마다 풍년이 들고 중자가 와서 같이 있느니 악한 것을 보아도 흉하지 않더라.

26-49 革 從豚牽羊 與虎相逢 雖驚不凶
도야지를 좇고 양을 끌고 호랑이와 서로 만나니 비록 놀랐으나 흉하지 않더라.

26-50 鼎 鳧雁啞啞 以水爲宅 雌雄相和 心志娛樂 得其所欲 絕無患惡
오리와 기러기가 아아하며 물을 써 집을 삼고 자웅이 화합하여 심지가 즐거우니 하고자 하는 바를 얻으니 절대로 근심과 악함이 없더라.

26-51 震 逐狐平原 水遏我前 深不可涉 暮無所得
여우를 평원에서 좇다가 물이 나의 앞을 막으니 깊어 건너지 못하고 저물도록 얻는 바가 없더라.

26-52 艮 窟室蓬戶 寒賤所處 十里望煙 散渙四方 形体滅亡 下入深淵 終不見君
굴집에 쑥대문은 가난하고 천한 것이 사는 곳으로 십리의 연기를 바라보니 사방으로 흩어지고 풀어져 형체가 멸망하여 깊은 연못으로 들어가니 끝내 임금을 보지 못하더라.

26-53 漸 桀紂之主 悖不可輔 貪榮爲人 必定其咎 聚斂積實 野在鄙邑 未得入室
걸주의 임금은 어지러워 가히 도울 수 없으나 영화를 탐내는 사람은 반드시 그 재앙을 정하니 거두어 모아 싸둔 것이 비읍에 있고 집에 들이지 못하더라.

26-54 歸妹　倉庫盈億　年歲有息　商人留連　雖久有得　陰多陽少　因地就力
창고가 가득차서 해마다 쉼이 있으나 상인(商人)이 머물러 이어져 비록 득이 있음은 오래이나 음은 많고 양은 적으니 땅으로 인해 힘을 이루더라.

26-55 豊　火山不然　釣鯉失綸　魚不可得　利去我北　三仁同福　以興周國　君子安息
화산이 타지 아니하고 잉어를 낚시하는데 줄을 잃으니 고기를 얻지 못해 이(利)가 나를 버리고 가는데 세 어진이가 복을 같이 해 주나라를 일으키니 군자가 안식하더라.

26-56 旅　童女無媒　不宜動搖　安其居廬　傳母何憂
동녀는 중매가 없어도 동요하지 아니함이 마땅하고 그 사는 집이 편안하고 어머니를 스승하니 무엇을 근심하리요.

26-57 巽　載風雲母　遊觀東海　鼓翼千里　見吾愛子
바람과 구름에 실어 동해를 유람하니 날개를 쳐서 천리에 나의 사랑하는 아들을 보더라.

26-58 兌　鴻盜我襦　逃於山隅　不見其迹　使伯心憂
큰 기러기가 나의 저고리를 훔쳐 산모퉁이로 도망가 그 자취를 볼 수 없어 백씨(맏이)로 하여금 마음 근심을 하게 하더라.

26-59 渙　視夜無明　不利遠鄕　閉門塞牖　福爲我毋
밤에 보면 밝음이 없고 시골을 멀리 함은 이롭지 아니하니 문을 닫고 창을 막으면 나를 위함이 없더라.

26-60 節　三狗逐兎　于東北路　利以進取　商人有得
세 개가 토끼를 쫓아 동북으로 가서 이(利)로써 나아가 취하니 상인이 얻음이 있

더라.

26-61 中孚 武王不豫 周公禱謝 載璧秉珪 安寧如故
무왕이 병환이 나자 주공이 구슬과 서옥을 잡고 기도하니 안녕이 여전하더라.
[典據]《書經》金縢篇, 王有疾. 弗豫. 周公植璧秉珪. 乃告大王王季文王. 王翼日乃瘳.

26-62 小過 同載共車 中途別去 爵級不進 君子不輿
한 차에 같이 가다가 중도에 따로 가니 작급이 승급되지 않아 군자가 하야하더라.

26-63 旣濟 六雁俱飛 遊戲稻池 大飮多食 食飽無患
여섯 기러기가 같이 날아 도지에서 유희하며 많이 마시고 많이 먹으니 배 부르게 먹어도 재앙은 없더라.

26-64 未濟 符左契右 相與合齒 乾坤利貞 出生六子 長大成就 風言如毋
신표를 주고 받아 혼인하니 남편과 부인이 의리로 자식 여섯을 낳아 크게 성취하니 풍문은 없는 것 같더라.

艮上 震下 頤之第二十七 山雷頤

27-27 頤 家給人足 頌聲並作 四夷賓服 干戈卷閣
집집마다 넉넉하고 사람마다 풍족하고 찬양하는 소리가 같이 일어나 사방의 오랑캐가 와서 복종하니 무기를 창고에 거두어 두더라.
[註] 주나라 명왕 소왕에 덕을 베푸니 사방 오랑캐가 와서 복종하여 무기를 거두어 두었다.

27-1 乾 思初道古 哀吟無輔 陽明不制 上失其所
생각하는 것은 처음이나 도는 오래이니 도와줌이 없음을 슬퍼하나 양이 음을 제어하지 못하면 위에서 그 자리를 잃는다.

27-2 坤 江河淮海 天之奧府 衆利所聚 賓服饒有 樂我君子
강과 바다는 하늘이 주신 요지로 모든 이익이 모이니 손님이 많이 모이니 나의 군자를 즐겁게 하더라.

27-3 屯 三雁俱行 避暑就涼 適與矰遇 爲繳所傷
세 기러기가 같이 가서 피서하다가 마침 주살과 더불어 만나 주살에 상한 바 되더라.

27-4 蒙 秋南春北 隨時休息 處和履中 安無憂凶
가을에는 남쪽 봄에는 북쪽 때에 따라 휴식을 적당히 중도를 취하면 안전하고 흉한 재앙이 없더라.

27-5 需 履危無患 跳脫獨全 不利出門 傷我左膝 疾病不食 鬼哭其室
위태한 데서 재앙 없는 곳으로 뛰어 벗어나 홀로 온전하나 문을 나갈 때 잘못하여 나의 왼쪽 무릎을 상해 질병으로 먹지 않으니 귀신이 그 집에서 울더라.

27-6 訟 東家凶婦 怨其公姥 毁杵破盆 棄其飯飱 使吾困貧
동쪽 집 흉한 지어미가 그 늙은 할미를 원망하며 쟁반을 깨고 동이를 깨고 그 밥을 버리니 나로 하여금 빈곤하게 하더라.

27-7 師 泥滓汚辱 棄損溝瀆 衆所笑哭 終不顯祿
진흙 앙금에 더럽혀 개천에 버리니 모든 사람이 울고 웃으니 끝내 현록(顯祿)을 받지 못하더라.

27-8 比 旦往暮還 各與相存 身無凶患
아침에 가고 저물게 돌아와 각기 서로 공존하니 몸에 흉한 재앙이 없더라.

27-9 小畜 六翮長翼 夜過射國 高飛冥冥 羿氏無得
여섯 깃의 긴 날개로 밤에 사국을 지나는데 어두운 중에 높이 날으니 예씨가 얻는 게 없더라.

27-10 履 蜂蠆之門 難以止息 嘉媚指士 爲王所食 從去其室
벌의 문은 끝나고 쉬기 어려웁고 아첨을 잘하는 자는 왕의 밥이 되니 그 집을 좇아가더라.

27-11 泰 被狐乘龍 爲王道東 過時不返 使我憂聾
여우 가죽옷을 입고 용마를 타고 왕을 위해 동쪽으로 갔는데 시간이 지나도 돌아오지 않으니 나로 하여금 귀머거리가 아닌가 근심되더라.

27-12 否 雹梅零墜 心思憒憒 亂我魂氣
우박이 매화를 영타하니 마음이 어지러워 나의 혼을 어지럽게 하더라.

27-13 同人 長女三家 進退多態 牝狐作妖 夜行離憂
장녀가 세 번 시집가는데 진퇴의 애교가 많으니 암여우가 요괴를 부리는 것 같으나 밤에 가니 근심을 떠나더라.

27-14 大有 轟轟嗔嗔 驅車東西 盛盈必毁 高位崩顚
굉굉전전 수레를 동서로 모는데 너무 차면 반드시 무너지니 높은 자리는 무너지며 엎어지더라.

27-15 謙 乘船道濟 載水逢火 賴得無患 蒙我生全
배를 타고 길을 건너는데 물을 싣고 불을 만나니 근심이 없음을 힘입어 나는 살아 완전하더라.

27-16 豫 至德之君 政仁且溫 伊呂股肱 國富民安
덕이 지극한 임금의 정치가 어질고 또 온화하여 이윤과 여망이 도우니 나라는 부하고 백성은 편안하더라.

27-17 隨 生不逢時 困且多憂 無有冬夏 心常悲愁
나서 때를 만나지 못해 곤하고 또 근심이 많으니 겨울 여름 없이 마음이 항상 슬프고 근심하더라.

27-18 蠱 南歷玉山 東入生門 登福上堂 飮萬歲漿
남쪽 옥산을 지나 동쪽 생문으로 들어가 상당의 복에 올라 만세장을 마시더라.

27-19 臨 大斧斫木 讒人敗國 東關二五 禍及三子 晉人亂危 懷公出走
큰 도끼로 나무를 쪼개듯 참소하는 사람이 나라를 망치고 동관의 두오(양오, 폐오)의 화가 삼자에 미치니 진나라 사람이 어지럽고 위태하여 회공이 나가 달아나더라.

[註] 讒人은 驪姬를 가리킨다. 東關二五는 外嬖梁五와 東關嬖五를 말하며, 三子는 晉獻公의 세 아들 申生, 重耳, 夷吾를 가리킨다. 懷公은 夷吾의 아들. 현공은 여희의 말을 듣고 신생을 죽이고 중이는 蒲로, 이오는 屈로 출분하였다. 희공 23년에 이오의 아들 희공이 秦으로부터 돌아와 현공의 대를 이어 희공이 되었

다가 다음해 중이가 돌아와 문공이 되고 그를 쫓아냈다.

《左傳》 莊公二十八年에 나온다.

27-20 觀 一室白孫 公悅?歡 相與笑言 家樂以安
한 집에 손자가 백이니 공이 기뻐하고 할미가 즐거워하여 서로 소담하니 집안이 즐겁고 편안하더라.

27-21 噬嗑 隨陽轉行 不失其常 君安於鄕 國無咎殃
세월 따라 움직이되 그 정성을 잃지 아니하고 임금이 시골에 편안히 있으니 나라에 재앙이 없더라.

27-22 賁 羣虎入邑 求索肉食 大人禦守 君不失國
여러 호랑이가 골에 들어와 먹을 고기를 찾아 구하나 대인이 막아지키니 임금이 나라를 잃지 아니하더라.

27-23 剝 弱足刖跟 不利出門 商賈無贏 折崩爲患 湯火之憂 轉解喜來
약한 발의 뒤꿈치를 자르니 출입이 불리해 장사에 이익이 없어 꺾어지고 무너질까 걱정하나 탕화의 근심이 잘 풀려 기쁨이 오더라.

27-24 復 夏台羑里 湯文厄處 鬼候飮食 岐人悅喜
하대와 유리는 탕왕과 문왕이 갇혔던 곳이다. 귀신이 음식을 모시니 기산 사람이 기뻐하더라.

27-25 無妄 棟橈榱壞 廊屋大敗 宮闕空廓 如冬枯樹
기둥이 흔들리고 서까래가 무너져 행랑집이 대패하여 궁궐과 성곽이 비니 겨울의 마른나무 같더라.

27-26 大畜 讒以內安 不利其國 室家大懼 幽囚重閉 疾病多求 罪亂憒憒

안이 편안하다고 아첨하니 그 나라에 이롭지 못해 집안이 서로 두려워 깊이 가두고 단단히 닫으니 질병이 많이 생겨 죄스러운 마음이 산란하여 근심하더라.

27-28 大過　六龍俱怒　戰於坂下　蒼夷不勝　旅人艱苦
여섯 용이 같이 노해 언덕 아래서 싸우다 창황용이 이기지 못하니 여행하는 사람이 어렵고 고생하더라.

27-29 坎　天下雷行　塵起不明　市空無羊　疾人憂凶　三木不辜　脫歸家邦
천하에 우뢰가 행하니 먼지가 일어나 밝지 못해 저자가 비어 양이 없고 병든 사람이 흉한 것을 근심하니 형구가 허물하지 아니하니 벗어나 집 나라로 돌아오더라.
[註] 三木 : 옛적의 형구로서 목, 손, 발에 씌우는 刑具이다.

27-30 離　一指食肉　口無所得　染期鼎鼐　舌饒於腹
손가락 하나로 고기를 먹으니 입이 얻은 바 없고 가마솥만 물드리니 혀는 배에서 요기하더라.
[註] 좌전에 鄭公이 자라 국을 끓이고 자공에게 모든 대신과 같이 자라 국을 먹을 것이라 말하니, 자공이 말하기를 나는 별식이 생기면 식지에 빌미가 보이는데 오늘 새벽에 식지에 그 증후가 있더니 과연 별식을 먹게 되었다 하였는데 정공이 자공에게는 주지 아니하니 자공이 화가 나서 손가락으로 자라국을 찍어 먹었다.

27-31 咸　喜笑不常　失其福慶　口辟言疥　行者畏忌
기뻐하는 웃음이 정상이 아니면 그 복과 경사를 잃고 입버릇처럼 옴을 말하면 행인이 두려워하고 꺼리더라.

27-32 恒　毛生豪背　國樂民富　侯王有德
털이 호걸의 등에 나고 나라는 즐겁고 백성은 부하니 후왕이 유덕함이더라.

27-33 遯　豶豕童牛　害傷不來　三女同室　生我福仁

거세한 돼지와 어린소가 상해하고 오지 아니하고 세 여인이 한 집에서 사니 나의 복과 어짐을 낳더라.

27-34 大壯　江河淮海　盈溢爲害　邑被其瀨　年困無歲
강과 바다가 차서 넘치며 해가 되니 골이 그 여울을 입어 해마다 곤궁하고 거둘 것이 없더라.

27-35 晉　兩虎爭鬪　股瘡無處　不成仇讎　行解郤去
두 호랑이가 싸워 다리에 상처가 없자 원수가 되지 않고 화해하며 물러가더라.

27-36 明夷　五嶽四瀆　潤洽爲德　行不失理　民賴恩福
오악사독(천하)에 혜택이 널리 미쳐 덕이 되고 행함에 이치를 잃지 아니하니 백성이 은혜와 복을 입더라.

27-37 家人　載車乘馬　南逢君子　與我嘉喜　雖憂無咎
수레에 싣고 말 타고 남쪽에서 군자를 만나 나와 같이 기뻐하니 비록 근심되나 재앙은 없더라.

27-38 睽　缺囊破筐　空無黍梁　不媚如公　棄於糞牆
주머니가 찢어지고 광주리가 깨져 곡식이 다 없어지니 아낌없이 거름더미에 버리더라.

27-39 蹇　殺行桃園　見虎東還　螳螂之敵　使我無患
도원에서 살행(殺行)하다가 호랑이를 보고 동으로 돌아오니 버마제비의 적은 내가 근심할 것이 없더라.

27-40 解　飢人入室　政衰弊極　抱其彝器　奔於他國　因禍受福
주린 사람이 집에 들어오니 정치는 쇠하고 폐단은 극에 달하니 제기를 가지고 타국으로 달아나 재앙으로 인해 복을 받더라.

[註] 상주왕이 무도하여 숙부인 微子가 종묘제기를 가지고 周나라로 도망가니 주무왕이 천하를 평정한 후 미자를 송나라에 봉했다.

27-41 損　庭燎夜明　追古傷今　陽弱不制　陰雄坐戾

마당에 모닥불로 밤을 밝히고 추억에 지금을 상심하니 양이 약해 제어치 못하니 음웅(陰雄)이 되돌아 앉더라.

27-42 益　懸貆素飱　食其非任　失輿剝廬　休坐徙居

단비는 소식하는데 아무거나 먹지 아니하고 가마를 잃고 짚을 벗기면 모여 앉아 쉬다가 이사해 살더라.

27-43 夬　喜門福善　繒帛盛織　日就爲得　財寶敵國

기쁜 문에 복이 가득하니 비단을 많이 짜 날마다 득이 되니 재물과 보배가 나라와 맞먹더라.

27-44 姤　執綏登車　驂乘東遊　說齊解燕　覇國以安

깃대를 잡고 수레에 오르고 세 말 멍에를 타고 동으로 가서 제나라를 설복하고 연나라와 화해하니 패국으로서 편안하더라.

27-45 萃　水深無桴　蹇難何遊　商伯失利　庶人愁憂

물은 깊은데 뗏목이 없어 험난하니 어찌 헤엄칠까. 상백이 이를 잃으니 여러 사람이 근심하고 걱정하더라.

27-46 升　三鳥鴛鴦　相隨俱行　南到饒澤　食魚與粱　君子樂長　見惡不傷

세 마리 원앙이 서로 따라 같이 가서 남쪽 요택에 이르러 고기와 곡식을 먹으니 군자는 길게 즐기고 악한 것을 보아도 상하지 아니하더라.

27-47 困　遠視木盻　臨深苦眩　不離越都　旅人留連

멀리 보면 눈이 피로하고 깊은데 임하면 아찔하니 월나라 도읍을 떠나지 아니하고 나그네는 계속 묵더라.

27-48 井 終風東西 散渙四方 終日至暮 不見子懽
동서로 종일 바람이 불고 사방으로 흩어지고 풀어지나 종일 저물 때까지 자환을 보지 못하더라.

27-49 革 言無要約 不成券契 殷叔季姬 公孫爭之 强入委禽 不悅於心
말로 약속도 없고 문서도 계약도 없는데 은숙의 계희를 공손이 다투어 강제로 기러기를 들이니 나의 마음이 기쁘지 아니하더라.

[註] 殷叔은 鄭徐五. 그 매씨가 미인이라 공손초가 장가 들려고 하니 공손흑이 강제로 기러기를 들이려 다투었다.

[典據]《左傳》昭公元年

27-50 鼎 牛馬聾瞶 不知聲味 遠賢賊仁 自令亂憒 疾病無患 生福在門
소와 말이 귀머거리라 소리를 알지 못해 현인을 멀리하고 어진 이를 해쳐 스스로 난괴를 만드나 질병만 근심이 없으면 복을 생(生)하는 것은 문에 있더라.

27-51 震 從商近遊 飽食無憂 囹圄之困 中子見囚
장사를 좇아 가까이 노니 배불리 먹고 근심이 없으나 영어의 곤함은 중자가 감옥에 갇혔더라.

[註] 도주공의 가운데 아들이 살인죄로 초나라에 갇혔다. 中子는 魏의 公子邛.

27-52 艮 据斗運樞 順天無憂 與樂並居
북두에 있어 태극의 추를 운전하니 순천하여 근심이 없고 즐거움과 같이 살더라.

27-53 漸 姬奭姜望 爲武守邦 蕃屛燕齊 周室以彊 子孫億昌
소공과 강태공이 힘써 연나라와 제나라가 병풍처럼 주나라를 지켜 강하게 되니 자손이 창성하더라.

[註] 姬奭은 召公이고 연나라에 봉하고 姜望은 강태공으로 제나라에 봉하였다.

27-54 歸妹　亡羊東澤　循提直北　子思其母　復返其所
양이 동택으로 도망가 둑을 끼고 곧장 가다가 새끼가 그 어미를 생각하고 다시 그 곳으로 돌아오더라.

27-55 豊　張目口-　舌直距齒　然諾不行　政亂無緖
눈은 부릅뜨고 입은 다물고 혀를 곧게 하고 이를 맞히며 연락하면서 행하지 아니하고 정치가 어지러워 실마리를 찾을 수 없더라.

27 56 旅　載船逢火　憂不爲禍　家在山東　入門見公
배에 싣고 불을 만나니 근심해도 재앙은 되지 아니하고 집이 산동에 있어서 문에 들어가 공을 뵈옵더라.

27-57 巽　絕言異路　心不相慕　蛇子兩角　使我相惡
말을 끊고 길을 달리 하니 마음으로 서로 사모하지 아니하고 뱀의 새끼의 두 뿔이 나로 하여금 서로 미워하게 하더라.

27-58 兌　鼎頂移徙　居不安坐　枯竹復生　失其寵榮
정상에 이사하니 사는데 앉기가 불안하고 마른 대가 다시 나니 그 고임과 영광을 잃어버리더라.

27-59 渙　火息無光　年歲不長　殷商以亡
불이 죽으면 빛이 없어 해마다 자라지 아니하니 은나라와 상나라가 망하더라.

27-60 節　文王四乳　仁憂篤厚　子畜十男　夭折無有
문왕은 사유라 어질고 돈후하고 사랑하여 아들 열이 요절함이 없더라.

27-61 中孚 熊羆豺狼 在山陰陽 伺鹿取獐 道候畏難
곰과 승냥이가 산음양에 있어 사슴을 엿보고 노루를 취하니 길에서 기다리는 것도 두렵고 어렵더라.

27-62 小過 凋葉被霜 獨蔽不傷 駕入喜門 與福爲婚
마른 잎이 서리를 맞으나 홀로 덮어 상하지 아니하고 희문으로 들어가니 복과 더불어 혼인하더라.

27-63 旣濟 黃離白日 照我西國 元首照明 民賴恩福
중천의 밝은 해가 나의 사국(사방)을 비치고 임금이 맑고 밝으시니 백성은 은복에 힘입더라.

27-64 未濟 順風直北 與歡相得 歲熟年豊 邑無盜賊
순풍으로 북으로 가 기쁨과 더불어 서로 득하니 해마다 풍년이 들고 고을에는 도적이 없더라.

兌上 巽下 大過之第二十八 澤風大過

28-28 大過 典策法書 藏在蘭臺 雖遭亂潰 獨不遇災
전책과 법서는 난대에 감추어 두니 비록 난리를 만나도 홀로 재앙을 만나지 아니하더라.
[註] 漢나라 관제에 어사대 내에 난대 비서를 관장하는 제도가 있다.

28-1 乾 日在北陸 陰蔽陽目 萬物空虛 不見長育
해가 북쪽 땅에 있으면 음이 양목을 덮어 만물이 공허하여 자라고 길러짐을 보지 못하더라.

28-2 坤 鬼泣哭社 悲商無後 甲子昧爽 殷人絕祀
귀신이 사직에 울고 곡하니 슬프다 상나라는 후손이 없고 갑자에 어둠이 밝을 때 은나라 사람의 제사가 끊어지더라.
[註] 甲子는 주무왕이 상주왕을 목야에서 공격하여 승리한 날이다.

28-3 屯 涉塗履危 不利有爲 安坐垂裳 乃無災殃 門戶自開 君憂不昌
진흙을 밟고 걸음은 위태하고 이롭지 아니하니 안좌하고 치마를 드리우면 재앙이 없고 문호 스스로 열려 임금의 근심이 크지 아니하더라.

28-4 蒙 陽失其紀 枯木復起 秋華冬實 君不得息
양이 그 기강을 잃으면 고목이 다시 일어나고 가을에 꽃이 피고 겨울에 열매를 맺으니 임금이 쉬지 못하더라.

28-5 需 大樹之子 百條其母 當夏六月 枝葉茂盛 鸞鳳以庇 召伯避暑 翩翩偃仰 各得其所
큰 나무의 백 가지가 어미를 같이 하고 여름 유월이 되면 가지와 잎이 무성하여 난조(상서로운 새)가 덮음으로써 백씨를 불러 피서하는데 훌적 훌적 날기도 하고 눕고 쳐다보나 각기 할 바를 얻더라.

28-6 訟 秉鉞執殳 挑戰先驅 不從元師 敗破爲憂
톱과 날 없는 창을 잡고 도전하며 앞을 달려 원사(元師)의 명을 좇지 아니하니 패전할 것이 근심되더라.

28-7 師 啓室開關 逃得釋寃 夏台羑里 湯文悅喜
집과 관문을 열고 원통함을 풀고 나오니 하대와 유리에서 탕왕, 문왕이 희열하더라.
[註] 하대는 탕임금이 유리는 문왕이 갇혀 있었던 곳임.

28-8 比 衰滅無成 淵溺在傾 狗吠夜驚 家乃不寧
쇠퇴해 멸망하니 이룸이 없고 못에 빠져 기울어져 있으며 밤에 개가 짖어 밤에 놀라니 집안이 편안하지 못하더라.

28-9 小畜 西鄰少女 未有所許 志如委衣 不出房戶 心無所得 傳母何咎
서쪽 이웃 소녀가 정혼한 바는 없으나 뜻과 마음은 의젓하여 밖에 나가지 아니하고 마음에 얻은 바 없으나 어머니에게서 배움이 무슨 허물이 되리오.

28-10 履 狗吠夜驚 履鬼頭頸 危者弗傾 患者不成
개가 짖어 밤에 놀라 귀신의 머리와 목을 밟는데 위태한 자가 엎드려 있지 아니하면 환자가 되지 아니하더라.

28-11 泰 當年少寡 獨與孤處 雞鳴犬吠 無敢誰者 我生不辰 獨?寒苦
당년한 소년 과택이 홀로 외롭게 사는데 닭이 울고 개가 짖어도 누가 감히 돕는 자 없으니 나의 생애가 때를 만나지 못해 어린 것이 홀로 쓸쓸히 고생하더라.

28-12 否　無道之君　鬼哭其門　命與下國　節得不食
무도한 임금에게 귀신이 그 문에 곡하니 명과 나라가 내려가서 얻음이 끊어져 먹지 못하더라.

[註] 상주왕 때 귀신이 사직에서 울었다 함을 노래한 것임.

28-13 同人　乘龍南遊　夜過糟邱　脫厄無憂
용마를 타고 남쪽으로 가는데 밤에 조구를 지나니 액을 벗어나 근심이 없더라.

28-14 大有　馬蹪次傷　長舌破家　車闢二五　晉君出走
말이 미끄러지고 수레가 상하니 잔소리로 집을 파하고 동관의 양오 벽오 때문에 진나라 임금이 나가 달아나더라.

[註] 이지임(頤之臨)을 참고하라.

28-15 謙　瓜葩瓠實　百女同室　苦醯不熟　未有妃合
참외꽃과 박의 씨와 같이 한 집에 백 여인이 함께 하니 쓰고 신 것이 익지 아니하여 배합함이 없더라.

28-16 豫　晨風文翰　大擧就溫　昧過我邑　羿無所得
새마 문한이 떼지어 오는데 지방으로 어두울 때 나의 고을을 지나가니 명궁 예씨도 얻은 바 없더라.

28-17 隨　瀺瀺浞浞　塗泥至轂　馬濘不進　虎齧我足
참참착착하며 진흙 수렁이 수레바퀴통까지 이르니 말이 수렁이라 나가지 아니하는데 호랑이가 나의 발을 물더라.

28-18 蠱　膠車駕東　與兩相逢　故革懈惰　頹輪獨坐　憂不位禍
아교차로 동으로 가다가 비를 만나니 가죽으로 감은 차멍에가 풀려 떨어지니 수레차에 홀로 앉으나 근심은 재앙이 되지 아니하더라.

28-19 臨 六家作權 公室剖分 陰制其陽 唐叔失明
여섯 집이 권세를 쥐니 공실이 분해되는데 음이 그 양을 제압하니 당숙이 밝음을 잃더라.

28-20 觀 去室離家 來奔大都 火息復明 姬伯以昌 商人失功
집을 버리고 떠나 대도시에 오니 꺼진 불이 다시 밝아 희백이 창성하니 상인이 공을 잃더라.

28-21 噬嗑 牧羊稻園 聞虎喧嚾 危懼湍息 終無禍患
양을 도원에서 기르다 호랑이의 울부짖는 소리를 듣고 위험하고 두려워 쉬었더니 끝내 재앙의 화환이 없더라.

28-22 賁 嬰孩求乳 母歸其子 黃麑悅喜
어린애가 젖을 구하는데 어미가 그 자식에게 돌아오니 누런 사슴새끼가 희열하더라.

28-23 剝 廓落失業 跨禍度福 利無所得
성이 떨어져 실업하니 화를 넘기고 복을 헤아리니 이익은 얻은 바가 없더라.

28-24 復 出入不時 憂禍爲災 行人失牛 利去不來 老馬少駒 勿與久居
때없이 출입하니 화를 근심함이 재앙이 되어 행인이 소를 잃으니 이(利)가 가서 오지 아니하니 늙은 말과 어린망아지 더불어 오래 있지 않더라.

28-25 無妄 風怒漂水 女惑生疾 陽失其服 陰孽爲賊
바람이 표수를 성나게 하면 여인이 미혹하여 병이 생기니 양이 그것을 제복하지 못하면 음의 요물이 적이 되더라.

28-26 大畜 車馬病傷 不利越鄉 幽人元亨 去晦就明

거마가 병들고 상하니 고향을 떠나는 것은 불리하고 유인(은자)은 원래 형통하니 어둠을 버리고 밝은데로 나가더라.

28-27 頤 三奇六偶 各有所主 周南召南 聖人所在 德義流行 民悅以喜
셋은 기(奇)요, 여섯은 우(偶)라 각기 주관이 있고 주남, 소남은 성인이 있는 곳으로 덕과 의가 행해지니 백성이 희열하더라.

28-29 坎 坐爭立訟 紛紛詾詾 卒成禍亂 災及家公
앉아 다투고 서서 송사하여 분분하고 떠들썩하더니 마침내 화란이 일어나 재앙이 집안 어른에게 미치더라.

28-30 離 凶憂爲殘 使我不安 促之南國 以除心疾
흉한 근심이 남게 되어 나로 하여금 불안하게 하더니 남국으로 가서 마음의 병을 제거하더라.

28-31 咸 愛我嬰女 牽引不與 冀幸高貴 及得下賤
나의 사랑하는 어린딸을 서로 끌어당기는 것을 주지 아니하고 다행히 고귀하게 됨을 바라더니 도리어 아래로 천하게 되더라.

28-32 恒 宜行賈市 所聚必倍 載喜抱子 與利爲友
의당 좌상을 가니 모이는 바가 배가 되어 기쁨을 싣고 자식을 안으니 이(利)와 더불어 벗이 되더라.

28-33 遯 坐席未溫 憂來扣門 踰墻北走 兵交我後 脫於虎口
앉은자리가 따사롭지도 않은데 근심스레 와서 문을 두드리고 담을 넘어 북으로 달아나 나의 뒤에서 전쟁하니 호랑이 입을 벗어나더라.

28-34 大壯 赤帝懸車 廢職不朝 叔帶之災 居于汜廬

적제가 현거하고 직무를 폐하고 조회를 아니하고 숙대의 난으로 정나라땅 범의 집에서 거하더라.

[註] 주양왕이 숙대의 난으로 정나라의 범에 나가 있었다. 범은 양성현 남쪽에 있는 땅이다.

28-35 晉 子畏於匡 厄困陳蔡 明德不危 竟自免害

공자님이 광에서 놀라시니 진과 채나라에서의 곤액은 밝은 덕이 위태하지 않아 마침내 스스로 해를 면하더라.

28-36 明夷 逐雁南飛 馬疾牛罷 不見漁池 失利憂危 牢戶之園 脫免無患

남으로 날으는 기러기를 좇는데 말은 빠르나 소가 느려 어지(漁池)를 보지 못해 이(利)를 잃고 위태함을 근심하다 옥문의 억울함을 면탈해 근심이 없더라.

28-37 家人 推輦上山 高仰重難 終日至暮 不見阜巓

손수레를 밀며 산을 오르니 높은 데를 우러러보면 더욱 어려워 종일 저물 때까지 언덕마루를 보지 못하더라.

28-38 睽 憂不爲患 福在堂門 使五偃安

근심이 우환이 되지 않고 복이 집안에 있어 나로 하여금 누워 편안하더라.

28-39 蹇 春桃始華 季女宜家 受福多年 男爲邦君

봄 복숭아가 빛나기 시작하니 계녀가 시집가 복 받은 지 여러 해에 남편이 나라의 임금이 되더라.

28-40 解 高山之巓 去谷億千 雖有兵寇 足以自守

높은 산꼭대기는 골짜기가 수많이 갈라져 있어 비록 병화가 있어도 족히 써 스스로 지키더라.

28-41 損 過時歷月 役夫顦顇 處子歡室 思我伯叔

때가 지나고 달이 지나니 역부가 초췌하고 처자가 집안일을 탄식하며 나의 백숙을 생각하더라.

28-42 益 太微復明 說升傅巖 乃稱高宗 疾在頭頸 和不能生 滅其令名
태미성이 다시 밝아져 말해서 부암을 올려서 고종이라 일컬으나 병이 머리와 목에 있어 진나라 의사 화도 능히 살리지 못해 그 이름이 멸하더라.

28-43 夬 旁多小星 三五在東 早夜晨行 勞苦無功
넓고 많은 작은별은 삼오야 보름에 동에 있어 이른 저녁부터 새벽까지 가도 수고로우나 공이 없더라.

28-44 姤 東鄉煩煩 相與笑言 子般鞭犖 圉人作患
동향이 번번함은 서로 소담하는 것을 엿들었다해서 자반이 마부 낙을 채찍으로 때리니 마부가 재앙을 만들더라.

[註] 공자관의 마부 낙이 양씨의 여식과 담밖에서 희롱함으로 자반이 성내며 채찍으로 때리니 공이 말하기를 죽임만 못하다 하였는데 낙은 힘이 장사라 도리어 자반을 살해하였다.

28-45 萃 鼻移在頭 枯葦復生 下朽上榮 家乃不寧 其舍不成
코가 옮겨 머리에 있고 마른 갈대가 다시 살아나고 아래는 썩되 위는 번영하여 집안이 편안치 못해 그 집이 이루어지지 못하더라.

28-46 升 蝦蟆羣聚 從天請雨 雲雷疾聚 應時輒下 得其願所
두꺼비 무리가 모여 하늘에 비를 청하니 구름과 우레가 모여 때에 맞추어 문득 내리니 그 원하는 바를 얻더라.

28-47 困 大步上車 南到喜家 送我貂? 與福載來
크게 걸어 상차하여 남으로 희가에 이르러 돈피갑옷을 보내니 복과 더불어 싣고 오더라.

28-48 井 賊仁傷德 天怒不福 斬刈宗社 失其宇守
어진이를 해하고 덕을 상하니 하늘이 노하여 복을 주지 아니하여 종묘사직을 베어버리니 그 집 지킴을 잃더라.

28-49 革 從猬見虎 雖危不殆 終已無咎
고슴도치를 좇아 호랑이를 보니 비록 위태하나 위태하지 않아 끝내 몸에 재앙이 없더라.

[註] 고슴도치가 능히 호랑이를 제어한다.

28-50 鼎 履素行德 卒蒙祐福 與堯侑食 君子有息
평소에 덕을 행해 마침내 복의 은총을 입어 요임금과 배식하니 군자가 쉼을 갖더라.

28-51 震 利在北陸 寒苦難得 憂危之患 福爲道門 商叔生存
이(利)가 북쪽 땅에 있으나 한고로 얻기 어렵고 위태한 재앙을 근심하나 복이 도(道)의 문(門)이 되니 상숙(商叔)이 생존하더라.

28-52 艮 四蹇六盲 足痛難行 終日至暮 不離其鄕
다리를 절고 눈이 머니 발이 아파 행하기 어려워 종일 어두울때까지 그 마을을 떠나지 못하더라.

28-53 漸 臺駘昧子 明知地理 障澤宣流 封君河水(居河涘)
대태매자가 지리에 밝아 못을 막아 흐르게 하니 분천에 제후를 봉하더라.

[註] 臺駘는 汾川의 神.

28-54 歸妹 畜水得時 以備火災 柱車絆馬 郊行出旅 可以無咎
물을 모아 때를 얻어 화재에 예비하고 수레기둥에 말을 매고 교외로 여행하니 가히 재앙이 없더라.

28-55 豊 歲暮花落 君衰於德 榮寵隕墜 陰奪其室

해가 저물고 꽃은 떨어지고 임금의 덕이 쇠하며 영총도 떨어지니 몰래 그 집을 뺏더라.

28-56 旅 夏販蔡悲 千里爲市 黃葉殪鬱 利得無有

여름에 채비를 팔고 천리가 저자가 되어 누런 잎이 죽어 답답하니 이득이 없더라.

[註] 하판채비(夏販蔡悲)의 채비를 알 수가 없는데 이 다채(茶菜)가 아닌가 한다. 누런 잎이 죽어 답답하니 이득 없더라하는 말은 다나 근채에 누런 잎이 있으면 가격이 떨어지니 뜻이 통하기 때문이다.

28-57 巽 仲春巡狩 東見群后 昭德允明 不失其所

중춘에 거동하여 동쪽 여러 제후를 보고 밝은 덕을 더욱 밝게 하니 그 자리를 잃지 아니하더라.

[註] 천자가 제후에게 가는 것을 순수(巡狩)라 한다. 동견군후(東見群后)는 동방의 제후를 총칭함이다.

28-58 兌 -絜累累 締結難解 嫫母衒嫁 媒不得坐 自爲身禍

비틀어 묶기를 여러 번 해서 맨 것을 풀기 어렵고 모모(추녀)를 자랑해 시집 보내니 중매 앉을 자리를 얻지 못해 스스로 몸에 재앙이 되더라.

28-59 渙 鳥鳴庭中 以戒凶災 重門擊柝 備憂暴客

새가 마당 가운데서 우니 흉한 재앙을 경계하려고 문을 따고 빗장을 쳐서 흉폭한 손님을 방비하고 근심하더라.

28-60 節 朝霽暮露 沾我衣襦 道無行牛

아침은 개고 저물면 이슬이 나의 의복 적시며 길에는 다니는 소가 없더라.

28-61 中孚 抱璞懷玉 與桀相觸 詘坐不中 道無良人

덩어리옥을 안고 옥을 품고 걸과 더불어 서로 접촉하다가 내쫓겨 말도 못하니 길에 좋은 사람이 없더라.

28-62 小過　兩心相悅　共其柔筋　夙夜在公　不離房中　得君子意
두 마음이 서로 기뻐해 같이 편하니 밤늦도록 어른 앞에 있어 방을 떠나지 아니하니 군자의 의중을 알더라.

28-63 旣濟　載餽如田　破鉏失食　苗穢不闢　獨飢於年
먹을 것을 싣고 밭으로 가다가 호미를 깨쳐 먹을 것을 잃으니 싹과 김을 매지 않아 홀로 한해를 주리더라.

28-64 未濟　甘露醴泉　太平機關　仁德咸應　歲樂民安
단이슬과 단샘물은 태평한 나라의 어진 덕과 함께 응하여 해마다 즐겁고 백성은 편안하더라.

坎上 坎下 坎之第二十九 **重 水 坎**

29-29 坎 有鳥黃足 歸呼季玉 從我睢陽 可避刀兵 與福俱行 有命長久
발이 노란 새가 돌아와 계옥을 불러 나를 따라 수양으로 가 가히 병화를 피해 복과 더불어 같이 가니 명이 장구함이 있더라.

29-1 乾 太王爲父 季歷孝友 文武聖明 仁德興起 弘張四國 載福綏厚
태왕이 아버지가 되고 계력이 효우하고 문왕, 무왕이 성인으로서 어진 덕을 일으켜 크게 사방 국가에 베푸니 복을 받음이 두텁더라.
[註] 계력(季歷)은 문왕의 아버지 독(篤)이다.

29-2 坤 猿墮高木 不踒手足 保我金玉 還歸其室
원숭이는 높은 나무에서 떨어져도 수족을 다치지 아니하고 나는 금옥을 보존하여 그 집으로 돌아오더라.

29-3 屯 重耳恭敏 遇讒出處 北奔狄戎 經涉齊楚 以秦代懷 誅殺子圉 身爲覇王
중이는 공손하고 민첩하나 참소를 만나 북쪽 오랑캐로 도망갔다가 제와 초나라를 거쳐 진나라로 회공을 대신하여 자어를 주살하고 몸소 패왕이 되더라.

29-4 蒙 倚鋒據戟 傷我胸臆 拜折不息
칼과 창으로 나의 가슴을 상하니 엎드려 굽혀 잠시도 편안하지 않더라.

29-5 需 狗冠雞步 君失其所 出門抵山 行者憂難 水灌我園 高陸爲泉
개가 갓을 쓰고 닭의 걸음처럼 임금이 그 할 바를 잃고 문을 나서니 산이 막아 행인이 어려움을 근심하고 나의 나라에 물을 대니 높은 땅에 샘물이 되더라.

29-6 訟 衆鳥所翔 中有大怪 大身長頸 爲我驚憂
여러 새가 나는 중에 큰 괴물이 있으니 큰 몸에 목이 길어 내가 놀래고 근심이 되더라.

29-7 師 雷行相逐 無有休息 戰於平陸 爲夷所覆
우레같이 서로 쫓고 쫓아 휴식도 없이 평지에서 싸우다가 오랑캐에게 패한 바가 되더라.

29-8 比 禹鑿龍門 通利水泉 同注滄海 民得安土
우임금이 용문을 뚫어 물을 통하게 하여 같이 창해에 주입되니 백성이 편안한 땅을 얻더라.

29-9 小畜 堯舜仁德 養賢致福 衆英積聚 國無寇賊 商人失利 來爭寶貨
요순의 인덕은 어진이를 기르고 복을 기르니 모든 영걸이 모여 나라에는 도적이 없고 상인은 이(利)를 잃고 와서 보화를 다투더라.

29-10 履 陸居少泉 山高無雲 車行千里 塗不汚輪 渴爲我怒
뭍에 살면 샘이 적고 산은 높고 구름이 없어 수레로 천리를 가도 진흙이 바퀴에 묻지 않으니 갈증이 나의 원한이 되더라.

29-11 泰 朝視不明 夜不見光 暝抵空床 季女奔亡 愴焉心傷
아침에 보니 밝지 않고 빛을 볼 수 없어 어두워 공상에 부닥치고 계녀는 도망가니 슬프고 마음이 상하더라.

29-12 否 齊魯求國 仁聖輔德 進禮雅言 定公以安
제나라와 노나라가 나라를 구하는데 어진 성인이 덕으로 돕고 예와 바른말로 진언하니 정공이 편안해지더라.

29-13 同人　束帛玄珪　君以布德　伊呂百里　應聘輔國
비단과 검은 구슬로 임금이 포덕하니 이윤, 여망, 백리해가 폐백을 받고 나라를 돕더라.

29-14 大有　棘鉤我襦　爲絆所拘　靈巫拜禱　禍不成災　東山之邑　中有肥土　可以饒飽
가시 갈구리가 나의 저고리를 얽어 잡아당기니 영무가 절하며 기도하여 화가 재앙이 되지 않고 동산의 골 가운데 비옥한 땅이 있어 가히 넉넉히 배불리더라.

29-15 謙　門燒屋燔　爲下所殘　西行出戶　順其道理　虎臥不起　牛羊歡喜
문이 타고 집이 활활 불 붙으니 아래도리만 남은 바 되어 서쪽으로 문을 나서 그 도리에 순응하니 호랑이는 누워 일어나지 아니하고 소와 양이 환희하더라.

29-16 豫　牆高蔽日　崑崙翳月　遠行無明　不見歡叔
담이 높아 해를 가리고 곤륜산이 달을 가리니 멀리 가는데 밝음이 없으니 환숙을 보지 못하더라.

29-17 隨　天地際會　不見內外　祖辭遣送　與世長訣
천지가 모일 때 내외가 보이지 아니하고 조상에게 견송제를 지낼 때 세상과 더불어 영구히 이별한다고 축문하더라.

29-18 蠱　深水難涉　塗難至轂　牛罷不進　濘陷我疾
물이 깊으면 건너기 어렵고 진흙이 속바퀴에 이르면 어려워 소가 나가지 못하니 진흙에 빠지는 것이 나의 병이 되더라.

29-19 臨　羊驚狼虎　聳耳羣聚　無益於僵　爲齒所傷
양이 이리와 호랑이에 놀라 귀를 세우고 무리져 모이니 죽음이 이익됨이 없어 이빨이 상한 바가 되더라.

29-20 觀 履蛇躡虺 與鬼相視 驚恐失氣 如騎虎尾
뱀을 밟고 이무기를 밟으니 귀신과 더불어 서로 보며 놀래고 두려워 혼이 빠져 호랑이 꼬리를 탄 것 같더라.

29-21 噬嗑 車驚人墮 兩輪脫去 行者不至 主人憂懼 結締復解 夜明爲喜
수레 끄는 말이 놀래 사람이 떨어지고 두 바퀴가 빠져나가 행인이 이르지 아니하니 주인이 근심 걱정하며 맺다 풀었다 하다가 날이 새니 기뻐하더라.

29-22 賁 南販北賈 與怒爲市 利得自治
남쪽에서 팔고 북쪽에서 좌상하니 원망하며 장사하여 이득을 스스로 다스리더라.

29-23 剝 延陵適魯 觀樂太史 車轔白顚 知秦興起 卒兼其國 一統爲主
연릉이 노나라에 갔다가 악태사를 보니 수레의 말 이마에 백모가 있어 진나라가 장차 흥기할 것을 알았는데 끝내 그 나라를 겸해 통일 천하하고 임금이 되더라.

29-24 復 出門逢患 與禍爲怨 更相擊刺 傷我手端
문을 나서 재앙을 만나니 재앙이 원한이 되어 다시 서로 치고 찌르다 나의 손끝을 상하더라.

29-25 無妄 獐鹿同走 自燕嘉喜 公子好遊 他人多有
노루와 사슴이 같이 달리니 스스로 편안하고 아름다우며 기뻐하니 공자도 놀기를 좋아해서 사람들이 많이 꾀더라.

29-26 大畜 恭寬相信 覆福不殆 從其邦域 與喜相得
공경하고 너그럽고 서로 믿어 복을 밟아 위태하지 아니하여 그 나라 지경을 좇으니 기쁨과 더불어 서로 득하더라.

29-27 頤 欲飛無翼 鼎重折足 失其喜利 苞羞爲賊 上妻之家 喜除我憂 解吾

思愁

날고자 하나 날개가 없고 솥이 무거워 발이 부러져 기쁜 이익을 잃고 부끄럼에 싸여 해가 되나 상처의 집에서 기쁘게 나의 근심을 제해 주어 나의 생각하는 근심이 풀리더라.

29-28 大過 府藏之富 王以振貸 捕魚河海 罟網多得
마을에 저장해 둔 곡식과 재물은 임금이 곤궁한 백성에게 빌려주는 것이고 고기를 하수나 바다에서 잡을 적에 그물을 쓰면 많이 얻더라.

29-30 離 陰生麞鹿 鼠舞鬼哭 靈龜陸處 釜甑塵土 仁智盤桓 國亂無緖
음이 고라니를 낳고 쥐가 춤추고 귀신이 곡하며 영구가 뭍에 있고 가마와 시루가 진토되고 어진 지혜가 뜻을 결정하지 아니하니 국란에 실마리가 없더라.

29-31 咸 風塵暝迷 不見南北 行人失路 復反其室
먼저 바람에 어둡고 희미하여 남북을 알 수 없어 행인이 길을 잃어 도로 집으로 돌아오더라.

29-32 恒 金革白黃 宜利戒市 嫁聚有息 商人悅喜
금과 가죽은 희고 누르니 의당 이를 취하니 저자를 조심하고 시집 장가 가면 자식이 있으니 상인이 희열하더라.

29-33 遯 瓠瓜之德 宜繫不食 君子失輿 官政懷憂
표주박의 덕은 의당 달려 있고 먹지 아니하는 것인데 군자가 수레를 잃으니 관정(官政)에 근심을 품더라.

29-34 大壯 乘船渡濟 載水逢火 賴得免患 我有所恃
배를 타고 물을 건너는데 물을 싣고 불을 만나나 재앙을 면하니 나에게 믿는 바가 있더라.

29-35 晉 道險多石 傷車折軸 與市爲仇 不利客宿
길이 험하고 돌이 많아 수레를 상해 축이 부러지니 저자와 인연이 없어 객숙(客宿)이 불리하더라.

29-36 明夷 託寄之徒 不利請求 結衿無言 乃有悔患
부탁하여 맡긴 무리가 불리한 청구를 하니 옷고름을 매고 말이 없으니 이내 뉘우치는 근심이 있더라.

29-37 家人 三羊爭雌 相逐犇馳 終日不食 精氣竭罷
세 마리 양이 암컷을 다투어 서로 쫓고 달아나고 달리며 종일 먹지 아니하니 정기가 다해 버리더라.

29-38 睽 退惡防患 見在心苗 日中之恩 解釋倒懸
악을 물리치고 재앙을 막음은 마음의 싹이 있음을 보는 것이요 해안의 은혜는 해석이 거꾸로 달리더라.

29-39 蹇 兩足四翼 飛入嘉國 寧我伯姊 與母相得
두 발에 네 날개로 가국에 날아 들어가 나의 큰 누이를 편안히 하고 어미와 더불어 서로 얻더라.

29-40 解 寒露所凌 漸至堅冰 草木瘡傷 華落葉亡
찬 이슬이 떨어져 점점 굳은 얼음에 이르니 초목이 상해 화려한 잎사귀가 떨어져 없어지더라.

29-41 損 后稷農功 富利我國 南畝治理 一室百子
후직의 농사 짓는 공으로 나의 나라를 부하게 하니 남묘에 이치에 맞어 한집에 백 아들이더라.

29-42 益 設網張羅 捕魚園池 網罟自決 雖得復失 危訴之患 受其低歡
그물을 치고 정원의 못에 고기를 잡음은 그물이 자결하는 것이다. 비록 얻었다가 다시 잃어버리더라도 위험한 송사의 우환은 그 적은 기쁨을 받는 것이더라.

29-43 夬 路輿懸休 侯伯咨驕 上失其盛 周室衰微
길의 수레가 골에서 쉬니 제후가 방자하고 교만하여 위에서 그 성대함을 잃으니 주나라가 쇠약하고 적어지더라.

29-44 姤 逐走追亡 相及扶桑 復見其鄕 使我悔喪
쫓아 달리고 쫓겨 도망가 서로 부상에 이르렀다가 다시 고향을 보고 나로 하여금 후회하고 상심하더라.

29-45 萃 履祿綏厚 載福受祉 衰微復起 繼世長久 疾病獻麥 晉人赴告
녹과 복이 넉넉하고 후해 복을 싣고 복을 받으니 쇠미하다가 다시 일어나 대를 이어 장구하더니 질병에 보리를 헌납하니 진나라 사람이 나아가 고(告)하더라.

29-46 升 鰥寡孤獨 祿命苦薄 入宮無妻 武子哀悲
홀아비와 과부가 고독하고 녹명이 박하니 입궁해도 처가 없다하니 최무자가 애처롭게 슬퍼하더라.

29-47 困 山沒邱浮 陸爲水魚 燕雀無巢 民無室廬
산이 빠지고 언덕이 떠서 육지가 물고기가 되니 제비는 둥지가 없고 백성은 집이 없더라.

29-48 井 冠帶南遊 與福喜期 徼於嘉國 拜位逢時
관과 띠를 매고 남으로 여행하니 복과 더불어 기쁨을 기약하니 가국에서 초빙하여 벼슬을 주니 때를 만나더라.

29-49 革 東行亡羊 失其羝牂 少婦無夫 獨坐空廬
동으로 가서 양이 도망가니 그 양들을 잃고 젊은 부인이 남편이 없어 홀로 빈 집에 앉았더라.

29-50 鼎 探巢捕魚 耕田捕鰌 費日無功 右手空虛
둥지를 뒤져 고기를 잡고 밭을 갈아 미꾸리를 잡으려 하니 날짜만 허비하고 공이 없어 오른손이 공허하더라.

29-51 震 東行飮酒 與喜相抱 福吾家利 來促父母 水澤之徒 望邑而外
동으로 가서 음주하고 기뻐 서로 껴안으니 복이 내 집에 이롭게 부모를 좇아오니 물의 혜택을 받은 무리가 고을을 바라보고 살더라.

29-52 艮 妄怒失精 自令畏悔 忪忪之懼 君子無咎
망녕되게 성내고 정기를 잃어 스스로 두려워하고 뉘우치고 당황하여 두려워하니 군자의 허물이 없더라.

29-53 漸 白雲如帶 往往來外 飛風送迎 大雹將下 擊我禾稼 僵死不起
흰구름이 띠와 같이 왕왕 이곳에 와서 바람이 오고 가며 큰 우박을 내려 나의 곡식을 치니 쓰러져 죽어 일어나지 않더라.

29-54 歸妹 南至之日 陽消不息 北風寒烈 萬物藏伏
동지날에 양이 쇠잔한데 북풍이 차고 매서워 만물이 숨어 엎드리더라.
[註] 南至之日은 冬至날이다.

29-55 豊 火中仲夏 鴻雁來舍 體重難移 未能高舞 君子顯名 不失其譽
불같이 더운 중하에 홍안이 집에 오니 몸이 무거워 옮기기 어려워 능히 높이 춤추지 못하나 군자는 이름을 날리고 그 명예를 잃지 아니하더라.

29-56 旅 北行出門 履陷躓顚 蹉足據塗 汚我襦袴
북으로 가려고 문을 나가다가 함정을 밟아 미끄러 자빠져 발을 다치고 진흙을 짚어 나의 의복을 더럽히더라.

29-57 巽 輕車醱祖 疾風暴起 促亂祭器 飛揚鼓舞 明神降佑 道無害寇
가벼운 수레로 길제사에 술을 부었더니 질풍이 사납게 일어나 제기를 어지러트려 날려 치고 춤추나 밝은 신이 도우사 길에 해하는 도적이 없더라.

29-59 兌 酒爲歡伯 除憂來樂 福喜入門 與君相牽 使我有得
술이 백씨를 기쁘게 해서 근심이 없어지고 즐거움이 오니 복이 기쁘게 문에 들어오니 그대와 더불어 찾아 나로 하여금 득(得)이 있더라.

29-59 渙 三足孤鳥 靈明督郵 司過罰惡 自賊其家 毁敗爲憂
세 발 가진 외로운 새가 영명하게 독찰하여 허물을 다스리고 악을 벌하니 스스로 그 집을 해치니 헐고 패함이 근심되더라.

29-60 節 三河俱合 水怒湧躍 壞我王屋 民飢於食
세 곳 물이 함께 합하니 물이 성나 솟구쳐 뛰어 나의 왕의 집을 무너뜨리니 백성은 먹는데 주리더라.

29-61 中孚 南行棗園 惡虎畏班 執火銷金 使我無患
남으로 대추동산에 가서 호랑이를 미워해 나눔을 두려워하여 불을 잡고 쇠를 녹이니 나로 하여금 근심이 없더라.

29-62 小過 求鹿過山 與利爲怨 闇聾不言 誰知其歡
사슴을 구하려 지나니 이로 더불어 원망이 되어 귀가 어두어 말하지 아니하니 누가 그 즐거움을 알리오.

29-63 旣濟　行旅困蹶　失明守宿　囹圄之憂　啓執出遊
여행은 밟기 곤란하고 밝음을 잃으면 숙소에 드니 영어의 근심을 열어 자고 여행하더라.

29-64 未濟　據棘履危　跌刺爲憂　夫婦不和　亂我良家
가시에 의거하여 위태함을 밟으니 거꾸러져 찔릴까 근심되고 부부가 불화하니 나의 좋은 집이 어지러워지더라.

離上 離下 離之第三十　　重火離

30-30 離　時乘六龍　爲帝使東　達命宣旨　無所不通
때에 육룡을 타고 임금을 위해 동으로 사신 가서 명을 전하고 선지하니 통하지 아니하는 바가 없더라.

[註] 時乘六龍은 易乾卦彖傳에, 時乘六龍. 以御天.

30-1 乾　執轡轡四驪　王以爲師　陰陽之明　載受東齊
네 마리 검은 말의 고삐를 잡고 왕이 스승으로 삼으니 음양의 밝음으로 동제를 제수받더라.

[註] 강태공이 문왕을 만나 스승이 되고 무왕이 천하를 평정한 후 제나라에 봉해졌다.

30-2 坤　春秋禱祝　解過除憂　君子無咎
봄 가을로 기도하고 축수해 허물을 풀고 근심을 제하니 군자는 허물이 없더라.

30-2 屯　坐朝乘軒　據國子民　虞叔受命　合和六親
조정에 앉은 이는 초헌을 타고 나라를 지키는 사람은 백성을 자식같이 사랑하고 무숙이 명을 받으니 육친이 화합하더라.

[註] 무왕이 은나라를 이기고 태백 중옹의 후예를 찾아 주장을 얻어 이미 오나라를 봉하고 그 아우 우중(虞仲)을 周나라 북쪽에 봉하니 하의 西吳가 되니 후세에 虞公이라 하더라.

30-4 蒙　開戶下堂　與福相迎　祿于公堂　曾孫以昌
문을 열고 당에 내려 복을 맞이하니 녹은 군주의 집에서 받으니 증손이 써 창성하더라.

30-5 需 高木腐巢 漏瀑難居 不去甘棠 使我無憂
높은 나무의 썩은 둥지는 누습하여 살기가 어려우나 감당이 가지 아니하니 나로 하여금 근심이 없더라.

30-6 訟 三女爲姦 俱遊高園 倍室夜行 與伯笑言 不忍主母 爲設歡酒 寃尤誰禱
세 여인이 간음하여 고원에서 같이 놀고 아내의 위치를 어겨 밤에 행해 백씨와 더불어 소담하니 주모의 하는 일을 차마 못해 감주를 엎지르니 억울함을 누가 알리오

[註] 주대부 주부의 처가 이웃 사람과 간음하고 주부가 알까봐 겁이 나서 독주를 만들어 시녀로 하여금 주부에게 바치라하니, 주부를 죽이는 것은 의가 아니고 주모를 죽게 함은 불충이라 생각하여 거짓 넘어지며 독주를 엎질러 버리니 주부가 노해 시녀의 볼기를 치나 시녀는 죽어가면서도 끝내 말하지 아니하였다.

[典據]《列女傳》

30-7 師 漏巵盛酒 無以養老 春貸黍稷 年歲實有 履道坦坦 平安何咎
새는 잔에 술을 가득 따르나 노인에게 드릴 수 없고 봄에 곡식을 빌려주니 해마다 실속이 있어 밟는 길이 탄탄하니 편안함이 무슨 허물이 되리요.

30-8 比 松柏枝葉 常茂不落 君子惟體 日富安樂
송백은 가지와 잎사귀가 항상 무성하고 떨어지지 아니하니 군자는 이를 본받아 날로 부하고 편안하고 즐겁더라.

30-9 小畜 夫婦不諧 爲燕攻齊 良弓不張 騎劫憂亡
부부가 해로하지 못함은 연나라를 위해 제나라를 공격하는데 양궁을 쏘지 아니하고 기마하고 망할까 근심하고 겁냄이더라.

30-10 履 出令不勝 反爲大災 强不剋弱 君受其憂
영을 내리고 이기지 못하면 도리어 큰 재앙이 되니 강함이 약한 것을 이기지 못하

니 임금이 그 재앙을 받더라.

30-11 泰 犇牛相錯 敗亂緖業 民不得作
놀란소가 서로 착각해서 시작한일을 패해 어지럽게하니 백성이 작업을 못얻더라.

30-12 否 載璧秉珪 請命於河 周公剋敏 沖人瘳愈
구슬을 가지고 서옥을 잡고 용왕에게 명을 청해 힘써 이기니 충인이 차도가 있더라.

[註] 성왕 소시에 병이 나니 주공이 하신(용왕)에게 기도하니 충인(성왕의 이름)의 병이 치유되었다.

30-13 同人 素車僞馬 不任重負 王侯出征 憂危爲咎
소차에 말을 위장하고 짐을 무겁지 않게 하고 왕후가 정벌하러 나가니 위태함을 근심함이 재앙이 되더라.

30-14 大有 大樹之子 同條共母 比至火中 枝葉盛茂
큰 나무의 자식은 같은 가지에 어미를 같이하니 화중(火中)에 이를지라도 가지와 잎사귀가 무성하더라.

30-15 謙 壅遏隄防 水不得行 火盛陽光 陰?伏藏 走歸其鄕
제방을 막으니 물이 행하지 못하고 불볕이 뜨거울 때는 말매미가 숨어 있다가 그 고향으로 달아나 돌아가더라.

30-16 豫 五嶽四瀆 合潤爲德 行不失理 民賴恩福
오악 사독이 모여 윤택하여 덕이 되는데 이치를 잃지 않고 행하면 백성이 은복을 힘입더라.

30-17 隨 駕駿南遊 虎驚我羊 陰不奉陽 其光顯揚 言之謙謙 奉義解患
준마를 타고 남으로 여행하는데 호랑이가 나의 양을 놀라게 하니 음이 양을 받들지 아니하여 그 빛이 현양하니 말하기를 겸손하고 의를 받드니 재앙이 풀리더라.

30-18 蠱 早霜晩雪 傷害禾麥 損功棄力 飢無所食
이른 서리에 늦은 눈이 곡식을 상해하니 공들이고 힘쓴 것을 다 버리니 굶주려도 먹을 것이 없더라.

30-19 臨 岐周海隅 有樂無憂 可以辟難 全身保財
주나라 기산과 북해변은 즐거움은 있어도 재앙이 없으니 가히 피란하면 몸과 재물을 완전히 보존하더라.

[註] 주 태왕이 오랑캐의 침범을 피해 기산에 도읍했고 백이 숙제가 은주왕의 횡포를 피해 북해변에 은거했다.

[典據]《孟子》離婁上, 伯夷避紂居北海之浜. 聞文王作興. 曰, 盍歸乎來. 吾聞西伯善養老者. 太公避紂居東海之浜. 聞文王作興. 曰, 盍歸乎來. 吾聞西伯善養老者. 而歸之.

30-20 觀 陰蔽其陽 日暗不明 君憂其國 求騂得黃 駒犢從行
음이 양을 가리어 날이 어두워 밝지 않으니 임금이 그 나라를 근심하여 붉은 소를 구하는데 누렁이를 얻으니 망아지와 송아지가 좇아다니더라.

30-21 噬嗑 金城鐵郭 上下同力 政平民歡 寇不敢賊
금성 철곽에 상하가 힘을 합치니 정사는 공평하고 백성은 기뻐하니 도적이 감히 도적질을 하지 못하더라.

30-22 賁 平公有疾 迎醫秦國 和不能愈 晉人赴告
평공이 병이 나서 진(秦)나라 명의를 맞이하였는데 명의 화가 고치지 못하니 진(晉)나라 사람이 부고(赴告)하더라.

30-23 剝 戴堯扶禹 從喬彭祖 西遇王母 道路夷易 無敢難者
요임금을 모시고 우임금을 도와 교팽조를 좇아 서쪽 왕모를 맞는데 도로가 평이

하여 감히 어렵다하는 자 없더라.

[註] 喬는 王喬로 신선이고, 彭祖는 요임금 때 수가 八百年이란 사람이고, 왕모는 서왕모로 신선이다.

30-24 復　羔羊皮革　君子祖服　輔政天德　利合萬國

염소와 양의 가죽은 군자의 조복이요, 정치와 천덕(天德)을 도와 써 만국을 합하더라.

[註] 문왕의 덕에 만국이 화합하여 검소하고 절약하며 정직하여 시로 찬미한 것이다.

30-25 無妄　據鍾鼓翼　將軍受福　安帖之家　虎狼與憂　履危不强　師行何咎

종과 북을 의지하여 도우면 장군이 복을 받고 타첩을 잘하는 집은 호랑이같이 근심하고 위태할 때 강행하지 아니하면 행군에 무슨 재앙이 있으리오.

30-26 大畜　嫡庶不明　孽亂生殃　陳失其邦(國)

적자와 서자를 분명히 아니하여 첩의 자식이 어지러이 재앙을 만들어 진나라가 그 나라를 잃더라.

[註] 춘추 노소공 八년에 陳애공의 이복 아들들이 서로 진후 자리를 다투다가 초나라에게 멸망당했다.

[典據] 《左傳》 昭公八年.

30-27 頤　鳥驚狐鳴　國亂不寧　上弱下强　爲陰所刑

새가 여우 울음 소리에 놀래고 나라가 어지러워 편안치 아니함은 위가 약하고 아래가 강함인데 음해의 형벌이더라.

30-28 大過　六月採芑　征伐無道　張仲方叔　剋勝飮酒

유월에 풀을 캐서 무도함을 정벌하니 장중과 방숙이 승전의 축하주를 마시더라.

[註] 병법에 반하는 군사를 일으키지 아니하는 법인데 六월에 험윤이라는 오랑캐가 침범하여 와서 선왕이 윤길보로 하여금 정벌하여 승리하니 윤길보의 친구인 장중

이 승전 축하연에 있었다.

30-29 坎　被繡夜行　不見文章　安坐于(玉)堂　乃無咎殃　長子帥師　得其正常
수 놓은 옷을 입고 밤에 가니 무늬를 볼 수 없고 집에 편히 앉았으니 재앙이 없고 장자가 군사를 거느리니 그 정상(正常)을 얻더라.
[典據]《史記》項羽本紀

30-31 咸　昧暮乘車　東至伯家　踰梁越河　濟脫無他
어두워 늦게 차를 타고 동으로 어른 집에 이르러 다리를 넘고 물을 건너니 아무 탈이 없더라.

30-32 恒　東風解凍　和氣非升　年歲豊登
동풍에 얼음이 풀리고 화기의 증조가 오르니 해마다 풍년이 들더라.

30-33 遯　三狸搏鼠　遮?前後　死於圜域　不得脫走
세마리 이리가 쥐를 잡아 놓고 앞 뒤를 막으니 옥담 안에서 죽을망정 탈주할 수 없더라.

30-34 大壯　綏德孔明　履祿長久　貴且有光　疾病憂傷
넉넉한 덕은 대단히 밝아 녹을 받은 것이 장구하고 귀하고 또 빛나니 병이 날까 걱정하더라.

30-35 晉　三虎搏狼　力不相堂　如?腐枯　一擊破亡
세 호랑이가 이리를 잡으니 힘이 서로 같지 않아 썩고 마른 것을 꺾듯이 한번 치니 깨져 망하더라.

30-36 明夷　使伯采桑　痕不肯行　與叔爭訟　更相毁傷
백씨로 하여금 뽕을 따는데 말을 듣지 않고 즐겨 가지 아니하니 숙과 더불어 쟁송하여 다시 서로 헐뜯고 상하더라.

30-37 家人 把空握虛 鶻驚我雛 利去不來
허공에서 춤추듯 솔개가 나의 병아리새끼를 놀라게하니 이익이 가고 오지않더라.

30-38 睽 李花再實 鴻升降集 仁哲以興 隆國無賊
이화가 다시 열매를 열고 기러기가 오르고 내리며 모이고 어질고 밝음이 일어나 나라가 융성하고 도적이 없더라.

30-39 蹇 東山皐洛 一朝殞落 勇悍不服 金玦玩好 衣爲身賊
동산고락이 용맹하고 사나워 복종하지 않으나 금과 옥을 좋아해 옷이 몸의 적이 되더라.

[典據]《左傳》閔公二年, 晉侯使太子申生伐東山皐洛氏. 太子帥師. 公衣之偏衣. 佩之金玦. 後太子果敗.

30-40 解 飛文汚身 爲邪所牽 青蠅分白 貞孝放逐
근거없는 말을 글로 써서 몸을 더럽히고 간사한 것에 끌린 바 됨은 푸른 파리가 흰 것을 분별하니 정절과 효도가 추방되더라.

[註] 파리가 흰 것을 검게 할 수 있듯이 참소하는 사람을 비유한 것임.

30-41 損 南山大木(黃竹) 文身其目(三身六目) 制命出入(令) 東里田畝 尊主安君(居) 鄭國無患
남산의 큰 나무에 그 눈을 문신하고 출입제한을 명령하고 동리의 밭이랑을 정해 주인을 높이고 임금을 편안케하니 정나라에 재앙이 없더라.

[典據]《左傳》襄公三十年, 子產爲鄭國之政. 使都鄙有章. 上下有服. 田有封洫. 廬井有伍. 子產從政一年. 輿人誦之. 日, 取我衣冠而褚之. 取我田疇而伍之. 孰殺子產. 吾其與之. 及三年又誦之. 日, 我有子弟. 子產誨之. 我有田疇. 子產殖之. 子產而死. 誰其嗣之.

30-42 益　泉起崑崙　東出玉門　流爲九河　無有憂患
샘이 곤륜산에서 시작하여 옥문을 나와 동으로 흘러 구하(九河)가 되니 우환이 없더라.

30-43 夬　命短不長　中年夭傷　鬼泣哭堂　哀其子亡
명이 짧아 길지 못하고 중년이 요상함은 귀신이 집에서 울고 곡함인데 그 자식의 죽음을 슬퍼하더라.

30-44 姤　君臣不和　上下失宜　宗子哭歌
군신이 불화하여 상하가 정상을 잃으면 맏아들이 곡하며 노래하더라.

30-45 萃　苛政日作　螟食華葉　割不啖上　民被其賊　秋無所食
가혹한 정치를 날로 지어내면 명충이 화려한 잎사귀를 먹고 아래를 쪼개고 위를 씹어 백성이 그 해를 입으니 가을에 먹을 것이 없더라.

30-46 升　南行戴鎧　登揚九魁　車傷牛罷　日暮咨嗟
남으로 가서 투구를 쓰고 아홉 괴수를 장에 올리니 수레가 상하고 소가 지치니 날이 저물어 탄식하더라.

30-47 困　春東夏南　隨陽有功　與利相逢
봄에는 동, 여름에는 남으로 양(陽)을 따라 공이 있어 이익과 더불어 상봉하더라.

30-48 井　頭尾顚倒　不知緖處　君失其國
머리와 꼬리가 뒤집혀서 실마리를 알지 못하니 임금이 그 나라를 잃어 버리더라.

30-49 革　言無要約　不成券契　殷叔季姬　公孫爭之　强入委禽　不悅子南
말로 약속하지도 않고 문서로 계약도 하지 않았는데 은숙계희를 공손씨가 다투어 강제로 기러기를 들이니 자남이 기뻐하지 아니하더라.

30-50 鼎 缺破不成 胎卵不生 不見其形
결하고 깨어져 이루지 못해 태와 알을 낳지 못해 그 형상을 보지 못하더라.

30-51 震 見蛇交悟 惜蚖畏惡 心乃無悔
뱀을 보고 계절 바뀌를 깨닫고 도롱뇽을 불쌍히 여기고 두려워하고 미워하나 마음에 뉘우침이 없더라.

30-52 艮 河水孔穴 壞敗我室 水深無涯 魚鱉傾倒
하수에 구멍이 뚫려 나의 집을 깨트리니 물이 깊은데 끝이 없어 물고기와 금계가 경도(傾倒)되더라.

30-53 漸 五岳四瀆 地得以安 高而不危 敬愼避患
오악과 사독은 땅이 편안함을 득하는데 높아도 위태하지 아니하나 공경하고 삼가하여 재앙을 피하더라.

30-54 歸妹 南至之日 陽消不息 北風烈寒 萬物伏藏
동지의 날에는 양은 쇠하나 쉬지 아니하고 북풍이 매웁고 차니 만물이 엎디어 숨더라.

30-55 豊 五利四福 俱田居邑 黍稷盛茂 多獲高積
오리와 사복은 밭을 갖추고 읍에 살며 곡식이 잘되어 많이 수확해서 높이 쌓더라.

30-56 旅 公孫駕車 載遊東齊 延陵子産 遺季-衣 疾病哀悲
공손씨가 수레를 타고 동제에 여행하니 연릉의 자산이 계찰하에게 모시옷을 주니 질병을 비애(悲哀)하더라.

30-57 巽 蛟虯當道 民困愁苦 望羊置群 長子在門
교규가 길에 있으니 백성이 곤하고 수고하며 양을 바라보고 몰아두니 장자(長子)

가 문에 있더라.
[註] 교규(蛟虯)는 이무기이다.

30-58 兌　金玉滿室　忠直乘危　三老凍餓　鬼奪其室　求魚河海　網擧必得
금옥이 집에 가득하고 충직이 위태함을 다스리니 삼노가 얼고 주리니 귀신이 그 집을 뺏고 고기를 하수나 바다에서 구하려면 그물을 던지니 반드시 얻더라.

30-59 渙　日入幽匿　陽明隱伏　小人勞心　求事不得
해가 들어가 숨으면 볕의 밝음이 숨어 엎드리고 소인이 마음을 괴롭히니 일을 구해도 얻지 못하더라.

30-60 節　頻逢社飮　失利後福　不如子息　舊居故處　申請必與　乃無大悔
자주 만나 마을에서 마시니 이(利)를 잃고 뒤에 복이나 자식만 같지 못해 옛적에 살던 거처를 신청하면 반드시 주니 이내 크게 후회함이 없더라.

30-61 中孚　南有嘉魚　駕黃取遊　魴鱮詡詡　利來無憂
남방에 좋은 고기가 있어 누렁이를 멍에하고 놀러가니 방어와 연어가 비위에 맞아 이익이 오니 근심이 없더라.

30-62 小過　黃裳建元　文德在身　祿祐洋溢　封爲齊君　賈市無門　股肱多恨
황상 건원은 문덕이 몸에 있어 녹의 도움이 차고넘치니 제나라 임금에 봉하더라.

30-63 旣濟　口不從心　欲東反西　與意乖戾　動擧失便
입이 마음을 좇지 않아 동쪽이라면 서쪽으로 뜻이 어긋나 거동이 편함을 잃더라.

30-64 未濟　虎狼之鄕　日爭凶訟　叨爾爲長　不能定從
호랑이의 고향은 날로 흉한 송사로 다투니 너의 어른됨을 탐내 능히 정(定)하고 좇지 아니하더라.

兌上 艮下 咸之第三十一　澤 山 咸

31-31 咸　雌單獨居　歸其本巢　毛羽憔悴　志如死灰
암컷이 단독으로 살다가 본소로 돌아가니 털과 깃이 초췌하여 뜻이 죽을 것만 같더라.

31-1 乾　十窗多明　道里通利　仁智君子　國安不僵
열 개 창의 밝음이 많고 도리에 통하니 어진 지혜의 군자는 나라가 편안하고 죽지 아니하더라.

31-2 坤　心惡來怪　衝衝何懼　顔淵子騫　尼父聖誨
마음으로 괴이함을 미워하고 마음이 조급하여 침착하지 못함은 무엇을 두려워함이다. 안연, 자건은 공자님의 가르침에 의해 성인이 되더라.

31-3 屯　鳥鳴呼子　哺以酒脯　高樓水處　來歸其母
새가 울어 새끼를 불러 주포로써 씹어 먹이니 높은 누각의 처마끝으로 그 어미에게 돌아오더라.

31-4 蒙　國馬生角　陰孽萌作　變易常服　君失于宅
나라 말에 뿔이 생하며 숨은 요물의 싹이 터 변혁을 음모하다가 임금이 집을 잃어버리더라.

[註]《史記》에 燕나라 태자가 秦나라에 인질로 있었는데 진나라에 연나라로 돌아갈 것을 구하였더니 진왕이 말에 뿔이 나면 귀국하라 하였는데 과연 함양에서 말에 뿔이 나서 귀국하였다. 태자는 연나라로 돌아가 다시 형가(荊軻)를 시켜 진왕을 죽이려다 실패하여 진왕의 노여움을 사서 연나라가 멸망되었다.

31-5 需　入宇多悔　耕石不富　衡門屢空　使士失意

집에 들어가 뉘우침이 많은데 돌밭을 갈아도 부자가 되지 않고 은자의 집은 빈한하여 선비로 하여금 실의케 하더라.

31-6 訟 情懦行賈 遠涉山阻 與旅爲市 不危不殆 利得十倍
정에 나약한 사람이 행상하여 멀리 산을 넘어 여행하여 저자가 되니 위태하지 아니하고 이익을 십 배나 얻더라.

31-7 師 梁破橋壞 水深多畏 陳鄭之間 絕不得前
다리가 무너지고 물이 깊어 두려움이 많으니 진나라와 정나라의 사이가 끊어져 앞으로 가지 못하더라.

31-8 比 雙鳧俱飛 欲歸稻池 經涉萑澤 爲矢所射 傷我胞臆
두 오리가 같이 날아 도지로 돌아가다가 추택을 지나다가 화살에 맞아 나의 가슴을 상했더라.

31-9 小畜 謾誕不成 倍梁滅文 許人賣牛 三夫爭之 失利後時 公孫懷憂
거짓말이 이루어지지 않아 다리가 어긋나고 문서가 멸하니 허인이 소를 파는데 세 지아비가 다투니 이를 잃고 때를 놓치니 공손이 근심을 품더라.

31-10 履 南國凶饑 民食糟糠 少者困捕 利無所得
남국에 흉한 기근이 들어 백성이 조강을 먹으니 소자가 피곤에 사로잡히니 이를 얻은 바 없더라.

31-11 泰 狗吠非主 狼虎夜擾 驚我東西 不爲家咎
개는 주인이 아니면 짖는데 이리와 호랑이가 밤에 소란을 피워 나와 이웃이 놀래나 집의 재앙은 되지 않더라.

31-12 否 望龍無目 不見手足 入水求玉 失其所欲

용을 바라보니 눈이 없어 손발을 보지 못하고 물에 들어가 옥을 구하니 그 하고자 하는 바를 잃어버리더라.

31-13 同人 以鹿爲馬 欺誤其主 聞言不信 三口爲咎 黃龍三子 中樂不殆
사슴을 말이라고 임금을 속이니 말을 듣고 믿지 아니하니 삼구가 허물이 되고 황룡의 세 아들이 풍악을 좋아하니 위태하지 아니하더라.

31-14 大有 養幼新婚 未能出門 登宋望齊 不見太師
어린것을 길러 신혼하나 능히 문을 나서지 못하고 송에 올라가 제나라를 바라보니 태사가 보이지 아니하더라.

31-15 謙 王孫季子 相與爲友 明允篤誠 升擢薦擧
왕손과 계자가 서로 더불어 벗이 되어 믿고 정성을 다해 천거하고 발탁하더라.

31-16 豫 山水暴怒 壞梁折柱 稽難行旅 留連愁苦
산과 물이 사납게 노하여 다리를 부러뜨리고 기둥을 꺾으니 행려가 머무르기 어려워 연류하면서 근심하고 괴로워하더라.

31-17 隨 鶉鳲徙巢 西至平州 遭逢雷電 破我葦廬 室家飢寒 思吾故初
새매와 뻐꾸기가 이사하여 서쪽 평주에 이르러 번개와 우레를 만나 갈대집을 파괴하니 예전 처음에 살던 곳을 생각하더라.

31-18 蠱 登高傷軸 上阪棄粟 販鹽不利 買牛折角
높이 올라 축을 상하니 언덕에 올라 조를 버리고 소금을 팔아 이롭지 못한 데다 소를 샀더니 뿔을 부러뜨리더라.

31-19 臨 祝鮀王孫 能事鬼神 節用綏民 衛國以存 饗我旨酒 眉壽多年
종묘의 제사를 맡은 왕손이 능히 귀신을 섬기고 절용하여 백성을 편안케 하여 나라를 지키니 나에게 맛좋은 술로 잔치하니 오래 살더라.

[註]《論語》憲問篇에 '祝鮀治宗廟'(축타는 종묘제사를 다스린다)라고 하고 따라서 '能事鬼神'이라고 한다. 축타는 衛의 大夫子魚.

31-20 觀 九里十山 道郤崚難 牛馬不前 復反來還

구리 십산의 골짜기 길이 험난하여 우마가 앞으로 나가지 못해 다시 되돌아오더라.

31-21 噬嗑 枯樹不花 空淵無魚 蕉鳥飛翔 利棄我去

마른 나무에는 꽃이 피지 아니하고 빈 못에는 고기가 없다. 파초새가 날아가니 이(利)가 나를 버리고 가더라.

31-22 賁 雄狐唯唯 登上山嵬 昭告顯功 大福允興

수여우가 유유(경건)히 산상에 올라 밝게 현공을 고하니 큰 복이 마땅히 일어나더라.

31-23 剝 啞啞笑喜 相與飮酒 長樂行觴 千秋起舞 拜受大福

아아하며 웃고 기뻐하며 서로 음주하고 길게 즐거워하며 잔이 오고 가다가 일어나 천추무를 춤추고 절하고 큰복을 받더라.

31-24 復 大椎破轂 長舌亂國 牀第之言 三世不安

큰 철퇴가 수레 속바퀴를 깨트리고 긴 말이 나라를 어지럽게 하고 평상의 말이 삼대를 불안하게 하더라.

[註] 상자지언(牀第之言)은 상자는 부인의 침실에 있음으로 부인의 베갯밑 송사라는 뜻이다.

31-25 無妄 男女合室 二姓合食 婚姻孔云 宜我孝孫

남녀가 집을 합하고 두 성이 같이 먹으니 혼인을 공자가 말하기를 나의 효손에게 좋으리라.

31-26 大畜　千仞之牆　禍不入門　金籠鐵疏　利以辟兵　欲南上阪　軸方不轉　還車復反
높은 담장에는 재앙이 문으로 들어오지 못하고 금롱철소는 병난을 피하기 이로우니 남으로 언덕을 오르고자 하면 수레바퀴가 구르지 아니해 차를 돌려 돌아가더라.

31-27 頤　華言風語　自相詿誤　終無凶事　安寧如故
꾸민 좋은 말과 허풍스런 말로 스스로 서로 속여 미혹케 하여도 흉사가 없으면 예전과 같이 안녕하더라.

31-28 大過　汎汎柏舟　流行不休　耿耿寤寐　心懷大憂　仁不遇時　隱退窮居
떠 있는 배는 흘러가는 것을 쉬지 아니하고 근심 걱정으로 잠 못 이루는 마음에 큰 근심을 품음이요 어진이도 때를 만나지 못하면 은퇴하여 궁하게 지내더라.

31-29 坎　大尾小頭　重不可搖　上弱下强　陰利其雄
꼬리는 크고 머리가 작아 무거워 흔들지 못하고 위는 약하고 아래가 강하면 음이 그 양을 제압하더라.

31-30 離　一身三口　語無所主　東西南北　迷惑失道
한 몸에 입이 셋이면 말이 주관이 없어 동서남북 사방에 미혹하여 도를 잃더라.

31-32 恒　南行求福　與喜相得　封受上賞　鼎足輔國
남으로 가서 복을 구해 기쁘게 서로 얻어 큰상의 봉함을 받아 솥발처럼 나라를 도우더라.

31-33 遯　過時不歸　苦悲雄雌　徘徊外國　與母分離
때가 지나도 돌아오지 않아 자웅이 슬퍼하고 괴로워하며 외국을 배회하니 어미와 더불어 분리하더라.

31-34 大壯 堯舜在國 陰陽和得 涿聚衣裳 晉人無殃
요순이 있는 나라는 음양이 조화를 얻어 탁에 법이 없이 살 수 있는 사람이 모이니 진나라 사람에게는 재앙이 없더라.

[註] 涿聚는 齊의 大夫 顔涿聚. 昔梁甫의 큰 도적.《左傳》哀公二十三年에 晉伐齊 齊師敗績 智伯親禽顔庚. 그래서 '晉人無殃' 이라 한다.

31-35 晉 周城之隆 越裳夷通 疾病多祟 鬼哭其公 狼子野心 客宿不同
주나라가 융숭하니 남만의 월상씨가 조공을 바치고 질병이 많아 귀신이 어른을 곡하고 이리 새끼는 들에 마음이 있고 숙객은 같지 않더라.

31-36 明夷 申酉脫服 牛馬休息 君子以安 勞者得歡
신유시에 일을 마치니 우마는 휴식하고 군자는 써 편안하고 노무자는 기쁨을 얻더라.

31-37 家人 凱風無母 何怙何恃 幼孤弱子 爲人所咎
온화한 바람에도 어미가 없으니 어찌 믿어 의지할꼬. 어리고 외롭고 약한 자식은 사람에 허물이 되더라.

31-38 睽 出門上堂 從容牖房 不失其常 天牢北戶 勞者憂苦
문을 나서 당에 올라 창방에 조용히 있어 정상을 잃지 아니하고 천뢰의 북호는 수고하는 자의 근심 고민이 되더라.

31-39 蹇 天厭周德 命與南國 以禮靜民 兵革休息
하늘이 주나라 정치를 싫어해 명을 남국에 주어 예로써 백성을 편안하게 하니 병혁(兵革)이 휴식하더라.

31-40 解 堂桑折衝 佐鬪者傷 暴君失國 良民被殃
당상고관의 절충이 좌절되니 싸움을 도운 자가 상하고 폭군은 나라를 잃고 양민이 재앙을 입더라.

31-41 損 合歡之國 嘉喜我福 東岳西山 朝齊成恩
합환의 나라는 나의 복을 가희하고 동악 서산에 지기가 상승하여 비가 되어 은혜를 이루더라.

31-42 益 耕石不生 棄禮無名 縫衣失針 襦袴不成
돌 밭을 경작하니 생(生)하지 아니하고 예를 버리니 이름이 없고 옷을 꿰매는데 바늘을 잃으니 저고리 바지를 이루지 못하더라.

31-43 夬 聾瞢闇盲 跛倚不行 坐尸爭骸 身被火災 因其多憂
귀머거리에 장님이 한 다리에서 의지하여 다니지 못하고 주검에 앉아 뼈를 다투고 몸에 화재를 입으니 그로 인해 근심이 많더라.

31-44 姤 長生太平 仁政流行 四方歸德 社稷康榮
장생하고 태평하니 인덕이 유행하여 사방이 귀순하니 사직이 편안하고 영광하더라.

31-45 萃 桀跖並處 民之愁苦 擁兵荷糧 戰於齊魯 合-同牢 姬姜?居
걸주와 도척이 같이 한 곳에 백성이 수고하니 군대를 옹위하고 군량을 지고 제와 노나라에서 전쟁하다 혼인하니 한우리에 희강이 같이 살더라.

31-46 升 南與凶居 破車失襦 西行無袴 亡其寶賂
남쪽에 사는 흉물과 더불어 수레를 깨고 저고리를 잃으면 서쪽으로 가니 바지가 없고 그 보배의 선물을 잊어버리더라.

31-47 困 空槽注器 豚彘不至 張弓祝雞 雄父飛去
빈 구유통에 그릇을 준비했는데 도야지가 도착하지 않아 활을 벌려 닭을 잡으려

하니 수탉이 날아가더라.

31-48 井 望尙阿衡 太宰周公 蕃屛湯武 立爲王侯
강태공과 이윤 태재 주공이 병풍처럼 탕왕과 무왕을 보호하며 서서 왕후가 되더라.

[註] 望尙은 강태공 여상이고, 衡은 이윤이고 太宰는 관직명으로 주공이 태재가 되었다.

31-49 革 朝鮮之地 箕子所保 宜家宜人 業處子孫
조선의 땅은 기자가 보존한 곳으로 집안이 화목하고 사람이 서로 도우니 자손이 대를 이어 살더라.

31-50 鼎 昔憂解笑 故貧今當 載策復善 與福俱遇
옛적 근심을 풀고 웃으니 옛적은 가난하고 지금은 부자라 계획을 세우고 착한 일을 행하니 복과 더불어 같이 만나더라.

31-51 震 叔迎伯兄 遇巷在陽 君子季姬 並坐鼓簧
셋째가 백형을 맞이하는데 거리 양지쪽에서 만나 군자와 계희가 같이 앉아 북을 치고 생황을 두드리더라.

31-52 艮 順風縱火 芝艾俱死 三害集房 十子中傷
순풍에 불을 놓으니 풀이 다 죽고 세 가지 해가 방에 모이니 열 자식 중 상함이 있더라.

31-53 漸 駕車入里 求鮮魴鯉 非其肆居 自令失市 君子在所 安無危咎
수레를 타고 마을에 들어가 생선 방어와 잉어를 구하는데 그 가게가 아니므로 스스로 저자를 잃었으나 군자가 있는 곳에는 편안하여 위태한 재앙이 없더라.

31-54 歸妹 拔劍傷手 見敵不起 良臣無佐 困辱爲咎

칼을 빼다가 손을 상하고 도적을 보고 일어나지 아니하고 어진 신하의 도움이 없으면 곤욕이 재앙이 되더라.

31-55 豊 亂君之門 佐鬪傷跟 營私貪祿 身爲悔殘 東下泰山 見我所歡
난군의 문에서 싸움을 돕다가 발뒤꿈치를 상하고 사사로이 경영하다 녹을 탐내 몸에 후회를 남게 하고 동으로 태산을 내려와 나의 기뻐하는 바를 보더라.

31-56 旅 慈母望子 遙思不已 久客外野 使我心苦
어머니가 아들을 바라보며 멀리 생각하기를 마지아니하니 오래 객지에 있어 나로 하여금 마음이 괴롭더라.

31-57 巽 魴生淮郃 一轉爲百 周流四海 無有患惡
방어가 회수 골짜기에서 나서 한번 굴러 백이 되어 사해를 주류하니 재앙의 악함이 있지 않더라.

31-58 兌 甘露醴泉 太平機關 仁德感應 歲樂民安
감로 예천은 태평한 기관이니 인덕이 응해서 해마다 즐겁고 백성은 편안하더라.

31-59 渙 採薇出車 魚麗思初 上下役急 君子免憂
고사리를 캐서 차로 나가고 어려(魚麗)에 처음 생각하고 상하가 급함 따라 일하니 군자가 근심을 면하더라.

31-60 節 豕生魚魴 鼠舞庭堂 雄佞施毒 上下昏荒 君失其邦
돼지가 고기방어를 낳고 쥐가 뜰과 당에서 춤추니 수컷이 아첨하여 독을 뿌리니 상하가 혼황하니 임금이 그 나라를 잃더라.

31-61 中孚 三頭六目 道畏難宿 寒苦之國 利不可得
세 머리에 여섯 눈 잠자기 어려워 두렵다 말하니 한고의 나라는 이를 얻지 못하더

라.

31-62 小過　鷰雀銜茅　以生孚乳　昆第六人　姣好孝悌　各同心願　和悅相樂
제비가 띠를 물어 둥지를 만들고 새끼를 부화하니 곤제 육인이 아름답고 효제를 좋아하고 각각 심원을 같이하니 화합하고 서로 즐거워하더라.

31-63 旣濟　文君之德　仁義致福　年無胎夭　國富民實　君子在堂　曾累益恩
문군의 덕은 인의로 복을 이르고 해마다 태요는 없고 나라는 부하고 백성은 실속이 있으니 군자가 집에 있으니 일찍이 여러 번 은혜를 더하더라.

31-64 未濟　秋梁未成　無以至陳　水深難涉　使我不前
가을 다리가 이루워지지 않아 베풀어짐이 없어 물이 깊어 건너기 어려워 나로 하여금 앞으로 가지 못하게 하더라.

震上 巽下 恒之第三十二　　**雷風恒**

32-32 恒　黃帝所生　伏羲之宗　兵刀不至　利以居止
황제의 소생은 복희씨의 밑둥으로 병기의 칼날이 이르지 아니하니 이롭게 살더라.

32-1 乾　登墀蹉足　南行折角　長夜之室　不逢忠直
지대 돌에 오르다가 다리가 부러지고 남으로 가다 뿔을 꺾이니 긴 밤의 집에서 충직을 만나지 못하더라.

32-2 坤　燕雀衰老　悲鳴入海　憂在不鄉　差池其羽　頡頏上下　寡位獨處
제비가 늙고 쇠약하면 슬피 울며 바다로 들어가니 근심은 고향에 있는 게 아니라 깃을 못 물에 스치며 날아오르고 내리며 적은 자리에 혼자 있더라.

32-3 屯　開門除憂　伯自外來　切切無患　我之得歡
문을 열고 근심을 없애는데 백씨가 밖에서 오니 절절이 근심이 없으니 나의 기쁨이 되더라.

32-4 蒙　郊耕釋耜　有所疑止　空虛無子
밭을 갈다 보습을 풀으니 의심이 가는 바가 있어 공허하니 자식이 없더라.

32-5 需　張牙切齒　斷怒相視　禍起蕭牆　牽引吾子　患不可解　憂驚吾母
이를 갈며 성나 서로 보니 재앙이 집 담안에서 일어나 나의 자식을 끌어당기니 재앙을 풀지 못해 나의 어머니를 놀래고 근심하게 하더라.

32-6 訟　履不容足　南山多棘　毋出房闥　乃無疾病
신발이 발에 맞지 아니하고 남산에 가시가 많아 대궐 문을 나가지 아니하니 이내 질병이 없더라.

32-7 師 牛騂亡子 鳴於大野 申后陰徵 還歸其母
붉은소 새끼가 도망가 큰 들에서 우니 신후가 가만히 타일러 그 어미에게 돌려보내더라.

32-8 比 龍生於淵 因風昇天 章虎炳文 爲禽敗軒 發蜺溫谷 暮宿崑崙 終身無患 光精炤燿 不被禍難
용이 못에서 낳아 바람을 타고 하늘에 오르니 호랑이같이 용맹하고 글이 밝더라도 사로잡히면 초현을 깨 버리고 무지개는 온곡에 피어나고 저물면 곤륜산에서 자니 종신토록 근심이 없고 빛이 깨끗하고 빛나니 재앙의 어려움을 입지 아니하더라.

32-9 小畜 旣嫁宜吉 出入無憂 三聖並居 國安無災
이미 시집가니 의당 길해 출입에 근심이 없고 삼성이 같이 사니 나라가 편안하고 재앙이 없더라.

32-10 履 北陸陽伏 不知白黑 君子傷讒 正害善人
북쪽 땅에 볕이 엎드리니 흑백을 알지 못하고 군자가 참소에 상하니 정말 착한 사람을 해치더라.

32-11 泰 一身兩頭 近適二家 亂不可治
몸은 하나에 머리가 둘이라 가까이 두 집을 가니 난을 가히 다스리지 못하더라.

32-12 否 牝馬牡駒 歲孳不休 君子衣服 利得有餘
암말과 수컷 망아지 해마다 흘레해 쉬지 아니하고 군자의 의복은 이득이 남음이 있더라.

32-13 同人　南行懷憂　破其金輿　安坐故廬　乃無災患
남으로 가서 근심을 품고 금여를 깨고 편안히 옛 집에 앉으니 재앙이 없더라.

32-14 大有　憂人之患　履傷浮頻　爲身禍殘　篤心自守　與喜相抱
사람의 걱정을 근심하고 상함을 당하면 찡그리며 몸에 재앙이 남게 되면 마음을 돈독히 하고 스스로 지키면 기쁨과 더불어 서로 안으리라.

32-15 謙　咸陽辰巳　長安戌亥　丘陵生上　非魚鰌市　可以避水　終無凶咎
함양은 진사방이요 장안은 술해방이라 구릉을 살아 오르는 것은 고기 미꾸리 시장이 아니니 물을 피하면 끝내 흉한 재앙은 없으리라.

32-16 豫　不知何孫　夜來扣門　我愼外寢　兵戎且來
누군지 알지 못하나 밤이면 와서 문을 두드리니 내가 삼가 외침하니 병기 든 도적이 또 오더라.

32-17 隨　昧旦不明　日暗無光　喪滅失常　使我心傷
동틀 무렵 밝지 않아 날이 어둡고 빛이 없어 상하고 멸해 정상을 잃으니 나로 하여금 마음을 상하게 하더라.

32-18 蠱　江陰水側　舟楫破乏　孤不得南　豹無以北　雖欲會盟　河水絶梁
강음 물가에 배의 노대가 파손되어 외로이 남으로 가지 못하고 표가 북으로 갈 수 없어 비록 회맹(회의)에 가고자 하나 하수의 다리가 끊기더라.

[典據]《史記》淮陰侯列傳에 위왕 豹가 漢을 배반하여 한왕이 한신으로 하여금 공격하는데 의병술로 배를 정렬하여 건너는 것처럼 하다가 진나라 복병이 나무 구융 등으로 건너가 습격하여 위왕 표를 사로잡았다.

32-19 臨　神之在丑　逆破爲咎　不利西南　商人休止
신이 축방에 있으니 역파가 재앙이 되어 서남방(미)이 불리하니 상인이 쉬고 그치더라.

[註] 西南은 未방으로 丑未沖이라 하여 불리하다는 것이다.

32-20 觀 然諾不行 欺天誤人 使我露宿 夜歸溫室 神怒不直 鬼擊其目 欲求 福利 適反自賊

승락하고도 행하지 아니하며 하늘을 속이고 사람을 그르치게 하여 나로 하여금 노숙하게 하여 밤에 온실로 돌아가니 귀신이 노해도 고치지 아니하여 귀신이 그 눈을 치니 복리를 구하고자 하나 도리어 스스로 해를 맞더라.

32-21 噬嗑 攘臂極肘 怒不可止 狼戾復佷 無與爲市

팔뚝을 밀어 팔꿈치를 다치니 성냄을 그치지 아니하고 마음이 비뚤어지고 어그러져 더불어 장사하지 않더라.

32-22 賁 販馬買牛 會値虛空 利得甚少 留連爲憂

말을 팔아 소를 사니 계산이 잘못돼 이득이 적고 자꾸 머무름이 근심되더라.

32-23 剝 高樓陸處 以避風雨 深堂邃宇 君安其所 牝雞之晨 爲我利福 請求 弗得

높은 누락 처마 밑에서 풍우를 피하니 깊은 당 크고 깊숙한 집에 임금이 그곳에 편안해 하는데 암탉이 새벽에 우니 나의 이로운 복을 위해 청구하였으나 얻지 못하더라.

32-24 復 阿衡服箱 太乙載行 逃時歷舍 所之吉昌

이윤의 옷 상자를 태을이 싣고 가니 때로는 지나는 집을 도망하는 곳이 길하고 창성함이더라.

32-25 無妄 飛來之福 入我嘉室 以安吾國

날아서 온 복이 나의 아름다운 집에 들어와서 나의 나라를 편안케 하더라.

32-26 大畜 不孝之患 子爲母殘 老耄莫養 獨坐空垣
불효의 재앙은 자식이 어미를 잔인하게 하여 늙은이를 봉양하지 않아 빈 담에 홀로 앉았더라.

32-27 頤 南過棘門 鉤裂我冠 斷衣傷襦 使君恨憂
남으로 가시문을 지나니 갈구리가 나의 관을 찢고 옷을 잘라 바지를 상하니 임금으로 하여금 근심을 한스러워 하더라.

32-28 大過 重弋射隼 不知所定 質疑蓍龜 孰可避之 明神報答 告以犧牲 宜利止居
줄살로 새매를 쏘니 정할 곳을 알지 못해 시구(점)에 질의하니 누가 가히 피하랴. 명신의 보답이 희생을 고하니 가만히 있는 것이 이롭다 하더라.

32-29 坎 麟麑鳳雛 安樂無憂 捕魚河海 利踰徙居
기린과 봉황의 새끼는 안락하고 근심이 없고 고기를 하수와 바다에서 잡으니 이익이 이사하는 것을 넘더라.

32-30 離 新田宜粟 上農得穀 君子懷德 千百以福
새 밭에는 조가 마땅하니 상농은 곡식을 얻고 군자는 덕을 품으니 여럿이 복을 받더라.

32-31 咸 簪短帶長 幽思苦窮 瘠蠢小瘦 以病之隆
비녀는 짧고 띠는 길며 깊은 생각 괴롭고 궁하며 여위고 옴으로 수척하니 병이 깊었더라.

32-33 遯 爭訟之門 不可與隣 出入爲憂 生我心患
송사를 좋아하는 집과는 이웃하는 것이 옳지 않다. 출입에 근심이 되어 나의 마음에 근심이 생하더라.

32-34 大壯　朽根枯株　不生肌膚　病在心腹　日以焦勞
썩은 뿌리 마른 포기에는 살이 생기지 아니하고 병이 심복(心腹)에 있으니 날로 마르고 괴로워하더라.

32-35 晉　雨師娶婦　黃巖季女　成禮就婚　相呼南去　潤澤田里　年歲大喜
우사가 장가드는데 황암계녀와 성례하고 혼인 후 서로 불러 남으로 가니 못과 밭 마을을 윤택하게 하여 해마다 크게 기뻐하더라.

32-36 明夷　冬採薇蘭　地凍堅難　利走失北　暮無所得
겨울에 고사리를 캐니 땅이 얼어 굳어 어려워 이가 달아나 없어지니 저물도록 얻은 바가 없더라.

32-37 家人　昧之東域　誤過虎邑　失我熊胔　饑無所食
먼동 틀 때 잘못 호랑이 골을 지나다가 나의 곰고기를 잃으니 주려도 먹을 것이 없더라.

32-38 睽　日暮閉目　隨陽休息　箕子以之　乃受其福　擧首多言　必爲悔殘
날이 저물면 눈을 닫고 양을 따라 휴식하니 기자가 그렇게 해서 그 복을 받으니 머리를 들고 말이 많으면 반드시 후회가 남게 되더라.

[典據]《周易》明夷의 彖傳, 利艱貞. 晦其明也. 內難而能正其志. 箕子以之.

32-39 蹇　蓼蕭瀼瀼　君子龍光　鳴鸞雍雍　福祿來同
여뀌와 쑥에는 이슬이 많이 내리고 군자는 임금의 은혜가 있고 난새는 웅웅 우니 복과 녹이 같이 오더라.

[註]《詩傳》요소편에 제후가 천자에게 조회하면 자혜의 잔치를 베풀고 요소편의 노래를 부른다.

32-40 解　鳥飛無翼　兎走折足　雖不會同　未得醫工
새가 날고자 하나 날개가 없고 토끼가 달아나려 하나 발이 부러졌고 비록 회동하지 않으나 의사의 치료를 받지 못하더라.

32-41 損 五勝相賊 火得水息 精光消滅 絕不能績
오행이 상승 상극으로 적이 되니 불을 얻으면 물이 쉬니 정광이 소멸하여 끊어지고 능히 잇지 못하더라.

32-42 益 東資齊魯 得騂犬馬 便辟能言 巧賈善市 八隣倂戶 請火不與 人道閉塞 鬼守其宇
동의 제와 노나라에서 취해 붉은 소와 견마를 얻고 편벽된 말을 잘해 교묘히 장사를 잘하나 팔린 이 문을 같이하며 불을 청해도 주지 아니하니 사람의 도리가 폐색되어 귀신이 그 집을 지키더라.

32-43 夬 爭雞失羊 亡其金囊 利不得長 陳蔡之患 賴楚以安
닭을 다투다가 양을 잃고 그 돈주머니를 잃어버리니 이를 길게 얻지 못하고 진채의 근심을 초나라의 힘입어 편안하더라.

[典據]《史記》孔子世家, 孔子在陳蔡之間. 楚使人聘孔子. 陳蔡大夫懼相與發徒役. 圍孔子於野. 不得行. 絕糧. 從者病. 莫能興. 於是使子貢至楚. 楚昭王興師迎孔子. 然後得免.

32-44 姤 九登十陟 馬跌不前 管子佐之 乃能上山
아홉 번 오르고 열 번 올라도 말이 미끄러져 전진을 못하다가 관자가 도와서 이내 능히 산에 올라가더라.

[註] 管子는 管仲으로 제환공을 도와 패업을 이루었다는 비유의 고사.

32-45 萃 東隣愁苦 君亂天紀 甘貪祿寵 必受其咎 意會志同 自外相從 見吾伯公
동린의 수고는 임금이 천기를 어지러뜨려 녹과 고임을 탐하니 반드시 그 재앙을 받을 것이니 의지가 맞으면 밖으로부터 상종하여 나의 백씨를 뵈올 것이더라.

32-46 升 三狸捕鼠 遮遏前後 死於壞城 不得脫走
세 마리 이리가 쥐를 잡고 전후를 가로막으니 허물어진 성에서 죽고 탈주할 수 없더라.

32-47 困 狼虎爭彊 禮義不行 兼呑其國 齊魯無王
이리와 호랑이가 굳셈을 다투니 예의가 행하지 않아 그 나라를 병합하니 제나라와 노나라에 임금이 없더라.

[註] 춘추시대에 齊桓公 晉文公이 패권을 이루었으나 그후 秦始皇이 그 나라들을 탐합하니 임금이 없어졌다.

32-48 井 五岳四瀆 合潤爲德 行不失理 民賴恩福
오악과 사속이 합하여 윤택하면 덕이 되니 행함이 이치를 잃지 아니하면 백성이 은복을 입게 되더라.

32-49 革 六月種黍 歲晩無雨 秋不宿酒 神失其所 先困後通 與福相逢
육월에 기장을 심었는데 해가 늦도록 비가 오지 않아 가을에 술을 묵히지 못하니 귀신이 그 곳을 잃어 먼저는 곤하고 후에 통하니 복과 더불어 서로 만나더라.

32-50 鼎 騋牝龍身 日取三千 南上蒼梧 與福爲婚 道理夷易 身安無患
키 큰 암말이 용의 몸으로 하루 삼천 리를 가니 남으로 창오에 올라가 복과 더불어 혼인하여 도리는 평이하니 몸은 편안하고 근심이 없더라.

32-51 震 出入休居 安止無憂 上室之懽 虎爲季殘
출입과 쉬고 사는 것을 편안히 그치면 근심이 없고 집에 오르는 기쁨은 양호가 계씨를 남게 하더라.

[註] 虎는 陽虎. 季는 季恒子. 춘추시대에 노나라 양호가 三桓을 죽이려다 삼환이 같이 양호를 공격하니 양호가 제나라로 달아났다가 다시 晉나라로 갔다.

[典據] 《左傳》 定公五年, 季平子卒. 陽虎以璵璠斂. 不容. 乙亥囚季桓子. 乙丑盟桓子于稷門之內. 八年陽虎欲去三桓. 以季寤更季氏. 以叔孫輒更叔孫氏已

更孟氏. 入于讙陽關以叛. 九年陽虎奔齊. 已而奔晉.

32-52 艮 南山昊天 刺政閔身 疾病毋辜 背憎爲仇
남산의 여름 하늘이 정치에 찔리고 몸이 병드니 질병은 허물이 없으나 배반하고 미워함이 원수가 되더라.

32-53 漸 蒼耳東從 道頓跂踦 日辰不良 病爲祟禍
창이(마명)가 동으로 가는데 길이 무너져 기는 듯하니 일진이 좋지 않아 병이 빌미로 재앙이 되더라.

32-54 歸妹 兄征東燕 弟伐遼西 大克勝還 封君河間
형은 동연을 정벌하고 아우는 요서를 쳐서 크게 이기고 돌아오니 황하수 사이에 군을 봉하더라.

32-55 豊 搖輪折輻 馬不得行 豎牛之讒 賊其父兄 布衣不傷 終身無患
삐걱삐걱 소리를 내더니 살을 꺾어서 말이 가지 못하고 수우의 참소로 그 부형(父兄)을 해치나 벼슬을 아니 해 상하지 아니하여 종신토록 재앙이 없더라.

[註] 춘추 노성공 十六년에 노목자가 숙손씨를 버리고 제나라로 갔다 서부인을 만나 아들을 낳으니 우(牛)라 하고 뒤에 노나라로 돌아와서 벼슬하였는데 길게 정치를 하면서 꼬임을 받아 숙손씨에게 먹을 것을 주지 아니하여 숙손씨가 굶어 죽었다.

[典據]《左傳》昭公四年

32-56 旅 駕之南海 晨夜不止 君子勞罷 僕夫憔苦
남해로 가는데 새벽부터 밤까지 그치지 아니하니 군자는 수고해 피곤하고 남자종은 초췌하고 괴로워하더라.

32-57 巽 怨風燒被 忿怒生禍 偏心作亂 意如爲亂
바람에 피복이 탄 것을 원망하고 분노하다 재앙이 생기니 편벽된 마음이 난을 지으니 뜻이 난이 되는 것 같더라.

[註] 意如는 魯의 季平子의 이름. 계평자는 자주 화를 냈다. 그래서 '忿怒生禍' 라고 말한다. 偏心은 魯의 昭公을 말한다. 昭公이 죽자 계평자가 그 자리를 이었다. 그래서 '意如作亂' 이라고 한다.

[典據]《左傳》昭公二十五年, 昭公伐季氏 平子登台而請.

32-58 兌 張狂妄行 竊食盜糧 狗吠非主 嚙傷我足

미친 체하며 밥을 훔치고 양식을 도적질하는데 개는 주인이 아니면 짖어 나의 발을 물어 상하더라.

32-59 渙 警蹕戒道 先驅除咎 王后親桑 以率群功 安我祖宗

행인을 정치하고 길을 경계하며 먼저 달리며 해될 것을 치우고 왕후가 친잠하는데 여러 누에 치는 사람을 거느리니 나의 조상을 편안하게 하더라.

32-60 節 門戶乏食 困死誰告 對門不通 莫所歸急 種藏五穀 一花百葉 市賈有息

집안에 먹을 것이 없으니 곤해 죽은들 누구에게 고하리오. 문을 대해도 통치 아니하니 돌아갈 것을 급히 하지 않고 오곡의 종자를 심으면 꽃 하나에 잎사귀가 백이 되니 장사는 숨쉼이 있더라.

32-61 中孚 被敝復完 危者得安 鄕善無患 商人有息 利來入門

무너진 것을 복완하면 위태한 자는 편안함을 얻고 고향이 잘되고 재앙이 없어 상인은 숨쉼이 있어 이익이 와서 문으로 들어오더라.

32-62 小過 疊疊累累 如岐之室 一息十子 古公治邑

첩첩이 쌓여 기산의 집과 같으니 일식(십일)에 열 사람씩 모이니 주태공이 읍을 다스리더라.

[註] 古公은 주태공이니 훈국의 난으로 빈읍을 버리고 기산의 아래에 이르니 빈읍 사람들이 어진 사람을 잃을 수 없다하고 노인을 부축하고 어린이를 끌고 모여

들어 저자를 이루었다.

32-63 旣濟　三嫗治民　不勝其任　兩馬爭車　壞敗室家
세 할미가 백성을 다스리니 그 임무를 이기지 못하고 두 말이 수레를 다투어 집을 파괴하더라.

32-64 未濟　蔽鏡無光　不見文章　少女不市　棄於相望
거울을 가리니 빛이 없어 문장을 보지 못하니 소녀가 장사를 못해 서로 버리기를 바라더라.

乾上 艮下 遯之第三十三 天山遯

33-33 遯 三塗五岳 陽城太室 神明所保 獨無兵革
삼도와 오악 양성 태실은 산의 이름으로 신명이 보호하니 홀로 병혁(兵革)이 없더라.

33-1 乾 軟弱無輔 不能自理 意在外野 心懷勞苦 雖憂無殆
연약한데 도움이 없으면 능히 스스로 다스리지 못하고 뜻이 외야에 있으면 마음에 노고를 품으니 비록 근심하나 위태함은 없더라.

33-2 坤 周成之隆 刑措無凶 太宰讚佑 君子作仁
주나라 성왕 때에 융성함은 형벌의 흉한 조치가 없고 태재가 돕고 군자가 어질게 함이더라.

[註] 주나라 성왕 강황 때에 천하가 태평하여 40년간 형벌의 조치를 하지 아니하였다. 太宰는 주공의 벼슬이름이다.

33-3 屯 穴有孤烏 坎生蝦蟆 衆去萬里 不可得捕
구멍에 외로운 까마귀가 있고 두꺼비는 구덩이에서 낳고 코끼리는 만리를 가니 잡아 얻지 못하더라.

33-4 蒙 俱爲天民 雲過吾西 伯氏嫉妬 與我無恩
같이 하늘의 백성이 되는데 구름이 나의 서쪽을 지나니 백씨가 질투하나 나와 더불어 은혜가 없더라.

33-5 需 三首六目 政多煩惑 皐陶瘖聾 亂不可從
세 머리에 여섯 눈이라 정치가 번거롭고 의혹이 많은데 고도가 벙어리에 귀머거리니 어지러워 좇을 수가 없더라.

33-6 訟 德積不輕 辭王釣耕 三媒不已 大福來成

덕을 쌓은 것이 가볍지 않아 벼슬을 사양하고 밭 갈고 낚시질 하는데 세 번 초빙하여 마지아니하니 큰 복이 와서 이루더라.

[註] 이윤이 신야에서 밭 갈다가 세 번 초빙을 받아 국무총리가 되었다.

33-7 師 堅固相親 日篤無患 六体不易 執以安全 雨師駕西 濡我轂輪 張伯李季 各坐關門

견고하게 서로 친해 날로 돈독해 근심이 없고 육체가 바뀌지 아니하니 써 안전함을 잡고 우사가 서쪽으로 가서 나의 수레바퀴를 적시니 장백과 이계가 각각 관문에 앉았더라.

33-8 比 方內不行 輻摧輪傷 馬楚踶甚 受子閔時

방내는 가지 못한다 바퀴살이 꺾이고 바퀴가 상했는데 말이 발차기가 심하여 아들들이 병을 받을 때가 있더라.

33-9 小畜 畜牝無駒 養雞不雛 羣羊三歲 不生兩頭

암컷을 길러도 망아지가 없고 닭을 길러도 병아리가 아니고 여러 양도 세 살인데 두 마리를 낳지 못하더라.

33-10 履 老耄罷極 無取中直 懸輿致仕 得歸鄕里

늙으면 피곤이 극하니 중직을 취하지 말고 수레를 타고 벼슬하던 것을 거두고 향리로 돌아감을 얻더라.

[註] 현여(懸輿)는 벼슬을 그만둔다는 뜻이다.

33-11 泰 縮緖亂絲 手與爲災 越畝逐兎 斷其褌襦

축서 난사는 손과 더불어 재앙이 되고 이랑을 건너 토끼를 쫓다 잠방이와 저고리를 끊기더라.

33-12 否 海老水乾 魚鱉盡索 高落無潤 獨有沙石

새우는 물이 마르고 자라를 잡는데 동아줄이 다하고 높은 데서 떨어져 윤택함이 없고 홀로 모래와 돌에 있더라.

33-13 同人 入市求鹿 不見頭足 終日至夜 竟無所得
저자에 들어가 사슴을 구하니 머리와 발을 보지 못해 종일 밤이 되도록 마침내 소득이 없더라.

33-14 大有 築門壅戶 虎臥當道 驚我驊騮 不利出處
문을 쌓고 집을 막으니 호랑이가 누어 길을 지키니 나의 화류 말이 놀라 나가는 것이 불리하더라.

33-15 謙 陶朱白圭 善賈息資 公子王孫 富貴不貧
도주(범오) 백규는 장사를 잘해 자본을 늘리고 공자 왕손은 부귀하고 가난하지 아니하더라.

33-16 豫 王良善御 伯樂知馬 周旋步驟 行中規矩 止息有節 延命壽考
왕량은 모시길 잘하고 백락은 말을 잘 알아 돌아다니고 걸음 걷고 모는데 행하는 규정을 지켜 그치고 쉬는데 절도가 있어 연명하여 장수하더라.

33-17 隨 堯問大舜 聖德增益 使民不懼 安無怵惕
요임금님이 순임금님에게 물으시니 성덕이 더욱 더해 백성을 부리는데 두려워하지 아니하니 편안하고 두려움이 없더라.

33-18 蠱 昭公失常 季氏悖狂 遜齊處鄆 喪其寵身
소공이 정상을 잃어 계씨가 거스르고 미치니 제나라로 도망갔다가 운(고을이름)에 와 있다가 곱던 몸을 상하더라.

33-19 臨 昏暮不行 候待日明 從住止後 未得相從

어두우면 행하지 아니하다가 날이 밝기를 기다려 좇다가 머물러 산후에는 서로 좇음을 얻지 못하더라.

33-20 觀 安上宜官 一日九遷 升擢超等 牧養常山
윗사람을 편안하게 하고 직분에 맞게 하니 하루에 아홉 번 승진 발탁되나 상산에서 목축을 하더라.

33-21 噬嗑 去惡就凶 東西多訟 行者無功
악을 버리고 흉한데 나가니 동서에서 송사가 많아 가는 자는 공이 없더라.

33-22 賁 老馬垂耳 不見百里 君子弗悖 商人莫取 無與爲市
늙은 말이 귀를 늘어뜨리고 백 리를 보지 아니하니 군자는 믿지 아니하고 상인은 취하지 아니하니 더불어 저자가 됨이 없더라.

33-23 剝 蝸螺生子 深目黑醜 似類其母 雖或相就 衆人莫取
다사리가 새끼를 낳으니 눈이 깊고 검고 추해 그 어미와 유사하여 비록 혹 서로 나가나 중인(衆人)은 취하지 않더라.

33-24 復 百足俱行 相輔爲强 三聖翼事 不見寵光
발 백이 같이 행하며 서로 도우면 강해지고 세 성인이 일을 도우는데 은총의 영광을 보지 못하더라.

[註] 三聖은 요임금, 순임금, 우임금이다.

33-25 無妄 容民畜衆 履德有信 大人受福 童蒙惑憂 利無所得
백성을 수용해 무리를 기름은 덕을 받고 믿음이 있으면 대인은 복을 받고 어린이는 근심을 느끼니 이(利)를 얻은 바 없더라.

33-26 大畜 左跌右僵 前躓觸桑 其指據石 傷其弟兄 老蠶不作 家無織帛 貴

貸殘身 留連久客
좌로 거꾸러지고 우로 쓰러지며 앞으로 쓰러져 동쪽을 찌르니 그 손가락이 돌을 짚어 아우와 형을 상하고 노잠이 되지 않아 집에 비단을 짤게 없어 돈은 귀하고 몸은 천하니 오래 머물러 묵은 손님이 되더라.

33-27 頤 昏人宜明 賣食老昌 國祚東表 號稱太公
어두운데 사람은 밝음이 마땅하고 밥을 팔다 늙어 창성하여 나라를 동제에 자리 잡고 태공이라 호칭하더라.

[註] 太公望 呂尙의 옛도읍을 말한다.

33-28 大過 弊笱在梁 魴逸不禁 漁父勞苦 藏空乾口
해진 통발이 다리에 있어 방어가 노닐어도 금하지 못하니 어부가 노고해도 빈 것을 감추니 입이 마르더라.

33-29 坎 盛中後跌 衰老復掇 盈滿減毁 疾羸肥腯 鄭昭失國 重耳興立
성한 가운데 뒤에 거꾸러지고 쇠노하면 다시 줍고 가득차면 감회하고 병들어 파리하면 다시 살찐다. 정소공은 나라를 잃고 중이(진문공)는 흥(興)하여 서서 패공이 되더라.

33-30 離 折亡破甕 使我困貧 與母生分 別離移門
꺾어지고 망해 옹기를 깨트려 나로 하여금 빈곤케 해 어미와 생이별해 다른 집으로 떠나더라.

33-31 咸 野有積庾 穡人駕取 不逢虎狼 暮歸其宇
들에 노적이 있어 농부가 실어 오는데 호랑이를 만나지 않고 저물게 집으로 돌아가더라.

33-32 恒 襁褓孩呱 冠帶成家 出門如賓 父母何憂

강보의 어린애가 관대하고 집을 이루고 문을 나서 손님 같으니 부모가 무엇을 근심하리오.

33-34 大壯 陳力就列 官職並廢 手不勝盆 失其寵門
힘을 다해 열에 나갔으나 관직을 아울러 폐하는데 손이 동이를 이기지 못하니 그 은총을 잃더라.

33-35 晉 積雪大寒 萬物不生 陰制庶士 時本冬貧
눈이 쌓이는 큰 추위에는 만물이 살지 못하니 음이 서사를 제압하니 때는 본시 겨울이 빈곤하더라.

33-36 明夷 龍鬪時門 失理傷賢 內畔生賊 自爲心疾
용이 시문에서 싸우니 도리를 잃고 어진 이를 상해 내반에 적이 생하니 스스로 마음의 병이 되더라.

33-37 家人 狗畏狼虎 依人爲輔 三夫執戟 伏不敢趨 身安無咎
개가 호랑이가 두려워 사람을 의지해 도움이 되니 삼인이 창을 잡고 엎드려 감히 쫓지 못하니 몸이 편안하고 재앙이 없더라.

33-38 睽 南山高岡 回隤難登 道里遼遠 行者無功 憂不成凶 惡亦消去
남산의 높은 뫼는 돌고 미끄러워서 오르기 어려워 길이 요원해 가는 자가 공이 없으나 근심이 흉하게 되지 않으니 악도 사라져 가더라.

33-39 蹇 逢時陽逐 富且尊貴
때를 만나 양을 좇으니 부하고 또 존귀하더라.

33-40 解 求我所欲 得其利福 終身不辱 盈盛之門 高屋先覆 君失邦國
나의 하고자 하는 바를 구해 그 이익과 복을 얻으면 종신토록 욕되지 않고 번창하는 집에서 높은 집을 먼저 덮으니 임금이 나라를 잃더라.

33-41 損 安坐至暮 禍災不到 利詰好妖 罪人弗赦
편히 앉아 저뭄에 이르러도 재앙이 이르지 않으니 간사하고 요사한 것은 힐문하는 것이 이롭고 죄인은 용서하지 않더라.

33-42 益 膠車駕東 與雨相逢 五楘解墮 頓輴獨宿 憂爲身禍
푸레차로 동으로 가다 비를 만나 가죽으로 감은 멍에가 풀려 떨어지니 수레채를 정돈하고 홀로 자니 근심이 몸에 재앙이 되더라.

33-43 夬 擇日高飛 遂至東齊 見孔聖師 使我和諧
날을 가려 높이 날아 동제에 이르러 공자님을 뵈오니 나로 하여금 화해하게 하더라.

33-44 姤 陳嬀敬仲 兆興齊姜 乃適營丘 八世大昌
진나라 위경중이 제나라 강씨가 흥할 징조가 있어 영구로 가서 팔대가 크게 흥하였다.

33-45 萃 缺埒無憚 難從東西 毁破我盆 泛棄酒食
낮은 담이 이지러져도 꺼릴 것은 없으나 동서로 좇으니 어려워 나의 동이를 파괴하니 술과 밥을 버리게 되더라.

33-46 升 中夜狗吠 盜在廬外 神光祐助 消散解去
밤중에 개가 짖는 것은 집 밖에 도적이 있음이나 신명이 도와 소산해 풀려 가더라.

33-47 困 雷車不藏 隱隱西行 霖雨三旬 流爲河江 使國憂凶
뇌차를 감추지 않고 은은히 서행하는데 장마비가 한 달을 내려 흘러 하수와 강이 되니 나라로 하여금 흉함을 근심하더라.

33-48 井 老河虛空 舊井無魚 利得不饒 避患東隣 禍來入門 使我悔存
늙은 개울은 공허하고 오랜 우물에는 고기가 없고 이익을 얻어도 넉넉하지 못하고 재앙을 동쪽 이웃으로 피했더니 재앙이 와서 문으로 들어오니 나로 하여금 뉘우침이 있더라.

33-49 革 福德之士 懽悅日喜 夷吾相國 三歸爲臣 賞流子孫
복덕의 선비는 환열이 날로 기쁘고 이오(관중)상국 삼귀에서 신하가 되어 상이 자손에게 흐르더라.

[註] 管仲의 사건을 말한다. 이오(夷吾)는 관중인데, 제환공이 삼귀대를 쌓고 관중을 맞이하여 상국으로 삼아 패업을 이루었다.

33-50 鼎 淸人高子 久屯外野 逍遙不歸 思我慈母
청읍의 고극이 오래 외야에 주둔하고 그럭저럭하며 돌아가지 못해 나의 어머니를 생각하더라.

33-51 震 驄騧黑- 東歸高鄕 白虎推輪 蒼龍把衡 朱雀道引 虛烏載遊 逐扣天門 入見眞君 馬安人全
총갈은 검은 갈기로 동으로 고향에 돌아가니 백호가 바퀴를 밀고 창룡은 멍에를 잡고 주작은 길을 인도하고 허오도 운전해 놀며 좇아 천문을 두드리고 들어가 진정한 군주를 보니 말도 편안하고 사람도 안전하더라.

33-52 艮 路多枳棘 步刺我足 不利旅客 爲心作毒
길에 가시가 많아 걷는 나의 발을 찌르니 여객에 불리해 마음에 괴로움이 되더라.

33-53 漸 端坐生患 憂來入門 使我不安
단정히 앉았는데 재앙이 생기어 우환이 문으로 들어오니 나로 하여금 불안케 하더라.

33-54 歸妹 小陬之市 利不足喜 二世積仁 蒙其祖先 匪躬之言 狂悖爲患
작은 마을의 저자는 이가 기뻐하기에 부족하고 두 대가 적덕한 조상의 덕을 입고 나의 말이 아니라 하는데 도의에 벗어난 난폭함이 재앙이 되더라.

33-55 豊 登高望時 見樂無憂 求利南國 與寶相得
높이 올라 바라볼 때 보는 게 즐거워 근심이 없고 이를 남국에 구하여 보배로 더불어 서로 얻음이 있더라.

33-56 旅 跛足息肩 有所忌難 金城鐵郭 以銅爲關 蕃屏自衛 安上無患
절뚝발의 짐을 벗고 쉬니 꺼리고 어려움은 있으나 금성 철곽에다 구리로 관을 하여 병풍처럼 자위하니 위를 편안히 하고 근심이 없더라.

33-57 巽 江有沲泥 思附君子 伯仲受歸 不我肯顧 姪娣悔恨
강에는 타니(수렁)가 있고 생각을 군자에게 부쳐 백씨 중씨가 돌아 오는데 내가 즐겨 돌아보지 아니하니 조카와 손아래 누이가 뉘우치며 한탄하더라.

33-58 兌 牙孼生達 陽倡於外 左手執籥 公言錫爵
덧니에 남창으로 왼손에 피리를 잡고 공언하기를 작위를 내리더라.

33-59 渙 雲夢苑囿 萬物蕃熾 犀衆瑇瑁 荊人以富
운몽의 원유에는 만물이 번식하니 코뿔소, 코끼리 대모로 형주 사람이 부자가 되더라.

33-60 節 渠戎萬里 晝夜愁苦 橐甲戎服 雖荷不賊 鷹鸇之殘 害不能傷
개천 크기가 만리로 주야 근심 걱정하나 갑옷과 융복을 해도 해가 아니되고 수리나 새매가 잔인해도 능히 상하게 하지 못하더라.

33-61 中孚 鎡基逢時 稷契皐陶 貞良願得 微子解囚 市空無虎 謾誕妄語

농기구는 때를 만나야 하고 직설과 고도는 곧고 어질어 원하는 것을 얻고 미자는 가둠은 풀었으나 저자가 비어 호피가 없다 함은 거짓과 속이는 망녕된 말이더라.

33-62 小過　騎騅與蒼　南賈太行　逢駮猛虎　爲所呑殤　蔡於渭陽
추말을 타고 백성과 더불어 남으로 장사를 크게 가다가 박짐승과 맹호를 만나 잡아먹힌 바 되어 위양에 장사 지내더라.

33-63 旣濟　出門東行　日利時良　步騎與駟　經歷宗邦　暮宿北燕　與樂相逢
문을 나서 동으로 행하는데 날이 좋고 때가 좋아 걸며 타며 사마와 더불어 종주국을 경유하여 저물게 북연에서 자니 즐거움과 더불어 상봉하더라.

33-64 未濟　酒爲懽伯　除憂來樂　福善入門　與君上索　使我有得
술은 기쁘게 하는데 으뜸이다. 근심을 제하고 즐거움이 오게 하여 복이 잘 문으로 들어오게 하니 임금과 더불어 서로 찾아 나로 하여금 득이 있게 하더라.

震上 乾下 大壯之第三十四 **雷天大壯**

34-34 大壯 左有噬羆 右有嚙虎 前觸鐵矛 後躓强弩 無可抵者
왼쪽에 씹는 곰이 있고 바른쪽에는 무는 호랑이가 있고 앞에는 철모가 찌르고 뒤에는 강한 쇠뇌를 밟았으니 저항할 자가 없더라.

34-1 乾 金齒鐵牙 壽考宜家 年歲有儲 貪利者得 離其咎憂
금니와 쇠어금니로 오래 살고 집은 화목하여 해마다 쌓음이 있으니 이를 탐하는 자는 얻고 재앙과 근심을 떠나더라.

34-2 坤 家給人足 頌聲並作 四夷賓服 干戈囊閣
집은 넉넉하고 사람은 풍족하니 태평성대의 소리가 아울러 나고 사방의 오랑캐가 조공을 바치니 병기를 창고에 두더라.

34-3 屯 獼猴冠帶 盜載非位 衆犬嘈吠 狂走厥足
큰 원숭이가 관대하고 격에 맞지 않은 지위를 도적질하면 모든 개들이 시끄럽게 짖으니 미친 듯이 달아나다 발이 미끄러지더라.

34-4 蒙 心患其身 不念安存 忠臣孝子 爲國除患
마음의 근심은 그 몸인데 안존을 생각하지 않는 충신 효자는 나라를 위해 근심을 덜게 하더라.

34-5 需 君不明德 臣亂爲惑 丞相命馬 胡亥失所
임금이 덕에 밝지 않으면 신하가 난을 꾸미는데 군신이 따르지 아니할까 의혹하고 조고가 사슴을 말이라 하니 호해가 나라를 잃더라.

[註] 丞相은 秦나라 정승 趙高이고 胡亥는 진시황이 죽은 후 왕이 된 二세 호해이다. 조고가 사슴을 말이라 하며 중신을 둘러보니 아무도 반박하는 사람이 없고

호해가 승상이 농담한다 하여도 누구 하나 왕을 따르지 아니하였다.

34-6 訟 東行西窮 南北無功 張伯賣鹿 從者失羊
동으로 가면 서쪽이 궁하고 남북은 공이 없다. 장백이 사슴을 파니 따라다니는 사람이 양을 잃더라.

34-7 師 鹿下西山 欲歸其群 逢羿鋒箭 無於矢端
사슴이 서산을 내려와 그 무리로 돌아가고자 하다가 예의 화살을 만나니 화살에 시촉이 없더라.

34-8 比 明夷兆初 三日爲災 以讒後歸 名日竪牛 剝亂叔孫 餧卒虛丘
명이 점괘의 처음은 삼일이 재앙이 된다. 참소로 뒤에 돌아오니 이름이 수우인데 숙손씨를 탄핵하여 굶어 허구에서 죽더라.

34-9 小畜 秦失嘉居 河伯爲怪 還其御璧 神怒不祐 織組無文 燒香弗芬
진나라가 가거를 잃으니 하백이 괴이하게 돼서 그 구슬을 돌려보내니 귀신이 성내고 돕지 아니하니 직조에 무늬가 없고 향을 살라도 향기롭지 아니하더라.

[典據]《史記》秦始皇本紀, 使者從關東夜過華陰平舒道. 有人持璧遮使者. 日, 爲吾遺滈池君. 因言日, 今年祖龍死 使者問其故. 因忽不見. 置其璧去. 使者奉璧以聞. 乃二十八年. 行渡江. 所沈璧也 未幾. 始皇果死. 그래서 구슬을 돌려보았다는 뜻. 돕지 않음을 말한다.

34-10 履 德至之君 禍不過鄰 使我世存 身無患災
덕이 지극한 임금은 화가 이웃을 지나가지 아니하고 나로 하여금 세상에 있게 하니 몸에 재앙이 없더라.

34-11 泰 衆惡之堂 相聚爲殃 出毒良人 使道不通
모든 악의 집에는 서로 모이는 것이 재앙이 되어서 좋은 사람에게 독을 주니 도(道)로 하여금 통하지 못하게 하더라.

34-12 否　三癡六狂　欲之平鄕　迷惑失道　不知昏明

세 바보와 여섯 미치광이가 화평한 시골로 가고자 하나 미혹하여 길을 잃고 어둡고 밝음을 알지 못하더라.

34-13 同人　老弱無子　不能自理　郭氏雖憂　終不離咎　管子治國　候伯來服　乘輿八百　尊祀祖德

늙고 약해 자식이 없음은 능히 다스리지 못함이요 곽씨가 비록 근심하나 끝내 허물을 떠나지 못하고 관자가 나라를 다스리는데 후와 백이 와서 복종하니 타는 수레가 팔백이라 조상을 높여 제사 지내더라.

34-14 大有　褒后生蛇　經老皆微　追跌衰光　酒滅黃離

포후가 뱀을 낳은 것을 늙도록 숨기고 쫓다가 거꾸러지면 빛이 쇠하여 술로 황리(중앙의 빛나는 자리)를 멸망케 하더라.

34-15 謙　驄騧黑-　東歸高鄕　白虎推輪　蒼龍把衡　逐至夷傷　不離咎殃

검은 갈기의 발빠른 얼룩말로 동쪽 고향으로 돌아가는데 백호는 바퀴를 밀고 창룡이 멍에대를 잡고 쫓아 상처에 이르니 재앙이 떠나지 아니하더라.

34-16 豫　信譎龍且　塞水上流　半渡決囊　楚師覆凶

한신이 용저를 속여 상류를 막았다가 반쯤 건널 때 터서 초군이 흉을 당하더라.

[註] 信은 韓信, 龍且는 項羽의 장수. 초한 때 한신이 유수의 상류를 막고 용저의 군사를 유인하여 강을 반쯤 건널 때 막은 물을 터서 초군 태반과 용저를 죽였다.

[典據]《史記》淮陰侯列傳.

34-17 隨　有莘季女　爲王妣后　貴夫壽子　母字四海

신씨에 계녀가 있어 왕의 비후가 되니 귀한 남편에 아들이 수(壽)하니 사해가 어머니라 하더라.

34-18 蠱　德被八表　蠻夷率服　盜賊不作　道無苛慝

덕으로 팔방을 덮으니 오랑캐들이 복종하고 벼의 줄기를 갉아먹는 벌레가 생기지 않고 길에 가혹하고 사특함이 없더라.

34-19 臨　載日精光　驂駕六龍　祿命徹天　封爲燕王
해를 받아 빛이 세 말 멍에를 육룡이 멍에 하니 녹명이 하늘에 닿아서 연왕을 봉하게 되더라.

34-20 觀　纓急縮頸　行不得前　五石示象　襄覇不成
갓끈이 급해 목을 움츠리니 앞으로 가지 못하고 오석 상증을 보이니 송양공이 패업을 이루지 못하더라.

[註] 襄은 宋의 襄公. 五石은 5개의 운석. 《左傳》 僖公 十六年에 '隕石於宋五' 宋의 양공은 覇를 도모했으나 이루지 못하고 죽었다. 송나라에 운석이 다섯 개가 떨어졌는데 송양공이 패업을 행하려한지 오년만에 죽으니 운석의 수와 같더라.

34-21 噬嗑　蛇失其穴　載麻當喪　哀悲哭泣　送死離鄕
뱀이 그 구멍을 잃고 삼을 싣다 상을 당하니 슬피 울고 장사 지내고 그 골을 떠나더라.

34-22 賁　四隤不安　兵革爲患　掠我妻子　客屬飢寒
사방이 어지러워 불안함은 병혁이 재앙이 되어서 나의 처자를 약탈당하니 객처럼 주리고 춥더라.

34-23 剝　乘風駕雨　與飛鳥俱　一擧千里　見吾愛母
바람에 올라 비를 멍에에 나는 새와 더불어 한 번에 천리를 가서 나의 사랑하는 어머니를 보더라.

34-24 復　雷霆所擊　誅者五逆　磨滅無迹　有懼方息
우레치는 곳에 오역을 참해 갈아서 자취를 없애니 두려움이 바야흐로 쉬더라.

34-25 無妄 張氏揖酒 請謁左右 王叔枯槁 獨不蒙所

장씨가 술을 내면서 좌우를 뵙기를 청하는데 왕숙이 말라 홀로 끼지 못하더라.

[註] 平叔은 陳平.

[典據]《史記》陳丞相世家, 戶牖富人有張負. 獨視偉平. 歸謂其子仲日. 人固有好美如陳平. 而長貧賤者乎. 卒與女. 爲平貧, 乃仮貸幣以聘. 予酒肉之資以內婦.

34-26 大畜 坐爭立訟 紛紛匈匈 卒成禍亂 災及家公

앉아서 다투고 서서 송사해 분분 흉흉하더니 끝내 화란이 되어 재앙이 집어른에게 미치더라.

34-27 頤 霜降閉戶 蟄蟲隱處 不見日月 與死爲伍

상강에 문을 닫으니 칩충이 숨은 곳에 해와 달을 보지 못하니 죽음과 더불어 대오를 같이하더라.

34-28 大過 鼠聚生怪 爲我患悔 道絕不通 商旅失意

쥐가 모여 괴변이 생겨 나에게 근심걱정이 되고 길이 끊겨 불통하니 장사꾼이 실의하더라.

34-29 坎 寒暑不當 軌度失常 一前一後 年歲鮮有

춥고 더위가 부당함은 궤도가 정상을 잃어 일진일퇴로 해마다 적게 있더라.

34-30 離 築室氷上 危於一齒 丑六不徙 辰卯有咎

집을 얼음 위에 지어 하나의 이빨 같이 위태해 축육월에 이사를 아니하였더니 진묘월에 재앙이 있더라.

34-31 咸 畜雞養狗 長息有儲 耕田得黍 主母喜舞

닭을 치고 개를 길러 저축이 있어 오래 쉬었다가 밭 갈아 기장을 얻으니 주모가 기뻐 춤추더라.

34-32 恒　東壁餘光　數暗不明　主母嫉妬　亂我業事
동벽의 여광이 자주 어둡고 밝지 않으니 주모가 질투하여 나의 사업을 어지럽게 하더라.

34-33 遯　剛柔相傷　火爛銷金　鵰鷹制兎　伐楚有功
강유가 서로 상하니 불이 익으면 쇠를 녹이고 수리와 매가 토끼를 제어하니 초나라를 쳐서 공이 있더라.

34-35 晉　鄭國讒多　數被楚憂　征夫愁苦　民困無聊
정국에 참소가 많아 자주 초나라로부터 재앙을 입어 군인이 수고하니 백성은 곤란하고 힘입음이 없더라.

[註] 춘추시대에 정나라가 초나라와 晉나라 사이에 있어 해마다 병화를 아니 입는 해가 없었다.

34-36 明夷　弓矢斯張　把彈弦折　丸發不至　道遇患害
활에 시위를 얹고 탄환을 쥐니 시위줄이 끊어져 탄환을 쏘아도 이르지 아니하고 길에서 재해를 만나더라.

34-37 家人　擧觴飮酒　未得至口　側弁醉酗　拔劍相怒　武侯作悔
술잔을 들고 음주하는데 입에 이르지 못하고 옆에서 손뼉치며 만취해 주정하며 서로 성내고 칼을 뽑으니 무후가 후회하더라.

34-38 睽　蒼鷹群行　相得旅前　王孫申公　驚奪我雄　北天門開　神火飛災　如不敬信　事入塵埃
흰 매가 무리지어 서로 앞으로 가는 것을 얻고 왕손 신공이 놀랍게 나의 수컷을 뺏고 북쪽 천문이 열리더니 신화가 재앙을 날리니 공손이 믿은 것이 아닌 것 같아 일이 더러운 세상으로 들어가더라.

34-39 蹇　穿空相宜　利倍我北　循邪詭道　逃不可得　南北望邑　逐歸入室

구멍은 비어 있는 것이 마땅하고 이익이 배가 되나 나를 배반하니 간사한 것을 좇아 사람을 속이면 도망가는 것도 얻지 못해 이리저리 돌아보다가 드디어 돌아가 집으로 들어가더라.

34-40 解 壽如松喬 與日月俱 常安康樂 不懼禍憂
수명이 송교(신선)와 같아 일월과 같이 더불어 항상 편안하고 즐거워 재앙과 우환에 걸리지 아니하더라.
[註] 松喬, 赤松子, 王喬는 옛적 신선이다.

34-41 損 出門望東 伯仲不來 疾病爲患 使母憂歎
문에 나가 동을 바라보니 백씨 중씨가 오지 않아 질병이 걱정이 되어 어머니로 하여금 근심하고 탄식하게 하더라.

34-42 益 大姒之孫 周文九子 咸逐受成 寵貴富有
대사의 자손은 주문왕의 아홉 아들이 다 교훈을 받아들여 총귀(寵貴)에 부를 이루더라.

34-43 夬 桃李華實 累累日息 長大成熟 甘美可食 爲我利福
복숭아와 오얏의 빛나는 열매는 주렁주렁 열려 크게 자라 성숙하면 달고 아름다워 먹을 만하니 나의 이로운 복이 되더라.

34-44 姤 婚禮不明 男女失常 行露反言 出爭我訟
혼례가 밝지 아니하면 남녀가 정상을 잃어 발길을 걸어 음행하여 시비가 되니 송사로 다투더라.

34-45 萃 空穿漏弊 破桴殘缺 陰弗能完 瓦碎不全
빈 구멍으로 비가 새면 대마루가 깨지니 완전히 고치지 아니하면 기와가 부서져 완전치 못하더라.

34-46 升 數窮廓落 困於歷室 往登玉堂 與堯侑食
운수가 궁해 텅빈 역산집에서 곤궁하다가 옥당에 가서 올라가 요임금님과 더불어 배식하더라.

[註] 순임금이 역산에서 농사짓다 요임금을 만난다는 것이다.

34-47 困 道濕爲坑 輪陷蹪僵 南國作諱 使我多畏
길이 습하고 구덩이가 되어 바퀴가 빠지고 미끄러져 넘어지니 남국에서 이름 짓기를 두려움이 많은 사람이라 하더라.

34-48 井 鰥寡孤獨 福祿苦薄 入室無妻 武子悲哀
홀애비와 과부는 복록이 고박하여 집에 들어가도 아내가 없어 무자가 슬퍼하더라.

[註] 최무자가 당강에서 장가 들기 위해 점쳤더니 그 궁에 들어가도 처자를 보지 못한다 하는 괘사가 나왔다고 한다.

34-49 革 擧袂覆目 不見日月 衣食杖机 就其夜室
소매를 들어 눈을 가리고 일월을 보지 아니하고 의복과 금침의 궤를 집고 그 밤집으로 나가더라.

34-50 鼎 長尾踐蛇 畫地爲河 深不可涉 絕無以北 惆然憤息
꼬리 긴 이무기가 땅을 그어 하수가 되어 깊어 건너지 못하니 길이 끊어져 북으로 가지 못해 맥이 풀려 분해하더라.

34-51 震 晨風文翰 大擧就溫 昧過我邑 羿無所得
신풍(새매)과 문한이 대거하여 온대 지방으로 가는데 어두운 때에 나의 골을 지나니 예(명궁인)도 소득이 없더라.

34-52 艮 出入節時 南北無憂 行者亟至 在外來歸
출입이 절기에 따르면 남북에 근심이 없으니 여행하는 사람이 빨리 이르고 밖에 있다가도 돌아오더라.

34-53 漸 陽氏狂惑 季孫亂憒 陪臣執政 平子拘折 我心不快
양호가 미치고 혹하니 계손씨가 마음이 어지럽고 배신이 집정하여 평자를 잡아 꺾으니 나의 마음이 불쾌하더라.

[註] 陽氏는 李季孫氏의 가신 陽虎 陪臣은 陽虎 平子 季孫氏이다. 陽氏는 陽虎로 季子의 陪臣. 平子는 季平氏로 魯의 三桓중의 하나. 陽虎는 季氏의 陪臣으로 되었다.《左傳》定公 五-九年에 보인다.

34-54 歸妹 五烏六鴟 相對蹲跂 禮讓不行 虞芮爭訟
다섯 까마귀와 여섯 수리가 서로 대해 웅크리고 앉아 예와 양보가 행해지지 않아 우, 예 두 사람이 쟁송하더라.

[註] 虞, 芮 두 나라가 밭의 경계를 다투다가 주나라 농민이 서로 밭이랑을 사양하는 것을 보고 서로 양보하였다는 말이다.

34-55 豊 顧念所生 隔在東平 遭離滿沸 河川決潰 幸得無恙 復歸相室
살 바를 돌아보고 생각하는 바 떨어져 동평에 있다가 떠남을 만나 물이 가득하고 용솟음쳐 하천이 무너지나 다행이 무양함을 얻어 다시 서로 집으로 돌아오더라.

34-56 旅 追獵東走 兎逃我後 吾銳不利 獨空無有
사냥을 좇아 동으로 달아나니 토끼가 나의 뒤로 도망가는데 나의 날램이 이롭지 못해 홀로 아무 것도 없더라.

34-57 巽 犬吠非主 上下渾擾 敵人襲戰 閔王逃走
개는 주인이 아니면 짖는데 상하가 함께 흔들려 적인이 내습 전쟁하니 민왕이 도망하더라.

[註] 閔王은 齊王.

[典據]《史記》燕召公世家, 燕昭王伐齊. 齊兵敗. 閔王出亡於外.

34-58 兌 嵩高岱宗 峻直且神 觸石膚寸 千里蒙恩

숭고와 태산은 험준하고 또 신령하여 돌에 피부를 조금만 접촉해도 천리가 은혜를 입더라.

[註] 입산 기도하면 은혜를 받는다는 뜻이다.

34-59 渙 陳魚觀社 佷荒踰矩 爲民開緖 亡其祖考

진어와 관사는 어긋나고 거칠어 법에 지나치니 백성을 위해 실마리를 열게 되면 그 조상을 잊어버리는 것이더라.

[註] 임금은 비례와 불법을 해서는 아니 된다. 기록에 남으니 후세 사람들이 어찌 보겠는가?

[典據]《左傳》隱公五年, 魯隱公將如裳觀魚者.

《左傳》莊公二十三年, 魯隱公如齊觀社.非禮也. 따라서 '佷荒踰矩' 라고 한다.

34-60 節 四壁無戶 三步一止 東西南北 利不可得

사방 벽이 문이 없어 세 걸음에 한 번씩 그치니 동서남북에서 이(利)를 얻지 못하더라.

34-61 中孚 求君衣裳 情不可當 觸諱西行 爲伯生殃 君之上歡 得其安存

임금에게 의상을 구함은 정으로는 가당치 않으며 어른의 이름을 함부로 부르고 서쪽으로 가니 백씨에게 재앙을 낳게 되나 임금의 기뻐함으로 오히려 편안이 있음을 얻더라.

[註] 蔡侯가 갑옷 두 벌 중 한 벌을 초소왕에게 바치고 한 벌은 자상이 가지고자 하나 주지 않자, 삼년을 가지 못하게 하여 채후가 알고 갑옷 한 벌을 자상에게 주고 자기 나라로 돌아갔다. 子常은 초나라 대신이다.

[典據]《左傳》定公 三年.

34-62 小過 春鴻飛東 以馬貿金 利可得深

봄에 큰 기러기가 동으로 날고 말로써 금을 무역하니 이를 많이 얻더라.

34-63 旣濟 禾生蟲蠹 還自剋賊 使我無得

벼에 벌레가 생겨 도리어 스스로 적을 극하나 나로 하여금 얻음이 없더라.

34-64 未濟 桀亂無道 民敬不聚 倍室棄家 逃遁出走

걸이 어지럽고 무도해 백성이 흩어지고 모이지 않아 집을 배반하고 집을 버리고 도망해 나가 달아나더라.

離上 坤下 晉之第三十五　火 地 晉

35-35 晉　銷鋒鑄耜　休牛放馬　甲兵解散　夫婦相保
창을 녹여 보습을 만들고 소를 쉬게 하고 말을 놓아주며 갑병을 해산하니 부부가 서로 보존하더라.

35-1 乾　一衣三冠　無所絆元　衣服不成　爲身災患
옷은 하나에 관이 셋인데 원래 얽어댈 바가 없어 의복이 이루지 못해 몸에 재앙이 되더라.

35-2 坤　百足俱行　相輔爲彊　三聖翼事　王室寵光
백 개의 발이 같이 가서 서로 도와 강하게 되고 세 성인이 일을 도우니 왕실의 은총이 빛나더라.
[註] 三聖은 堯, 舜, 禹이다.

35-3 屯　魚蛇之怪　大人憂懼　梁君好城　失其安居
고기와 뱀의 괴변으로 대인이 근심하고 두려워하는데 양나라 임금이 성 쌓기를 좋아하더니 그 편한 삶을 잃더라.
[註] 梁君은 즉 梁伯.

35-4 蒙　少無彊輔　長不見母　勞心遠思　自傷憂苦
젊어서 굳세게 도움이 없고 자라서 어머니를 보지 못하니 고심하며 멀리 생각하여 스스로 근심 걱정으로 상하더라.

35-5 需　前涉溽暑　解不可取　離河三里　敗我利市　老年病馬　去之何悔
앞에 무더위를 건너는데 풀어도 시원하지 않아 하수를 삼리쯤 떨어지니 나의 이로운 저자가 파해 늙은 소에 말이 병이 드니 가버린들 무엇을 뉘우치리오.

35-6 訟 君明有德 登天大祿 布政施惠 以成恩福 中子南遊 翱翔未復
임금이 밝고 덕이 있어 하늘의 큰 녹에 올라 은혜를 베푸는 정치를 펴서 은복을 이루는 가운데 아들이 남으로 여행하여 방황하며 돌아오지 아니하더라.

35-7 師 嘵然唯然 敬上尊客 執恭除患 禦侮致福
경건하게 윗분을 공경하고 객을 높여 공손히 잡고 근심을 제해 업신여김을 막고 복을 이루더라.

35-8 比 黍稷禾稻 垂秀方造 中旱不雨 傷風病藁
기장과 피, 벼가 이삭이 나와 익을려고 하는데 가뭄을 만나 비가 아니와 바람에 상하고 집이 병들더라.

35-9 小畜 三羸六罷 不能越跪 東賈失馬 往返勞苦
병들고 파리한 사람은 꿇고 뛰지 못해 동쪽 장사에 말을 잃고 되돌아오는데 고생하더라.

35-10 履 倚立相望 引衣欲裝 陰雲蔽日 暴雨降集 使道不通 阻我歡會
의지해 서서 서로 바라보며 옷을 입어 장식코자 하는데 검은 구름이 해를 가리고 폭우가 쏟아져 길이 통하지 못해 나의 기쁜 모임을 저해하더라.

35-11 泰 高脚疾竇 受肩善趨 日走千里 賈市有得
긴 다리로 빨리 걸어 어깨를 짚고 잘 빨리 걸어 하루 천리를 달리니 장사에 득이 있더라.

35-12 否 北風寒凉 雨雪益冰 憂思不樂 哀悲傷心
북풍이 한랭하고 비와 눈에 더욱 얼어드니 근심과 생각에 즐겁지 않고 슬퍼 상심하더라.

35-13 同人 貞鳥雎鳩 執一無尤 寢門治理 君子悅喜

정절의 새 저구는 하나만 잡고 더함이 없고 침문에서 이치를 다스리니 군자가 희열하더라.

35-14 大有 蓼蕭露瀼 君子寵光 鳴鸞噰和 福祿來同

쑥에 이슬이 철철 흐르니 군자는 은총을 입고 우는 난새가 옹화하니 복록이 같이 오더라.

35-15 謙 南行求福 與喜相得 封受上賞 鼎足輔國

남으로 가 복을 구하니 기쁨과 더불어 서로 얻어 상상에 봉함을 받아 솥발처럼 보국하더라.

35-16 豫 桑葉腐蠹 衣敝如絡 女功不成 絲布如玉

뽕잎이 썩고 좀먹고 옷이 해져 얽은 것 같은데 여자의 공이 이루지 못해 실과 옷감이 구슬같이 귀하더라.

35-17 隨 左服易右 王良心懽 嘉利從己

왼쪽 옷을 바른쪽으로 바꾸고 왕량이 마음에 기뻐하니 아름다운 이가 몸에 따르더라.

35-18 蠱 壽考不忘 駕駟東行 三適陳宋 暗賈楚荊 得利息長 旅身多罷 畏晝喜夜

나이 많은 것을 잊어버리지 아니하고 네 말을 멍에하고 동으로 행해 세 번 진송을 가고 남으로 초나라 형주에 무역하여 이익을 얻어 재물이 늘지만 여행에 몸이 많이 피곤하여 낮이 두렵고 밤이 기쁘더라.

35-19 臨 羔羊皮革 君子朝服 輔政扶得 以合萬國

염소와 양의 가죽을 군자가 조복으로 입고 정치를 도와 덕을 부축해 써 만국을 합하더라.

35-20 觀 鶻鳩徙巢 西至平州 遭逢雷電 破我葦廬 室家饑寒 思吾故初
새매가 둥지를 옮겨 서로 평주에 이르러 천둥과 번개를 만나 갈대집을 파하니 집안이 주리고 추워 옛날을 생각하더라.

35-21 噬嗑 大尾小頭 重不可搖 上弱下强 陰制其雄
꼬리는 크고 머리가 작아 무거워 흔들지 못하고 위는 약하고 아래가 강하니 아랫사람이 윗사람을 제압하더라.

35-22 賁 疏足息肩 有所忌難 金城銅郭 以鐵爲關 藩屛自衛 安心無憂
발을 쭉 뻗고 어깨를 쉬니 꺼리고 어려운 바가 있으나 금성 동곽에 철로 관문을 하고 병충 울타리로 자위하니 안심하고 근심이 없더라.

35-23 剝 天命玄鳥 下生大商 造定四表 享國久良
하늘이 현조에 명하여 내려가 큰 상나라를 낳고 사방을 정해 나라를 오래도록 잘 계승하더라.

35-24 復 賦斂重數 政爲民賊 杼柚空虛 我去其室
세금을 무겁게 거두니 정부가 백성의 적이 되어 백성들이 일들을 아니하니 나도 집을 버리고 떠나더라.

[註] '杼柚空虛' 는 여인이 길쌈을 아니한다는 뜻으로 백성이 일을 아니한다는 뜻이다.

35-25 無妄 陰陽隔塞 許嫁不答 宛丘新台 悔往歎息
음과 양이 떨어져 막혀 시집가는 허락을 대답 아니하고 원구 새집에 가서 후회하며 탄식하더라.

35-26 大畜 願望登虛 意常欲逃 賈辛醜惡 妻不安夫
원하고 바라기를 허공에 올라 뜻은 항상 도망하고자 하니 가신이 추악하여 아내가 지아비를 불안해 하더라.

[註] 賈辛이 춘추 소공 二十八년에 취처하였는데 3년을 말도 아니하고 웃지도 아니하였다.

35-27 頤 踧行竊視 有所畏避 蔽目藏伏 以夜爲利
조심해 가서 몰래 엿보니 들킬까봐 두려운 바 있어 눈을 가리고 엎드려 숨으니 밤이 이롭더라.

35-28 大過 信敏恭讓 敬鬼尊神 五岳四瀆 克厭帝心 受福宜年
믿고 민첩하니 공손하고 사양하면서 귀신을 공경하고 신을 높이 받드니 오악사속(강산)이 임금의 마음을 싫어함을 이기니 복을 받기 마땅한 해이더라.

35-29 坎 懸懸南海 去家萬里 飛兎腰褭 一日見母 除我憂悔
멀고 먼 남해는 집에서 만리를 가니 나는 토끼에 허리띠를 매어 하루에 어머니를 뵈니 나의 근심과 뉘우침을 없애 주더라.

35-30 離 雖汚不辱 因何洗足 童子褰衣 五步平復
비록 더러우나 욕하지 않는데 무엇 때문에 발을 씻는 동자가 옷을 걷어다가 다섯 걸음에 병이 나아 건강이 회복되더라.

35-31 咸 宮城立見 衣就袂裾 恭謙自衛 終無禍尤
궁성을 서서 보니 옷의 소매와 뒷자락을 단정히 하여 공손하고 겸양하여 자위하니 끝내 재앙이 없더라.

35-32 恒 弊笱在梁 不能得魚 望貪千里 所至空虛
해진 통발이 다리에 있으니 능히 고기를 얻지 못하고 바라보며 천리를 탐내나 이르는 곳마다 공허하더라.

35-33 遯 千里騂駒 爲王服車 嘉其驪榮 君子有成
천리 절따말이 왕을 위해 수레를 끄니 아름다운 가라말의 영화로 군자가 이룸이 있더라.

35-34 大壯 鼎足承德 嘉謀生福 爲王開庭 得心所欲
솥발처럼 덕을 이어 아름다운 꾀로 복을 생하니 왕을 위해 조정을 열어서 마음에 하고자 하는 바를 얻더라.

35-36 明夷 右手無合 獨折左指 禹湯失佐 事功弗立
오른손에 합함이 없고 홀로 왼손가락을 꺾으니 우임금과 탕임금도 도움을 잃으면 일의 공이 서지 않더라.

35-37 家人 憂凶增累 患近不解 心意西東 事無成功
흉함을 근심함이 자꾸 늘어 재앙이 가까운데 풀지 않고 마음과 뜻이 왔다갔다 하면 일의 성공함이 없더라.

35-38 睽 東行食榆 困於枯株 夫妻無家 志窮爲憂
동으로 가 느릅을 먹는데 마른나무 때문에 곤란하고 부부가 집이 없어 뜻이 궁해 근심이 되더라.

35-39 蹇 五經六紀 仁道所在 正月繁霜 獨不離咎
오상과 육덕은 인의의 길에 있는 바 정월은 서리가 많이 내리어 홀로 재앙을 떠나지 못하더라.

[註] 五經은 周易, 書傳, 詩傳, 禮記, 春秋, 六紀는 諸父, 兄弟, 族人. 諸舅, 師長, 明友 등 사람의 도리를 말하는 것이다.

35-40 解 懈緩不前 慆怠失便 二至之戒 家無禍凶 刻木象形 聞言不信
게으르고 느려서 앞으로 아니하여 거만하고 게을러 편을 잃고 동지와 하지의 경계할 것은 집에 재앙이 없도록 나무를 깎아 형상을 만들라 하는데 말만 듣고는 아니 믿더라.

35-41 損 仁愛篤厚 不以所忿 害其所子 從我旧都 日益當有
어질고 사랑을 돈후히 하여 분한 바를 아니하고 그 아들에게 해될 바를 아니하며 나를 좇아 구도에서 날로 더 부자가 되더라.

35-42 益 缺破不成 胎卵未生 弗見兆形
이지러지고 깨져 이루지 아니하여 태와 알을 낳지 아니하니 형상을 이루지 못하더라.

35-43 夬 摧角不傷 雖折復長 秉德無愆 老賴榮光
뿔을 꺾어도 상하지 않고 비록 꺾었으나 다시 자라도 덕을 지켜 허물이 없으면 늙게 영광을 힘입더라.

35-44 姤 乘桴渡海 免脫厄中 雖困無咎
뗏목을 타고 바다를 건너 액중에 탈출하니 비록 곤궁하나 재앙은 없더라.

35-45 萃 孔鸞鴛鶵 鵁鶄鶖鶂 鶣翔紫淵 嘉禾之圃 君子以娛
공작, 난새, 원앙의 새끼와 교청새, 사다새, 거위들이 자줏빛 연못 위를 높이 빙빙 날고 아름다운 벼의 밭을 군자는 즐거워하더라.

35-46 升 甘露溫潤 衆來得願 樂易君子 不逢禍亂
감로가 따사롭고 윤택하니 중생이 와서 원하는 바를 얻으니 낙이 군자는 환란을 만나지 아니하더라.

35-47 困 東騎墮落 千里獨宿 高岸爲谷 陽失其室
말타고 동으로 가다가 타락하여 천리에서 독숙하니 높은 언덕이 골짜기 되어 양지쪽 그 집을 잃더라.

35-48 井　八才旣登　以成嘉功　尨降庭堅　國無憂凶

여덟 아들들이 이미 올라 가공을 이루니 방강 정견은 나라에 근심걱정이 없더라.

[註] 八才는 고양씨의 팔형제이고 방강, 정견은 그 중 두 사람이다.

35-49 革　邯鄲反言　父兄生患　竟涉憂恨　卒死不還

한단이 반했다는 말에 부형에 재앙이 생겨 마침내 진섭이 근심하고 뉘우치더니 마침내 죽고 돌아오지 아니하더라.

[註] 涉은 陳涉. '邯鄲反言'은 武臣邯鄲에 이르러 자립하고 趙王이라 한 것을 말한다. 陳涉, 武王等의 家屬을 궁중에 잡아두었다. 후에 진섭이 패하여 죽고 돌아오지 못했다.

35-50 鼎　玉銑鐵頤　食庫空虛　賈市無盈　與利爲仇

옥선철이(미상) 창고가 텅 비어 상점이 차지 않아 이익과 더불어 원수가 되더라.

35-51 震　白鳥銜餌　鳴呼其子　旋枝張翅　來從其母

백조가 먹이를 물고 울며 그 새끼를 부르며 가지를 돌며 날개를 펴니 와서 그 어미를 좇더라.

35-52 艮　學靈三年　聖且神明　先見善祥　吉盛福慶　神馬來見　告我無憂

신령을 삼 년 배워 성인스럽고 또 신명하여 먼저 좋은 상서를 보니 길해서 복과 경사가 성하다고 신마가 와서 나타나 나에게 고하기를 근심이 없다 하더라.

35-53 漸　雲孼烝起　失其道理　傷害年穀　神君乏祀

구름의 요물인 증기가 일어나 그 도리를 잃고 역곡을 상해하니 신군의 제사를 못 지내더라.

35-54 歸妹　春耕以息　秋入利福　獻豜大豵　以樂成功

춘경하고 기르니 가을에 이와 복이 들어와 세 살 된 큰돼지를 바쳐 즐거움으로 성공하더라.

35-55 豊 -豕羸躅 虎入都邑 遮遏左右 國門勅急
파리한 도야지가 제자리 걸음을 하는데 호랑이가 도읍에 들어와 좌우를 차단하니 나라 문에 칙서가 급히 이르더라.

35-56 旅 東行西維 南北善迷 逐旅失郡 亡我襦衣
동으로 가며 서로 연결하여 남북이 헷갈려 좇아가던 여행자의 무리를 잃고 나의 저고리를 잊어버리더라.

35-57 巽 居室之倫 夫婦和親 小人乘車 碩果失豢
거실의 윤리는 부부 화친이요 소인이 수레를 타는 것은 큰 과실과 곡식으로 사육된 가축을 잃는 것이더라.

35-58 兌 東方孟春 乘冰戴盆 懼危不安 終身所歡
동방의 이른 봄은 어름을 나는데 동이를 이듯이 두렵고 위험 불한해하나 일생토록 기쁜 바더라.

35-59 渙 風吹塵起 十里無所 南國年傷 不可安處
바람이 불면 먼지가 일어나 반드시 십 리에 곳이 없고 남국이 해마다 상해 편안히 살 만한 곳이 아니더라.

35-60 節 重載傷車 婦女無夫 三十不室 獨坐空廬
짐을 많이 실으면 차를 상하고 부녀가 지아비가 없어 나이 삼십에 시집 못가 빈 집에 홀로 앉았더라.

35-61 中孚 販牛羸馬 與利爲市 不我嘉喜
소와 파리한 말을 파니 이와 더불어 저자가 되나 나에게는 아름다운 기쁨이 아니더라.

35-62 小過　日出皐東　山蔽其明　章甫薦履　箕子佯狂
해가 언덕 동쪽에서 뜨니 산이 그 밝음을 가리고 장보가 신발을 옮기니 기자가 거짓 미치더라.

35-63 旣濟　出入門所　與道開通　杞梁之信　不失日中　少季渡江　來歸其邦　疾病危亡
출입문이 길로 개통되니 버들다리의 소식은 한낮을 잃지 아니하고 젊은 계씨가 강을 건너 그 나라로 돌아와서 질병으로 위태롭게 죽더라.

[註] 杞梁은 齊의 大夫. 少季는 吳의 季札을 가리킴.

[典據]《左傳》襄公 二十三年. 춘추 노양공 二十三년 제후가 莒나라 기양을 습격하니 莒子가 많은 뇌물을 내며 請盟하니 화주가 말하기를 새벽에 명을 받고 한낮도 못 되어 배신하면 어찌 새 임금을 섬길 수 있느냐 하고 거자를 잡았다. 기양은 기식이다.

35-64 未濟　邑兵衛師　如轉蓬時　居之危凶
고을에 위병이 쑥대같이 빽빽하니 살기가 위태하고 흉하더라.

坤上 離下 明夷之第三十六 **地火明夷**

36-36 明夷 他山之錯 與璆爲仇 來攻吾城 傷我肌膚 邦家騷憂
타산의 줄은 옥경쇠와 더불어 원수가 되어 와서 내 성을 공격하여 나의 피부를 상하니 나라가 소란스럽더라.

36-1 乾 踐履寒冰 十步九尋 雖有苦痛 不爲憂病
찬 얼음을 밟는데 열 걸음에 아홉 번 생각하니 비록 고통은 있으나 근심과 병은 되지 아니하더라.

36-2 坤 太公避紂 七十隱處 卒遭聖文 爲王室輔
강태공이 주왕을 피해 칠십에 숨은 곳에서 끝내 성군 문왕을 만나 왕실에 도움이 되더라.
[註] 강태공이 처음에 은거하여 낚시질을 하다가 문왕을 만나 주나라를 이룩했다.

36-3 屯 日月之塗 所行必到 無有患悔
일월의 길은 가는 바에 반드시 이르니 근심과 뉘우침이 있음이 없더라.

36-4 蒙 諷德頌功 美風盛隆 旦輔成周 光濟冲人
덕을 외우고 공덕을 칭찬하는 미풍이 융성하니 주공이 도와 주나라를 이루어 성왕을 빛나게 하더라.
[註] 단(旦)은 주공 沖人 성왕이다.

36-5 需 童女無室 未有配合 空坐獨宿
동녀가 시집가지 않아 배필이 없어 헛되이 홀로 자더라.

36-6 訟 穿鼻繫株 爲虎所拘 王母祝詞 禍不成災 遂然脫來

코를 뚫어 나무에 매었는데 호랑이에게 잡힌 바 되어 왕모의 축사로 화가 재앙을 이루지 않고 마침내 벗어나 오더라.

36-7 師 黃帝神明 八子聖聰 佚受大福 天下平康
황제가 신명하고 여덟 아들이 성인에 총명하여 편안하게 큰 복을 받으니 천하가 평강하더라.

36-8 比 深谷爲陵 衰者復興 亂傾之國 民得安息 中婦病困 遂入冥室
깊은 골짜기가 언덕이 되고 쇠한 자가 다시 일어나고 어지러워 기울어진 나라에 백성이 안식함을 얻고 가운데 며느리가 병으로 곤궁하더니 드디어 죽더라.

36-9 小畜 道遠遼絕 路宿多悔 頑嚚相聚 生我畏恐
길이 멀어 멀리 끊어져 노숙하고 후회가 많은데 완고하고 어리석은 것이 서로 모이니 내가 두렵고 거리낌이 생기더라.

36-10 履 旦樹菽豆 暮成藿羹 心之所樂 志快心懽
아침에 콩을 심고 저물게 콩입으로 만든 국을 이루니 마음의 즐거운 바 뜻과 마음이 쾌락하더라.

36-11 泰 切切之患 凶憂不成 虎不敢齚 利當我身
절절한 근심이 흉한 근심으로 되지 않아 호랑이가 감히 물지 않으니 이익이 내 몸에 해당하더라.

36-12 否 王伯遠宿 長婦在室 異庖待食 所求不得
왕의 백씨가 멀리서 자고 큰 며느리가 집에 있으나 다른 요리 만드는 사람이 식사를 대접하니 구하는 바를 얻지 못하더라.

36-13 同人 寒燠失時 陽旱爲災 雖耗無憂

춥고 더움이 때를 잃어 가뭄이 재앙이 되어 비록 줄어드나 근심은 없더라.

36-14 大有　雖窮復通　履危不凶　保其明功
비록 궁하나 다시 통하고 위험을 밟으나 흉하지 않으니 그 밝은 공(功)을 보존하더라.

36-15 謙　狼虎所宅　不可以居　爲我患憂
이리와 호랑이가 사는 곳에 사는 것은 옳지 아니하니 나의 우환이 되더라.

36-16 豫　喋囁噓嚾　明昧相傳　多言少實　語無成事
속삭이고 껄껄대며 지껄이면 명암이 상전(相傳)되어 말은 많고 실속은 적어 말로는 성사가 없더라.

36-17 隨　履冰蹈凌　雖困不窮　播鼓登巖　卒無憂凶
얼음을 밟되 두꺼운 얼음을 밟으면 비록 곤하나 궁하지 아니하고 북을 버리고 바위에 오르면 끝내 흉한 근심이 없더라.

36-18 蠱　文文墨墨　憂禍相離　南北失志　東西不得
글은 글로 먹은 먹으로 우환과 재앙이 서로 섞이고 남북에 뜻을 잃고 동서에서 얻지 못하더라.

36-19 臨　爭訟不已　更相談詬　張季弱口　披髮北走
송사로 다투다가 다시 서로 말을 다투는데 장계가 입이 약해 머리를 풀어헤치고 패해 달아나더라.

36-20 觀　積德逢時　宜其美才　相明輔聖　拜受福休　長女不嫁　後爲大悔
덕을 쌓고 때를 만나면 그 아름다운 재주로 서로 밝게 임금을 도와 절하고 복을 받으나 장녀가 시집가지 않아 뒤에 큰 뉘우침이 되더라.

36-21 噬嗑 江水沱泥 思附君子 伯仲爱歸 不我肯顧 姪娣悔恨
강물이 갈라졌다 합치니 생각이 군자에게 의지하게 되는데 맏이와 둘째가 사랑으로 돌아오나 내가 옳게 돌아보지 아니하니 조카와 손아래 누이가 뉘우치며 한탄하더라.

36-22 賁 先禮春成 陳寶雞鳴 陽明失道 不能自守 消亡爲咎
들판의 제사를 봄에 지내니 진창의 본 부인은 닭이 울고 날이 밝으면 길을 잃어 능히 스스로 지키지 못하고 꺼져 없어지는 것이 허물이더라.

[註] 秦나라 진창현에 보부인 자가 있어 엽군신과 더불어 모인다 하여 제사 지낸다.

36-23 剝 驚虎無患 虞爲我言 賴得利安
놀란 호랑이는 근심이 없다는 그릇된 나의 말에 힘입어 이익과 편안함을 얻더라.

36-24 復 僞言妄語 轉相誆誤 不知狼處
거짓말과 망녕된 말은 가면서 서로 보태고 그릇되어 어지러운 근원을 알지 못하더라.

36-25 無妄 履悖自敵 凶憂來到 痛不能笑
어긋난 일을 하면 스스로 적이 되어 흉한 우환이 되어 오니 아파서 능히 웃지 못하더라.

36-26 大畜 牽尾不前 逆理失臣 惠朔以奔
꼬리를 끄니 앞으로 가지 못하고 이치를 거스르면 신하를 잃고 위삭이 제나라로 달아나더라.

[註] 惠朔은 衛惠公 이름은 朔이다.

[典據]《左傳》桓公十六年, 衛惠公名朔 初譖急子於宣公. 公命急子使齊. 其弟壽知之. 先往. 盜殺之. 急子至. 又殺之. 及朔卽位爲諸公子所惡. 故出奔.

36-27 頤 心狸捕鼠 前後遮遏 死於環城 不得脫走

세 마리 이리가 쥐를 잡는데 전후를 막으니 환성에서 죽을지언정 탈주할 수 없더라.

36-28 大過 言笑未畢 憂來暴卒 身墨丹索 檻囚裝束
담소를 마치지 못하고 우환이 와서 폭졸하니 몸에 검고 붉음이 얽히고 우리에 가두고 동여매더라.

[典據]《史記》陳丞相世家, 樊噲帝之故人也. 功多. 且又乃呂氏弟呂-之夫. 有親且貴. 帝以忿怒故欲斬之. 則恐後悔. 寧囚而致上. 上自誅之. 未至軍. 爲壇以節召樊噲. 噲受詔. 卽反接載檻車. 傳詣長安.

36-29 坎 陰積不已 雲作淫雨 傷害平陸 民無室屋
음이 쌓이기를 그치지 않아 구름이 음한 비를 내려 평지를 상해하니 백성이 집이 없더라.

36-30 離 山林麓藪 非人所處 鳥獸無禮 使我心苦
산림의 산기슭 덤불은 사람이 살 곳이 아니다. 새와 짐승이 무례하여 나의 마음을 괴롭히더라.

[註] 무덤 위에 새와 짐승이 똥을 쌓아 불결하다는 뜻이다.

36-31 咸 新作初陵 踰蹈難登 三駒推車 跌頓傷頤
새로 처음 언덕을 만들어 밟아 넘는데 올라가기 어려워 세 마리 망아지로 수레를 밀다 미끄러져 넘어져 턱을 상하더라.

36-32 恒 魂微惙惙 屬纊聽絕 擴然大通 復更生活
혼이 미미해 마음이 산란해서 솜으로 귀를 막아 듣는 것이 끊겼다가 확연히 크게 통하니 다시 생활이 회복하더라.

36-33 遯 孿子作殃 伯氏誅傷 州犁奔楚 去其邑鄉
쌍동이 자식이 재앙을 만들어 백씨가 주상(誅傷)되니 주이가 초나라로 달아나 그 고향을 버리더라.

[註] 晉의 三郤이 백종을 참소해 죽이니 주이가 초나라로 달아났다.

36-34 大壯　驕胡犬形　造惡作凶　無所能成　還自滅身

교만한 오랑캐 견형이 악함과 흉함을 조작하나 능히 이루는 바가 없고 도리어 스스로 몸을 멸망하더라.

36-35 晉　陳辭達誠　使安不傾　增榮益譽　以成功名

까닭을 말해 성의가 통달하면 편안으로 하여금 기울어지지 아니해 영화가 더하고 기림을 더하니 공명을 이루더라.

36-37 家人　三杞無棗　家無積莠　使鳩求婦　頑不我許

산버들에는 대추가 없고 집에 쌓아둔 가라지도 없는데 비둘기로 하여금 며느리를 구하는데 완고히 나를 허락하지 않더라.

36-38 睽　愼禍重病　顏子爲友　乃能安存　牢戶繫羊　乃能受慶

재앙과 중병은 삼가며 안자와 벗이 되어 능히 안존하며 문을 단단히 하고 양을 매니 이내 능히 경사를 받더라.

36-39 蹇　鹿得美草　鳴呼其友　九族和睦　不憂飢乏

사슴이 좋은 풀을 얻고 그 친구를 불러 구족이 화목하니 굶주림을 근심하지 아니하더라.

36-40 解　亡玉失鹿　不知所伏　利以避危　全我生福　甘雨時降　年穀有得

구슬을 잊어버리고 사슴을 잃었는데 어디 있는지 알지 못하고 위험을 피하는 것이 이로우니 나의 사는 복을 완전히 함이요 단비가 때를 맞추어 내리니 해마다 곡식을 얻음이 있더라.

36-41 損 逢時積德 身受福慶
때를 만나 덕을 쌓으니 몸으로 복과 경사를 받더라.

36-42 益 鵠思其雄 欲隨鳳東 順理羽翼 出次日中 須留北邑 復反其室
고니가 수컷을 생각하며 봉황을 따라 동으로 가고자 할 때 날개와 깃을 이치에 맞게 한낮에 나가서 잠깐 북쪽 읍에 머물다가 다시 그 집으로 돌아오더라.

36-43 夬 環堵倚鉏 升斗屬口 貧賤所處 心寒悲苦
좁은 집에 호미를 의지하고 되와 말은 입에 속하니 빈천한 곳에는 마음이 차고 슬프고 괴롭더라.

36-44 姤 孤獨特處 莫依爲輔 心勞志苦
고독민 있는 곳에 도움에 의지함만 못하니 마음이 수고하고 뜻이 괴롭더라.

36-45 萃 稷爲堯使 西見王母 拜請百福 賜我喜子 長樂富有
후직이 요임금의 사신으로 서왕모를 보고 절하며 백복을 청하니 나에게 기쁜 아들을 주어 오래도록 즐기고 부유하더라.

36-46 升 鳴條之郊 北奔犬胡 左袵爲長 國號匈奴 主君旄頭 立尊單于
명조의 들판에서 북으로 견호로 도망가 좌임의 장이 되어 국호를 흉노라 하고 주군이 깃대머리에 서서 선우라고 높이 세우더라.

[註] 夏桀을 탕임금이 명조로 추방한지 삼 년만에 죽었는데 그 아들 훈육의 처는 걸의 중첩이다. 목축을 따라 북적들에 옮겨 살면서 선우라 하였다.

36-47 困 絕而復通 雖危不窮 終得其願 姬姜相從
끊어졌다가 다시 통하니 비록 위태하나 궁하지 아니하고 끝내 그 원하는 바를 얻으니 희씨와 강씨가 서로 좇더라.

36-48 井 陽并悖狂 拔劍自傷 爲身生殃

양호가 어긋나고 미쳐 칼을 뽑아 스스로 상해 몸의 재앙이 생기더라.
[註] 양병(陽并)은 양씨로 양호이다.

36-49 革 方圓不同 剛柔異鄕 掘井得石 勞而無功
모나고 둥근 것이 같지 않고 강하고 부드러움이 고향이 다르며 우물을 파다 돌을 얻으니 수고만 하고 공이 없더라.

36-50 鼎 乘風駕雨 與飛鳥俱 動擧千里 見我愛母
바람을 타고 비를 멍에하고 나는 새와 같이 더불어 천리를 거동해 나의 사랑하는 어머니를 뵙더라.

36-51 震 三塗五岳 陽城太室 神明所扶 獨無兵革
삼도오악 양성태실 신명이 돕는 곳으로 홀로 병혁(전쟁)이 없더라.
[註] 三塗, 陽城, 太室은 산이름이다.

36-52 艮 鴟鴞娶婦 深目窈身 折腰不媚 與伯相背
솔개가 며느리를 얻으니 눈이 깊고 조용한 몸에 허리가 꺾어져 아름답지 못해서 백씨와 더불어 등지더라.

36-53 漸 轉行軌軌 行近我不遠 旦夕入門 與君笑言
굴러감이 법도 있고 거리가 가깝고 멀지 아니해 조석으로 문에 들어가 임금과 더불어 소담하더라.

36-54 歸妹 求利離國 逃去我北 復歸其城 不爲吾賊
이익을 구하려 나라를 떠나 북으로 도망갔다가 다시 그 성으로 돌아오니 내가 도적으로 삼지 아니하더라.

36-55 豊 日月之途 所行必到 無凶無咎 安寧不殆
일월의 가는 길은 가는 바에 반드시 이르니 흉함도 없고 허물도 없어 안녕하고 위태하지 아니하더라.

36-56 旅 管仲遇桓 得其願歡 膠目啓牢 振冠無憂 笑戲不止 空言妄行
관중이 제환공을 만나니 그 원하는 기쁨을 얻기 전에는 화목하게 뜨고 목을 열고 갓을 떨치고 근심이 없으나 웃으며 희롱이 그치지 아니하고 헛된 말과 망령된 행동을 하더라.

36-57 巽 出入蹈踐 動順天時 俯仰有節 禍災不來
출입과 짓밟음은 천시에 순응하여 움직이고 하늘을 보나 사람을 보기를 절도가 있으면 재앙이 오지 않으리라.

36-58 兌 內崩中傷 上亂無常 雖有美粟 我不得食
안이 무너지고 가운데가 상하고 위가 어지럽기를 도가 넘으면 비록 아름다운 곡식이 있으나 나는 얻어먹지 못하더라.

36-59 渙 逐禍除患 道德神仙 遏惡萬里 福常在前 身樂以安
재앙을 쫓고 우환을 제거함은 도와 덕이 있는 신선이 악을 만리에서 막으니 복이 항상 앞에 있어 몸은 즐겁고 편안하더라.

36-60 節 牛驚馬走 上下渾擾 鼓音不絕 頃公奔敗
소가 놀라고 말이 달아나니 상하가 모두 흔들리고 북소리가 그치지 않아 경공이 분패하더라.

[註] 춘추 노성공 二년에 衛, 魯, 晉 삼국 연합군과 제경공이 싸우다가 진극이 급습하여 북치는 소리 요란한데 제경공이 패해 도망갔다.

36-61 中孚 西上九阪 往來留連 止須時日 虛與有得
서쪽으로 구판에 오르니 왕래에 유련하여 시일이 좀 걸렸으나 허함과 더불어 얻음이 있더라.

36-62 小過 虎怒捕羊 猬不能攘
호랑이가 성이나 양을 잡는데 고슴도치가 능히 물리치지 못하더라.

36-63 旣濟 湧泉涓涓 南流不絕 卒爲江海 壞敗邑里 家無所處 將師襲戰 獲其醜虜
용솟음치는 샘물이 졸졸 흘러 남으로 흘러 그치지 아니하고 마침내 강과 바다가 되어 읍과 마을을 깨트려 집과 거처할 곳이 없는데 군사를 거느리고 습격전을 하여 그 추한 오랑캐를 잡더라.

36-64 未濟 桃弓葦戟 除殘去惡 敵人執服
도중과 위극으로 잔악한 것을 제거하니 원수가 항복하더라.

巽上 離下 家人之第三十七　風火家人

37-37 家人　天命赤烏　與兵徼期　征伐無道　誅其君傲　居止何憂
하늘이 적오에 명하여 군사와 더불어 순라돌 때 무도함을 정벌하여 그 임금의 거만함을 벌주니 머무르는 곳에 무엇을 근심하리오.

[註] 赤烏 : 불덩어리가 날아와 王屋에 와서 적오로 변하자 무왕이 紂를 정벌하라는 천명으로 알고 주를 정벌하였다.

37-1 乾　千歲槐根　身多斧瘢　傷夷例掘　枝葉不存
천 년 묵은 괴목뿌리 몸에 도끼 자국이 많아 상처 자국이 파져 가지와 잎사귀가 있지 아니하더라.

37-2 坤　嗲嗲諤諤　虎豹相齚　畏懼悚息　終無難惡
으르릉으르릉 악악하며 호표가 서로 물으니 두렵고 두려워 숨을 죽이나 끝내 어려움과 악함은 없더라.

37-3 屯　娶於姜呂　駕迎新婦　少齊在門　夫子懽喜
강려에게 장가들어 신부를 맞이하는데 소제가 문에 있어 부자가 기뻐하더라.

37-4 蒙　膏壤肥澤　民人孔樂　宜利居止　長安富有
기름진 땅 못에 물이 많아 인민이 화목하고 즐거워하니 살기 좋고 장구히 편안하며 부유하더라.

37-5 需　主有聖德　上配太極　皇靈建中　授我以福
임금이 성덕이 있어 위로 태극을 짝짓고 황령(皇靈)을 가운데 세우고 나에게 복을 주더라.

37-6 訟　耄老蒙鈍　不見東西　少者弗慕　君不與謀　懸輿致仕　退歸里居
늙으니 어리석어 동서를 보지 못하고 젊은 자는 사모하지 않고 임금이 의논하지 아니하니 수레를 달아매고 벼슬을 그만두고 시골에 돌아가 살더라.

37-7 師　三狂北行　道逢大狼　暮宿凶宅　爲禍所傷
세 미치광이가 북으로 가다가 길에서 큰 이리를 만나고 저물어 흉가에서 자다가 재앙이 되어 상한 바 되더라.

37-8 比　更旦初歲　振除禍敗　新衣元服　拜受利福
새해 아침에 재해를 다 떨쳐 버리고 새 옷으로 갈아입고 절하며 이로운 복을 받더라.

37-9 小畜　杲杲白日　爲月所食　損上毁下　鄭昭出走
밝고 밝은 해가 달에 먹힌 바 되어 위를 상하고 아래를 헐으니 정소공이 나가 달아나더라.

[註] 정장공의 제자 忽은 전취소생으로 장공이 죽으니 세자 홀이 계위하였는데, 祭仲이 돌아와 후처소생 공자 돌을 세우니 昭公이 衛로 도망갔다.

37-10 履　君子失意　小人得志　亂擾並作　奸邪充塞　雖有百堯　顚不可數
군자가 실의하면 소인은 뜻을 얻어 소란이 같이 일어나 간사함이 가득 막혀 비록 요임금이 백이 있어도 엎어져 같이 구하지 못하더라.

37-11 泰　仁德履洽　恩及異域　澤被殊方　福慶隱伏　作蠶不織　寒無所得
어진 덕이 화합하나 은덕이 다른 지역으로 미처 덕택을 다른 방향에서 입으면 복과 경사가 숨어 엎드리고 누에를 쳐 길쌈을 아니 짜면 추워서 소득이 없더라.

37-12 否　東求金玉　反得弊石　名曰無宜　字曰醜惡　衆所賤惡
동으로 금과 옥을 구하다 도리어 폐석을 얻으니 명왈 무의라 하고 자로는 추악이라 하니 모두가 천하고 악한 바더라.

37-13 同人 擊鼓合戰 士怯叛亡 威令不行 敗我成功
북을 치며 합전하니 군사가 겁먹고 배반하여 도망가는데 명령에 위엄이 서지 않아 나의 성공을 패망하게 하더라.

37-14 大有 仲春孟憂 和氣所舍 生我嘉福 國無殘賊
늦은 봄 초여름은 화한 기운을 베푸는 바 나에게 아름다운 복이 생기고 나라에는 해로운 도적이 없더라.

37-15 謙 尹氏伯奇 父子生離 無罪被辜 長舌爲災
윤씨 백기 부자가 생이별한 것은 무죄이나 허물을 입은 것이니 계모의 참소가 재앙이 되더라.

[註] 尹氏는 尹吉再의 후처가 참소하여 길보가 죄없는 아들 백기를 내쫓았다.

37-16 豫 五穀不熟 民苦困急 駕之新邑 嘉樂有得
오곡이 익지 않아 백성의 곤핍이 급해 신읍으로 갔더니 아름다운 즐거움에 득(得)이 있더라.

37-17 隨 登虛望貧 暮食無飧 長子南戍 與我生分
허공에 올라 가난을 바라보니 저물게 먹어야 하는데 밥이 없고 장자가 남쪽에서 국경을 지키니 나와 더불어 생이별이더라.

[註] 수(戍)는 十二支의 술(戌)과는 다르다.

37-18 蠱 東市齊魯 南賈荊楚 羽毛齒革 爲吾利寶
동쪽 시장은 제와 노나라이고 남쪽 가게는 형초라 깃털은 이를 고치니 나의 이로운 보배가 되더라.

37-19 臨 節情省欲 賦斂有度 家給人足 公劑以富
정을 절제하고 욕심을 적게 하여 부세를 절도 있게 하면 집집마다 넉넉하고 사람마다 풍족하니 공유가 써 부자가 되더라.

37-20 觀 恭寬信敏 攻加四海 辟去不祥 喜來從母
공관신민으로 공이 사해에 더하면 피해 가는 것이 상서롭지 못하고 기쁨이 와서 어머니를 따르더라.

37-21 噬嗑 張狂妄行 與惡相逢 不得所欲 生我獨凶
미친 체하며 망녕된 행동을 하다가 악과 더불어 상봉하여 하고자 하는 바를 얻지 못하면 나에게 홀로 흉함만 생기더라.

37-22 賁 畫龍頭頸 文章不成 甘言美語 詭辭無名
용의 머리와 목을 그리다가 문채가 이루어지지 아니하면 달콤하고 아름다운 말이 괴사로 이름이 없더라.

37-23 剝 騎龍東風 上見神公 彭祖受刺 王喬讚通 巫咸就位 拜壽無窮
용을 타고 바람을 타고 신공을 뵈니 팽조의 신문을 받고 왕교의 찬성으로 통과되어 무함이 위에 나가 절하니 수명이 무궁하더라.

[註] 무함(巫咸)은 황제 때 신무의 계함의 이름이고 요임금의 의원이며 무도를 닦은 사람이다.

37-24 復 溫仁君子 忠孝所在 八國爲隣 禍災不處
온후하고 인자한 군자는 충효가 있는 바 여덟 나라가 이웃이 되니 재앙이 있지 않더라.

37-25 無妄 威權分離 烏夜徘徊 羣蔽月光 大人誅傷
위엄과 권한이 분리되고 까마귀가 밤에 배회해 무리지어 달빛을 가리니 대인이 상처를 입더라.

37-26 大畜 學靈三年 聖且明神 先知善祥 吉喜福慶 神鳥來見 告我無憂
영(靈)을 배운 지 삼 년에 성스럽고 또 신에 밝아 먼저 착하고 상서로움과 길하고 기쁘고 복과 경사를 알아맞히니 신조(神鳥)가 나타나 나에게 우환이 없음을 고하

더라.

37-27 頤 東山辭家 處婦思夫 伊盛盈室 長股羸戶 歎我君子 役日未已
동산 사가에 처자 남편을 생각하니 답답함이 성해 집에 가득하니 긴 다리에 지친 집에서 골몰해 나의 군자를 탄식하여 날마다 마지아니하더라.

37-28 大過 張頷開口 舌直距齒 然諾不行 政亂無緒
머리를 끄덕거리며 입을 열어 혀를 곧게 하고 이를 상거하면서 승락하고 행하지 않으니 정치가 어지러워 실마리가 없더라.

37-29 坎 吹角高邦 有夫失羊 衆民驚惶 敬愼避咎 敕不行殃
태평소를 고방에서 부니 지애비는 있어도 양을 잃고 모든 백성이 놀라고 두려워 공경하고 삼가 재앙을 피하니 칙명으로 재앙을 행하지 아니하더라.

37-30 離 南行出城 世得福祉 王姬歸齊 賴其所欲
남으로 행하여 성을 나가니 대대로 복지를 얻고 왕희가 제나라로 돌아가니 그 하고자 하는 바를 힘입더라.
[註] 춘추 장공 원년에 왕희 귀제라 함은 황실의 딸이 제후에게 시집간다는 말이다.

37-31 咸 心狂老悖 視聽聳類 政令無常 下民多孼
마음이 미치고 늙고 어긋나 보고 듣는 것이 귀머거리 같아 정령이 정상함이 없으면 아래 백성에 요물에 많더라.

37-32 恒 安上宜官 一日九遷 踰群越等 牧養常山
위를 편하게 하고 벼슬에 충실하여 하루에 아홉 번 옮겨 무리를 넘고 등급을 초월하여 상산에서 목축을 하더라.

37-33 遯 東鄰嫁女 爲王妣后 莊公築館 以尊王母 歸于京師 季姜悅喜

동쪽 이웃의 시집가는 여인이 왕의 비후가 되니 장공이 관을 쌓고 왕모로 높여 서울로 돌아오니 계강이 희열하더라.

37-34 大壯 六甲無子 己喪其戊 五丁不親 庚失曾孫 癸走出門
육갑에 자식이 없으면 기가 그 무를 상하고 오정이 친하지 않으면 경이 증손을 잃으니 계가 문을 나가 달아나더라.
[註] 모든 것이 사리에 맞지 아니하면 일이 아니 된다.

37-35 晉 陰霧不淸 濁政亂民 孟秋季夏 水壞我居
음무가 개지 않고 흐린 정치가 백성을 어지럽히나 초가을과 끝여름에 물이 나의 거처를 파괴하더라.

37-36 明夷 騎豚逐羊 不見所望 經涉虎廬 亡豚失羊
도야지를 타고 양을 쫓다가 소망을 보지 못하고 호랑이 집을 지나다가 도야지를 잊어버리고 양도 잃더라.

37-38 睽 安床厚褥 不得久宿 棄我喜晏 困於南國 投杼之憂 不成禍災
편안한 상에 두꺼운 요에서 오래 잠을 얻지 못해 나의 기쁜 잔치를 버리고 남국에 곤핍하니 북을 던지는 우환은 재난을 이루지 아니하더라.

37-39 蹇 五方四維 平安不危 利以居止 保有玉女
동서남북 중앙의 오방과 사유(예의염치)가 잘 지켜져 편안하고 위태하지 아니하면 사는 곳에 이익이 있고 옥녀를 보유하더라.

37-40 解 西賈巴蜀 寒雪至轂 欲前不得 復反其室
서쪽 파촉에 장사를 하는데 찬 눈이 바퀴통까지 이르러 앞으로 가고자 하나 가지 못하고 다시 그 집으로 돌아오더라.

37-41 損 剛柔相呼 二姓爲家 霜降旣同 惠我以仁
강유가 서로 불러 두성이 한집이 되어 머리에 서리가 내리도록 이미 같이 했으니 나에게 인으로써 은혜를 주더라.

37-42 益 天馬五道 炎火分處 往來上下 相隨哭歌 凶惡如何
천마의 다섯 가지 길은 불꽃과 불이 나누어지는 곳이니 상하로 갔다왔다 하며 서로 따르며 곡하고 노래하니 흉악함이 어떠한가?

37-43 夬 出門懷憂 東上禍丘 與凶相遇 自爲災患
문을 나설 때 근심을 품고 동으로 재앙의 언덕에 올라 흉과 더불어 서로 만나니 스스로 재앙과 우환이 되더라.

37-44 姤 西行求玉 冀得隋璞 反見凶惡 使我驚惑
서쪽으로 가 옥을 구하여 떨어진 옥덩어리를 얻기 바라는데 도리어 흉악함이 나타나 나로 하여금 놀라고 당혹하게 하더라.

37-45 萃 出入無妄 動作失利 銜憂懷禍 使我多悴
출입에 망녕됨이 없으나 동작에 이(利)를 잃어 근심을 물고 재앙을 품으니 나로 하여금 근심이 많게 하더라.

37-46 升 高樓無柱 顚僵不久 紂失三仁 身死牧野
높은 다락에 기둥이 없어 오래지 않아 엎어질 것이고 주왕이 세 어진이를 잃어 몸이 목야에서 죽더라.

[註] 三仁은 微子, 箕子, 比干인데 주왕이 쓰지 아니하고 뒤에 무왕이 주왕을 상교 목약에서 쳐서 죽게 하였다.

37-47 困 避禍逃殃 身全不傷 高貴疾顚 華落墜亡
화를 피하고 재앙에서 도망가면 몸이 완전해 상하지 않으나 고귀한 사람이 병들어 엎드러지면 화려함이 떨어져 망하더라.

37-48 井 張牙反目 怒齘作怒 狂馬撓犬 道驚傷軫
어금니를 버리고 눈을 부릅뜨고 이를 갈며 성내고 미친말에 개가 교란하니 길이 놀라고 수레를 상하더라.

37-49 革 泉涸龍憂 箕子爲奴 干叔隕命 殷破其家
샘이 마르니 용이 근심하고 기자가 종이 되고 비간이 목숨을 잃으니 은나라가 패망하더라.

[註] 기자는 주왕의 친척으로 간해도 주왕이 불청하니 거짓 미쳐 종이 되고, 비간은 주왕의 숙부로 직언하다가 죽임을 당했다.

37-50 鼎 向食飮酒 嘉賓聚會 牂羊大豬 君子饒有
마주 먹으며 음주하니 가객이 모여 양과 큰 돼지로 군자가 배부르게 먹더라.

37-51 震 黃牛騂犢 東行折角 冀得百牂 反亡我囊
황소와 붉은 송아지가 동으로 가서 뿔을 꺾이고 암양 백 마리를 얻기를 바라는데 도리어 나의 주머니를 잃어버리더라.

37-52 艮 路多枳棘 步刺我足 不利旅客 爲心作毒
길에 가시가 많아 걸으면 나의 발을 찌르니 여행자에게 불리하여 마음에 독을 품게 되더라.

37-53 漸 執斧破薪 使媒求婦 和合二姓 親御飮酒 居彼隣里 姑公悅喜
도끼를 잡고 나무를 패면서 중매로 하여금 며느리를 구해 두 성이 화합하고 친히 모시고 음주하니 저쪽 이웃 마을에 사는 시아버지가 희열하더라.

37-54 歸妹 駕車出門 順時宜西 福祐我身 安寧無患
수레를 타고 문을 나서 때에 따라 서쪽에 닿으니 복이 내 몸을 도와 안녕하고 근심이 없더라.

37-55 豊 日新東升 魁杓爲禍 僕臺爲秦 使我久坐
해가 새로 동쪽에 오르니 괴강(북두성)이 재앙이 되어 복대가 진나라가 되니 나로 하여금 오래 앉아 있게 하더라.

37-56 旅 山陵丘墓 魂魄室屋 精光竭盡 長臥無覺
산언덕에 있는 무덤은 혼백의 실옥(室屋)이라 밝은 빛이 다하니 길게 누어 깨달음이 없더라.

37-57 巽 孩子貪餌 爲利所說 探把釜甑 爛其臂手
어린애가 먹이를 탐내서 이가 되도록 달랬던 바 더듬어 가마솥과 시루를 잡아 팔뚝과 손을 데었더라.

37-58 兌 何材待時 閉戶獨愁 蚯蚓冬行 解我無憂 桑蠶不得 女功不成
무슨 때를 기다려 문을 닫고 홀로 근심하나 지렁이가 겨울로 행하니 나를 풀어 근심이 없고 누에를 얻지 못하니 여자의 공을 이루지 못하더라.

37-59 渙 解商驚惶 散我衣裝 君不安邦
장사를 풀으니 놀라고 두려워 나의 의장을 흩어버리니 임금이 나라를 편안하게 하지 못하더라.

37-60 節 害政養賊 背主入愆 跛行不安 國危爲患
정치를 해롭게 하고 도적을 기르니 주인을 배반하고 죄에 들어가 빨리 가기가 불안하여 나라가 위태함이 근심되더라.

37-61 中孚 禍走患伏 喜爲我福 凶惡消亡 災害不作
재앙은 달아나고 우환이 숨으니 기쁨이 나의 복이 되고 흉악이 소멸되며 재해가 되지 아니하더라.

37-62 小過　老馬無駒　病雞不雛　三雌獨宿　利在山北
늙은 말이 망아지가 없고 병든 닭이 새끼를 치지 못해 세 마리 암닭이 홀로 자는데 이(利)가 산 북쪽에 있더라.

37-63 旣濟　播天無地　淆亂神所　居樂無咎
춤추어 두려워하면서 신소(神所)를 어지럽게 하였으나 즐겁게 살면 허물이 없더라.

37-64 未濟　異國殊俗　情不相得　金木爲仇　酋長擅殺
다른 나라면 풍속도 달라 정을 서로 얻지 못하고 쇠와 나무가 서로 원수되고 추장이 마음대로 죽이더라.

離上 兌下 睽之第三十八 **火 澤 睽**

38-38 睽 倉盈庾億 宜稼黍稷 年歲有食
창고가 차서 노적을 많이 했는데 기장과 피를 심음이 마땅하고 해마다 늘어남만 이 있더라.

38-1 乾 被服文衣 遊觀酒池 上堂見觴 喜爲吾光 使我憂亡
무늬 있는 옷을 입고 술 못에서 유람하고 당에 올라 술잔을 보니 나의 형을 기쁘게 하고 나로 하여금 근심을 잊어버리게 하더라.

38-2 坤 邑姜叔子 天文在手 實沈參虛 封爲晉侯
읍강 숙자는 천문이 손에 있어 삼신을 가라앉혀 봉해 진후가 되더라.
[註] 邑姜은 무왕후요, 叔子는 太叔으로 서왕이 晉侯에 봉했다.

38-3 屯 改柯易葉 飯溫不食 豪雄爭强 先者受福
가지를 꽂아 잎사귀를 바꾸니 밥이 따사로운데 먹지 않고 호걸 영웅이 굳셈을 다투어 앞선 자가 복을 받더라.

38-4 蒙 馨香陟降 明德上登 社神佑顧 命予大鄰
향내가 오르고 내리는데 밝은 덕은 올라가고 올라가니 땅귀신과 하늘귀신이 돕고 돌아보아 나(문왕)에게 큰 도움을 명하시더라.

38-5 需 老狼白驪 長尾大狐 前顚卻躓 進退遇崇
늙은 이리 흰나귀에 긴 꼬리의 큰 여우가 앞으로 넘어지고 미끄러져 나가고 물러가다 마주치더라.

38-6 訟 山沒邱浮 陸爲水魚 燕雀無廬

산이 잠기고 언덕이 떠서 육지가 물바다가 되니 제비와 참새가 집이 없더라.

38-7 師 懿公淺愚 不受深謀 無援失國 爲狄所賊
위의 공이 천박하고 어리석어 같은 꾀를 받아들이지 아니하고 도와주는 이 없어 나라를 잃으니 오랑캐에게 도둑맞은 바가 되더라.

[註] 衛懿公이 학을 좋아해 민심을 잃어 狄이 쳐들어오니 백성이 학으로 막으라며 피하니 위나라가 적에게 망했다.

38-8 比 鼎煬其耳 熱不可擧 大塗塞壅 旅人心苦
솥이 말라 그 귀가 뜨거워 들지 못하고 크게 길이 막히고 막으니 행인의 마음이 괴롭더라.

38-9 小畜 凶聲醜言 惡不可聞 君子舍之 往恨我心
흉한 소리와 추한 말은 악해 가이 듣지 아니하고 군자가 버리니 내 마음의 한(恨)이 가더라.

38-10 履 昧暮乘車 履危陷溝 亡失群物 摧折兩軸
어두운데 수레를 타고 위험을 밟아 개천에 빠져 모든 물건을 망실하고 양 바퀴가 꺾어지더라.

38-11 泰 南有嘉魚 駕黃取- 魴鱮詡詡 利來無憂
남쪽에 아름다운 고기가 있어 누렁이를 멍에하고 고기를 모으는데 방어와 연어가 비위에 잘맞아 이익이 되어 근심이 없더라.

38-12 否 隔在九山 往來老難 心結不通 失其所懽
구산이 막혀 있어 왕래하기가 괴롭고 어려워 마음이 맺혀 통치 않아 그 기쁜 바를 잃더라.

38-13 同人 下流難居 狂夫多態 貞良溫柔 年歲不富

하류는 살기 어렵고 미친 사람은 태도가 많으며 곧고 어질고 온유해도 해가 가도 부(富)하지 아니하더라.

38-14 大有　狐狸雉兎　畏人逃去　分首竄匿　不知所處
여우, 살쾡이, 꿩, 토끼는 사람을 두려워 해 도망가서 제각기 숨으니 있는 곳을 알지 못하더라.

38-15 謙　異体殊俗　各有所屬　西鄰孤嫗　欲寄我室　主母罵詈　終不可得
몸이 다르면 풍속이 달라 각각 속하는 바가 있다 서쪽 이웃 외로운 할멈이 나의 집에 의지하고자 하니 주모가 꾸짖어 욕해 끝내 얻지 못하더라.

38-16 豫　怒非怨妬　貪得腐鼠　而呼鷹鸇　自令失餌　致被困患
성나서 원망하고 질투하는 게 아니다. 탐내서 썩은 쥐를 얻었는데 매와 새매를 불러 스스로 먹을 것을 잃고 곤란과 재앙을 입게 이르더라.

38-17 隨　五心六意　岐道多怪　非君本志　生我恨悔
다섯 가지 마음, 여섯 가지 뜻의 가지길이 많고 괴이하니 임금의 본뜻이 아니면 나에게 원한과 뉘우침을 낳게 하더라.

38-18 蠱　三班六黑　同室同食　日長月息　我家有德
삼반과 육흑이 같은 집에서 같이 먹으니 날이 길고 달이 편안하니 우리집에 덕이 있더라.

[註] 三班은 호랑이고 六黑은 검은 돼지다. 덕이 능히 모든 물건을 감화하여 호랑이와 돼지가 한집에 같이 산다는 말이다.

38-19 臨　方船備水　旁河燃火　終身無禍
배에 물을 준비하니 넓은 강에 불이 타도 몸을 마치도록 재앙이 없더라.

38-20 觀　翳屏獨語　不聞朝市　以利居服　免跛後聞

병풍으로 가리고 혼자 말하며 조정과 시정일에 관계하지 아니하고 편히 살고 있으니 절뚝발이를 면했다는 뒷소문이 있더라.

38-21 噬嗑　居處不安　徒反觸患
거처가 불안하다고 이사하였는데 도리어 근심을 당하더라.

38-22 賁　刺刖髡劓　人所賤棄　批捍之言　我心不快
자자에 발꿈치를 자르고 머리 깎고 코를 베어서 사람이 천히 여겨 버리는 데 치고 막고 하는 말에 내 마음이 불쾌하더라.

[註] 刺(이마에 목을 자자하는 것), 刖(발꿈치를 자르는 것), 髡(머리를 깎음), 劓(코를 베임). 이상은 옛적에 죄인을 형벌하는 방법이다.

38-23 剝　皐田禾黍　堆壞麻皁　衣食我躬　室家饒有
언덕 밭에는 벼와 기장을 좋은 땅에는 삼을 심으니 의식과 내 몸 및 집안이 풍요하더라.

38-24 復　兩目失明　日奪無光　脛足跛倚　不可以行　頓於丘傍
두 눈을 실명하니 해를 뺏어 빛이 없고 정강이 발로 의지해 서서 같이 가지 못하고 언덕 곁에서 꾸벅꾸벅 졸더라.

38-25 無妄　金城朔方　外國多年　履霜不時　去復爲憂
금성 북방 외국에 양이 많은데 때 아닌 서리를 밟으면 갔다 돌아오는 것이 근심이 되더라.

38-26 大畜　匿病不醫　亂政傷災　紂政傷災　紂作淫虐　商破其墟
병을 숨기고 의원의 치료를 받지 아니함은 어지러운 정치가 재앙으로 상하고 주왕이 음란하고 포학해서 상나라의 터를 파해 버리더라.

38-27 頤　鬼哭泣社　悲傷無後　甲子昧爽　殷人絕祀

귀신이 사직에 곡하고 우니 슬픔에 상함은 후손이 없음이요 갑자의 어둠이 밝아지면 은나라 사람의 제사가 끊어지더라.

[註]《書傳》에 이르기를 갑자 새벽에 무왕이 상교목야에서 주왕을 쳐서 은나라를 멸망시켰다.

38-28 大過　猋風卒起　車馳袍褐　棄古追亡　失其和節　憂心惙惙

회오리 바람이 별안간 일어나 수레가 달리니 도포와 털옷은 옛것을 버리고 좇아 도망가 그 화한 절기를 잃으니 근심하는 마음이 산란하더라.

[註] 염풍(猋風)은 회오리 바람. 기고추망(棄古追亡)은 지금 사람들이 주나라 도덕을 버리고 멸망의 길을 밟는다는 뜻임.

38-29 坎　耄老失明　聞善不從　自令顚沛　及爲咎殃

늙은이가 실명하여 듣기는 잘하나 좇지 못해 스스로 엎드러지고 자빠지니 도리어 재앙이 되더라.

38-30 離　隨風騎龍　與利相逢　田獲三狐　商伯有功　衝衝之邑　長安無他

바람을 따라 용을 타고 이익과 더불어 상봉하여 사냥해 여우 세 마리를 잡으니 상백이 공이 있어 거리가 복잡한 고장은 장안과 다름이 없더라.

38-31 咸　三牛五牂　重明作福　使我有得　疾人官獄　憂在心腸

삼우 오장이 거듭 밝아 복을 지어 나로 하여금 얻음이 있게 하고 병든 사람이 감옥에서 근심이 가슴과 배에 있더라.

38-32 恒　孟己己丑　哀呼尼父　明德訖終　亂害滋起

여름 사월 기축일에 공자님을 슬피 부르니 덕을 밝힌 분이 끝을 마치시니 어지럽고 해(害)가 많이 일어나더라.

[註] 哀는 魯의 哀公. 공자님이 애공 十六年四月 기축일 돌아가셨다.

[典據]《左傳 哀公十六年》.

38-33 遯 華燈百枝 消暗衰微 精光訖盡 奄如灰糜
화려한 등 백 개가 어둠을 사르나 쇠미해 정광이 다 끝나면 재 꺼진 것과 같더라.

38-34 大壯 鷹飛雉退 兎伏不起 狐張狼鳴 野雞駭驚
매가 날고 장끼가 물러가도 토끼가 엎드려 일어나지 아니하고 여우가 큰 체하고 이리가 우니 들닭이 놀라더라.

38-35 晉 鬪戰天文 身有何患 室家具在 不失其歡
천문에서 싸움을 하니 몸에 무슨 재앙이 있으리오. 집과 건물이 다 있으니 그 기쁨을 잃지 아니하더라.

38-36 明夷 東家殺牛 行逆腥臊 神背西顧 命衰絕周 亳社災燒 宋人夷誅
동가에서 소를 잡으니 비린내가 나고 더러워 신이 등 돌리고 서쪽을 돌아보니 명이 쇠해 주나라를 끊고 은나라 사직이 타니 송나라 사람이 베임을 당하더라.

[註] 노양공 三十年 5월에 새가 亳社에서 울더니 6월 신축에 박사에 큰 불이 나서 다 타 버렸다.

[典據]《周易》旣濟의 九五, 東鄰殺牛 不如西鄰之禴祭.
《左傳》襄公三十年, 五月癸己. 或叫于宋大廟, 日, 譆譆出出. 鳥鳴于亳社. 如日譆譆. 甲午. 宋大災.

38-37 家人 陰陽辨舒 二姓相合 婚姻孔云 生我利福
음양이 분별해 펴니 두 성이 서로 합해 혼인해 통하니 나의 이로운 복을 생(生)하더라.

38-39 蹇 東入海口 循流北走 一高一下 五邑無主 十日六夜 死於水浚
동으로 해구에 들어가 흐름을 좇아 북으로 가니 한번 높이 한번 아래로 오읍이 주인이 없어 십일 여섯밤을 물가에서 죽더라.

38-40 解 孤竹之墟 失婦無夫 傷於蒺藜 不見其妻 東郭棠姜 武子以亡

고죽의 터에 며느리를 잃고 지아비가 없어 질려궁에 상해 그 처를 보지 못하니 동곽의 당강은 무자로 써 망하더라.

[註] 棠姜은 제당공의 처로 동곽은의 누이이다. 武子는 최무자 杼다.

38-41 損 天文東墟 盡旣爲災 跰-黯聾 秦伯受殃

천문 동쪽터가 이미 재앙이 되고 걸음을 걷기 어려운데 귀가 어두워 진백이 앙화를 받더라.

38-42 益 賴先休光 受福之社 雖遭亂潰 獨不危殆

선조의 음덕을 힘입어 빛이 쉬니 복 받은 사직은 비록 난궤를 만나도 홀로 위태하지 아니하더라.

38-43 夬 折葉蔽目 不見稚叔 三足孤烏 遠去家室

잎사귀로 눈을 가리니 어린 마제비를 보지 못하고 세 발의 외로운 새가 멀리 집을 떠나가더라.

38-44 姤 二人同室 兄弟合食 和樂相好 各得所敬

두 사람이 같은 집에서 형제가 같이 먹으니 화락하며 서로 좋아해 각각 공경하는 바를 얻더라.

38-45 萃 繼体守藩 縱欲廢賢 君臣淫佚 夏氏失身 側室之門 福祿來存

몸을 이어 제후 나라를 지키는데 방종함은 어진이를 폐하고자 함이요 군신이 음탕하여 하씨가 실신하니 첩실의 문에 복록이 와 있더라.

[註] 夏는 陳의 夏徵舒 陳靈公과 공령 의행부 군신 三인이 夏姬와 사통한 데서 나온 말이다.

[典據]《左傳》宣公十年, 陳靈公與孔寧儀行父飮於夏氏. 公謂行父曰, 徵舒似汝. 對曰, 亦似君. 徵舒病之. 公出. 自其廏射而殺之. 二子奔楚. 十一年. 楚人殺陳夏徵舒.

38-46 升　老狐屈尾　東西爲鬼　病我長女　坐涕詘指　或西或東　大華易誘
늙은 여우가 꼬리를 구부려 동서로 귀신이 되니 병든 나의 장녀가 앉아 눈물을 흘리며 손가락을 구부려 혹서 혹동하며 매우 빛나는 역학으로 달래더라.

38-47 困　大樹之子　百條共母　當夏六月　枝葉茂盛　鸞鳳以庇　召伯避暑　翩翩偃仰　各得其所
큰 나무의 자식인 백 가지가 어미를 같이하여 여름 유월을 당해 가지와 잎사귀가 무성하니 난새봉황이 비호를 받고 백을 불러 피서하니 이리 뒤척 저리 뒤척 일어났다 하며 각기 하고 싶은 바를 얻더라.

38-48 井　井堙木刊　國多暴殘　秦王失戊　壞其太壇
우물을 덮은 나무 조각판에 나라의 사납고 잔임함이 많아 진왕이 땅을 잃고 조상의 사당을 헐게 되더라.

[註] 井堙木刊史記 초장 패공이 秦의 군대를 파하고 함양에 들어가 자영을 항복받고 항우가 아방궁을 불지르고 사직을 헐었다.

38-49 革　駕黃買蒼　與利相迎　心獲所守　不累弟兄
향려를 타고 창이를 사니 이익과 더불어 서로 맞이해 마음의 지킨 바를 얻으니 형제에게 연루하지 않더라.

38-50 鼎　庾億倉盈　年歲安寧　稼穡熟成
노적이 많고 창고가 차니 해마다 안녕하고 농사가 잘되더라.

38-51 震　龍生馬淵　壽孝且神　飛騰上天　舍宿軒轅　居常樂安
용이 마연에서 낳아 장수할 수 있도록 신통하며 하늘에 날아 올라가 헌원 집에서 자니 항상 살기에 안락하더라.

[註] 軒轅은 옛날 전설상의 제왕인 黃帝의 이름이다.

38-52 艮　思顧所之　今乃逢時　洗我故憂　拜我歡來

생각하고 회고하는 바의 이제 때를 만나 나의 묵은 근심을 씻으니 절하며 내가 오는 것을 기뻐하더라.

38-53 漸 魁罡所當 初爲敗殃 君子留連 困於水漿 求金東山 利在伇鄕 賈市有息 子載母行
괴강이 당한 곳에서 처음에 패하고 재앙이 되니 군자가 오래 묵으면 물과 장에 곤궁하고 금을 동산에 구하려면 이익이 시골을 갔을 때 있고 장사가 쉼이 있으면 어미를 싣고 가더라.

38-54 歸妹 銛刀功玉 無不鑽鑿 龍体具擧 魯班爲輔 三聖翼事 所求必喜
납 칼로 옥을 치는데 구멍을 뚫지 않음이 없고 용의 몸을 갖추어 만드는데 노반이 돕고 세 성인이 일을 도우니 구하는 데에 반드시 기쁨이 있더라.

38-55 豊 喜來如雲 擧家蒙歡 衆才君子 駕福盈門
기쁨이 구름같이 오니 온 집안이 기쁨을 입고 재주가 많은 군자가 복을 멍에해 문에 가득하더라.

38-56 旅 響像無形 骨体不成 微行衰索 消滅無名
소리 울림의 상은 형상이 없고 골체가 이루지 못하여 적게 행해 쇠해 다하니 소멸하여 이름이 없더라.

38-57 巽 積水不溫 北陸苦寒 露宿多風 君子傷心
물이 많으면 따사롭지 못하고 북녘 땅은 몹시 차서 노숙에 바람이 많아 군자가 상심하더라.

38-58 兌 黃馬綠車 駕之大都 讚達才能 使我無憂
누런 말에 푸른 차로 큰 도시에 가서 재능을 다 발휘하니 나로 하여금 근심이 없더라.

38-59 渙 從風放火 艾芝俱死 三害集聚 十子患傷
바람을 따라 방화하니 쑥과 난초가 같이 타 죽고 세 가지 해로움이 모이니 열 자식이 우환으로 상하더라.

38-60 節 一身三手 無益於輔 兩足共節 不能克敏
한 몸에 손이 셋이나 도움에 이익이 없고 두 발이 함께 그치니 능히 민첩함을 이기지 못하더라.

38-61 中孚 南向一室 風雨並入 塵埃積濕 主母盲痺 偏枯心疾 亂我家資
남향 한방에 바람과 비가 같이 들어오고 먼지가 쌓이고 습하니 주모가 맹인에 각기 반신 불수가 되어 마음의 병으로 나의 집의 재산을 어지럽게 하더라.

38-62 小過 採薇出車 魚麗思初 上下促急 君子懷憂
고사리를 캐서 출정에 먹이고 고기의 빛남은 처음을 생각하는데 상하가 급하게 재촉하니 군자는 근심을 품더라.

[註] 採薇 出車 魚麗는 《詩傳》의 편명으로 채미는 수자리 삶이 길게 갈 것이라는 뜻이다. 魚麗는 군인이 소집되면 고기 비늘처럼 줄지어 정렬하는 것이 처음이고 상하가 재촉하는 것임으로 문맥이 상통한다.

38-63 旣濟 先易後否 先我利市 騷蘇自苦 思吾故止
먼저는 쉽고 나중에는 아니니 나에게 장사가 쉽고 잘된다고 고하나 스스로 고생하는 것을 깨닫고 나가 말리던 것을 생각하더라.

38-64 未濟 生宜地乳 上星大喜 隆我福祉 貴壽無極
살매 땅에서 영양분이 마땅하니 상황이 크게 기뻐하여 나의 복지를 높이시니 귀하고 수(壽)가 무궁하더라.

坎上 艮下 蹇之第三十九　水山蹇

39-39 蹇　同載共輿　中道別去　喪我之夫　獨與孤居

같이 싣고 같은 수레로 가다가 중도에서 따로 가다 나의 지아비를 상하니 홀로 외로이 살더라.

39-1 乾　叔肸抱寃　祁子自邑　乘遽解患　羊舌免脫　賴得全生

숙힐이 억울하게 갇히니 기자가 역말을 타고 가서 오해를 풀어 양설호가 벗어나게 온전한 생을 힘입어 얻더라.

[註] 叔肸은 叔向, 祁子는 祈奚, 羊舌虎 숙항의 아우다. 羊舌虎는 叔向의 아우, 遽은 傳車.

[典據]《左傳》襄公二十一年, 欒盈之亂, 范宣子殺羊舌虎. 叔向弟故. 囚叔向. 大夫祁奚聞之. 乘馹而見宣子. 救叔向免之.

39-2 坤　兎聚東郭　衆犬俱獵　圍缺不成　無所能獲

토끼가 동곽에 모이니 개 무리가 같이 사냥하는데 포위를 잘못해 능히 잡지 못하더라.

[註] 동곽(東郭)의 토끼는 천하의 약은 토끼다.

39-3 屯　作家山根　人以爲安　一旦崩顡　敗我盤飧

집을 산 밑에 지어 사람들이 편안하게 되었는데 하루아침에 무너져 나의 소반과 밥을 파괴하더라.

39-4 蒙　疾風塵起　亂擾崩始　强大并小　先否後喜

질풍에 먼지가 일어나 요란하게 무너지기 시작하니 강대한 것과 작은 것이 아울러 먼저는 아니나 뒤에는 기뻐하더라.

39-5 需 潔齊沐浴 思明君德 哀公怯弱 風氏復北

목욕 재계하고 임금의 덕이 밝기를 생각했는데 애공이 겁내고 약해 풍씨에게 다시 패하더라.

[註] 제나라 진항이 간공을 시살하니 공자께서 토벌을 청했더니 애공이 계씨의 제제를 받아 감히 전쟁을 하지 못했다.

[典據]《左傳》哀公十四年, 齊陳桓弑其君壬于舒州. 孔丘三日齊而請伐齊三. 公曰, 魯爲齊弱久矣. 子之伐之. 將若之何.

39-6 訟 土瘦瘦薄 培塿無柏 使我不樂

흙이 토박해서 두덩을 북돋아도 잣이 없어 나로 하여금 즐겁지 아니하더라.

39-7 師 褰衣涉河 水深漬罷 賴遇舟子 濟脫無他

옷을 걷고 물을 건너나 물이 깊어 젖는데 배를 만나 탈없이 건너더라.

39-8 比 送我季女 至于蕩道 齊子旦夕 久留連處

나에게 계녀를 보냈는데 탕도에 이르러 제자가 조석으로 오래도록 머물고 있더라.

[註] 齊子는 제양공의 매제로서 魯桓公의 부인이다.

39-9 小畜 三孫六子 安無所苦 中歲發殆 亡我所使

삼손 육자가 편안해 괴로운 바가 없더니 중년에 위태함이 발해 나의 쓰는 바를 망하게 하더라.

39-10 履 揚風偃草 塵埃俱起 淸濁溷散 忠直隱處

바람이 누운 풀을 날리니 먼지가 같이 일어나 청탁이 어지러이 흩어지니 충직한 사람이 숨어 살더라.

39-11 泰 歷險登危 道遠勞罷 玄豕自歸 困涉大波

험준한 것 지나 위태한 곳에 오르니 길은 멀고 괴로우며 피곤하니 검은 돼지가 스스로 돌아가 고단하게 큰 물을 건너더라.

39-12 否 六藝之門 人義俱存 鎡基逢時 堯舜爲君 傷寒熱溫 下室黃泉
육예의 문에는 인의가 같이 있어 호미와 가래가 때를 만나고 요순이 임금이 되어도 상한에 열이 오르니 황천객이 되더라.

39-13 同人 被服文衣 游觀酒池 上堂見觴 喜爲吾兄 使我憂亡
무늬있는 옷을 입고 주지(酒池)를 유람하고 당에 올라 술잔을 보니 나의 형을 기쁘게 하고 나로 하여금 근심을 잊어버리라 하더라.

[註] 酒池 : 殷의 紂王이 주지육림을 만들고 무도한 정치를 하므로 무왕이 쳐서 멸망시켰다.

[典據]《史記》殷本紀, 紂好酒淫樂 嬖於婦人. 愛姐己……以酒爲池. 縣肉爲林. 爲長夜之飮.

39-14 大有 生時不利 天命災至 制於斧癥 晝夜苦勤
낳을 때가 불리하면 하늘의 재앙이 이르도록 명하고 도끼 자국을 억제하며 주야로 마음과 힘을 다하여 애쓰더라.

39-15 謙 天文開闢 牢戶廖闊 桎梏解脫 抱囚縱釋
천문을 여니 우리 문이 텅 비어 착고를 풀고 가두었던 죄수를 석방하더라.

39-16 豫 川淵難遊 水爲我憂 多言少實 命鹿爲駒 建德開基 君子逢時 利以仲疑
개울의 못은 놀기가 어려우니 물이 나의 근심이 된다. 말은 많고 실속은 적은데 사슴을 가리켜 망아지라 하니 덕을 세워 기반을 열면 군자가 때를 만나 이익으로써 의심을 중재하더라.

[註] 命鹿爲駒는 秦나라 승상 趙高가 胡亥에게 사슴을 말이라고 말하니 호해가 말하기를 '승상이 농담하는 것이요 사슴을 어찌 말이라고 하오' 하나 모든 신하가 감히 호해의 편을 들지 못하였다.

39-17 隨 鄕歲逢時 與生爲期 枝葉盛茂 君子無憂
시골에 해마다 때를 만나면 생과 더불어 기약하듯이 가지와 더불어 잎사귀가 무성하니 군자는 근심이 없더라.

39-18 蠱 六鷁退飛 爲襄敗祥 陳師合戰 左股夷傷 遂崩不起 覇功不成
여섯 익새가 날아와 물러감은 양공의 상서가 패한다는 징조인데 송공이 군사를 진치고 초나라와 전쟁하다 왼쪽 다리를 상해 드디어 죽고 일어나지 못해 패공을 이루지 못하더라.

[註] 旅之萃를 보라.

《左傳》僖公十六年, 六鷁退飛. 過宋都. 風也. 周內史叔興聘于宋. 宋襄公問焉. 曰, 是何祥也. 吉凶焉在. 對曰, 今玆魯多大喪. 明年齊有亂. 君將得諸侯而不終.

39-19 臨 雷君出裝 隱隱西行 霖雨不止 流爲巨江 南國以傷
천둥이 시작하여 은은이 서쪽으로 가고 장마비가 그치지 않아 흘러 큰 강이 되어 남국이 상하더라.

39-20 觀 牙孽生齒 室蟠啓戶 幽人利貞 鼓翼起舞
사랑니가 나서 자라고 방에 엎드려 문을 여니 유인(幽人)은 예와 지혜로 날개를 치며 일어나 춤추더라.

39-21 噬嗑 火起上門 不爲我殘 跳脫東西 獨得生完 不利出隣 疾病憂患
불이 상문에서 일어나는데 나만 남게 되지는 않아 동서로 뛰어 벗어나니 홀로 완전히 살아나는데 이웃에 나가는 것이 이롭지 않아 질병이 근심되더라.

39-22 賁 擧事無成 不利出征 言不可用 衆莫能平
일을 일으켜 이룸이 없으니 출정이 불리하고 말을 쓰지 아니하니 모두가 능히 화평하지 못하더라.

39-23 剝 老狼白驢 長尾大狐 前顚郤躓 進退遇祟
늙은 이리와 흰 당나귀와 꼬리 긴 큰 여우가 앞으로 고꾸라지며 빈땅에 쓰러지니 진퇴의 빌미를 만나더라.

39-24 復 日入道極 勞者休息 班馬還師 復我燕室
해가 길 끝에 들어가니 노무자는 휴식하고 말과 군사가 돌아오니 나의 연실에 복귀하더라.

39-25 無妄 林麓山藪 非人所處 鳥獸無禮 使我心苦
수풀 기슭과 산 덤불 못은 사람이 살 곳이 아니다. 새와 짐승이 무례하여 나로 하여금 마음을 괴롭게 하더라.

39-26 大畜 蓄利積福 日新其德 高氏飮食 憂不爲患
이익을 저축하고 복을 쌓아서 날로 그 덕을 새롭게 하니 고씨가 음식에 근심이나 재앙이 되지 않더라.

[註] 上二句는 齊의 景公을 가리키는 듯하고 後二句는 欒高氏를 가리키는 듯하다. 景公師曠에 대해서는《韓非子》外儲說에 보이고, 欒高氏에 대해서는《左傳》昭公十年에 보인다.

39-27 頤 張羅百日 鳥不得北 縮頸掛翼 困於窘國 君子治德 獲譽受福
그물을 백일을 치니 새가 벗어나지 못하고 목을 움츠리고 날개를 걸어 군색하고 피곤한데 군자가 덕으로 다스리니 명예를 얻고 복을 받더라.

39-28 大過 伯虎仲熊 德義淵弘 使布五敎 陰陽順序
백호 중웅(고신씨의 아들)이 덕과 의가 깊고 넓어 오륜을 포교하니 음양이 순조롭더라.

[註] 五敎는 父子有親, 君臣有義, 夫婦有別, 長幼有序, 朋友有信 등이다.

39-29 坎 跛踦相隨 日暮牛罷 淩遲後旅 失利亡雌

절뚝거리며 서로 따라 해가 지자 우시장이 파한 후 늦게 도착하니 이(利)를 잃고 암소가 없더라.

39-30 離 嬴氏違良 使孟尋兵 師老不己 敗於齊鄕
진나라 목공이 어진 말을 어기고 맹명으로 하여금 출병하였다가 군사가 늙어 제향에서 대패하더라.

[註] 영씨(嬴氏)는 秦나라 성이다. 孟은 孟明百里 孟明視.

[典據]《左傳》僖公三十二年, 秦穆公訪蹇叔. 蹇叔曰, 勞師以襲遠. 非所聞也. 師勞力竭. 遠主備之. 無乃不可乎. 師知所爲. 鄭必知之. 勤而無所. 必有悖心. 且行千里. 其誰不知. 公辭焉.

39-31 咸 日月並居 常暗且微 高山崩顚 兵陵爲谿
해와 달이 함께 있으니 항상 어둡고 또 희미한데 높은 산이 무너져 언덕이 골짜기가 되더라.

39-32 恒 鳥雀食穀 張口受哺 蒙被恩德 長大成就 柔順利貞 君臣合好
새가 곡식을 먹을 적에 입을 벌리고 받아먹고 은덕을 입어 크게 자라서 유순하고 의리와 지혜로 군신이 화합하더라.

39-33 遯 雖躓復起 不毁牙齒 克免平復 憂除無疾
비록 쓰러지나 다시 일어나 어금니를 상하지 않고 병이 나아 근심을 제어하고 병도 없더라.

39-34 大壯 草木黃落 歲暮無室 虐政爲賊 大人失福
초목의 잎사귀가 떨어지는 세모에 집이 없으니 학정이 도둑이 되어 대인이 복을 잃더라.

39-35 晉 避凶東走 反入禍口 制於牙瓜 骨爲灰土
흉을 피해 동으로 달아나다가 도리어 재앙의 입으로 들어가 어금니와 손톱에 제어되어 뼈가 재와 흙이 되더라.

39-36 明夷　欲飛不能　志苦心老　福不我求
날고자 하나 날을 수 없어 뜻과 마음이 괴로우니 복이 나를 구하지 않더라.

39-37 家人　羔裘豹祛　東與福遇　駕迎吾兄　送我驪黃
염소 갑옷에 소매 아귀는 표범가죽으로 하고 동으로 가 복을 만나 나의 형을 영접하니 나를 여황으로 보내 주더라.

39-38 睽　東耕破犂　西失良妻　災害不避　家貧無資
동에서 밭을 갈다 보습을 깨트리고 서쪽에서 어진 아내를 잃으니 재해를 피하지 아니해 집이 가난하고 자산이 없더라.

39-40 解　魚陸失所　鳧鼃困若　澤無莪蒲　晉國以虛
고기에게 육지는 장소를 잃은 것이요 오리와 개구리도 곤고하니 못에 우거진 창포가 없으니 진나라가 써 비었더라.

39-41 損　脫足無蹄　三步五罷　南行不進　後市勞苦
발을 빼서 굽이 없어 세 걸음에 다섯 번 쉬니 남행이 부진해 장이 끝난 후니 노고만 했더라.

39-42 益　行役未已　新事復起　姬姜勞苦　不得休止
하던 일을 마치기 전에 새로운 일이 다시 일어나니 희강이 수고하고 쉬지 못하더라.

39-43 夬　白日揚光　火爲正王　消金厭兵　雷車避藏　陰雨不行　民安其鄕
대낮에 빛을 드날리니 불이 정왕이 되어 쇠를 녹이나 병기는 싫어해 뇌거가 피해 감추니 음우(陰雨)가 오지 않아 백성이 그 고향에 편안히 있더라.

39-44 姤 放銜垂轡 奔馬不制 棄法作奸 君失其位
자갈을 놓고 고삐를 드리고 분마를 제어하지 않음은 법을 버리고 간계를 지음이니 군(君)이 그 위(位)를 잃더라.

39-45 萃 司命下游 喜解我憂 皇母緩帶 嬰兒笑喜
명을 맡아 아래서 노니 나의 근심을 기쁘게 풀고 황모가 안심하니 어린애가 웃으며 기뻐하더라.

39-46 升 黃帝出游 駕龍棄馬 東上泰山 南過齊魯 邦國咸喜
황제가 거동하는데 용을 멍에해 말을 타고 동으로 태산에 오르고 남으로 제노를 지나니 온나라가 다 기뻐하더라.

39-47 困 旣往不說 憂來禍結 比戶爲患 無所申雪
기왕을 말하지 않아 근심이 와서 화를 맺으니 이웃이 재앙이 되니 신설(申雪)할 바가 없더라.

39-48 井 荷蕢隱名 以避亂傾 終身不仕 逐其潔淸
삼태기를 지고 이름을 숨기어 어지럽고 기울어짐을 피해 종신토록 벼슬하지 아니하니 그 깨끗함과 맑음을 이루더라.

[註] 하괴(荷蕢)는 은둔하며 살았다.

[典據] 《論語》 隱問篇, 有荷蕢而過孔氏之門者.

39-49 革 折梃舂稷 君不得食 頭痒搔跟 無益於疾
꺾어진 막대로 피를 절구질하니 임금이 얻어먹지 못하고 머리가 가려운데 발꿈치를 긁으니 병에 이로움이 없더라.

39-50 鼎 植根不固 華葉落去 便爲枯樹
심은 뿌리가 단단하지 않으면 화려한 잎사귀가 떨어지니 문득 마른나무가 되더라.

39-51 震 凶門生患 牢戶多寃 沙池禿齒 使叔困貧

흉문에 재앙이 생기니 우리집에는 억울함이 많고 독치는 막내로 하여금 빈곤케 하더라.

[註] 옛말에 치아가 정제하지 못하면 빈곤한 상이라 하였다. 독치(禿齒)는 잇끝이 부러진 것.

39-52 艮 登山履谷 與虎相觸 猬爲功曹 班叔奔北 脫之喜國

산에 오르다 골짜기서 호랑이와 더불어 마주 치니 고슴도치가 무리에 도움이 되어 반숙이 분패해 희국을 벗어나더라.

[註] 옛말에 고슴도치가 능히 호랑이를 제어한다고 한다. 반숙(班叔)은 호랑이의 별명이다.

39-53 漸 麟鳳所翔 國無咎殃 賈市十倍 復歸惠里

기린과 봉황이 맴도는 곳은 나라에 재앙이 없고 장사는 십 배라 다시 혜리(惠里)로 돌아오더라.

39-54 歸妹 路險道難 水遏我前 進狂不利 廻車復還

길이 험하고 어려운데 물이 나의 앞을 막으니 전진이 불리해 차를 돌려 다시 돌아오더라.

39-55 豊 延頸望邑 思歸其室 臺樹不成 未得安息

목을 늘여 골을 바라보고 그 집으로 돌아갈 생각이나 대수를 이루지 못해 안식을 얻지 못하더라.

39-56 旅 蒙生株瞿 棘掛我鬚 小人妬嫉 使恩不逐

나면서 나무를 두려워하는데 가시가 나의 수염에 걸리니 소인이 질투하니 은혜로 하여금 이루지 못하더라.

39-57 巽 南至隱域 深潛處匿 聰明閉塞 與死爲伍

남으로 은역에 이르러 깊이 잠적해 숨어 밝고 밝음을 다 막으니 죽음과 더불어 짝이 되더라.

39-53 兌 機餌設張 司暴子良 范叔不慶 凶害及身
틀에 미끼를 벌여놓고 자량을 사납게 다루고 범숙이 청렴하지 못해 흉한 해가 몸에 미치더라.

[註]《春秋》:자량의 아버지 鄭子孔이 전국인의 미움을 받아 살해당하니 子良이 楚나라로 도망갔다. 魏나라 范雎의 자는 范叔이다. 범숙이 일찍이 須賈를 좇아 齊나라에 사신으로 갔는데 제왕이 범수에게 금과 소, 술을 주었더니 수가가 돌아와 위상 魏齊에게 모함하니 위제가 노해 범숙에게 笞刑을 가해 갈비가 부러지고 이를 부러뜨려 칙간에 두어 취해 빠지게 하였다.

39-59 渙 從騎出門 遊戱空城 坂高不進 利無所得
기병을 좇아 문을 나가 공성에서 노는데 언덕이 높아 나가지 못하니 이익을 얻은 바가 없더라.

39-60 節 西國强梁 爲虎作狼 東呑楚齊 並有其王
서쪽 나라가 힘이 강해 호랑이가 되고 이리가 되어 동으로 초나라와 제나라를 삼켜 천하를 통일하고 왕이 되더라.

[註] 진시황이 초왕을 사로잡고 제나라를 항복받아 천하를 통일함이다.

[典據]《史記》秦始皇本紀 二十四年. 王翦蒙武. 攻荊, 破荊軍. 昌平君死. 項燕自殺. 二十六年. 秦使將軍王賁自燕南攻齊. 得齊王建.

39-61 中孚 登山伐輻 虎在我側 王孫無懼 仁不見賊
등산하여 바퀴살을 치는데 호랑이가 나의 곁에 있으나 왕손은 두려움 없이 어질어 적으로 보지 아니하더라.

39-62 小過 六月騤騤 各欲有望 後來未壯 俊時旦明
유월에 말이 강성하여 각각 바라보고자 함이 있으나 뒤에 몸이 씩씩하지 못해 아침 밝은 때를 기다리더라.

39-63 旣濟 道陟多阪 牛馬蜿蟺 車不利載 請求不得
길을 오르는데 언덕이 많아 우마가 꿈틀꿈틀 옮기니 수레에 실은 것이 불리하니 청구해도 얻지 못하더라.

39-64 未濟 一口三舌 相妨無益 群羊百牂 不爲威强 亡馬失駒 家耗於財
한 입에 세 혀로 서로 방해함은 이익이 없고 무리 양에 백 마리 암양은 억지로 되는 것이 아니고 말이 도망가고 망아지를 잃음은 집의 재물이 소모되는 것이다.

震上 坎下 解之第四十　　雷水解

40-40 解　駕言出遊　鳥鬪車前　更相捽滅　兵寇旦來　廻車丞還　可以無憂
놀러 나갈 준비를 말했는데 새가 수레 앞에서 싸워 다시 서로 머리털을 들어 끊고 적병이 일찍이 오니 차를 돌려 빨리 돌아오니 가히 근심이 없더라.

40-1 乾　大都之居　無物不具　抱布貿絲　所求必得
큰 도시의 삶에 없는 물건을 다 갖추지 못했으나 포목을 안고 실을 바꾸면 구하는 바를 반드시 얻더라.

40-2 坤　膠着木連　不出牢關　家室相安
나무를 연해 교착하니 우리의 문지방을 나가지 아니하면 집안이 서로 편안하더라.

40-3 屯　孟伯食長　懼其畏王　賴四蒙五　抱福歸房
맹백이 어른을 중상하고 그 존경하는 임금을 두려워했으나 사대 오상을 힘입어 복을 안고 방으로 돌아가더라.

40-4 蒙　朽輿疲駟　不任銜轡　君子服之　談何容易
썩은 수레에 말이 피곤하니 자갈과 고삐를 매지 아니하고 군자가 다스리니 말(談)이 어찌 그렇게 쉽겠는가?

40-5 需　許嫁旣婚　利福在身　適惠生桓　爲我魯君
시집가는 것을 허락해 혼인하고 이익과 복이 몸에 있어 허공에게 시집가 환공을 낳으니 내가 노나라 임금이 되더라.

[註]《左傳》隱公元年, 宋武公生仲子 仲子生而有文在其手 曰爲魯夫人 故仲子歸于我. 仲子는 惠公의 妃가 되어 桓公을 낳는다. 손에 文이 있어 '利福左

身' 이라고 한다.

40-6 訟 入門大喜 上堂見母 妻子俱存 兄弟饒友
문에 들어가 크게 기뻐하며 당에 올라 어머니를 뵈니 처자가 함께 있고 형제의 우애가 넉넉하더라.

40-7 師 推車上山 力不能任 顚蹶蹉跌 傷我中心
수레를 밀어 산을 오르는데 힘이 부족해 미끄러져 거꾸러지니 나의 마음의 중심을 상하게 하더라.

40-7 比 推飛退去 不食其雛 禽尙如此 何況人與
기러기가 날아 물러가는데 그 끼를 먹지 아니하니 새도 이러한데 하물며 사람이겠는가?

40-9 小畜 福棄我走 利不可得 幽人利貞 終無怨慝
복이 나를 버리고 달아나니 이익을 얻지 못하고 유인은 의롭고 지혜로우니 끝내 원한과 간특함이 없더라.

40-10 履 夫妻反目 不能正室 翁云于南 嫗言還北 並后匹嫡 二政亂國
내외가 반목 능히 집을 바로잡지 못해 남편이 남이라 하면 할멈은 북으로 돌아간다 하여 둘이 필적하니 두 정치가 나라를 어질러뜨리더라.

40-11 泰 陽衰伏匿 陰淫爲賊 賴幸王孫 逐至喜國
양의 쇠해 엎드려 숨으니 음의 음난함이 적이 되나 왕손은 행운에 힘입어 희국(喜國)에 이르더라.

40-12 否 入山求玉 不見和璞 終日至暮 勞無所得
산에 들어 가옥을 구하는데 옥덩어리를 보지 못해 종일 저물도록 수고만 하고 얻는 바가 없더라.

40-13 同人　鳴鸞四牡　駕出行狩　合格有獲　獻公飮酒
난새가 울어 네 수말에 멍에하고 사냥을 나가서 격에 맞아 잡음이 있어 공에게 바치고 술을 마시더라.

40-14 大有　覆手擧牘　易爲功力　正月元日　平飮致福
손을 뒤집어 편지를 들으니 역이 공력이 되어 정월 초하룻날 화목하게 마시니 복이 이르더라.

40-15 謙　三火高明　雨滅其光　高位疾顚　驕恣誅傷
삼화(탐욕, 분노, 어리석음), 삼광(일, 월, 성)이 높고 밝으나 비가 그 빛을 멸하니 높은 자리가 거꾸러지고 교만한 자세가 베어져 상하더라.

40-16 豫　裹糗荷糧　與利相逢　高飛有德　君子獲福
볶은 쌀을 싸서 양식을 메고 이와 더불어 서로 만나니 높이 날고 덕이 있어 군자가 복을 얻더라.

40-17 隨　水土相得　萬物蕃殖　膏澤優渥　君子有得
물과 흙이 서로 얻어 만물이 번식되고 은택이 우아하니 군자가 얻음이 있더라.

40-18 蠱　道理和得　人不相賊　君子往之　樂有利福
도리에 화합하면 사람이 서로 해치지 아니하고 군자가 가니 즐겁게 이로운 복이 있더라.

40-19 臨　天孫帝子　與日月處　光榮於世　福祿繁祉
하늘의 손자 임금의 아들이 일월과 같이 있어 세상에 광영을 주니 복록이 사직에 번창하더라.

40-20 觀 陪依在位 乘非其器 折足覆餗 毁傷寶玉

모심을 받는 지위에 있으면서 그 그릇이 아닌데 타면 상다리가 부러져 삶은 반찬을 엎질러 보옥을 상하더라.

[註] 餗(팔진의 반찬으로 역경에 鼎折足 覆公餗) : 솥다리가 부러져 공속을 없앴다. 陪依는 部衣(즉 布衣)의 잘못이라는 설이 있다.

[典據] 鼎折足覆公餗 其形渥 凶

40-21 噬嗑 鷁飛中退 擧事不逐 且守仁德 猶免失墜

익새가 날다 중퇴하여 거사를 이루지 못하니 또한 인덕(仁德)을 지키면 오히려 실추됨을 면하리라.

[典據]《左傳》僖公十六年, 六鷁退飛 宋襄公圖覇不成. 그래서 '擧事不逐'이라 한다.

40-22 賁 經棗正冠 意盈不廉 桀紂迷惑 讒佞傷賢 使國亂煩

대추나무 아래서 정관함은 뜻에 청렴하지 않음이 가득함이요 걸주가 미혹해 참소로 망령되니 어진이를 상해 나라로 하여금 어지럽고 번잡하게 하더라.

40-23 剝 申酉退跌 陰匿前作 柯條華枝 復泥不白

신유시가 되면 해가 빨리 달아나 어둠에 숨으니 나뭇가지와 꽃가지가 다시 어두워져 밝지 아니하더라.

40-24 復 平正賤使 主服苦事

보통 천한 부림은 주로 괴로운 일을 하는 것이더라.

40-25 無妄 釣魴河湄 水泛無涯 振衣徒歸 上下昏迷 屬公孫齊

하수가에서 방어를 낚시하니 물이 넓어 가이가 없어 옷을 떨치고 그냥 돌아오니 위아래가 혼미하여 공손이 제나라로 가더라.

[典據]《左傳》昭公二十五年, 己亥 公孫于齊 次於陽州.

40-26 大畜 胎養萌生 始見兆形 遭逢雷電 摧角折頸 采虻山頭 終安不傾

태로 기르거나 싹이 나오면 비로소 형태가 나타나고 천둥과 번개를 만나면 뿔이 꺾이고 목을 부러뜨리니 산 꼭대기에서 등애를 잡으면 끝내 편안하고 기울지 않더라.

40-27 頤 陽春枯槁 夏多水潦 霜雹俱擊 傷我禾黍 年歲困苦
봄 볕에는 마르고 여름은 큰 빗물이 많고 서리와 우박이 같이 쳐 나의 벼와 기장을 상하니 해마다 곤궁하더라.

40-28 大過 三耳六齒 痛疾不己 齲病蠹缺 墮落其宅
세 귀에 여섯 이가 병들어 아파 마지 아니하고 충치가 병들어 좀먹어 이빠져 그 집에 떨어지더라.

40-29 坎 失恃無友 嘉偶出走 儽如喪狗
믿음을 잃으니 벗이 없고 아름다운 짝이 나가 달아나니 고달픔이 상가집의 개와 같더라.

40-30 離 宣重微民 歲樂年豊 有國無咎 君子安喜
미약한 백성에게 선포한 것은 중하나 해마다 즐겁고 풍년에 나라에 재앙이 없으면 군자가 편안하고 기뻐하더라.

40-31 咸 登几上車 駕駟南遊 合從散橫 燕秦以强
안석에 올라 수레를 타고 사마거로 남행하여 합종연횡하니 진과 연나라가 강해지더라.

[註] 소진, 장의가 육국을 돌면서 천하를 합종연횡하였다.

40-32 恒 鳥集茂林 順柔利貞 心樂願得 感戴慈母
새는 무성한 수풀에 모이고 순유 이정하면 마음이 즐겁고 원함을 얻어 감동해 어머니를 모시더라.

40-33 遯　啓蟄始生　萬物美榮　祉祿未成　市賈無贏
경칩에 비로소 만물이 생하여 아름답고 영화하는데 행복이 이르지 못해 장사에 이가 남음이 없더라.

40-34 大壯　驕胡犬形　造惡作凶　無所能成　還自滅身
교만한 오랑캐 견형이 악을 만들고 흉을 지어도 능히 이루는 바가 없고 도리어 스스로 몸을 멸망하더라.

40-35 晉　異國他土　出良駿馬　去如奔虻　害不能傷
다른 나라 땅에서 좋은 준마가 나와서 빨리 가기를 등애와 같아 도움이 능히 상하지 못하더라.

40-36 明夷　恪敬竟職　心不作慝　君明臣忠　民賴其福
정성과 공경으로 직분을 다하니 마음에 숨김을 하지 아니하고 임금은 밝고 신하는 충성하니 백성은 그 복을 힘입더라.

40-37 家人　三女求夫　伺候山隅　不見復關　長思憂歎
셋째 딸이 남편을 구하는데 산모퉁이에서 기다려도 남자가 오지 않아 길게 생각하며 근심하고 탄식하더라.

[註] 복관(復關)은 남자가 사는 곳에 돌아옴이다.

40-38 睽　駕福乘喜　東至嘉國　戴慶南行　離我居室
복을 멍에하고 기쁨을 타고 동쪽 아름다운 나라에 이르러 경사를 이고 남으로 가니 나의 거실을 떠나더라.

40-39 蹇　四姦爲殘　齊魯道難　前驅執殳　戒守無患
사간(귀먹고, 눈 어둡고, 완강하고, 말 많음)이 잔인하여 제, 노가 정벌이 어렵다 말하니 전구가 창을 잡고 경계해 지키니 근심이 없더라.

[典據]《左傳》僖公二十四年, 周襄王怒. 將以狄伐鄭. 富辰諫曰, 耳不聽五聲之和爲

聾. 目不別五色之章爲昧. 心不測德義之経爲頑. 口不道忠信之言爲嚚. 狄皆有之. 四奸吳矣. 또《詩經》衛風 伯兮, 伯也執殳. 爲王前驅.

40-41 損 下撓上煩 蠹政爲患 歲飢無年
아래가 흔들리고 위는 번거로운 좀먹은 정치가 재앙이 되나 해마다 주림이 없는 해더라.

40-42 益 雞雉失雛 常畏狐狸 黃池要盟 越國以昌
닭과 꿩이 새끼를 잃은 것은 여우와 이리를 두려워함이요 황지의 맹약을 요함은 월나라가 써 창성함이더라.

[註] 黃池要盟은 춘추외전에 吳왕 차부가 晉공과 황지에서 회맹할 것을 월왕 구천이 알고 오나라 길을 끊기 위해 기강의 군사를 거느리고 오나라를 습격하여 큰 배를 불살랐다.

[典據]《左傳》哀公十三年, 魯哀公會晉定公吳夫差于黃池. 六月丙子. 越子伐吳. 大敗吳師.

40-43 夬 堅冰黃鳥 終日悲號 不見白粒 但觀蓬蒿 數驚鷙鳥 孰爲我憂
굳은 얼음에 황조가 종일 슬피 부름은 흰 낟알이 보이지 않고 다만 쑥만 보이며 자주 새매에게 놀라니 누가 나를 위해 근심하겠는가?

40-44 姤 玉銑鐵頤 倉庫空虛 市賈無盈 與我爲仇
옥선철이(미상) 창고가 공허하여 가게에 가득참이 없으니 나와 더불어 원수가 되더라.

40-45 萃 竊名盜位 居非其家 霜隕不實 爲陰所賊
이름을 훔치고 직위를 도적해서 그 집이 아닌데 살면 서리가 떨어져 여물지 아니하니 음이 해가 되는 바이더라.

40-46 升　賊仁傷德　天怒不福　斬刈宗社　失其本域
어진이를 해하고 덕을 상하면 하늘이 노해 복을 주지 않아 종사를 베어서 그 본역을 잃더라.

40-47 困　萬物初生　蟄蟲振起　益壽增福　日受其喜
만물이 처음 낳음에 겨울에 칩복하는 벌레가 털고 일어나 수를 더하고 복을 더해 날로 그 기쁨을 받더라.

40-48 井　和氣所在　物皆不朽　聖賢居位　國無凶咎
화기가 있는 곳에 물건이 다 부패되지 않고 성현이 위에 있으면 나라에 흉한 재앙이 없더라.

40-49 革　麟遊鳳舞　歲樂民喜
기린이 놀고 봉황이 춤추니 해마다 즐겁고 백성이 기뻐하더라.

40-50 鼎　行行窘步　次宿方舍　居安不懼　姬姜何憂
가는데 급한 걸음으로 가니 다음은 어느 집에서 자던지 거하기 편안하면 두렵지 않으니 희강이 무엇을 근심하리오.

40-51 震　水深難遊　霜寒難涉　商伯失利　旅人稽留
물이 깊어 놀기 어렵고 서리가 차서 건너기 어려워 장사 우두머리는 이(利)를 잃고 여행객은 머물더라.

40-52 艮　跛踦相隨　日暮牛罷　凌遲後旅　失利望雌
절름발이가 서로 따라 해가 저물어 우시장이 파해 디딤돌을 업수이 여겨 뒤늦으니 이익을 잃고 암소가 없더라.

40-53 漸　一年九鎖　更相牽攣　案明如市　不得東西　請讞得報　日中被刑

일 년에 아홉 번 옥쇠를 채우고 다시 서로 붙들어 매니 밝음을 참고하여 저자와 같아 동서를 얻지 못하면 옥발이를 청해 보고를 얻어 그날 안에 형벌을 입더라.

40-54 歸妹 春桃生萃 季女宜家 受福多年 男爲邦君
봄 복숭아가 화려해지니 계녀가 시집가서 다년간 복을 받더니 남편이 나라 임금이 되더라.

40-55 豊 雷鼓東行 稼穡凋傷 大夫執政 君替其明
북을 울리고 동행하니 농작물이 마르고 상하고 대부가 집정하니 임금의 그 밝음이 쇠퇴하더라.

[註] 춘추에 소문공이 죽고 공자 수가 자적을 죽이고 서서 선공이 정치를 대부에게 맡기니 공실이 미약해지더라.

40-56 旅 季世多憂 亂國淫遊 殃禍立至 民無以休
다음 세상에 걱정이 많음은 나라가 어지럽고 음란하게 놀면 재앙이 곧 이르러 백성이 편안함이 없더라.

40-57 巽 發輗溫湯 過角宿房 宜時布和 無所不通
수레채머리를 떠나 온탕의 귀퉁이 자는 방을 지나 때에 마쳐 나누어 주니 통하지 않는 바가 없더라.

40-58 兌 水中大賈 求利十千 商人不至 市空無有
물 가운데 큰 상점이 이익을 열천 배를 구하는데 상인이 오지 않아 저자가 텅 비어 있음이 없더라.

40-59 渙 春草萌生 萬物敷榮 陰陽和調 國樂無憂 樂一和暢 何事不亭
봄에 풀이 싹날 때 만물이 영화를 펴서 음양이 조화되어 나라가 즐겁고 근심이 없어 즐거움이 한결같이 화창하니 무슨 일인들 이르지 않으리오.

40-60 節 左眇右盲 目視不明 下民多孽 君失其常
좌안은 애꾸눈에 우안은 멀어서 눈으로 보는 것이 밝지 못하고 하민에는 요물이 많고 임금은 정상을 잃더라.

40-61 中孚 悅以內安 不利出門 憂除禍消 公孫何尤
안이 편안함을 기뻐하고 문을 나가는 것이 불리하다. 근심을 제하고 재앙이 소멸하니 공손이 무엇을 더하리오.

40-62 小過 丹書之信 言不負語 易我驎驥 君子有德
단서의 믿음은 나의 말한 것을 다른 말을 하지 아니함이요 나의 얼룩 천리말을 바꾸어 군자가 덕이 있더라.

[註] 한고조가 천하를 평정한 후 공신들에게 단서철권(丹書鐵券)을 주어 후손에게까지 복을 주었다.

40-63 旣濟 上政騷擾 螟蟲並起 害我嘉穀 年歲無稷
위의 정사가 소요하면 명충이 같이 일어나 나의 아름다운 곡식을 해하니 해마다 곡식이 없더라.

40-64 未濟 干旄旌旗 執職在郊 雖有寶玉 無絡致之
방패의 정기가 직책을 잡고 벌판에 가득 있으니 비록 보옥이 있더라도 가져올 길이 없더라.

艮上 兌下 損之第四十一　　山澤損

41-41 損　路多枳棘　步刺我足　不利旅客　爲心所毒
길에 가시가 많아 걸을 때 나의 발을 찌르니 여객에 불리하여 마음에 독이 되더라.

41-1 乾　鯉鮪鯽鰕　積福多魚　資所無有　富我邦家
잉어, 상어, 도미, 암고래 복을 쌓아 고기가 많아 자본이 있는 바 없으나 나의 나라와 집이 부자가 되더라.

41-2　坤　景星照堂　麟遊鳳翔　仁施大行　頌聲作興　征者無明　失其寵光
큰 별이 당에 비추고 기린이 놀고 봉황이 날아 인덕의 베품을 크게 행하니 칭찬의 소리가 일어나 치는 자에 명분이 없어 그 은총을 잃더라.
[註] 景星은 일명 덕성(德星)으로 정치가 잘 되면 나타나는 별이다.

41-3 屯　羊腸九縈　相推稍前　止須王孫　乃能上天
양의 창자처럼 아홉 번 얽킨 산길을 서로 밀어 조금 앞으로 가나 잠깐 그치니 왕손이 이내 능히 하늘에 올라가더라.

41-4 蒙　四手共身　莫適所閑　更相訪接　動失事便
네 개의 손이 몸을 같이 해 가는 곳마다 한가한 바가 아니고 다시 서로 의논하여 접하나 움직이는데 일의 편함을 잃더라.

41-5 需　水流趨下　遠至東海　求我所有　買魴與鯉
물이 흐르는대로 좇아내려가 멀리 동해에 이르러 나의 구하는 바 있어 방어와 잉어를 사더라.

41-6 訟 春栗夏棗 少鮮希有 斗千石萬 貴不可販

봄에 밤, 여름에 대추는 적고 귀해 말의 천, 석에 만이라도 귀해 가히 팔 수 없더라.

41-7 師 旦往暮還 相祐與聚 無有凶患

일찌기 가고 저물게 돌아와 서로 돕고 더불어 모이면 흉한 재앙이 없더라.

41-8 比 大蛇當路 使李畏懼 湯火之災 切近我膚 賴其天幸 歸子室廬

큰 뱀이 길에 있어 한고조 유방으로 하여금 두렵고 무서워 탕화의 재앙이 나의 피부에 접근하는듯 했으나 천행을 힘입어 집으로 돌아왔더라.

[註] 한고조 유방이 술에 취해 대택을 지나는데 큰 뱀이 길을 막자 칼을 뽑아 참하였다.

41-9 小畜 徒足去域 飛入陳國 有所畏避 深藏遂匿

발로 걸어 지경에 가서 날아 진나라에 들어가 두려워 피하는 바 있어 깊이 숨더라.

41-10 履 海爲水宗 聰聖且明 百流歸德 無有叛逆 常饒優足

바다는 물의 조종으로 성스럽고 또한 밝으니 백의 흐름이 덕으로 돌아가고 반역이 없어 항상 풍요하고 넉넉하더라.

41-11 泰 夏麥-- 霜擊其芒 病君敗國 使年大傷

여름의 보리와 밀의 싹을 서리가 치고 병든 임금이 나라를 패하니 그 해는 크게 상하게 하더라.

41-12 否 秋隼冬翔 數被嚴霜 雄犬夜鳴 家擾不寧

가을 새매가 겨울 날개에 자주 엄한 서리를 맞고 수캐가 밤에 우니 집안이 소요하고 편안치 않더라.

41-13 同人 樂仁上德 東隣慕義 來興吾國

어진 이의 덕을 즐거워하니 동쪽 이웃이 의를 사모해 와서 내 나라를 흥하게 하더라.

41-14 大有 逐憂除殃 汙泥生粱 下田爲汪

근심을 쫓고 재앙을 제하고 수렁이 기장을 낳으니 하전이 흐린 못이 되더라.

41-15 謙 暗昧冥語 轉相迷誤 鬼魅所居 誰知臥處

어두운 밤 말이 굴러 서로 헷갈리고 잘못되니 귀신이 있는 곳을 누가 알리오.

41-16 豫 南歷玉山 東入玉關 登上福堂 飮萬歲漿

남으로 옥산을 지나 동으로 옥관에 들어가 복당에 올라가 만세장을 마시더라.

41-17 隨 比目四翼 來安我國 福善上當 與我同牀

비목사익(비익조)이 와서 내 나라를 편안히 하고 복과 착한 것을 가지고 당에 올라 나와 더불어 상을 같이 하더라.

41-18 蠱 乘牛逐驥 日暮不至 路宿多畏 亡其騂騅

소를 타고 천리마를 좇다가 날이 저물어 이르지 못하고 길에서 자니 두려움이 많고 그 누렁말과 청푸른말을 잃어버리더라.

41-19 臨 元吉不咎 安寧不殆

원래 길해 재앙이 없어 안녕하고 위태하지 아니하더라.

41-20 觀 奮翅鼓翼 翱翔外國 逍遙徒倚 來歸溫室

날개를 드날리고 날개를 치며 외국을 높이 나르고 소요하며 걸어서 온실로 돌아오더라.

41-21 噬嗑　河伯娶婦　東山氏女　新婚三日　浮雲洒雨　露我菅茅　萬家蒙祐

하백이 동산씨 딸을 장가든 지 신혼 삼일에 뜬구름이 비를 뿌리고 나의 왕굴에 이슬을 내리니 만가의 도움이더라.

[典據]《史記》滑稽列傳, 褚先生續, 西門豹爲鄴令. 問民所疾苦. 皆曰, 苦爲河伯婦娶. 民人俗語曰, 卽不爲河伯娶婦. 水漂人民. 豹曰, 至時幸來報. 吾亦往送女. 至其時, 豹往會河上. 使吏抱大巫投河中. 吏民驚恐. 從是不敢復言河伯娶婦矣

41-22 賁　嬰兒求乳　慈母歸子　黃麑悅喜　得見甘飽

어린 아이가 젖을 구해 어미가 자식에게 돌아가니 누런 사슴새끼가 기뻐하며 달게 배부름을 얻더라.

41-23 剝　貧鬼守門　日破我盆　毁罌傷缸　空虛無子

가난한 귀신이 문을 지키니 날로 나의 동이를 깨뜨리고 장군을 헐고 항아리를 상하니 비고 비어 자식이 없더라.

41-24 復　多載重負　捐棄於野　予母稚子　但自勞苦

많이 실어 짐이 무거우면 들에다 버리고 너는 어린 자식이 없으니 다만 스스로 수고하더라.

41-25 無妄　雄狐綏綏　登山崔嵬　昭告顯功　大福允興

숫여우가 천천히 험하고 높은 산에 올라 나타난 공을 밝게 고하니 큰 복이 일어나더라.

41-26 大畜　嬰兒孩笑　未有所識　狡童而爭　亂我政事

어린 아이가 웃는 것은 아는 바가 없고 교활한 아이들의 다툼이 나의 정사를 어지럽게 하더라.

41-27 頤　十丸同投　爲雉所離　獨得跳脫　完全不虧

열 개의 탄자를 같이 던짐은 꿩을 위해 베푼 것인데 홀로 뛰어 벗어남을 얻어 완전하고 이지러지지 아니하더라.

41-28 大過　狐濟濡尾　求橘得枳　季姒懷悔　鮑舍魚-
여우가 물을 건너니 꼬리가 젖고 귤을 구하다 탱자를 얻으니 계비가 뉘우침을 품는데 고기를 절이는 집에서 냄새가 나더라.

41-29 坎　跌足肩息　所忌不難　金城銅郭　以鐵爲關　蕃屛周衛　安止無患
발로 빨리 달아나니 어깨로 숨쉬고 꺼리는 바가 어렵지 않으니 금성 동곽에 철로 관을 하여 주나라를 병풍처럼 호위하니 안전하고 근심이 없더라.

41-30 離　戴堯扶禹　松喬彭祖　西過王母　道路夷易　無敢難者
요임금을 모시고 우임금을 돕는 적송자, 왕교, 팽조가 서쪽 왕모를 지나는데 도로가 평이하니 감히 어렵다고 하는 자는 없더라.

41-31 咸　京庾積聚　黍稷以極　行者疾至　可以厭飽
서울에 노적을 쌓아 모으니 기장과 피가 극을 이루고 행하는 자가 빨리 이르니 가히 싫증나도록 배부르더라.

41-32 恒　良夫孔姬　脅悝登臺　柴季不扶　叔輒走逃
양부와 공백희가 공희를 협박해 대에 오르게 하고 계를 막아 도우지 못하게 하여 숙첩이 송나라로 도망가더라.

[註] 良夫는 渾良夫, 孔姬는 孔悝의 妻, 柴는 子羔, 季는 子路. '柴季不扶'는 衛輒를 돕지 않은 것을 말한다.

[典據] 哀公十五年, 衛孔圉取大子蒯聵之姉生悝. 孔氏之豎渾良夫長而美. 孔文子卒. 通於伯姬.

41-33 遯　天之所予　福祿常在　不憂危殆
하늘이 주는 바 복과 녹이 항상 있으니 위태함을 근심하지 아니해도 되더라.

41-34 大壯 行觸天剛 馬死車傷 身無慘賴 困窮乏糧
가다가 천강에 부닥치니 말은 죽고 수레가 상하니 몸에 원망하고 힘입을 것도 없어 곤궁하고 양식도 다해지더라.
[註] 天剛은 天罡 즉 魁罡(괴강)이다.

41-35 晉 鉛刀切玉 堅不可得 盡我筋力 胝-爲疾
납칼로 옥을 끊으니 굳어 얻지 못해 나의 근력이 다해 부르터 병이 되더라.

41-36 明夷 穆違百里 使孟奮武 將軍師戰 敗於殽口
진(秦)목공이 백리해의 말을 어기고 맹명시로 하여금 정(鄭)나라를 치다가 효구에서 패하더라.

41-37 家人 有人追亡 鳥言所匿 不旅日得
사람이 있어 달아나 없어지니 새가 숨은 곳을 말해 하루가 못가 얻게 되더라.

41-38 睽 府藏之富 王以賑貸 捕魚河海 苟罔多得
마을의 저장한 부는 임금이 궁한 백성에게 대여하는 것이고 강과 바다에서 고기를 잡는데는 그물로 많이 얻더라.

41-39 蹇 鴻飛遵陸 公歸不復 伯氏客宿
큰 기러기가 육지를 따라 날으니 공이 돌아가 회복하지 아니하니 백씨가 객숙하더라.

41-40 解 鳧過稻廬 甘樂鱝鮹 雖驚不去 田畯懷憂
오리가 벼집을 지나는데 황어와 미꾸리의 단맛을 즐기어 비록 놀래나 가지 아니하니 전대부가 근심을 품더라.
[註] 田畯(전준) 田大夫 : 농림부 장관이다.

41-42 益 雨師娶婦 黃嚴季女 成禮旣婚 相呼南去 膏澤田里 年豊大喜

우사가 황암의 계녀에게 장가들어 성례 기혼 후 서로 불러 남으로 가니 기름진 전답에 해마다 풍년이 들어 크게 기뻐하더라.

41-43 夬 積蓄有餘 糞土不居 美哉輪奐 出有高車
저축해 남음이 있어 분토에 살지 아니하고 아름다운 바퀴가 빛나니 외출에 높은 수레가 있더라.

41-44 姤 重門擊析 介士守護 終有他道 雖驚不懼
중문을 쳐서 쪼개니 갑사가 수호하여 끝내 다른 길이 있어 비록 놀래나 두렵지 않더라.

41-45 萃 大都王市 稠人多寶 公孫宜賈 其貨萬倍
큰 도시 큰 장에 여러 사람에 보배가 많으니 공손씨가 잘 장사해 그 재화가 만 배가 되더라.

41-46 升 秋隼冬翔 數被嚴霜 甲兵充庭 萬物不生
가을 새매에 겨울 날개가 자주 엄한 서리를 입고 갑병이 뜰에 가득하니 만물이 살지 못하더라.

41-47 困 招禍致凶 來螫我邦 痛在手足 不得安息
화를 불러 흉하게 이르니 벌레가 와서 내 나라를 쏘니 아픔이 수족에 있어 편히 쉬지 못하더라.

41-48 井 秦失其鹿 疾走先得 勇夫慕義 君子牽服
진나라가 그 사슴을 잃으니 빨리 가 먼저 얻으면 용맹스런 지아비가 의를 사모하고 군자는 거느리고 와서 복종하더라.

[典據]《史記》准陰侯列傳, 高祖詔捕蒯通. 蒯通至. 上曰, 若敎淮陰侯反乎. 對曰, 然. 秦失其鹿. 天下共逐之. 於是高材疾足者先得焉. 當是時, 臣唯獨知韓信. 非知陛下也.

41-49 革 山陵四塞 遏我徑路 欲前不得 復還故處
산 언덕이 사방이 막혀 나의 갈길을 막으니 앞으로 갈 수 없어 옛곳으로 다시 돌아오더라.

41-50 鼎 一指食肉 口無所得 舌饞於腹
한 손가락으로 고기를 먹으니 입에 소득이 없어 혀가 배에서 탐내게 하더라.

[註] 정공이 자라국을 끓이고 대신들에게 주는데 자공이 나는 좋은 음식을 먹게 되면 식지에 징조가 나타나는데 과연 좋은 자라국을 먹게 됐다고 말하나, 정공이 자공에게 주지 아니하자 자공이 화가 나서 솥에 식지를 넣어 국물을 찍어먹고 나갔다.

41-51 震 晨夜驚駭 不知所止 皇母相佑 卒得安處
새벽에 놀라 그칠 바를 알지 못하는데 황모가 서로 도와 마침내 편안을 얻더라.

41-52 艮 豹狼所言 語無成全 誤我白馬 使乾口來
늑대와 이리의 말하는 바는 완전히 이룸이 없어 나의 백마가 그르쳐 마른 입으로 오게 하더라.

41-53 漸 呼精靈來 魄生無憂 疾瘳愈憂 解我患愁
정을 불러 영이 와서 넋이 생겨 근심이 없어 질병이 나아 나의 근심을 풀더라.

41-54 歸妹 牧羊逐兎 使魚捕鼠 任非其人 一日無功 不免辛苦
양을 길러 토끼를 쫓고 물고기로 하여금 쥐를 잡게 하니 그 사람에 맞지 않는 임무를 맡기면 날만 허비하고 공이 없어 신고(辛苦)를 면치 못하더라.

41-55 豊 堂祥上樓 與福俱居 帝姬置好 國安無憂
당이 상스러워 다락에 올라 복과 더불어 같이 사니 제희가 다스리기를 잘 해 나라가 편안하고 근심이 없더라.

41-56 旅 禹召諸候 會?南山 執玉萬國 天下康安
우임금이 제후를 불러 남산에서 회의하니 옥과 비단을 만국이 바치니 천하가 평안하더라.

41-57 巽 太似文母 乃生聖子 昌發受命 爲天下主
태사 문왕비가 성인 아들을 낳으니 창(문왕)과 발(무왕)이 천명을 받아 천하의 주인이 되더라.

41-58 兌 兩罝同室 兎無誰告 與狂相觸 蒙我以惡
두 짐승그물을 한방에 치니 토끼가 수구라 고함 없이 미친 것처럼 서로 찌르니 나에게 악하다고 덮어씌우더라.

41-59 渙 桃雀-脂 巢於小枝 動搖不安 爲風所吹 心寒慄愓 常憂殆危
뱁새와 공새가 석은 가지에 둥지를 트니 동요해 불안한데 바람이 불면 마음이 써늘하고 두렵고 무서워 항상 위태함을 근심하더라.

41-60 節 陽春長日 萬物華實 樂有利福
좋은 봄 긴 날에 만물이 화려하고 열매가 여니 즐겁고 좋은 복이 있더라.

41-61 中孚 鄰不我顧 而望玉女 身疾瘡癩 誰肯媚者
이웃이 나를 돌아보지 아니하는데 옥녀를 바라보니 몸이 헌데 문둥이 병이니 누가 즐겨 아름답다하리오.

41-62 小過 涸旱不雨 澤竭無流 魚鱉乾口 皇天下憂
마르고 가물어 비가 오지 않아 못이 말라 흐름이 없어 고기와 자라가 입이 마르는데 황천은 근심하지 아니하더라.

41-63 旣濟 狼虎之鄕 日爭凶訟 受性貪饕 不能容縱

이리와 호랑이의 고장은 날마다 흉한 송사로 다투니 성미가 먹은 것을 탐냄을 받아 능히 용서해 놓아주지 않더라.

41-64 未濟 陰注陽疾 水離其室 舟楫大作 傷害黍稷 民飢於食 亦病心腹
음에 양병이 침범하고 물이 그 집을 떠나고 배의 돛대가 크게 움직이고 기장과 피를 상해하니 백성이 먹는데 주리니 또한 마음의 병이 되더라.

巽上 震下 益之第四十二 **風雷益**

42-42 益 文王四乳 仁愛篤厚 子畜十男 無有折夭
문왕은 젖이 넷인데 인자하고 사랑하며 우애 돈후하여 아들 열을 길러도 요절하는 자가 없더라.

42-1 乾 下堂出門 東至九山 逢福値善 得其安閑
당을 내려 문을 나서 동으로 구산에 이르러 복을 만나 기쁨을 당하니 한가하고 편안함을 얻더라.

42-2 坤 城上有鳥 自名破家 招呼鴆毒 爲國患災
성 위에 까마귀가 있어 스스로 파가라 이름하며 짐새의 독을 부르니 나라의 근심스런 재앙이 되더라.

42-3 屯 伯虎仲熊 德義淵泓 使布五敎 陰陽順序
백호 중웅은 덕과 의가 깊고 깊어 오륜을 가르치니 음양이 순서롭더라.

[註] 伯虎, 仲熊은 고신씨의 아들이고, 五敎는 父子有親, 君臣有義, 夫婦有別, 長幼有序, 朋友有信 등 오륜을 말하는 것이다.

42-4 蒙 飮酒醉酗 跳起爭鬪 伯傷仲僵 東家治喪
술을 마시고 취해 주정하다가 뛰어 일어나 투쟁하여 백씨는 상하고 중씨는 죽으니 동가에서 장사를 치르더라.

42-5 需 四目相視 稍近同机 日昳之後 見吾伯姊
네 눈이 서로 보다 점점 가까와져 궤를 같이 하다가 해가 기울어진 후에 나의 큰 누이를 뵙더라.

42-6 訟 隨時逐便 不失利門 多獲得福 富於封君
때에 따라 편의에 좇아 이문을 잃지 아니하고 많이 얻고 복을 득해 부자로서 봉군하더라.

42-7 師 隴西冀北 多見駿馬 去如焱飇 害不能相
농서와 기북에서 많은 준마를 보았는데 가는 것이 불꽃이 나는 것 같아 해가 능히 상하지 못하더라.

42-8 比 白龍黑虎 起伏俱怒 蚩尤敗走 死於魚首
백용과 흑호가 일어났다 엎드렸다 하며 같이 성내니 치우가 패해 달아나 어수에서 죽더라.
[註] 蒙之坎, 同人之比를 보라.

42-9 小畜 鴻飛戾天 避害紫淵 雖有鋒門 不能危身
큰 기러기가 날아 하늘에 어그러지는데 해를 자주빛 연못으로 피하니 비록 칼날문이 있어도 능히 몸을 위태롭게 하지 못하더라.

42-10 履 平國不君 夏氏作亂 烏號竊發 靈公隕命
평국이 임금의 일을 아니하나 하씨가 난을 꾸며 활을 몰래 쏘니 영공이 운명하더라.
[註] 平國은 陳靈公의 이름. 夏氏는 夏姬의 아들 徵舒. 烏號는 활의 이름. 진영공이 호색하여 의행부, 공령 두 대부와 같이 하희와 서로 간통하다가 하희의 아들 징서가 활로 진영공을 암살하였다.

42-11 泰 江漢上遊 政逆民憂 陰伐其陽 雄受其殃
양자강과 한수 위에서 노니 정치가 백성의 근심을 역행하고 음이 양을 치니 수컷이 그 재앙을 받더라.

42-12 乾 東家殺牛 聞臭腥臊 神怒不顧 命衰絕周 亳社災燒 妄夷誅愁

동쪽 집에서 소를 잡으니 비린 냄새가 나서 신이 노해 돌봐주지 않아 명이 쇠해 주나라가 끊어지니 은나라 사직이 타고 망령된 오랑캐에게 베일 것을 시름하더라.

[註] 睽之明夷를 보라

42-13 同人 西誅不服 恃强負力 倍道趨敵 師徒敗覆
서쪽을 쳐서 항복 받지 못해 강한 힘만 믿고 배도하여 적을 쫓다가 군사가 패해 달아나 되돌아오더라.

[註] 초나라 항량이 힘만 믿고 秦나라를 치다가 패전하고 전사했다.

42-14 大有 一婦六夫 亂擾不治 張王季疾 莫適爲公 政道壅塞 周君失邦
한 지어미에 여섯 지아비가 요란하고 다스리지 않아 장왕 계가 병들어 나가 공이 되지 못하니 정치길이 옹색하여 주나라 임금이 나라를 잃더라.

42-15 謙 配合相迎 利之四鄕 昏以爲期 明星煌煌 欣喜奭懌 所言得當
배함을 서로 맞이하여 이웃들의 이익이 되고 황혼이 되면서 밝은 별이 빛나고 빛나니 기쁨이 크게 기뻐서 말하는 바가 다 맞더라.

42-16 豫 猿墮高木 不踒手足 握金懷玉 還歸其室
원숭이는 높은 나무에서 떨어져도 손발을 다치지 아니하고 금을 움켜잡고 옥을 품고 그 집으로 되돌아오더라.

42-17 隨 卷領遁世 仁德不害 三聖攸同 周國茂興
권령(머리를 수건으로 매다)하고 세속을 떠나 은둔하나 인덕에 해가 되지 않고 삼성이 같이 하는 바 주나라가 왕성하게 일어나더라.

42-18 蠱 去患脫厄 安無怵惕 上福喜堂 見我歡悅
근심이 가고 액을 벗어나니 편안하고 두려움이 없고 복과 기쁨이 당에 올라가 나의 기뻐함을 보더라.

42-19 臨 帶季兒良 明知權兵 將師合戰 敵不能當 趙魏以强
대계와 아량이 병법을 잘 알아 군사를 거느리고 합전하여 적이 능히 당하지 못하고 조, 위나라가 강하다 하더라.

[註] 대계(帶季)는 대타(帶佗)로서 아량과 같이 전국시대에 용병을 잘했다는 사람이다.

42-20 觀 鵠思其雄 欲隨鳳東 順理羽翼 出次須日 中留北邑 復反其室
고니가 그 숫컷을 생각하고 봉황을 따라 동으로 갈까하여 날개와 깃을 순서에 따라 다스리고 차비를 하고 북읍에 머물고 있다가 다시 그 집으로 돌아오더라.

42-21 噬嗑 耳如驚鹿 不能定足 室家分散 各走匿竄
귀가 놀란 사슴 같고 능히 발을 제자리를 정하지 못하고 집안이 분산하니 각각 달아나 숨더라.

42-22 賁 甲乙丙丁 俱位我庭 三丑六子 入門見母
갑을 병정이 나의 뜰에 위를 갖추고 세 축에 여섯 자식이 문에 들어와 어미를 뵙더라.

42-23 剝 躡華顚 觀浮雲 風不搖 雨不薄 心安吉 無患咎
꽃잎 맨 위 뜬구름을 보니 바람에 흔들리지 않고 비가 박하지 않으니 마음이 편안하고 길하여 재앙의 근심이 없더라.

42-24 復 德施流行 利之四鄉 雨師灑道 風伯逐殃 巡狩封禪 以告成功
덕을 베푸는 것이 유행하여 사방을 이롭게 하니 비를 맡은 군사가 길에 물을 뿌리고 풍백이 재앙을 쫓으니 천자가 순행하여 하늘에 제사를 지내고 성공을 고하더라.

42-25 無妄 水流趨下 遂成東海 求我所有 買鱣與鯉
물이 흘러내려가 드디어 동해를 이루니 나가 있는 바를 구해 전어와 잉어를 사더

라.

42-26 大畜 和氣相薄 膏潤津澤 生我嘉穀
화기가 서로 박하나 기름지고 윤택한 못과 나루가 나의 아름다운 곡식을 낳더라.

42-27 頤 憂驚以除 禍不成災 安全以來
근심은 놀램으로써 제하고 화가 재앙을 이루지 않아 안전히 오더라.

42-28 大過 堅冰黃鳥 常哀悲愁 不見白粒 但覩藜蒿 數驚鷙鳥 爲我心憂
굳은 얼음에 황조는 항상 슬퍼하고 근심하는 것은 흰 낟알이 보이지 아니하고 다만 쑥대만 보이는데 자주 맹금에 놀라서 내 마음에 근심이 되더라.

42-29 坎 翕翕-- 隕墜崩顚 滅其令名 身命不全
수레 모는 소리가 떠들썩하더니 떨어져 무너지고 고꾸라져서 그 영명을 멸망하니 몸과 명이 온전치 못하더라.

42-30 離 因禍致福 喜盈其室
화로 인해 복이 이르니 기쁨이 집에 가득하더라.

42-31 咸 陸居千里 不見河海 無有魚市
육지 천리에 사니 하수와 바다를 보지 못하고 생선도 시장도 있지 아니하더라.

42-32 恒 鹿得美草 鳴呼其友 九族和睦 不憂飢乏
사슴이 좋은 풀을 얻으면 그 친구를 불러 구족이 화목하고 주릴 것을 근심 아니하더라.

42-33 遯 出門得黨 不逢禍殃 入戶自若 不見矛戟
문을 나서 무리를 얻으니 재앙을 만나지 않고 집에 들어가 스스로 만족하니 창날이 보이지 아니하더라.

42-34 大壯　罍尊重席　命我嘉客　福祐久長　不見禍殃
구름과 우레를 그린 술통에 방석을 놓고 나를 가객이라 명하니 복이 장구하여 재앙을 보지 아니하더라.

42-35 晉　鴻雁俱飛　北就魚池　鱣鮪鰋鯉　衆多饒有　一笱獲兩　利得過信
홍안이 같이 날아 북으로 어장에 나가니 전어, 상어, 메기, 잉어의 무리가 많이 있어 통발 한번에 둘씩 잡으니 이득이 배가 넘더라.

42-36 明夷　當風奮翼　與鳥飛北　入我嘉國　見吾慶室
바람을 당해 날개에 힘주어 새와 더불어 북으로 날아 나의 가국에 들어가 나의 경사스런 집을 보더라.

42-37 家人　麒麟鳳凰　善政得祥　陰陽和調　國無災殃
기린과 봉황은 정치를 잘 해 상서를 얻음이니 음양이 조화되어 나라에 재앙이 없더라.

42-38 睽　逐狐東山　水遏我前　深不可涉　失其後便
동산에서 여우를 좇다가 물이 나의 앞을 막으니 깊어 가히 건너지 못해 그 뒤편을 잃더라.

42-39 蹇　丑戌亥子　饑饉所生　陰爲暴客　水絕我食
축술해자(동절) 기근이 생기는 바 음이 폭객이 되어 물이 나의 먹을 것을 끊더라.

42-40 解　狐狸雉兎　畏人逃去　分走竄匿　不知所處
여우, 살쾡이, 꿩, 토끼가 사람이 두려워 도망가 뿔뿔이 헤쳐 달아나 숨으니 있는 곳을 알지 못하더라.

42-41 損 桀跖惡人 使德不通 炎旱爲殃 年穀大傷
걸과 도척은 악인이라 덕으로 하여금 통하지 아니하게 하고 불같은 가뭄이 재앙이 되어 해마다 곡식이 크게 상하더라.

42-43 夬 兎乳在室 行求雀食 虎懼我子 長號不已
토끼 새끼가 집에 있어 나가 새 먹이를 구하는데 호랑이가 내 아들을 두려워해 길게 부르기를 말지 아니하더라.

42-44 姤 土階明堂 禮讓益興 雄雌相得 使民無疾
흙 계단의 명당은 예로 사양함이 더욱 흥하고 음과 양이 서로 득하니 백성으로 하여금 병이 없더라.

[註] 요임금 때 토계는 삼척이고 명당은 주공이 문왕을 제사 지내고 정치하던 집

42-45 萃 送金出門 并失玉丸 往來井上 破甕壞盆
금을 보내려 문을 나가 옥환과 아울러 잃으니 우물 위를 왔다갔다 하며 독을 깨고 동이를 파괴하더라.

42-46 升 諷德誦功 美周盛隆 加其旦輔 光濟沖人
덕을 외우고 공을 칭찬하여 주나라를 아름답고 융성하게 하는데 거기다가 주공단이 보좌하니 유충한 성왕을 빛나게 하더라.

[註] 旦은 周公, 沖人은 成王이다.

42-47 困 盜竊滅身 貳母不親 王后無黨 毁其寶靈
도적질로 몸을 망치고 두 어미가 친하지 않고 왕후가 무리가 없어 그 혼백이 상하더라.

42-48 井 六月騤騤 各欲有至 專征束裝 俟待旦明
유월에 말이 건장하여 각기 이르고자 함이 있어 오로지 길 갈 차비를 갖추고 아침 밝기를 기다리더라.

42-49 革 雀行求粒 一入罟罭 賴仁君子 復脫歸室
새가 먹이를 구하러 갔다가 잘못 그물에 들어갔다가 어진 군자에 힘입어 다시 벗어나 집으로 돌아오더라.

42-50 鼎 仁德孔明 患禍不傷 期誓不至 室人銜恤
인덕이 화합하고 밝으니 근심과 재앙에 상하지 않고 약속한 때에 이르지 아니하니 집안 사람이 근심을 머금더라.

42-51 震 龜厭江海 陸行不止 自令枯槁 失其都市 雖憂無咎
거북이 강과 바다를 싫어해 육지로 행해 그치지 아니하니 스스로 말라 그 도시를 잃어 비록 근심은 되나 재앙은 없더라.

42-52 艮 孤獨特處 莫依爲輔 心勞志苦
외롭고 홀로 특별한 곳에서 도움이 됨을 의지하지 아니하니 마음이 수고하고 뜻이 괴롭더라.

42-53 漸 伯仲言留 叔子云去 雖自無咎 主母大喜
백씨, 중씨가 머무르라고 말하는데 숙자가 간다고 하니 비록 스스로 허물이 없으나 주모가 크게 기뻐하더라.

42-54 歸妹 初憂不安 後得笑歡 雖懼無患
처음에 불안을 근심했는데 뒤에 웃음과 기쁨을 얻으니 비록 두려우나 근심이 없더라.

42-55 豊 好戰亡國 師不以律 稱上隕墜 齊候狼戾 被其災祟
싸움을 좋아해 나라를 망하고 군사를 법대로 아니하고 위에서 떨어졌다 칭하니 제후가 사납고 고약해 그 재앙의 빌미를 입더라.

42-56 旅 鹿在澤陂 -傷其麑 泣血獨哀
사슴이 못 언덕에 있는데 늑대가 그 사슴 새끼를 상하니 피눈물을 흘리며 홀로 슬퍼하더라.

42-57 巽 天地閉塞 仁智隱伏 商旅不行 利潤難得
하늘과 땅이 닫아 막히니 어질고 지혜있는 이가 숨어 은거하고 장사치가 다니지 아니하니 이윤을 얻기 어렵더라.

42-58 兌 福德之士 懽悅日喜 夷吾相桓 三歸爲臣 裳流子孫
복덕의 선비가 기뻐하고 날로 기뻐하니 이오(관중)가 제환공의 정승인데 삼귀대에서 신하가 되고 아름다움이 자손에게 흐르더라.

42-59 渙 上無飛鳥 下無走獸 擾亂未治 民勞於事
위에 나는 새가 없고 아래에 달아나는 짐승이 없고 요란해도 다스리지 못하면 백성만 일에 수고하더라.

42-60 節 據斗運樞 順天無憂 與樂並居
남북의 두 두성을 의지해 추성(북극 남극성)이 운전하니 천리에 순응하면 근심이 없이 즐거움과 더불어 같이 살더라.

42-61 中孚 戴盆望天 不見星辰 歡小失大 福逃牆外
분을 이고 하늘을 보면 별을 보지 못하고 작은 것을 돌아보다 큰 것을 잃으니 복이 담 밖으로 도망가더라.

42-62 小過 月削日衰 工女下機 宇宙滅明 不見三光
달로 깎이고 날로 쇠해 베짜던 여인이 틀에서 내리고 우주가 밝음을 멸하니 삼광(해와 달과 별)을 보지 못하더라.

42-63 旣濟　操戟刺魚　被髮立憂　虎脫我衣　狼取我袍　亡馬失財
창을 가지고 고기를 찌르고 피발하고 서서 근심하면 호랑이가 내 옷을 벗기고 이리가 나의 도포를 취하고 말을 잃어 재산을 손실하더라.

42-64 未濟　兩人俱醉　相與悖戾　心乖不同　爭訟匈匈
두 사람이 같이 취해 서로 비기어 마음의 어그러져 같지 않아 쟁송이 흉흉하더라.

兌上 乾下 夬之第四十三 **澤天夬**

43-43 夬 戴堯扶禹 松喬彭祖 西過王母 道里夷易 無敢難者

요임금을 받들고 우임금을 도우는 적송자 왕교, 팽조가 서쪽으로 왕모를 지나는데 길이 평이하여 감히 어렵다고 하는 자 없더라.

[註] 松喬는 적송자 왕교이고 彭祖, 王母(서왕모) 모두 신선의 이름.

43-1 乾 狼戾美謀 無言不殊 允厭帝心 悅以獲祐

어긋난 아름다운 꾀는 말 아니하는 것과 다름이 없고 하늘의 마음을 믿고 만족해하면 기쁘게 하늘의 도움을 얻으리라.

43-2 坤 歲暮花落 陽入陰室 萬物伏匿 絕不可得

해가 저물어 꽃이 떨어지면 양이 음실로 들어가고 만물이 엎드려 숨으니 끊어져 얻지 못하더라.

43-3 屯 鷄鳴失時 君騷相憂 犬吠不休 行者稽留

닭이 때없이 울면 임금이 근심하여 서로 개가 짖기를 쉬지 아니하면 가던 자가 걸음을 멈추더라.

43-4 蒙 鳧鷖遊涇 君子以寧 履德不愆 福祿來成

오리와 갈매기가 경수에서 놀고 군자가 써 편안하고 덕을 실천해 잘못을 아니하면 복고 녹이 와서 이루리라.

43-5 需 魃爲災虐 風吹雲却 欲上下得 復歸其宅

가뭄이 재앙이 되어 바람이 불어 구름을 물리쳐 올라가고자 하나 얻지 못해 다시 그 집으로 돌아가더라.

43-6 訟 東行破車 步入危家 衡門垂倒 無以爲主 賣袍續食 糟糠不飽
동으로 가다 수레가 부서져 걸어 위태한 집에 들어가니 형문이 넘어져 드리우니 주인이 될 수 없기에 도포를 팔아 먹을 것을 이으니 지게미와 쌀겨를 먹기 싫어하지 아니하더라.

43-7 師 靑牛白咽 呼我俱田 歷山之下 可以多耕 歲稔時節 民人安寧
푸른 소 흰 목이 나를 불러 밭을 갈게 하니 역산 아래는 가히 밭을 많이 경작하는데 해마다 시절에 맞아 여무니 인민이 안녕하더라.
[註] 이 글은 순임금이 역산에서 농사 지으심을 말하는 것이다.

43-8 比 異國殊俗 情不相得 金木爲仇 百賊擅殺
나라가 다르면 풍속도 달라 정을 서로 얻지 못하고 금과 목이 원수가 되어 백가지 해침으로 마음대로 죽이더라.

43-9 小畜 陰陽精液 高熟晚折 胎卵成魄 肇生頭目 日有大喜
음양의 정액이 잘 익으면 늦게 터지고 태와 알이 혼백을 이루면 일찍 머리와 눈이 생겨 날로 큰 기쁨이 있더라.

43-10 履 飢蟲作害 偏多亂纏 緖不可得
주린 벌레가 해를 짓는데 편벽되이 어지럽게 얽음이 많아 실마리를 알 수 없더라.

43-11 泰 靑蛉如雲 爲兵導先 民人寃急 不知東西
푸른 잠자리가 구름같아 군사가 길 안내되니 백성이 원통함이 급해 어찌할 바를 알지 못하더라.

43-12 否 班馬旋師 以息勞疲 役夫嘉喜 入戶見妻
말은 대열에서 떨어지고 군사를 돌려 보내 써 피곤을 쉬게 하니 역부가 기뻐하고 집에 들어가 아내를 보더라.

43-13 同人　坐爭立訟　紛紛匈匈　卒成禍亂　災及家公
앉아 다투고 서서 송사하니 분분하고 흉흉하여 마침내 화란을 이루니 재앙이 집안 어른에게 미치더라.

43-14 大有　鹿食美草　逍遙求飽　趨走山間　過期乃還　肥澤且厭
사슴이 맛있는 풀을 먹으며 왔다갔다 하며 배부름을 구해 산간으로 갔다가 기한이 지나 돌아오니 살찐 못도 또한 싫어하더라.

43-15 謙　田鼠野雉　意欲常去　拘制籠檻　不得搖動
밭에 쥐와 들의 꿩이 뜻은 항상 가고자 하나 우리에 갇혀 요동하지 못하더라.

43-16 豫　日趨月步　周遍次舍　歷險致遠　無有難處
날로 나가고 달로 걸어 두루 두루 다음 사처로 험한 것을 지나 멀리 이르니 난처한 곳이 있음이 없더라.

43-17 隨　天孫帝子　與日月處　光榮於世　福祿祉祉
천손과 제자가 일월과 더불어 있으니 세상이 광영하고 복과 녹이 행복하더라.

43-18 蠱　晨風文翰　大舉就溫　昧過我邑　羿無所得
새벽 바람에 문한(새매)이 대거하여 온대지방으로 갈 때 어두운 때 나의 골을 지나니 명궁 예도 얻은 바가 없더라.

43-19 臨　旦生夕死　名曰嬰鬼　不可得祀
아침에 나서 저녁에 죽으니 이르기를 어린 귀신이라 하여 제사를 받지 못하더라.

43-20 觀　疾貧望幸　使伯南販　閉牢擇羊　多得大牂
가난을 미워하고 요행을 바라 백씨로 하여금 남쪽에 팔려고 우리를 열고 양을 택하는데 큰 암양을 많이 얻더라.

43-21 噬嗑 長城驪山 生民大殘 涉叔發難 唐叔爲患

장성려산에 생민이 크게 해를 당하니 진섭이 난을 일으키니 당숙(한고조)이 근심이 되더라.

[註] 長城驪山 진시황이 여산에 아방궁을 지을 때 민생고가 심해 진섭이 난을 일으켰다. 唐叔은 한고조 유계를 칭함이다. 涉은 陳勝의 字, 叔은 吳廣의 字, 唐叔은 즉 劉季.

43-22 賁 娶於姜呂 駕迎新婦 少齊在門 夫子歡喜

강려에 장가 가느라 신부를 맞이하는데 소제가 문에 있어 부자가 환희하더라.

[註] 소강이 진후(晉候)에게 귀염을 받아 소제라 불렸다.

43-23 剝 隨時草木 舊枝葉起 扶踈條桃 長大美盛 華沃鑠舒

때를 따라 초목은 옛가지에 잎사귀가 일어나 성긴 가지의 복숭아를 부축하니 장대하고 아름다워 화려하고 성해 녹여 펴더라.

43-24 復 姬姜旣歡 二性爲婚 霜降合好 西施在前

희와 강씨는 이미 친한데 두 성이 혼인하니 상강에 좋게 합하니 서시가 앞에 있더라.

[註] 주성(周性)은 희(姬)요 제성(齊姓)은 강(姜)이라 주무왕후는 강태공의 딸이다. 서시(西施)는 옛적의 미인의 이름이다.

43-25 無妄 戴笠獨宿 晝不見日 勤苦無代 長勞費恩

삿갓을 이고 홀로 자니 낮에 해를 보지 못하고 힘들어 일해도 댓가가 없어 길게 수고하며 슬프게 생각하더라.

43-26 大畜 始加元服 二十繫室 新婚旣樂 伯季有得

처음 원복을 입고 이십에 집을 맺으니 신혼이 이미 즐겁고 백씨와 계씨도 얻음이 있더라.

43-27 頤 二至靈台 文所止遊 雲物備故 長樂無憂
하지, 동지에 영대는 문왕이 노시던 곳으로 운물이 갖추어진 고로 장락하고 근심이 없더라.

43-28 大過 久陰霜雨 塗行泥潦 商人休止 市空無寶
오랜 장마비로 길이 흙탕물이라 상인이 휴식하고 그치니 시장이 공허해 보물이 없더라.

43-29 坎 城壞壓境 數爲齊病 侵伐不止 君臣擾憂 上下屈竭 士民無財
성이 무너져 경계를 누르니 제나라가 병이 되어 침공을 자주하니 군신이 걱정이 심해 상하가 있는 힘을 다하니 모든 백성이 재물이 없더라.

[註] 吳, 齊를 정벌한 것을 이르는 것 같다.

43-30 離 南國盛茂 黍稷醴酒 可以饗養 樂我嘉友
남국에 무성한 기장과 피로 만든 단술은 가히 향응으로 나의 아름다운 친구를 즐겁게 하더라.

43-31 咸 憂在心腹 內崩爲疾 禍起蕭牆 意如制國
근심이 마음과 뱃속에 있어 안이 무너져 병이 되는데 재앙이 내부에서 일어나니 뜻은 전제정치하는 것 같더라.

[註] 意如는 魯의 大夫季平子의 이름.

[典據] 《左傳》 昭公二十五年, 伐季氏孟孫叔孫. 遂伐公徒. 昭公遜于齊. 次於陽州.
〈論語〉 季氏篇, 吾恐季孫之憂不在顓臾. 而在蕭牆之內也.

43-32 恒 朽根刖樹 華葉落去 卒逢大焱 隨風僵仆
썩은 뿌리의 자른 나무는 화려한 잎사귀가 떨어져 가고 끝내 큰 불을 만나 바람을 따라 쓰러져 눕더라.

43-33 遯 樹表爲壇 相與期言 午中不會 寵榮棄廢

표적을 세워 단을 삼고 서로 기약을 말로 약속하고 오정이 되도록 오지 않아 총애를 받는 명예를 버려 버리더라.

[註] 제나라 양저가 장가로 더불어 감군할 것을 약속하고 포목을 세웠는데 장가가 약속 시간을 지키지 않아 양저가 장가를 참수했다.

[典據]《史記》司馬穰苴傳.

43-34 大壯　四足俱走　奴罷在後　兩戰不勝　敗於東楚

네 발로 같이 달아나니 종이 피로해 뒤에 있어 두번 싸워 이기지 못하고 동초에게 패하더라.

43-35 晉　執轡西朝　回還故處　麦秀傷心　叔父有憂

고삐를 잡고 서역에 조회하고 옛 곳에 되돌아오니 나라가 망해 상심하고 숙부에게 근심이 있더라.

[註] 箕子 : 주나라에 조회하고 옛 은나라에 돌아가니 보리가 피었는데 나라가 망했으니 상심되었다는 뜻이다.

43-36 明夷　夜長日短　陰爲陽賊　萬物空枯　藏於北陸

밤이 길고 낮이 짧으니 음이 양을 해쳐 만물이 말라 북륙(겨울)에 감추더라.

43-37 家人　鳲鳩七子　均而不殆　長大成就　棄而合好

뻐꾸기의 자식 일곱이 고르게 위태하지 않아 크게 성취하면 모여 좋아하는 것을 버리더라.

[註] 뻐꾸기는 다 자라면 제각기 놀고 한데 모여 살지 아니한다는 뜻.

43-38 睽　三羊上山　馳至大原　黃龍負舟　遂到夷傷　究其玉囊

세 양이 산에 올라 달려 대원에 이르니 황룡이 배를 지고 드디어 상처가 나는데 이르니 그 옥주머니를 찾더라.

43-39 蹇　手足易處　頭尾轉倒　公爲雌嫗　亂其蠶織

손과 발이 바뀌는 곳에 머리와 꼬리가 거꾸로 되어 공이 늙은 할멈이 되며 누에를 치고 길쌈함을 어지러뜨리더라.

43-40 解 登高望家 役事未休 王政靡鹽 不得逍遙
높은데 올라가 집을 바라보고 역사로 쉬지 못하고 왕정이 흐트러져 느슨하나 소요를 얻지 못하더라.

43-41 損 畏昏不行 候待旦明 燎獵受福 老賴其慶
어두움을 두려워해 가지 아니하고 아침 밝기를 기다렸다가 횃불 사냥으로 복을 받으니 늙어서 그 경사를 힘입음이로다.

[註] 太公의 나이 80에 文王의 사냥터에서 만났다. 뒷날 齊에 봉했다. 그래서 '노뢰기경(老賴其慶)' 이라고 한다.

43-42 益 孤獨特處 英衣爲輔 心勞志苦
고독에 특별히 처했을 적에 도움이 되는데 의지하지 아니하면 마음이 수고롭고 뜻이 괴롭더라.

43-44 姤 山石朽破 消崩墮墜 上下離心 君受其祟
산의 돌이 썩고 깨져 붕괴되어 떨어지고 상하가 마음을 잃으니 임금이 그 빌미를 받더라.

43-45 萃 文母聖子 無疆壽考 爲天下主 人受其福
무왕의 어머니에 성인 아들이 힘씀이 없어도 오래 살아 천하의 주인이 되니 사람들이 그 복을 받더라.

[註] 文母는 무왕의 어머니다. 聖子는 무왕 주공 단(旦)을 일컬음이다.

43-46 升 倔傀無儀 前後相違 言如鼈咳 語不可知
굳세고 괴이하여 예의가 없어 앞뒤가 서로 어긋나고 말이 마치 자라가 기침하는 것 같아 말을 알 수 없더라.

43-47 困　五龍俱起　强者敢走　露我苗稼　年歲大有

다섯 용이 같이 일어나 강한 자는 감히 달리고 나의 벼의 싹에 이슬을 내려 해마다 풍년이 들더라.

43-48 井　處除善疑　難爲攻醫　驥疲鹽車　困於銜箠

원숭이에서 착한 의심을 제하면 의원 노릇하기 어렵고 천리마가 소금수레에 피곤하고 재갈과 채찍에 고달프더라.

43-49 革　江南多蝮　螫於手足　冤煩詰屈　痛徹心腹

강남에 독사가 많아 수족을 쏘니 원통하고 번열이 나며 구부러져 펴지지 않으니 아픔이 사무치더라.

43-50 鼎　心無所據　射鹿不得　多言少實　語成無事

마음에 웅거한 바 없이 사슴을 쏘아 얻지 못하고 말은 많은데 실속은 적으니 말로 이루는 일이 없더라.

43-51 震　君明臣賢　鳴求其友　顯德之士　可以覆土

임금은 밝고 신하도 어질어 그 친구를 불러 구하니 어질고 덕있는 선비는 흙을 밟으리로다.

43-52 艮　安上-官　一日九遷　踰群越等　牧養常山

위를 편안하게 하고 자기 맡은 직책을 다하니 하루에 아홉 번 옮겨 무리를 넘고 등차를 뛰어넘어 상산에서 목양하더라.

[註] 漢의 田千秋一日에 아홉 번 그 官을 옮겼다.

[典據] 任昉의《代范雲謝表》千秋之一日九遷 荀爽三十旬遠至 方之微臣 未爲速達.

43-53 漸　俊辭解謝　除去垢汚　驚之成患　嬰去酷殘

준수한 말로 해명하고 사례하여 더러운 허물을 벗어버리나 놀래 병을 얻어 어린이가 가니 너무 잔인하더라.

43-54 歸妹　翁狂嫗盲　相牽北行　欲歸高邑　迷惑不得
늙은이는 미치고 할멈은 망인이라 서로 끌며 북으로 가 고읍으로 돌아가고자 하나 미혹하여 얻지 못하더라.

43-55 豊　醉臥道傍　迷旦失明　不全我生
취해 길가에 누워서 아침에 미혹하여 실명하니 나의 생이 완전하지 못하더라.

43-56 旅　北登鬼丘　駕龍東遊　王叔御后　文武何憂
북으로 귀주에 올라 용을 멍에하고 동으로 여행하는데 왕숙이 잘 모시니 문무가 무엇을 근심하리오.

43-57 巽　恬淡無患　遊戲道門　與神往來　長樂以安
욕심이 없으니 근심이 없어 도문에서 유희하니 귀신과 더불어 왕래하여 길이 즐거워 편안하더라.
[註] 恬淡(염담) : 마음이 편안하여 욕심이 없음.

43-58 兌　以-易絲　抱布自媒　棄禮急情　卒罹憂悔
입을 것으로 실로 바꾸고 피륙을 안고 스스로 중매하여 예를 버리고 정에 급하니 끝내 근심과 후회에 걸리더라.

43-59 渙　被服衣冠　游戲道門　以禮相終　身無災患
옷 입고 의관하고 도문에서 유희하며 예로써 마치니 몸에 재앙이 없더라.

43-60 節　大麓魚池　陸爲海涯　君子失行　小人相-
큰 산 밑 고기 못은 육지가 바닷가가 되고 군자 나아감을 잃으니 소인이 서로 제휴하더라.

43-61 中孚　淵泉溢出　爲我邑祟　道路不通　孩子心憒

못의 샘이 넘쳐서 나의 고을에 빌미가 되어 도로가 불통하니 어린아이가 심란하더라.

43-62 小過　十里望煙　散渙四方　形体滅亡　可入深淵　終不見君
십리서 연기를 바라보니 사방으로 흩어지고 풀어져 형체가 멸망하니 가히 깊은 못에 들어가 끝내 임금을 보지 못하더라.

43-63 旣濟　傳言相誤　非奸徑路　鳴鼓逐狼　不知迹處
전하는 말이 서로 틀려 길을 거짓하지 않고 북을 울리며 쫓으니 자취 간 곳을 알지 못하더라.

43-64 未濟　東失大珠　西行棄襦　時多不和　使我後起
동에서 큰 구슬을 잃고 서로 행하며 저고리를 버리니 때에 불리한 것이 많아 나로 하여금 뒤에 일어나게 하더라.

乾上 巽下 姤之第四十四 **天 風 姤**

44-44 姤 河伯大呼 津不可渡 往復爾故 乃無大悔
하백이 크게 불러 나루를 건너지 못하고 왕복이 가까운 연고라 이내 큰 뉘우침은 없더라.
[典據]《莊子》秋水篇,

44-1 乾 蒙被恩德 長大成就 柔順貞利 君臣合好
은덕을 입어 크게 성취함은 유순하고 의롭고 지혜로우니 군신이 화합하더라.

44-2 坤 東山西山 各自止安 心雖相望 意不同堂
동산 시산이 각자 편안한데 그치고 마음은 비록 서로 바라보나 뜻은 같은 집이 아니더라.

44-3 屯 登山上谷 與虎相觸 猬爲功曹 班叔奔北 脫之嘉國
산에 오를 때 골짜기를 올라가다 호랑이와 더불어 마주쳤는데 고슴도치와 서로 만남이 되어 반숙이 북으로 달아나 가국을 벗어나더라.

44-4 蒙 躓跌未起 失利復市
쓰러져서 일어나지 못해 뒤늦게 시장에 가니 이익을 잃더라.

44-5 需 結珠懷履 卑斯以鬼 爲君奴婢
구슬을 맺어 신에 감추니 천하기가 귀신같아 임금의 노비가 되더라.

44-6 訟 雞鳴失時 民僑勞苦 尨吠有威 行者留止
닭이 울어 대를 놓치니 백성이 수고하고 삽살개 짖어 위함이 있어 가던 자가 머물러 그치더라.

44-7 師 陳嬀敬仲 示兆與姜 乃寓營丘 八世大昌

진규 경중이 제나라가 흥할 징조를 보고 영구에 사니 팔대가 크게 번창하더라.

[註] 屯之噬嗑 比之豫를 보라.

44-8 比 鹿畏人匿 俱入深谷 短命不長 爲虎所得 死於牙腹

사슴이 사람이 두려워 숨어 같이 깊은 골짜기에 들어가니 명이 짧아 길지 못해 호랑이에게 얻은 바 되어 어금니와 배에서 죽더라.

44-9 小畜 言無約結 不成契券 殷叔季女 公孫爭之 强入委禽 不悅於心 乃適子南

말로 약속을 맺은 일도 없고 문서로 계약도 하지 않고 은숙의 계녀를 두 공손씨가 다투어 강제로 기러기를 들이니 마음에 기뻐하지 않아 이내 남으로 가더라.

[註] 정나라 서오범의 누이가 아름다워 공촌초가 물품을 보내 청혼하니 공손흑이 또 강제로 기러기를 보냈다 함. 기러기는 납채를 이름.

44-10 履 鼓瑟歌舞 懽遺於酒 龍喜張口 大喜在後

비파를 치고 가무하여 기쁨에 술을 더하니 용이 기뻐 입을 벌리고 뒤에 있더라.

44-11 泰 凶憂災殃 日益章明 禍不可救 三郤夷傷

흉한 우환과 재앙이 날로 더욱 밝아지니 재앙을 가히 구하지 못하고 세 극씨가 오랑캐에게 죽더라.

[註] 復之同人을 보라.

44-12 否 水流趨下 逐至東海 求我所有 貿鱣與鯉

물이 흘러 내려가 드디어 동해에 이르니 내가 구하는 바 전어와 잉어를 무역하더라.

44-13 同人 陰爲陽賊 君不能- 擧動失常 利無所得

음이 양에 해가 되나 임금이 능히 이기지 못해 거동이 정상을 잃으면 이익을 득하는 바가 없더라.

44-14 大有　離牀失案　龜喪其願　都市無會　叔季懷恨
상을 떠나니 안석을 잃고 거북이 그 원을 상하니 도시에 모임이 없어 세째, 네째가 한을 품더라.

44-15 謙　雍遏堤防　水不得行　火慎陽光　陰霓伏藏　走歸其鄉
제방을 막으니 물이 흐르지 못하고 불은 햇빛을 삼가며 무지개가 엎드려 숨으니 달아나 그 시골로 돌아가더라.

44-16 豫　躄屈腹伸　東乘浮雲　貴寵前毋
절름거리며 굽히다가 배를 펴고 동으로 뜬구름에 오르니 귀한 은총이 없더라.

44-17 隨　實沈參伐　以義斷割　次陸服刑　成我霸功
실지로 고요이 세 번 쳐서 의로써 끊어 쪼개니 다음 뭍(나라)이 항복하니 나의 패공을 이루더라.

[註] 제환공 때에 관중이 포숙악의 중재로 당고에서 머리를 숙이고 청죄하고 제환공이 관중을 정승으로 삼아 패업을 이루었다.

44-18 蠱　金泉黃寶　宜與我市　娶嫁有息　利得過毋
금천 황보는 마땅히 나의 시장과 더불어 거래하여 이식이 있어 이득이 과함이 없더라.

44-19 臨　禹召諸候　會稽南山　執玉萬國　天下康寧
우임금이 제후를 불러 남산에 모이게 하니 만국이 옥을 바쳐 천하가 강령하더라.

44-20 觀　三蟲作蠱　踐迹無與　勝毋盜泉　君子不處
삼충이 일을 만드나 발자취가 없고 승모와 도천은 군자가 처하는 곳이 아니더라.

44-21 噬嗑　華葉墮落　公歸嫗宅　夷子失民　潔白不食
빛나는 잎사귀가 떨어지니 공이 할멈집으로 돌아가니 자식을 죽이고 백성을 잃고 결백하다고 먹지 아니하더라.

44-22 賁　履機懼毁　身王子廢　終得所欲　無有凶害
틀을 밟으면 헐어질까 두려워하고 몸은 왕인데 자식을 폐하나 끝내 하고자 하는 바를 얻어 흉한 해는 없더라.

44-23 剝　道理和德　仁不相賊　君子-往　樂有利福
도리가 덕과 화합하면 어질고 서로 해하지 아니하니 군자가 가는 곳은 즐거움과 이로운 복이 있더라.

44-24 復　合瓠同牢　姬姜並居
바가지를 합하듯이 같은 우리에 희와 강이 같이 살더라.

[註] 합호동뢰(合瓠同牢)는 혼례이고 희강(姬姜)은 무왕과 무왕비 강씨를 칭하는 것임.

44-25 無妄　關雎淑女　賢妃聖偶　宜家壽母　福祿長久
저구와 같은 숙녀는 어진 짝에 성인의 짝으로 집을 화목하게 하고 장수하는 어머니는 복과 녹이 장구하더라.

[註] 문왕비를 말하는 것임.

44-26 大畜　騏驥晩乳　不知子處　旋踵悲鳴　痛傷我心
썩 빨리 달리는 말이 젖이 늦어도 자식 있는 곳을 알지 못해 발꿈치를 돌리고 슬피 우니 내 마음이 상하고 아프더라.

44-27 頤　知嚴絕理　陰孽孽謀主　十日不食　困於申亥
지암이 절리하니 음열이 주인을 꾀하여 열흘을 먹지 않아 신해에게 곤(困)하더라.

[註] 申亥는 芊尹無宇의 子.

[典據]《左傳》昭公十三年, 靈王獨傍偟山中. 野人莫敢入王. 王行遇其涓人. 謂曰, 爲我求食. 我已不食三日矣. 그리고 《左伝》昭公十三年, 楚靈王縊於芋尹申亥氏. 申亥以其二女殉而葬之.

44-28 大過 監諸功玉 無不穿鑿 麟鳳成形 德象君子 三仁翼事 所求必喜
모든 옥을 깎는 것을 보니 구멍을 뚫는 것이 아님이 없어 기린과 봉황이 형용을 이루고 덕은 군자를 상징하니 세 어진이가 일을 도우니 구하는 바에 반드시 기뻐하더라.

44-29 坎 昧暮乘車 以至伯家 踰梁渡河 濟脫無他
저물어 어두운데 수레를 타고 백씨 집에 이르니 다리를 넘고 물을 건너니 건너 벗어나는데 다름이 없더라.

44-30 離 吾有黍稷 委積外場 有用服箱 運致我藏 富於嘉糧
나에게 기장과 피가 있어 바깥 마당에 쌓는데 옷상자를 써서 운반하여 나가 저장하니 아름다운 양식의 부자더라.

44-31 咸 喜笑且語 不能掩口 官爵並至 慶賀盈戶
기뻐서 웃고 또 말해 능히 입을 닫지 못하고 관작이 같이 이르니 경사를 축하하는 것이 집에 가득하더라.

44-32 恒 霧露雪霜 日暗不明 陰孽生疾 年穀大傷
안개, 이슬, 눈, 서리로 날이 어둡고 밝지 않아 음얼로 병이 생겨 해마다 곡식이 크게 상하더라.

44-33 遯 伯去我東 發如飛蓬 寤寐長歎 展轉空牀 內懷惸恨 摧我肝腸
백씨는 가고 나는 동으로 머리카락을 날려 쑥과 같이 오매장탄하며 전전반측하고 안으로 슬픔과 한을 품으니 나의 간장이 꺾이더라.

44-34 大壯　亡羊補牢　張氏失牛　騂驅奔走　鵠盜我魚
양을 잃어버리고 우리를 보수하니 장씨가 소를 잃고 누런 사마가 분주히 달아나니 고니가 나의 고기를 훔쳐가더라.

44-35 晉　販鼠賣䵷　利少無謀　難以得家
쥐를 팔고 개구리를 파니 이익은 적고 꾀가 없어 집을 얻기 어렵더라.

[註] 와(䵷)는 고문와자(古文蛙字). '판서매와(販鼠賣䵷)'는 전대(奠隊)가 옥을 아직 탁(琢)하지 않은 경우를 일러 박(璞)이라 한다.

[典據] 《戰國策》 周人懷璞 過鄭賈 日 欲買璞乎 出示之乃鼠也 因謝而不取.

44-36 明夷　西戎爲疾　幽君去室　陳子發難　項伯成就
서융이 병이 되어 유왕이 집을 버리고 진승이 난을 일으키고 항백이 한왕을 성취하게 하더라.

[註] 주 유왕이 견융의 난으로 도읍을 옮기고 진승이 秦 이세 원년에 난을 일으키고 초장 항백이 홍문연에서 몸으로 패공을 덮어주어 마침내 한나라를 이루었다. 유군(幽君)은 周의 유왕(幽王), 진자(陳子)는 진섭(陳涉).

[典據] 《史記》 項羽本記, 陳涉等起大-中. 會稽守通謂項梁曰, 江西皆反. 此亦天亡秦之時也. 吾聞先卽制人. 後則爲人所制. 吾欲-兵使公及桓楚將.

44-37 家人　秋風生哀　華落生悲　公室多難　羊舌氏衰
가을 바람은 슬픔을 낳고 꽃이 떨어지면 마음이 슬퍼지니 공실에 어려움이 많으니 양설씨가 쇠망하더라.

[註] 공실은 진실(晉室)로 진후(晉候)이다.

[典據] 《左傳》 昭公二十八年, 晋殺祁盈及楊食我. 食我祁盈之党也. 而助亂. 故殺之. 遂滅祁氏. 羊舌氏.

44-38 睽　持福厭患　去除夭殘　日長夜盡　喜世蒙恩
복을 가지면 재앙을 싫어해 재앙이 남은 것을 제거하니 낮은 길고 밤이 다하도록 기쁜 세상에 은혜를 입더라.

44-39 蹇 新授大喜 福復重來 樂且日富 是惟豐財
새로 큰 기쁨을 주니 복이 다시 거듭와서 즐겁고 날로 부하니 이는 오직 풍족한 재물이더라.

44-40 解 前頓却躓 左跌右逆 登高安梯 復反來歸
앞으로 졸다가 쓰러져 왼쪽으로 거꾸러졌다가 오른쪽으로 거슬러 높이 올라 사닥다리에 편안히 있다가 다시 되돌아오더라.

44-41 損 夢飯不飽 酒未入口 嬰女雖好 媒鴈不許
꿈에 밥은 배부르지 않고 술이 입으로 들어가지 않으며 어린 여자가 비록 좋으나 중매의 기러기를 허락하지 않더라.

44-42 益 大都王市 稠人多寶 公孫宜賈 資貨萬倍
큰 도시 큰 시장에는 여러 사람에게 보배가 많아 공손씨가 적당하게 장사하니 자본과 물건이 만배가 되더라.

44-43 夬 兩人俱醉 相與悖戾 心乖不同 爭訟匈匈
두 사람이 같이 취해 서로 어긋나니 마음에 어긋남이 같지 않아 다투는 송사가 흉흉하더라.

44-45 萃 身無頭足 超蹠空乖 不能遠之 中道廢休 失利後時
몸에 머리와 발이 없어 뛰어 밟음이 어긋나 능히 멀리 가지 못해 중도에서 쉬니 때가 늦어 이익을 잃더라.

44-46 升 三人俱行 六目光明 道逢淑女 與我驥子
세 사람이 같이 가니 여섯 눈의 빛이 밝아 길에서 숙녀를 만나니 나에게 천리마를 주더라.

44-47 困 進仕爲官 不若復田 獲壽保年
벼슬에 나가 관리가 되었으나 전원에 돌아가 수를 얻어 오래 삶만 같지 못하더라.

44-48 井 先易後否 失我所市 騷蘇自苦 思吾故事
먼저는 쉽고 뒤에는 아니라 나의 시장을 잃으니 근심에서 깨어나 스스로 고민하여 나의 옛일을 생각하더라.

44-49 革 蘇秦發言 韓魏無患 張子馳說 燕齊以安
소진이 한나라와 위나라를 설득하니 근심이 없고 장의가 연나라와 제나라를 달래니 편안하더라.

[典據]《史記》蘇秦列傳, 張儀列傳.

44-50 鼎 武庫軍府 甲兵所聚 非里邑居 不可舍止
무고와 군부는 갑병이 모이는 곳 마을과 고을에 살지 아니하면 머무는 곳에 그침이 옳지 아니하더라.

44-51 震 二桃三口 莫適所與 爲孺子牛 田氏生咎
세 사람에게 복숭아 두 개를 주니 주는 바가 적합하지 아니하고 유자 타가 전씨의 재앙을 생(生)하게 하더라.

[註] 유자우(孺子牛)는《左伝》哀公六年에 '鮑子日 汝忘君之爲孺子牛而折其齒乎' 라고 나온다. 유자우는 제경공의 첩의 소생 茶(도)를 말한다. 경공이 입에 새끼를 물고 소가 되어 茶로 하여금 끌게 하였다 하여 유자우라 함. 후에 전항(田恒)이 茶를 살해하였다.

44-52 艮 西山東山 各自止安 心雖相望 一不同堂
서산과 동산이 각각 스스로 그쳐 편안하여 마음은 비록 서로 바라보다 끝내 집을 같이 하지 아니하더라.

44-53 漸 不改柯葉 和氣中適 君子所在 安無怵惕

가지와 잎사귀를 고치지 아니함은 화기를 맞음이요 군자가 있는 곳에 편안하고 두려움과 근심이 없더라.

44-54 歸妹 將戌擊亥 陽藏不起 君子散亂 太山危殆
장차 술이 해를 치니 양이 숨어 일어나지 아니하고 군자가 산란하니 태산이 위태하더라.

44-55 豊 天官列宿 五神舍室 宮闕完堅 君安其居
천관의 열숙은 오신의 집으로 궁궐이 완고하여 임금이 편안히 거기 살더라.

44-56 旅 左手把水 右手把火 如光與鬼 不可得從
왼손에 물을 잡고 바른손에 불을 잡으니 빛이 귀신과 같이 좇아 얻음이 옳지 않더라.

44-57 巽 逐狐東山 水遏我前 深不可涉 失利後便
동산에서 여우를 쫓는데 물이 나의 앞을 막아 깊어 건널 수 없어 이(利)를 잃어 뒤편이 되더라.

44-58 兌 水瀆魚室 來灌吾邑 衡沒我家 與狗俱游
개천은 고기의 집인데 나의 고을에 와서 물을 대서 나의 집이 가라앉으니 개와 더불어 같이 헤엄치더라.

44-59 渙 山險難登 -中多名 車馳-擊 重載傷軸 擔負善躓 跌踒右足
산이 험해 오르기 어려운데 내 가운데 돌이 많아 차가 가는데 굴대 끝을 때리고 무겁게 실어 추를 상하고 짐을 지니 쓰러져서 거꾸러져 오른발을 부러뜨리더라.

44-60 節 槽空無實 豚彘不食 庶民屈竭 離其居室
말구유 통이 비어 실속이 없으니 도야지가 먹지 못하고 서민이 힘을 다해 그 살던 집을 떠나더라.

44-61 中孚 執熱爛手 火爲災咎 公孫無賴 敗我王室
뜨거운 것을 잡다가 손을 데니 불이 재앙이 되고 공손씨가 힘입음이 없어 나의 왕실을 패하더라.

44-62 小過 三虎上山 更相唑囓 心志不親 如仇與怨
세 호랑이가 산에 올라 다시 서로 씹으니 심지가 서로 친하지 않아 원수와 같이 더불어 원망하더라.

44-63 旣濟 西家嫁子 借隣送女 嘉我淑姬 賓主俱喜
서쪽 집에 딸을 시집 보내는데 이웃집 처녀를 빌어 시집보내니 아름다운 나의 숙희를 손님과 주인이 같이 기뻐하더라.

44-64 未濟 克身潔己 腫禹巡狩 錫戊玄圭 拜受福祉
몸을 이겨 이미 깨끗이 하고 우 임금을 만나 순수하니 나에게 검은 홀을 주니 절하고 복의 터를 받더라.

兌上 坤下 萃之第四十五 **澤地萃**

45-45 萃 蒙慶受福 有所獲得 不利出城 病人困極
경사를 입어 복을 받으니 얻은 바 있으나 성을 나가는 것이 불리하고 병든 사람의 곤란이 심하더라.

45-1 乾 碩鼠四足 飛不上屋 顔氏淑德 未有爵祿
큰 쥐가 발이 넷인데 날아 집에 오르지 못하고 안자는 맑은 덕이 있으나 벼슬과 록이 있지 않더라.

[註] 안씨(顔氏)는 공자님의 수제자 안자(顔子), 안연(顔淵)을 일컬음이다.

45-2 坤 新受大喜 福優重職 樂且日富
새로 큰 기쁨을 받아 복이 넉넉하고 중요한 벼슬이라 즐겁고 또한 날로 부(富)하더라.

45-3 屯 克身潔己 逢禹巡狩 錫我玄圭 拜受福祉
몸을 이기고 깨끗이 끝나고 우임금을 만나 순수하니 나에게 검은 홀을 주고 절하고 복의 터를 받더라.

[註] 우임금이 치수 공사를 마치고 성공을 순임금에게 보고할 때 예물을 받았는데 물의 빛이 검다하여 예물을 현규라 함이다.

45-4 蒙 置筐失筥 輪破無輔 家伯爲政 病我下土
광주리를 놓고 쌀 담은 광주리를 잃고 바퀴가 부서지는데 도움이 없고 가백이 정치를 해서 나의 하토를 병들게 하더라.

[註] 주유왕(周幽王)이 소인을 재상으로 쓰고 妾 褒似(포사)에게 미혹되어 나라를 망친 일을 풍자하는 글의 일부이다.

45-5 需 機言不發 頑不能達 齊魯爲仇 亡我蔡丘

기회에 말을 아니하고 탐하나 능히 이루지 못하고 제와 노나라가 원수가 되니 나의 계구의 맹세를 잊어버렸더라.

[註] 춘추 희공 九년에 제후가 계구에서 동맹하기를 서로 잘지내자 하였는데 제나라가 二十六년에 노나라를 치니 노나라도 초나라로 하여금 제나라를 치게 하니 계구의 약속이 깨졌다.

45-6 訟 亡錐失斧 公輸無輔 抱其彝器 適君子處

송곳을 잊어버리고 도끼를 잃으니 공수에 도움이 없으며 그 나라의 제기를 안음은 군자가 처하기 적당하더라.

[註] 공수(公輸)는 공수자로 노나라의 재능있는 사람이다.

45-7 師 家在海隅 橈短深流 伯氏難行 無木以趨

집이 바다 모퉁이에 있는데 노는 짧고 흐름은 깊어 백씨가 가기가 어려워 나무가 없어 걸어가더라.

45-8 比 德施流行 利之四鄕 雨師灑道 風伯逐殃 巡狩封禪 以告成功

덕을 베푸는 것이 유행하여 사방을 이롭게 하면 비가 길에 물 뿌리고 바람이 재앙을 쫓아 임금이 거동해 선을 봉하고 성공을 고하더라.

[註] 옛적에 천자가 바뀔 때마다 태산에 단을 모으고 천자의 자리에 오름을 고하였다.

45-9 小畜 筐傾筥覆 喪我公粒 簡伯無禮 太師正食

광주리를 기울이고 살광주리를 엎으니 나의 공평된 낟알을 상하니 간백은 무례하고 태사는 바르게 먹더라.

45-10 履 泥滓汙辱 棄損溝瀆 爲衆所笑 終不顯祿

진흙과 땀에 더럽혀져서 개울에 버렸더니 무리의 웃음거리가 되어 끝내 록이 나타나지 아니하더라.

45-11 泰 -猴兎走 腥臊少肉 漏邑承酒 利無所得

원숭이를 사냥하는데 토끼는 달아나고 비린내가 나며 고기가 적고 새는 잔에 술을 가득 부어도 얻은 바가 없더라.

45-12 否 鹿畏人藏 救入深谷 命短不長 爲虎所得 死於牙腹

사슴이 사람을 두려워해 숨느라고 같이 깊은 골짜기로 들어가니 명이 짧고 길지 않아 호랑이가 얻은 바 되어 어금니와 배에서 죽더라.

45-13 同人 南山芝蘭 君子所有 東家淑女 生我玉寶

남산의 난초는 군자의 소유요 동가의 숙녀가 나의 옥과 보물을 생(生)하더라.

45-14 大有 左指右揮 邪佞侈靡 執節無良 靈君以亡

왼쪽을 가리키며 바른쪽으로 휘두르고 간사하고 아첨하며 분수에 넘치는 사치를 하고 질차의 집행에 어질지 않아 영군이 망하더라.

[註] 영군(靈君)은 陳영공인지 초영왕인지 미상. 그러나 불길한 것이다.

[典據]《左傳》宣公九年, 陳靈公通于夏姬. 遂爲夏徵舒所害.

45-15 謙 鬱快不明 爲濕所傷 衆霧群聚 共奪日光

답답하고 불쾌하고 분명치 아니함은 습기에 상한 바니 모든 무리가 모여 같이 일광을 뺏은 탓이더라.

45-16 豫 穿鼻繫株 爲虎所拘 王母祝禱 禍不成災 突然脫來

코를 뚫어 나무그루에 맴은 호랑이를 잡기 위함인 바 왕모가 축도하니 화가 재앙을 이루지 않고 돌연히 벗어 나오더라.

45-17 隨 貧鬼守門 日破我盆 毁嬰傷缸 空虛無子

가난한 귀신이 문을 지키고 날로 동이를 깨며 항아리를 헐고 굴대를 상하니 공허하여 자식이 없더라.

45-18 蠱 襄王東帶 鄭人是賴 莊公卿士 王母憂苦

양왕이 대를 묶음은 정나라 사람의 힘입어 복위되고 정장공이 경사(총리)가 되니 황모(혜후)가 근심하고 괴로워하더라.

[註] 양왕(襄王)은 구혜왕의 태자 정이요 숙대는 양왕의 아우다. 혜후가 숙대를 사랑해 세우고자 하니 양왕이 정나라로 피란하고 정장공이 경사(총리)가 되어 양왕이 복위되었다.

[典據]《左傳》僖公一四年, 頹叔桃子一大叔. 以狄師伐周. 襄王適鄭. 大叔居溫. 鄭伯与鄭之大夫省視官具于氾. 而後聽私政

45-19 臨 昭君死國 諸憂蒙德 異類旣同 宗我王室

소왕이 남정하다 돌아오지 아니하니 제하가 덕을 입어 다른 류(類)도 이미 같아 나의 왕실을 높이더라.

45-20 觀 冬薮枯腐 常風於道 蒙被塵埃 左右勞苦

겨울의 덤불은 마르고 썩으며 항상 길에는 바람이 불어 먼지를 뒤집어 쓰니 좌우가 수고하더라.

45-21 噬嗑 六爻旣立 神明喜告 文定吉祥 康叔受福

육효가 이미 성립하여 신명나게 기쁨을 고하고 글로 길한 상을 정하니 강숙이 복을 받더라.

[註] 康叔은 주무왕의 아우이다. 成王의 제숙우(弟叔虞).

[典據]《左傳》昭公元年, 當武王邑姜方震大叔. 夢帝謂己. 余命而子日虞. 將与之唐. '神明喜告' 는 이를 말함.

45-22 賁 泣涕長訣 我心不快 遠送衛野 歸寧無咎

울며 길게 이별하니 나의 마음이 불쾌하며 멀리 위야에 보내고 돌아와 편안하니 재앙이 없더라.

45-23 剝 三宿無主 南行勞苦 東里失利 喪其珍寶

세 번 자는데 주인이 없어 남으로 행하는데 수고하고 동리에서 이를 잃어 그 보배를 잃어버리더라.

45-24 復 大斧破木 讒佞破國 東關梁五 禍及三子 晉人亂危 懷公出定
큰 도끼로 나무를 패듯이 정직하지 않은 아첨으로 나라를 망치니 동관의 양오의 화가 세 아들에 미치고 晉나라 사람이 어지럽고 위태하니 회공이 나가 달아나더라.

[註] 晉현공의 三子는 신생(申生), 중이(重耳), 이오(夷吾)인데 현공이 여희의 참소로 신생을 죽이니 중이는 포로 달아나고 이오는 굴로 달아났다가 중이(진문공)가 계위하여 패업을 이루었다.

45-25 無妄 乘風上天 爲時服軒 周旋萬里 無有患亂
바람을 타고 하늘에 올라 때가 되면 초헌을 타고 만리를 두루 도니 환란이 있음이 없더라.

45-26 大畜 大樹白根 北與山連 文君作人 受福萬年
큰 나무의 백 뿌리는 북으로 산에 연하고 문왕이 사람을 위한 정치를 하니 복을 만년을 받더라.

45-27 頤 陽伏在下 陰制祐福 生不逢時 潛龍隱處
양이 엎디어 아래에 있고 음이 도울 복을 제어하면 살아서 때를 만나지 못하니 잠긴 용이 숨은 곳이더라.

45-28 大過 亂頭多憂 搔風生愁 膳夫仲允 使我無聊
머리가 어지러우면 근심이 많고 이가 가려우면 근심이 생기고 선부 중윤이 나로 하여금 무료하게 하더라.

45-29 坎 江河淮海 天之都市 商人受福 國家富有
강, 하수, 바다는 하늘의 도시로서 상인이 복을 받고 국가가 부해지더라.

45-30 離　泰山幽谷　鳳凰遊宿　威儀有叙　可以求福
태산 깊은 골짜기에는 봉황이 놀고 묵어 위의의 차례가 있으니 가히 복을 구하더라.

45-31 咸　山水暴怒　壞梁折柱　稽亂行旅　留連愁苦
산수가 폭로하여 다리를 허물어 기둥을 꺽으니 삼고하건대 여행이 어려워 계속 머무니 근심 걱정하더라.

45-32 恒　阿衡服箱　太一載行　巡時歷舍　所之吉昌
아형의 옷상자에 태일성이 비쳐 행하니 순행하여 지나는 집에 가는 바 길하고 창성하더라.

[註] 아형(阿衡)은 이윤(伊尹)의 號요 태일(太一)은 별의 이름이다.

45-33 遯　三宿無主　南行勞苦　東里失利　喪其珍寶
세 번 자는데 주인이 없어 남으로 행하는데 수고하고 동리에서 이익을 잃어 그 보배를 잃어버리더라.

45-34 大壯　生無父母　出門不喜　買菽失粟　亡我大利
나면서 부모가 없고 문을 나가는 것이 기쁘지 않으니 고추를 사다 조를 잃어 나의 큰 이익을 망치더라.

45-35 晉　安坐玉堂　聽樂行觴　飮福萬歲　日壽無疆
편안히 옥당에 앉아 풍악을 들으며 술을 마시니 만년의 복을 마시어 수명이 무궁하더라.

45-36 明夷　登危入厄　四時變易　春霜夏雪　物皆凋落
위험에 올라 재앙에 들어가니 사시가 변역하여 봄에 서리, 여름에 눈이 오니 물건이 다 마르고 떨어지더라.

45-37 家人　衣穴履穿　無以禦寒　細小貧窶　不能自存
옷에 구멍나고 신발이 뚫어지니 추위를 막을 수 없어 가늘고 작으며 가난해서 능히 자존하지 못하더라.

45-38 睽　目不可合　憂來搔足　怵惕恐懼　去其邦域
눈을 가히 합하지 못해 근심이 되어 발을 긁으며 두렵고 겁이 나 그 나라를 버리고 가더라.

45-39 蹇　齎貝贖狸　不聽我辭　擊於虎鬚　牽不得來
재물을 가지고 의리를 사서 나의 말을 아니 듣고 호랑이 수염에다 매니 끌어도 오지 못하더라.

45-40 解　伯夷叔齊　貞廉之師　以德防患　憂患不存　聲芳後時
백이 숙제는 곧고 청렴한 스승이라 덕으로써 재앙을 막아 우환이 있지 아니하고 후세에 그 꽃다운 이름이 전하더라.

45-41 損　張王子季　爭財相制　商君頑嚚　不知所由
장왕 자계가 재물을 다툼을 서로 중재하는데 상군(商君)이 완고하고 도리에 어긋나 원인을 알지 못하더라.

45-42 益　長城既立　四夷賓服　交和結好　昭君受福
만리장성을 다 쌓으니 사방의 오랑캐가 와서 복종하여 교화가 잘 맺어지니 밝은 임금이 복을 받더라.

[註] 昭王은 秦始皇을 가리킴.

[典據]《史記》始皇本紀, 秦始皇遣蒙括北監軍於上郡. 築長城. 以遏胡虜而四海混一.

45-43 夬　千歡萬悅　擧事爲決　獲受嘉慶　動作有得
천이 즐거워하고 만이 기뻐하니 거사가 결정이 되어 아름다운 경사를 받아 얻으니 동작함에 얻음이 있더라.

45-44 姤 種一得十 日益有息 仁政獲民 四國睦親
하나를 심어 열을 얻으니 날마다 이익이 생기고 어진 정사로 백성을 얻어 사방의 나라와 친목하더라.

45-46 升 安子富有 東國不殃 齊鄭和親 顯比以喜
편안한 자에게 부가 있고 동국이 허물을 아니 지으니 제와 정나라가 화친하고 높이 비교하며 기뻐하더라.

45-47 困 九里十山 道迎峻難 牛馬不前 復反來還
구리 십산의 길이 높고 험난해 우마가 앞으로 가지 못해 반복하여 되돌아오더라.

45-48 井 鳩杖扶老 衣食百口 曾孫壽考 凶惡不起
구장으로 노인을 부축하고 백명의 입을 먹이고 입히며 증손이 오래 사니 흉악함이 일어나지 아니하더라.

[註] 구장(鳩杖)은 옛날에 八十세 九十세 된 노인에게 비둘기 머리 모양의 장식을 한 젓가락을 하사하였다. 혹은 비둘기 모양을 머리에다 장식한 지팡이.

45-49 革 霧露雪霜 日暗不明 陰孽爲疾 年穀大傷
안개, 이슬, 눈, 서리로 날이 어둡고 밝지 않아 음얼이 병이 되어 해마다 곡식이 크게 상하더라.

45-50 鼎 迷行數卻 不知東西 陰强暴逆 道理不通
행실이 미혹하여 동서를 알지 못해 음이 강폭하고 거역해 도리를 알지 못하더라.

45-51 震 登高上山 見王自言 信理我寃 得職蒙恩
높이 올라 산 위에서 임금을 뵙고 스스로 말해 나의 억울한 이치를 밝히니 벼슬을 얻고 은혜를 입더라.

45-52 艮 三世爲德 天祚以國 封建少昊 魯侯之福

삼세(문무성 삼왕)를 도운 덕으로 하늘이 복으로 나라를 주어 소호에 봉건하니 노후의 복이로다.

45-53 漸 喬木無息 漢女難得 橘柚請佩 反手難悔
교목은 휴식이 없고 한녀는 얻기 어려웁고 귤과 유자를 청해 차는데 뒤집어진 것은 뉘우치기 어렵더라.
[註] 문앙의 덕화로 남국의 여인이 음란한 풍속을 고쳐 정숙하고 정조를 스스로 지키니 시인이 이를 아름답게 풍자한 것이다.

45-54 歸妹 東鄰西家 來即我謀 中告吉誠 使君安寧
동쪽 이웃과 서쪽 집이 가까이 와서 나와 의론하고 중간에 길하고 정성껏 고하여 임금으로 하여금 안녕케 하더라.

45-55 豊 褰衣出戶 心欲北走 王孫母驚 使我長生
옷을 걷고 집을 나가 마음은 북으로 달아가고자 하나 왕손의 어머니가 놀라니 나로 하여금 길게 살게 하더라.

45-56 旅 三日不飮 遠水無酒 晝夜焦喉 使我爲咎
사흘올 마시지 않아 물은 멀리하고 술이 없으니 주야로 목이 말라 나로 하여금 재앙이 되더라.

45-57 巽 衆口銷金 愆言不驗 腐臭敗兎 入市不售
여러 입이 금을 녹이고 어그러진 말이 맞지 아니하니 썩고 냄새나는 패한 토끼는 시장에 들어가도 팔리지 아니하더라.

45-58 兌 姬冠應門 與伯爭言 東家失狗 意我不存 爭亂忘因 絕其所懽
여자가 관을 쓰고 문에 와서 백씨와 더불어 말다툼하고 동가에서 개를 잃으니 뜻은 나에게 있지 않아 어지럽게 다투는 원인을 잃고 그 기쁜 바를 끊더라.

45-59 渙 祚加明德 與我周國 公劉文母 福流子孫

복에 명덕을 더하니 나의 주나라와 더불어 공유와 문왕의 어머니의 복은 자손에게 흐르더라.

[註] 공유(公劉)는 후직의 증손이고 문왕은 공유의 九세 손이다. 공유가 비록 융적(戎狄)의 사이에 있으나 후직의 업을 닦아 백성들이 따르니 주나라가 흥하게 되었다.

45-60 節 針頭刺手 百病瘳愈 押按捫炙 死人復起

바늘 머리로 손을 찌르면 백병이 치유되고 누르고 어루만지며 뜸을 하면 죽은 사람이 다시 일어나더라.

45-61 中孚 元龜象齒 大賂爲寶 稽疑當否 衰微復起

원래 거북과 상아는 큰 뇌물로 보배가 되니 당부를 의심해 상고하면 쇠미하다가 다시 일어나더라.

45-62 小過 故室舊廬 消散無餘 不如新創 可以樂居

옛 집과 오래된 집이 꺼지고 흩어져 남음이 없으면 새로 지어 가히 즐겁게 사는 것만 같지 못하더라.

45-63 旣濟 老狐多態 行爲蠱怪 驚我王母 終無咎悔

늙은 여우는 태도가 많아 행동이 괴이하여 나의 왕모를 놀라게 하나 끝내 재앙과 뉘우침이 없더라.

45-64 未濟 愛子多才 起迹空虛 避害如神 水不能濡

자식의 재주 많은 것을 사랑하니 일으키는 자취가 공허하고 해를 피하는 것이 귀신같아 물도 능히 적시지 못하더라.

坤上 巽下 升之第四十六　　地風升

46-46 升　禹鑿龍門　通利水泉　東注蒼海　民得安全

우임금이 용문을 뚫어 물을 잘 통하게 하여 동으로 창해로 쏟아지게 하니 백성이 안전함을 득하더라.

46-1 乾　白鹿鳴呦　呼其老小　喜彼茂草　樂我君子

흰사슴이 유유하며 울어 그 늙고 작은 것을 불러 저 무성한 풀을 기뻐하니 나의 군자를 즐거워하더라.

46-2 坤　百里南行　雖微復明　去虞適秦　爲穆國卿

백리해가 남으로 가서 비록 적게 밝음을 다시 회복했으나 우나라를 버리고 진나라에 가서 진목공의 벼슬을 하더라.

[註] 百里奚 우나라 사람이나 우나라가 장차 망할 것을 알고 秦나라의 재상이 되어 서융의 패업을 이루었다.

[典據]《史記》秦本紀.

46-3 屯　王-孫喜　張名益有　龍子善行　西得大壽

왕도 손자의 기뻐함을 좋아하는데 잘한다고 칭찬하는 것이 이익이 있고 용자의 선행으로 큰 수명을 얻더라.

46-4 蒙　晝龍頭頸　文章不成　所求不得　失利後時

용의 머리와 목을 그리는데 문장을 이루지 못하니 구하는 바를 얻지 못하고 때를 놓쳐 이익을 잃더라.

46-5 需　商子無良　相怨一方　引剛交爭　咎自以當

상양이 양심이 없어 서로 일방적인 원망으로 강경하게 다투니 재앙을 스스로 당하더라.

[註] 商子는 상앙으로 秦나라 효공 때 입도목지신이라는 변법을 만든 외고집에 도리에 어긋나는 짓을 한 사람.

[典據]《史記》商君列傳, 商鞅亡至關下. 欲舍客舍. 无驗. 舍人不知其是商君也. 日, 商君之法, 舍人无驗者坐之. 而自當其咎也.

46-6 訟 衰老困極 無齒不食 痔病瘠瘵 就長夜室

쇠노가 극히 곤란함은 이가 없어 먹지 못하고 치질과 머리병, 허리병으로 긴 밤집에 나가더라(죽더라).

[註] 취장야실(就長夜室)은 죽는다는 뜻이다.

46-7 師 鳶生會稽 稍巨能飛 翺翔桂林 爲衆鳥雄

솔개가 회계에서 나서 점점 커져 능히 날면 계림에 높이 날아 여러 새의 영웅이 되더라.

[註] 회계(會稽), 계림(桂林)은 지명이다.

46-8 比 安平不傾 載福長生 君子以寧

편안하고 편편해 기울지 않고 복을 받아 장생하니 군자가 평안하더라.

46-9 小畜 牛驥同槽 郭氏以亡 國破爲墟 君奔走逃

소와 말이 먹이그릇을 같이 써 곽씨가 망해 나라를 깨트리어 빈터가 되어 임금이 분주히 도망가더라.

46-10 履 日中明德 盛與兩國 仁聖會遇 君受其福 臣多榮祿

낮에 덕을 밝히니 두 나라가 흥석하고 어진 성인이 만나니 임금은 복을 받고 신하는 영화와 녹이 많더라

46-11 泰 公劉之居 太王所業 可以長生 拜受福爵

공유의 삶은 태왕의 업인데 갈이 장생하여 복과 벼슬을 절하며 받더라.

[註] 萃之渙을 보라. 공유(公劉)는 후직(后稷)의 증손자, 太王은 공유의 9세 孫.
[典據]《史記》周本紀, 公劉雖在戎狄之間, 復修后稷之業. 百姓懷之. 周道之興, 實自此始. 至太王. 復修后稷后劉之業. 積德行義. 國人皆戴之.

46-12 否 時凋歲霜 君子疾病 宋女無辜 鄭受其殃
때가 가을 서리에 마르고 군자가 병드니 송녀는 허물이 없는데 정나라가 그 재앙을 받더라.
[註] 宋女는 宋의 雍氏의 女, 鄭의 厲公의 母.
[典據]《左傳》桓公十一年, 宋雍氏女於鄭莊公. 日雍姞. 生厲公. 雍氏宗有寵於宋莊公. 故誘祭仲而執之. 日, 不立突. 將死. 亦執厲公而求賂焉.
이로부터 鄭公의 아들이 교대로 자주 난을 일으켜 이를 '정수기앙(鄭受其殃)' 이라 한다.

46-13 同人 濟河踰阨 脫毋怵惕 四叔爲衛 使惠不廢
물을 건너는데 넘을 것이 많아 두려워하고 근심되어 벗어날 수가 없더니 사숙이 호위하여 혜제로 하여금 폐함을 면하게 하더라.
[註] 四叔은 四皓, 惠帝를 보필함을 가리킴이다. 한고조가 태자를 바꾸고저하여 여후가 근심하여 장량에서 물어 하황공, 동원공, 기리계, 각리선생의 네 사람으로 호위케 하여 혜제의 폐위를 막았다.

46-14 大有 缺破不完 殘瘵側偏 公孫幽遏 破倚後門
까고 깨트리는 것이 완전치 못하면 남은 허로 병에 치우쳐 공손씨가 거욱한데 막혀 후문에 걸터앉아 기대더라.
[註] 폐병에 걸려 피접 생활로 뒷문에 기대 걸터앉았다는 뜻이다.

46-15 謙 延頸望遠 昧爲目病 不見叔姬 使伯心憂
목을 늘려 멀리 바라보니 어지러움이 눈병이 되어 숙희를 보지 못해 백씨로 하여금 마음의 근심이 되더라.

46-16 豫 上無飛鳥 下無走獸 擾亂未淸 民勞於事
위에 나는 새가 없고 아래에는 달아나는 짐승이 없고 난리가 끝나지 않아 백성이 일에 수고하더라.

46-17 隨 久陰霖雨 塗行泥潦 商人休止 市空無有
오랜 장마비로 길이 수렁과 물이라 상인이 쉬니 저자에 있는 것이 없더라.

46-18 蠱 盲者目張 跛倚起行 瞻望日月 與主相迎
맹인이 눈을 부릅뜨고 일어나 절둑거리며 행하고 일월을 바라보면서 주인과 더불어 서로 맞이하더라.

46-19 臨 据斗運樞 高步六虛 權旣在手 寰宇可驅 國無大憂 與樂並居
북두성을 거점으로 운추하고 높이 육허를 걸어 권세가 이미 손에 있으니 경기 고을을 가히 달리니 나라에 큰 근심이 없어 즐거움과 더불어 같이 살더라.

46-20 觀 稼穡不偏 重適不傾 巧言賊忠 傷我申生
심고 거둠이 치우치지 아니하고 무게가 맞아 기울지 않는데 공교로운 말은 충성을 해치니 나의 신생을 상하더라.

[註] 신생(申生)은 晉獻公의 세자로서 진현공의 계비 여희의 참소로 죄없이 죽이고 그 아들 해제로 세자를 삼고자 하였다.

[典據]《左傳》莊公二十八年.

46-21 噬嗑 金城鐵郭 上下同力 政平民觀 寇不敢賊
금성철곽에 위 아래가 힘을 같이하고 정치는 평하고 백성은 친하니 도적도 감히 해하지 못하더라.

46-22 賁 目鏡不明 冬災大傷 盜華失實 十年消亡
눈에 거울이 밝지 아니하고 겨울 재앙에 크게 상해 화려함을 도적맞아 열매를 잃으니 십년에 꺼져 망하더라.

46-23 剝 鰥寡孤獨 命祿苦薄 入室無妻 武子悲哀
홀아비와 과부는 고독하고 명과 녹이 고박하여 집에 들어가도 아내가 없어 최무자가 비애하더라.

46-24 復 飮酒醉酗 跳起爭鬪 伯傷叔僵 東家治喪
술을 마시고 취해 주정하며 뛰어 일어나 투쟁하여 백씨가 상하고 숙씨가 죽으니 동가(東家)에서 상을 치르더라.

46-25 無妄 介紹微子 使君不殆 二國合歡 燕齊以安
미자를 소개하여 임금으로 하여금 위태하지 않게 하여 두 나라가 즐거움에 화합하니 연나라와 제나라가 평안하더라.

[典據]《史記》蘇秦列傳, 蘇秦說燕易王日, 臣居燕不能使燕重. 而在齊則燕必重. 易王許之. 乃僞得罪於燕, 而亡奔齊. 齊宣王以爲客卿. 蘇秦說齊王. 高宮室大苑囿. 以明得意. 欲破敝齊而爲燕.

46-26 大畜 牽牛繫尾 詘折幾死 雕世無仁 不知所在
소를 끄는데 고리를 매고 굽혀 꺾으면 거의 죽고 수리 세상은 어짐이 없어 있는 곳을 알지 못하더라.

46-27 頤 東龍寃獨 不知所觸 南北困窮 王子危急
동룡이 혼자를 원망하며 찌를 바를 알지 못하고 남북이 곤궁하니 왕자가 위급하더라.

46-28 大過 疾貧王孫 北陸無輝 祿命若薄 兩守孤門
가난을 싫어하는 왕손이 북쪽 땅은 빛이 없고 녹명이 박해 괴로운데 두 번 외로운 문을 지키더라.

46-29 坎 公孫駕驪 載游東齊 延陵說産 遺季紵衣
공손이 검은 말을 멍에하고 동제에 여행하여 연릉에서 정자산을 만나 계찰에게 모시옷을 보내더라.

46-30 離　王良善御　伯樂知馬　文王東游　獲喜聖事　開福祐賢　周發興起
왕양은 잘 어거하고 백낙은 말을 잘 아니 문왕이 동으로 가서 성인의 일을 얻은 것을 기뻐하고 복을 열어 어진이를 도와 무왕 발이 주나라를 흥하게 하더라.

[註] 문왕이 강태공을 위수에서 맞이하여 태공이라 존칭하고 무왕이 스승으로 삼고 은을 쳐서 천하를 얻었다. 發은 무왕의 이름이다

46-31 咸　日月不居　重耳趨舍　遊齊入秦　晉國是霸
일월이 머물지 않아 중이가 집을 나가 제나라에서 놀다가 진(秦)나라에 들어가니 진(晉)나라가 이에 으뜸이 되더라.

[註] 重耳는 晋의 文公의 이름. 驪姬의 참소(讒)로써 처음에 翟에게 달아났다가 후에 秦으로 들어왔다. 밖에 있을 때가 19년이었고 僖公 24년에 晋으로 들어와 드디어 諸侯에 봉해졌다.

46-32 恒　假文翰翼　隨風偕北　至虞夏國　與舜相得　年歲大樂　色無盜賊
가짜 글이라도 글이 도와 바람을 따라 같이 패하고 우와 하나라에 이르니 순 임금과 더불어 서로 득하니 해마다 즐거워 도적이 없더라.

46-33 遯　南行北走　延頸望食　擧止失利　累我子孫
남으로 가다 패해 달아나 목을 늘려 먹을 것을 바라는데 행동이 이(利)를 잃어 나의 자손에게 연루되더라.

46-34 大壯　開市作喜　建造利事　平準貨寶　海內殷富
장을 열고 기쁨을 지우고 이로운 일을 건조하여 재물과 보배를 고루 준비하니 나라 안이 크게 부하더라.

46-35 晉　三犬俱走　鬪於谷口　白者不勝　死於阪下
세 개가 같이 달아나 골짜기 입구에서 싸우다가 흰놈이 이기지 못하고 언덕 아래

서 죽더라.

46-36 明夷　驕胡犬形　造惡作凶　無所能成　還自滅身
교만한 오랑캐가 개처럼 악을 만들고 흉한 것을 만드나 능히 이루는 바 없어 도리어 스스로 몸을 멸망하더라.

46-37 家人　拜跪贊辭　無益於尤　大夫頑嚚　使我心憂
절하고 무릎 꿇고 찬성하나 더우기 더함이 없이 대부가 완강하고 어리석어 나로 하여금 근심이 생기더라.

[典據]《新序》雜事第一, 晋中行寅. 將亡. 乃召其太祝, 而欲加罪焉. 曰, 子爲我祝, 而使我國亡. 何也. 祝簡對曰, 子不務德. 而厚斂於民. 則民怨詛矣. 一人祝之. 一國詛之. 一祝不勝萬詛. 國亡不亦宜乎.

46-38 睽　辰以降婁　王駕巡狩　廣祐施惠　萬國咸喜
때는 강루로써 천자가 거동해 널리 돕고 은혜를 베푸니 만국이 다 기뻐하더라.

[註] 강루(降婁)는 새벽으로 二十八宿의 별 중 루(婁)가 새벽에 나타남을 말하는 것임.

46-39 蹇　牽羭上樓　與福俱游　躬勞治國　安樂無憂
검은 수양을 끌고 다택에 올라 복과 더불어 같이 놀고 몸소 힘써 나라를 다스리니 안락하고 근심이 없더라.

46-40 解　白鳥銜餌　鳴呼其子　旋枝張翅　來從其母
백조가 먹이를 물고 그 새끼를 울어 부르며 가지를 돌고 날개를 피니 와서 그 어미를 좇더라.

46-41 損　盲聵獨宿　莫與共食　勞窮於人　病在心腹
장님에 귀머거리가 혼자 자니 같이 먹는 이가 없어 늙어 사람에 궁하여 병이 마음속에 있더라.

46-42 益 登木出淵 稍上升天 明德孔聖 白日載榮
나무에 오르려고 못을 나와 점점 올라가 하늘에 오르니 공자와 성인의 밝은 덕이 밝은 해에 영광을 싣더라.

46-43 夬 彭離濟東 遷廢上庸 佷戾無節 失其寵功
팽월이 제동을 떠나 상용에 폐해 옮김은 어긋나 절개가 없어 그 고임의 공을 잃음이더라.

[註] 팽월은 한고조의 창업에 많은 공을 세워 양왕(梁王)에 봉하였는데 진희의 반란 때 원군을 보내라는 명령에 불복하여 폐위되었다.

[典據]《漢書》武帝紀, 元鼎元年, 濟東王彭離有罪. -徒上庸.

46-44 姤 讚揚上無 神明正氣 禹拜受福 君施我德
찬양하며 올라가 춤추니 신명이 기운을 바로 하고 우임금이 절하며 복을 받으니 임금이 나에게 덕을 베풀더라.

46-45 萃 從首至足 部分爲六 室家離散 逐南乞食
머리로 좇아 발에 이르기까지 여섯 부분으로 나누어 집안이 이산하여 남으로 좇아 걸식하더라.

46-47 困 民迷失道 亂我統紹 空使乾華 實無所有
백성이 미혹해 길을 잃어 나의 통치 방법을 어지럽게 하여 공연히 겉만 화려하나 실속은 있는 바 없더라.

46-48 井 刻畫爲飾 嫫母無益 毛嬙西施 求事必得
그림을 새겨 장식을 하는데 모모는 이익이 없고 서시와 모장은 구하는 일이 반드시 얻음이 있더라.

[註] 모모(嫫母)는 추악한 부인이고 서시모장(西施毛嬙)은 절세 미인이다.

46-49 革 日居月諸 遇暗不明 長夜喪中 絕其紀綱

쉬지 않고 가는 세월 어둠을 만나면 밝지 않으니 긴 밤을 상중이라 그 기강이 끊어지더라.

46-50 鼎 衣裳顚倒 爲王來呼 成就東周 封受大侯
의상이 전도되도록 왕을 위해 불러와서 동주를 성취하고 큰 제후에 봉함을 받더라.

46-51 震 當變立權 擿解患難 渙然氷釋 六國以寧
변을 당해 원한을 세워 환란을 적발해 푸니 얼음이 녹듯 환히 풀리어 육국이 편안하더라.
[註] 소진이 6국을 설복시켜 합종(合從)을 이루었다.

46-52 艮 西戎獯鬻 病於我國 杖策之岐 以保乾德
서융 훈죽이 내 나라를 병들게 하니 기산에 말채찍을 세워 하늘의 덕으로써 보존하더라.
[註] 훈죽은 오랑캐의 이름. 周 태왕이 오랑캐의 난을 피해 기산에 옮기어 살았다.

46-53 漸 南行逐羊 矛利喜亡 陰孼爲病 復返其邦
남으로 양을 좇아가니 창의 이익이 기쁨이 망함은 음얼이 병이 되어 다시 그 나라로 돌아가더라.

46-54 歸妹 游戱仁德 日益有福 凶言不至 妖?滅息
어진 덕을 유희하니 날로 더 유복하고 흉한 말이 이르지 아니하며 재앙의 징조가 멸해지더라.

46-55 豊 春日新婚 就陽日溫 喜樂萬歲 獲福有年
봄날에 신혼하고 볕에 나가니 날이 따사롭고 기쁘고 즐거워 만세의 복을 얻음이 여러 해더라.

46-56 旅 陰升陽伏 鬼哭其室 相飾不食 安巢如棘

음이 오르고 양이 엎드리니 귀신이 그 집에서 울어 서로 꾸미며 먹지 아니하니 편안한 둥지가 가시나무와 같더라.

46-57 巽 臣尊主卑 權威日衰 侵奪無光 三家逐公

신하가 높고 임금이 낮아 권위가 날로 쇠해 침탈되어 빛이 없으니 세 집이 공(公)을 쫓아내더라.

[註] 三家는 季氏, 叔孫氏, 孟氏를 말한 것임. 公은 魯의 昭公.

[典據]《左傳》昭公二十五年, 九月戊戌. 伐季氏叔孫氏孟氏, 救之. 三家反攻公. 己亥遜于齊. 次于陽州.

46-58 兌 反言爲殘 戎女生患 亂吾家國 父子相賊

부정적인 말은 남게 되고 융녀가 우환을 낳으니 나의 집과 나라를 어지럽히고 부자(父子)가 서로 적이 되더라.

[註] 升之觀을 보라. 晋의 驪姬가 申生을 참소하고 獻公이 申生을 죽인 일을 가리키는 듯함. 그래서 '戎女'라 하고 '父子相賊'이라 한다. 융녀는 여희를 말함.

[典據]《左傳》莊公二十八年.

46-59 渙 迎福開門 喜隨我後 康伯愷悌 治民以禮

문를 열고 복을 맞이하니 기쁨이 나의 뒤를 따르니 강백이 편안하고 공경하여 백성을 예로써 다스리더라.

[註] 康伯의 이름은 王孫牟,《左傳》에는 王孫牟父.

[典據]《史記》衛康叔世家, 衛康叔卒, 子康伯立.

46-60 節 日就月長 昭明有功 靈台觀賞 膠鼓作人

날로 나가고 달로 자라 밝고 밝아 공이 있어 영대를 관상하니 아교를 두드려 사람을 만들더라.

[註] 영대(靈台)는 문왕이 기상과 운물을 관상하던 대의 이름.

46-61 中孚　百草嘉弃　萌芽將出　昆蟲扶戶　陽明得所
백초가 분을 아름답게 하고 장차 싹이 나면 곤충이 집을 만드니 양명(陽明)하여 얻는 바이더라.

46-62 小過　天所祐助　萬國日有　福至禍去　壽命長久
하늘이 도우는 바에 만국이 날로 있어 복은 이르고 재앙은 가니 수명이 장구하더라.

46-63 旣濟　窮夫失居　唯守弊廬　初憂中懼　惟日兢兢　無悔無虞
궁한 지아비가 삶을 잃으니 오직 폐려를 지켜 처음은 근심하는 중에 두려우니 날마다 오직 조심조심하면 뉘우침이 없고 염려함이 없더라.

46-64 未濟　買玉得石　失其所欲　荷簣擊磬　隱世無聲
옥을 사다가 돌을 얻어 그 하고자 하는 바를 잃으니 삼태기를 지고 경쇠를 치며 세상을 숨어 소리가 없더라.

[註] 하궤(荷簣)는 은사(隱士)이다.

[典據]《論語》憲問篇, 子擊磬於衛. 有荷簣而過孔子之門者. 曰, 有心哉擊磬乎.

兌上 坎下 困之第四十七　　澤 水 困

47-47 困 席多針刺 不可以臥 動而有悔 言行俱過
자리에 침과 같이 찌르는 것이 많아 가히 눕지 못하고 동하면 실패가 있고 말과 행실이 다 허물을 갖추더라.

47-1 乾 烏鵲食穀 張口受哺 蒙被恩德 長大成就 柔順利貞 君臣合好
까마귀와 까치가 곡식을 먹는데 입을 벌리고 먹이를 받으니 은덕을 입어 크게 성취하여 유순하고 도리에 어긋남이 없으니 임금과 신하가 화합하더라.

47-2 坤 六鷁退飛 爲襄敗祥 陳師合戰 右股夷傷 逐以薨崩 霸功不成
여섯 익새가 날아 물러가니 양공의 상서를 패하는 것이 되어 진나라 군사와 합해 초나라와 싸우다가 넙적다리를 다쳐 드디어 승붕(죽음)하니 패업을 이루지 못하더라.

[註] 춘추 희공 十六년 정월에 익새 여섯 마리가 宋의 수도를 날아갔는데 二十二년 十一월에 송양공이 陳나라 군사와 합세하여 초나라와 泓에서 싸우다가 다리를 다쳐 二十三년 五월에 죽었다.

47-3 屯 匍匐出走 驚惶悼恐 白虎王孫 蓐收在後 居中無咎
엉금엉금 기어 나가 달아나니 놀래고 두렵고 슬퍼하며 겁을 내나 백호 왕손이 자리 걷고 뒤에 있으니 가운데 있어 허물이 없더라.

47-4 蒙 庇廬不明 使孔德妨 女孽亂國 虐政傷仁
비로는 밝지 않고 허무주의가 방해되고 여얼이 나라를 어지럽게 하니 학정이 어진이를 상하게 하더라.

[註] 공자님이 노나라에서 정치를 하시니 제나라에서 듣고 두려워 해 여악을 보내 저지하니 계환자가 공자님을 멀리 하였다.

47-5 需 碩鼠四足 不能上座 顏氏淑德 未有爵祿
다람쥐가 네 발로 능히 집에 오르지 못하고 안씨의 맑은 덕으로 벼슬과 녹이 없더라.

[註] 顏氏는 안연, 안자이다.

47-6 訟 襄送季女 至於蕩道 齊子旦夕 久留連處
제양공이 누이 동생을 보낼 때 탕도에 이르러 제자와 조석으로 만나며 오래 머물렀던 곳이더라.

[註] 제자(齊子)는 제양공의 누이 동생으로 노환공의 부인이다.

47-7 師 麞鹿逐牧 飽歸其居 還反次舍 樂得自如
노루 사슴이 먹이를 쫓아 배불리 먹고 그 살던 곳으로 돌아가 다음 집에 되돌아오니 즐거움이 태연함을 얻더라.

47-8 比 望尙阿衡 太宰周公 藩屛湯武 立爲侯王
강태공 여상, 아형 이윤, 태재 주공 등을 무왕이 울타리와 병풍처럼 보위하고 제후왕이 되더라.

47-9 小畜 開廓洪緖 王迹所基 報以八子 功得候時
성을 열어 실마리를 넓히니 왕의 자취에 터가 되는 바 여덟 아들로서 갚으니 공을 얻고 때를 기다리더라.

47-10 履 八會大都 饒富有餘 安民利國 可以長居
팔방에 큰도시로 모이니 부가 넉넉하고 여유가 있어 백성을 편안히 하고 나라에 이로우니 가히 길게 거(居)하더라.

47-11 泰 陰雲四方 日在中央 人雖昏霧 我獨昭明
사방의 음한 구름으로 대낮에도 비록 사람은 어둡다하나 나 혼자 환하게 밝더라.

47-12 否　薄爲災虐　風吹雲卻　欲上下得　復歸其宅
피백이 혹독한 재앙이 되고 바람이 불어 구름이 물러가니 올라가고자 하나 얻지 못해 다시 그 집으로 돌아가더라.

47-13 同人　昭昭䂂略　非忠信客　言語反覆　以黑爲白
밝은 모양으로 다스림은 충성스럽고 믿음직한 객이 아니고 말이 반복되면 검은 것이 희게 되더라.

47-14 大有　三女爲姦　俱游高園　背室夜行　與伯笑言　禍及乃身　寃死誰禱
삼녀가 간음하기 위해 같이 고원에 놀아 집을 등지고 밤에 가서 백씨와 더불어 소담하니 화가 몸에 미쳐 억울하게 죽은들 누가 빌어줄 것인가.

47-15 謙　涉尸留鬼　大斧所視　文昌司過　簡公亂死
죽음을 거쳐 귀신이 되니 큰 도끼가 보는 곳에 문창성이 허물을 다스리니 간공이 어지럽게 죽더라.

[典據]《左傳》哀公十四年, 齊陳恒弑其君壬于舒州. 壬은 簡公의 이름.
《論語》憲問篇, 陳成子弑簡公. 文昌은 별의 이름.

47-16 豫　大足長股　利出行道　囷倉允盈　踈齒善市　一錢富家　事得萬信
큰 발에 긴 다리는 나가 길을 가는데 이롭고 곡식창고가 가득차고 성긴 이에 장사를 잘해 돈을 좋아하는 부잣집에 일마다 만배를 득하더라.

47-17 隨　筐筥錡釜　可活百口　伊氏鼎俎　大福所起
광주리와 세발가마는 가히 백사람을 살리니 이윤에 솥과 제기는 큰 복을 일으키는 바더라.

[典據]《韓非子》伊尹身執鼎俎爲庖宰. 昵近習親. 湯乃僅知其賢而用之.

47-18 蠱　升高登虛　欲有望侯　駕之北邑　與喜相扶
높이 올라 허공에 오름은 벼슬을 바람이 있고자함인데 북쪽 읍에 가니 기쁨과 더불어 서로 도우더라.

47-19 臨 用彼嘉- 政平且均 螟蟲不作 民得安寧
저 아름다운 손님을 쓰니 정치가 평화 균등하고 명충이 생기지 않아 백성이 안녕하더라.

47-20 觀 桃夭少華 婚悅宜家 君子樂胥 長利止居
복숭아가 어여쁘고 젊고 화려하여 혼인해 가정이 화목함을 기뻐하니 군자가 함께 즐거워하며 길게 삶이 이롭더라.

47-21 噬嗑 東行失旅 不知所處 西歸無配 莫與笑語
동행하다 무리를 잃어 간 곳을 알지 못해 서쪽으로 돌아오니 아내가 없어 더불어 웃고 이야기할 수 없더라.

47-22 賁 玩好亂目 巧聲迷耳 賊敗貞良 君受其殃
보배가 좋으면 눈이 어지럽고 교묘한 소리는 귀를 미혹하게 하여 곧고 어진이를 해치고 폐하니 임금이 그 재앙을 받더라.

47-23 剝 明德孔嘉 萬歲無虧 駕龍巡狩 王得安所
덕을 밝혀 아름답게 통하여 만세에 이지러짐이 없고 용을 멍에하고 순수하니 임금이 편안한 바를 얻더라.

47-24 復 同本異葉 樂仁尙德 東隣慕義 來與吾國
뿌리는 같고 잎사귀는 다르나 어짐을 즐거워하고 덕을 숭상하니 동쪽 이웃이 의를 사모하여 와서 내 나라를 흥하게 하더라.

47-25 無妄 戴山崔嵬 日高無頹 君王好德 賜以嘉國
대산이 높고 험준해 해가 높아도 기울어짐이 없고 군왕이 덕을 좋아해 아름다운 나라를 주더라.

47-26 大畜 築室合歡 天里無患 周公萬年 佑我二人 壽以高遠
집을 지어 모두 즐거워하니 천리에 우환이 없고 주공이 만년 동안 나의 두 사람을 도우니 수명이 높고 오래더라.

47-27 頤 養雞生雛 畜馬得駒 明堂太學 君子所居
닭을 기르니 새끼를 낳고 말을 기르니 망아지를 얻으며 명당에 태학을 두니 군자가 살만한 곳이더라.

47-28 大過 雷行相逐 無有休息 戰於平陸 爲夷所覆
뇌고(북을 치며)하며 서로 쫓아 쉬지 못하고 평지에서 싸우다 오랑캐에게 덮인 바가 되더라.

47-29 坎 委蛇循河 北至海涯 涉歷要荒 君世無他
미꾸리가 하수를 돌아 북으로 해안에 이르러 요황을 섭력하나 임금의 세상에는 다름이 없더라.

47-30 離 鴻聲大視 高擧神化 背昧向明 以通福功
큰 소리와 크게 보고자 높이 들어 신화하여 어둠을 등지고 밝음을 향하니 복(福)과 공(功)으로 통하더라.

47-31 咸 比目四翼 來安吾國 福喜上堂 與我同牀
비목사익이 와서 내 나라를 편안케 하니 복이 기쁘게 당에 올라 나와 더불어 상을 같이하더라.

47-32 恒 先穀彘季 反謀桓子 不從元帥 逐行挑戰 爲荊所敗
선곡체계가 환자가 반(反)하도록 꾀어 원수를 좇지 아니하고 도전하다가 형주군에게 패한 바가 되더라.

[註] 先穀彘季(선곡체계)와 환자(桓子)는 晉나라 신하이고, 순림부 형(荊)은 초나라다.

47-33 遯 三頭六足 欲盜東國 顏子在邇 禍滅不成

세 머리에 여섯 발이 동국을 도둑질하고자 하나 안자가 가까이 있어 재앙이 멸해지니 이루지 못하더라.

47-34 大壯 緣山升木 中墜於谷 子輿失勞 黃鳥哀作

산으로 인해 나무에 오르다가 골짜기에 떨어지니 자여가 수고를 잃어 황조가 슬퍼하더라.

[註] 자여(子輿)는 즉 子車이다.

47-35 晉 南有嘉魚 駕黃取鰌 魴鯉-- 利來無憂

남방에 아름다운 고기가 있어 급히 서둘러 미꾸리를 취하니 방어 잉어는 물이 많아 이익이 와서 근심이 없더라.

47-36 明夷 邃氣作雲 蒙覆大君 塞聰閉明 殷人賈傷

깊은 기운이 구름을 만들어 대군을 뒤덮으니 귀를 막고 밝음을 닫으니 은나라 사람이 장사가 아니되더라.

47-37 家人 擧翅攎翼 趾望南國 延頸?縮 未有所得

깃을 들고 날개를 거두고 발돋음하여 남국을 바라보니 목을 늘이고 물러서서 움추리니 얻는 바가 있지 아니하더라.

47-38 睽 坎中蝦蟆 乍盈乍虛 三夕二朝 形消無餘

달 가운데 두꺼비는 잠깐 찼다가 잠깐 비니 그뭄과 초삭에는 형상이 소멸되어 남음이 없더라.

47-39 蹇　僮子射御　不知所定　質疑蓍龜　郭知所避　國安土樂　宜利止居　兵寇不至　民無搔擾

동자가 활을 쏘니 정한 바를 알지 못하고 의심을 풀려고 점을 친들 누가 피한 곳을 알리오. 나라가 편안하고 흙이 즐거우니 마땅히 그쳐 사는 것이 이로워 군사와 도적이 이르지 아니하니 백성이 소요함이 없더라.

47-40 解　陰淫寒疾　水流其室　舟楫大作　傷害黍稷　民飢於食　不無病厄

으시시한 추운 병에 물이 그 방에 흐르고 배와 노를 크게 지어 기장과 피를 상해하니 백성이 먹는데 굶주려 병과 재앙이 없지 아니하더라.

47-41 損　離友絶朋　巧言讒慝　覆白汚玉　顔叔哀哭

벗을 떠나고 벗을 끊고 교묘한 말로 참소하고 간악하여 흰 것을 덮고 옥을 더럽히니 안숙이 슬프게 곡하더라.

[註] 안숙(顔叔)은 안수유(顔讐由)를 말함.

[典據] 記義弟三, 顔讐由以非罪執, 子路請以金贖焉

47-42 益　童女無媒　不宜動搖　安其實廬　傳母何憂

동녀는 중매가 없으면 동요함이 마땅치 않으니 그 집에서 편안히 어미를 스승으로 하니 무슨 근심이 있으리오.

47-43 夬　作凶造患　北檄困貧　東與禍連　傷我老根

흉함을 만들고 근심을 만들어 북으로 빈곤을 격문하고 동으로 더불어 재앙을 연하니 나의 늙은 뿌리를 상하더라.

47-44 姤　東南其戶　風雨不處　-睨仁人　父子相保

동남쪽 그 집에 풍우가 살지 않으니 어진 사람을 눈으로 희롱하고 흘겨보며 부자(父子)가 서로 보존하더라.

47-45 萃　被髮默心　難與比隣　來如飄風　去似絶絃　爲狼所殘

머리털을 풀어 헤치고 짐승의 마음이라 이웃과 비교해 베풀기 어려워 오는 것은 회오리바람과 같고 가는 것은 줄을 끊은 것 같으니 낭패만 남는 바가 되더라.

47-46 升 天覆地載 日月運照 陰陽允作 方內四富
하늘은 덮고 땅에 실으니 해와 달이 비쳐 음양이 잘 맞아 나라 안이 부하더라.

47-47 井 桀亂無道 民散不聚 背室棄家 君孤出走
걸이 어지럽고 무도하여 백성이 흩어지고 모이지 않아 집을 등지고 집을 버리니 임금이 외로워 나가 달아나더라.

47-49 革 申酉敗時 陰慝萌作 荷葭載牧 泥塗不白
신유의 때를 그르쳐 그늘에 숨어 싹이 트고 연꽃과 갈대를 거두어 싣고 진흙을 발라도 희어지지 않더라.

47-50 鼎 踝踵足傷 左趾病瘍 失旅後市 利走不來
복사뼈와 발꿈치를 상하고 왼쪽 발꿈치가 병들어 헐어서 여행이 뒤져 시장을 잃어 이익이 달아나 오지 아니하더라.

47-51 震 四足俱走 駑疲在後 俱戰不勝 敗於東野
네 발로 같이 달아나다 노둔한 말이 피로해 같이 싸워 이기지 못하고 동야에서 패하더라.

47-52 艮 塗行破車 醜女無媒 莫適爲偶 孤困獨居
진흙길을 가다 수레를 파하고 추녀는 중매가 없어 짝이 됨을 만나지 못하고 외로이 혼자 살더라.

47-53 漸 搏髀大笑 不知憂懼 開立大路 爲王所召
넙적다리를 치며 크게 웃으니 근심과 두려움을 알지 못하고 큰 길을 열고 서니 왕의 부른 바가 되더라.

47-54 歸妹 伯圭東行 與利相逢 出旣遭時 孰不相知 憂不成凶
백규가 동으로 가서 이익과 더불어 상봉하니 나가서 이미 어둠을 만나니 누군지 서로 알지 못하나 근심이 흉함을 이루지 아니하더라.

[註] 백(伯)은 백규(白圭)이다. 白圭는 다산(多産)을 다스린다고 《史記》 화식전(貨殖傳)에 나와 있다.

47-55 豊 東行賊家 鄭伯失辭 國無貞良 君受其殃
동으로 도적의 집에 가니 정백이 말을 실수하고 나라의 곧고 어진이가 없으니 임금이 그 재앙을 받더라.

[註] '東行賊家'는 《左伝》 桓公十五年의 鄭伯因櫟人殺檀伯而遂居櫟을 말한다. '鄭伯失辭'는 《左伝》 莊公十年의 鄭伯自櫟入鄭 殺傳瑕 原繁 逐昭公을 가리킨다.

47-56 旅 前屈後曲 形體筋急 絞黑大索 因於淸室
앞으로 굴하고 뒤로 굽으니 형체 갖추는 것이 급해 검은 큰 끈으로 매니 청실(淸室)에서 곤란하더라.

47-57 巽 鼓腋大喜 行婚飮酒 嘉彼諸姜 樂我皇考
겨드랑을 치며 크게 기뻐함은 혼인을 하고 술을 마시니 저 제강이 아름답고 나의 황고를 즐겁게 하더라.

[註] 황고(黃考)는 돌아가신 아버지를 높이는 존칭이다.

47-58 兌 國將有事 狐嘈嘈向城 三日悲鳴 邑主大驚
나라에 장차 일이 있을려고 여우가 성을 향해 지껄이며 삼일을 슬피 우니 읍주(邑主)가 크게 놀라더라.

47-59 渙 明德克敏 重華貢擧 放勳徵用 濬哲蒙佑

덕을 밝히는데 능하고 민첩하여 크게 빛나고 천거해 바치니 공을 놓아 중용하니 깊은 지혜가 있어 도움을 입더라.

47-60 節 秋隼冬翔 數被嚴霜 甲兵允庭 萬物不生 雞犬夜鳴 民大擾驚
가을 새매가 겨울에 맴돌아 날으니 자주 엄한 서리가 입고 갑병이 뜰에 가득하고 만물이 생하지 못하며 닭과 개가 밤에 우니 백성이 크게 어지럽게 놀라더라.

47-61 中孚 絲紵布帛 人所衣服 摻摻女子 紡績善織 南國饒有 取之有息
실과 모시, 피륙, 비단은 사람이 옷으로 입으니 야들야들한 여자의 손으로 방적을 잘 짜니 남국이 요족하여 휴식을 취하더라.

47-62 小過 鳳有十子 同巢共母 仁聖在位 懽以保相 興彼周魯
봉황이 열 아들이 있는데 한 둥지 어미를 같이하고 인성이 위에 있어 기쁨으로 서로 도우니 저 주나라와 노나라가 흥하더라.

[註] 문왕의 가족의 화합과 치적을 말함이다. 魯는 주공의 나라다. 열 아들은 武王의 同母 형제 10명을 가르키는 듯하다. 그래서 '共母' 라고 한다. 10명 중 周公이 가장 仁聖하여 周魯가 그를 의지하여 흥했다.

47-63 旣濟 雄雞不晨 -鳴且伸 志庛心離 三旅出哀
수닭이 새벽에 아니 울고 암닭이 울고 또 다스리니 뜻을 가리고 마음이 떠나니 삼려에 나가 슬퍼하더라.

[註] 旅와 閭는 통용. 三旅는 三閭大夫屈原. -鳴은 鄭袖을 가리킴. '志疵心離' 는 이소(離騷)를 일으킴을 말함.

47-64 未濟 光祀春城 陳寶?鳴 陽明失道 不能自守 消亡爲咎
빛나게 춘성에 제사하니 진보에 닭이 울어 양명이 길을 잃어 능히 자수치 못하면 소멸해 재앙이 되더라.

坎上 巽下 井之第四十八　水風井

48-48 井　蹪跛未起　失利後市　不得鹿子
거꾸러져서 일어나지 못해 뒤늦어 시장의 이(利)를 잃어 사슴의 새끼를 얻지 못하더라.

48-1 乾　左輔右弼　金玉滿堂　常盈不亡　富如敖倉
좌우에 도와 금과 옥이 집에 가득하여 항상 차고 없어지지 않아 부가 큰 창고와 같더라.

48-2 坤　雨師娶婦　黃巖季子　相呼而歸　潤澤田里
우사가 황암 계녀에게 장가들고 서로 부르며 돌아가니 밭과 마을이 윤택해지더라.

48-3 屯　螟蟲爲賊　害我稼穡　盡禾殫麥　秋無所得
명충이 적이 되어 나의 가색을 해하여 벼와 보리를 다하니 가을에 소득이 없더라.

48-4 蒙　跛躄難步　遲不及害　露宿澤陂　亡其襦袴
절름발이가 걷기 어려워 드디어 집에 미치지 못해 못 언덕에서 노숙하다 그 저고리와 바지를 잃더라.

48-5 需　大夫行父　無地不涉　爲吾相土　莫如韓樂　可以居止　長安富有
대부 행부가 땅을 건너지 아니한 데가 없어 나와 서로 땅이 되나 한나라의 즐거움만 같지 못하니 가히 살며 거처하면 길게 편안하고 부하게 되더라.

48-6 訟　少孤無父　長失慈母　悖悖煢煢　莫與爲耦

어리고 외로움은 아버지가 없고 자라서 어머니를 잃으니 외롭고 의지할 곳이 없으니 짝이 되는 것만 못하더라.

48-7 師 側弁醉客 長舌作凶 披髮夜行 迷亂相誤 亡失居處
홀로 즐거워 취객이 긴 말로 흉을 만들고 머리털을 풀어헤치고 밤에 가다 미혹하고 어지러워 서로 잘못해 거처를 잃어버리더라.

48-8 比 馬驚破車 王墜深津 身死魂去 離其室廬
말이 놀래 수레를 깨뜨리니 임금이 깊은 나루에 떨어져 몸은 죽고 혼이 가니 그 집을 떠나더라.

48-9 小畜 東行述職 征討不服 侵齊伐陳 銜璧爲臣 大得意還
동으로 가서 조회하고 정벌에 불복하고 제나라를 침범하고 진나라를 치다가 구슬을 물고 신하가 되어 크게 뜻을 얻고 돌아오더라.

[典據]《左傳》僖公六年, 楚子囲許. 許男面縛銜璧.

48-10 履 百足俱行 相輔爲强 三聖翼事 王室寵光
백개의 발이 같이 가며 서로 도와 강함이 되고 삼성이 일을 도우니 왕실에 영광이 있더라.

48-11 泰 本根不固 華葉落去 更爲孤嫗
근본 뿌리가 단단하지 않으면 빛나는 잎사귀가 떨어져 가니 다시 외로운 할멈이 되더라.

48-12 否 牧羊稻園 聞虎喧喧 畏懼休息 終無禍焉
양을 도원에서 기르는데 호랑이의 울음을 듣고 두렵고 무서워 휴식하니 끝내 재앙이 없더라.

48-13 同人　履位乘勢　靡有絕蔽　爲隸所圖　與衆庶位
지위를 밟고 승세하여 끊어지고 가림이 없이 노예를 위해 도모하는 바 무리와 더불어 여러 일을 하더라.

48-14 大有　大輿多塵　小人傷賢　黃甫司徒　使君失家
큰 수레에 먼지가 많고 소인이 어진이를 상하니 황보 사도가 임금으로 하여금 집을 잃게 하더라.

[註] 황보사도(黃甫司徒) 경사사도(현 문교장관)로서 주유왕의 신하인데 소인배라 유왕으로 하여금 나라를 잃게 하였다.

48-15 謙　安如泰山　福祿屢臻　雖有狼虎　不能危身
편안하기가 태산 같아 복과 녹이 여러 번 이르니 비록 이리와 호랑이가 있어도 능히 몸이 위태하지 않더라.

48-16 豫　同氣異門　各別西東　南與凶遇　北傷其孫
동기로서 문이 달라 각각 동서로 떠나니 남으로 더불어 흉함을 만나고 북에서는 그 손자를 상하더라.

48-17 隨　蜆見不祥　禍起我鄉　行人畏亡　使命不通
까막조개가 나타나면 상서롭지 못해 화가 나의 시골서 일어나 행인이 두려워 도망가니 주어진 일이 통하지 못하더라.

48-18 蠱　無事召禍　自取災殃　畜狼養虎　必見賊傷
일 없이 재앙을 불러 스스로 재앙을 취하고 이리와 호랑이를 기르면 반드시 해를 보더라.

48-19 臨　順風吹火　牽騎驥尾　易爲功力　因權受福
순풍에 불을 불고 천리마 꼬리를 타고 끄니 쉽게 공력이 되어 권리로 인해 복을 받더라.

48-20 觀 五嶽四瀆 霑濡爲德 行不失理 民賴恩福

오악과 사독이 적시고 적심이 덕이 되고 행함이 이치를 잃지 아니하면 백성이 은혜와 복을 힘입더라.

48-21 噬嗑 延陵聰敏 樂聽太史 雞鳴大國 姜氏受福

연능이 총명하고 민첩해 태사에게 들은 것을 즐기고 닭이 큰 나라에서 우니 강씨가 복을 받더라.

[註] 계명(雞鳴)은 어진 왕비를 생각한다는 말이고, 姜氏는 제나라를 칭함이다. 연릉(延陵)은 吳의 계찰(季札).

[典據]《左傳》襄公二十九年, 吳季札聘魯. 爲之歌齊. 曰, 美哉. 泱泱乎大風也哉. 表東海者其太公乎.

48-22 賁 神鳥五色 鳳凰爲主 集於王國 使君得所

신조가 오색으로 봉황이 임금이 되어 왕국에 모이니 임금으로 하여금 얻는 바더라.

48-23 剝 媒妁無明 雖期不行 齊女長子 亂其紀綱

중매가 밝음이 없어 비록 기일에 행하지 않고 제녀와 장자가 그 기강을 문란케 하더라.

[典據]《左傳》桓公十八年, 桓公与夫人姜氏如齊. 申繻曰, 女有家. 男有室. 無相瀆也. 謂之有礼. 易此必敗.

48-24 復 明月作晝 大人失居 衆星宵亂 不知所據

달이 밝아 낮을 만드니 대인이 거할 곳을 잃고 모든 별이 밤을 어지럽히니 의거할 바를 알지 못하더라.

48-25 無妄 少康興起 誅澆復祖 微滅復明 亨祀大禹

소강이 흥기하여 요를 베고 조상을 다시 모시니 작게 멸해가던 것이 다시 밝아지니 우임금을 제향하더라.

48-26 大畜　千門萬戶　大福所處　黃屋左纛　龍德獨有
천문 만호는 큰 복이 있는 곳인 바 황옥(黃屋)의 왼쪽에 있는 큰 깃대에는 용의 덕이 홀로 있더라.

48-27 頤　建作聖男　坤爲智女　配合成就　長生得所
하늘은 성인 남자를 만들고 땅은 지혜로운 여자가 되어 배합을 이미 이루니 장생(長生)을 얻는 바더라.

48-28 大過　-張烏號　鐘射天狼　鐘鼓夜鳴　將軍壯心　柱國雄勇　鬪死滎陽
예가 오호를 당겨 천랑성을 쏘고 종치며 밤에 우니 장군의 씩씩한 마음은 나라의 기둥으로 뛰어나 용맹하게 영양에서 싸우다 죽더라.

[註] 예(羿)는 옛적의 명궁수. 오호(烏號)는 활의 이름. 주국(柱國)은 방군채사(房君蔡賜), 상주국(上柱國).

[典據]《史記》 진섭세가(陳涉世家). 단《史記》에는 사처(死處)를 언급하지 않음.

48-29 坎　炙魚棝斗　張伺夜鼠　不忍香味　機發爲崇　崇在頭頸　笮不得去
고기를 구어 쥐덫을 놓고 밤에 쥐를 기다리니 향기와 맛에 참지 못하고 틀이 발할 빌미가 되니 빌미는 머리 목에 있는데 좁아 가지 못하더라.

48-30 離　高飛不視　貪饕所在　臭腐爲患　自害其身
높이 날아 보지 못하나 탐함이 있는 곳에 썩는 냄새가 재앙이 되어 스스로 몸을 해치더라.

48-31 咸　鉛刀攻玉　堅不可得　單盡我力　胝胼爲疾
납칼로 옥을 깎으니 단단해서 얻지 못하고 다만 나의 힘을 다해 굳은살이 병이 되더라.

48-32 恒　方啄宣口　聖智仁厚　解-倒懸　家國大安
바야흐로 졸 때는 입을 넓히고 성스럽고 지혜롭고 인후하면 해석이 거꾸로 된다해도 집과 나라가 크게 편안하더라.

[註] 방탁선구(方啄宣口)는 小畜之噬嗑의 방탁광구(方啄廣口).

48-33 遯 蜘蛛南北 誤入喪國 杜季利兵 傷我心腹

거미가 남북에 그물을 치니 잘못 들어가면 나라를 상하고 두백이 군사를 잘 쓰니 나의 심복을 상하더라.

[註] 두계(杜季)는 周의 두백(杜伯).

[典據]《史記》周本紀正義, 宣王殺杜伯而無辜. 後三年. 宣王會諸侯, 田于國. 日中杜伯起於道左. 衣朱衣冠. 操朱弓矢. 射宣王. 中心折脊而死.

48-34 大壯 公孫之政 惠而不煩 喬子相國 終身無患

공손의 정치는 은혜에 번거롭지 아니하고 정자산이 정승이 되니 종신토록 우환이 없더라.

[註] 교자(喬子)는 공손교 자산으로 정나라 재상이 되어 선정을 하였다.

48-35 晉 弧矢大張 道絕不通 小人寇賊 君子壅塞

활과 살을 크게 버리니 길이 끊겨 불통하고 소인이 국경을 침범하는 외적이 되니 군자가 옹색하더라.

48-36 明夷 藏戟之室 封豕受福 充澤肥腯腯 子孫蕃息

창을 감추는 집에 도야지를 치면 복을 받아 덕택에 돼지가 살찌고 자손이 번식하더라.

48-37 家人 八子同巢 心勞相思 雖苦無憂

여덟 아들이 한 둥지에 살아 마음이 괴로우나 서로 생각하여 비록 괴로우나 근심이 없더라.

48-38 睽 循理擧手 擧求取予 六体相摩 終無咎殃

이치에 따라 손을 들고 구하는 것을 들어 너를 취하니 육체가 서로 마찰하여 끝내 재앙이 없더라.

48-39 蹇 公子王孫 把彈攝丸 發輒有獲 室家饒足
공자 왕손이 탄환을 까지고 쏠적마다 얻음이 있으니 집안이 넉넉하고 풍족하더라.

48-40 解 井渚有悔 渴蜺爲怪 不亟徒鄕 家受其殃
우물가에 한이 있으니 마른 무지개가 괴이함이 되어 함께 시골로 가지 못해 집이 그 재앙을 받더라.

48-41 損 鄭會細聲 國亂失傾 弘明早見 止樂不聽
정회의 가는 소리에 나라가 어지럽고 기울어지니 홍명이 일찍 보고 음악을 그치고 듣지 아니히더라.

[典據]《左傳》襄公二十九年, 吳季札聘魯. -樂. 爲之歌鄭. 曰, 美哉. 其細已甚. 民弗堪也. 是其先亡乎.

48-42 益 穿室鑿牆 不直生訟 蹇衣涉露 雖勞無功
집을 뚫고 담을 뚫어도 곧 송사를 생(生)하지 않고 바지를 이슬에 적셔 비록 수고하나 공이 없더라.

48-43 夬 脫卵免乳 長大成就 君子萬年 動有利得
알을 벗어나 젖을 면하고 크게 성취하니 군자는 평생 동(動)하면 이득이 있더라.

48-44 姤 五心乖離 各引是非 莫適爲主 道路塞壅
마음이 서로 어긋나고 떨어져 각각 시비를 이끄니 나가 주인이 됨만 못하고 도로가 막히더라.

48-45 萃 百柱載梁 千歲不僵 大願輔福 文武以昌

백 개의 기둥에 들보를 실으니 천년이 가도 쓰러지지 않아 대원을 돕고 복을 주니 문왕, 무왕이 창성하더라.

48-46 升 營城洛邑 周公所作 世逮三十 年歷七百 福祐豊實 堅固不落
낙양에 도읍함은 주공이 지은 바 대수로 삼십 역년은 칠백년 복과 도움이 풍실하여 견고해 떨어지지 아니하더라.

48-47 困 牛耳聾蔽 不曉聲味 委以鼎俎 方始亂潰
소가 귀먹어 소리를 깨닫지 못하고 솥과 도마에 맡기니 비로소 어지럽게 무너지더라.

48-49 革 從叔旅行 食於東昌 嘉伯悅喜 與我芝酒
숙부를 좇아 여행하여 동창에서 먹으니 가백이 기뻐하며 나에게 서기가 있는 술을 주더라.

48-50 鼎 娵訾開門 鶴鳴彈冠 文章進用 舞韶和鸞 三仁翼政 國無災殃
새벽에 문을 여니 학이 울고 출사의 준비를 갖추고 문화가 진용되어 순임금이 지은 음악에 춤추고 난새에 화합하며 세 어진이가 정사를 도우니 나라에 재앙이 없더라.

[註] 취자(娵訾)는 별자리 이름으로 새벽을 상징함.

48-51 震 遊魂六子 百木所起 三男從父 三女隨母 至己而反 各得其所
유혼 육자에 백목이 일어나는 바 삼남은 아비를 좇고 삼녀는 어미를 따라서 몸에 이르러 반하니 각기 그 자리를 얻더라.

48-52 艮 南山蘭芷 使君媚好 皇女長婦 多孫衆子
남산의 난채는 임금으로 하여금 사랑하고 좋아해 황녀 장부가 손자도 많고 아들도 많더라.

[典據]《左傳》宣公三年, 鄭文公有賤妾. 日燕姞. 夢天與己蘭曰, 蘭有國香. 人服媚之. 旣而文公見之. 与之蘭而御之. 生穆公. 名之曰蘭.

48-53 漸 黃虹之野 賢君在位 管叔爲相 國無災殃
황강 뜰에 어진 임금이 위에 있고 관숙이 승상이 되니 나라에 재앙이 없더라.
[註] 현군(賢君)은 제환공이요 관숙(管叔)은 관중(管仲)이다.

48-54 歸妹 穿鑿道路 爲君除舍 開闢福門 喜在我隣
길을 뚫음은 임금을 위하여 쉬지 아니하고 복의 문을 개벽함이니 기쁨은 나의 이웃에 있더라.

48-55 豊 商風數起 天下昏晦 旱魃爲虐 九士兵作
상풍이 자주 일어나 천하가 혼회하니 한발이 해가 되어 사방에서 도적이 일더라.
[註] 상풍은 격렬한 바람.

48-56 旅 自衛反魯 時不與我 冰炭異室 仁道閉塞
위나라로부터 노나라로 돌아오니 때가 나에게 맞지 않아 얼음과 숯과 다르듯이 어진 길이 닫아 막히더라.
[註] 공자님이 천하를 주유하다가 위나라에서 노나라로 돌아왔다.

48-57 巽 春陽生草 夏殘條枝 萬物蕃滋 充實益有
봄 볕에 풀이 나오고 여름에 가지가 자라 만물이 번식해 충실하고 더함이 있더라.

48-58 兌 六蛇奔走 俱入茂草 驚於長注 畏懼啄口
뱀 여섯이 분주히 달아나 같이 무성한 풀속으로 들어가 길게 물을 쏟는데 놀래 두렵고 무서워 입을 쪼더라.

48-59 渙 明月照夜 使暗爲晝 國有仁賢 君尊如故
밝은 달이 밤을 비치니 어둠으로 하여금 낮이 되고 나라의 어진이가 있어 임금을 높힘이 옛과 같더라.

48-60 節 避蛇東走 反入虎口 制於爪牙 骨爲-土
배암을 피해 동으로 달아나다 도리어 호랑이입으로 들어가니 발톱과 어금니의 절제로 뼈가 재와 흙이 되더라.

48-61 中孚 傾迭不行 弱足善僵 孟縶無良 失其寵光
경질로 행하지 못하고 약한 발은 잘 엎어지고 맹집이 어질지 못해 그 은총을 잃더라.

[註] 위(衛)의 맹집(孟縶)의 일을 말함.

[典據]《左傳》昭公七年, 衛襄公夫人姜氏無子. 嬖人周始生孟縶. 孟縶之足不良. 後竟不得立.

48-62 小過 十羊俱見 黃頭爲首 滅美民安 國樂無咎
열마리 양이 같이 나타나는데 누렁머리가 우두머리가 되어 해는 아름답고 백성은 편안하니 나라가 즐겁고 재앙이 없더라.

48-63 旣濟 望風入門 來到我隣 餔吾養均
바람을 바라보며 문에 들어가 나의 이웃에 와서 이르니 나에게 영양이 고르게 먹이더라.

48-64 未濟 登高車反 視天彌遠 虎口不張 害賊消亡
높이 올라가 수레를 돌리니 하늘을 두루 멀리 보고 호랑이가 입을 벌리지 아니하니 해하는 적이 소멸하더라.

兌上 離下 革之第四十九 澤火革

49-49 革 馬服長股 宜行善市 蒙祐諧偶 獲金五倍
말을 멍에에 긴 다리로 좋은 저자에 잘 가서 좋은 무리의 도움을 입어 다섯배의 이익을 얻더라.

49-1 乾 高原峻山 陸土少泉 草木林麓 嘉得所畜
고원의 큰 산은 육로에 샘이 적으나 초목 임록에 좋은 목축할 곳을 얻더라.

49-2 坤 一門二關 結緝不便 峻道異路 日暮不到
하나의 문에 두 관으로 결집이 불편한데 높은 길의 다른 길은 해가 저물어 이르지 못하더라.

49-3 屯 憂患解除 喜至慶來 坐立懽門 與樂爲隣
우환이 해제되니 기쁨과 경사가 와서 앉았다 섰다 문에서 기뻐하니 즐거움과 더불어 이웃하더라.

49-4 蒙 殊類異路 心不相慕 牝牛牡猳 鰥無室家
유가 다르면 길도 다르고 마음도 서로 사모하지 아니한다. 암소와 숫돼지가 홀아비에 집과 건물이 없더라.

49-5 需 太王爲父 季歷孝友 文武聖明 仁政興起 旦隆四國 載福綏厚
태왕이 아버지가 되고 계력이 효우하고 문왕 무왕이 성명하여 어진 정치가 일어나고 주공이 사방에 우뚝하니 복을 실어 편안하고 후하더라.

49-6 訟 臨河求鯉 燕婉失餌 屏氣攝息 不得鯉子
하수에 임하여 잉어를 구하는데 연완이 미끼를 잃어 숨을 죽이고 가슴을 조이나 잉어 새끼를 얻지 못하더라.

49-7 師 買利求福 莫如南國 仁德所在 金玉爲寶
이익을 사고 복을 구하는 데는 남국만 같지 못하고 인덕이 있는 곳에 금과 옥이 보배가 되더라.

49-8 比 白虎赤憤 闚觀王庭 宮闕被甲 大小出征 天地煩憒 育不能嬰
백호가 분이 나서 왕정을 엿보니 궁궐에 갑옷 입은 군사요 대소가 출정하는데 천지가 번거롭고 심란해 어린것을 능히 기르지 못하더라.

49-9 小畜 子車鍼虎 善人危殆 黃鳥悲鳴 傷國無輔
자거 침호의 착한 사람이 위태하니 황조가 슬피울며 나라를 상하는데 도움이 없더라.

[註] 진목공(秦穆公)의 순장에 진나라의 어진이인 자차씨의 세 아들이 순장되어 나라 사람들이 슬퍼하였다.

49-10 履 兩目失明 日暮無光 脛足跛步 不可以行 頓於丘傍
두 눈이 실명했는데 날이 저물어 빛이 없고 정강이 발로 절름발이 걸음으로 가히 행하지 못해 언덕가에 그치더라.

49-11 泰 羅網四張 鳥無所翔 征伐困極 飢寒不食
그물을 사방에 펴놓으니 새가 날을 바가 없어 정벌이 극히 곤란하여 주리고 추워도 먹지를 못하더라.

49-12 否 伯夷叔齊 貞廉之師 以德防患 憂禍不存
백이숙제는 정직하고 청렴한 스승이라 덕으로써 우환을 막으니 우환이 있지 아니하더라.

49-13 同人 疾貧望幸 使伯行販 開牢擇羊 多得大牂

가난이 싫어 요행을 바라 백씨로 하여금 팔기를 행하고자 우리를 열고 양을 가리는데 큰 암양을 많이 득하더라.

49-14 大有 南山之楊 其葉牂牂 嘉樂君子 爲國寵光
남산의 버들은 그 잎사귀가 성하고 아름다움을 즐거워하는 군자는 나라의 은총이 되더라.

49-15 謙 東壁餘光 數暗不明 主母嫉妬 亂我業事
동벽의 여광은 자주 어두워 밝지 않고 주모가 질투하여 나의 업과 일을 어질게 하더라.

[註] 동벽(東壁)은 별의 이름이다.

49-16 豫 迷行晨野 道多湛露 -我袴襦 重難以步
갈피를 잡지 못하고 새벽길을 가니 길에 이슬이 많아 나의 바지 저고리를 적시니 무거워 걷기가 어렵더라.

49-17 隨 -瞤足動 喜如其願 擧家蒙寵
눈을 꿈적거리고 발을 움직이니 기쁨이 그 원하는 것 같아 온 집안이 은총을 입더라.

49-18 蠱 鷹鸇欲食 雉兎困急 逃頭見尾 爲害所賊
매와 새매가 먹고자 하는데 꿩과 토끼가 급하고 곤란해서 머리는 숨기고 꽁지가 뵈니 적에게 해를 당하는 바가 되더라.

49-19 臨 鼻移在項 枯葉傷生 下朽上榮 家擾不寧 失期金城
코가 목으로 옮겨 있고 마른 잎사귀가 나면서 상하고 아래는 썩고 위는 번영하나 집이 흔들려 편하지 아니하니 그 금성(金城)을 잃어버리더라.

49-20 觀 飛不遠去 法爲罔待 祿養未富
날아도 멀리 가지 못하고 법이 기다림이 없게 되면 녹(祿)을 기름이 부(富)하지 않더라.

49-21 噬嗑 倒基敗宮 重舌作凶 被髮夜行 迷亂相誤 亡失居止
터가 패궁으로 엎어지고 혀로 흉함을 짓고 머리를 풀고 밤길을 가는데 정신이 헷갈려 서로 잘못해 거할 곳을 잃어버리더라.

49-22 賁 亥午相錯 敗亂緖業 民不得作
낮과 밤을 서로 착각하여 시작한 일을 패하고 어지러뜨려 백성이 지음을 얻지 못하더라.

49-23 剝 野麋畏人 俱入山谷 命短不長 爲虎所得 死於牙腹
들사슴이 사람을 두려워해 같이 산곡으로 들어갔는데 명이 짧고 길지 못해 호랑이의 얻은 바 되어 어금니와 배에서 죽더라.

49-24 復 秋冬探巢 不得鵲雛 銜指北去 愧我少姬
가을 겨울에 둥지를 뒤져 까치새끼를 얻지 못하고 손가락을 물고 북으로 가니 나의 젊은 계집을 부끄럽게 하더라.

49-25 無妄 雙鳧俱飛 欲歸稻池 經涉萑澤 爲矢所射 -我胸臆
쌍오리가 같이 날아 도지로 돌아가고자 추택을 지나다가 화살에 맞은 바 되어 나의 가슴을 상하더라.

49-26 大畜 天門開闢 牢戶寥廓 桎梏解脫 -囚縱釋
천문이 열리고 옥안이 텅비어 질고에서 풀려 벗어나 죄수를 놓아주더라.

49-27 頤 尼父孔丘 善釣鯉魚 羅網一擧 得獲萬頭 富我家居

공자님이 잉어를 잘 잡는데 그물을 한 번 들어 만마리를 얻으니 부하게 나의 집에 살더라.

[註] 공자(孔子)의 이름은 구(丘), 字는 중니(仲尼).

[典據]《史記》孔子世家.

49-28 大過　彭生爲妖　暴龍作災　盜堯衣裳　聚跖荷兵　青禽照夜　三旦夷亡
팽생이 요괴가 되고 사나운 용이 재앙을 만들어 요임금의 의상을 훔치고 취탁이 병기를 메니 푸른 새가 밤을 비치어 세 아침에 멸망하더라.

49-29 坎　萃言風語　亂相誑誤　終無凶事　安寧如故
꾸며서 하는 말과 떠도는 말이 어지럽고 서로 속이고 잘못되나 끝내 흉한 일이 없어 안녕하기가 옛과 같더라.

49-30 離　延頸見足　身困名辱　欲隱避仇　爲害所賊
목을 늘려 발을 보고 몸이 고단하고 이름이 욕되면 숨어 원수를 피하고자하나 적에게 해친 바가 되더라.

49-31 咸　無足斷跟　居處不安　凶惡爲殘
발 뒤꿈치를 잘라 없애니 거처가 불안하여 흉악하고 해친 것이 되더라.

49-32 恒　三人俱行　北求大牂　長孟病足　倩季負囊　柳下之貞　不失我糧
세 사람이 같이 북으로 가 큰 암양을 구하는데 큰 맏이가 발병이 나서 고용한 사람에게 보따리를 지우니 유하의 정으로 양식을 잃지 않더라.

49-33 遯　退飛見祥　傷敗毁墜　守少失大　功名不逐
날아 물러가 상서를 보니 상하고 패해 떨어지니 작은 것을 지키다 큰 것을 잃으니 공명을 이루지 못하더라.

49-34 大壯　持心懼怒　善數搖動　不安其處　散渙府藏　利得無有

마음에 두렵고 화가 나서 자주 잘 동요하여 그곳이 불안하고 흩어지고 풀어져서 고집에 감추니 이득이 없더라.

49-35 晉 牽尾不前 逆理失臣 衛朔以奔
꼬리를 끄니 앞으로 가지 못하고 이치를 역행하니 신하를 잃어 위삭이 달아나더라.

[註] 위삭(衛朔)은 위후(衛侯)이다.

49-36 明夷 祿如周公 父子俱封
녹이 주공과 같으니 부자를 같이 봉하더라.

[註] 주공은 주나라의 총재(冢宰). 총리 아들은 백금(伯禽)으로 노후(魯侯)에 봉해졌다.

49-37 家人 吾有八人 信允篤誠 爲堯所擧
나에게 여덟 사람이 있어 진실하고 성실하여 요임금을 위해 천거한 바더라.

49-38 睽 久陰霖雨 泥塗行潦 商人休止 市空無寶
오래 흐리고 장마비로 길이 진흙탕이 되니 상인이 쉬고 그쳐 저자가 비어 보배가 없더라.

49-39 蹇 無足斷跟 居處不安 凶惡爲殘
발의 뒤꿈치를 잘라 없애니 거처가 불안해 흉악만 남게 되더라.

49-40 解 馬蹄躓車 婦惡破家 青蠅汚白 恭子離居
말굽이 수레를 밟고 지어미가 악하면 집을 파하니 쉬파리가 흰 것을 더럽히니 공자가 떨어져 살더라.

49-41 損 噂噂所言 莫如我垣 歡喜堅固 可以長安
수군수군 하는 말은 나의 담만 같지 못하고 즐거움이 견고하면 가히 길게 편안하

더라.

49-42 益 懿公淺愚 不受深謀 無遠失國 爲狄所賊
위의공이 어리석어 깊은 꾀를 받아들이지 않아 멀지않아 나라를 잃고 오랑캐에게 멸망하더라.

49-43 夬 麒麟綠耳 章明造父 伯夙秦獻 衰續厥緖 佐文成霸 爲晉元輔
기린 녹이(천리마)를 장명조부가 주목왕에게 바치고 숙이 진헌공에 봉사하고 그 후손 조쇠가 진문공을 도와 패업을 이루어 진나라의 원훈공신이 되더라.

[典據]《史記》趙世家, 造父幸於周繆王. 取驥之乘匹. 驊騮綠耳. 獻之繆王. 王使造父御西巡守. 乃賜造父以趙城. 後世 周를 떠나 晋으로 가서 十二世에 趙夙를 낳았다. 趙夙는 晋의 獻公 아래에서 일함. 夙의 孫을 趙衰라 한다. 晋의 文公아래에서 일해 패업을 이루었다.

49-44 姤 駕車入里 求鮮魴鯉 非其肆居 自令後市
수레를 타고 마을에 들어가 생선 방어와 잉어를 구하니 그 가게가 아니라 스스로 다음 시장으로 밀더라.

49-45 萃 求麞嘉鄕 惡地不行 道止中遷 復反其牀
가향에서 노루를 구하는데 악지라 가지 않고 길 중반에 돌아서 다시 침상으로 돌아오더라.

49-46 升 杖鳩負裝 醉臥道傍 不知何公 竊我錦囊
구장을 짚고 행장을 지고 취해 길가에 누웠더니 누군지는 알지 못하나 나의 금낭을 훔쳐가더라.

49-47 困 登崑崙 入天門 過糟丘 宿玉泉 同惠歡 見仁君
곤륜산에 올라 천문에 들어가 조구를 지나서 옥천에서 자고 은혜와 기쁨을 같이하고 어진 임금을 뵙더라.

49-48 井　水爲火牡　患厭不起　季伯夜行　與喜相逢
물은 불의 빗장이 되니 재앙이 일어나지 않아 계백이 밤에 가다 기쁨과 더불어 서로 만나더라.

49-50 鼎　烏孫氏女　深目黑醜　嗜欲不同　過時無偶
오손씨의 여자가 눈이 깊고 검고 추해 즐겨 같이 하고자 아니하여 때가 지나도 짝이 없더라.
[註] 오손(烏孫)은 나라 이름이다.

49-51 震　子鉏執麟　春秋作經　元聖將終　尼父悲心
자저가 기린을 잡으니 춘추를 지으실 때 원성(기린)의 임종이 가까움을 아시고 공자님이 마음으로 슬퍼하시더라.

49-52 艮　灼火泉源　釣魴山巓　魚不可得　火不肯燃
샘구덩이에서 불을 피고 방어 낚시를 산마루에서 하니 고기를 얻지 못하고 불이 가히 타지 않더라.

49-53 漸　天馬五道　炎火久處　一來上下　作文約己　衣裛絲麻　相隨笑歌　凶惡如何
사람이 죽어서 가는 길이 다섯인데 1, 염화에 오래 있게 하고 2, 위아래로 왔다갔다하고 3, 인간으로 다시 태어나는 것 4, 의복이 다 떨어져 거지같이 되는 것 5, 서로 따르며 웃고 노래하는 것이니 흉악함이 어떠한가.

49-54 歸妹　鴟鴞破斧　沖人危殆　賴旦忠德　轉禍爲福　傾危復立
솔개가 도끼를 파하니 임금이 위태한데 일찍이 충성과 덕을 힘입어 전화위복하여 위태한 데로 기울어졌다가 다시 서더라.
[註] 충인(沖人)은 임금이고 단(旦)은 주공이다. 주공이 관채를 베어 주나라를 편안케 하였다.

49-55 牡飛關啓　憂患大解　不爲身禍
수컷이 날으니 관문이 열려 우환이 크게 풀리니 몸에 재앙이 되지 않더라.

49-56 旅　石門晨開　荷蕢疾貧　遁世隱居　竟不逢時
석문이 새벽에 열리고 삼태기를 메고 가난을 원망하며 세상을 숨어 은거하니 마침내 때를 만나지 못하더라.

[典據]《論語》憲問篇, 子路宿於石門. 晨門曰, 奚自. 子路曰, 自孔子. 曰是知其不可而爲之者與.

49-57 巽　兎聚東郭　衆犬俱獵　圍缺不成　無所能獲
토끼가 동곽에 모이니 모든 개가 함께 사냥하는데 둘러쌓은 것이 잘 안 되어 능히 얻은 바가 없더라.

49-58 兌　三羊群走　雉兎驚駭　非所畏懼　自令勞苦
세 양이 무리져 달아나니 꿩과 토끼가 놀래니 두려운 바는 아니나 스스로 수고하더라.

49-59 渙　羽翮病傷　無以爲强　宋公德薄　敗於水泓
날개와 깃이 병들고 상했는데 보강을 함이 없이 송공이 덕이 박해 홍수에서 패하더라.

[典據]《左傳》僖公二十二年, 宋公及楚人戰于泓. 宋師敗績. 公傷股.

49-60 節　姬姜稚叔　三人偶食　論仁儀福　以安王室
희강, 치숙 삼인이 만나 먹으면서 인을 논하고 복을 의논하여 왕실을 편안하게 하더라.

[註] 姬는 주공, 姜은 강태공, 稚叔은 미상이다.

49-61 中孚　精誠所在　神人爲輔　德敎之中　彌世長久　三聖乃興　多受福祉
정성이 있는 곳에 신인이 도와 덕으로 교화하는 중에 좋은 세상이 장구하고 세 성인이 이에 일으키니 복지를 많이 받더라.

49-62 小過　岐周海隅　獨樂不憂　可以避難　全身保財
기주와 동해의 가에는 홀로 즐겁고 근심이 없으니 가히 피란하여 몸을 온전히 하고 재물을 보존하더라.

49-63 旣濟　孤獨特攄　莫依爲輔　心勞志苦
고독이 특별한 곳에 의지가 도움이 되지 아니하고 마음만 수고롭고 뜻도 괴롭더라.

49-64 未濟　顧望登臺　意常欲逃　賈辛醜惡　妻不安夫
대에 올라 바라보며 뜻은 항상 도망가고자 하나 가신이 추악한 처가 지아비를 불안케 하더라.

離上 巽下 鼎之第五十

火 風 鼎

50-50 鼎 積德之至 君政且溫 伊呂股肱 國富民安

덕을 쌓기를 지성으로 하는데 임금의 정치가 또한 온후하고 이윤과 여망이 팔다리가 되니 국부가 백성을 편안케 하더라.

[註] 이여(伊呂)는 이윤(伊尹)과 여망(呂望)으로 이윤은 탕임금의, 여망은 강태공으로 문왕의 재상이다.

50-1 乾 境筐卷耳 夏不得傷 心思故人 悲慕失母

광주리에 씀바귀를 기우려도 근심해도 상하지 아니하고 마음에 옛사람을 생각하고 슬피 사모해도 잃음이 없더라.

50-2 坤 郤叔賈貸 行祿多悔 利無所得

국숙이 대부를 거관하니 행하는 녹에 뉘우침이 많으나 얻는 바가 없더라.

[典據]《左傳》成公十七年,胥童夷羊五. 帥甲八百. 將攻郤氏. 抽戈結衽衽. 而爲訟者. 三郤將謀於榭. 矯以戈殺駒伯. 苦成叔於其位. 溫季日, 逃威也. 遂趨.

50-3 屯 蹶足狂跛 怪碎不行 棄損手人 名子無申

발이 미끄러져 심한 절뚝발이 되어 괴이하게 부서져 행하지 못해 버린 사람이라 이름자를 밝힌 것이 없더라.

50-4 蒙 文王四乳 仁愛篤厚 子畜十男 夭折無有

문왕은 젖이 넷인데 인애하고 독후하여 아들 열을 길러도 요절함이 없더라.

50-5 원전에 빠져 있슴.

50-6 訟 三雛相逐 蠅墜釜中 灌沸淹殪 與母長決

새끼 셋이 서로 쫓다가 가마솥 중에 떨어져 끓는 물에 빠져 죽으니 어미와 더불어 영구히 이별하더라.

50-7 師 所望在外 鼎令方來 拭爵滌罍 炊食待之 不雨季憂
바라는 바는 밖에 있는데 대명이 바야흐로 와서 술잔을 닦고 뇌문 놓은 술잔을 씻고 밥 짓기를 기다리니 계씨가 근심되지 아니하더라.

50-8 比 陸居少泉 高山無雲 車行千里 塗汚爾輪 亦爲我患
육지에 거처하는데 샘이 적고 고산에 구름이 없어 수레가 천리를 가는데 바퀴가 더러워지니 또한 나의 근심이 되더라.

50-9 小畜 東家殺牛 聞臭腥臊 神背不顧 命衰絕周 亳社災燒 宋人夷誅
동가에서 소를 잡으니 비린 냄새가 심해 신이 노해 돌보지 않아 명이 쇠해 주나라가 끊어지니 은나라 사직이 재앙으로 타고 송나라 사람이 멸망하더라.

50-10 履 長子入獄 婦饋母哭 霜降旬日 嚮晦伏法
장자가 옥에 갇히니 지어미는 음식을 보내고 어미는 곡하니 상강 후 열흘 해질 무렵 법에 의해 죽더라.

[註] 향회(嚮晦)는 어두워질 무렵 또는 해질 무렵. 옛적 사형 집행은 상강 후에 집행했다 함.

50-11 泰 溫山松柏 常茂不落 鳳凰以庇 得其歡樂
온산의 송백은 항상 무성하고 떨어지지 아니하여 봉황이 비호하니 그 기쁘고 즐거움을 얻더라.

50-12 否 大屋之下 朝多君子 德施博育 宋受其福
큰 집의 아래에는 조정의 군자가 많아 덕을 베풀어 널리 기르니 송나라가 그 덕을 받더라.

50-13 同人 羅張目抉 圍合耦缺 魚鳥生脫
그물을 치는데 눈이 굵어져 단합의 짝이 맞지 않아 고기와 새가 살아 달아나 벗어나더라.

50-14 大有 羔-豹袪 高易我宇 君子維好
염소 갑옷에 표범 소매는 비싸나 우리 집에는 쉬우니 군자는 오직 좋아하더라.

50-15 謙 大頭明目 載受嘉福 三雀飛來 餘祿相得
큰 머리 밝은 눈에 아름다운 복을 받아 삼작이 날아오니 녹과 더불어 서로 얻더라.

50-16 豫 銷鋒鑄- 縱牛放馬 甲兵解散 夫婦相保
창을 녹여 보습을 붓고 소와 말이 휴식하게 하고 군대를 해산하니 부부가 서로 보존하더라.

[註] 武王이 殷에 승리하고는 兵을 사용하지 않은 것을 말한다.

[典據]《史記》周本紀, 縱馬于華山之陽 放牛于桃林之虛 偃于戈 振兵釋旅 示天下不復用也.

50-17 隨 吉日車攻 田弋獵禽 反行飮至 以告喜功
길일에 차를 몰아 활을 쏘며 새를 사냥하고 돌아와 마심에 이르러 기쁜 공을 고하더라.

50-18 蠱 商人行旅 資無所有 貪貝逐利 留連玉帛 轘轅內安 公子何咎
상인이 행려에 자본은 없으나 재물을 탐내 이를 좇는데 옥과 비단에 유련하고 명에를 잘 어거하여 안이 편안하니 공자가 어찌 허물하리오.

[註] 환원(轘轅)은 관명(關名).

[典據]《左傳》襄公一年, 欒盈過於周. 周西鄙掠之. 使司徒禁掠欒氏者, 歸所取焉. 使候出諸轘轅.

50-19 臨　火入井口　揚芒生角　犯歷天門　窺觀太微　登上玉牀　家易其公
불이 우물에 들어가고 싹이 날아 가시가 생기니 천문을 범해 지나 태미궁을 엿보고 옥상에 올라가니 집이 그 주인을 바꾸더라.

[註] 성점(星占)에서 형혹정(熒惑井)에 들어간 망각(芒角), 태미(太微)를 범(犯)하는 것은 국군(國君)을 장차 바꾸는 것이 된다.

50-20 觀　秋隼東翔　數被嚴霜　甲兵充庭　萬物不生　雞釜夜鳴　民擾大驚
가을 새매가 동으로 날아 가니 자주 엄한 서리를 입고 군사가 뜰에 가득하고 만물이 살지 못하고 닭과 가마가 밤에 우니 백성이 소란하여 크게 놀라더라.

[註] 닭과 가마가 밤에 우는 때를 잃었다는 뜻이다.

50-21 噬嗑　東行西步　失其次舍　乾候野井　昭君喪居
동으로 갈 것을 서쪽으로 걸어 다음 막사를 잃으니 건후와 야정은 소군이 죽어 묻힌 곳이더라.

[註] 소군(昭君)은 노나라(魯)의 소공(昭公).

[典據]《左傳》昭公二十五年 九月戊戌. 伐季氏叔孫氏孟氏救之. 三家反攻公. 己亥. 昭公孫于齊. 次于陽州. 二十六年三月. 公至自齊, 居于鄆. 三十二年. 薨于乾侯. 齊侯唁公于野井.

50-22 賁　腫脛病腹　陷厠污辱　命短時極　孤子哀哭
정갱이에 부스럼에다 배병으로 뒷간에 빠져 더럽고 수치해 명이 짧아 시간이 급하니 외로운 자식이 슬피 울더라.

[註] 춘추에 진후(晉侯)가 병중에 뒷간에 갔다가 뒷간에 빠져 죽었다.

[典據]《左傳》成公十年.

50-23 剝　切膚近火　虎絕我鬚　小人橫暴　君子何之
살을 자르고 불을 가까이 하니 호랑이가 나의 아래 수염을 끊고 소인이 횡포하니 군자를 어찌하리오.

50-24 復 女室作毒 爲我心疾 和不能治 晉人赴告
여실에서 독(과색)을 지으니 나의 마음의 병이 되어 의원 화도 능히 치유하지 못해 진나라 사람이 죽음을 알리더라.

50-25 無妄 兵征大宛 北出玉門 與胡寇戰 平城道西 七日絶糧 身幾不全
군사로 다원국을 칠 때 북으로 옥문을 나서 오랑캐로 더불어 평성 도서에서 싸울 때 칠일에 양식이 끊어지니 몸이 어찌 온전하랴.
[註] 한고조의 백등 七일을 일컬음.

50-26 大畜 九子十夫 莫適與居 貞心不壹 自令老孤
구자와 십부가 같이 살기가 적합하지 아니하니 곧은 마음이 한결같지 않아 스스로 늙고 외롭다 하더라.

50-27 頤 東行稻麥 逐至家國 樂土無災 君父何憂
동으로 도맥에 가서 드디어 집의 나라에 이르고 낙토에 재앙이 없으니 그 누가 무엇을 근심하리오.

50-28 大過 作室山根 所以爲安 一夕崩顚 派我饔飧
집을 산 밑에 짓고 편안하다 하였는데 하루 저녁에 무너지고 엎어져 나의 아침밥과 저녁밥을 파하더라.

50-29 坎 六人俱行 各遺其囊 黃鵠失珠 無以爲明
육인이 함께 가다 각기 그 주머니를 잃어버리고 황곡이 구슬을 잃었는데 밝힐 수가 없더라.

50-30 離 伯蹇叔盲 莫爲守裝 失我衣- 不離其鄕
백씨는 절름발이고 삼숙이 장님이라 행장을 지키라고 할 수 없는데 나의 옷과 갑옷을 잃어버리니 그 마을을 떠나지 못하더라.

50-31 咸 褒寵酒尤 敗政傾家 覆我宗國 秦滅周室
포사의 총애가 너무 심해 정치를 패하고 집안을 무너뜨려 나의 종주국을 전복시키니 진나라가 주나라를 멸하더라.

50-32 恒 詭言譯語 仇禍相得 冰入炭室 消滅不息
거짓말로 통역하면 원수와 재앙을 서로 얻어 얼음이 탄실에 들어가면 소멸하고 쉬지 못하더라.

50-33 遯 彭生爲妖 暴龍作災 盜堯衣裳 聚跖荷兵 青禽照夜 三旦夷亡
팽생이 요물이 되고 폭룡이 재앙을 만들어 요임금의 의상을 훔치고 도척이 모여 병기를 가지며 청금이 밤을 비치니 삼일 아침에 멸망하더라.

50-34 大壯 朝露白日 四馬過隙 歲短期促 時難再得
아침 이슬이 낮이 되고 네 말이 틈을 지나고 해는 짧고 기일은 재촉하니 때를 두 번 얻기 어렵더라.

[註] 세월이 빠르니 기회를 잃지 말라는 뜻.

50-35 晉 耳闕道喪 所爲不成 所求匪得
귀가 비면 도가 상하니 하는 바를 이루지 못하고 구하는 바를 얻지 못하더라.

50-36 明夷 申公患楚 危不自安 重耳出奔 側喪其魂
신공이 초나라를 근심해 위태해 스스로 불안해하는데 중이가 출분하니 옆에서 그 혼을 상하더라.

[註] 신공(申公)이 진(晉)나라로 망명하였는데 진현공의 후처 여희가 자기 아들을 세자로 삼고자 전실의 공자들을 참소 중상하여 중이(진문공)가 피신했다. 重耳는 혹은 子重의 訛.

50-37 家人 南上太山 困於空桑 左沙右石 牛馬無食
남으로 태산에 올라가는데 공상에서 곤란한데 좌는 모래, 우는 돌이라 우마가 먹을 것이 없더라.

50-38 睽 海隅遼右 福祿所在 柔嘉蒙禮 九夷何咎
바다가 먼 우편에 복과 녹이 있는 바 유순하고 예를 얻음을 아름답게 하니 구이가 무슨 허물이리오.
[註] 동쪽에 있는 오랑캐를 이(夷)라 하는데 아홉 종족이 있다.

50-39 蹇 陽春生長 萬物茂壯 乘枝布葉 君子比德
따뜻한 봄에 생장하여 만물이 무성하여 가지를 드리고 잎사귀를 피니 군자는 덕에 비유하더라.

50-40 解 低頭竊視 有所畏避 行作不利 酒酸魚敗 衆莫貪嗜
머리를 숙이니 곁눈으로 봄은 두렵고 피함이 있는 바 행동이 불리함이고 술이 시고 고기가 부패하니 모두 탐내고 즐겨하지 아니하더라.

50-41 損 左輔牛弼 金玉滿櫃 常盈不亡 富於敖倉
좌에서 돕고 우에서도 도우니 금과 옥이 궤에 가득하고 항상 차고 없어지지 아니하니 부하기가 큰 창고 같더라.

50-42 益 資朝乘軒 據德宰民 虞舜受命 六合和親
조정에 앉아 초헌을 타고 덕에 의거해 백성을 다스리어 우나라 순임금이 명을 받으니 천지 사방이 화친하더라.
[註] 六合은 천지, 동서, 남북을 합하여 육합이라 함.

50-43 夬 東行西坐 喪其犬馬 南求驊騮 失車林下
동으로 가서 서에 앉으니 그 견마를 상해 남에서 화류마를 구하다 수풀아래 수레를 잃더라.

50-44 姤 砥德礪材 果當成周 拜受大命 封爲齊侯

덕을 닦고 재목을 갈아 과연 주나라를 이룩함을 당하여 절하고 대명을 받으니 제후에 봉함이 되더라.

[註] 강태공 여망이 문왕을 도와 주나라가 천하를 통일한 후 제나라 왕에 봉해졌다.

50-45 萃 西逢王母 慈我九子 相對歡喜 王孫萬戶 家蒙福祉
서쪽에서 왕모를 만나고 나의 아들 아홉을 사랑하여 서로 대해 즐기고 기뻐하니 왕손이 만호에 집에 복지를 입더라.

50-46 升 安坐玉牀 聽韻行觴 飮福萬歲 白壽無疆
편안히 옥상에 앉아 순의 풍유를 들으며 잔을 행하여 만세의 복을 마시며 수(壽)가 끝이 없더라.

50-47 困 登高望家 役事未休 王政靡監 不得逍遙
높이 올라가 집을 바라보니 역사가 끝나지 않고 왕정이 급하지 않으나 소요함을 얻지 못하더라.

50-48 井 擊鼓陷陔 不得相踰 章甫文德 福厭禍消
북을 치며 풍류에 빠져 서로 넘음을 얻지 못하고 장보의 문덕은 복과 재앙과 다함을 싫어하더라.

50-49 革 追亡逐北 呼還幼叔 至止而復 得反其室
도망하는 것을 좇다가 패하고 어린 아재비를 돌아오라 불러 그치게 해 다시 그 집으로 돌아옴을 얻더라.

50-51 震 老猾大偷 東行盜珠 困於?敖 幾不得去
늙고 교활한 큰 도적이 동으로 가서 구슬을 훔치었으나 개가 씹고 짖어대는 것이 곤란해 거의 가지 못하더라.

50-52 艮 禹召諸侯 會稽南山 執玉萬國 天下康安
우임금이 제후를 불러 남산에 모이니 만국이 옥과 비단을 바쳐 천하가 편안하더라.

50-53 漸 忉忉怛怛 如將不活 黍稷之恩 靈輒以存 獲生保年
슬퍼하고 근심해 장차 살지 못할 것 같더니 곡식의 은덕으로 영험이 있어 삶을 얻어 해를 보존하더라.

50-54 歸妹 候叔興起 季子富有 照臨楚國 蠻荊是安
후숙이 흥해 일어나니 계손씨가 부유하여 초나라에 비쳐 임하니 남만과 형주가 이에 편안하더라.

[註] 앞의 두 구절은 楚가 흥기하여 부유해진 것은 叔季의 子와 子上에 있다는 것이다.

50-55 豊 白馬駿騮 更生不休 富我商人 利得如丘
백마 준류가 갱생하여 쉬지 아니하니 부자인 나 상인이 이(利)를 언덕과 같이 얻더라.

50-56 旅 灼火泉源 釣魴山巓 魚不可得 炭不可燃
불을 샘에다 피고 방어를 산마루서 낚시하니 고기를 가히 얻지 못하고 숯도 가히 타지 아니하더라.

50-57 巽 避患東西 反入禍門 糟糠不足 憂動我心
환란을 피해 동서로 하다가 도리어 화문으로 들어가니 조강(양식)이 부족해 근심이 나의 마음을 움직이더라.

50-58 兌 成王多寵 商臣惶恐 生其禍心 使君危殆
성왕의 은총이 많아 상신이 황공하여 화난의 마음이 생겨 임금으로 하여금 위태하게 하더라.

[註] 成王은 초성왕이요, 商臣은 성왕의 세자인데 후에 성왕을 시살했다.

50-59 渙 虎飢欲食 見猬而伏 禹通龍門 避咎除患 元醜以安
호랑이가 주려 먹고자 하다가 고슴도치를 보고 엎드리고 우임금이 용문을 통하니 재앙을 피하고 우환을 제거하니 원래 추했는데 편안해지더라.

50-60 節 按民呼池 玉杯大案 魚如白雲 一邑獲願
백성을 안무하고 못으로 불러 옥잔으로 크게 안무하니 고기는 백운같아 한 고을이 원하는 바를 얻더라.

50-61 中孚 雙鳧鴛鴦 相隨郡行 南至饒澤 食魚與粱 君子樂長
쌍오리와 원앙이 서로 따라 무리지어 남으로 요택에 이르러 고기와 기장을 먹으니 군자의 즐거움이 길더라.

50-62 小過 蔡侯朝楚 留連江渚 踰時歷月 思其君后
채후가 초나라에 조공하는데 강가에 연류하여 때를 넘어 달이 지나니 그 군후를 생각하더라.
[註] 豫之困을 보라.

50-63 旣濟 膠車駕東 與雨相逢 五䅘解墮 頓呃獨坐 憂爲身禍
부레차로 동으로 가다 비를 만나 다섯 멍에가 풀려 떨어지니 거리끼는 것을 정돈하고 홀로 앉았으니 몸의 재앙이 근심되더라.

50-64 未濟 螟蟲爲賊 官我稼穡 盡禾殫麥 秋無所得
명충이 적이 되어 나의 농사를 해쳐 벼와 보리를 다 해치니 가을에 소득이 없더라.

震上 震下 震之第五十一　重雷震

51-51 震　枯瓠不朽　利以濟舟　渡踰河海　無有溺憂
마른 박은 썩지 않아 건너는 배로서 이용해서 하수와 바다를 건너 넘어도 빠질 근심이 없더라.

51-1 乾　陷塗溺水　火燒我履　憂患重累
진흙길에 빠지고 물에 빠졌는데 나의 신발이 불에 타니 우환이 중첩하더라.

51-2 坤　旦生夕死　名日嬰鬼　不可得祀
아침에 나서 저녁에 죽으니 이름하여 말하기를 어린애 귀신이라 제사를 아니 지내더라.

51-3 屯　揚水潛鑿　使君潔白　裏素表朱　遊戲皐澤　得其所願　心志娛樂
물을 푸고 깊이 뚫어 임금으로 하여금 결백케 하니 속은 희고 겉은 붉어 언덕과 못에서 유희하여 그 소원을 득하니 마음과 뜻이 즐겁더라.

51-4 蒙　衆鳥所翔　重有大怪　九身無頭　魂驚魄去　不可以居
뭇새가 날던 중 큰 괴물이 있으니 아홉 몸에 머리가 없어 혼이 놀라 넋이 나가니 가히 거처하지 못하더라.

51-5 需　刖根枯株　不生肌膚　病在於心　日以蕉枯
발꿈치 뿌리를 자르며 줄기가 말라 살갗이 살아나지 않고 병이 마음에 있어 날로 말라 가더라.

51-6 訟　府藏之富　王以振貸　捕魚河海　笱笓多得
마을의 저장한 재물은 왕이 구휼로 빌려 주는 것이고 고기를 하수와 바다에서 잡는데는 통발이 많이 얻더라.

51-7 師 日莖九纏 更相牽攣 宿明俯仰 不得東西 請讞當報 日中被刑
한 줄기가 아홉 번을 돌리고 다시 서로 당기고 매서 잠든들 밝은 부앙과 동거를 얻지 못해 옥발미에 청해 공초를 당했는데 한낮에 처형되더라.

[典據]《史記》司馬穰苴傳 : 穰苴与監軍莊賈期. 旦日日中會於軍門. 及期賈不至. 召軍正問曰, 軍法期而後至者, 云何. 曰, 當斬. 乃斬之.

51-8 比 耋老鮐背 齒牙動搖 近地遠天 下入黃泉
늙어서 등에 복 무늬가 생기고 치아가 흔들리고 땅은 가깝고 하늘은 멀어 아래로 황천에 들어가더라.

51-9 小畜 羊舌叔虎 野心善怒 黷貨無厭 以滅其身
양설숙호는 야심에 성을 잘 내고 뇌물을 싫어함이 없어 그 몸을 멸망하더라.

[註] 양설숙호(羊舌叔虎)는 양설호로 진(晉)의 숙향(叔向)의 아우로 미남자로서 용맹하였다.

[典據]《左傳》襄公二十一年, 范宣子以其爲欒盈之党殺羊舌氏.

51-10 履 訐疑八子 更相欺紿 管叔善止 不見邪期
여덟 아들의 의심을 들춰내고 다시 서로 속여서 관중이 잘 제지하여 간사한 기회를 보이지 아니하더라.

51-11 泰 佯跳不遠 心與言反 尼丘顧家 茅簞朱華
짝지어 뜀은 멀지 않고 마음과 말이 달라 니구가 집에 돌아오니 띠소쿠리가 붉고 화려하더라.

51-12 否乾 蚍蜉戴盆 不能上山 搖推跌跋 頓傷其顔
왕개미가 분을 이고 능히 산을 오르지 못해 흔들고 밀어 거꾸러져 그 얼굴을 갑자기 상하더라.

51-13 同人 朝露不久 爲恩惠少 膏潤欲盡 咎在枯槁
아침 이슬은 오래 가지 아니하고 은혜는 되나 은혜가 적고 기름지고 윤택함이 다하고자 함은 허물이 마름에 있더라.

51-14 大有 河伯之功 九州攸同 載祀六百 光烈無窮
하백의 공은 구주가 같은 바 육백(오래) 제사를 받드니 빛이 무궁하더라.

51-15 謙 三人北行 大見光明 道逢淑女 與我驥子
세 사람이 북으로 가서 크게 광명을 보고 길에서 숙녀를 만나 나와 더불어 말을 타더라.

51-16 豫 金精耀怒 帶劍過午 徘徊高庫 宿於木下 兩虎相拒 弓弩滿野
금정이 번쩍거리며 칼을 차고 낮이 지나도록 고고를 배회하다 나무아래서 자니 두 호랑이가 서로 닥치는데 활과 쇠뇌가 들에 가득하더라.

51-17 隨 江河淮海 天之奧府 衆利所聚 可以富有 好樂喜友
강하회해는 하늘이 내린 나라의 중심지라 모든 이익이 모이는 바 가히 부가 있어 음악을 좋아하고 벗을 기뻐하더라.

51-18 蠱 不虞之患 禍至無門 奄忽暴卒 病傷我心
생각지 않은 우환 재앙이 문없이 이르러 급작스럽게 폭사하니 병이 나의 마음을 상하게 하더라.

51-19 臨 畵龍頭頸 文章未成 甘言美語 說辭無名
용의 머리와 목을 늘이는데 채색을 이르지 못해 감언이설로 무명(無名)이라 말하더라.

51-20 觀 缺破不成 胎卵不生 不見兆形

결파하여 이루지 못해 태와 알을 낳지 못 하니 조짐과 형상을 보지 못하더라.

51-21 噬嗑 旁行不遠 三里復反 心多畏惡 日中止舍
돌아다니기를 멀리 아니하고 삼리에서 복반하니 마음에 두렵고 싫음이 많아 낮에 집에 있더라.

51-22 賁 四隤不安 兵革爲患 掠我妻子 家復飢寒
사방이 무너져 불안한데 전쟁이 화가 되어 나의 처자를 약탈당하니 집이 다시 주리고 춥더라.

51-23 剝 喜來如雲 嘉福盈門 衆才君子 擧家蒙懽
기쁨이 구름같이 와 아름다운 복이 문에 가득하니 모든 사람과 군자가 온 집안이 기쁜 혜택을 입더라

51-24 復 載金販狗 利棄我走 藏匿淵底 折毁爲咎
금을 가지고 개를 무역하는데 이(利)가 나를 버리고 달아나 연못 밑에 감추었던 것이 헐고 헐음이 허물이 되더라.

51-25 無妄 日中爲市 各抱所有 交易資賄 函珠懷寶 心悅懽喜
일중에 시장이 되니 각기 있는 것을 안고 재물을 교역하니 구슬은 상자에, 보배는 품고 마음에 기쁘고 기뻐하더라.

51-26 大畜 日趨月步 周遍次舍 經歷致遠 無有難處
날마다 나가고 달마다 걸어 두루 세상 돌아 경력하여 멀리 이르니 난처함이 있지 아니하더라.

51-27 頤 陽明失時 陰凝爲憂 主君哀泣 喪其元候
양명한 때를 잃어 음이 엉켜 근심이 되고 주군이 슬피 우니 그 원후를 잃었더라.

51-28 大過　年衰歲暮　精魂逝去　形容銷枯　哀子相呼
나이가 쇠하고 해가 저무니 정신과 혼이 놀다 가니 형용이 소고하여 자식을 슬피 서로 부르더라.

51-29 坎　少無功績　老困失福　跌行徒跂　不知所立
젊어서 공적이 없고 늙어 복을 잃어 궁핍하니 기며 절름발이라 설 곳을 알지 못하더라.

51-30 離　持心瞿目　善數搖動　自東組西　不安其處　散渙府藏　無有利得
마음가짐이 눈을 휘둥거리고 자주 한곳에 편안치 못해 마을에 저장한 것을 헤쳐 녹이니 이득이 있음이 없더라.

51-31 咸　齎貝贖俚　不聽我辭　擊於虎鬚　牽不得來
재물을 가지고 이리를 사서 나의 말을 듣지 않고 호랑이 수염에다 매니 끌어도 오지 못하더라.

51-32 恒　老狼白獹　長尾大胡　前顚卻躓　無有利得
늙은 이리와 흰 좋은 개는 긴 꼬리에 목줄기가 크게 늘어지고 앞으로 고꾸라지고 뒤로 넘어지니 이득이 없더라.

51-33 遯　背地相憎　心志不同　如火與金　君猛臣慢　虎行兎伏
땅을 등지고 서로 미워해 심지가 같지 않아 불과 더불어 금과 같고 임금은 용맹하고 신하는 거만하며 호랑이 행차에 토끼가 엎드리더라.

51-34 大壯　夏台羑里　湯文厄處　鬼候歠醢　岐人悅喜
하대와 유리는 탕임금과 문왕이 피로했던 곳이고 귀후가 육즙을 마시니 기산 사람이 기뻐하더라.

51-35 晉　牙孼生齒　螳蜋啓戶　幽人利貞　鼓翼起舞
어금니 사랑니가 나고 범아제비가 문을 여니 은거하는 사람이 의롭고 지혜로와 날개를 치며 일어나 춤추더라.

51-36 明夷　烈女無夫　閔思苦憂　齊子無良　使我心愁
열녀는 지아비가 없어 민망하게 생각하고 괴롭고 근심하는데 제자는 어질지 못해 나로 하여금 마음으로 근심하게 하더라.
[註] 제자(齊子)는 제양공의 누이동생으로 노환공의 부인이다.

51-37 家人　踐履危難　脫厄去患　入福喜門　見我大君
위난을 밟았다가 액을 벗어나 우환이 가고 복이 희문으로 들어오니 나의 큰 임금을 뵙더라.

51-38 睽　折臂接手　不能進酒　祈祀閑曠　神怒不喜
팔뚝을 꺾이어 손을 접하니 능히 술을 바치지 못해 빌고 제사를 잘 차리지 못하니 신이 노하고 기뻐하지 않더라.
[註] 《史記》 陳丞相世家, 高帝予具武士. 見信至, 卽執縛之. 載後車. 武士反接之.

51-39 蹇　蟻封戶穴　大雨將集　鵲基數鳴　牝雞歎室　相薨雄父　未到在道
개미가 출입구를 봉함은 장차 큰비가 오고 까치가 일어나 자주 울고 암탉이 집을 탄식함은 서로 수컷 아비가 죽어서 이르지 못하고 길에 있음이더라.

51-40 解　胡俗戎狄　太陰所積　固冰沍寒　君子不存
오랑캐 풍속에 북방 오랑캐 땅은 태음이 쌓인 곳으로 얼음이 굳고 항상 추워서 군자는 있지 아니하더라.

51-41 損　翕翕--　消頹崩顚　滅其令名　身不得全
수레 모는 소리가 요란하다가 무너지고 엎어져 쇠퇴하면 그 좋은 명성이 소멸되고 몸도 온전하지 못하더라.

51-42 益 螟蟲爲賊 害我稼穡 盡禾殫麥 秋無所得
명충이 적이 되어 나의 농사를 해치니 벼와 보리를 다 해쳐 가을에 소득이 없더라.

51-43 夬 三鳥飛來 自我逢時 救行先至 多得大利
세 마리 새가 날아오더니 그로부터 나가 때를 만나 같이 가도 먼저 이르러 큰 이익을 많이 얻더라.

51-44 姤 龍馬上山 絕無水泉 喉焦唇乾 渴不能言
용마가 산을 오르는데 물과 샘이 없어 목이 타고 입술이 마르고 목이 말라 능히 말을 못하더라.

51-45 萃 春生孳乳 萬物繁熾 君子所集 禍災不至
봄이 교미해 젖을 낳게 해 만물이 번식하니 군자가 모이는 바 재앙이 이르지 아니하더라.

51-46 升 王孫季子 相與爲友 明允篤誠 升擢薦擧
왕손과 계자가 서로 더불어 친구가 되어 믿음과 정성이 돈독함을 밝혀 천거해 빼내 올리더라.

51-47 困 六明並照 政紀有統 秦草戰國 民受其咎
육명(육국)이 아울러 비쳐 정치의 기강이 벼리가 있는데 진나라와 초나라의 전쟁에서 백성이 그 재앙을 받더라.

51-48 井 蝃蝀充側 佞人所惑 女謁橫行 正道壅塞
무지개가 옆으로 차니 간사한 사람에 혹한 바 되고 여자가 정치를 좌지우지하니 정도가 막혀버리더라.

51-49 革　登崑崙入　天門過糟邱　宿玉泉　同惠歡　見仁君
곤륜산에 올라 천문을 들어가 조구를 지나 옥천에서 자고 은혜와 기쁨을 같이하고 어진 임금을 뵙더라.

51-50 鼎　體重難飛　未能越關　不離空垣
몸이 무거워 날기 어려워 능히 관을 넘지 못하여 빈 담을 떠나지 못하더라.

51-52 艮　玄黃虺隤　行者勞被　役夫憔悴　踰時不歸
검고 누렇게 병으로 쇠약하니 행자는 피로하고 역부는 초췌하여 때가 넘도록 돌아오지 아니하더라.

[註] 虺隤(회퇴); 병으로 쇠약함.

51-53 漸　孔德如玉　出於幽谷　飛上喬木　鼓其羽翼　輝光照國
공작은 옥과 같아 깊은 골짜기에서 나와 교목에 날아 올라가서 그 날개를 치니 비치는 빛이 나라를 비추더라.

51-54 歸妹　火雖熾　在吾後　寇雖衆　在吾右　身安吉　不危殆
불이 비록 맹열히 타나 나의 뒤에 있고 도적이 비록 많으나 나의 오른쪽에 있어 몸이 편안하고 길하니 위태하지 아니하더라.

51-55 豊　栴裘氈國　文禮不飾　跨馬控弦　伐我都邑
모직 옷을 입고 노린내나는 나라가 글과 예의는 빛나지 않고 말타고 활을 당기며 나의 도읍을 공격하더라.

[註] 栴裘(전구)-모직물 옷, 氈國(전국)-몽고족 또는 목축을 하는 나라.

51-56 旅　被髮八十　慕德獻服　邊鄙不聳　以安王國
머리를 풀어헤친 팔십에 덕을 사모해 복종하니 변두리 변방으로서 우뚝하지 않지만 왕국으로서 편안하더라.

[註] 강태공을 말하는 것 같다.

51-57 巽 心得所好 口常欲笑 公孫蛾眉 雞鳴樂夜
마음의 좋아하는 바를 얻어 항상 입에 미소를 띄우니 공손이 아미를 닭이 울 때까지 밤을 즐기더라.
[註] 아미(蛾眉)는 미인을 말함이다.

51-58 兌 馬能負乘 見邑之野 并獲粢稻 喜悅無咎
말은 능히 짐 싣고 타니 읍의 들에서 볼 수 있고 피와 벼를 아울러 얻으니 희열해도 재앙이 없더라.

51-59 渙 高飛視下 食饕所在 腐臭爲患 害於躬身
높이 날아 아래를 보면 탐내는 것이 있는 곳에는 썩는 냄새가 재난이 되어 몸을 해치더라.

51-60 節 洞行西步 失其次舍 乾候野井 昭君喪居
동으로 행해 서쪽으로 걸어 그 다음 쉴 곳을 잃으니 근후 야정에서 죽으니 소군의 죽음이 있더라.

51-61 中孚 神鳥五彩 鳳凰爲主 集於王谷 使年歲有
신조가 오색은 봉황이 위주하여 왕곡에 모여 해마다 풍년이 들더라.

51-62 小過 石門晨啓 荷簣疾貧 遁世隱居 竟不逢時
석문을 새벽에 여니 삼태기를 메고 가난을 싫어해 세상을 도망해 은거하니 마침내 때를 만나지 못하더라.

51-63 旣濟 ――鬖鬖 貧鬼上責 無有懽怡 一日九結
씹고 씹고 깨무는 가난한 귀신이 서로 책하며 기뻐함이 없이 하루에 아홉 번을 맺더라.

51-64 未濟　白日揚光　雷車避藏　雲雨不行　各止其鄕
흰날에 빛을 나니 우레차가 피해 숨어 구름과 비가 행하지 못해 각기 그 마을에 그치더라(멈추더라).

艮上 艮下 艮之第五十二 重山艮

52-52 艮 君孤獨處 單弱無輔 名日困苦
임금이 외롭게 혼자 있어 홀로 약한데 도움이 없어 이름하여 곤란하여 고생한다고 하더라.

52-1 乾 憂驚已除 禍不爲災 安全以來
근심과 놀람이 이미 제거되니 화가 재앙이 되지 않아 안전히 오더라.

52-2 坤 穿匏挹水 篝鐵然火 勞疲力竭 飢渴爲禍
뚫어진 바가지로 물을 긷고 쇠로 불덮개를 하고 불을 때니 피로해 힘이 다하여 기갈이 재앙이 되더라.

52-3 屯 蹇牛折角 不能載粟 災害不避 年歲無穀
절름발이 소가 뿔을 꺾이니 능히 조를 싣지 못하고 재해를 피하지 못하니 해마다 곡식이 없더라.

52-4 蒙 邑將爲墟 居之憂危
골이 장차 옛터가 되니 삶에 위태함을 근심하더라.

52-5 需 根刖殘樹 華葉落去 卒逢火焱 隨風僵仆
뿌리를 잘린 나머지 나무는 잎사귀가 떨어져 가니 끝내 불을 만나 바람을 따라 죽어 쓰러지더라.

52-6 訟 元后貪欲 窮極民力 執政乖互 爲夷所覆
원후가 탐욕하여 백성의 힘이 그쳐 다하니 정사가 항상 어그러져 오랑캐에게 뒤집힌 바가 되더라.

52-7 師 北山有棗 使叔壽考 東嶺多栗 宜行賈市 陸梁雌雄 所至利喜
북산에는 대추가 있어 숙부로 하여금 장수하게 하고 동령에는 밤이 많아 마땅히 저자에 장사하고 육양과 암꿩은 이르는 곳마다 이익이 나서 기뻐하더라.

52-8 比 高原峻山 陸土少泉 草木林麓 嘉禾所災
고원의 높은 산은 땅에 샘이 적어 초목과 임록에는 아름다운 벼가 재앙인 바가 되더라.

52-9 小畜 辰次降婁 王駕巡時 廣祐施惠 國安無憂
진의 다음 강루에 왕이 순찰할 때 널리 돕고 은혜를 베푸니 나라가 편안하고 근심은 없더라.

[註] 降婁(강루)는 새벽을 말함이다.

52-10 履 ---- 歲慕偏弊 寵名損棄 君衰於位
수레 모는 소리가 겹치고 세모의 폐단에 치우쳐 총애의 이름을 버리니 임금의 위가 쇠해지더라.

52-11 泰 放銜委轡 犇亂不制 法度無恒 君失其位
자갈을 놓고 고삐를 버리고 달아나고 어질러도 제어하지 않으면 법도가 문란해 임금이 그 위를 잃더라.

52-12 否 獨坐西垣 莫與言笑 秋風多哀 使我心悲
홀로 서쪽 담에 앉으니 더불어 말하고 웃음이 없고 가을바람에 슬픔이 많아 나로 하여금 마음으로 슬프게 하더라.

52-13 同人 脛急股攣 不可出門 暮速歸旅 必爲身禍
종아리가 땡기고 다리를 매서 가히 문을 나가지 못하는데 저물게 속히 여행에서 돌아가려면 반드시 몸에 재앙이 되더라.

52-14 大有　情僞難知　使我偏頗　少人在位　雖聖何咎
정을 속이는 것은 알기 어려워 나로 하여금 한쪽으로 기울게 하고 소인이 자리에 있으니 비록 성인인들 어찌하리오.

52-15 謙　黍稷醇醴　敬奉山宗　神嗜飮食　一雨嘉降　庶物蕃茂　時無災咎
기장과 되로 단술을 담가 공손히 산신에게 받들어 바치니 신이 음식을 즐거워해 단비를 잘 내려 모든 물건이 번성해 때에 재앙이 없더라.

52-16 豫　公子王孫　把彈攝丸　發輒有獲　室家饒足
공자 왕손이 탄환을 가지고 쏘면 문득 얻음이 있어 집안이 풍족하더라.

52-17 隨　陰承陽伏　舜失其室　慈母赤子　相餒不食
음이 오르니 양이 엎드리고 순임금이 그 집을 잃고 어머니와 적자가 서로 주리면서 먹지 못하더라.

52-18 蠱　七竅龍身　遠易八元　法天則地　順時施恩　利以長存
칠규 용신 팔원을 지어 바꾸어 하늘을 법을 받고 땅을 본받아 시절에 순응하여 은혜를 베푸니 이익이 길게 있더라.

52-19 臨　逐孤東山　水遏我前　深不可涉　失利後便
여우를 동산에서 쫓다가 물이 나의 앞을 막으니 깊어 건널 수가 없어 이익을 잃어 뒤편이 되더라.

52-20 觀　銜命辱使　不堪其事　中墜落去　更爲負載
명을 받들어 욕되게 부림을 당하다가 그 일을 감내 못하고 중간에 떨어져 가니 다시 지고 싣는 일을 하더라.

52-21 噬嗑　溫仁君子　忠孝所在　入閨爲儀　禍災不起

온인 군자는 충효가 있는 바 규방에 들어가도 예의를 갖추면 재앙이 아니 일어나더라.

52-22 賁 春多膏澤 夏潤優渥 稼穡成熟 畝擭百斛 師行失律 霸功不逐
봄에 기름진 땅이 많고 여름에 윤택하고 비가 잘 와서 곡식이 성숙하여 한 이랑에 백 가마를 얻는데 군사가 규율을 잃으니 패공을 이루지 못하더라.

52-23 剝 二女同室 心不聊食 首髮如蓬 憂常在中
두 여인이 한집에 있으니 마음이 불편해 먹지 않고 머리털이 쑥대같고 근심이 항상 심중에 있더라.

52-24 復 築關石巓 立木泉源 疾病不安 老孤爲鄰
관을 돌산 마루에 쌓고 나무는 샘의 근원에 서고 질병이 불안한데 늙은 여우가 이웃이 되더라.

52-25 無妄 欲避凶門 反與禍鄰 顚覆不制 痛薰我心
흉문을 피하고자 하다가 도리어 재앙과 더불어 이웃하니 전복되는 것을 제압하지 아니하면 나의 마음을 아프고 답답하게 하더라.

[典據] 《周易》 艮卦九三, 厲薰心.

52-26 大畜 蹴行竊視 有所畏避 狸首伏藏 以夜爲利
조심해 걸으며 곁눈질해 봄은 두려워 피한 바가 있음이요, 이리 머리로 엎드려 숨음은 밤이 이로움이 됨이더라.

52-27 頤 人面鬼口 長舌爲斧 劈破瑚璉 殷商絶後
사람 얼굴에 귀신의 입으로 말 많음이 독기가 되어 존경할 만한 사람을 쪼개버리니 은나라와 상나라의 후손이 끊기더라.

[註] 호련(瑚璉)은 피와 기장을 담아서 종묘에 바치는 제기인데 사람에 비하면 존경할 만한 사람 또는 높은 기량의 사람이다.

52-28 大過　和氣相薄　膏澤津液　生我嘉穀
화기가 서로 박하나 기름진 땅의 진액이 나의 아름다운 곡식을 생하게 하더라.

52-29 坎　銷金厭兵　雷車不行　民安其鄕
병장기를 싫어해 금을 녹이고 뇌차가 행하지 않으니 백성이 그 마을에 편안히 살더라.

52-30 離　秦儀機言　濫其國患　一說燕下　齊相以權
소진과 장의의 기언에 그 나라의 근심을 푸니 한 번 말에 연나라를 설복하고 제나라의 정승을 겸하더라.

[註] 진의(秦宜)는 소진(蘇秦), 장의(張儀)로서 전국시대 六國을 돌아다니며 설복시키는 말을 잘하던 사람이다.

52-31 咸　旦奭輔王　周德孔明　越裳獻雉　萬國咸康
주공 단이 왕을 크게 도와 주덕이 공명하여 월상이 꿩을 바치니 만국이 다 편안하더라.

[註] 월상(越裳)은 현 월남이다. 단석(旦奭)은 주공.

52-32 恒　弱足刖跟　不利出門　賈市無盈　折亡爲患
약한 발의 뒤꿈치를 자르니 문을 나가는 것이 불리하고 가게가 차지 않으니 분질러 없앤 것이 근심이 되더라.

52-33 遯　堅冰黃鳥　常哀悲愁　不見白粒　但覩藜蒿　數驚鷙鳥　爲我心憂
단단한 얼음을 황조는 항상 슬퍼하며 근심함은 흰 낟알을 보지 못하고 다만 명아주와 다북쑥만 보이고 자주 수리에게 놀라 나의 마음에 근심이 되더라.

[註] 乾之噬嗑, 益之大過를 보라.

52-34 大壯　魂微惙惙　屬纊聽絕　豁然大通　復更生活
혼이 희미해 근심하는데 고운 솜으로 귀를 막아 들음이 끊어졌다 활연히 대통하니 다시 살아난 것 같더라.

52-35 晉 陰生麞鹿 鼠舞鬼哭 靈龜陸處
음이 노루와 사슴을 낳으니 쥐가 춤추고 귀신이 곡하고 신령스러운 거북이 땅에 살더라.

52-36 明夷 諸石攻玉 無不穿鑿 龍體具擧 魯班爲輔 麟鳳成形 德象君子
모든 돌로 옥을 다듬는데 구멍을 뚫지 않음이 없고 용의 몸을 만들 때 노반이 돕게 되고 기린과 봉황의 형상을 이루니 군자의 덕을 상징하더라.

52-37 家人 山作天時 陸爲海口 民不安處
산이 천시를 만들고 육지가 바다의 입이 되니 백성이 편안히 거처하지 못하더라.

52-38 睽 東風啓戶 隱伏歡喜 萌庶蒙恩 復得我子
동풍이 문을 열으니 은복하였던 것이 환희하고 싹이 모두 은혜를 입으니 다시 나의 자식을 얻더라.

52-39 蹇 華燈百枝 消暗衰微 精光欲盡 奄如-糜
화려한 등이 백 가지면 어둠이 사라지나 쇠잔하고 희미해 맑은 빛이 다되려고 하면 문득 회 싸래기 같더라.

52-40 解 三十無室 寄宿桑中 上宮長女 不得同來 使我失期
삼십에 아내가 없어 상중에서 기숙하니 상궁의 장녀와 같이 오지를 못해 나로 하여금 실기케 하더라.

52-41 損 卵與石鬪 糜碎無疑 動而有悔 出不得時
알이 돌과 더불어 싸우니 싸래기처럼 부서지는게 의심의 여지가 없으나 동하면 뉘우침이 있으니 나가는 때를 얻지 못하더라.

52-42 益 秦兵爭强 失其貞良 敗於殽鄕

진나라 군사가 강함을 다투다 그 곧고 어짐을 잃어 효향에서 패하였다.

[註] 진목공(秦穆公)이 채숙의 간하는 말을 아니 듣고 맹명을 시켜 晉나라를 치다가 효곡에서 패했다.

[典據]《左傳》僖公三十三年, 秦穆公違蹇叔. 使孟明伐鄭. 敗秦師於殽.

52-43 夬 虐除喜猛 難爲攻醫 驥窮鹽車 困於銜-

사나움이 잘 용맹을 제어하나 의원 노릇은 어렵고 천리마가 소금차에 막혀 자갈과 채찍에게 곤란을 받더라.

52-44 姤 操笱搏狸 荷弓射魚 非其器用 自令心勞

통발을 가지고 이리를 잡고 활을 가지고 고기를 쏘니 거기에 맞는 기구를 쓰지 아니하고 스스로 마음을 괴롭히더라.

52-45 萃 葵丘之盟 晉獻會行 見太宰辭 復爲還輿

규구의 맹회에 진현공 회에 가다가 태재의 말을 듣고 다시 수레를 돌리더라.

[註] 춘추 회공 9년에 제나라가 제후들을 계구에 모이게 하였는데 주나라 태재가 제후(齊侯)가 덕이 없음을 알고 진현공에게 말해 되돌아가고 말았다.

[典據]《左傳》僖公九年.

52-46 升 臏詐龐子 夷竈盡毁 兵伏卒發 矢至如雨 魏師驚亂 將獲爲虜 涓死樹下

손빈이 방자를 속여 부뚜막을 다 헐어 버리고 후퇴하면서 복병해서 추격하는 위군을 포위하고 화살이 비오듯하니 위군이 놀래고 문란하여 장수가 포로가 되니 방연이 나무 아래서 자결해 죽더라.

[註] 제나라가 위나라를 침공하다가 손빈의 계교로 후퇴하는 것처럼 속여 위군을 대파하고 태자 신(申)을 사로잡았다.

[典據]《史記》孫子吳起列傳, 孫臏率齊兵与魏龐涓戰. 滅竈佯退. 龐涓大喜. 倍日并行逐之. 孫子設伏於馬陵道. 並斫大樹. 白而書之日, 龐涓死此樹之下.

-涓果夜至-木下. 見白書. 乃鑽火燭之-其書. 未畢. 齊軍萬弩俱發. 魏軍大亂相失. 龐涓乃自剄.

52-47 困 南行出城 世得大福 王姬歸齊 賴其所欲
남으로 성을 나가 대대로 큰 복을 얻으니 왕희가 제나라로 돌아가 그 하고자 하는 바를 힘입음이더라.

52-48 井 終採薇蘭 地凍堅難 利走室北 暮無所得
겨울에 고사리를 캐니 땅이 얼어 굳어 어려우니 달아나 집으로 가는 것이 이로우니 저물도록 소득이 없더라.

52-49 革 王喬無病 苟頭不痛 亡履失履 乏我送從
왕교가 무병하여 진실로 머리가 아프지 아니하고 나막신이 없어지고 신발을 잃으니 나를 보내고 따르는 자가 없더라.

52-50 鼎 宛馬疾步 盲師坐御 目不見路 中宵不到
대왕마가 걸음이 빠르나 장님이 타고 앉아 눈으로 길을 보지 못해 밤중이 되도록 이르지 못하더라.

52-51 震 求利難國 亡去我北 憂貴其城 反爲吾賊
이를 구하기가 나라에서 어려워 나가 북으로 도망가는데 그 성으로 돌아가면 도리어 나를 해할 것을 근심하더라.

52-53 漸 比目四翼 安我邦國 上下無患 爲吾喜福
비목사익이 나의 나라를 편안하게 하여 상하가 환란이 없으니 나의 기쁜 복이 되더라.

52-54 歸妹 八材旣登 以成股肱 尨降庭堅 國無災凶

고양씨의 여덟 아들을 이미 등용하여 방강, 정견이 고굉을 이루니 나라에 흉한 재앙이 없더라.

[註] 팔재(八材)는 고양씨의 아들, 팔형제이고 방강(尨降), 정견(庭堅)은 그 중 두 명이다.

52-55 豊 稍弊穿空 家英爲宗 奴婢逃走 子西父東 爲身作凶
뚫린 구멍을 점점 가리니 집이 우러러 받듬이 되지 않아 노비는 도망가고 아들은 서쪽, 애비는 동으로 몸이 흉함을 짓게 되더라.

52-56 旅 鳥舞國城 邑懼卒驚 仁德不脩 爲下所傾
새가 나라성에서 춤추니 고을이 두려워하고 다 놀라니 어진 덕을 닦지 아니하여 아래로 기울어진 바가 되더라.

52-57 巽 五穀不熟 民苦困急 駕之南國 嘉樂有得
오곡이 익지 않아 백성의 괴롭고 궁핍함이 급해 남쪽으로 갔더니 아름답게 즐겁고 얻음이 있더라.

52-58 兌 黃裳建元 福德在身 祿祐洋溢 封爲齊君 富貴多孫
황상 건원은 복덕이 몸에 있어 녹과 복이 넘쳐 제나라 임금에 봉하니 부귀하고 자손이 많더라.

52-59 渙 齊東郭盧 嫁於洛都 駿良美好 利得過倍
제나라 동곽의 사냥개가 낙도로 시집가고 준량이 아름다운 것을 좋아하니 이득이 배를 넘더라.

52-60 節 安牀厚褥 不得久宿 棄我嘉宴 困於南國 投杼之憂 不成禍災
후한 요로 침상에 편안히 누워도 오래 자지 못함은 훌륭한 잔치가 나를 버려 남국에서 곤핍하니 북을 던지는 근심은 재앙을 이루지 아니하더라.

52-61 中孚　內崩身傷　中亂無常　雖有美粟　不我得食
안이 무너져 몸이 상하니 난을 만남이 무상하여 비록 아름다운 조가 있으나 나는 얻어먹지 못하더라.

52-62 小過　出門逢患　與禍爲怨　更相擊刺　傷我指端
문을 나서 우환을 만나니 재앙과 더불어 원망이 되어 다시 서로 치고 찔러 나의 손가락 끝을 상하더라.

52-63 旣濟　出入節時　南北無憂　行者函至　在外歸來
출입을 절기에 맞추니 남북이 근심이 없고 행자의 편지가 이르니 밖에 있다 돌아오더라.

52-64 未濟　公孫駕驪　載遊東齊　延陵說虛　遺季紵衣
공손씨가 검은 말을 멍에하고 동제로 놀러가서 연릉에서 정자산에게 오공자 계찰을 보내 모시옷을 주더라.

巽上 艮下 漸之第五十三 風山漸

53-53 漸 別離分散 長子從軍 稚叔就賊 寡老獨居 莫爲種瓜
이별 분산하여 큰아들은 종군하고 어린 셋째는 도적이 되어 늙은 과부가 혼자 사니 오이를 심지 못하더라.

53-1 乾 旦種菽豆 暮成藿羹 心之所願 志快意愜
이른 아침에 콩을 심어 저물게 콩잎 국이 되니 마음의 원하는 바라 뜻이 상쾌하더라.

53-2 坤 牡飛門啓 憂患大- 大爲身禍
수컷이 날며 문이 열리니 우환이 크게 풀려 몸에 재앙이 되지 않더라.

53-3 屯 東山西山 各自止安 雖相登望 竟未同堂
동산 서산에 각각 스스로 편안한데 그치니 비록 올라 서로 바라보나 끝내 집을 같이 아니하더라.

53-4 蒙 衆鳥所翔 中有大怪 九身無頭 魂驚魄去 不可以居
여러 새가 나는 곳에 큰 괴물이 있으니 몸은 아홉인데 머리가 없어 혼은 놀래고 넋은 나가니 가히 살지 못하더라.

53-5 需 交侵如亂 民無聊賴 追戎濟西 敵人破陳
교지가 침범하여 난리인데 백성은 의지하여 힘입음이 없고 오랑캐를 서쪽 너머로 쫓으니 적들이 진을 파하더라.

[註] 春秋莊公十八年夏. 莊公追戎于濟西.

53-6 訟 鱗鳥所翔 國無咎殃 賈市十倍 復歸惠鄉

기린과 봉황이 나는 곳에 나라의 재앙이 없으니 앉은 장사가 열배라 다시 사랑하는 마을로 돌아가더라.

53-7 師 鑿井求玉 非卞氏寶 身困名辱 勞無所得
우물을 파서 옥을 구했는데 변씨는 보배가 아니라 하니 몸은 곤하고 이름은 욕되니 수고만 하고 소득이 없더라.

53-8 比 文山鴻豹 肥腯多脂 王孫獲願 載福巍巍
문산의 큰 표범은 살찌고 기름이 많아 왕손이 얻기를 원하니 복을 실어 웅장히 받더라.

53-9 小畜 周成之隆 刑錯除凶 太宰費石 君子作人
주나라 성왕의 융성함은 형을 깨고 흉한 것을 제어하고 태재 비석은 군자가 사람을 만들더라.

[註] 비석(費石)은 양공(襄公)에게 충성한 사람이다. 太宰는 주공이다.

[典據]《左傳》莊公八年, 齊公傷足喪屨. 反誅屨於徒人費. 弗得. 鞭之, 見血. 走出. 遇賊于門. 劫而束之. 費曰, 我奚禦哉. 袒而示之背. 費請先入, 伏公而出鬪, 死於門中. 石之紛如死于階下.

53-10 復 珪璧琮璜 執贄見王 百里甯戚 應聘齊秦
서옥, 구슬, 종황을 폐백으로 가지고 왕을 뵈니 백리해는 진나라 영척은 제나라 초빙에 응해가더라.

53-11 泰 穿空漏徹 破壞殘缺 陶弗能治 瓦甓不鑿
뚫어져 비어서 새는 것을 버리면 파괴되고 깨어진 것이 남아 도자기를 능히 굽지 못하고 기와와 벽돌을 뚫지 못하더라.

53-12 否 鴻飛循陸 公出不復 伯氏客宿
큰 기러기가 날아 육지를 돌고 공이 나가 돌아오지 않으니 백씨가 객숙(客宿)하더

라.

53-13 同人 蝦-羣聚 從天請雨 雲雷運集 應其願所
청개구리가 무리로 모여 하늘에 비를 청하니 구름과 우레가 모이어 그 원하는 바에 응하더라.

53-14 大有 老弱無子 不能自理 爲氏所憂 終不離咎 管子治國 侯伯賓服 乗輿八百 尊我桓德
노약에 자식이 없어 능히 스스로 다스리지 못하니 백성을 위해 근심하는 바 끝내 재앙을 떠나지 못하고 관자가 나라를 다스리어 후백이 빈복하고 승여가 팔백이니 나의 굳센 덕을 높이더라.

53-15 謙 播梅折枝 與母別離 絕不相知
심은 매화의 가지를 꺾어 어머니와 더불어 이별하고 끊어져 서로 알지 못하더라.

53-16 豫 盛中不絕 衰者復掇 盈滿減虧 瘯蠡腯肥 鄭昭失國 重耳興起
성한 중에는 끊어지지 아니하고 쇠한 자는 다시 줍고 가득히 차면 감해지고 옴에는 살찌니 정송공은 나라를 잃고 진문공 중이는 흥기하더라.

53-17 隨 聞虎入邑 必欲逃匿 走據陽德 不見藿菽 終無患匿
호랑이가 골에 들어왔음을 듣고 마음에 달아나 숨고자 하여 달아나 양덕에 웅거하니 콩을 보지 못해 끝내 근심과 간악함이 없더라.

53-18 蠱 隨時逐便 不失利門 多獲得福 富於封君
때에 따라 편을 좇아 이문을 잃지 않으면 복을 많이 얻어 부가 임금을 봉함과 같더라.

53-19 臨 禹作神鼎 伯益銜指 斧斤旣折 憧立獨倚 買市不售 枯槁爲禍

우임금이 신정을 만드시니 백익이 손가락을 물고 도끼날이 이미 부러지니 뜻을 정하지 못하고 홀로 기대서니 앉은 장사가 팔리지 않고 마르고 마름이 재앙이 되더라.

53-20 觀 春鴻歸東 以馬貿金 利得十倍 重載歸鄉
봄에 기러기는 동으로 돌아가고 말로써 금을 무역하니 이득이 십배라 무겁게 싣고 시골로 돌아가더라.

53-21 噬嗑 金齒鐵牙 壽考宜家 年歲有儲 貪利者得 雖憂無咎
금이와 철어금니는 오래 살고 집이 화목하여 해마다 모음이 있어 이(利)를 탐하는 자는 얻어 비록 근심하나 재앙이 없더라.

53-22 賁 膏澤沐浴 洗去汚辱 振除災咎 更與福處
고택에서 목욕하여 오욕을 씻어 버려서 재앙을 털어 제어하면 다시 복과 더불어 처게 되더라.

53-23 剝 履階登墀 高升峻巍 福祿洋溢 依天之威
계단을 밟고 지대돌에 올라 높이 올라 높고 높아 복록이 넘치니 하늘의 위엄에 의지함이더라.

53-24 復 坤厚地德 庶物蕃息 平康正直 以綏大福
땅이 후하니 땅의 덕으로 모든 물건이 번식하니 평시에 편안하고 정직하니 큰 복에 편안히 하더라.

53-25 無妄 絕域異路 多所畏惡 使我驚惶 思吾故處
멀리 떨어진 땅의 다른 길이라 두렵고 나쁜 바가 많아 나로 하여금 놀래고 두려워 나의 옛곳을 생각하게 되더라.

53-26 大畜　襁褓孩幼　冠臺成家　出門如賓　部母何憂
강보의 어린이가 관대하고 집을 이루어 문을 나서면 손님 같으니 부모가 무엇을 근심하리요.

53-27 頤　一尋百節　綢繆相結　其指詘詰　不能解脫
한발의 백마디로 얽어 서로 매니 그 손가락이 구부러져 펴지지 않으니 능히 풀고 벗어나지 못하더라.

53-28 大過　鷹鸇獵食　雉兎困極　逃頭見尾　爲人所賊
매와 새매가 먹이를 사냥하니 꿩과 토끼가 곤란이 극해 머리만 숨기고 꼬리를 나타내니 사람에게 해를 당한 바 되더라.

53-29 坎　危坐至暮　請求不得　膏澤不降　政戾民惑
꿇어앉아 저물 때까지 청구해도 얻지 못하고 은혜가 내리지 않아 정치가 어긋나니 백성이 의심하더라.

53-30 離　剛柔相呼　二姓爲家　霜降旣同　惠我以仁
강유가 서로 불러 두 성이 한집이 되니 상강에 이미 같이하니 나에게 어짐으로 은혜하더라.

53-31 咸　慈母念子　饗賜得士　蠻夷來服　國人懽喜
어머니가 자식을 생각하듯이 잔치를 베풀어 선비를 얻으니 오랑캐가 와서 복종하여 나라 사람들이 기뻐하더라.

53-32 恒　良夫孔姬　脅悝登臺　欒季不扶　衛輒走逃
양부 공희가 공이를 협박해서 대에 오르니 낙계가 돕지 않아 위첩이 도망가더라.
[註] 損之恒을 보라.

53-33 遯 子長忠直 李陵爲賊 禍及無嗣 司馬失福
자장(사마천)은 충직한데 이릉이 적이 되어 화가 무사에 이르니 사마씨가 복을 잃더라.

[註] 자장(子長)은 사마천(司馬遷)이다.

53-34 大壯 節度之德 不涉亂國 雖昧無光 復大受慶
절도의 덕은 난국을 건너지 못해 비록 어두워 빛은 없어도 뒤에 큰 경사를 받더라.

53-35 晉 驅羊南行 無禍相逢 良驚我馬 虎盜我子 悲恨自咎
양을 몰고 남으로 가다 재앙과 서로 만나니 이리가 나의 말을 놀라게 하고 호랑이가 내 자식을 도적하니 슬퍼 스스로 재앙을 한하더라.

53-36 明夷 尼父孔丘 善釣鯉魚 羅網一擧 獲利萬頭 富我家居
니부공구가 잉어 낚시를 잘해 그물을 한번 들어 만마리의 이익을 얻으니 부하게 내 집에 살더라.

[註] 니부공구(尼父孔丘)는 공자님이다.

53-37 家人 本根不固 華葉落去 更爲孤嫗
근본 뿌리가 단단하지 아니하면 화려한 잎이 떨어져서 다시 외로운 할멈이 되더라.

53-38 睽 設罟捕魚 反得屠諸 員困湯忠 伍氏夷誅
그물을 쳐서 고기를 잡는데 도리어 백정을 얻고 오자서가 충성을 다해 고단한데 오씨가 죽음을 당하더라.

[註] 원(員)은 오자서(伍子胥)의 이름.

[典據]《左傳》哀公元年.

53-39 蹇 敏捷極疾 如猿集木 彤弓雖調 終不能獲

민첩하기 극히 빨라 원숭이가 나무에 모이는 것과 같아 붉은 활로 비록 쏘나 끝내 능히 얻지 못하더라.

53-40 解 冠帶南行 與福相期 邀於嘉國 拜位逢時
관대하고 남으로 가서 복과 더불어 서로 기약하고 가국에서 불러 벼슬에 배하여 때를 만나더라.

53-41 損 年豊歲熱 政仁民樂 祿人獲福
해마다 풍년이 들어 정치는 어질고 백성은 즐거워하니 녹인이 복을 얻더라.

53-42 益 築闕石巔 立基泉源 疾病不安 老孤無鄰
대궐을 돌산 마루에 짓는데 기초를 샘 구덩이에 세우니 질병에 불안하여 늙어 외롭고 이웃이 없더라.

53-43 夬 逐孤東山 水遏我前 深不可涉 失利後還
여우를 동산에서 쫓는데 물이 나의 앞을 막으니 깊어 가히 건너지 못해 이익을 잃고 되돌아오더라.

53-44 姤 麟子鳳雛 生長嘉國 和氣所居 康樂溫仁 邦多聖人
기린과 봉황의 새끼는 가국에서 생장하니 화목한 기운이 있는 곳에 편안하고 즐거우며 온후하고 인자하니 나라에 성인이 많더라.

53-45 萃 西行求玉 冀得瑜璞 反得凶惡 使我驚惑
서쪽으로 가서 옥을 구하는데 아름다운 옥덩어리를 얻기 바라는데 도리어 흉악을 얻으니 나로 하여금 놀라고 당혹하게 하더라.

53-46 升 心狂老悖 視聽聾盲 正命無常 下民多孼
마음이 미치고 늙고 어그러져 보고 듣는게 귀먹고 장님이라 정당한 명이 무상하니 아래 백성에 요물이 많더라.

53-47 困 南國少子 才略美好 求我長女 賤薄不與 反得醜惡 後乃大悔
남국의 젊은이가 재주와 지략이 아름답고 좋으나 나의 장녀를 구하는데 천박하다고 주지 않고 도리어 추악한 것을 얻으니 뒤에 크게 후회하더라.

53-48 井 逶迤高原 家伯妄施 亂其五官
비틀거리며 고원을 가니 가백이 망령되이 해서 그 오관을 어지럽게 하더라
[註] 오관(五官)은 모든 관직을 칭한 것이다.

53-49 革 謝恩拜德 東歸吾國 歡樂有福
은혜와 덕택에 감사히 절하고 동으로 나의 나라로 돌아오니 환락하고 복이 있더라.

53-50 鼎 雞鳴同興 思配無家 執珮持鳧 無所致之
닭이 울며 같이 일어나 아내가 집에 없을 생각하며 옥노리개를 잡고 오리를 가졌으나 줄 곳이 없더라.

53-51 震 凶重憂累 身受誅罪 神不能-
흉함이 겹치고 우환이 누적되어 몸이 죽을죄를 받아도 신도 능히 풀지 못하더라.

53-52 艮 虎豹熊羆 遊戲山谷 仁賢君子 得其所欲
호랑이와 곰이 산곡에서 유희하고 어진 군자는 그 하고자 하는 바를 얻더라.

53-54 歸妹 海隅遼右 福祿所至 柔嘉蒙祉 九夷何咎
바다 모퉁이 요우에 복록이 이르는데 유순하고 아름다운 복을 입으니 아홉 오랑캐가 무슨 허물이 되리오.

53-55 豊 華首之山 仙道所遊 利以居止 長無咎憂
태화 수양의 산은 신선이 노는 바 사는데 이로우니 길이 재앙과 근심이 없더라.

53-56 旅 甲乙戊庚 隨時轉行 不失常節 萌芽律屈 咸達生出 各樂其類
천지의 기운은 수시 운행하여 항상 절기를 잃지 아니하고 싹들도 법에 따라 함께 살아 나와서 그 류(類)대로 각각 즐거워하더라.

53-57 巽 跛躓未起 失利後市 不得鹿子
절름발이가 쓰러져 일어나지 못해 뒤늦게 저자에 가서 이익을 잃어 사슴 새끼를 얻지 못하더라.

53-58 兌 怙恃自負 不去於下 血從地出 誅罰失理
스스로 믿고 아래로 가지 아니하더니 피가 땅을 좇아 나오니 죽이는 벌이 이치를 잃었더라.

53-59 渙 江河淮海 天之都市 商人受福 國家饒富
강하회해는 하늘의 도시라 상인이 복을 받아 나라가 넉넉하게 부하더라.

53-60 節 節情省慾 賦斂有度 家給人足 且貴且富
정을 절제하고 욕심을 적게 해 세금 거두는 것을 도에 맞히니 집집마다 넉넉하고 사람마다 풍족하고 또 귀하고 부하더라.

53-61 中孚 一池鳴呴 呼求水潦 雲雨大會 流成河海
개구리가 못에서 울며 장마물을 불러 구하니 구름과 비가 크게 모여 흐름이 강과 바다를 이루더라.

53-62 小過 日月之塗 所行必到 無有患故
일월의 길은 행하는 바에 반드시 이르니 우환의 연고가 없더라.

53-63 旣濟 乘風而擧 與飛鳥俱 一擧千里 見吾受母
바람을 타고 날아 나는 새와 같이 더불어 천리를 한번 날아 나의 사랑하는 어머니를 뵙더라.

53-64 未濟 陰配陽爭 臥木反立 君子攸行 喪其官職
음이 짝인 양과 다투고 누운 나무가 도로 섰고 군자의 행한 바 그 관직을 잃더라.

震上 兌下 歸妹之第五十四 **雷澤歸妹**

54-54 歸妹 堅冰黃鳥 常哀悲愁 不見白粒 但覩藜蒿 數驚鷙鳥 爲我心憂
굳은 얼음에 황조는 항상 슬퍼하고 근심함은 흰 낟알은 보이지 않고 다만 명아주와 다북쑥만 보이고 자주 매에게 놀래 나의 마음의 근심이 되더라.

54-1 乾 荊木冬生 司寇緩刑 威權在下 國亂且傾
가시나무는 겨울에 생하고 도적을 다스리는데 형벌이 너그러워 권위가 아래에 있어 나라가 어지럽고 또 기울어지더라.

54-2 坤 喘牛傷署 不能耕畝 草萊不闢 年歲無有
헐떡거리는 소는 더위에 상해 능히 밭을 갈지 못하고 풀과 쑥을 없애지 아니하니 해마다 있음이 없더라.

54-3 屯 魚欲負流 衆不同心 至德-伏
고기 흐름을 받고자 하나 무리가 마음이 같지 아니하고 지극한 덕은 잠복하더라.

54-4 蒙 春耕有息 秋入利福 獻豣大豵 以樂成功
봄에 갈아 기름이 있으면 가을에 이로운 복이 들어와 큰 돼지와 큰 어린돼지를 받쳐 즐거움을 성공하더라.

54-5 需 生有聖德 上配太極 皇靈建中 授我以福
나면서 성덕이 있어 위로 태극과 짝하고 황제의 혼백은 중도에 세우니 나에게 복을 주더라.

54-6 訟 右撫禽頭 左手授帶 凶訟不已 相與爭戾 失利而歸
오른손으로 거문고 머리를 어루만지고 왼손으로 띠를 당기고 흉한 송사가 끝이

나지 않아 서로 다투다가 이익을 잃고 돌아가더라.

54-7 師 炙魚棝斗 張伺夜鼠 舌不忍味 機發爲祟 -不得去
군고기로 쥐덫을 놓고 밤쥐를 기다리니 혀가 맛을 참지 못해 기계가 발동되는 빌미가 되어 대그릇에 갇혀 가지 못하더라.

54-8 比 申酉脫服 牛馬休息 君子以安 勞者得懽
신유시에 옷을 벗으니 소와 말도 휴식하고 군자도 편안하고 일하는 사람도 기쁨을 얻더라.

54-9 小畜 堯問尹壽 聖德增益 使民不疲 安無怵惕
요임금이 윤수에게 물었으니 성덕이 더하고 더하니 백성이 피곤하지 않고 편안하며 두려움과 근심이 없더라.

[註] 윤수(尹壽)는 요임금의 선생이다.

54-10 履 孤公寡婦 獨宿悲苦 目張耳鳴 莫與笑語
홀아비와 과부가 홀로 자니 슬프고 괴로워 눈이 뜨고 귀가 우나 더불어 웃고 말할 데가 없더라.

54-11 泰 外得好畜 相與嫁娶 仁賢集聚 諮詢厥事 傾奪我城 使家不寧
밖에서 좋은 가축을 얻고 서로 더불어 시집 장가 가니 어진이가 모여 그 일을 자문하여 나의 성을 뺏으니 집이 편안치 아니하더라.

54-12 否 煎砂盛署 -有不朽 去河千里 敗我利市 老牛盲馬 去之何悔
성한 더위에 모래를 불에 말리니 조금도 썩음이 없고 하수와 거리 천리의 나의 시장을 망치니 늙은 소와 장님 말이 간들 무엇을 뉘우치리오.

54-13 同人 甲乙戊庚 隨時轉行 不失常節 萌芽律屈 咸達出生 各樂其類

우주의 기운은 때를 따라 운행하는데 항상 절기를 잃지 않아 새싹이 법에 맞아 함께 생출하여 각각 류(類)에 따라 즐거워하더라.

54-14 大有 依宵夜遊 與君相遭 -除煩惑 使心不憂
밤을 의지하여 밤놀이를 하니 임금과 더불어 서로 만나 번거로움과 의혹을 풀어 헤치니 마음으로 하여금 근심을 아니하더라.

54-15 謙 死友絶朋 巧言爲讒 覆白汚玉 顔叔哀暗
친구를 죽이고 벗을 끊으니 공교한 말로 참소하여 흰 것을 덮고 옥을 더럽히니 안숙이 슬피 훌쩍거리더라.

54-16 豫 逐利三年 利走如神 展轉東西 如鳥避丸
이익을 좇은지 삼년에 이익이 귀신같이 달아나니 동서로 전전하기를 새가 탄환을 피함과 같더라.

54-17 隨 隄防壞決 河水泛溢 傷害禾稼 軍孤獨宿 沒溺我邑
제방이 무너져 하수가 범람하여 농사를 상해하니 임금이 독숙하고 나의 고을이 잠겨 빠지더라.

54-18 蠱 陰陽隔塞 許嫁不答 旄丘斬台 悔往歎息
음과 양이 막혀 시집가기를 허락하였는데 신대가 앞이 높은 언덕이라 간 것을 뉘우치며 탄식하더라.

54-19 臨 伯夷叔齊 貞廉之師 以德防患 憂禍不存
백이 숙제는 정직하고 청렴한 스승이라 덕으로써 재앙을 막으니 우환이 있지 아니하더라.

54-20 觀 陽爲狂悖 拔劍自傷 爲身生殃

양이 미쳐 어긋나게 되어 칼을 뽑아 스스로 상하니 몸에 재앙이 생기더라.

54-21 噬嗑 進士爲官 不若復田 獲壽保年
진사하여 벼슬하는 것이 밭으로 돌아가 수를 얻고 나이를 보존함만 같지 못하더라.

54-22 賁 耕石不生 棄禮無名 縫衣失針 襦袴不成
돌밭을 가니 나지 않고 예를 버리니 이름이 없고 옷을 꿰매다 바늘을 잃으니 저고리 바지를 이루지 못하더라.

54-23 剝 靈龜陸處 一旦失所 伊子復耕 桀亂無輔
영구가 물에 살다 하루아침에 곳을 잃고 이윤이 다시 밭을 가니 걸의 어지러움에 도움이 없더라.

[註] 탕임금이 이윤을 초빙하여 걸에게 천거하였으나 걸이 능히 쓰지 못해 다시 탕임금에게로 돌아가 천하를 평정하였다.

54-24 復 室當源口 溺漂爲海 財産彈盡 衣食無有
집이 샘 구역에 있어 빠지고 뜻이 바다가 되니 재산을 탕진하여 옷과 먹을 것이 없더라.

54-25 無妄 鷄方啄粟 爲狐所逐 走不得食 惶懼喘息
닭이 막 조를 쫄려고 하다가 여우에게 쫓기는 바 되어 달아나니 얻어 먹지도 못하고 놀래고 두려워 숨만 가쁘게 쉬더라.

54-26 大畜 家在海隅 橈短流深 豈敢憚行 無木以趨
집이 바닷가에 있어 사대는 짧고 물은 깊으니 어찌 감히 가기가 꺼리껴 나무가 없음으로 보행하더라.

54-27 頤 他山之錯 與璆爲仇 來功吾城 傷我肌膚 國家騷憂

타산의 줄은 옥과 더불어 원수가 되니 와서 나의 성을 쳐서 나의 피부를 상하니 국가가 근심하여 떠들석하더라.

54-28 大過 弊鏡無光 不見文章 少女不嫁 弁於其公
거울을 덮으니 빛이 없어 무늬를 보지 못하고 소녀가 시집가지 않으니 그 아비에게 주더라.

54-29 坎 大蛇巨魚 相博於郊 君臣隔塞 載公出廬
큰 뱀과 큰 고기가 들에서 서로 노름하니 군신이 멀리 떨어져 막혀 공을 모시고 집을 나가더라.

54-30 離 絕世無嗣 福祿不存 精神渙散 離其躬身
대가 끊겨 이음이 없어 복록이 있지 않으니 정신이 풀어 흩어져 그 몸을 떠나더라.

54-31 咸 文德之君 養人致福 年無胎夭 國富民實 憂者之望 曾參盜息
문왕이 덕으로 사람을 기르고 복을 주어 해마다 요절하는 이 없고 나라는 부하고 백성은 실하니 근심하는 자는 일찍 간여하여 도적이 쉬기를 바라더라.

54-32 恒 合歡之國 喜爲我福 東岳南山 朝躋成恩
화합하여 기뻐하는 나라는 기쁨이 나의 복이 되니 동악과 남산에 아침에 오르면 은혜를 이루더라.

54-33 遯 憂人之患 履悖易顔 爲身禍殘 率身自守 與喜相抱 長子成老 封受福祉
사람의 근심을 근심하고 어긋나는 것을 당하면 얼굴을 바꾸고 몸에 재앙이 되면 잘 지켜 기쁨과 더불어 서로 안아 장자가 늙어지면 복지의 봉함을 받더라.

54-34 大壯　太公避紂　七十隱處　卒受聖文　爲王室輔
강태공이 걸주를 피해 나이 칠십에 숨은 곳에서 마침내 성문왕을 만나 왕실의 도움이 되더라.

54-35 晉　江漢上流　政逆民憂　陰代其陽　雌爲雄公
강한수 상류에 정치가 백성의 근심을 거역하고 음이 양을 대신하니 암컷이 수컷으로 되더라.

54-36 明夷　縮緖亂絲　擧手爲災　越畝逐兎　喪其衣袴
실마리가 줄고 어지러운 실은 손을 들면 재앙이 되고 밭이랑을 뛰어 넘어 토끼를 쫓다가 그 옷과 바지를 상하더라.

54-37 家人　臭-腐水　與狼相輔　亡失子　憂及父母
담비의 냄새와 부패한 물은 이리와 더불어 서로 돕고 지아비가 죽고 자식을 잃으니 근심이 부모에게 미치더라.

54-38 睽　刲羊不堂　女執空筐　免跛鹿踦　淥山墜墮　讒?亂作
양을 찌름은 부당하고 여인이 빈 광주리를 잡고 토끼가 절뚝거리고 사슴도 절름대다 푸른 산에 떨어지니 참소와 아첨으로 난을 만들더라.
[典據]《周易》歸妹上六, 女承筐, 無-, 士刲羊, 無血. 無攸利.

54-39 蹇　拔劍傷手　見敵不喜　良臣無佐　國憂爲咎
칼을 뽑다 손을 상하니 적을 보기가 좋지 않고 어진 신하의 도움이 없으니 나라의 근심이 재앙이 되더라.

54-40 解　三羖五羝　相隨俱行　迷入空澤　循谷直北　往涉六駁　爲所傷賊
암양 세 마리와 숫양 다섯이 서로 따라 함께 가다 잘못 공택에 들어가 골짜기를 돌아 북으로 나가 지름길로 육박을 지나다 도적에게 상한 바 되더라.

54-41 損 爭雞失羊 亡其金囊 利得不長 陳蔡之患 賴楚以安
닭을 다투다가 양을 잃고 그 금주머니를 잃어버리니 이득이 길지 않으며 채의 우환을 초나라에 힘입어 편안해졌더라.

54-42 益 三驪負衡 南芷取香 盈滿神匱 利我仲季
세 검은 말에 멍에를 메고 남쪽 구리때 풀에서 향을 취하고 가을 난의 좋은 향기가 신궤에 가득 차서 나의 중씨 계씨를 이롭게 하더라.

54-43 夬 孟夏己丑 哀呼尼父 明德訖終 亂虐滋起
사월 기축일에 슬피 공자를 부르니 밝은 덕이 마침내 이르니 어지럽고 사나움이 많이 일어나더라.

54-44 姤 履不容足 南山多草 家有芳蘭 乃無病疾
신이 발에 맞지 않고 남산에 풀이 많고 집에 꽃다운 난초가 있으니 질병이 없더라.

54-45 萃 三足無頭 弗知所之 心狂睛傷 英使爲明 不見日光
세 발에 머리가 없으니 갈 바를 알지 못하니 마음이 미치고 눈동자가 상해 밝음이 되지 못해 햇빛을 보지 못하더라.

54-46 升 載堯扶禹 松喬彭祖 西過王母 道路夷易 無敢難者
요임금을 모시고 우임금을 도와 적송과 왕교와 팽조가 서왕모를 지나니 길이 평이하여 감히 어렵다고 하는 자가 없더라.

54-47 困 式微式微 憂禍相絆 隔以嵒山 室家分散
식미 식미는 근심과 재앙이 서로 얽히고 바위산이 막히니 집과 건물이 분산하더라.

54-48 井 靈龜陸處 一旦失所 伊子復耕 桀亂無輔
신령스러운 거북이 물에서 살다 하루아침에 곳을 잃는데 이윤이 다시 밭 갈고 길이 어지러워도 도움이 없더라.
[註] 本卦之剝을 보라.

54-49 革 仁德覆洽 恩及異域 澤被殊方 禍災隱伏 蠶不作室 塞無所得
인덕이 흡족히 덮어 은혜가 이역에 미치나 혜택을 다른 데서 입으면 재앙이 숨어 엎드리고 누에가 집을 아니 지으면 추워서 소득이 없더라.

54-50 鼎 夏麥麩- 霜擊其芒 疾君敗國 使年夭傷
여름에 보리와 밀을 서리가 그 싹을 치고 몹쓸 임금이 나라를 망치니 그 해로 하여금 일찍 상하게 하더라.

54-51 震 火隨熾 在吾後 寇雖多 在吾右 身安吉 不危殆
불이 비록 활활 타나 나의 뒤에 있고 도적이 비록 많으나 나의 오른쪽에 있어 몸이 편안하고 길하니 위태하지 않더라.

54-52 艮 遼遠絕路 客宿多悔 頑嚚相聚 生我畏惡
멀리 떨어져 길이 끊겨 객숙에 뉘우침이 많고 완고하고 도리에 어긋나는 사람이 서로 모이니 나는 두려움과 미움이 생기더라.

54-53 漸 懸懸南海 去家萬里 飛兎褭駿 一日見母 除我憂悔
멀고 먼 남해는 집에서 만리인데 나는 토끼와 준마를 복대하고 하루에 어머니를 뵈니 나의 근심 걱정이 제거되더라.

54-55 豊 困而後通 雖危不窮 終得其願 姬姜相從
곤한 뒤에 통하고 비록 위태하나 궁하지 않고 끝내 그 원한 바를 얻어 희씨와 강씨가 서로 좇더라.

54-56 旅 西賈巴蜀 寒雪至轂 欲前不得 還反空屋
서쪽 파촉에 장사를 가다가 찬눈이 바퀴통까지 이르러 앞으로 가지 못해 도로 빈 집으로 돌아오더라.

54-57 巽 新作初陵 爛-難登 三駒摧車 躓頓傷頤
새로 처음 언덕을 만드니 몹시 빠져 오르기 어려워 세 망아지가 수레를 꺾고 쓰러져서 턱을 다치더라.

54-58 兌 延頸望酒 不入我口 深目自苦 利得無有 幽人悅喜
목을 늘이고 술을 바라는데 나의 입으로 들러가지 않으니 깊은 눈에 스스로 괴로워하니 이득이 없고 숨어있는 사람이 희열하더라.

54-59 渙 仲春孟夏 和寄所舍 生我嘉福 國無殘賊
중춘과 맹하에 화환 기운이 발하는 바 나에게 아름다운 복이 생기니 나라에 해로운 도적이 없더라.

54-60 節 張綱捕鳩 兎離其災 雌雄俱得 爲罝所賊
그물을 치고 비둘기를 잡는데 토끼가 그 재앙에서 떠나 자웅을 같이 얻으니 짐승 잡는 그물에 해한 바 되더라.

54-61 中孚 三人俱行 一人言北 伯仲欲南 少叔不得 中路分爭 道-相賊
세 사람이 같이 가다 한 사람이 북을 말하나 백?중씨가 남으로 가고 자 하니 소숙이 얻지 못해 중로에서 분쟁하여 길에서 싸워 서로 적이 되더라.

54-62 小過 然諾不行 欺紿誤人 使我露宿 夜歸溫室 神怒不直 鬼欲求獨 刺擊其目 反言自賊
승낙한 것을 행하지 않고 사람을 속여 그르치게 했다 하여 나로 하여금 노숙케 하고 밤에 온실로 돌아가니 신이 바르지 못하다고 노하여 귀신이 혼자를 구하고

자 그 눈을 쳐서 찌르고 도리어 스스로 해쳤다고 말하더라.

54-63 旣濟　陳辭達誠　使安不傾　增祿益壽　以成功名
말을 정성을 다해 베풀어 편안하고 기울지 않게 녹을 더하고 수를 더해 공명을 이루더라.

54-64 未濟　火燒公床　破家滅亡　然得安昌　先憂重喪
불이 공상을 태우고 가정을 파하고 멸망하고서 편안하고 창성함을 얻으니 먼저 중상을 근심하더라.
[註] 중상(重喪)은 탈상 전에 또 부모상을 당함을 말함.

震上 離下 風之第五十五　雷火風

55-55 豊　諸孺行賈　經涉大阻　與狄爲市　不憂危殆　利得十倍
모든 어린이가 행상하는데 산과 물을 건너 북녘 오랑캐가 장사를 하며 위태함을 근심하지 아니하니 이득이 열 배가 되더라.

55-1 乾　鼎足承德　嘉謀生福　爲王開庭　得心所欲
솥발처럼 덕을 이어 아름다운 꾀로 복을 생하게 하여 임금을 위해 정치를 하니 마음에 하고자 하는 바를 얻더라.

55-2 坤　曳綸江海　釣魴與鯉　王孫列組　以饗仲友
낚시줄을 강과 바다에서 끊어 방어와 잉어를 낚아 왕손이 도마를 벌여 가까운 친구를 대접하더라.

55-3 屯　東山皐洛　叛逆不服　興師征討　恭子敗覆
동산 구낙씨가 반역 불복함으로 군사를 일으켜 토벌한 후에 공자(신생)가 참소로 죽더라.

[註] 춘추 시대 晉의 제후가 세자 신생을 시켜 동산 구낙씨를 토벌하고 희공 二년에 계모 여희의 참소로 신생이 신성에서 죽었다. 공자가 신생이다.

[典據]《左傳》閔公二年.

55-4 蒙　千里騂駒　爲王服車　嘉其麗榮　君子有成
천리마 망아지가 임금을 위해 수레 멍에를 메니 아름답고 빛나는 영광을 군자가 이룸이 있더라.

55-5 需　二龍北行　道逢六狼　暮宿中澤　爲禍所傷
두 용이 북행하다가 여섯 이리를 길에서 만나 저물게 중택에서 자다가 재앙으로 상한 바 되더라.

55-6 訟 天災所遊 凶不可居 轉從獲福 留止危憂
하늘이 재앙이 노는 곳은 흉해 가히 살지 못하고 이사해 복을 얻어서 머무르니 위태한 근심이 그치더라.

55-7 師 狐狸雉兎畏人逃去 分走竄匿 不知所處
여우, 이리, 꿩, 토끼가 사람이 두려워 달아나 숨으니 있는 곳을 알지 못하더라.

55-8 比 雨師娶婦 黃岩季女 成禮旣婚 相呼南去 膏潤田里 年歲大有
우사가 황암 계녀에게 장가드는데 성례하여 혼인하고 서로 불러 남으로 가나 밭과 마을이 기름지고 윤택하여 해마다 풍년이 들더라.

55-9 小畜 外栖野鼠 與雉爲伍 瘡痍不息 卽去其室
밖에 사는 들쥐가 꿩과 더불어 무리가 되어 부스럼이 쉬지 않아 곧 그 집으로 가더라.

55-10 履 夭命絶後 孤傷無主 彷徨兩社 獨不得酒
요절해 뒤가 끊어져 외롭게 상해 주인이 없어 두번 제사를 방황하니 홀로 술을 얻지 못하더라.

[註] 양사(兩社)는 봄, 가을 두번 제사 지냄.

55-11 泰 鵠思其雄 欲隨鳳東 順理羽翼 出次須日 中留北邑 復反其室
따오기가 그 수컷을 생각하고 봉황을 따라 동으로 가고자 날개와 깃을 다듬고 출차한 지 수일에 북읍에 머물다가 다시 그 집으로 돌아오더라.

55-12 否 蝬蛇九子 長尾不殆 均明光澤 燕自受福
이무기의 아홉 자식이 꼬리가 길어 위태하지 아니하고 고루 밝게 광택하여 편안히 복을 받더라.

55-13 同人 日走月竇 趨不同舍 夫妻反目 君主失國
날로 달아나고 달로 걸어 달아나 집을 같이 하지 않고 부처가 반목하니 군주가 나라를 잃더라.

55-14 大有 定房戶室 枯薪除毒 文德淵府 害不能賊
집의 방위를 정하고 나무를 말려 제독하고 문덕이 깊으면 시기함이 감히 해치지 못하더라.

55-15 謙 齊東郭盧 嫁於洛都 駿良美好 利得過倍
제나라 동곽의 사냥개가 낙도에 시집가니 뛰어나게 아름답고 좋아 이득이 배를 넘더라.

[註] 艮之渙을 보라.

55-16 豫 病篤難醫 和不能治 命終期訖 下卽蒿里
병이 심해 의원도 어려워 명의 화도 능히 다스리지 못해 명이 끝나 기약을 마치니 고리에서 죽더라.

[註] 화(和)는 秦나라 명의인데 晉候가 병이 심해 명의 和를 초빙하여 진찰한 결과 병을 어찌할 수 없다하니 晉候가 죽었다.

55-17 隨 開廓緖業 王迹所起 姬德七百 報以八子
성을 열고 시작한 일이 왕의 자취를 일으킨 바 주나라 칠백년은 무왕의 어머니의 아우 팔인에게 갚더라.

55-18 蠱 豊年多儲 江海饒魚 商客善賈 大國富有
풍년에는 쌓임이 많고 강과 바다에도 고기가 풍요해서 장사꾼이 장사를 잘해 큰 나라가 부유하더라.

55-19 臨　鵲求魚食　過彼射邑　繒加我頸　繳挂羽翼　欲飛不能　爲羿所得
따오기가 고기 먹이를 구하다가 저 사읍을 지나는데 비단이 나의 목에 가하고 주살이 깃과 날개에 걸리니 날고자하나 능치 못해 명궁 예의 얻는 바가 되더라.

55-20 觀　望城抱子　見邑不殆　公孫上堂　大君悅喜
자식을 안고 성을 바라보니 골을 보아도 위태하지 않고 공손이 당에 오르니 대군이 기뻐하더라.

55-21 噬嗑　左指右麾　邪淫侈靡　執節無良　靈公以亡
왼손가락으로 오른쪽을 가리키고 마음이 못되고 음란하고 사치에 쓰러져 절개를 잡는데 어질지 못해 영공이 망하더라.
[註] 陳 영공이 하희와 사통하다가 하희의 아들 증서에게 살해당했다.

55-22 賁　日中爲市　各持所有　交易資賄　函珠懷寶　心悅歡喜
해안에 시장이 되어 각각 소유를 가지고 자금과 재물을 교역하여 구슬은 상자에 보물은 품고 마음에 기뻐 환희하더라.

55-23 剝　山沒丘浮　陸爲水魚　燕雀無廬
산이 침몰하고 언덕이 떠서 육지가 물과 고기가 되니 연작이 집이 없더라.

55-24 復　馬服長股　宜行善市　蒙祐諧偶　獲利五倍
말이 수레 멍에를 메고 긴 다리로 좋은 장에 잘 가서 무리에 화합한 도움을 입어 이득을 다섯 배 얻더라.

55-25 無妄　三狸捕鼠　遮遏前後　死於圜城　不能脫走
세 이리가 쥐를 잡아놓고 앞 뒤를 막으니 환성에서 죽을지언정 능히 탈주하지 못하더라.

55-26 大畜　鬼舞國社　歲樂民喜　臣忠於君　子孝於父
귀신이 사직에서 춤추니 해마다 즐겁고 백성이 기뻐하고 신하가 임금에게 충성하고 자식이 부모에게 효도하더라.

55-27 頤　慈母望子　遙思不已　久客外野　我心悲苦
어머니가 자식을 바라보며 멀리 생각을 말지 않는데 오래 외지에서 나그네로 지내니 나의 마음이 슬프고 괴롭더라.

55-28 大過　雨師娶婦　黃巖季女　成禮旣婚　相呼南去　故澤田里　年-大有
우사가 장가를 황암의 계녀에게 드는데 성례하여 혼인하고 서로 불러 남으로 가니 밭과 마을을 기름지게 윤택하게 하니 해마다 풍년이 들더라.

55-29 坎　兩狗同室　相嚙爭食　枉矢西流　射我暴國　高宗鬼方　三年乃服
두 개가 한 집에서 서로 물고 먹을 것을 다투고 굽은 살이 서로 흘러 나의 폭국을 쏘니 고종이 귀방을 쳐서 삼년에 항복 받더라.

[典據] 〈〈周易〉〉 旣濟卦九三, 高宗伐鬼方. 三年克之. 小人勿用.

55-30 離　早霜晩雪　傷害禾麦　損功棄力　飢無可食
이른 서리와 늦은 눈이 벼와 보리를 상하게 하여 공들이고 힘쓴 것을 다 버리니 주려 가히 먹을 것이 없더라.

55-31 咸　腐臭所在　靑蠅集聚　變白爲黑　敗亂邦國　君爲臣逐　失其寵祿
썩는 냄새나는 곳에 푸른 파리가 모여 흰게 변해 검은 것이 되고 나라를 어지럽혀 패하면 신하가 임금을 추방하니 그 영광과 녹을 잃더라.

55-32 恒　牽羊不前　與心戾族　聞言不信　誤紿丈人
양을 끌어도 앞으로 가지 않고 마음과 더불어 어긋나고 돌아서 말을 들어도 믿지 아니하고 그릇되게 장인을 속이더라.

55-33 遯 甘忍利害 還相克賊 商子酷刑 鞅喪厥身
달게 이해를 참으면 도리어 서로 적을 이기고 상군의 혹행은 말배띠끈이 그 몸을 상하더라.

[註] 商子는 秦 효공 때 위편이 정변법을 만들어 가혹한 형벌을 행하게 하여 商의 十五 읍에 봉하고 商君이라 칭했다. 그러나 혜공이 위편을 처벌하였다.

[典據]《史記》商君列傳.

55-34 大壯 刲羊不當 血少無羹 女執空筐 不得採桑
양을 베는 것은 부당하다. 피가 적어 국이 없고 여인이 빈 광주리를 잡으니 뽕 따는 것을 얻지 못하더라.

55-35 晉 --嗇嗇 貧鬼相責 無有懽怡 一日九結
씹고 씹어 가난한 귀신이 서로 책망하여 기쁘고 즐거움이 없어 하루에 아홉 번 맺히더라.

55-36 明夷 兩足四翼 飛入嘉國 寧我伯姊 與母相得
두 발에 네 날개로 가국에 날아 들어가 나의 큰 누이를 편안케 해 어머니와 더불어 서로 얻더라.

55-37 家人 文山紫芝 雍梁朱草 生長和氣 王以爲寶 公尸侑食 福祿來處
문산의 붉은 난초와 옹량의 주초는 나서 자라며 화한 기운으로 왕이 보배로 삼아 공시에 배식하니 복록이 오는 곳이다.

[註] 공시(公尸)는 옛적에 제사 지낼 때 신위 대신으로 앉혔던 아이.

55-38 睽 絕世遊魂 福祿不存 精神渙散 離其躬身
세상을 끊고 혼이 노니 복록이 있지 않고 정신이 흩어져 그 몸을 떠나더라.

55-39 蹇 北辰紫宮 依冠中立 含和建德 常受大福
북극 자미궁에 의관하고 가운데 서서 화한 기운으로 덕을 세우니 항상 큰 복을 받

더라.

55-40 解　伯蹇叔盲　莫爲守裝　失我衣裘　代爾陰鄕
백씨는 절름발이고 숙씨는 장님이라 봇짐을 지키는 것을 하지 못해 나의 옷과 갑옷을 잃어 너의 음향을 대신하더라.

55-41 損　兩女共室　心不聊食　首髮如蓬　憂常在中
두 여자가 집을 같이하나 마음이 먹기를 원하지 않고 쑥대 같아 근심이 항상 가운데 있더라.

55-42 益　去辛就蓼　毒愈酷甚　避穽遇坑　憂患日生
매운 것을 버리고 여귀로 나가니 독이 너무 심해 함정을 피하다 구덩이를 만나니 우환이 날로 생기더라.

55-43 夬　初病終凶　季爲死喪　不見光明
처음에 병으로 흉하게 마치고 다음은 죽어 상을 치루니 광명을 보지 못하더라.

55-44 姤　三鳥飛來　是我逢時　俱行先至　多得大利
세 마리 새가 날아오니 이것이 나가 때를 만남이라 같이 가서 먼저 도착하니 큰 이익을 많이 얻더라.

55-45 萃　鹿食山草　不思邑里　雖久無咎
사슴이 산 풀을 먹고 골과 마음을 생각하지 않으니 비록 오래나 탈이 없더라.

55-46 升　羊腸九縈　相推稍前　止須王孫　及能上天
양장구영(험색한 산)을 서로 밀어 조금씩 앞으로 나가니 왕손은 잠깐 그치라 하나 이내 능히 하늘에 오르더라.

55-47 困 管仲遇桓 得其願懽 膠目膠口 振冠無憂 笑戲不莊 空言妄行
관중이 제환공을 만나 그 원함을 얻어 기뻐서 눈과 입을 화하게 하고 관을 떨치니 근심이 없어 웃으며 희롱하고 점잖치 못하게 헛된 말에 망령된 행동을 하더라.

[註] 明夷之旅를 보라.

55-48 井 桀跖並處 民困愁苦 行旅遲遲 留連齊魯
걸과 도척이 같이 있는 곳에 백성이 고단하고 근심과 괴로우니 행려를 천천히 하여 계속 제와 노나라에 머물더라.

55-49 革 魂孤無室 銜指不食 盜張民餌 見敵失福
외로운 혼이 집이 없어 손가락을 물고 먹지 않아 백성의 먹이를 도적해 버리다가 적을 보고 복을 잃더라.

55-50 鼎 讒言亂國 覆是爲非 伯奇乖離 恭子憂哀
참소하는 말로 나라를 어지럽히니 이를 덮는 것이 잘못이 되어 백기가 서로 등져 떨어지니 공자가 근심하고 슬퍼하더라.

[註] 伯奇는 尹吉甫의 아들. 恭子는 晉헌공의 세자 신생이다. 豊之屯을 참조하라. 여희의 참소로 쫓겨남. 伯奇의 일은 《詩經》小弁의 詩에 있고 申生의 일은 《左傳》 莊公二十八年에 있음.

55-51 震 衛侯東遊 惑於少姬 亡我考妣 久迷不來
위후가 동으로 가서 소희에게 빠져 나의 어머니를 잊어버리고 오래 미혹되어 보지 아니하더라.

55-52 艮 雞鳴同興 思配無家 執佩持鳧 莫使致之
닭이 울며 같이 일어나 아내를 생각하나 집에 없어 패물을 지니고 오리를 가졌으나 줄 데가 없더라.

55-53 漸 義不勝情 以欲自縈 覬利危躬 摧角折頸

의가 정을 이기지 못해 욕심에 스스로 얽히면 이익을 넘겨다보다 몸이 위태해 뿔을 꺾이고 목이 부러지더라.

55-54 歸妹 臣尊主卑 權力日衰 侵奪無光 三家逐公
신하가 높고 임금이 낮으면 권력이 날로 침해되고 뺏겨 빛이 없어 세 집이 공을 쫓아내더라.

55-56 旅 叔仲善賈 與喜爲市 不憂危殆 利得十倍
숙중이 장사를 잘해 기쁨과 더불어 장사해서 위태함을 근심하지 않으니 이득이 열 배더라.

55-57 巽 六蛇奔走 俱入茂草 驚於長塗 畏懼啄口
여섯 뱀이 분주히 달아나 같이 다 무성한 풀속으로 들어가니 긴 진흙에 놀라 무섭고 두려워 구멍이 입구를 두드리더라.

55-58 兌 水壞我里 東流爲海 凫鼈讙囂 不得安居
물이 나의 마을을 무너트려 흘러 바다가 되니 오리 자라가 떠들고 지껄여 편안한 삶을 얻지 못하더라.

55-59 渙 飛不遠去 卑斯內侍 祿養未富
날아서 멀리 가지 못하니 낮은 내시라 녹(祿)을 기름이 부(富)하지 않더라.

55-60 節 陰變爲陽 女化爲男 治道大通 君臣相承
음이 변해서 양이 되고 여자가 사내가 되니 다스리는 길이 대통하여 임금과 신하가 서로 이어가더라.

55-61 中孚 踐履危難 脫厄去患 入福喜門 見誨大君
위태하고 어려움을 당했다가 액을 벗어나고 우환이 가니 복이 기쁜 문으로 들어와 가르쳐 대군을 뵙더라.

55-62 小過　罟密綱縮　動益蹶急　困不得息
그물이 빽빽하고 그물이 쫄아드니 움직이면 더욱 뛰기 급해 고단해도 쉬지 못하더라.

55-63 旣濟　負牛上山　力劣行難　烈風雨雪　遮遏我前　中道復還
소를 지고 산을 올라가니 힘에 부쳐 가기 어려운데 모진 바람과 비와 눈이 나의 앞을 가로막으니 중도에서 되돌아가더라.

55-64 未濟　喁喁嘉草　思降甘雨　景風升上　沾洽時澍　生我禾稼
할 일 없는 평범한 아름다운 풀은 감우가 내림을 생각하고 화창한 바람이 불어오고 축축하게 때를 맞춰 비가 와서 나의 벼농사를 생해 주더라.

離上 艮下 旅之第五十六　火山旅

56-56 旅　羅網四張　鳥無所翔　征我困極　飢窮不食
그물을 사방에 치니 새가 나를 바가 없어 정벌해 고단하기 극에 달하고 주리고 궁해 먹지 못하더라.

56-1 乾　寄生無根　如過浮雲　立木不固　斯須落去　更爲枯樹
기생은 뿌리가 뜬구름이 지나는 것 같아 선 나무가 단단하지 않으면 모름지기 떨어져 가서 다시 마른 나무가 되더라.

56-2 坤　人無定法　緩除牛出　蛇雄走趨　陽不制陰　男失其家
사람이 정법이 없이 소가 나가는 것을 늦게 다스리고 뱀의 수컷이 달아나 양이 음을 제어하지 못하면 남자가 집을 잃더라.

56-3 屯　衆鳥所翔　中有大怪　九身無頭　魂驚魄去　不可以居
무리 새가 나르는 중에 큰 괴물이 있으니 몸은 아홉에 머리가 없어 혼이 놀래 넋이 나가니 가히 살지 못하더라.

56-4 蒙　封豕溝瀆　灌潰國邑　火宿口中　民多病疾
봉시(별의 이름)는 전답 사이에 있는 물도랑을 다스리는 별인데 나라와 고을의 물줄을 파괴하고 형혹성이 입안에서 자니 백성이 질병이 많더라.

56-5 需　奮翅鼓翼　翱翔外國　逍遙徒倚　來歸溫室
날개에 힘을 주어 날개를 치며 높이 날아 외국에서 소요하며 걷고 의지하다 따뜻한 집으로 돌아오더라.

56-7 師　衛侯東遊　惑於少姬　忘我考妣　久迷不來

위후가 동으로 가서 젊은 계집에게 혹해서 나의 부모를 잊어버리고 오래도록 미혹하여 오지 아니하더라.

56-8 比 烏合卒會 與惡相得 鴟鴞相酬 爲心所賊
까마귀를 합해 군사를 모아 악과 더불어 서로 얻으나 솔개와 서로 수작함은 마음의 적이 되더라.

56-9 小畜 眵雞無距 與鵲格鬪 翅折目盲 爲鳩所傷
눈이 짓무른 닭이 머무니 발톱없이 까치와 더불어 격투하여 날개가 부러지고 눈이 머니 비둘기에게 상한 바 되더라.

56-10 履 木內生蠹 上下相賊 禍亂我國
나무 안에 좀벌레가 생기듯 상하가 서로 해하니 재앙이 내 나라를 어지럽게 하더라.

56-11 泰 延陵適魯 觀樂太史 車鄰白顚 知秦興起 卒兼其國 一統爲主
연릉이 노나라에 가서 낙태사를 보니 수레를 끄는 얼룩말의 이마에 흰털이 있는 것을 보고 진나라가 장차 크게 일어날 것을 알았는데 종당은 여러 나라를 통합하고 통일의 임금이 되더라.

56-12 否 輔相之好 無有休息 時行雲集 所在遇福
서로 도우는 좋은 일이 쉬지 않고 때에 따라 구름이 모이니 복을 만난 바 있더라.

56-13 同人 床傾簀折 屋漏垣缺 季姬不愜
상이 기울어지면서 살이 부러지고 집이 새고 담이 무너져 계희가 불쾌해 하더라.

56-14 大有 東入海口 循流北走 一高一下 五邑失主 七日六夜 死於水浦
동쪽 해구로 들어가 흐름을 좇아 북으로 달아나니 한번 높고 한번 내려가니 다섯

읍이 주인을 잃고 칠일 낮과 여섯 밤에 수포에서 죽더라.

56-15 謙 群虎入邑 求索肉食 大人守禦 君不失國
무리의 호랑이가 고을에 들어와 먹을 고기를 찾아 구하나 대인이 지키고 막으니 임금이 나라를 잃지 아니하더라.

56-16 豫 四亂不安 東西爲患 退身止足 無出邦域 乃得完全 賴其生福
사방이 어지럽고 불안한데 동서가 근심이 되어 몸을 물러서고 발을 머물어 나라 밖으로 나가지 않고 이내 완전을 얻어 그 복이 생기는 것을 힙입더라.

56-17 隨 叔-抱寃 祁子自邑 乘遽-患 羊舌以免 賴其生全
숙부의 웃음이 원한을 안고 기자가 읍으로부터 급히 가서 재앙을 풀어 양혈이 면사되어 그 생명을 온전케하더라.

[註] 叔은 숙향이고 양혈호는 숙향의 동생이다. 기자(祈子)는 기해로서 晉범선자가 양혈호를 죽이려고 하자 기해가 양혈호의 선행을 제공에게 말해 면사하였다.

56-18 蠱 延頸望酒 不入我口 深目自苦 利得無有
목을 늘여 술을 바라는데 나의 입으로 들어가지 않아 눈으로 스스로 괴로워하다가 득이 있음이 없더라.

56-19 臨 仁政之德 恭恭日息 成都就邑 人受厥福
어진 정치의 덕으로 공경하고 받들어 날로 기르고 성도에 도읍하니 사람이 그 복을 받더라.

56-20 觀 牽頭繫尾 屈折幾死 周世無人 不知所歸
머리를 끌고 꼬리를 매니 구부러 꺾여 거의 죽으니 주나라 세상에 사람이 없어 돌아갈 바를 알지 못하더라.

56-21 噬嗑 教羊逐兎 使魚捕鼠 任非其人 費日無功

양을 가르쳐 토끼를 쫓고 고기로 하여금 쥐를 잡으니 그 자리에 맞지 아니한 사람에게 일을 맡기면 날자만 소비하고 공이 없더라.

56-22 賁 生角有尾 張-制家 排羊逐狐 張氏易公 憂禍重凶
뿔이 나고 꼬리가 있어 장열이 집을 단속하고 양을 물리치고 여우를 쫓고 장씨가 공을 바꾸니 근심과 재앙이 흉하고 중중하더라.

56-23 剝 去安就危 墜陷井池 破我玉瑀
편안한 것을 버리고 위태한 데로 나가다 우물과 못에 떨어져 빠지니 나의 옥돌을 깨트리더라.

56-24 復 茹芝餌黃 塗飮玉英 與神通流 長無憂凶
여지는 황토수를 먹고 육영을 발라 마시어 귀신과 더불어 잘 통해 길이 근심과 흉함이 없더라.

56-25 無妄 體重難飛 未能越關 不離室垣
몸이 무거워 날기 어려워 능히 관문을 넘지 못해 집 담을 떠나지 않더라.

56-26 大畜 巢成樹折 傷我彝器 伯踒叔跌 亡羊乃追
둥지를 이루니 나무가 부러져 나의 기를 상하니 백씨는 다리가 부러지고 숙씨는 거꾸러지니 양이 도망가 이내 쫓아가더라.

56-27 頤 六人俱行 各遺其囊 黃鶴失珠 無以爲明
여섯 사람이 함께 가다 각각 그 주머니를 잃고 황학이 구슬을 잃으니 밝힐 수가 없더라.

56-28 大過 播梅折枝 與母分離 絕不相知
매화를 심고 가지를 꺾어 어미와 더불어 나누어 떠나니 끊어져 서로 알지 못하더

라.

56-29 坎 迎福開戶 喜隨我後 曹伯愷悌 爲宗國王
복을 맞이하려 문을 여니 기쁨이 나의 뒤를 따르고 조백이 용모와 기상이 화락 단정하여 송나라 임금이 되더라.

56-30 離 旣痴且狂 兩目又盲 箕踞喑啞 名爲無中
이미 천치에다 또 미치고 양눈이 또 장님이니 다리를 뻗고 앉은 벙어리라 이름을 무중이라 하더라.

56-31 咸 金梁鐵柱 千年牢固 完全不腐 聖人安處
금보에 철주로 천년 견고하여 완전해 썩지 아니하니 성인이 편안히 살더라.

56-32 恒 裹糗荷糧 與跖相逢 欲飛不得 爲綱所獲
미싯가루를 싸고 양식을 메고 도척과 더불어 서로 만나 날고자 하나 얻지 못하고 그물에 잡힌 바 되더라.

56-33 遯 彭生爲妖 暴龍作災 盜堯衣裳 聚跖荷兵 青禽照夜 三旦夷亡
팽생이 요물이 되고 사나운 용이 재앙을 만드니 요임금의 의상을 도적하고 도척을 모아 병기를 지니니 파랑새가 밤에 비친 지 삼일 아침에 쉽게 망하더라.

56-34 大壯 獨夫老婦 不能生子 鰥寡俱處
홀아비와 늙은 지어미는 자식을 낳지 못하고 홀아비와 과부가 같이 살더라.

56-35 晉 鷦鷯-脂 巢於小枝 搖東不安 爲風所吹 心寒慄慄 常憂危殆
뱁새와 콩새가 작은 가지에 둥지를 트니 바람이 불면 동요되어 불안하여 마음이 써늘하고 무섭고 떨려 항상 위태함을 근심하더라.

56-36 明夷 素車木馬 不任負重 王子出征 憂危爲咎
소거 목마에 짐 무거운 것을 맡기지 않고 왕자가 출정하니 위태함을 근심함이 재앙이 되더라.

56-37 家人 土陷四維 安平不危 利以居止 保有玉女
흙이 사방이 빠지니 편안하고 위태하지 않아 살기에 이로워 옥녀를 보유하더라.

56-38 睽 負牛上山 力劣行難 烈風雨雪 遮遏我前 中道復還
소를 지고 산을 오르니 힘에 부쳐 가기 어려운데 모진 바람과 비 눈이 나의 앞을 막으니 중도에 되돌아가더라.

56-39 蹇 金城鐵郭 上下同力 政平民親 寇不能賊
금성과 철곽에다 상하가 힘을 같이 하고 정치는 태평하고 백성은 친목하니 도적도 감히 해하지 못하더라.

56-40 解 淸潔淵塞 爲人所言 證訊詰情 繫於枳溫 甘棠聽斷 昭然蒙恩
청결한 연못이 막히고 사람을 위해 말하는 바 증거를 묻고 정을 다스려 탱자에다 매고 감당나무 아래서 들어 판단하여 소연히 밝혀 은혜를 입더라.

56-41 損 皐陶聽理 岐伯悅喜 西登華道 東歸無咎
구도(순임금때)가 이치를 듣고 문왕이 기뻐해 서로 화도에 오르고 동으로 돌아가니 재앙이 없더라.

56-42 益 低頭竊視 有所畏避 行作不利 酒酸魚敗 衆莫貪嗜
머리를 숙이고 엿봄은 두렵고 피하는 바가 있어 행동하기 불리함이라 술이 시고 고기가 썩으니 모두 탐내고 즐기지 않더라.

56-43 夬 十雞百趨 常與母俱 抱?搏虎 誰肯爲侶

열 마리 닭과 백 마리 병아리가 항상 어미와 더불어 함께 하고 닭을 안고 호랑이를 치는데 누가 즐겨 동행하리오 .

56-44 姤 高阜山陵 陂陁轉崩 爲國妖祥 元谷以薨

높은 언덕과 산언덕이 기울어져 붕괴되어 나라의 길흉이 피어 원후가 죽더라.

[註] 제후의 죽음은 홍(薨), 천자의 죽음은 붕(崩)이라 한다.

[典據]《左傳》僖公十四年, 沙鹿崩. 晋卜偃曰. 期年將有大咎. 幾亡國. 15년에 惠公이 집권하고 24년에 懷公이 高梁에게 살해당했다.

56-45 萃 六鷁退飛 爲襄敗祥 陳師合戰 左股夷傷 逐崩不起 覇功不成

익새 여섯이 날아 물러가 양공의 상서가 패한다는 징조가 되니 진나라 군사와 합해 상서 초나라와 싸우다 왼쪽 다리를 상해 드디어 죽고 일어나지 못해 패업을 이루지 못하더라.

[註] 춘추 희공 十六년 정월에 익새가 송나라 서울을 날아 지나가고 二十二년 十一일 송양공이 초나라와 泓에서 전쟁하다 다리를 상해 二十三년 五월에 사망하였다.

56-46 升 異國殊俗 情不相得 金木爲仇 百賊擅殺

나라가 다르면 풍속도 달라 정을 서로 얻지 못하고 금과 옥이 원수가 되어 백적을 마음대로 죽이더라.

56-47 困 鴟嘄庭中 以戒災凶 重門擊柝 備憂暴客

갈매기가 뜰 가운데서 지저귀어 흉한 재앙을 경계하라는 예고라 문을 닫고 딱다기를 쳐서 폭객의 근심을 예비하더라.

56-48 井 慈母念子 享賜得土 蠻夷來服 以安王室 側陋逢時

어머니가 자식을 생각해서 누림을 주어 땅을 얻으니 만이가 와서 복종하여 왕실을 편안케하니 지체 낮은 이들이 때를 만나더라.

56-49 革 剗迹惡人 使德不通 災旱爲殃 年穀大傷
자취를 깎아 악인으로 하여금 덕이 통치 못하게 하고 가뭄의 재앙으로 해마다 곡식이 크게 상하더라.

56-50 鼎 躬履孔德 以待束帶 交君燎獵 呂尙獲福 號-太師 封建齊候
큰 덕을 몸소 실천하고 예복을 기다리다 문왕의 횃불 사냥에 강태공이 복을 얻어 태사라 호칭하고 제나라를 봉해 세우더라.

56-51 震 征將止惡 鼓鞞除賊 慶仲奔莒 子般獲福
정벌 나간 장수가 악을 그치고 칼집을 두드려 적을 제하니 경중이 거국으로 달아나 자반이 복을 얻더라.
[註] 慶仲은 魯의 共仲慶父. 閔公2년에 共仲이 莒로 달아남.

56-52 艮 良夫淑女 配合相保 多孫衆子 懽樂長久
어진 지아비와 숙녀가 배합하여 서로 보존하니 손자도 많고 아들도 많아 기쁘고 즐거움이 장구하더라.

56-53 漸 逶迤四牡 思念父母 王事靡監 不得安處
비틀거리는 네 장정이 부모를 생각하느라고 왕사가 느슨하지 않아 안라간 처소를 얻지 못하더라.

56-54 歸妹 水壞我里 東流爲海 龜鳧讙囂 不得安居
물이 나의 마을을 무너트려 동으로 흘러 바다가 되어 거북과 오리가 떠들고 지껄여서 편안한 삶을 얻지 못하더라.

56-55 豊 束帛戔戔 賻我孟宣 徵召送君 變號易字
예단을 쌓아서 나의 맏이 죽는데 부조하고 불러내서 임금에게 보내니 호를 변하고 자를 바꾸더라.

56-57 巽 乾行天德 覆贍六合 嘔呴成熟 使我福德

하늘이 천덕을 행해 동서남북 상하 육합을 돕고 살펴 기꺼이 공손히 말해 성숙하여 나로 하여금 복과 덕이 되더라.

56-58 兌 秦晉大國 更相--賊 獲惠質圉 鄭被其咎

진과 진 대국이 다시 서로 싸워 진후가 사로잡혀 태자 어가 볼모가 되니 경정이 그 앙화를 입더라.

[註] 춘추 노희공 十五年 十一월에 晉候와 秦伯이 한에서 전쟁할 때 대부 慶鄭이 잘못해서 진백을 놓쳐 秦나라가 晉候를 사로잡아 晉 세자 어를 인질로 잡혔는데 十七년 十一월 晉候가 돌아와 경정을 죽인 후에 들어왔다.

[典據]《左傳》僖公十五年.

56-59 渙 晦昧昏明 君無絕綱 甲午成亂 簡公喪亡

이둡다가 밝았다가 함은 임금이 기강이 없음이다. 갑오에 난을 이루니 간공이 죽더라.

[註] 춘추 노애공 十四년 五월 갑오에 陳成子 진항이 장난하여 陳 간공이 사망하였다.

56-60 節 三足無頭 莫知所之 心狂睛傷 莫使爲明 不見日光

머리 없이 발이 셋이라 갈 바를 알지 못하고 마음이 미치고 눈동자가 상해 밝은 것을 할 수 없어 일광을 보지 못하더라.

56-61 中孚 長夜短日 陰爲陽賊 萬物空枯 藏在北陸

밤이 길고 낮이 짧으면 음이 양을 해쳐 만물이 비고 말라 북쪽 땅에 감추어 있더라.

56-62 小過 依宵夜遊 與大君俱 除-煩惑 使我無憂

밤에 밤놀이를 대군과 더불어 같이하니 번뇌와 의혹을 해제해 나로 하여금 근심이 없더라.

56-63 旣濟　逐麋西山　利入我門　陰陽和調　國無災殘　長子出遊　須其仁君

서산에서 고라니를 쫓으니 이롭게 나의 문으로 들어오고 음양이 조화를 이루어 나라에 재앙이 없고 큰 아들이 나가 벗을 사귐은 그 어진 임금을 기다림이더라.

56-64 未濟　請騁左耳　嗇不我驅　與我父母

달려 좌이를 청하며 인색하게 나에게 몰게 하지 않고 나의 부모와 더불더라.

[註] 청빙좌이(請騁左耳)는 옛적에 짐승을 사냥해 잡을 때 왼쪽 귀를 잘라 공을 계산하였다는 고사.

巽上 巽下 巽之第五十七 **重 風 巽**

57-57 巽 溫山松柏 常茂不落 鸞蜂以庇 得其懽樂
온산의 송백은 항상 무성하고 떨어지지 않아 난새 봉황이 비호되어 그 기쁘고 즐거움을 얻더라.

57-1 乾 采唐洙鄉 要期桑中 失信不會 憂思約帶
말향에서 고추를 따기로 하고 상중에서 모이기로 약속했는데 실신하고 모이지 않으니 약속 어긴 것을 근심 걱정하더라.

57-2 坤 有鳥飛來 集于宮樹 鳴聲可畏 主將出去
새가 있어 날아와 대궐 나무에 모여들어 우는 소리가 가히 두려워 임금이 장차 나가더라.

57-3 屯 仁政之德 參參日息 成都就邑 入受厥福
어진 정치가 덕으로 빽빽하게 모여 날이 쉬지 않고 도읍을 이루어 끌고 나가 그 복을 받아들이더라.

57-4 蒙 他山之錯 與璆爲仇 來攻吾城 傷我肌膚 邦家搔擾
타산의 줄은 옥경쇠와 더불어 원수가 되어 와서 내성을 공격하여 나의 피부를 상해 나라 집을 요란케 하더라.

57-5 需 齎貝贖狸 不聽我辭 繫於虎鬚 牽不得來
돈을 가지고 이리를 사서 나의 말을 듣지 아니하고 호랑이 수염에다 매니 끌어도 오지 못하더라.

57-6 訟 一箕兩舌 佞言諂語 三姦惑處 曾母投杼

생황 하나에 혀가 둘이라 망녕된 말로 아첨하고 세 사람이 거짓말을 하니 증자님 어머니가 북을 던지더라.

57-7 師 薄行搖尾 逐雲除水 汚泥爲陸 下田宜稷
가볍게 가며 꼬리를 흔들고 구름을 좇고 물을 제어하니 수렁이 육지가 되어 하전(下田)은 기장을 심기에 알맞더라.

57-8 比 天門九重 深內難通 明坐至暮 不見神公
하늘 문이 구중이라 안이 깊어 통하기 어려워 밝을 때부터 저물 때까지 앉아 있어도 신공을 보지 못하더라.

57-9 小畜 闇目失明 耳闕不聽 陷入深淵 滅頂憂凶
눈이 어두워 밝음을 잃고 귀를 막아 듣지 않으니 깊은 못에 빠져 들어가면 흉한 근심이 다 없어지더라.

[典據]《周易》大過上六, 過涉滅頂. 凶. 無咎.

57-10 履 霧露早霜 日暗不明 陰陽孼疾 年穀大傷
안개 이슬과 이른 서리로 날이 어둡고 밝지 않고 음과 양의 요상한 병으로 해마다 곡식이 크게 상하더라.

57-11 泰 三階土廊 德義明堂 交讓往來 享讌相承 箕伯朝王 錫我玄黃
삼층 뜰의 토랑이 덕과 의의 명당으로서 사귀고 사양하며 왕래하고 잔치하고 서로 이어가 기자가 조선의 왕이 되니 나에게 하늘과 땅을 주더라.

[註] 황제 때는 합궁, 요임금 때는 구실, 순임금 때는 총장, 하나라 때는 세실, 은나라 때는 양관, 주나라 때는 명당이라 하여 나라 남쪽에 있었다. 기백(箕伯)은 기자이다.

57-12 否 爭雞失羊 利得不長 陳蔡之患 賴楚以安
닭을 다투다가 양을 잃으니 이득이 길지 못하고 진채의 우환을 초나라에 심어 편안하더라.

[註] 사기에 공자님이 陳채 사이에서 곤란한 액을 당하실 때 초나라 소왕이 군사를 이끌고 와서 공자님을 맞이하여 위란을 면했다.

57-13 同人　天旱水酒　枯槁無澤　未有所獲

하늘이 가물어 물이 말라 못에 물이 없으니 얻는 바가 있지 않더라.

57-14 大有　陶朱白圭　善賈息資　公子王孫　富利不貧

도주와 백규가 장사를 잘해 자본을 중식하고 공자 왕손은 부자로서 가난하지 아니하더라.

57-15 謙　龜厭江海　陸行不止　自令枯槁　失其都市　憂悔無咎

거북이 강과 바다를 싫어해 육지로 가는 것을 그치지 않아 스스로 마르고 말라 그 도시를 잃고 근심하고 뉘우쳐도 재앙은 되지 않더라.

57-16 豫　黃鳥採蓄　旣嫁不答　念吾父母　思復邦國

황조가 먹이를 싸두는데 이미 시집가서 대답하지 않고 부모를 생각하고 다시 나라를 생각하더라.

57-17 隨　田鼠野雞 意常欲逃 拘制籠檻 不得東搖

밭쥐와 들닭은 뜻으로 항상 도망가고자 하나 새장과 우리에 갇혀 동요를 얻지 못하더라.

57-18 蠱　平國不居　夏氏作亂　烏號竊發　靈公殞命

평국이 임금의 일을 아니해 하씨가 작란해서 활을 몰래 쏘아 영공이 운명하더라.

[註] 噬嗑之晉을 보라.

57-19 臨　巨蛇大鰌　戰於國郊　上下閉塞　君主走逃

큰 뱀과 큰 미꾸리가 날아 벌판에서 싸워 상하가 닫아 막히니 군주가 도망가더라.

57-20 觀 讒言亂國 覆是爲非 伯奇流離 恭子憂哀

참소 말로 나라를 어지럽게 하고 옳은 것은 덮고 비리만을 하니 백기가 유리하여 공자(신생)가 근심하고 슬퍼하더라.

[註] 豊之鼎을 보라.

57-21 噬嗑 鬱映不明 爲陰所傷 衆霧集聚 共奪日光

답답한 일식에 밝지 않으니 음에 상한 바 되어 모든 안개가 모여 같이 일광을 뺐더라.

57-22 賁 望城抱子 見邑不殆 公孫上堂 大君歡喜

자식을 안고 성을 바라보니 골을 보아도 위태하지 아니하고 공손이 당에 오르니 대군이 반가워하며 기뻐하더라.

57-23 剝 三虫爲蠱 剗跡無與 勝母盜泉 君子弗處

삼충이 회충이 되니 깎은 자취도 없고 승모와 도천에는 군자가 살지 않더라.

57-24 復 車馳人趨 卷甲相求 齊魯寇戰 敗於犬丘

수레는 달리고 사람은 빨리 걸어 갑옷을 걷고 서로 구하니 제와 노나라가 전쟁하다 견구에서 제나라가 패하더라.

57-25 無妄 欲訪子車 善相欺紿 桓叔相迎 不見所期

자거를 방문코자 서로 잘 속여 환숙이 서로 맞이하니 기약한 바에 보지 못하더라.

57-26 大畜 爭雞失羊 亡其金囊 利得不長 陳蔡之患 賴楚以安

닭을 다투다 양을 잃고 그 금낭을 잊어버리니 이득이 길지 못해 진채의 근심을 초나라에 힘입어 편안하더라.

[註] 巽之否를 보라.

57-27 頤 歲暮華落 陽入陰室 萬物伏藏 匿不可得

해가 저물어 화려함이 떨어지고 양이 음실에 들어가니 만물이 엎드려 숨으니 숨어서 가히 얻지 못하더라.

57-28 大過　晨風文翮　大擧就溫　過我城邑　羿無所得
새벽 바람에 문핵이 대거해 온대지방으로 가는데 나의 성읍을 지나는데도 예가 얻는 바가 없더라.

57-29 坎　時鵠抱子　見蛇何咎　室家俱在　不失其所
때에 고니가 자식을 안으니 뱀을 본들 무엇이 근심되리오. 집이 구존하니 그곳을 잃지 아니하더라.

57-30 離　隱隱大雷　-霈爲雨　有女癡狂　驚駭鄰里
은은한 큰 우뢰에 소낙비가 되니 여인에 미치광이가 있어 이웃마을이 놀라고 놀라더라.

57-31 咸　無足斷跟　居處不安　凶惡爲患
발뒤꿈치를 잘라 발이 없어 거처가 불안하니 흉악이 근심되더라.

57-32 恒　破筐弊管　棄損於道　不復爲寶
광주리를 깨트리고 쌀 광주리가 해져 길에 버리니 다시 보배가 되지 않더라.

57-33 遯　三雞啄粟　十雛從食　飢鳶卒擊　亡其兩叔
세 마리 닭이 조를 쪼니 병아리 열 마리가 좇아 먹는데 주린 솔개가 별안간 치니 그 두 막내를 잃더라.

57-34 大壯　乘車七百　以明文德　踐土蔡丘　齊晉受宓
승차 칠백으로 문덕을 밝히니 전토와 규구에서 제, 진나라가 복을 받더라.

57-35 晉 百足俱行 相輔爲强 三聖翼事 王室寵光
발 백개가 함께 가니 서로 도와 강해지고 세 성인이 일을 도우니 왕실이 은총에 빛나더라.

57-36 明夷 典册法書 藏閣蘭臺 雖遭潰亂 獨不逢災
전책과 법서는 집 난대에 두니 비록 괘란을 만난다하여도 홀로 재앙을 만나지 아니하더라.

57-37 家人 西誅不服 恃强負力 倍道趨敵 師徒敗覆
네번 이겨도 항복받지 못해 강함만 믿고 힘을 다해 배도하여 적을 쫓다가 군사가 도리어 패하더라.

[註] 초장 항량이 여러번 秦나라를 쳐서 이겨 교만하게 진군하다가 진나라가 대반격하니 정도에서 패하니 항량이 전사했다.

57-38 睽 春陽生章 夏長條肄 萬物蕃滋 充實有益
봄볕에 풀이 나서 여름에 가지와 곁가지가 자라 만물이 번성하여 충실하고 유익하더라.

57-39 蹇 礅礅禿白 不生黍稷 無以供祭 祇靈乏祀
돌 자갈밭이 투백하여 기장과 피가 나지 않아 제사에 받칠 것이 없어 지신의 제사를 폐하더라.

57-40 解 蹇衣涉河 水深漬罷 幸賴舟子 濟脫無他
옷을 걷고 물을 건너는데 물이 깊어 적시게 되는데 다행히 배가 있어 아무탈 없이 건너더라.

57-41 損 宜行賈市 所求必倍 載喜抱子 與利爲友
마땅히 저자에 가서 구하는 바에 반드시 배를 얻어 기쁨을 싣고 자식을 안으니 이익으로 더불어 벗이 되더라.

57-42 益 兄征東夷 弟伐遼西 大克勝還 封居河間
형은 동이를 정벌하고 아우는 요서를 쳐서 크게 이기고 돌아오니 하간을 봉해서 살더라.

57-43 夬 初雖驚惶 後乃無傷 受其福慶
처음에는 비록 놀래고 두려우나 뒤에는 상함이 없어 그 복과 경사를 받더라.

57-44 姤 隨風乖龍 與利相逢 田獲三倍 商旅有功 憧憧之邑 長安無他
바람 따라 용을 타고 이와 더불어 서로 만나니 밭에서 삼베를 얻고 장삿길에 공이 있어 마음이 끌림이 없어 왕래하는 곳은 장안이더라.

57-45 萃 魚擾水濁 寇圍吾邑 城危不安 驚恐狂惑
고기가 흔들려 물이 흐르고 도적이 나의 고을을 포위하여 성이 위태로워 불안하여 놀래고 두려워 미치고 당혹하더라.

57-46 升 雖塞復通 履危不凶 保其明功
비록 막히나 다시 통하고 위태한 것을 밟아도 흉하지 않고 그 밝은 공을 보존하더라.

57-47 困 坤厚地德 庶物蕃息 平康正直 以綏大福
땅은 후한 지덕으로 모든 물건이 번식하고 편안하고 정직하여 큰 복에 편안하더라.

57-48 井 山水暴怒 壞梁折柱 稽難行旅 留連愁苦
산수가 폭노하여 다리를 파괴하고 기둥을 꺽어 여행이 어려울 것을 상고하고 계속 머물면서 근심하며 괴로워하더라.

57-49 革 使鸞築室 身不庇宿 家無聊賴 殲我衣服

제비로 하여금 집을 짓고 몸을 가리지 않고 자며 집에 안심하고 의지함이 없고 나의 의복을 멸하더라.

57-50 鼎 矢石所射 襄公痍劇 吳子巢門 傷病不治
시석이 쏘는 곳에 양공이 이질이 심하고 오자가 소문에서 상한 병이 치료되지 않더라.

[典據]《左傳》莊公八年, 齊襄公田于貝丘. 見豕人. 從者曰. 公子彭生也. 公怒曰, 彭生敢見. 射之. 豕人立而啼. 公懼墜于車. 傷足喪屨. 襄公二十五年, 吳子諸樊伐楚. 門于-. -牛臣隱於短墻以射之. 卒.

57-51 震 日月運行 一寒一暑 榮寵赫赫 不可得保 轉隕墜墮 更爲士伍
일월의 운행은 한번 차면 한번은 더워 영화와 고임이 혁혁하나 가히 보존을 얻지 못하면 엎드러져 떨어지고 떨어져 다시 병사의 대열이 되더라.

57-52 艮 宮門悲鳴 臣圍其君 不得東西
궁문이 슬피 울고 신하가 그 임금을 에워싸고 어느 방향으로 갈 것인지를 얻지 못하더라.

57-53 漸 戴盆望天 不見星辰 顧小失大 福逃牆外
동이를 이고 하늘을 바라보니 별이 보이지 않고 작은 것을 돌아보나 큰 것을 잃어 복이 담밖으로 달아나더라.

57-54 歸妹 天之所明 禍不遇家 反目相逐 終得和美
하늘의 밝은 바는 재앙을 집에서 만나지 아니하고 반목하며 서로 쫓다가 끝내 화목한 아름다움을 얻더라.

57-55 豊 天陰霖雨 塗行泥潦 商人休止 市無所有
하늘이 흐리고 장마비로 길이 수렁이 되어 상인이 쉬고 그치니 시장에 있는 바가 없더라.

57-56 旅 嘉門福喜 增累盛熾 日就有德 宜民宜國
아름다운 문의 복이 기쁜데 점점 더 성해 날로 덕이 있는 데로 나가 백성이 화평하고 나라가 화평하더라.

57-58 兌 南山之陽 華葉將將 喜樂君子 爲國寵光
남산의 볕에 화려한 잎사귀는 씩씩하고 즐거움을 기뻐하는 군자는 나라를 위해 은총이 빛나더라.

57-59 渙 畫龍頭頸 文章未成 甘言美語 詭辭無名
용의 목과 머리를 그리는데 무늬와 채색을 이루지 못하고 달콤한 말과 아름다운 말은 거짓말로 이름이 없더라.

57-60 節 嬰兒孩子 未有所識 彼童而角 亂我政事
젖먹이와 어린아이는 아는 바가 있지 않은데 저 아이를 비교해 나의 정사를 어지럽게 하더라.

[註] 피동이각(彼童而角)은 덕을 닦지 아니한 사람을 소나 양처럼 뿔이 있는 짐승에 비유하는 뜻이다.

57-61 中孚 陰作大- 欲君勿言 鴻鵠利口 發其禍端 荊系懷憂 張伯被患
음이 크게 간사함을 만들어 임금으로 하여금 말을 못하게 하고 홍곡이 말을 잘해 그 화근을 펴서 형계는 근심을 품고 장백은 재앙을 입더라.

57-62 小過 德之流行 利之四鄕 雨師酒道 風伯逐殃 巡狩封禪 以告成功
덕이 유행하여 사방을 이롭게 하니 비를 맡은 신은 길에 물을 뿌리고 바람을 맡은 신은 재앙을 쫓아 순수 봉선에 성공을 고하더라.

[註] 순수봉선(巡狩封禪)은 옛적에 천자가 제후를 순행하면서 흙을 모아 단을 만들고 천제를 지내는 것으로 천자의 위가 바뀌면 반드시 태산에 봉선하여 성공을 고하는 의식이다.

57-63 旣濟　禹將爲君　裝入崑崙　稍進陽光　登見溫湯　功德昭明

우임금이 장차 임금이 될 때 위의를 갖추고 곤륜산에 들어가 점점 햇볕으로 나가 온탕에 올라가 보니 공덕이 소명을 받더라.

[註] 우임금이 치수에 성공하였는데 물의 근원이 곤륜산에서 시작하였으므로 곤륜산에 들어가 제사지내고 순임금으로부터 선위를 받았다.

57-64 未濟　五岳四瀆　含潤爲德　行不失理　民賴恩福

오악과 사독(산과 하천)이 윤택하여 덕이 되어 행하는 것이 이치를 잃지 아니하니 백성이 은혜와 복을 힘입더라.

[註] 오악사독(五岳四瀆)은 泰山, 岱山, 恒山, 衡山이 오악이고 江水, 黃河, 淮水, 濟水가 사독이다.

兌上 兌下 兌之第五十八　重澤兌

58-58 兌　班馬還師　以息勞疲　役夫嘉喜　入戶見妻

말을 대열에서 풀고 철군해서 수고하고 피로한 것을 쉬게 하니 군사들이 기뻐하며 집에 들어가 아내를 보더라.

58-1 乾　踐履危難　脫厄去患　入福喜門　見悔大君

위험과 어려움을 딛고 밟아 액을 벗어나 근심이 가고 희문에 복이 들어오니 뉘우치며 대군을 뵙더라.

58-2 坤　子鉏執麟　春秋作經　元聖將終　尼父悲心

자서가 기린을 잡고 춘추의 글을 지음에 으뜸가는 성인이 장차 마칠 것을 공자님이 마음으로 슬퍼하시더라.

[註] 訟之同人을 보라.

58-3 屯　夾河爲婚　期至無船　搖心失望　不見所懽

하수를 끼고 혼인을 하는데 기일이 되어 배가 없어 마음이 흔들리고 실망해서 기뻐하는 바를 보지 못하더라.

58-4 蒙　天孫帝子　與日月處　光榮於世　福祿繁祉

천손 제자는 일월과 더불어 살며 세상에 영광을 내리니 복록이 번창하더라.

58-5 需　三羊爭雌　相隨賁馳　終日不食　精氣勞疲

세 마리 양이 암컷을 다투어 서로 따르며 분주히 달려 종일 먹지 않아 정기가 피로해 다하더라.

58-6 訟　禹召諸侯　會稽南山　執玉萬國　天下康寧

우임금이 제후를 소집하여 남산에서 회의하니 만국이 옥을 바쳐 천하가 강녕하더라.

58-7 師 早霜晩雪 傷害禾麥 損功棄力 飢無所食
이른 서리에 늦은 눈이 벼와 보리를 상해하여 공을 버리고 힘들인 것을 버려 주려도 먹을 것이 없더라.

58-8 比 崇融持戟 社伯荷弩 降觀下國 誅逐無道 夏商之季 失福逃走
숭융은 창을 가지고 두백이 쇠뇌를 메고 아래 나라를 내려다보니 베고 좇는 것이 도가 없어 하나라와 상나라의 끝이 복을 잃고 도망해 달아나더라.

[註] 숭융(崇融)은 축융(祝融). 불의 神.

58-9 小畜 生有聖德 上配太極 皇靈建中 受我以福
나면서 성인의 덕이 있어 위로 태극의 짝이 되고 황령이 중도를 지켜 내가 복을 받더라.

[註]《詩經》周頌思戊, 克配彼天. 莫匪爾極. 書經, 洪範, 皇建其有極. 斂時五福. 用敷錫厥庶民.

58-10 履 下田陸黍 萬華生齒 大雨霖集 波病潰腐
아래밭의 뭍 기장이 여러 가지로 변하고 싹이 나고 큰비가 장마로 모여 병들고 썩어 물크러지더라.

58-11 泰 子畏於匡 困厄陳蔡 明德不危 竟剋免害
공자님이 방에서 놀라시니 재앙을 당해 곤핍한데 진채의 사람들이 말하기를 성인은 도통하고 덕이 밝으니 재앙을 만나도 위태하지 않는다고 하더니 끝내 이겨 해를 면하시더라.

58-12 否 有兩赤鷂 從五隼噪 操矢無筈 趨釋爾射 俯伏聽令 不敢動搖
두 마리 붉은 장끼가 있어 다섯 새매를 좇아 지저귀니 화살을 잡으니 살오늬가 없어 추창해 나가 너희를 쏘겠다고 하니 부복하고 청령하며 감히 움직이지 않더라.

58-13 同人　當得自知　不逢凶災　衰者復興　終無禍來
마땅히 스스로 말을 얻으면 흉한 재앙을 만나지 않고 쇠한 자가 다시 일어나면 끝내 재앙이 오지 않더라.

58-14 大有　朽根刖樹　華葉落去　卒逢火焱　隨風僵仆
썩은 뿌리를 자른 나무는 화려한 잎사귀가 떨어져가고 졸지에 불꽃을 만나면 바람을 따라 쓰러지더라.

58-15 謙　葛生衍蔓　絺綌爲願　家道篤厚　父兄悅喜
칡이 나서 넝쿨을 벗는 것은 갈포가 되기를 원함이요 가도(家道)가 독후하니 부형(父兄)이 기뻐하더라.

58-16 豫　東行求玉　反得弊石　名曰無直　字曰醜惡　衆所賤薄
동으로 가서 옥을 구하다 도리어 폐석을 얻으니 이름해 무직이고 자는 추악이라 해서 모두가 천박하는 바더라.

58-17 隨　瞻白用弦　駑孱恐怯　任力墮劣　如猬見鵲　偃視恐伏　不敢拒格
흰것을 봄은 시위를 씀이요. 우둔한 말이 잔약하고 두려움과 겁이 있어 힘이 떨어지고 용렬해서 고슴도치 까치 보듯이 누워서 두려워 엎드리고 감히 막아 대적하지 못하더라.

58-18 蠱　瘡痍多病　宋公危殆　吳子巢門　無命失所
칼의 상처에 병이 많아 송공이 위태하고 오자가 소문에서 명(命)이 없어 죽더라.

58-19 臨　東山西岳　會合俱食　百喜送從　以成恩福
동산과 서악에 회합하여 같이 먹으니 모두 기뻐하며 보내고 좇으니 은혜로운 복을 이루더라.

58-20 觀 舞非其處 失節多悔 不合我意
그곳이 아닌데서 춤을 춰서 절개를 잃어 뉘우침이 많아 나의 뜻에 맞지 아니하더라.

58-21 噬嗑 南循汝水 茂樹斬枝 過時不遇 惄如周飢
남으로 여수를 돌아다닐 때 무성한 나무의 가지를 자르고 지나갈 때 만나지 못해 허출하여 두루 주림과 같더라.

58-22 賁 公孫駕驪 載遊東齊 延陵說産 遺季紵衣
공손이 검은 말을 타고 동쪽 제나라로 여행가 연릉에서 설산이 계찰을 보내 모시옷을 보내더라.

58-23 剝 乘輿八百 以明文德 踐土癸丘 齊晉受福
승여 팔백으로 문덕을 밝히고 전토와 계구에서 제, 진 두 나라가 복을 받더라.

58-24 復 雄處弱水 雌在海邊 別離將食 哀悲於心
수컷은 약수에 있고 암컷은 해변에 있어 서로 떨어져 장차 먹을 때 마음으로 슬퍼하더라.

58-25 無妄 結網得鮮 受福安坐 終無患禍
그물을 매지고 생선을 득하여 복 받고 편안히 앉았으니 끝내 재앙이 없더라.

58-26 大畜 秋南春北 隨時休息 處和履中 安無憂凶
가을에는 남쪽 봄에는 북쪽 때에 따라 휴식하고 화락하고 중도를 밟으니 편안하고 흉한 근심이 없더라.

58-27 頤 啓戶開門 巡狩釋冤 夏台羑里 湯文悅喜
집을 열고 문을 열면서 순수하여 억울한 사람을 풀어주니 하대와 유리에서 탕임금과 문왕이 기뻐하더라.

58-28 大過 符左契右 相與合齒 乾坤利貞 乳生六子 長大成就 風言如母
신표의 증거를 좌측에, 계함표를 우측으로 서로 이를 맞히는 것처럼 건과 곤은 이해가 바르나 삼남 삼녀 즉 육자를 낳아 장대하고 성취하니 헛된 말은 없는 것 같더라.

58-29 坎 飢蠶作室 絲多亂緖 端不可得
주린 누이가 집을 지으니 실이 어지러운 실마리가 많아 끝을 얻지 못하더라.

58-30 離 東壁與光 數闇不明 主母嫉妬 亂我事業
동쪽 벽의 남은 빛이 자주 어두워 밝지 아니하니 주모가 질투해 나의 사업을 어지럽게 하더라.

58-31 咸 白茅縮酒 靈巫拜禱 神嗜飮食 使君壽考
백모사에 술을 붓고 영무가 절하고 기도하니 귀신이 음식을 좋아해 임금으로 하여금 수를 더하게 하더라.

58-32 恒 范公陶朱 巧賈貨資 東之營丘 易字子皮 抱珠載金 多得利歸
범공 도주가 장사를 교묘하게 하여 동으로 영구에 가서 자를 자피로 바꾸고 구슬을 안고 금을 실어 이익을 많이 얻고 돌아오더라.

58-33 遯 三羖五牂 相隨俱行 迷入空澤 循谷直北 經涉六駁 爲所傷賊
세 검은 양과 다섯 암양이 서로 따라 같이 가다 잘못 공택에 들어가 골짜기를 돌아 북으로 나가 여섯 얼룩말이 거쳐 지나다가 상하고 해를 당한 바 되더라.

58-34 大壯 雄鵠延頸 欲飛入關 雨師洒道 濺我袍裘 車重難遷 侍者稽首
숫 고니가 목을 늘이고 날아 관문을 들어가고자 하니 우사는 길에 물을 뿌려 나의 도포와 갑옷을 적시고 수레가 무거워 옮기기 어려우니 모시는 자가 머리를 조아리더라.

58-35 晉 中年蒙慶 今歲受福 必有所得 榮寵受祿
중년에 경사를 입어 올해에 복을 받으니 반드시 소득이 있고 영광의 고임으로 녹을 받더라.

58-36 明夷 祿如周公 建國洛東 父子俱封
녹이 주공과 같아 나라를 낙동에 세워 부자를 같이 봉하더라.

58-37 家人 安糸厚褥 不得久宿 棄我嘉讌 困於東國 投杼之憂 不成災福
편안한 상에 두꺼운 요에서 오래 자지 못하고 나의 아름다운 잔치를 버리고 동국에서 곤핍하나 북을 던지는 근심이 재앙과 복을 이루지 아니하더라.

58-38 睽 蓄積有餘 糞土不居
저축해 여유가 있어 더러운 곳에 살지 아니하더라.

58-39 蹇 心願所喜 乃今逢時 得我利福 不離兵革
마음의 원함은 기쁜 바 이제 때를 만나 나의 이익과 복을 얻으나 전쟁이 떠나지 않더라.

58-40 解 目不可合 憂來搔足 怵惕危懼 去其邦族
눈은 가히 합하지 못하고 근심이 오면 발을 긁으며 두려워하고 위태함을 근심하여 그 나라 겨레를 버리고 가더라.

58-41 損 福德之士 歡悅日喜 夷吾相桓 三歸爲臣 賞流子孫

복덕의 선비는 기쁨이 날로 기뻐하니 관중이 제환공의 정승이 되는데 삼귀대에서 신하가 되어 상이 자손에게 흐르더라.

[註] 이오(夷吾)는 관중이고 상환(相桓)은 제환공의 정승이고 삼귀(三歸)는 제환공이 관중을 맞이할 때 쌓은 대이름이다.

58-42 益 憂姬附耳 心聽悅喜 利以博取
하희가 귀를 붙이고 마음에 기쁘게 듣더니 이익을 크게 취하더라.

58-43 夬 叔迎伯兄 遇巻在陽 君子季姬 並坐鼓簧
막내가 백형을 맞이하는데 마을에서 해가 있어 만나는데 군자와 계희가 나란히 앉아 생황을 치더라.

58-44 姤 徙巢去家 南遇白鳥 東西受福 與喜相得
둥지를 옮겨 집을 버리고 가는데 남쪽에서 백조를 만나 동서로 복을 받아 기쁨과 더불어 서로 얻더라.

58-45 萃 舜登大禹 石夷之野 徵詣王庭 拜治水土
순임금이 우임금을 석이의 들에서 등용할 때 왕정으로 불러드려 치수를 맡기더라.

58-46 升 江河淮海 天之都市 商人受福 國家富有
강과 하수, 회수, 바다는 하늘의 도시라 상인이 복을 받아 국가가 부유하더라.

58-47 困 隱隱塡塡 火燒山根 不潤我鄰 獨不蒙恩
큰소리로 떠들며 불로 산밑을 태워 나의 이웃을 윤택하지 못해 홀로 은혜를 입지 못하더라.

[註] 진문공이 패업을 이룬 뒤에 고락을 같이하던 사람들이 시기하고 공을 다투는 것을 싫어해 계자추가 어미를 업고 산중으로 숨으니 불을 놓아 나오도록 했는데 나오지 아니하고 타죽어 이를 기념하기 위해 그 날은 불을 피지 아니하였는

데 이를 한식이라 한다.

58-48 井 闇昧不明 耳聾不聽 陷入深淵 滅頂憂凶
어둡고 어두어 밝지 아니하고 귀가 먹어 듣지 못하고 깊은 못에 빠져 들어가서 이마를 넘으니 흉함과 근심이 멸하더라.

58-49 革 鳥鳴嗃嗃 天火將下 燔我館屋 災及妃后
새가 개개 울어 하늘의 불이 장차 내려와 나의 집을 불사르니 재앙이 비후(妃后)에게 미치더라.

58-50 鼎 十雌百雛 常與母俱 抱雞博虎 誰敢難者
열 마리 암닭에 백 마리 병아리가 항상 어미와 더불어 같이하고 닭을 안고 호랑이를 치니 누가 감히 어렵다하리오.

58-51 震 營城洛邑 周公所作 世建三十 年歷七百 福祐盤結 堅固不落
성을 낙양에 쌓는 것은 주공이 지은 바로 대수는 삼십세 역년은 칠백년으로 복을 도움이 반석같아 견고하여 떨어지지 않더라.

58-52 艮 三人俱行 別離將食 一身五心 反覆迷惑
세 사람이 같이 가다 이별하는 음식을 먹을 때 한몸에 마음은 다섯으로 정신이 헷갈려 헤매더라.

58-53 漸 三虎搏狼 力不相堂 如鷹格雉 一擊破亡
세 마리 호랑이가 이리를 치니 힘이 서로 같지 않아 매가 꿩을 잡듯이 한번 치니 패망하더라.

58-54 歸妹 養虎畜狼 還自賊傷 年歲息長 疾君拜禱 雖危不凶
호랑이를 기르고 이리를 쳐서 도리어 스스로 상해되고 해마다 쉼이 임금의 병에 절하고 기도하니 비록 위태하나 흉하지 않더라.

58-55 豊 後時失利 不得所欲
뒤늦어 이익을 잃으니 하고자 하는 바를 얻지 못하더라.

58-56 旅 雉兎之東 以理爲傷 見鷹驚走 死於谷口
꿩과 토끼가 동쪽으로 감은 이치로써 상함이 되는데 매를 보고 놀라 달아나다 골짜기 입구에서 죽더라.

58-57 巽 秋蛇向穴 不失其節 夫人姜氏 自齊復入
가을 뱀이 구멍을 향함에 그 절기를 잃지 않듯이 부인 강씨가 스스로 제나라로 다시 들어가더라.
[註] 춘추에 노환공비 문강이 사음이 있어 다시 제나라로 돌아갔다.

58-59 渙 鳥鳴葭端 一呼三顚 搖動東西 危魂不安
새가 갈대끝에서 우니 한번 부르면 세번 거꾸러져 동서로 요동하니 위태한 혼이 불안하더라.

58-60 節 命夭不逐 死多鬼祟 妻子啼喑 早失其雄
명이 짧아 이르지 못해 귀신의 빌미가 많아 죽으니 처자가 울어 일찍 그 수컷을 잃더라.

58-61 中孚 茆節屋結帝 崇我文德 三辰旂旗 家受其福
초가에서 자리를 매며 나의 문덕을 높이고 일월성의 기로 집에서 그 복을 받더라.

58-62 小過 羅網四張 鳥無所翔 征我困極 飢窮不食
그물을 사방에 벌려 쳐서 새가 날을 바가 없어 정벌이 곤란하여 주리고 궁해도 먹지 못하더라.

58-63 旣濟　天成地安　積石爲山　潤洽萬里　人賴其歡
하늘은 땅에 편안함을 이루고 돌을 싸서 산이 되니 만리를 윤택하고 흡족하여 사람이 그 기쁨을 힘입더라.

58-64 未濟　銅人鐵柱　暴露勞苦　終月卒歲　無有休止
구리 사람과 철 기둥이 노고를 폭로하고 달이 끝나고 해를 맞이하도록 휴식함이 있음이 없더라.

巽上 坎下 渙之第五十九 **風 水 渙**

59-59 渙 望幸不到 文章未就 王子逐兎 犬踦不得
요행을 바라나 이르지 못하고 문장도 나가지 못하는데 왕자가 토끼를 쫓는데 개가 절름발이라 얻지 못하더라.

59-1 乾 焱風阻越 車馳偈偈 棄右追思 失其和節 心憂惙惙
불꽃바람은 건너는 것을 막고 수레를 달릴 적에는 높이 세우니 옛것을 버리고 생각을 쫓아 그 알맞은 절차를 잃으면 근심의 마음이 산란하더라.

59-2 坤 蛇得澤草 不憂危殆
배암이 못에 풀을 얻으면 위태함을 근심하지 아니하더라.

59-3 屯 兩犬爭鬪 股瘡無處 不成仇讐 行-郤去
두 개가 싸우는데 다리에 상처가 없어 원수를 이루지 않고 화해하고 물러가더라.

59-4 蒙 因禍受福 喜盈其室 求事皆得
재앙으로 인해 복을 받아 기쁨이 집에 가득하여 구하는 일을 다 얻더라.

59-5 需 江有寶珠 海多大魚 亟行疾至 可以得財
강에는 구슬이 있고 바다에는 큰 고기가 많아 빨리 가서 빨리 이르면 가히 재물을 얻으리라.

59-6 訟 三牛生狗 以戍爲母 荊夷上侵 姬伯出走
세 소가 개를 낳으니 개로써 어미를 삼고 형이가 침범해 올라오니 희백이 나가 달아나더라.

59-7 師 安息康居 移國穹廬 非吾習俗 使我心憂
편안히 쉬고 편안히 사는 이국의 궁려는 나의 익힌 풍속이 아니라 나로 하여금 마음의 근심이 되더라.
[註] 궁여(穹廬)는 몽고의 천막집이다.

59-8 比 行觸天罡 馬死車傷 身無聊- 困窮乏糧
가다가 천강(괴강)을 범하니 말이 죽고 수레가 상해 몸이 안심하고 의지할 수 없어 곤궁하고 양식도 다했더라.

59-9 小畜 羸程逐狐 爲人觀笑 牝雞雄晨 主作亂門
벌거벗고 여우를 쫓으니 사람이 보니 웃음거리가 되고 암닭이 수닭처럼 새벽에 우니 주로 어지러운 문을 만들더라.

59-10 履 爲季求婦 家在東海 水長無船 不見所歡
막내를 위해 며느리를 구하는데 집이 동해에 있어 물길은 길고 배가 없어 기쁜 바를 보지 못하더라.

59-11 泰 男女合室 二姓同食 婚姻孔云 宜我多孫
남녀가 집을 합하고 두성이 함께 먹음은 혼인으로 통한다함은 마땅히 나에게 자손이 많음이더라.

59-12 否 太微帝室 黃帝所直 蕃屛周衛 不可得入 常安常存 終無禍患
태미 제실은 황제가 있는 곳이고 변방 주위 나라가 병풍처럼 호위하니 가히 들어갈 수 없어 항상 편안하고 항상 있어 끝내 재앙이 없더라.

59-13 同人 -金觀市 欲買騮子 猾偷竊發 盜我黃寶
금을 가지고 시장을 보고 월따말을 사고자 했으나 교활한 도적이 나의 누런 보배를 도적해 가더라.

59-14 大有　三人俱行　欲歸故鄕　望邑入門　拜見家親
세 사람이 같이 가서 고향에 돌아가고자 읍을 바라보며 문에 들어가 가친을 절하고 뵈옵더라.

59-15 謙　娶於姜呂　駕迎新婦　少齊在門　夫子悅喜
강려에 장가를 들려고 신부를 맞이하는데 소제가 문에 있어 남편이 희열하더라.

59-16 豫　伯仲旅行　南求大牂　長孟病足　請季負囊　柳下之貞　不失驪黃
백중형이 여행하여 남으로 큰 암양을 구하는데 큰 맏이가 발병이 나서 계씨에게 주머니를 지게 하고 버들아래의 곧음으로 황색 말을 잃지 아니하더라.

59-17 隨　潔身白齒　衰老復起　多孫衆子　宜利姑舅
흰 이에 몸을 청결히 하고 쇠잔한 늙은이가 다시 일어나 자손이 많아 여러 아들이 마땅히 어른들을 이롭게 하더라.

59-18 蠱　獨宿憎夜　嫫母畏晝　平王逐建　荊子憂懼
홀로 자며 밤을 미워하는 막모(황제의 차비)는 낮을 두려워하고 평왕이 건을 쫓으니 형자가 근심하고 두려워하더라.

59-19 臨　追亡逐北　還呼幼叔　至山而得　復歸其室
쫓고 도망하여 쫓다 실패하고 어린 아제비를 불러 다시 그 집으로 돌아오더라.

59-20 觀　烏飛無翼　兎走折足　雖欲會同　未見其功
새가 날고자하나 날개가 없고 토끼가 달아나다 발이 부러지니 비록 회동하고자 하나 그 공을 보지 못하더라.

59-21 噬嗑　抱空握虛　號驚我雛　利去不來
공중을 안고 허공을 움켜쥐니 솔개에 놀란 나의 병아리가 재빨리 달아나고 오지 않더라.

59-22 賁 山作大池 陸地爲海
산이 큰 못을 이루니 육지가 바다가 되더라.

59-23 剝 爲虎所嚙 太山之陽 衆多徒者 莫敢救藏
호랑이에게 물린 바 되니 태산의 남쪽에 좇는 자의 무리가 많으나 감히 구해 감추려하지 아니하더라.

59-24 復 逶迤四牡 思歸念母 王事靡監 不得安處
비틀거리는 네 장정이 돌아갈 것을 생각하고 어미를 생각하니 왕사도 보지 않고 편안히 있지 못하더라.

59-25 無妄 獼猴所言 語無成全 誤我白馬 使乾口來
큰 원숭이의 말하는 바는 말이 완전히 이름이 없어 나의 백마를 그릇되게 해 마른 입으로 오게 하더라.

59-26 大畜 飛不遠去 卑斯內侍 祿養來富
날아서 멀리 가지 못하고 천하게 내시가 되니 녹의 기름도 풍부하지 못하더라.

59-27 頤 大尾細腰 重不可搖 陰權制國 平子逐昭
큰 꼬리에 허리가 가늘어 무거워 가히 흔들지 못하고 음한 권력이 나라를 제제하니 평자가 소공을 쫓아내더라.

59-28 大過 旦生夕死 名日嬰鬼 不可得祀
아침에 나서 저녁에 죽으니 이름해 아기 귀신이라 하고 제사도 아니 지내더라.

59-29 坎 子畏於匡 困在陳蔡 明德不危 竟免危害

공자님이 방읍을 두려워하시니 진채에서 곤경에 있을 때 밝은 덕은 위태하지 않다 하더니 마침내 위해를 면하시더라.

[註] 兌之泰를 보라.

59-30 離 畏昏潛處 候時昭朗 卒逢白日 爲世榮主

어둠을 두려워 숨었다가 밝을 때를 기다려 마침내 백일을 만나서 세상에 영화로운 임금이 되더라.

59-31 咸 白鳥銜餌 鳴呼其子 旋枝張翅 來從其母

백조가 미끼를 물고 그 자식을 울며 부르며 가지를 돌고 깃을 피니 와서 그 어미를 좇더라.

59-32 恒 宮常角徵 五音和起 君臣父子 第順有序 唐虞龍德 國無災咎

궁상각치우 오음이 화기롭게 일어나니 임금과 신화, 부자, 아우는 순해 순서가 있고 당, 우의 임금님 덕으로 나라에 재앙이 없더라.

59-33 遯 季姬踟躕 望孟城隅 終日至暮 不見齊候

계희가 머뭇거리며 맹성 모퉁이를 바라보는데 종일 저뭄에 이르러도 제후가 나타나지 아니하더라.

59-34 大壯 鬼哭於社 悲傷無後 甲子昧爽 殷人絕祀

위신이 사직에서 울어 후사 없음을 슬퍼하니 갑자일 동틀 무렵 은나라 사람의 제사가 끊어지더라.

59-35 晉 天之所予 福祿常在 不憂危殆

하늘이 너에게 준 복록이 항상 있으니 위태함을 근심치 않더라.

59-36 明夷 比目附翼 相恃爲福 姜氏季女 與君合德

눈을 가지런히 하고 날개를 부치니 서로 복이 됨을 믿으니 강씨와 계녀가 임금과 더불어 덕을 합치더라.

[註] 계강(季姜)은 환왕(桓王)의 후(后). 季는 字. 姜은 紀의 姓.

[典據]《左傳》桓公九年, 春紀季姜歸于京師.

59-37 家人 翕翕軫軫 稍崩墮轉 滅其令名

수레 모는 소리가 요란하더니 별안간 무너지고 떨어져 거꾸러지니 그 명성을 멸망하더라.

59-38 睽 折若蔽目 不見稚叔 三足孤烏 遠去家室

향풀을 꺾어 눈을 가리니 어린 아제비를 보지 못하고 세발의 외로운 까마귀가 멀리 집을 버리고 가더라.

59-39 蹇 羊腸九縈 相推稍前 止須王孫 乃能上天

양의 창자 모양의 아홉 번 얽힌 산길을 서로 밀어 조금 앞으로 가다 잠깐 그치는데 왕손은 이내 능히 하늘에 올라가더라.

59-40 解 坤厚地德 庶物蕃息 平康正直 以綏大福

땅은 지덕이 후해 모든 물건이 번식하니 편안하고 정직하여 큰 복을 받더라.

59-41 損 有莘外野 不逢堯主 復居窮處 心勞志苦

신외야에 있어 요임금을 만나지 못해 다시 궁벽한 곳에 사니 마음과 뜻이 괴롭더라.

59-42 益 邑長景行 來觀桑柘 土伯日喜 都叔之藏

읍장 경행이 와서 산뽕나무를 보고 토백이 날로 기뻐하니 도숙이 매우 착하더라.

[註] 土伯은 토지를 관리하는 관리이다.

59-43 夬 周師伐紂 戰於牧野 甲子平旦 天下大喜

주나라 군사가 주를 치는데 목야에서 싸워 갑자 아침에 평정하니 천하가 크게 기뻐하더라.

59-44 姤 踰江求橘 并得大栗 烹羊食豕 飮酒歌笑
강을 넘어 귤을 구하다 아울러 큰 밤을 얻으니 양을 삶고 돼지를 먹고 술을 마시며 노래하고 웃더라.

59-45 萃 敝笱在梁 魴逸不禁 漁父勞苦 蕉喉乾口 虛空無有
해진 통발이 다리에 있어 방어가 노닐어도 금하지 못해 어부의 괴로움이 목이 타고 입이 말라도 허공뿐이더라.

59-46 升 生有陰孽 制家非陽 逐送還狀 張氏易公 憂禍重凶
나면서 음얼이 있어 집을 다스리는데 밝지 않아 드디어 평상으로 돌려 보내고 장씨가 공편되게 다스리니 근심과 재앙이 중하고 흉하더라.

59-47 困 絕域異路 多有畏惡 使我驚懼 思吳故處
멀리 떨어진 땅의 다른 길에는 두렵고 악함이 많아 나로 하여금 놀라고 두려워 나의 옛 곳을 생각하게 하더라.

59-48 井 迷行失道 不得牛馬 百賈逃亡 市空無有
정신이 혼미해 가던 길을 잃어 소와 말을 얻지 못하고 여러 장사꾼이 도망가서 저자가 비어 있는 것이 없더라.

59-49 革 雌鷟生雛 神異與起 乘雲龍騰 民戴爲父
암봉새가 새끼를 낳으니 신이하게 일어나 구름용을 타고 나니 백성들이 아버지라 하며 모시더라.

59-50 鼎 疊疊纍纍 如岐之室 畜一息十 古公治邑

겹치고 쌓여서 갈라진 길집 같아 하나를 기르면 열씩 나니 고공 주태왕이 다스리는 고을이더라.

[註] 고공(古公)은 주태공(周太公)이다.

59-51 震 瘡瘍疥瘙 孝婦不省 君多疣贅 四時作災
종기에다 옴이 전염되니 효부도 피지 않고 임금이 사마귀와 혹이 많아 사시로 재앙을 만들더라.

59-52 艮 羊頭兎足 羸瘦少肉 漏囊敗粟 利無所得
양의 머리에 토끼발이라 바짝 말라 고기가 적고 새는 주머니에 상한 조라 이익이 얻는 바가 없더라.

59-53 漸 薛箴從靡 公無誰是 言季不明 樂減少-
설풀과 대껍질은 어여쁨을 좇으니 공허하여 누가 오름이 없으니 말은 계자가 밝지 않아 즐거움은 감하나 조금 풀리더라.

59-54 歸妹 妹爲貌熱 敗君正邑 作事不成 自爲心賊
누이 동생의 모양이 성숙하게 되어 패군이 정색하니 일을 만들어도 이루지 못해 스스로 마음의 해가 되더라.

59-55 乾 四馬共轅 東上太山 騂驪同力 無有重難 與君笑言
네 말이 멍에를 같이하고 동으로 태산에 오르니 절따말과 가라말이 힘을 같이하니 무겁고 어려움이 없어 임금과 더불어 웃으며 말하더라.

59-56 旅 陰變爲陽 女化作男 治道得通 君臣相承
음이 변해 양이 되고 여자가 화해 남자가 지어지고 길을 닦아 통함을 득하여 임금과 신하가 서로 이어가더라.

59-57 巽　南國少子　材略美好　求我長女　賤薄不與　反得醜惡　後乃大悔
남국의 소자가 재주와 지략이 아름답고 좋아 나의 장녀를 구하나 천박하여 주지 않다가 도리어 추악한 것을 얻어 뒤에 크게 뉘우치더라.

59-58 兌　昭公失常　季氏悖狂　孫齊處野　喪其寵光
소공이 정상을 잃고 계씨가 어지럽게 미쳐 제나라로 도망하고 들에 살아 그 고임의 영광을 상하더라.

59-60 節　文山紫芝　雍梁失草　長生和氣　王以爲寶　公尸侑食　福祿來處
문산의 자주빛 신초와 옹양의 주초는 화기가 장생하여 임금이 보배로 삼아 공시에 배식케 하니 복록이 오는 곳이더라.

59-61 中孚　牽羊不前　與心戾旋　聞言不信　誤給丈人
양을 끌어도 앞으로 아니하니 마음과 더불어 어그러지고 돌아서 말을 들어도 믿지 않고 그릇되게 장인을 속이더라.

59-62 小過　東山西山　各自止安　心雖相望　竟未同堂
동산과 서산이 각자 편안히 서서 마음은 비록 서로 바라보나 끝내 한집에 살지 못하더라.

59-63 旣濟　鹿求其子　虎廬之里　唐伯李耳　貪不諾許
사슴이 그 자식을 호랑이 집 마름에 구하니 당백 계이가 탐내 나에게 허락하지 아니하더라.

59-64 未濟　三虎上山　更相喧喚　志心不親　如仇與怨
세 호랑이가 산을 오르다 다시 서로 떠들며 부르니 뜻과 마음이 친하지 못해 원수같이 더불어 원망하더라.

坎上 兌下 節之第六十 水 澤 節

60-60 節 海爲水王 聰聖且明 百流歸德 無有叛逆 常饒優足
바다는 물의 왕이 되니 총명하고 성스러워 백군데 흐름이 덕으로 돌아와 반역함이 없어 항상 풍요하고 족하더라.

60-1 乾 虎豹怒咆 愼戒外憂 上下俱搔 士民無聊
호랑이와 표범이 성나 고함을 지르니 밖을 경계하고 삼가하는 근심에 상하가 같이 분분하여 백성이 힘입음이 없더라.

60-2 坤 探巢得雛 鳩鵲俱來 使我心憂
둥지를 찾아 새 새끼를 얻었는데 비둘기와 까치가 같이 와서 나로 하여금 마음의 근심이 되더라.

60-3 屯 日望一食 常恐不足 祿命寡薄
날마다 일식을 바라는데 항상 부족을 두려워하니 녹과 명이 적고 박하더라.

60-4 蒙 良馬疾走 千里一宿 逃難它鄕 誰能追復
양마가 빨리 달려 천리에 한번 자니 타향에 달아나기 어려우니 누가 능히 좇아 다시 회복하리오.

60-5 需 鵲巢鳩成 上下不親 外內乖畔 子走失願
까치 둥지를 비둘기가 이루니 상하가 친하지 않고 바깥과 안이 밭두덕이 어그러지니 자식이 달아나 원하는 바를 잃더라.

60-6 訟 雲龍集會 征討西戎 招邊定衆 誰敢堂鋒
구름과 용이 모여서 서융을 정벌하는데 변방 군사를 불러 무리를 정하니 누가 감히 선봉을 당할 것인가?

60-7 師 春多膏澤 夏潤優渥 稼穡成熟 畝獲百斛
봄에는 기름진 못이 많고 여름은 윤택하게 잘 적셔 농사가 성숙하니 이랑마다 천 말을 얻더라.

60-8 比 僮妾獨宿 長女未室 利無所得
아이종 첩이 홀로 자고 장녀가 시집가지 않아 이익을 득한 바 없더라.

60-9 小畜 四野不安 東西爲患 退身止足 無出邦域 乃得全完 賴其生福
사방이 불안한데 동서가 우환이 되어 몸을 물러 발을 그치고 나라 경계를 나감이 없어 완전함을 득해 복이 생함을 힘입더라.

60-10 履 長寧履福 安我伯國 嘉賓上堂 與季同牀
복을 맞이해 길게 편안하니 나의 백국이 편안하고 아름다운 손님이 당에 올라 막내와 더불어 상을 같이 하더라.

60-11 泰 騏驥騄耳 章明造父 伯夙成季 共成霸功 爲晉元輔
기기, 록이, 장명, 조부, 백숙, 성계가 함께 패공을 이루니 진나라의 원훈공신이 되더라.

[註] 기기. 록이는 말의 이름이고, 백숙은 조성자의 형이요, 성계는 조성자이다. 晉 문공이 패업을 이루는데 공헌한 명신들이다.

60-12 否 張陳嘉謀 贊成漢都 主歡民喜 其樂休休
장량 진평의 아름다운 꾀로 한나라를 도와서 읍을 이루니 임금도 즐거워하고 백성도 기뻐하니 그 즐거움이 아름답고 크더라.

60-13 同人 大面長頸 來-君憂 遺吾福善 與我嘉惠
큰 얼굴 긴 목이 와서 임금의 근심을 풀어 주고 나에게 복과 선을 주니 나와 더불어 은혜를 아름답게 하더라.

60-14 大有 畏昏不行 待旦昭明 燎獵受福 老賴其慶
어둠이 두려워 행하지 않고 아침의 밝기를 기다려 요렵하여 복을 받아 늙게 그 경사를 힘입더라.

60-15 謙 伯去我東 首髮如蓬 長夜不寐 憂繫心胸
백씨는 가고 나는 동으로 머리털이 쑥과 같아 긴 밤을 자지 못해 근심이 마음과 가슴에 얽히더라.

60-16 豫 朽條腐索 不堪施用 安靜候時 以待親知
썩은 가지와 썩은 줄은 씀에 견디지 못하니 편안히 고요히 때를 기다려 친지를 기다리더라.

60-17 隨 比目四翼 相倚爲福 姜氏季女 與君合德
비목 사익이 서로 의지해 복이 되니 강씨의 계녀가 임금과 더불어 덕을 합하더라.

60-18 蠱 履階昇墀 登高崔嵬 福祿洋溢 依天之威
계단을 밟아 지대뜰에 오르니 높이 올라 높고 험해 복록이 넘치니 하늘의 위엄에 의지하더라.

60-19 臨 奢淫吝嗇 神所不福 靈祇憑怒 鬼瞰其室
사치에 음란하고 인색하면 신이 복을 주지 않는 바 땅 맡은 신령이 몹시 노해 귀신이 그 집을 굽어보더라.

60-20 觀 大步上車 南到喜家 送我豹裘 與福載來
큰 걸음으로 수레에 올라 남으로 기쁜 집에 이르니 나에게 표범 갑옷을 보내와 복과 더불어 싣고 오더라.

60-21 噬嗑 南行西步 失次後舍 與彼作期 不覺至夜 乾候野井 昭公失居
남행을 서쪽으로 걸어 차례를 잃어 뒤에 이르니 저쪽과 더불어 기일을 정하는데 밤에 이름을 깨닫지 못하고 건후 야정에 소공이 살 데를 잃더라.

[註] 소공 二十五년 공이 제나라로 갔다가 다음에 양주로 야정에 갔다가 二十六년 운에서 살다가 三十二년에 건후에서 죽었다.

60-22 賁 喜樂踊躍 來迎歡客 鵲巢百兩 以成嘉福
기쁘고 즐거워 정중정중 뛰면서 와서 반가운 손님을 맞으니 까치 둥지가 백양이라 아름다운 복을 이루더라.

60-23 剝 非理所求 誰敢相與 往來不獲 徒勞道路
비리로 구하는 바에 누가 감히 서로 더불어 하겠는가 왕래해도 얻지 못하고 도로에서 헛수고만 하더라.

60-24 復 北虜匈奴 數侵邊境 左衽爲長 國猶未慶
북쪽 오랑캐 흉노가 자주 변경을 침범하는데 좌임이 장이 되니 나라에 오히려 경사가 아니되더라.

60-25 無妄 征不以禮 辭乃無名 縱獲臣子 覇功不成
정벌이 예로 하지 않으면 말이 이름이 없고 신하를 잡으니 패업을 이루지 못하더라.

60-26 大畜 景星照堂 麟遊鳳翔 仁施大行 頌聲作興
경성이 당을 비치고 기린이 놀고 봉황이 날고 어진 정치가 크게 행해지니 칭송하는 소리가 일어나더라.

[註] 경성(景星)은 어진 정치가 시행될 때 나타나는 별이다.

60-27 頤 文明之世 銷鋒鑄- 以道順民 百王不易
글이 밝은 세상에는 창을 녹여 보습을 부어 만들고 순리로 백성을 인도하면 백왕이 바꾸어지지 아니하더라.

60-28 大過 鳥飛無羽 雞鬪折距 徒自長嗟 誰肯爲侶
새가 날았는데 깃이 없고 닭이 싸우다 며느리발톱을 꺾이고 한같 장탄식만 하면 누가 옳게 짝이 되리오.

60-29 坎 群隊虎狼 嚙彼牛羊 道路不通 妨農害商
무리의 호랑이 떼가 저 소와 양을 씹으니 도로가 불통하여 농사를 방해하고 장사에도 해가 되더라.

60-30 離 常伯沉酒 庶兄奔走 淫女蕩夫 仁德並孤
상나라 주가 술에 빠지니 모든 형이 달아나고 음녀와 탕부에 어진 덕이 아울러 외롭더라.

[註] 상백(商伯)은 주(紂)를 서형(徐兄)은 미자를 말함이다. 주왕이 소달비를 총애하여 주지육림을 만들어 놓고 주색에 빠져 포악한 정치를 하다가 주무왕에게 나라를 잃었다.

60-31 咸 三狸搏鼠 遮遏前後 當此之時 不能脫走
세 마리 이리가 쥐를 잡는데 전후를 차단해 막으니 이 때를 당해 능히 탈출하지 못하더라.

60-32 恒 陶叔孔圉 不處亂國 初雖未萌 後受慶福
도숙 공어가 난국에 살지 않아 처음에는 비록 밭을 갈지 못했으나 뒤에 경사와 복을 받더라.

60-33 遯 奮翅鼓翼 翱翔外國 逍遙北域 不入溫室
날개를 분발하여 날개를 치며 외국을 높이 날아 북녁을 소요하면서 따뜻한 집에 들어가지 아니하더라.

60-34 大壯　德音孔博　升在王室　八極蒙祐　受其福祿
덕의 소리가 매우 넓고 왕실에 올라 있으니 팔방이 도움을 입는 터라 그 복록을 받더라.

60-35 晉　當變立權　摘-患難　渙然冰釋　大國以安
변을 당해 권도를 세워 환난을 따서 풀으니 환연히 얼음 풀리듯 대국이 편안하더라.

60-36 明夷　羽動角　甘雨續　草木茂　年歲熟
우음이 각음을 움직여 봄이 되어 단비가 계속되니 초목이 무성하고 해마다 성숙하더라.

60-37 家人　天所祐助　福來禍去　君王何憂
하늘이 도우는 바에 복이 오고 재앙이 물러가니 군왕이 무엇을 근심하리오.

60-38 睽　方喙宣口　聖智仁厚　釋-倒懸　唐國大安
바야흐로 쫄 때 입을 벌리고 성스러운 지혜가 어질고 후해서 거꾸로 된 것을 풀어 없애니 당나라가 크게 편안하더라.

60-39 蹇　葛藟蒙棘　華不得實　讒佞亂政　使恩壅塞
칡덩굴이 가시를 덮어 화려하나 열매를 얻지 못하고 참소와 아첨이 정치를 어지럽게 하여 은혜로 하여금 옹색하게 하더라.

60-40 解　皇母多恩　字養孝孫　脫於襁褓　成就爲君
황모의 은혜가 많아 효손을 양육하여 강보를 벗어나면 성취하여 임금이 되더라.

60-41 損　積冰不溫　北陸苦寒　露宿多風　君子心傷
얼음이 쌓여 따사롭지 않고 북륙은 몹시 추워서 노숙에 바람이 많아 군자가 마음을 상하더라.

60-42 益 伯夷叔齊 貞廉之師 以德防患 憂禍不存
백이 숙제는 정렴한 스승이라 덕으로써 재앙을 막아 근심과 재앙이 있지 않더라.

60-43 夬 一雌三雄 子不知公 亂我族類 使吾心憒
암컷 하나에 수컷이 셋이라 자식이 애비를 알지 못해 나의 종족을 어지럽게 하여 나의 마음으로 하여금 부끄럽게 하더라.

60-44 姤 主安多福 天祿所伏 居之寵昌 君子有光
임금이 편안하고 다복함은 천록이 숨어 있어 영화로움이 나타나는데 살고 군자가 광영이 있더라.

60-45 萃 千歲槐根 利多斧瘢 樹維枯屈 枝葉不出
천년된 괴목 뿌리에 날카로운 도끼 자국이 많아 나무가 이로 인해 마르고 다해 가지와 잎사귀가 나오지 않더라.

60-46 升 周師伐紂 勝殷牧野 甲子平旦 天下大喜
주나라 군사가 걸주를 쳐서 은나라를 목야에서 이기니 갑자년 초하루 아침에 천하가 크게 기뻐하더라.

60-47 困 日走月步 趨不同舍 夫妻反目 主君失居
날마다 달리고 달로 걸어 추창해 집을 함께 하지 않아 부부가 반목하고 임금이 있을 곳을 잃더라.

60-48 井 宣髮龍叔 爲王主國 安土成稷 天下蒙福
반백의 용숙이 왕이 되어 나라를 주관하며 편안한 땅에 사직을 이루니 천하가 복을 받더라.

60-49 革 諷德誦功 美周盛隆 奭旦輔成 光濟沖人

덕을 외우고 공적을 찬양하여 주나라를 아름답게 융성하게 하니 주공 소공이 도와 성왕을 빛나게 하더라.

[註] 석(奭)은 소공이고 단(旦)은 주공이다.

60-50 鼎 三夜不寐 憂來益甚 戒以危懼 棄去安居

사흘 밤을 자지 못해 근심이 더욱 심하게 오니 위태하고 두려움을 경계해 버리고 가서 편안히 살더라.

60-51 震 思願所之 乃今逢時 洗濯故憂 拜其歡來

생각하고 원하는 바에 이제 때를 만나 묵은 근심을 세탁하고 기쁨이 오는 것을 맞이하더라.

60-52 艮 噂噂囁囁 夜作晝匿 謀議我資 來竊吾寶

수군거리다 겁이 많아 말을 못하고 밤에 일하고 낮에 숨어서 나의 재물을 모의하여 나의 보배를 훔쳐가더라.

60-53 漸 騂牛無子 鳴於大野 申復陰徵 還歸其母 說以除悔

붉은 소가 자식이 없어 대야에서 울어 부르고 음증을 거듭 되풀이 말하다가 그 어미에게 되돌아가 말해서 뉘우침을 버리게 하더라.

60-54 歸妹 王良善御 伯樂知馬 周旋步趨 行中規矩 止息有節 延命壽考

왕량은 말을 잘 몰고 백낙은 말을 잘 알아 걷고 추창을 주선해서 가는 중에 법도에 맞고 그치고 쉼이 절도가 있어 목숨을 연장해 오래 살더라.

[註] 왕량(王良)은 말을 잘 몰고 백락(伯樂)은 말의 상을 잘 보는 사람이다. 이는 주 문왕이 강태공을 잘 알아 주나라 정치를 맡겼음을 비유하는 말이다.

60-55 豊 釋然遠咎 避患高阜 田獲三狐 以貝爲寶

석연이 재앙을 멀리하느라 높은 언덕으로 환란을 피하다가 사냥해서 세 마리 여우를 잡아 재물로 보배가 되더라.

60-56 旅 仁獸所處 國無凶咎 市賈十倍 復歸惠里
어진 짐승이 있는 곳에 나라의 흉한 재앙이 없고 시장 장사가 십배 늘어 다시 은혜로운 마을로 돌아가더라.

60-57 巽 六目俱視 各欲有志 心竟不同 乖戾生訟
여섯 눈이 같이 보는데 각각 하고자하는 뜻이 있으나 마음과 뜻이 같지 않아 사리가 어그러져 송사가 생기더라.

60-58 兌 傳說王良 驂御四龍 周徑萬里 無有危凶
전설에 왕량이 네 용을 모시고 두루 만리를 가도 위험하고 흉함이 없더라.

60-59 渙 伯仲叔季 日暮寢寐 醉醒失明 喪其貝囊 臥拜道傍
백중숙계 사형제 일모해 잠사고 취한 것이 깨며 실명하여 그 재물주머니를 잃고 길가에서 누워 절하더라.

60-61 中孚 江有寶珠 海多大魚 亟行疾至 可以得財
강에는 보배와 구슬이 있고 바다에는 큰 고기가 많아 빨리 가서 빨리 이르니 가히 재물을 얻더라.

60-62 小過 遠視千里 不見所持 離婁之明 無益於耳
멀리 천리를 보면서 가진 것을 보지 못하고 이루의 눈 밝음이 귀에는 이익이 없더라.

60-63 旣濟 弱足刖跟 不利出門 市賈無盈 折亡爲患
약한 발에 발꿈치를 자르니 문을 나가는데 불리하고 시장에 장사가 차지 않아 부러져 망한 것이 근심되더라.

60-64 未濟 利盡得媒 時不我來 鳴雌深涉 寡宿獨居
이익이 다해 중매를 얻었으니 때가 내게 오지 않아 암컷이 울며 깊은 물을 건너 과부가 자고 홀로 살더라.

巽上 兌下 中孚之第六十一 **風澤中孚**

61-61 中孚 鳥鳴譆譆 天火將下 藩我屋室 災及妃后
새가 소리 질러 우니 하늘에서 불이 장차 내려와 나의 집을 태우니 재앙이 비후에 미치더라.

[註] 노양공 三十년 五월에 새가 亳社(박사)에서 희희하며 울더니 갑오에 宋伯이 죽었다.

61-1 乾 黃虹之野 賢君所在 管叔爲相 國無災咎
누런 무지개의 들은 어진 임금이 있는 바 관중이 정승이 되니 나라에 재앙이 없더라.

[註] 현군(賢君)은 제환공이요 관숙(管叔)은 관중으로 제후들의 覇子가 되어 천하를 다스렸다.

61-2 坤 符在契右 相與合齒 乾坤利貞 乳生六子 長大成就 拋吾如母
신표의 좌측과 함표의 우측을 서로 이를 맞춰 합하듯 건곤은 이정인데 삼녀 삼남을 육자하여 장대하게 성취하니 나를 버리길 어미와 같이 하더라.

61-3 屯 蝗囓我稻 驅不可去 實穗無有 但見空藁
황충이 나의 벼를 씹으니 쫓아도 가지 않아 열매 이삭이 없고 다만 빈 집대만 보이더라.

61-4 蒙 嬰孩求乳 母歸其子 黃麑悅喜
어린 것이 젖을 구하므로 어미가 그 자식에게 돌아가니 누런 사슴 새끼가 기뻐하더라.

61-5 需 折若弊目 不見稚叔 失旅亡民 遠去家室

약목 꺾어 눈을 가리어 치숙을 보지 못하고 여행을 해서 백성을 잃어 없어지니 멀리 집을 버리고 가더라.

[註] 약목(若木)은 곤륜산 서쪽에 나며 극히 화려함.

61-6 訟 牂羊羵首 君子不飽 年飢孔荒 士民危殆
암양과 땅 속에 있는 양의 머리는 군자가 배부르지 않고 해마다 주림이 심하고 거칠어 백성이 위태하더라.

61-7 師 靈龜陸處 盤桓失所 伊子退耕 桀亂無輔
신령스러운 거북이 뭍에 있어 우물우물 하다가 곳을 잃고 이윤이 물러가 밭을 가니 걸왕의 어지러운 정치에 도움이 없더라.

61-8 比 威約拘囚 爲人所誣 皐陶平理 幾得脫免
위엄의 약속으로 죄인을 가둠은 사람을 속이는 바가 되니 고도가 이치로 다스리니 거의 풀려나 면하게 되더라.

[註] 皐陶(고도)는 순임금 때 士理管(사리관-재판관)이다.

61-9 小畜 烏升鵲擧 照臨東海 尨降庭堅 爲陶叔後 封於英六 福履綏厚
까마귀가 오르고 까치가 들어 동해에 임해 비치니 방강 정견은 도숙의 뒤가 되어 영육에 봉하니 복록이 넉넉하고 후하더라.

61-10 履 四目相視 稍近同軌 日昳之後 見吾伯妹
네 눈이 서로 보고 점점 가까이에 같은 궁대로 해 저문 후에 나의 큰 누이를 보더라.

61-11 泰 大步上車 南到喜家 送我狐裘 與福載來
크게 걸어 수레에 올라 남쪽 희가에 도착하니 나에게 여우 갓옷을 보내와 복과 더불어 싣고 오더라.

61-12 否　卒都相合　未敢面見　媒妁無良　使我不香
마침내 도시와 서로 합하는 데 감히 얼굴을 보지 않았더니 중매인이 어질지 않아 나로 하여금 향기롭지 못하더라.

61-13 同人　鴻飛循陸　公出不復　伯氏客宿
큰기러기 날아 육지를 순행하니 공이 나가 돌아오지 않아 백씨가 객숙하더라.

61-14 大有　代戍失期　患生無聊　懼以發難　爲我開基　邦國憂愁
수자리를 대신하니 우환이 생겨도 힘입을 데가 없어 어려움이 생길까 두려워 나를 위해 기초를 열라하니 나라 안이 근심 걱정되더라.

61-15 謙　齊魯爭言　戰於龍門　構怨結禍　三世不安
제나라와 노나라가 말다툼하다가 용문에서 전쟁하여 원한을 일으켜 재앙을 맺으니 삼대가 불안하더라.

61-16 豫　周政養賊　背生人足　陸行不安　國危爲患
주나라 정치가 적을 길러 생을 배반하는 사람이 많아 육지로 행하는 것이 불안하여 나라가 위태함이 근심되더라.

61-17 隨　蜩螗歡喜　草木暢茂　百果蕃生　日益當有
매미가 기뻐함은 초목이 잘 자라 무성함이요 백과가 번성하니 날로 더욱 부유하더라.

61-18 蠱　魃爲在虐　風吹雲郤　欲止不得　復歸其宅
가뭄이 사나운 재앙이 되어 바람이 불어 구름을 물리치니 그치게 하고자하나 얻지 못해 다시 집으로 돌아가더라.

61-19 臨　乘騮駕驪　游至東齊　遭遇行旅　逆我以資　厚得利歸

월따말을 타고 가라말을 멍에하고 놀며 동제에 이르러 행려를 만나 나의 자본을 맞이하여 후한 이익을 얻고 돌아가더라.

61-20 觀 鳳生七子 同巢共乳 歡悅相保
봉황이 새끼 일곱을 낳아서 같은 둥지에서 같이 기르니 기뻐하며 서로 보호하더라.

61-21 噬嗑 桃雀竊脂 巢於小枝 東搖不安 爲風所吹 心寒漂搖 常憂危殆
복숭아나무의 새 콩새가 작은 가지에 둥지를 지었는데 동요로 불안하고 바람이 불게 되면 마음이 춥고 떨려서 항상 위태함을 근심하더라.

61-22 賁 東山西山 各自止安 雖相登望 竟未同室
동산과 서산이 각자 스스로 편안히 그치어 비록 서로 올라 바라보나 끝내 집을 같이 하지 못하더라.

61-23 剝 匍伏出走 驚懼惶恐 白虎生孫 蓐收在復
엎드려 기어 나가 달아나니 놀라고 두렵고 두려운데 백호가 손자를 낳으니 가을의 귀신이 뒤에 있더라.

61-24 復 重弋射蓰 不知所定 質疑蓍龜 明神祭報 告以肥牲 宜利止居
무거운 주살로 새매를 쏘는데 정한 바를 알지 못해 기구(점)에게 질의하는데 밝은 귀신에게 제사 지내며 살찐 짐승으로써 고하니 마땅한 이익에 그쳐 살더라.

61-25 無妄 開門內福 喜至我側 加以善祥 爲吾室宅 宮城洛邑 以昭文德
문안의 복을 열어 기쁨이 나의 곁에 이르고 좋은 상서를 더하니 나의 집이 되는데 궁성 낙양에 문왕의 덕을 밝히더라.

61-26 大畜 鳥飛狐鳴 國亂不寧 不强上弱 爲陰所刑

새가 날고 여우가 울어 나라가 어지럽고 편안치 않고 아래가 강하고 위가 약해 음해가 형벌이 되는 바더라.

61-27 頤 三雞啄粟 八雛徒食 飢鷹卒擊 失亡兩叔
세 닭이 조를 쪼고 여덟 병아리가 좇아 먹는데 주린 매가 별안간 습격하여 두 어린 것을 잃어버리더라.

61-28 大過 歎息不悅 憂從中出 喪我今罌 無妄失位
탄식하고 기뻐 아니해 근심이 가운데서 나와 나의 금병을 상해하나 망령되게 자리를 잃음은 없더라.

61-29 坎 剛柔相呼 二姓爲家 霜降旣同 惠我以位
가유가 서로 불러 두 성이 집이 되고 상강에 이미 같이 하니 어짐으로 나에게 은혜로써 덕이 되더라.

61-30 離 襄送季女 至於蕩道 齊子旦夕 留連久處
제양공이 누이 동생을 노나라로 보낼 때 탕도에 이르러 제자가 조석으로 계속 머물고 오래 있더라.

[註] 양(襄)은 제양공이요 제자(齊子)는 제양공의 누이동생이며 노환공의 비(妣)이다. 두 남매가 정을 통하고 탕도에서 오래 머물렀다.

61-31 咸 低頭竊視 有所畏避 行作不利 酒酢魚敗 衆莫貪嗜
머리를 숙이고 곁눈으로 보니 두렵고 피하는 바가 있어 하는 일이 이롭지 않음이라 술이 시고 고기가 썩으니 모두 탐내고 즐기지 않더라.

61-32 恒 典册法書 藏閣蘭臺 雖遭亂潰 獨不遇災
전책과 법서는 난대에다 장서하니 비록 난리를 만나도 홀로 재앙을 만나지 않더라.

61-33 遯 旦醉病酒 暮多瘳愈 不及爲咎
아침에 취한 병든 술은 저물게 많이 깨서 낳아 재앙이 되는 데까지는 미치지 않더라.

61-34 大壯 畫龍頭頸 文章未成 甘言美語 說辭無名
용의 머리와 목을 그리다 문장을 이루지 않으니 감언과 아름다운 말은 말이 명색이 없더라.

61-35 晉 日月運行 一寒一暑 榮寵赫赫 不可得保 顚躓殞墜 更爲士伍
해와 달의 운행은 한 번 춥고 한 번 더워 영화와 고임이 혁혁하니 가히 보존을 얻지 못하면 거꾸러져 쓰러지고 떨어지고 떨어져 다시 군사의 대오가 되더라.

61-36 明夷 爭利王市 朝多君子 蘇氏六國 獲其榮寵
이를 다투는 왕의 시장인 조정에는 군자가 많아 소진이 육국의 영달을 얻더라.
[註] 소씨(蘇氏)는 전국시대의 소진으로 육국의 정승이 되었던 말 잘하는 정치인이다.

61-37 家人 六蛇奔走 俱入茂草 驚於長塗 畏懼啄口
여섯 뱀이 분주히 무성한 풀로 같이 들어가 긴 진흙에 놀라 두렵고 두려워 구멍의 입구를 두드리더라.

61-38 睽 懸貆素餐 食非其任 失轝剝廬 休坐從居
단비는 소찬하는데 그 임의로 먹지 않고 수레를 잃고 집을 깎이면 쉬고 앉아 이사하더라.

61-39 蹇 歡欣九子 俱見大喜 提攜福至 王孫是富
기뻐하는 아홉 아들이 큰 기쁨을 같이 보고 서로 도와 복에 이르니 왕손이 이에 부자가 되더라.

61-40 解 伯夷叔齊 貞廉之師 以德防患 憂禍不存
백이 숙제는 곧고 청렴한 스승이라 덕으로써 재앙을 막아 재앙의 근심이 있지 않더라.

61-41 損 雄聖伏名 人匿麟驚 走鳳飛北 亂潰未息
뛰어난 성인은 이름을 숨기고 사람은 숨고 기린은 놀래고 달아나는 봉황은 북으로 날아가니 어지러움이 쉬지 않더라.

61-42 益 久鰥無偶 思配織女 求其非望 自令寡居
오랜 홀아비는 짝이 없어 직녀의 짝을 생각해 그 바랄 수 없는 것을 구해 스스로 과부로 살게 하더라.

61-43 夬 破亡之國 天所不福 難以止息
패망한 나라는 하늘이 복을 주지 않으니 그치고 쉬기가 어렵더라.

61-44 姤 老慵多郤 弊政爲賊 阿房驪山 子令失國
늙은이와 게으름은 물리침이 많고 폐정이 적이 되어 여산의 아방궁에서 자영이 나라를 잃더라.

[註] 진시황이 여산에 아방궁을 건설하느라 학정으로 백성을 괴롭혀 민심이 이반되어 손자인 자영이 나라를 잃어버렸다.

61-45 萃 三羖六牂 相隨救行 迷入空澤 經涉虎廬 爲所傷賊 死於牙腹
세 마리의 수양과 여섯 마리의 장양이 서로 따라 같이 가다가 잘못 공탁에 들어가 물을 건너 호려를 지나다가 적에 상한 바 되어 어금니와 배에서 죽더라.

61-46 升 喋囁噱嚾 昧冥相搏 多言少實 語無成事
수군수군하다가 깔깔 웃다가 부르니 어둠과 어둠이 서로 치니 말은 많고 실속이 적어 말의 성사가 없더라.

61-47 困 武陽漸離 擊筑善歌 慕丹之義 爲燕助軻 陰謨不遂 霍自死亡 功名何施

무양의 점리가 비파를 치고 모단의 의가 노래를 잘해 연나라를 위해 형가를 도왔으나 음모를 이루지 못해 곽은 스스로 사망하니 공명이 무엇에 쓰는 것이냐?

[註] 연나라 세자 단(丹)이 秦나라에서 죽으니 연나라에서 형가(켜軻)와 점리(漸離)를 秦나라에 보내 진시왕을 암살하려다 실패하자 秦나라가 연나라를 쳐서 연나라를 멸망시키고 육국을 통일하였다.

[典據]《史記》刺客列傳, 荊軻奉樊於期首函. 秦舞陽奉地図. 及事敗, 秦逐太子丹及荊軻之客. 皆亡. 高漸離変名姓爲人庸保. 使擊筑而歌. 客無不流涕. 秦皇帝召見. 乃矐其目. 使擊筑. 未嘗不称善. 高漸離乃以鉛置筑中. 後進得近. 擧筑朴秦皇帝. 不中. 於是遂誅高漸離.

61-48 井 尹氏伯寄 父子分離 無罪被辜 長舌爲災

윤길보 백기 부자가 분리됨은 죄없이 허물을 입음인데 계모의 수다가 재앙이 되더라.

[註] 백기(伯奇)는 윤길보(尹吉甫)의 아들인데 계모가 백기를 길보에게 참소하여 죄없이 쫓겨났다.

61-49 革 五精亂行 政逆皇恩 湯武赫怒 共伐我域

오정이 어지럽게 행해 정치가 황은을 거슬려 탕임금과 무왕이 몹시 성내 같이 나의 나라를 치더라.

61-50 鼎 西歷玉酸 東入玉門 登上福堂 飮萬歲漿

서쪽 옥산을 지나 동으로 옥문에 들어가 복당에 올라가 만세장을 마시더라.

61-51 震 行觸大忌 與司命忤 執囚束縛 拘制於吏 幽人有喜

크게 꺼리는 것을 범해 사명을 거슬려 죄수로 잡혀 속박되어 아전에게 잡혀 제재를 받으니 유인(幽人)이 기뻐하더라.

61-52 艮　機父不賢　朝多讒臣　君失其政　保家久貪
기틀아버지(총리)가 어질지 못해 조정에 참소하는 신하가 많아 임금이 그 정치를 잃어 집을 보존하는데 오래 가난하더라.

61-53 漸　三人俱行　北求大牂　長孟病足　請季負囊　柳下之貞　不失我邦
세 사람이 같이 가 북쪽에 큰 암양을 구하는데 큰 맏이가 발병이 나서 계씨에게 주머니를 지게 하였더니 유하의 바름으로 나의 나라를 잃지 않더라.

61-54 歸妹　鵠思其雄　欲隨鳳東　順理羽翼　出次順日　中留北邑　後返其室
고니가 그 수컷을 생각해 봉황을 따라 동으로 가고자 깃과 날개를 잘 다듬고 나간지 며칠에 중도 북읍에 머물다가 다시 그 집으로 돌아오더라.

61-55 豊　常得自如　不逢禍災
항상 자여함을 얻어 재앙을 만나지 않더라.

61-56 旅　白鵠遊望　君子以寧　履德不愆　福祿來成
흰 고니는 노는 것을 바라고 군자는 편안함으로써 덕을 닦는데 허물이 없어 복록이 와서 이루더라.

61-57 巽　膚敏之德　發憤晨食　虜豹禽說　爲王得福
피부의 민감한 덕으로 분발하여 새벽에 밥먹고 위왕 표를 사로잡고 조나라 하설을 생금하여 왕을 위해 복을 얻더라.

[註] 한신이 위왕 표와 조왕 하실을 사로잡아 한고조로 하여금 천하를 통일하게 하였다.

61-58 兌　百足俱行　相輔爲强　三聖翼事　王室寵光　國富民康
백 개의 발이 같이 가니 서로 도와 강함이 되고 세 성인이 일을 도우니 왕실은 은총이 빛나고 나라는 부하고 백성은 편안하더라.

[註] 三聖은 요임금, 순임금, 우임금이다.

61-59 渙 生不逢時 困且多憂 年衰老極 中心悲愁
살아서 때를 만나지 못해 곤궁하고 또 근심이 많아 나이는 쇠하고 늙음이 극해 마음 가운데 슬퍼하고 근심하더라.

61-60 節 生門蹉跌 着道後旅 買羊逸亡 取物逃走 空手握擧 坐根爲咎
문을 나서면서 거꾸러져 길을 본 후에 여행하여 사는 양이 숨어 달아나고 물건을 취하면 도주하고 공수로 주먹을 쥐고 앉아 뿌리가 재앙이 되더라.

61-62 小過 牧羊稻田 聞虎喧讙 畏懼悚惕 終無禍患
도전에서 양을 치다 호랑이의 부르짖음을 듣고 두렵고 무서워 숨을 죽이니 끝내 재앙의 근심이 없더라.

61-63 旣濟 龍潛鳳北 其子變服 陰孽萌作
용은 잠기고 봉황은 북으로 가고 기자가 변복하니 음얼의 싹이 나더라.

61-64 未濟 國無比隣 相與爭强 紛紛匈匈 天下擾攘
나라는 가까운 이웃이 없고 서로 강함을 다투어 분분하고 흉흉하여 천하가 시끄럽고 요란하더라.

震上 艮下 少過之第六十二　雷山少過

62-62 小過　初雖驚惶　後反無憂　受其福慶
처음에는 비록 놀래고 두려우나 뒤에는 도리어 근심이 없고 복과 경사를 받더라.

62-1 乾　積德累仁　靈祐順信　福祉日增
덕을 쌓고 어짐을 더하니 신령이 도와 믿음에 순종하니 행운이 날로 더하더라.

62-2 坤　謹愼重言　不行遭患　周召述職　脫免牢開
다시 하는 말을 삼가면 불행이 재앙을 만나도 소공이 보고를 잘 해 감옥을 열고 면탈하더라.

62-3 屯　烏飛鼓翼　喜樂堯德　虞夏美功　要荒賓服
새가 날아 날개를 치며 요임금의 덕을 기뻐하고 즐거워하며 순임금과 우임금과의 공을 아름답게 하니 외국인이 복종해 오더라.

62-4 蒙　牙孼生齒　室堂啓戶　幽人利貞　鼓翼起舞
덧니가 나고 집의 문을 여니 유인이 좋아해 날개를 치며 일어나 춤추더라.

62-5 需　使伯采桑　拒不肯行　與叔爭訟　更相毁傷
백씨로 하여금 뽕을 따라 했는데 거절하며 즐겨 행하지 않아 셋째와 더불어 쟁송하여 다시 서로 험담하고 중상하더라.

62-6 訟　手足易處　頭尾顚倒　公爲雌嫗　亂其蠶織
수족이 바뀌는 곳에 머리와 꼬리가 거꾸로 되고 공이 할멈이 되어 누에짜기를 어지럽게 하더라.

62-7 師　匠卿操斧　豫章危殆　袍衣脫剝　祿命訖已
목수가 도끼를 잡으니 큰 나무가 위태하고 도포가 벗어져 떨어지니 녹명이 몸에서 끝이 나더라.

[註] 장경(匠卿)은 목수 예장(豫章)은 큰나무이다.

62-8 比　天安距牀　不成文章　南箕無舌　飯多砂糖　虐衆盜名　雌雄折頸
진녀가 틀에 걸터앉아 비단의 무늬를 이루지 못하고 하추간의 기성은 혀가 없어 밥에 모래와 겨가 많아 여럿을 학대하고 이름을 훔치니 자웅이 목이 부러지더라.

62-9 小畜　大椎破轂　長舌亂國　牆茨之言　三世不安
큰 쇠뭉치는 수레바퀴를 깨고 참소의 말은 나라를 어지럽게 하며 담안에 쌓인 말은 삼대가 불안하더라.

62-10 履　銜命辱使　不堪厥事　中墜落去　更爲負載
명을 느끼어 부림을 욕하고 그 일에서 중간에 떨어져 가서 다시 지고 싣더라.

62-11 泰　三蛇共室　同類相得　甘露時降　生我百穀
세 뱀이 집을 같이 하니 동류가 서로 얻고 감로가 때로 내려 나의 백곡을 낳게 하더라.

62-12 否　衣繡夜遊　與君相逢　除患-惑　使我不憂
수 놓은 옷을 입고 밤놀이를 해서 임금과 서로 만나 근심을 제거하고 의혹을 푸니 나로 하여금 근심하지 않게 하더라.

62-13 同人　被髮獸心　難與爲隣　來如風雲　去如絕絃　爲狼所殘
머리를 풀고 짐승의 마음이라 더불어 이웃하기 어렵고 바람과 구름같이 와서 줄이 끊어지는 것 같이 가니 낭패만 남는 바가 되더라.

62-14 大有 剛柔相呼 二姓爲家 霜降旣同 惠我以仁
강유가 서로 청해 두 성이 집이 되어 머리가 서리 내린 것 같은데 나에게 은혜를 어진 것으로써 하더라.

62-15 謙 牛馬聾瞶 不曉齊味 委以鼎組 治亂憒憒
소와 말이 귀먹고 눈에 정기가 없어 맛을 마치는 것을 깨닫지 못하고 솥과 도마에 맡기니 어지러움을 다스리는 것이 심란하더라.

62-16 豫 低頭竊視 有所畏避 行作不利 酒酸魚餒 衆莫貪嗜
머리를 숙이고 곁눈질해 봄은 두려워 피하는 바가 있어 행동이 불리함이요 술이 시고 고기가 물크러지면 모두 탐내고 즐겨하지 않더라.

62-17 隨 兩師娶婦 黃岩季子 成禮旣婚 相呼南去 膏澤下土 年歲大有
비를 내리게 하는 신령이 부인을 장가드는데 황암 계자가 성례해 이미 혼인하고 서로 불러 남으로 가니 기름진 못과 하토에 해마다 풍년이 들더라.

62-18 蠱 戴盆望天 不見星辰 顧小失大 遁逃牆外
동이를 이고 하늘을 바라보니 별들을 보지 못하고 적은 것은 아끼다가 큰 것을 잃으니 담밖으로 피해 도망가더라.

62-19 臨 二人輦車 從去其家 井沸釜鳴 不可以居
두 사람의 손수레로 그 집에 이사하였더니 우물이 끓고 가마가 울어 가히 살지 못하더라.

62-20 觀 攘臂反肘 怒不可止 佷戾腹心 無與爲市
팔을 걷어 올리고 팔꿈치를 뒤집으면서 노여움이 그치지 않아 뱃속이 뒤틀려 더불어 저자(장사)를 하지 않더라.

62-21 噬嗑　湯世之憂　轉-喜來
탕임금 세상의 재앙은 굴러 풀리고 기쁨이 오더라.

62-22 賁　忠信輔成　王政不傾　公劉肇基　文武綏之
충성과 신의로 도와 이루니 정치가 기울지 않고 정부의 기초를 여니 문무가 편안하더라.

62-23 剝　登高斬木　頓躓蹈險　車傾馬罷　伯叔呼嗟
높이 올라가 나무를 베어다 걸터 앉아 졸고 험한 데를 밟아 수레가 기울어지며 말이 피곤하니 백숙이 탄식하며 슬퍼하더라.

62-24 復　桑之將落　隕其黃葉　失勢傾側　而無所立
뽕잎이 장차 떨어지는데 그 누런 잎이 떨어지고 세도를 잃어 옆으로 기울어져 설 바가 없더라.

62-25 無妄　鸞鳳翱翔　集於嘉國　忿我伯姊　與母相得
난봉이 높이 날아 아름다운 나라에 모여 들어 나의 큰 누이를 생각하고 어머니와 더불어 서로 얻더라.

62-26 大畜　陰淫所居　益溢過變　傷害禾稼
음기가 심한 곳에 살면 더욱 넘쳐 도를 지나 벼 심은 것이 상해되더라.

62-27 頤　宵冥高山　道險峻難　王孫罷極　困於阪間
하늘이 어두운 높은 산에 길이 험하고 높고 어려워 왕손이 피곤이 심해 산비탈 길에서 곤궁하더라.

62-28 大過　和璧隋珠　爲火所燒　冥昧失明　奪精無光　棄其道傍
화벽과 수주를 불에 태운 바 되어 어둡고 어두워 밝음을 잃어 정기를 뺏겨 광채가 없어 그 길가에 버리더라.

62-29 坎 虞君好神 惠我老親 恭承宗廟 雖溫不去 復我內室
우나라 임금이 귀신을 좋아해 나의 노친에 은혜를 베풀어 공손하게 종묘를 받들게 하니 비록 병들어도 가지 않고 다시 나의 내실로 돌아오더라.
[典據]《左傳》僖公五年, 虞公日 吾享祀豊絜 神必-我. 따라서 '好神' 이라고 한다.

62-30 離 爪牙之士 怨毒祈父 -憂與已 -不及母
임금을 호위하는 무사가 기부에게 원한의 독을 품어 근심이 몸에 전해오나 상함이 어미에 미치지 않더라.

62-31 咸 倉盈庾億 宜稼黍稷 年歲有息
창고가 차서 노적하니 기장과 피를 잘 심어 해마다 중식함이 있더라.

62-32 恒 窓牖戶旁 通利光明 賢智輔聖 仁德大行 家終人足 海內殷昌
들 창문은 방에 빛을 밝힘에 이롭게 통하게 함이요 어진 지혜로 임금을 도우니 어진 덕이 크게 행해 집집마다 사람이 흡족하고 나라안은 크게 창성하더라.

62-33 遯 切切之患 凶重憂薦 爲虎所呑
매우 간절히 생각하는 근심은 흉하고 무거운 우환을 옮기다 호랑이의 삼킨 바가 되더라.

62-34 大壯 水無魚池 陸爲海涯 君子失居 小人相攜
물 없는 고기못 육지가 바닷가가 되어 군자는 삶을 잃고 소인은 서로 제휴하더라.

62-35 晉 九疑鬱林 沮濕不中 鸞鳳所惡 君子攸去
구의산 울림은 습기를 막음이 맞지 않아 난봉은 미워하는 바요 군자는 버리는 바더라.

62-36 明夷 六翮泛飛 走歸不及 脫歸王室 亡其騂特
여섯 쭉지로 떠서 날며 달아나 돌아가 미치지 못해 벗어나 왕실로 돌아오다 붉은 황소를 잃어버리더라.

62-37 家人 不直莊公 與我爭訟 媒伯無禮 自令塞壅
곧지 못한 장공이 나와 더불어 송사로 다투니 모백이 무례하여 스스로 옹색하게 만들더라.

62-38 睽 瘡痍多病 宋公危殘 吳子巢門 殞命失所
상처가 병이 되어 송양공이 죽고 오자가 소문에서 운명하더라.

62-39 蹇 失羊捕牛 無損無憂
양을 잃고 소를 잡으니 손해도 없고 근심도 없더라.

62-40 解 夏麥麨- 霜擊其芒 疾君敗國 使我誅傷
하맥은 밀과 보리인데 서리가 그 싹을 치고 임금이 병들어 나라를 패하니 나로 하여금 주상을 당하게 하더라.

62-41 損 昧昧闇闇 不知白黑 風雨亂擾 光明伏匿 幽王失國
어둡고 어두워 희고 검음을 알지 못하고 바람과 비가 요란하여 광명이 엎디어 숨으니 유왕이 나라를 잃더라.

[註] 이 말은 주유왕이 포사를 총애하여 음난하고 어두운 정치를 하다가 견융에게 멸망하였다는 말이다.

62-42 益 執斧破薪 使媒求婦 和合二姓 親御飮酒 色比毛嬙 姑公悅喜
도끼를 잡고 나무를 쪼개고 중매로 하여금 며느리를 구해 두 성이 화합하여 친히 모시고 술을 마시니 아름답기가 모장 같아 고구가 희열하더라.

[註] 모장(毛嬙)-옛적에 미인을 칭할 때는 모장과 서시로 비유했다.

62-43 夬 六疾生狂 癡走妄行 北入患門 與禍爲隣
여섯 가지 병에 미치광이가 생겨 어리석게 달아나 망령되이 행해 잘못 환문에 들어가 재앙과 더불어 이웃하더라.

62-44 姤 驅羊就群 佷不肯前 慶季愎諫 子之被患
양을 몰아 무리에 나가 즐겨 앞으로 나가지 못함을 한하고 경계가 간언을 받아들이지 않아 아들의 재앙을 입더라.

[註] 경계(慶季)는 경봉의 아들로서 노포계경봉의 딸로서 경계를 모니 경봉이 노나라로 달아났다.

62-45 萃 二人共路 東趨西寶 十里之外 不相知處
두 사람이 길을 같이 가다가 동과 서로 갈라서 가니 십리의 밖에서는 서로 있는 곳을 알지 못하더라.

62-46 升 義不勝情 以欲自營 幾利危躬 折各?頸
의가 정을 이기지 못하면 욕심으로 스스로 경영하다 거의 이익 때문에 몸이 위태하여 뿔이 부러지고 목이 부러지더라.

62-47 困 騷騷擾擾 不浪其類 疾在頸項 凶危爲憂
바쁘게 서두르고 시끄러움은 그 무리가 불안함이요 병이 목에 있으니 흉하고 위태함을 근심하더라.

62-48 井 三河俱合 水怒湧躍 壞我王室 民困於食
세 군데 물이 같이 합치면 물이 성이 나고 솟구치고 뛰어 나의 왕실을 파괴하고 백성이 먹을 것에 곤궁하더라.

62-49 革 陽曜旱疾 傷病稼穡 農人無食
햇빛에 가물어 곡식이 병들고 상해 농민이 먹을 것이 없더라.

62-50 鼎 流浮出食 載粲入室 釋轡繫馬 西南庶下
흐르고 떠들며 나가 먹다가 기름을 싣고 집에 들어와 고삐를 풀고 말을 서남 처마 아래에 매더라.

62-51 震 門戶之居 可以止舍 進仕不殆 安樂相保
집의 삶은 가히 숙박함이요 벼슬에 나가 위태하지 않음은 안락하고 서로 보존함이더라.

62-52 艮 過時不歸 雌雄苦悲 徘徊外國 與母分離
때가 지나도 돌아오지 않으면 자웅이 괴롭고 슬퍼하며 외국을 배회하면 어미와 더불어 분리하더라.

62-53 漸 中田有廬 疆埸有瓜 獻進皇朝 曾孫壽考
가운데 밭에 집이 있고 활터 마당에 참외가 있어 임금의 선조에 받쳤더니 증손이 오래 살더라.

62-54 歸妹 失恃無友 嘉福出走 -如喪狗
믿음을 잃어 벗이 없고 아름다운 복이 나가 달아나 고달픈 상가집 개와 같더라.

[註] 공자님이 노나라를 떠나 주유천하 하실 때 위나라 동문 밖에서 고달프기가 상가집 개와 같더라고 하였다.

62-55 豊 反鼻岐頭 二寡獨居
코가 뒤집힌 기두에 두 과부가 홀로 살더라.

62-56 旅 衣裳轉倒 爲王來呼 成就東周 封受大福
의상이 전도해 왕이 와서 부름이 되어 동주를 성취하여 큰 복을 받아 봉하더라.

[註] 강태공을 말한 것이다.

62-57 巽 飛不遠去 還歸故處 與事多悔

날아 멀리 가지 않고 옛곳으로 돌아와 일을 일으키니 뉘우침이 많더라.

62-58 兌 含血走禽 不曉五音 瓠巴鼓瑟 不悅於心
피를 머금고 달아나는 새는 오음을 깨닫지 못하고 호파가 비파를 치면 마음에 기뻐하지 않음이더라.

[註] 호파(瓠巴)는 옛적 초나라의 비파의 명인이다.

62-59 渙 求玉獲石 非心所欲 祝願不得
옥을 구하는데 돌을 얻고 마음에 하고자 하는 바가 아니면 기원해도 얻지 못하더라.

62-60 節 山崩谷絕 大福盡竭 涇渭失紀 玉歷既已
산이 무너지고 골짜기를 막으니 큰 복이 다해 경수와 위수가 기원을 잃으니 옥의 문채가 이미 다했더라.

62-61 中孚 瞋目懼怒 不安其居 散渙府藏 無有利得
눈을 부릅뜨고 두렵고 성이 나서 그 삶이 불안하여 마을의 저장하는 것을 풀어 흩으니 이득이 있음이 없더라.

62-63 既濟 衆邪忠側 鳳凰折翼 微子復北 去其邦國
여러 간사한 것이 측근에 차서 봉황이 날개를 꺾이고 미자가 다시 북으로 그 나라로 가버리더라.

[註] 미자(微子)는 商나라 주(紂)왕의 삼촌으로 어진 사람이다. 주왕이 망할 것을 미리 알고 상나라 祭器를 가지고 周나라로 갔다.

62-64 未濟 六月采芑 征伐無道 張仲方叔 克敵飮酒
유월에 채기에서 무도함을 정벌하여 장중과 방숙이 적을 이기고 술을 마시더라.

[註] 옛적에 유월과 겨울에는 군사를 일으키지 않는데 험윤(흉노)이 침범하여 와서 선왕이 윤길보로 하여금 쳐서 이겼다. 장중(張仲)은 윤길보의 친구이다.

坎上 離下 既濟之第六十三 **水火既濟**

63-63 旣濟 玄兎指掌 與足相恃 證訊詰問 誣情自直 宛死誰告 口爲身禍
검은 토끼가 지장이 발과 더불어 서로 믿고 증거를 묻고 힐책하니 정을 속이고 스스로 곧게 하면 어슴푸레하게 죽을 것이 누군가 고하여 입이 몸에 재앙이 되더라.

63-1 乾 游駒石門 騄耳安全 受福西鄰 歸隱玉泉
망아지와 석문에서 노니 녹이가 안전하고 복을 서쪽 이웃에서 받고 옥천으로 돌아가더라.
[註] 록이(騄耳)는 옛적 명마의 이름이다.

63-2 坤 陽春生草 萬物盛與 君子所居 災禍不至
양춘에 풀이 나고 만물이 성하고 일어나니 군자가 사는 곳에 재앙이 아니 이르더라.

63-3 屯 人無足法 緩除才出 雄走羊驚 不失其家
사람에 족한 법이 없으니 너그럽게 재주 부리는 것을 제어하고 수컷이 달아나니 양이 놀라나 그 집을 잃지 않더라.

63-4 蒙 泰山上犇 變見太微 陳吳廢忽 作爲禍患
태산에 빨리 올라가 변하는 태미궁을 보니 진나라와 오나라가 정나라 홀을 폐해 재앙을 만들더라.
[註] 좌전에 정려공 돌이 정소공을 홀을 폐했다.

63-5 需 乘龍吐光 光暗後明 燎獵大得 太師以昌
용을 타고 빛을 토하니 먼저는 어둡고 뒤에 밝아 모닥불 사냥에서 크게 얻으니 태사로써 창성하더라.

[註] 문왕이 사냥을 나가 위수에서 낚시하는 八十세의 여망(강태공)을 만나 같이 돌아와 태공이라하고 태사(총리)로 삼았다가 무왕이 천하를 통일한 후에 제후(齊候)에 봉했다.

63-6 訟 羊頭兎足 漏瘦少肉 漏囊貯粟 利無所得
양의 머리와 토끼 발이 말라 고기가 적고 새는 주머니에 조를 담으니 이익의 소득이 없더라.

63-7 師 因禍受福 喜盈其室 螟蟲不作 君無荷忒
재앙으로 인해 복을 받으니 기쁨이 그 집에 가득하고 명충이 생기지 않으니 임금의 가혹한 의심이 없더라.

63-8 比 舜升大禹 石夷之野 徵詣王闕 拜治水土
순임금이 우임금을 올려 석이의 들에서 왕궐로 불러들여 물과 흙을 다스리는 일을 맡기시더라.

63-9 小畜 烏子鵲雛 常與母俱 顧類群族 不離期巢
까마귀 새끼와 까치 새끼는 항상 어미와 더불어 같이하니 같은 무리의 겨레를 돌아보며 그 둥지를 떠나지 않더라.

63-10 履 夷羿所射 發輒有獲 矰加鵲膺 雙鳥俱得
이예는 활을 쏘기만 하면 얻음이 있으니 주살을 까치와 매에 가하면 두 새를 함께 얻더라.

[註] 이예(夷羿)는 옛적의 명궁수의 이름이다.

63-11 泰 晨風文翰 大擧就溫 昧過我邑 羿無所得
신풍(새매)과 문한(새)이 온대지방으로 대거 이동하는데 어두운 때에 우리 고을을 지나니 명궁 예도 얻은 바가 없더라.

63-12 否　六喜三福　南室歡國　與喜同樂　嘉我潔德

육희 삼복이 남으로 환국에 이르니 기쁨과 더불어 같이 즐거워하며 나의 깨끗한 덕을 아름답게 여기더라.

63-13 同人　鬪龍股折　日逐不明　自外爲主　弟伐其兄

용과 싸워 다리가 부러지고 날로 드디어 밝지 않아 스스로 밖에서 임금이 되니 아우가 그 형을 치더라.

[註] 정장공 十四년에 정나라 남문에서 내사와 외사가 싸워 내사가 죽은 후에 정려공이 정소공을 내쫓음을 말함이다. 앞의 蒙괘를 참고하라.

63-14 大有　蒙慶受福　有所獲得　不利出域

경사를 입어 복을 받아 얻는 바가 있어 지역을 나가는 것은 불리하더라.

63-15 謙　蠻夷戎狄　太陰所積　固冰沍寒　君子不存

만이융적은 태음이 쌓여 굳은 얼음에 항상 추워 군자가 있지 않더라.

63-16 豫　畏昏潛處　候旦昭明　卒逢白日　爲世榮主

어두움을 두려워해 숨은 곳에서 아침의 밝기를 기다리니 마침내 백일을 만나 세상에 영화로운 임금이 되더라.

63-17 隨　水流趨下　欲至東海　求我所有　買鮪與鯉

물이 흘러 내려감은 동해로 가고자함이요, 내가 소유를 구하는 것은 상어와 더불어 잉어를 사는 것이더라.

63-18 蠱　冠帶南行　與福喜期　徼於嘉國　拜位逢時

의관을 하고 남쪽으로 가 복과 더불어 기쁨을 기약하고 가국을 돌아다니면서 위에 절할 때를 만나더라.

63-19 臨　莎雞振羽　爲季門戶　新沐彈冠　仲父悅喜

베짱이가 날개를 떨치고 막내 집을 위해 새로 목욕하고 갓의 먼지를 터니 중부가 기뻐하더라.

63-20 觀 結衿流粥 遭讒姪梏 周召述職 身受大福
옷깃을 매고 죽을 흘리니 지독한 참소를 만나나 주공, 소공이 보고를 잘해 몸에 큰 복을 받더라.

63-21 噬嗑 田鼠野雞 意常欲逃 拘制籠檻 不得動搖
밭쥐와 들닭의 뜻은 항상 도망가고자함이나 조롱과 우리에 갇혀 동요를 얻지 못하더라.

63-22 賁 居華巓 觀浮雲 風不搖 雨不濡 心平安 無咎憂
거화산 마루에서 뜬구름을 보고 바람에 흔들리지 않고 비에 젖지 않으니 마음이 편안하여 근심 걱정이 없더라.

63-23 剝 傾倚將顚 亂不能存 英雄作業 家困無年
기댄 것이 기울어져 장차 넘어질 것 같아 어지러워 능히 있지 못하고 영웅이 일을 하는데 집이 곤궁함은 끝이 없더라.

63-24 復 心願所喜 今乃逢時 保我利福 不離兵革
마음의 원하는 바는 기쁨인데 지금 때를 만나 나의 이익과 복을 보존하는데 병혁(전쟁)이 떠나지 않더라.

63-25 無妄 靈龜陸處 盤桓失所 阿衡退耕 夏封於國
신령스러운 거북이 육지에 있어 우물쭈물하며 곳을 잃고 아형이 물러가 밭을 가니 하나라에서 나라를 봉하더라.

[註] 아형퇴경(阿衡退耕) -이윤이 은나라 걸왕에게 천거되었다가 다시 신야로 돌아가 밭을 갈다가 탕임금에게 등용되어 나라를 봉함을 받았다.

63-26 大畜 弱水之右 有西王母 生不知老 與天相保 不利行旅
약수의 오른쪽에 서왕모가 있어 나면서 늙음을 알지 못해 하늘과 더불어 서로 보존하니 행려(行旅)는 불리하더라.

63-27 頤 抱瑰求金 日暮坐吟 終月卒歲 竟無成功
옥돌 덩어리를 안고 금을 구하는데 해가 저물도록 앉아 읊으니 달이 끝나고 해가 다해도 마침내 성공이 없더라.

63-28 大過 言笑未畢 憂來暴卒 身加檻纆 囚繫縛束
말하며 웃음이 끝나지 않는데 근심이 와서 별안간 죽으니 몸에 우리와 닻줄을 가해 가두고 얽어 묶더라.

63-29 坎 望華不至 文章未成 王子逐兎 犬踦不得
다행을 바라다가 이르지 못하고 문장을 이루지 아니하는데 왕자가 토끼를 쫓는데 개가 다리를 절어 얻지 못하더라.

63-30 離 震慄恐懼 多所畏忌 行道留難 不可以步
떨고 두려워 두렵고 꺼리는 바가 많아 길을 가다 머물기 어려워 가히 걷지 못하더라.

63-31 咸 雄狐綏綏 登山崔嵬 昭告-功 大福允興
숫여우가 편안히 높고 험한 산에 올라 밝게 공을 나타내고자 하니 큰 복이 마땅히 일어나더라.

63-32 恒 火起吾後 喜炙倉庫 倉龍銜水 泉潠屋柱 雖憂無咎
불이 나의 뒤에서 일어나 기쁘게 창고를 굽는데 창룡이 물을 물어다 집 기둥에 물을 뿜으니 비록 근심되나 재앙은 없더라.

63-33 遯 危坐至暮 請求不得 膏澤不降 政戾民忒
꿇어 앉아 저뭄에 이르도록 청구하여도 얻지 못해 은혜가 내리지 않아 정치가 어그러져 백성이 의심하더라.

63-34 大壯 孟春和氣 鷹隼搏鷙 衆隹憂憒
이른 봄 화기에 매와 송골매가 새매를 두드리니 여러 새가 근심하고 분해하더라.

63-35 晉 緩法長奸 不肯理冤 浮沈失節 君受其患
너그러운 법이 간사함을 길러 즐겨 원통함을 다스리지 않아 떴다 잠겼다 절개를 잃으니 임금이 그 재앙을 받더라.

63-36 明夷 魚鼈貪餌 死於網釣 受危國寵 爲身殃咎
고기와 자라가 미끼를 탐내 그물과 낚시에 죽고 위태로운 나라의 은총을 받아 몸의 재앙이 되더라.

63-37 家人 金精輝怒 帶劍過午 徘徊高原 宿於山谷 兩虎相拒 弓弩滿野
금정이 번쩍번쩍하는 칼을 차고 한낮이 지나도록 고원에서 배회하다가 산골짜기에서 자고 두 호랑이가 서로 맞서니 활과 쇠뇌가 들에 가득하더라.

63-38 睽 四月相望 稍近同光 並坐鼓簧
네 눈이 서로 바라보니 거의 같은 빛에 가까와 나란히 앉아 생황을 불더라.

63-39 蹇 茹芝餌黃 塗飮玉英 與神流通 長無憂凶
여지는 황토수를 먹고 옥영을 발라 마시어 귀신과 더불어 유통하니 길이 근심과 흉함이 없더라.

63-40 解 求獐嘉鄕 惡蛇不行 道出岐口 復反其牀
노루를 가향에서 구하는데 악한 뱀 때문에 가지 못하고 길을 기구로 나가 다시 그

상으로 돌아오더라.

63-41 損　天門地戶　幽冥不覩　不知所在
하늘문과 땅의 지개는 깊고 어두워 보지 못해 소재를 알지 못하더라.

63-42 益　跛足息肩　有所忌難　金城鐵郭　以銅爲關　藩屛自衛　安止無患
기울어지게 서서 어깨로 숨을 쉬고 꺼리고 어려움이 있는 바나 금성과 철곽은 구리로 관문을 해서 번방 울타리를 스스로 호위하여 편안히 그쳐 근심이 없더라.

63-43 夬　三雁俱飛　欲歸稻池　經涉萑澤　爲矢所射　傷我胸臆
세 마리 기러기가 같이 날아 도지로 돌아가고자 추택을 지나다가 살에 맞아 나의 가슴을 상하더라.

63-44 姤　濟深難渡　濡我衣袴　五子善棹　脫無他故
깊은 데를 건너는데 건너기가 어려워 나의 옷을 적시는데 다섯 아들이 노를 잘 저어 다른 사고 없이 벗어나더라.

63-45 萃　飮酒作酗　跳起爭鬪　伯傷叔僵　東家治喪
술을 마시고 주정하다 뛰어 일어나 싸워서 백씨는 다치고 세째는 죽으니 동가에서 장사를 치르더라.

63-46 升　跛躓未起　失利後市　蒙被殃咎　不得鹿子
절뚝발이가 쓰러져 일어나지 못해 시장에 뒤져 이를 잃어 재앙을 입어 사슴새끼를 얻지 못하더라.

63-47 困　辰次降婁　建星中堅　子無遠行　外轉霄陷　逐命訖終
때는 구월이라 건성이 가운데 굳게 자리하니 자녀는 멀리가지 않는데 밖에서 넘어져 진눈깨비에 빠져 드디어 목숨을 마치는데 이르더라.

63-48 井　商風召寇　來呼外盜　間牒內广　與我爭鬪　殫已寶藏　主人不勝
상풍 소구에 와서 외적을 불러들여 간첩이 내응하면 나와 더불어 싸워 몸을 다해 보배를 감추니 주인이 이기지 못하더라.

63-49 革　甘露醴泉　太平機關　仁德感應　歲樂民安
감로와 예천은 태평기관으로 어진 덕이 감응하여 해마다 즐겁고 백성이 편안하더라.

63-50 鼎　祭仲子突　要門逐忽　禍起子商　弟代其兄　鄭久不昌
제중이 자돌을 문장으로 약속하고 정소공 홀을 쫓아내나 재앙 자상이 일어나니 아우로 형을 치니 정나라가 오래토록 창성하지 않더라.

63-51 震　反孽難步　留不反舍　露宿澤陂　亡其襦袴
반얼로 잘 걷기 어려워 머물러 집에 돌아오지 못해 못 언덕에서 노숙하다 그 저고리 바지를 잊어버리더라.

63-52 艮　虎狼結謀　相聚爲保　伺候牛羊　病我商人
호랑이 꾀를 맺어 서로 모여 보존을 위해 소와 양을 기다려 우리 상인을 병들게 하더라.

63-53 漸　明德剋敏　重華貢擧　放勳徵用　八哲蒙祐
밝은 덕이 민첩함을 이기고 순임금이 공에 따라 중용을 선발 천거하는데 여덟 철인이 도움을 입더라.

[註] 팔철(八哲)은 순임금 때에 고양씨의 아들 팔인이다.

63-54 歸妹　貧鬼守門　日破我盆　毀罍傷瓶　空處無子
가난한 귀신이 문을 지켜 날마다 동이를 깨고 양병을 헐고 병을 상하니 공허해 자식이 없더라.

63-55 豊 天命赤鳥 與兵徵期 征伐無道 箕子遊遨
하늘이 적조에 명하여 군사와 더불어 돌아다니며 무도함을 정벌하니 기자가 여행하며 노닐더라.

[註] 史記周本紀,, 有火自上復于下. 至於王屋. 流爲烏. 其色赤. 其聲魄. 是時諸侯不期而會盟津者, 八百諸侯. 皆日紂可伐矣.

63-56 旅 威約拘囚 爲人所誣 皐陶平理 剖械出牢 脫歸家閭
위엄으로 약속해 죄인을 가둠은 사람을 속이는 바가 된다고 고도가 이치로 다스려 형구를 쪼개고 우리에서 내놓아 집마을로 벗어나 돌아가더라.

[註] 고도(皐陶)는 순임금 때 사리관(士理官-재판관)이다.

63-57 巽 羊驚虎狼 聳耳羣聚 無益威强 爲齒所傷
양이 호랑이에게 놀라 귀를 세우고 무리로 모였으나 위엄을 강하게 하는데 더함이 없어 이빨에 상한 바 되더라.

63-58 兌 初雖啼號 後必慶笑 光明照耀 百喜如意
처음은 비록 울고 부르짖으나 뒤에는 반드시 경사로 웃고 광명이 비쳐 백가지 기쁨이 뜻과 같더라.

63-59 渙 馬服長股 宜行善市 蒙祐諧耦 獲金五倍
말의 긴 다리로 행해 알맞게 좋은 저자도 가고 밭갈이도 화합하여 도움을 입어 벌이가 다섯 배나 되더라.

63-60 節 應門內崩 誅賢殺暴 上下咸悖 景公失位 長歸元沍 望妻不來
문을 응해 안으로 무너지니 어진이를 베고 마구 죽이니 상하가 다 어그러져 경공이 위를 잃고 원원으로 길게 돌아가 처를 바라보며 오지않더라.

63-61 中孚 執斧破薪 使媒求否 和合二姓 親御飮酒 邑比毛嬙 姑悅公喜
도끼를 잡고 나무 패듯이 중매로 하여금 며느리를 구해 두 성이 화합하여 어버이를 모시고 음주하니 이쁘기가 모장에 같아 시어머니가 기뻐하고 공도 기뻐하더라.

[註] 小過之益을 참고하라.

63-62 小過　兩輪日轉　南上大阪　四馬共轅　無有險難　與禹笑言

두 바퀴가 날로 굴러 남으로 큰 언덕을 올라가는 데 네 말이 멍에를 함께 하니 험난함이 없어 우임금과 더불어 웃으며 말씀하더라.

63-64 未濟　千柱百梁　終不傾僵　周宗寧康

천 기둥에 백 보가 끝내 기울어져 쓰러지지 않아 주나라 종실이 편안하더라.

離上 坎下 未濟之第六十四 火水未濟

64-64 未濟 志慢未習 單酒糗脯 數至神前 欲求所願 反得大患
뜻이 거만하고 익숙치 못해 단주에 썩은 포로 자주 신앞에 이르러 소원을 구하고자 하나 도리어 큰 재앙을 얻더라.

64-1 乾 旦生夕死 名曰嬰鬼 不可得祀
아침에 나서 저녁에 죽으니 이름해 아이귀신이라 하여 제사를 얻어 먹지 못하더라.

64-2 坤 大寶上車 南到喜家 送我狐裘 與福喜來
큰걸음으로 수레에 올라 남으로 희가에 도착해 나의 여우 갓옷을 보내니 복과 더불어 기쁨이 오더라.

64-3 屯 西多小星 三五在東 早夜晨行 勞苦無功
서쪽에는 작은 별이 많은데 삼오야 보름에는 동에 있어 이른 밤과 새벽에 감은 노고만 있고 공은 없더라.

64-4 蒙 北陸藏冰 君子心悲 困於粒食 鬼驚我門
북녁땅에는 얼음이 감추어져 군자는 마음으로 슬퍼하는데 낟알에 곤궁하여 귀신도 나의 문에서 놀라더라.

64-5 需 山水暴怒 壞梁折柱 稽難行旅 留連愁苦
산수가 몹시 성이 나서 다리를 헐고 기둥을 꺾어서 여행하기 어려울 것을 상고해 계속 머물며 괴롭게 근심하더라.

64-6 訟 比目四翼 來安吾國 福喜上堂 與我同牀

비목사익이 와서 내 나라를 편안케 하여 복이 기쁘게 당에 올라 나와 더불어 상을 같이하더라.

64-7 師 狡兎趯趯 良犬逐咋 雄雌爰爰 爲鷹所獲
교활한 토끼가 팔딱팔딱 뛰니 양견이 쫓아가 물으니 자웅이 느즈러지어 매의 얻은 바가 되더라.

64-8 比 增祿益福 喜來入室 -除憂惑
녹을 더하고 복을 더하니 기쁨이 와서 집에 들어와 근심과 의혹을 해제하더라.

64-9 小畜 騎龍乘風 上見神公 彭朝受刺 王喬贊通 巫咸就位 拜福無窮
용을 타고 바람을 타고 올라가 신공을 뵈니 팽조는 어그러짐을 받고 왕교는 찬통하여 무당이 위에 나가는 것을 이루어 절하고 무궁한 복을 받더라.

64-10 履 天火卒起 燒我旁里 延及吾家 空盡己財
하늘 불이 별안간 일어나 나의 옆의 동네를 태우다 연장하여 내 집에 미치니 재물이 다 없어지더라.

64-11 泰 金帛黃寶 宜與我市 嫁娶有息 利得過倍
금 비단 황보가 나의 저자와 더불어 마땅하니 시집가고 장가듬에 숨쉼이 있으니 이득이 배를 넘더라.

64-12 否 鬼魅之居 凶不可舍
귀신이 사는 데는 흉하여 옳은 집이 아니더라.

64-13 同人 鳥飛兎走 各有畏惡 鵰鷹爲賊 亂我室舍
새가 날고 토끼가 달아남은 각각 두렵고 싫어함이 있음이요 독수리와 매가 적이 되어 나의 집을 어지럽게 하더라.

64-14 大有　初雖驚惶　後乃無傷　受其福慶
처음에는 비록 놀래고 두려우나 후에 상함이 없어 그 복과 경사를 받더라.

64-15 謙　兩金相擊　勇氣均敵　日月鬪戰　不破不缺
두 금이 서로 치니 용기가 고른 맞수라 일월이 싸워도 파하지 않고 이지러지지 않더라.

64-16 豫　曳綸河海　挂鈎魴鯉　王孫利得　以享衆友
푸른 실끈을 하해에 끌고 방어 잉어의 낚시를 걸어 왕손이 이를 얻어 모든 벗들을 향응하더라.

64-17 隨　犬畏狼虎　依人作輔　三夫執戟　伏不敢起　身安無咎
개가 이리와 호랑이를 두려워하여 사람에게 의지하고 세 지아비가 창을 잡고 엎디어 감히 일어나지 못하나 몸은 편안하고 허물이 없더라.

64-18 蠱　蜘蛛結網　以伺行旅　青蠅嚵聚　以求膏腴　觸我羅域　爲網所得
거미가 그물을 맺어놓고 행려를 기다려 푸른 파리가 모여 탐내 아랫배 살찌는 것을 구해 나의 그물 구역을 찔러 그물의 소득이 되더라.

64-19 臨　所望在外　鼎命方來　拭爵滌罍　炊食待之　不爲季憂
바라는 바는 밖에 있어 새로운 명이 바야흐로 와서 술잔을 닦고 무늬를 놓은 술잔을 씻고 밥을 짓고 기다려서 계씨를 위해 근심하지 않더라.

64-20 觀　日月並居　常暗匪明　高山崩轉　丘陵爲谿
해와 달이 같이 있어 항상 어둡고 밝지 않아 높은 산이 무너져 언덕이 시내가 되더라.

64-21 噬嗑　春服旣成　載華復生　莖葉盛茂　實穗泥泥

봄옷이 이미 이루어져 화려하게 다시 살아나 잎과 줄기가 무성하고 열매와 이삭도 무성하더라.

64-22 賁 華首山頭 仙道所遊 利以居止 常無咎憂
화수산 정상은 신선이 노는 곳이라 살기에 이롭고 항상 재앙과 근심이 없더라.

64-23 剝 三狐嗥哭 自悲孤獨 野無所遊 死於丘室
세 마리 여우가 고함치며 곡하며 스스로 고독을 슬퍼하고 들에는 놀곳이 없어 언덕집에서 죽더라.

64-24 復 火中暑退 禾黍其食 商人不至 市空無有
불 가운데 더위가 물러가 벼와 기장 그걸 먹으니 상인이 이르지 않아 저자가 비어서 있는 것이 없더라.

64-25 無妄 獨立山巔 求鹿耕田 草木不闢 秋飢無有
홀로 산마루에 서서 사슴을 구하고 밭을 가니 초목을 피하지 않고 가을에 주림이 있지 않더라.

64-26 大畜 火雖熾 在吾後 寇雖近 在吾右 身安吉 不危殆
불이 비록 활활 타나 나의 뒤에 있고 도적이 비록 가까우나 나의 우편에 있어 몸이 안길하고 위태하지 않더라.

64-27 頤 貧鬼相責 無有懽怡 一日九結
씹고 씹으며 말다툼함은 가난한 귀신이 서로 책망하며 기뻐함이 없어 하루에 아홉 번 맺더라.

64-28 大過 追亡逐北 至山而得 雉叔相呼 反其室廬
도망가는 것을 쫓아 북으로 쫓다가 산에 이르러 얻고 치숙을 서로 불러 그 집으로 돌아오더라.

64-29 坎 銜命辱使 不堪厥事 遂墮落去 更爲斯吏
직함의 명에 부림을 고마워 했으나 그 일을 감당하지 못해 드디어 떨어져 갔다가 다시 이 아전이 되더라.

64-30 離 被珠函玉 沐浴仁德 應聘唐國 四門穆穆 蟊賊不作 凶惡伏匿
구슬과 함의 옥을 더하고 인덕을 목욕하고 당나라 초빙에 응하니 사대문이 온화하고 해독을 끼치는 사람이 없고 흉하고 악함이 엎디어 숨더라.
[註] 모적(蟊賊)은 사회에 해독을 끼치는 사람.

64-31 咸 機關不便 不能出言 精誠適通 爲人所寃
기관이 불편하나 능히 말을 내지 못하고 정성이 적당히 통해 사람에게 원통한 바가 되더라.

64-32 恒 甕破缶缺 南行亡失
독이 깨지고 장군이 이지러져 남쪽으로 가서 잃어버리더라.

64-33 巡 脣亡齒寒 積日凌根 朽不可用 爲身災患
입술이 망하면 이가 시리고 날이 쌓여 뿌리를 업신여기면 썩어 쓰지 못해 몸에 재앙이 되더라.

64-34 大壯 蒙惑憧憧 不知西東 魁罡指南 告我失中 利以宜止 去國憂患
의혹에 덮여 갈팡질팡하여 동서를 알지 못하는데 괴강이 남을 가리키며 나에게 바름을 잃었으니 마땅히 그치는 것이 이롭다고 고하니 나라에 근심과 우환이 가버리더라.

64-35 晉 鳥鴟搏翼 以避陰賊 盜伺二女 賴厥生福 旱災爲疾 君無黍稷

솔개가 날개를 치니 새는 숨어 적을 피하고 도적은 두 여인을 기다려 그 복이 생기도록 의뢰하고 가뭄의 재앙이 병이 되어 임금이 곡식이 없더라.

64-36 明夷 名成德就 項領不試 景公耄老 尼父逝去
이름이 이루어 덕이 나아가니 목만 끄덕이고 시험하지 않고 경공은 늙어 빠지고 공자님은 돌아가시더라.

64-37 家人 言與心詭 西行東坐 鯀堙洪水 佞賊爲禍
말과 더불어 마음이 다르니 서쪽으로 가서 동에 앉고 곤이가 홍수를 막았으나 망령된 적이 재앙이 되더라.

64-38 睽 獫狁非度 治兵焦穫 伐鎬及方 與周爭疆 元戎其駕 襄及夷王
험윤(흉노)이 법도가 없이 초호에서 군사를 일으켜 호방을 쳐서 주나라와 군셈을 다투다가 큰 병차를 멍에함에 쇠함이 이왕에 미치더라.

[註] 험윤이 내침하여 선왕이 윤길보로 원수를 삼아 반격하여 평정했다. 초호 호방은 땅이름이다.

64-39 蹇 三火起明 兩滅其光 高位疾轉 驕恣誅傷
삼화가 일어나 밝더니 비가 그 빛을 멸하고 고위가 병들어 엎어지고 교만하고 방자함이 베어 상하더라.

64-40 解 承川決水 爲吾之祟 使我心憒 毋樹麻枲 居止凶殆
개울을 이어 물길을 터놓음은 나의 빌미가 되어 나로 하여금 심란하고 삼과 수삼을 심지 않아 머무는 곳에 흉하고 위태하더라.

64-41 損 厭浥晨夜 道多湛露 濺衣濡袴 重難以步
염읍 새벽에 길에 이슬이 많아 옷을 적시고 바지를 적시어 무거워 걷기가 어렵더라.

64-42 益 宜行賈市 所求必倍 載喜抱子 與利爲友
장사가 잘 되어 구하는 바에 반드시 배가 되니 기쁨을 싣고 자식을 안고 이익과 더불어 친구가 되더라.

64-43 夬 陰變爲陽 女化作男 治道得通 君臣相承
음이 변해 양이 되고 여자가 화해 남자가 되어도 다스리는 길이 통하면 임금과 신하가 서로 받들더라.

64-44 姤 樹蔽牡荊 生翳山旁 仇敵背憎 孰肯相迎
나무가 장대싸리를 가리니 산 옆에 그늘이 생기고 원수와 적이 배반하고 미워하니 누가 즐겨 서로 맞이할 것인가?

64-45 萃 坐茵乘軒 據德宰臣 虞叔受命 六合和親
요에 앉았다가 초헌을 타고 덕을 의거해 재상이 되니 우중이 명을 받으니 육친이 합해 화목하더라.

[註] 우숙(虞叔)은 무왕이 은나라를 평정한 후 태백중옹의 후손 주장을 찾아 吳후로 삼고 그 아우 우중은 주나라 북녘에 봉해서 서오라 하였다.

64-46 升 雲與蔽日 雨集草木 年茂歲熟
구름이 일어 해를 가리고 비가 초목에 모이니 해마다 무성하고 성숙하더라.

64-47 困 播梅折枝 與母別離 絕不相知
매화의 가지를 꺾어 심으니 어미와 더불어 별리하여 끊어져 서로 알지 못하더라.

64-48 井 天旱水涸 枯槁無澤 困於砂石 未有所獲
하늘이 가물어 물이 마르고 말라 윤택함이 없어 사석에 곤해 소득이 없더라.

64-49 革 圭璧琮璜 執贄見王 百里甯戚 應聘齊秦
규, 벽, 종, 황(옥들)의 예물을 가지고 왕을 뵈니 백리해는 진나라, 영척은 제나라의 초빙에 응하더라.

64-50 鼎 龍渴求飮 黑雲景從 河伯捧醴 跪進酒漿 流潦滂滂
용이 목이 말라 마실 것을 구하니 검은 구름의 그림자를 좇아 하백이 단술을 받들고 무릎꿇고 술과 장을 내오니 흐르는 비가 퍼부어 내리더라.

64-51 震 雹梅零墜 心思憒憒 亂我靈氣
우박이 매화를 다 떨어뜨리니 마음이 심란하게 생각하여 나의 영기를 어지럽게 하더라.

64-52 艮 鹿求其子 虎廬之里 唐伯季耳 貪不我許
사슴이 그 자식을 호랑이집 마을에서 구하는데 당백 계이(호랑이름)가 탐내고 나를 허락하지 아니하더라.

64-53 漸 穿瓠挹水 篝鐵燃火 老疲九竭 飢渴爲禍
뚫어진 표주박으로 물을 푸고 불덮개철로 불을 사르니 수고롭고 피로하고 힘이 다해 기갈이 재앙이 되더라.

64-54 歸妹 龍生馬淵 壽考且神 飛騰上天 舍宿軒轅 常居樂安
용이 마연에서 나서 오래 살고 또 신통해서 날라 하늘에 오르고 헌원집에서 자니 항상 즐겁고 편안히 살더라.

64-55 豊 崔嵬北嶽 天神貴客 溫仁正直 主布恩德 冠衣不己 蒙受大福
높고 험한 북악에는 천신 귀객이 온인 정직하고 주로 은덕을 피고 관과 옷을 말지 아니하니 큰 복의 은혜를 받더라.

64-56 旅 鬼夜哭泣 齊失其國 爲下所賊
귀신이 밤에 곡하고 울더니 제나라가 그 나라를 잃고 말아 아래에서 해한 바가 되

더라.

64-57 巽 二政多門 君失其權 三家專制 禍起季孫
두 정당에 가문이 많아 임금이 그 권리를 잃고 세 가문의 전제로 화가 계손씨에서 일어나더라.

64-58 兌 望幸不到 文章未就 王子逐兎 犬踦不得
요행을 바라는데 이르지 못해 문장에 나가지 못하고 왕자가 토끼를 쫓는데 개가 절름발이라 얻지 못하더라.

64-59 渙 伯虎仲熊 德義昭明 使布五敎 陰陽順敍
백호 중웅은 덕과 의가 밝아 오교를 펴게 하였더니 음양이 순서롭게 펴져 풀어지더라.

64-60 節 兩足四翼 飛入家國 寧我伯妹 與母相得
두 발 네 날개가 날아 가국으로 들어오니 나의 큰 누이가 편안하고 어미와 더불어 서로 얻더라.

64-61 中孚 春秋禱祀 解禍除憂 君無咎憂
봄 가을로 빌고 제사 지내 재앙을 풀고 근심을 제하니 임금이 근심걱정이 없더라.

64-62 小過 牧羊稻園 聞虎喧嚾 懼畏悚息 終無禍患
양을 도원에서 치다가 호랑이의 울부짖는 소리를 듣고 두렵고 무서워 숨을 죽이고 있더니 끝내 재앙이 없더라.

64-63 旣濟 大蛇巨魚 相搏於郊 君臣隔塞 郭公出廬
큰 배암과 큰 고기가 들에서 서로 치니 군신이 멀리 떨어져 막혀 곽공이 집을 나가더라.